HISTOIRE
DE
FLORENCE

OUVRAGES DU MÊME AUTEUR

Jérôme Savonarole, sa vie, ses prédications, ses écrits. Ouvrage couronné par l'Académie française. 3ᵉ édition. 1 vol. in-12 (Hachette).

Deux ans de révolution en Italie. 1848-1849. 1 vol. in-12 (Hachette).

Étienne Marcel, prévôt des marchands. 2ᵉ édition, dans la collection municipale de l'Histoire de Paris. 1 vol. in-4.

Histoire de la littérature italienne, depuis ses origines jusqu'à nos jours. 2ᵉ édition. 1 vol. in-12 (Delagrave).

Les mariages espagnols sous le règne d'Henri IV et la régence de Marie de Médicis. Ouvrage couronné par l'Académie française. 2 vol. in-8 (Didier).

L'Église et l'État en France, sous le règne d'Henri IV et la régence de Marie de Médicis. Ouvrage couronné par l'Académie française. 2 vol. in-8 (Pedone-Lauriel).

La démocratie en France au moyen âge. Ouvrage couronné par l'Académie des sciences morales et politiques. 2ᵉ édition. 2 vol. in-12 (Didier).

Étude historique sur Sully, couronné par l'Académie française.

MÉMOIRES LUS A L'ACADÉMIE DES SCIENCES MORALES ET POLITIQUES
ET INSÉRÉS DANS SES COMPTES RENDUS

La comtesse Mathilde de Toscane et le Saint-Siége (1865).

Un procès criminel sous le règne d'Henri IV (1867).

Le duc de Lerme et la cour d'Espagne sous le règne de Philippe III (1870).

Mémoire critique sur l'auteur et la composition des Œconomies Royales (1871).

Typographie Lahure, rue de Fleurus, 9, à Paris.

HISTOIRE

DE

FLORENCE

PAR

F.-T. PERRENS

TOME PREMIER

PARIS
LIBRAIRIE HACHETTE ET Cie
79, BOULEVARD SAINT-GERMAIN, 79

1877

Droits de propriété et de traduction réservés.

AVANT-PROPOS

Vingt ans et plus se sont écoulés depuis le jour où la pensée m'est venue de consacrer mes loisirs au présent ouvrage. Le succès de *Jérôme Savonarole*, premier-né de mes veilles historiques, m'en avait suggéré le dessein. Sur cet attrayant, mais difficile sujet, je ne voyais en Italie que d'anciens auteurs, dont ne saurait se contenter la critique moderne, et en France, si l'on excepte un court abrégé, que le capricieux récit de quelques saisissants épisodes. Pourtant, où trouver ailleurs plus de passion et d'activité chez les hommes, plus de mouvement et de variété dans les choses, plus de hasards surprenants et de péripéties tragiques, plus de guerres sanglantes et de pacifiques rivalités, plus de travail et de richesse dans l'industrie et le commerce, plus de splendeur et d'éclat dans les lettres et les arts, enfin plus de profitables leçons pour la conduite des modernes démocraties? Le monde allant à la démocratie, disait un jour M. Thiers, l'histoire de Florence doit être étudiée plus qu'aucune autre, parce qu'il n'en est pas de plus démocratique dans les temps anciens et dans les temps modernes[1].

A un point de vue plus général, Florence n'est-elle pas, après Athènes et avant Paris, une des trois villes qui marquent le mieux, dans les voies de la civilisation, les grandes étapes de l'humanité[2]? Les destinées de Rome sont particulières, ori-

---

[1] M. Gino Capponi, le plus récent historien de Florence, rapporte ce propos, que bien d'autres ont entendu comme lui. (Voy. *Storia della Repubblica di Firenze*, Avertissement, p. 6, Flor., 1875, 2 vol. in-8°.)

[2] Ce rapprochement s'impose en quelque sorte à l'esprit. Le 11 août 1876,

ginales par l'égoïsme féroce et la conquête à outrance, mais imitatrices et subordonnées dans tout ce qui n'est pas la guerre et la domination. A la rigueur, on concevrait sans Rome les développements du génie humain ; les concevrait-on sans Athènes, sans Florence, sans Paris ? Cet épanouissement radieux de la pensée et du goût, dont Paris donne encore aujourd'hui le frappant spectacle, on ne l'avait vu, auparavant, que deux fois en ce monde. Deux fois une poignée d'hommes l'avaient rempli du bruit de leur renommée, harmonieux jusque dans la discorde et le tumulte, humains jusque dans l'effusion du sang, si ardents au travail qu'ils en répandaient partout les produits, si riches qu'ils éclipsaient les souverains sur leurs trônes, si heureusement doués du sens esthétique, qu'ils portèrent les belles-lettres et les beaux-arts au plus rare degré de hauteur et de perfection. D'un génie universel, comme Paris, Athènes et Florence personnifient en outre comme lui, plus et mieux qu'aucune autre ville, le génie particulier de leur nation. Quoi de plus grec qu'Athènes, de plus français que Paris, de plus italien que Florence ? Milan et Venise appartiennent à peine à la péninsule italique ; Naples est tour à tour grecque, normande, angevine, rarement elle-même ; Rome disparaît devant le pape, qui en fait une ville cosmopolite et l'absorbe, alors même qu'il en est éloigné. Seule en Italie, Florence sait se transformer sans cesser d'être fidèle à ses plus anciennes origines. Si l'on veut trouver et marquer les caractères permanents de la race, c'est derrière ses sombres murailles, c'est sur les délicieuses montagnes dont elles sont entourées, qu'il faut les chercher et les étudier.

Pourquoi donc Florence, comme Gênes et Venise, n'a-t-elle pas, jusqu'à ce jour, trouvé un historien dans notre langue ? C'est ce qu'explique sans doute en partie la complexité d'une histoire qui se répand dans toute l'Italie, au lieu de s'enfermer dans des lagunes ou sur une étroite bande de terrain entre les

M. Waddington, ministre de l'Instruction publique et des Beaux-Arts, prononçait, à la Chambre des députés, les paroles suivantes : « Vous connaissez le tempérament de la France. Elle veut la République ; mais soyez sûrs que ce n'est pas à Sparte qu'elle veut chercher ses modèles, c'est à Athènes et à Florence. »

Alpes et la mer; mais c'est surtout qu'un maître incomparable avait pris de bonne heure possession de ce sujet. Patiemment, pièce à pièce, par intermédiaires ou de sa personne dans ses voyages, M. Thiers amassait, pour le traiter, de nombreux matériaux. On ne l'ignorait point. Dès l'année 1838, M. Villemain parlait, non sans éloquence, « de l'homme d'État
« célèbre qui, dans sa carrière récemment interrompue, avait
« montré tant de vigueur et de facilité d'esprit, et qui, mainte-
« nant retiré sur les bords du lac de Côme, se reposait du mi-
« nistère et de la tribune en écrivant l'histoire de Florence[1]. »

En 1855, toutefois, malgré les loisirs trop prolongés que les huit années du cabinet présidé par M. Guizot et les quatre premières années du second empire avaient faits à M. Thiers, rien n'avait paru, rien n'était même annoncé de cet ouvrage si impatiemment attendu. Les familiers de l'hôtel Saint-Georges ne savaient seulement pas si l'historien de notre grande Révolution poursuivait son dessein d'exposer celles de Florence, ou s'il y avait renoncé. J'allai droit à lui, sur le bienveillant conseil de M. Mignet. Il me reçut sous les ombrages de son jardin; là, au cours d'une brillante causerie, que prolongea son affabilité connue, et dont le souvenir reste à jamais gravé dans ma mémoire : — Je ne sais, me dit-il, si je mettrai la main à cette tâche ; mais vous êtes jeune, attendez.

J'attendis, comme il m'y invitait ; ou, pour mieux dire, espérant qu'un nouveau chef-d'œuvre me dédommagerait amplement de mon sacrifice, je laissai de côté l'Italie et me tournai vers la France. J'y étudiai successivement les agitations démocratiques au temps d'Étienne Marcel et au temps de Charles VI, puis les négociations diplomatiques et les rapports de l'Église avec l'État sous le règne d'Henri IV et la régence de Marie de Médicis. Les six volumes que je publiai sur ces périodes et ces questions diverses occupèrent ma vie jusqu'aux deux fatales années de la guerre et de la Commune. Avant même que l'effroyable orage fût dissipé, le

---

[1] *Journal des Savants*, septembre 1838, p. 535, 536. Article sur l'ouvrage de M. Delécluze, intitulé : *Florence et ses vicissitudes*, 2 vol. in-8°.

prévoyant prophète de nos désastres se voyait chargé de les réparer. Vingt-huit départements témoignaient, à cet égard, du vœu public, que ne pouvait méconnaître l'Assemblée nationale. Signataire d'un traité douloureux, mais inévitable, vainqueur de factieux insensés qui sous nos pas rouvraient l'abîme, M. Thiers dirigeait notre barque désemparée à travers mille écueils dont un ennemi implacable et ses aveugles auxiliaires avaient hérissé notre route. La tâche était ardue ; elle semblait devoir être longue. Pouvais-je prévoir qu'au lendemain des plus grands périls et sous la menace de tant d'autres il se trouverait une majorité parlementaire pour provoquer la retraite de l'habile pilote qui, en obtenant l'évacuation de notre territoire, venait si heureusement de nous rapprocher du port ?

La journée du 24 mai 1873, en rendant à M. Thiers la liberté de ses chères études, fit tomber un moment la plume de mes mains. Bientôt pourtant, je réfléchis qu'après une si laborieuse campagne, c'est de repos qu'il devait avoir besoin. D'ailleurs, pour être descendu du pouvoir, il ne se désintéressait pas des affaires publiques. Ses devoirs de député l'y rattachaient, ainsi que la confiance d'un grand parti qui le reconnaissait pour son chef. Le temps dérobé à la politique, il le consacrait, disait-on, à l'examen des grands problèmes de la philosophie, que les hommes agitent sans les pouvoir résoudre, et dont les obscurités attirent, en l'irritant, son esprit lumineux. J'ai donc cru que je pouvais poursuivre mes recherches entreprises, et de nouveau me consacrer tout entier, comme je le faisais depuis deux ans, à l'histoire de Florence. C'est ainsi qu'après six années d'un labeur sans relâche je puis soumettre au public trois volumes, qui conduisent le lecteur jusqu'à l'année 1313, où mourut l'empereur Henri VII de Luxembourg.

Cette période, malgré son étendue, n'occupe que peu de place dans les plus longs écrits[1]. Des origines on savait peu

---

[1] Sur près de 1500 pages dont se composent ses deux volumes, M. Gino Capponi n'en consacre que 100 à l'histoire de Florence jusqu'en 1313.

de chose, et l'on désespérait d'en savoir davantage, ou, après les travaux de la critique italienne, de mettre en œuvre ce qu'elle en avait découvert. Aussi le savant préfet de la bibliothèque nationale de Florence, M. le comte Luigi Passerini, disait-il volontiers que l'histoire des premiers siècles de sa ville natale était encore à faire. Je la présente pour la première fois avec les développements qu'elle comporte. Pour bien connaître ce petit peuple de marchands, ignoré durant des siècles et tout à coup si grand qu'il tient un des principaux rôles sur la scène du monde, je remonte jusqu'à ces vieux et obscurs Étrusques par qui le génie florentin se rattache à la Grèce et à l'Orient. Je cherche ensuite à travers les temps barbares, à travers les luttes épiques de l'empire et de la papauté, les manifestations d'abord si rares, mais bientôt plus multipliées de la vie communale ; j'observe la formation lente et les progrès rapides de ces humbles métiers dont les institutions élargies deviennent celles d'une ville puissante ; j'essaie de rendre intelligible le mécanisme si mobile et si compliqué de ces institutions, éternelle énigme pour les historiens, grâce à la confusion et aux sous-entendus des chroniqueurs, j'explique la vie politique par la vie commerciale ; je suis les Florentins dans leurs boutiques et dans leurs demeures, comme dans leurs rues et sur les champs de bataille ; je donne aux belles lettres et aux beaux arts la place qui leur appartient dans le vaste tableau de cette existence affairée qu'ils relèvent et ennoblissent, non-seulement par leurs chefs-d'œuvre, mais encore par le goût général qui les rendit possibles et sut les admirer. Enfin, pour marquer les rapports de Florence avec les autres villes de Toscane et d'Italie, pour faire comprendre les conditions changeantes que lui fit l'incessant afflux d'éléments étrangers, il faut bien, si discrètement que ce soit, toucher à cette décevante histoire de la péninsule italique qui se perd en épisodes sans lien et ne compte pas, M. G. Ferrari a fait le calcul, moins de sept mille révolutions depuis l'an mille jusqu'à Luther[1].

[1] *Histoire des révolutions d'Italie*, Préface, p. 11, Paris, 1858, 4 vol. in-8°.

Dans cette carrière immense, sur plus d'un point je crois avoir trouvé la vérité ; sur d'autres, j'ose dire que je l'ai, le premier, mise en lumière ; j'ai levé bien des doutes, redressé bien des erreurs, expliqué bien des contradictions. Un bon juge, M. Gabriel Monod, dont les connaissances aussi sûres qu'étendues m'ont été, durant ce long travail, un ferme point d'appui, veut bien écrire, en parlant de ces trois volumes, qui lui ont passé manuscrits entre les mains, que « cet ouvrage rendra les plus grands services, que jamais encore l'histoire florentine n'a été l'objet d'un travail aussi étendu et aussi approfondi, qu'il marque un pas considérable en avant, que c'est même lui faire tort que de dire simplement qu'il est supérieur à ses devanciers, qu'il traite pour la première fois d'une manière développée des origines de la constitution florentine, et qu'il servira de point de départ désormais à tous les travaux sur ce sujet [1]. » Je ne saurais mieux remercier M. Monod de son amicale assistance qu'en citant ses paroles, comme la meilleure des recommandations auprès du public savant.

Cette histoire, prise ainsi aux temps les plus anciens, je ne me propose point de la suivre jusque dans les temps les plus modernes, jusque sous la domination des Médicis et de la maison de Lorraine. Il y a dès lors une histoire du grand-duché de Toscane, mais il n'y a plus d'histoire de Florence. Les princes de ces deux maisons auraient pu, comme les anciens margraves du onzième siècle, résider à Lucques ou partout ailleurs, il n'y aurait guère à changer au récit de leurs règnes. Une ville qui n'est plus qu'une résidence princière n'est qu'une ville morte. C'est quand elle est une commune, une République, un État, ou quand elle multiplie les efforts pour le devenir, que Florence est vivante et libre, qu'elle a une personnalité. Or, s'il est d'un intérêt réel de suivre l'humble graine jetée en terre jusqu'au jour où se flétrit la superbe fleur qui l'a trop fait oublier, quel intérêt peut-on prendre à étudier les progrès de la décomposition, quand la séve ne monte plus, quand la tige a été violemment coupée de ses

[1] *Revue historique*, t. II, p. 574, octobre-décembre 1876.

racines? Ce qu'on observe encore un instant, ce sont les dernières manifestations de la vie au sein de la mort. Voilà pourquoi dans un dernier volume je compte montrer ce qui reste de la République renversée sous le principat établi, les chefs-d'œuvre ou les œuvres qu'inspire encore le génie de la liberté, comme les efforts, les projets ou les rancunes de la haine et du désespoir que la servitude provoque, soit chez les pères qui ont vécu sous un plus heureux régime, soit chez les fils qui l'entendent vanter.

On comprendra donc que je n'hésite pas à intituler ce livre *Histoire de Florence*, quoiqu'il n'embrasse point toutes les annales de cette ville. J'aurais pu dire Histoire de la République ou de la commune de Florence ; mais le mot de *République*, éveillant des idées très-anciennes ou très-modernes, ne se lit, je crois, dans aucun des plus anciens documents, et on ne le rencontre guère dans les auteurs primitifs. L'expression ordinaire chez eux, c'est *il comune,* non pas *la commune,* mais *le commun*, c'est-à-dire la partie du peuple en possession des droits civiques, sans la séparer de ses magistrats et de son gouvernement. Or, le mot de *commun* ne s'entendrait pas en ce sens, et celui de *commune* éveille chez nous, dans le passé, l'idée très-particulière d'institutions strictement municipales qui se développent et bientôt s'étiolent à l'ombre d'abord protectrice, plus tard mortelle, du pouvoir royal, et, dans le présent, un sens très-vague, mais très-odieux, qui rappelle les plus absurdes théories, les plus abominables pratiques d'une démagogie qui tenait sans doute à n'être point confondue avec la démocratie. L'instinct historique de notre langue a de bonne heure distingué les villes de France, libres dans leur étroite sphère, mais réduites à graviter autour du pouvoir central, des villes d'Italie, centres elles-mêmes, et, pour devenir ou rester indépendantes, se transformant en États. Aussi avons-nous toujours dit les *communes* de France et les *républiques* d'Italie. Au cours de l'ouvrage, j'emploierai, selon l'occasion, l'un ou l'autre de ces termes ; mais au frontispice, il m'a semblé que le titre le plus simple était le meilleur.

Quant au plan, je l'ai voulu, dans les limites de temps que je m'étais tracées, aussi large, aussi compréhensif que possible. J'avais présent à l'esprit l'idéal désespérant que M. Villemain propose aux efforts de l'historien : « Le récit des événements, dit-il, la peinture des hommes, ne sont aujourd'hui qu'une part de l'histoire. Il y faut joindre encore la philosophie générale et la statistique approfondie, ce qu'il y a de plus élevé et ce qu'il y a de plus précis ; puis enfin l'histoire intellectuelle, l'histoire des lettres, des arts, des industries.... Il faut demander l'histoire de la Toscane à quelque moderne qui aura déchiffré, dépouillé, comparé les monuments originaux de toute sorte.... Que de conditions ne doit-il point réunir, depuis la connaissance de l'organisation obscure et compliquée du moyen âge, jusqu'à cette imagination qui en ressuscite les brillants tableaux, et depuis l'intelligence de tous les détails de commerce, de finances et de guerre, jusqu'au goût exquis et à la vive sensibilité pour les arts ! Cette réunion de talents divers, cette variété de connaissances, ces coups d'œil opposés, pour ainsi dire, nous les imaginons difficilement dans un même historien[1]. »

Ce serait en effet avoir le génie de l'histoire, et le travail n'en donne pas même le talent ; mais il permet du moins de remplir un cadre, pour vaste que le sujet et la critique nous l'aient imposé. Je ne pouvais donc hésiter entre les deux écoles qui labourent si diversement le vaste champ des études historiques, l'une qui veut inspirer confiance par l'art du récit et garde pour soi les documents et l'appareil critique, lourd et disgracieux échafaudage dont l'architecte débarrasse le bâtiment à peine terminé ; l'autre qui tient à montrer les étais de l'édifice, les preuves des assertions, l'examen approfondi des contradictions et des incertitudes, qui conserve, en un mot, comme aux cathédrales du moyen âge, l'encombrante armature des arcs-boutants et des contre-forts. Je savais que les peuples qui nous dénigrent ne nous reprochent rien plus durement que de préférer l'art à la science, et je pensais qu'il est pru-

---

[1] *Journal des Savants*, loc. cit.

dent à l'historien, s'il n'a pas les fortes et rares qualités d'un maître, de rechercher les mérites modestes qu'assure une attention patiente, une conscience défiante de la mémoire et obstinée aux plus minutieuses recherches, mérites qu'on acquiert par la volonté et qui suffisent à faire une œuvre sérieuse, propre certainement à être consultée avec fruit.

Ce que j'ai cru devoir à mon naturel désir d'être lu, c'est de séparer soigneusement du récit la discussion, c'est d'avoir, comme disait M. Victor Le Clerc, le volume d'en haut et le volume d'en bas, afin qu'on puisse parcourir l'un sans recourir à l'autre, ou, si on le préfère, en y recourant à tout propos. Je me souhaite, s'il m'est permis de le dire, des lecteurs qui ne dédaignent pas trop le volume d'en bas. Je tiens à ce qu'ils voient que l'exposition des faits porte sur des fondements solides, à ce qu'ils distinguent, sans me croire sur parole, la vérité de la légende, le neuf du rebattu. A ceux qui ne se douteraient pas du mal que l'historien se donne pour rendre clair ce qui est obscur, pour substituer au doute la certitude, pour lire, confronter, comprendre les plus embrouillés, les plus incohérents témoignages, pour suppléer aux uns par les autres ou par la réflexion et la critique, il est bon de faire toucher du doigt les mille difficultés qui sont une valable excuse aux imperfections nécessairement nombreuses d'un semblable travail. Aux yeux mêmes des doctes ne convient-il pas de justifier les suppressions, les additions, les innovations, et d'établir que sur divers points les ouvrages antérieurs avaient méconnu le vrai et admis le faux?

On me reprochera peut-être de trop me complaire aux détails. L'histoire sans détails n'est pourtant qu'un memento pour ceux qui savent, qu'un premier pas qui en appelle d'autres pour ceux qui ne savent point. La vive imagination d'un Michelet, le puissant génie d'un Bossuet, peuvent en quelques pages tracer le tableau des temps modernes ou de tous les temps; mais, pour bien apprécier ces œuvres brillantes ou sublimes, ne faut-il pas déjà connaître ce dont elles parlent si sommairement? Quel moyen d'être bref, quand il faut remplir, ou du moins quand on essaie le premier de remplir cet accablant programme qu'impose à l'histoire M. Villemain ? Au surplus, dans un même pays, et surtout dans une même ville, les lignes générales sont communes à la plupart des hommes ; les traits particuliers marquent seuls la différence, par conséquent la caractéristique.

Cette caractéristique, on est trop heureux de la trouver quelquefois pour ne pas la chercher toujours. A mesure qu'on avance dans l'ordre des temps, elle se rencontre plus fréquente, grâce à l'esprit plus ouvert et plus observateur des écrivains, grâce surtout à l'abondance de plus en plus grande et bientôt écrasante des sources d'information. Mais, il faut l'avouer, pour les temps primitifs, ces sources sont aussi maigres que rares. Peu ou point de documents officiels et manuscrits. Ceux qu'on rencontre sont en général d'une sécheresse telle, qu'ils ne servent trop souvent qu'à rectifier les dates. Des premiers grands recueils contenus aux archives florentines, les *Capitoli* seuls, avec les *Cartapecore Strozziane-Uguccioni*, remontent jusqu'aux dernières années du douzième siècle ; les autres ne commencent qu'à la fin du treizième, les *Consulte* en 1281, les *Provvisioni* en 1284[1]. La partie semblable, le protocole remplit presque en entier chacune des pièces : aussi les érudits italiens qui, sur tel ou tel point, ont entrepris de les publier, se voient-ils souvent réduits à en donner une analyse sommaire, et à ne citer du texte que la phrase topique, égarée en quelque sorte dans le fatras d'un formulaire verbeux. Pour la même raison, j'ai dû m'interdire, au moins dans ces premiers volumes, la reproduction des documents inédits en appendice. Tout ce que contiennent d'important ceux dont j'ai eu à me servir, on le trouvera dans les notes, au bas

---

[1] Dans l'annonce bienveillante que M. Gabriel Monod a consacrée au présent ouvrage, on lit ce qui suit : « Malgré les recherches faites par M. Perrens dans les Archives de Florence, ce qu'il en a tiré est peu de chose, en comparaison de ce que contient cette mine si riche. » Rien n'est plus vrai ; mais la richesse de ces archives n'est réelle qu'à partir du quatorzième et surtout du quinzième siècle, c'est-à-dire des temps postérieurs au temps de Dante, où je m'arrête aujourd'hui.

des pages, à l'endroit même où les phrases citées viendront à l'appui de mes assertions.

Quant aux chroniqueurs imprimés, ils se réduisent, pour la même période, presque à un seul, Giovanni Villani. Marchionne Stefani ne fait que le copier en l'abrégeant, utile toutefois parce qu'il se pique d'exactitude pour les petites choses, curieux souvent par ses réflexions. Leonardo Bruni d'Arezzo et Scipione Ammirato, qui ont des prétentions plus ou moins justifiées d'historien, suivent en toute conscience les mêmes errements. C'était une opinion reçue au seizième siècle, comme au quatorzième, qu'on peut transcrire littéralement ses devanciers sans les nommer. Ni Guicciardin ni Machiavel ne croyaient mériter la flétrissante épithète de plagiaire, l'un en traduisant Galeazzo Capra, surnommé Capella[1], l'autre en reproduisant, accrue, il est vrai, des réflexions du génie, la lourde histoire de Cavalcanti[2]. Ammirato, pourtant, a, comme Stefani, son utilité, car dans son texte ou dans les additions de son neveu on trouve la trace de documents authentiques dont quelques-uns, depuis, n'ont pas été retrouvés. Mais il faut faire notre deuil de Ricordano Malespini et de Dino Compagni, en qui l'on voyait naguère la loi et les prophètes. Leurs assertions sont sans autorité et ne peuvent être invoquées par l'historien jaloux de ne s'appuyer que sur d'inattaquables fondements. Malespini, qu'on préférait à Villani comme plus ancien, est sensiblement plus moderne, si même il y a jamais eu un chroniqueur de ce nom. Compagni passait pour un témoin oculaire des événements qu'il raconte, et tout ensemble pour un maître dans l'art de les raconter, pour un peintre d'une vérité, pour un écrivain d'une pureté sans égales. Contre Villani on lui donnait raison sans examen. On l'étudiait dans les écoles comme *texte de langue*, c'est-à-dire comme classique; on s'extasiait sur quelques passages heu-

---

[1] *Capellæ Commentarii.* — De 1531 à 1542, ces commentaires eurent onze éditions (Voy. Ranke, *Zur Kritik neurer Geschichtschreiber*).

[2] Publié en deux volumes à Florence, en 1838. Il y en a, d'ailleurs, de plus anciennes éditions.

reux, qui faisaient oublier tant de pages décousues et déclamatoires, tant d'erreurs dans les dates et les faits. Un auteur prussien écrivait tout un volume en l'honneur de cet incomparable historien. Or, voilà qu'il n'est plus qu'un faussaire du quinzième ou du seizième siècle, que dénoncent les néologismes de sa langue comme les bévues de son récit.

Les ouvrages modernes, de leur côté, sont d'un médiocre secours. Antérieurs, pour la plupart, aux récentes investigations de la critique, ils sont incomplets, volontairement ou par négligence, composés suivant les anciennes méthodes et les vieux errements. Réduits à choisir entre les assertions contradictoires des chroniqueurs, ils le font comme au hasard, sans donner les motifs de leur choix, sans remonter aux manuscrits qui les guideraient sûrement. En France, nous n'avons qu'un précis de Mme Hortense Allart et qu'un recueil d'épisodes où M. Delécluze ne recherche que l'agrément. En Angleterre, à M. Napier, estimable pour le temps, a succédé M. Adolphus Trollope, qui ne sait sortir ni de l'histoire politique, ni de l'ornière de deux ou trois chroniqueurs, qui manque de critique pour contrôler, juger, vérifier leurs assertions, et de patience pour remuer la poudre des vieilles archives ou feuilleter les pages innombrables de tant d'écrits de tous les temps, même des volumineux et importants recueils de Muratori et de Pertz, qu'on a si aisément sous la main.

En Allemagne, à la réserve de quelques monographies importantes, comme celles de M. Alfred Reumont, les nombreux érudits qui fixent leurs regards investigateurs sur l'histoire de Florence semblent, jusqu'à présent, concentrer leurs efforts sur l'analyse des sources, dont ils démontrent péremptoirement ou provoquent à démontrer, pour un certain nombre, l'impureté.

En Italie, enfin, les uns suivent l'Allemagne dans cette voie, et, comme elle, s'abstiennent de la synthèse. On leur doit cet éloge qu'ils dépassent leurs maîtres, sinon par l'initiative et l'invention dans la critique, au moins par le soin, la précision, l'exactitude, par l'absence de prétentions tranchantes comme par une sage réserve sur la pente glissante des négations. M. Pasquale Villari, M. Cesare Paoli, M. Luigi Passerini, font preuve d'une science solide et d'une rare sagacité dans des articles de revues, dans des mémoires ou des livres spéciaux, malheureusement peu faciles à retrouver, qui renouvellent les fondements de l'histoire, mais ne sauraient la remplacer. Les autres qui, avant ou après ces philosophes et ces érudits, ont entrepris de l'écrire, manquent d'érudition, pour la plupart, ou n'en ont qu'une frelatée, sacrifient aux vieilles divinités de la rhétorique et n'ont cure de la critique, qui les a remplacées si heureusement. Pignotti est le plus sensé et le plus instruit des historiens de la Toscane; mais la science a marché depuis 1813. Inghirami n'a fait qu'une compilation insensée par les proportions et ridicule par l'étalage d'un savoir de troisième ou quatrième main : les temps antéhistoriques y occupent plus du quart de l'ouvrage ; Villani y est cité d'après Sismondi, Salluste d'après la *Revue d'Édimbourg*. On aurait plus de bien à dire de M. Atto Vannucci, esprit clair et judicieux, qui connaît les bibliothèques ; mais il n'a publié sur l'histoire de Florence qu'un abrégé des premiers temps ; il s'arrête, plutôt qu'il ne finit, selon sa fatigue ou ses convenances ; il n'a réussi à rendre son récit limpide qu'en laissant dans l'ombre les difficultés.

Le dernier venu dans l'arène, le vénérable marquis Gino Capponi, a embrassé un champ plus vaste : c'est l'histoire de la République florentine qu'il écrit dans son entier, d'une langue pure et d'un style grave, avec la conscience de l'honnête homme et du bon citoyen, avec un ferme jugement et l'art d'éviter les digressions. Que n'eût-on pu attendre de son talent, si la perte de la vue ne l'eût contraint de recourir aux yeux et aux mains d'autrui ! Mais on ne trouve pas chez les plus zélés auxiliaires cette attention vigilante et minutieuse qu'exige le dépouillement des manuscrits et même des imprimés : aussi M. Gino Capponi est-il, sur les origines, d'une brièveté extrême : il ne se donne libre carrière que lorsqu'il arrive aux temps où il peut mettre en œuvre des papiers de famille longtemps ignorés. Après cette histoire de Florence, la meilleure en somme que nous possédions, il restait donc à puiser plus largement aux sources primitives, à passer les faits au crible d'une critique plus sévère, à aborder résolûment la difficile étude des institutions, à étudier les industries, les mœurs, à introduire dans un cadre moins restreint les détails propres à animer et à varier le récit.

C'est ce que j'essaie de faire dans le présent ouvrage. Je ne me dissimule pas que les incessants travaux qui se poursuivent d'une part sur les vieux textes, de l'autre sur divers points particuliers, apporteront encore quelques menus faits et surtout redresseront beaucoup d'erreurs. Plusieurs de ces travaux me sont parvenus au cours de l'impression : j'en ai profité, quand il était temps encore, soit pour corriger mon texte, soit pour donner la correction aux appendices ou aux *errata*. Eussé-je mieux fait de différer davantage ? On n'écrirait jamais l'histoire de Florence ni aucune histoire, si l'on ne se mettait à l'œuvre qu'après que l'immense mer des archives publiques et privées aura été minutieusement explorée dans tous les sens. Il faut se résigner aux erreurs de détail et se préparer aux rectifications dont la nécessité sera démontrée.

Pour donner au récit toute la clarté possible, je crois devoir joindre au premier volume une carte de la Toscane et au second un plan de Florence. La carte a été dressée d'après celles de Zuccagni-Orlandini, de Mayr, de l'État-major, mais en la restreignant aux indications nécessaires pour l'intelligence d'un récit qui ne sort point des temps du moyen âge, et en rectifiant quelques erreurs à l'aide de l'excellent dictionnaire géographique de Repetti. Le plan a pour point de départ et pour modèle celui qu'on trouve dans l'œuvre magnifique, malheureusement inachevée, de Lord Vernon (*Dante illustrato*); mais j'ai dû le ramener à de moindres proportions, supprimer surtout les chiffres nombreux qui renvoient à une légende étendue de près de cent pages in-4°, et que déparent de nombreux anachronismes. Il suffit d'indiquer les principales voies, les principaux monuments au temps de Dante, et, à défaut de la première enceinte des Romains, que Villani et Ammirato ont décrite, mais qu'en l'état des fouilles on ne saurait déterminer avec précision, de tracer la seconde et la troisième, qui remontent l'une à l'année 1078, l'autre à l'année 1284.

L'ouvrage étant de longue haleine et ne pouvant d'un coup être publié dans son entier, il a paru impossible d'ajourner jusqu'au dernier volume l'index analytique, si nécessaire pour les vérifications et les recherches. Je ne pouvais donc qu'en mettre un à la fin de chaque volume, malgré les inconvénients de cette méthode. Parvenu au terme de ce long travail, si la vie ne me fait défaut d'ici là, je remplacerai par un index général ces index fractionnés. Aux noms des personnages historiques, auxquels on se borne d'ordinaire, j'y ajoute les noms des choses, quand elles paraissent de quelque intérêt, et ceux mêmes des auteurs cités dans les notes. Ces derniers sont imprimés en italiques, et les chiffres dont ils sont accompagnés renvoient à la première mention de chacun des ouvrages, celle où l'on trouvera dans toute leur étendue les indications bibliographiques.

Puisque j'ai parlé des noms propres, je dois dire combien je regrette, touchant à l'histoire d'un pays tel que l'Italie, où tant de races se sont mêlées, de ne pas laisser à chaque personnage la forme de son nom, qui eût indiqué sa provenance, et, par exemple, entre tant de princes portant le nom d'Henri, de ne pas appeler Heinrich un Allemand, Henry un Anglais, Enrico un Italien, Enrique un Espagnol, en réservant pour les Français la forme française de ce nom. Mais le lecteur, chez nous, a ses habitudes, et il ne supporterait pas volontiers qu'on le contraignît à y renoncer. Il est d'ailleurs plus facile de poser le principe que de s'y conformer, et Sismondi, qui l'admet, le viole, non sans raison, à chaque instant. C'est qu'en effet, quand un nom appartient à l'histoire de tous les pays autant qu'à l'histoire d'Italie, il n'y a pas de motif pour préférer une forme étrangère à la nôtre, pour dire Gregorio le grand ou Gregorius VII. D'autre part, quand un nom de ville, sous sa forme française, est ou très-rapproché ou très-éloigné de sa forme italienne, que faire? Faudra-t-il dire Roma, Milano, Genova, Piacenza, Firenze? Quelle apparence d'intituler ce livre : Histoire de Firenze ! Sans compter que le nom primitif, Florentia, est le seul qu'on trouve aux vieux documents.

S'il est possible, à cet égard, de fixer et de suivre une règle, il me semble que les noms qui ont obtenu droit de cité en France doivent, en général, être écrits comme les écrivaient nos pères, tandis que les autres le seront comme les écrivent les Italiens. C'est ainsi que nous dirons Machiavel, Gênes, Plaisance, sans aller jusqu'à Saint-Geminian pour San Gemignano et Guy Nouveau pour Guido Novello. Affaire d'appréciation et de mesure. Nos voisins d'au delà des Alpes écrivent bien Beltramo del Balzo pour Bertrand de Baux et Piero di Narsi pour Pierre de Nancy, travestissements qu'on retrouve jusque dans les ouvrages français qui s'inspirent des ouvrages italiens. Notre langue est trop familière au beau pays *ove'l si suona*, pour qu'aucun lecteur, voyant divers noms de la péninsule sous leur forme française, en puisse être dérouté ou seulement impatienté.

Dans cette entreprise ardue, téméraire peut-être de la part d'un étranger, j'ai été soutenu de loin comme de près par l'obligeance inépuisable des savants florentins. Elle n'a vraiment d'égale que leur érudition toujours prête. Je remplis un agréable devoir en exprimant ici toute ma gratitude à M. Cesare Guasti, directeur des archives, à M. Cesare Paoli, l'habile paléographe, son docte collaborateur, à M. Luigi Passerini, surtout, dictionnaire vivant qui se laisse incessamment feuilleter, et dont les connaissances approfondies sur l'histoire de sa ville natale ont assuré mes pas quand je sentais le terrain mouvant ou quand je craignais de m'égarer. Qu'à leurs encouragements de ces dernières années s'ajoute aujourd'hui leur approbation pour les trois volumes que je publie : j'en aurai plus d'ardeur à terminer les suivants, depuis longtemps déjà commencés.

Paris, 25 février 1877.

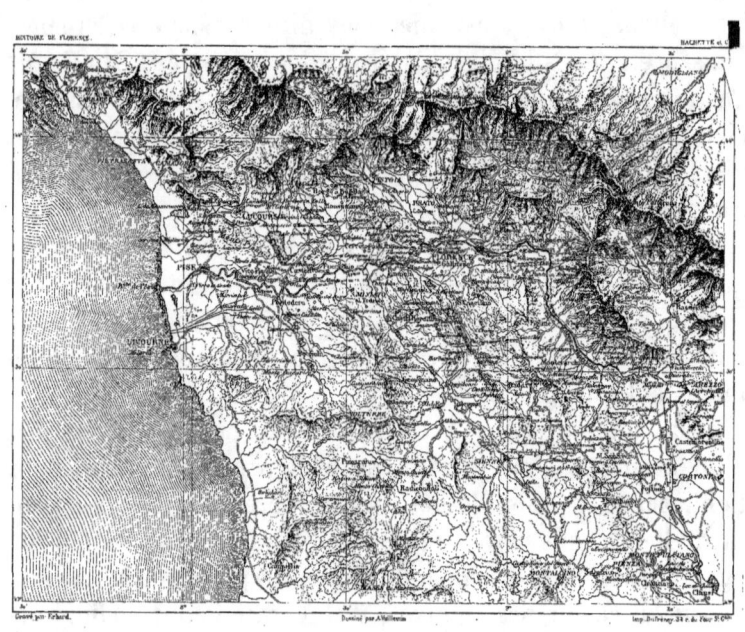

HISTOIRE DE FLORENCE

LIVRE PREMIER

CHAPITRE PREMIER

LES TEMPS ANTIQUES

Géographie physique de la Toscane. — Ses limites. — Facilité d'y pénétrer. — Sa configuration intérieure. — Montagnes. — Vallées. — Cours d'eau. — L'Arno. — Autres fleuves. — Lacs. — Les Maremmes. — Productions du sol. — Climat. — Les Étrusques. — Leur ressemblance avec les Toscans modernes. — Leur origine. — Rhasena. — Lydiens. — Mélange des deux races. — Prédominance de l'élément oriental. — La religion. — La politique. — Les mœurs et les arts. — Influence des Grecs sur les Étrusques. — La fédération. — Prise de Veies. — Les villes. — Fiesole et ses marchés. — Florence bourgade étrusque. — Décadence des Étrusques. — Conquête romaine. — Colonies romaines. — Florence colonie des Triumvirs. — Sa situation topographique. — Les Florentins au Sénat, sous Tibère. — Fêtes à Florence en l'honneur des Césars. — Le christianisme à Florence. — Le martyr Minias et ses compagnons. — Persistance du culte et des superstitions étrusques.

Au cœur de l'Italie, entre la mer Tyrrhénienne et l'Apennin, se trouve une contrée dont l'étendue est médiocre, mais la richesse considérable et le charme souverain. C'est la Toscane. Dans le pays le mieux limité de l'Europe, la nature lui a marqué, sauf sur un point, des limites précises, qui la séparent des provinces voisines sans l'isoler, et peut-être aussi sans la défendre suffisamment. A l'ouest et au midi les flots azurés d'une mer paisible et un littoral d'accès facile ont attiré de bonne heure vers la Toscane les aventuriers et les pirates, comme les colons et les marchands. Au nord et à l'est se développe en courbe gracieuse, et sur un espace de cent quatre vingts milles[1], l'Apennin aux formes douces et arrondies, aux sommets tantôt dénudés, tantôt couverts de forêts sombres, d'où s'élèvent parfois d'âpres et nus rochers. Cette épaisse et haute muraille ouvre trois fois son flanc décharné aux envahisseurs, non moins qu'à la bise glacée du nord. On traverse le mont Boscolungo au col de Fiumalbo pour se rendre de Modène à Pistoia ; le mont Piano au col de Pietramala pour aller de Bologne à Florence ; les monts Liguriques, au bord de la mer, pour gagner Pise en suivant le rivage. Au sud-est on franchit aisément le Tibre, malgré ses crues fréquentes et son cours rapide ; on traverse sans danger le désert fleuri des Maremmes, mortel à ceux qui l'habitent[2]. C'est ainsi qu'à la réserve de la Lombardie, on ne voit pas dans toute la péninsule de région plus facile à aborder que la Toscane, et plus difficile à défendre[3].

Sa configuration intérieure, à vrai dire, atténue un

---

[1] Le mille italien est de 75 au degré et équivaut à 1 kilomètre 481 mètres.

[2] Scipione Ammirato, le meilleur des anciens historiens de Florence, donne à la Toscane les limites suivantes : le Tibre la sépare de la campagne de Rome à l'est ; la Magra de la Ligurie à l'ouest ; l'Apennin de la Romagne au nord ; la mer Tyrrhénienne se trouve au midi (*Istorie fiorentine*, t. 1, part. 1, p. 3. Florence, 1647, in-f°).

[3] Voy. Mignet, *Mémoire sur la formation territoriale et politique de l'Italie*, dans les *Séances et travaux de l'Académie des sciences morales et politiques*, 2° série, année 1847, t. XII, p. 310. — Duruy, *Histoire des*

peu cet inconvénient et ce danger : elle permet la défense partielle, alors même qu'a échoué la défense générale. De la chaîne principale de l'Apennin se détachent plusieurs chaînes secondaires, dont la plus importante, nommée par les géographes Subapennin toscan, donne à la contrée une physionomie propre et originale. Se détachant du faîte au mont Cornaro, où le Tibre prend sa source, il se divise en deux rameaux, dont l'un court au nord-ouest et l'autre au sud-est. A mesure qu'ils se rapprochent des côtes, ces rameaux s'abaissent graduellement en petites collines boisées; ils se perdent dans les plateaux marécageux de la région maritime ou relèvent brusquement leurs masses rocheuses en presqu'îles et en promontoires qui forment des ports[1]. Parfois ils plongent dans la mer et en ressortent à peu de distance, sous la forme d'îlots granitiques, couverts d'arbustes et de broussailles, resplendissants au soleil, mais privés des eaux vives qui fécondent, et, pour la plupart, des habitants qui cultivent[2]. Parfois ils ne reparaissent qu'au loin, aux rivages de la Corse, dont les montagnes ont tous les caractères de l'Apennin toscan. De leurs flancs symétriques se détachent perpendiculairement des ramifications tertiaires, presque parallèles à la ligne principale. La Toscane forme ainsi comme un damier en relief, dont les cases

---

Romains, t. I, p. 16. Paris, 1870. — Leo, *Geschichte der italienischen Staaten*. Hambourg, 1827. Traduction française de Dochez, dans la *Collection d'histoires des États européens* de Heeren et Uckert, liv. I, cap. I, t. I, p. 10.

[1] Caps de Piombino et de Monte Argentaro, que Rutilius (*De reditu suo itinerarium*, l. I, v. 315) comparait à l'isthme de Corinthe; golfes ou baies de Piombino, d'Orbetello, de Porto-Ercole. — Les Latins, en parlant des côtes de l'Adriatique, disaient *importuosum littus*.

[2] Iles d'Elbe, de Palmajola, Gorgona, Pianosa, Giglio, Giannutri, les *formiche* d'Ansidonia et de Grosseto.

irrégulières, ou vallées, semblent autant de camps retranchés, longs de trente milles et larges de vingt-quatre environ, qui sont propres à une défense prolongée, mais qui développent le goût fatal et tout italien de l'isolement[1]. Malte-Brun, voulant rendre l'aspect du Subapennin, vu d'un de ses sommets les plus élevés, le compare aux vagues ondoyantes de l'Océan légèrement troublé, tandis que le centre de la chaîne rappelle les flots d'une mer agitée par la tempête[2].

Au fond de chacune de ces vallées est le lit de quelque cours d'eau qui jaillit et descend de la montagne, pour féconder d'ordinaire, mais quelquefois aussi pour inonder la plaine. S'ils arrivent trop rapidement à la mer pour se grossir d'affluents nombreux, ils s'alimentent des lacs supérieurs qui ne tarissent point, des nuées qui s'amoncellent aux sommets et qui s'y résolvent en orages, des neiges qui fondent déjà en février sur ce versant méridional. D'un bond ils se précipitent aux régions moyennes; ils y cherchent leur chemin à travers ce dédale de montagnes, tournent les obstacles, et se répandent librement dans la vallée, partout où l'industrie humaine ne leur a pas creusé un lit. Là, l'évaporation, la chaleur, les réduisent pour la plupart, en peu de temps, à n'être plus que de minces filets d'eau. Moins dévastateurs et plus utiles que les torrents de l'Adriatique, parce qu'ils parcourent un espace moins resserré, ils sont plus propices à la fertilité des champs, à l'établissement des villes, à leurs

---

[1] Élien comptait en Italie 1197 cités formant autant de peuples distincts. (Voy. Duruy, *Histoire des Romains*, t. I, p. 7.)

[2] *Géographie universelle entièrement refondue et mise au courant de la science* par Th. Lavallée, t. III, p. 81. Paris, 1858, in-4°. — *Nouvelle géographie universelle*, par Élisée Reclus, t. I, p. 401, sq. Paris, 1875.

communications entre elles. C'est d'eux que reçoivent leur nom toutes ces vallées dont l'ensemble constitue la Toscane : val de Sieve et val de Nievole, val de Serchio et val d'Era, val d'Elsa et val de Cecina, val de Chiana et val d'Orcia, val d'Ombrone et val d'Arno. Quand la vallée a plus d'étendue, on subdivise encore et l'on dit : val d'Ombrone supérieur et inférieur, val d'Arno supérieur, florentin, inférieur, ou, plus généralement, *val di sopra* et *val di sotto*, c'est-à-dire vallée au-dessus et vallée au-dessous de Florence.

Deux de ces cours d'eau ont seuls un nom dans l'histoire. L'un, le Tibre, torrent à sa source, fleuve bientôt, va chercher hors de la Toscane ses grandes destinées. L'autre, l'Arno, est toscan tout entier. S'il est un nain auprès des grands fleuves de l'Europe et du monde, il est presque un géant auprès de ceux qui coulent dans cette province. Il descend du mont Falterona, un peu au nord du mont Cornaro. Souvent resserré entre la chaîne principale à droite et le Subapennin toscan à gauche, il sert de fil conducteur à quiconque entre en Toscane par le col de Pietramala. Le long de la chaîne secondaire du Pratomagno, au milieu de sombres forêts, il se dirige d'un cours rapide vers le midi, où verdoient de riantes prairies. Puis, il recommence sur l'autre versant de cette montagne le chemin déjà fait, remonte plus lent vers le nord, et, enfin, se tourne nettement vers l'ouest. Dans ce fantasque parcours de deux cent cinquante kilomètres, sa largeur est fort inégale. Il n'a que cent mètres au confluent de la Chiana et cent soixante-quinze à Pise, tandis qu'il en a deux cents à Florence, située entre les deux. C'est seulement à Florence qu'il devient navigable, et il cesse de l'être vers son embouchure, dont les sables ferment aux navires tout accès vers la mer. Ses affluents, taris les trois quarts de l'année, lui apportent, au printemps, le tribut de leurs flots grondeurs [1].

Trop rapide dans le *val di sopra* pour porter des bateaux, il vit cependant s'élever de bonne heure sur cette partie de ses rives des villes qu'attendait un certain avenir, Bibbiena et Subbiena, Arezzo et Laterina. Entre Pontassieve [2] et Florence il arrose une belle et riante vallée de sept kilomètres. Plus bas, il est resserré par les coteaux boisés du mont Albano et du Subapennin. Il ne retrouve plus de liberté qu'au confluent de l'Elsa, où commence le *val di sotto*, limité sur la rive droite par d'humbles collines, mais formant sur la rive gauche une vaste plaine qui s'étend de Livourne à Pise et de l'Era à la mer. C'est là que le fleuve, n'ayant plus qu'une faible pente, s'attarde et multiplie les sinuosités; c'est là surtout qu'il a fallu construire des digues, creuser des canaux pour le rectifier et le rendre navigable, sinon aux navires, du moins aux bateaux.

Les autres cours d'eau ne sauraient servir de chemin au commerce. La Magra, qui sépare la Toscane de la Ligurie, ne fait qu'un bond de l'Apennin à la mer. Le Serchio ne peut que fertiliser les pays de Modène et de Lucques. Le grand Ombrone, le fleuve des Maremmes, attend en vain de ses affluents quelques filets d'eau pour hu-

---

[1] Strabon, l. V, c. 2, éd. Didot, p. 185. — En amont de Florence, il a déjà reçu à gauche le Corsalone, la Chiana, l'Ambra, et à droite la Sieve et le Bisenzio; en aval, il reçoit à gauche la Greve, la Pesa, l'Elsa, l'Evola, l'Era, à droite le petit Ombrone de Pistoia (qu'il ne faut pas confondre avec le grand Ombrone, qui coule au sud de l'Arno et se rend à la mer par les Maremmes), et la Nievole, noyée d'abord aux marais de Fucecchio, mais remise en son chemin par le canal de l'Usciana, que les hommes ont creusé.

[2] Ponte a Sieve, pont sur la Sieve

mecter son lit pierreux. Les pluies en hiver, la fonte des neiges au printemps le remplissent tout au plus pendant quelques semaines, comme elles remplissent celui de ces innombrables torrents qui bondissent alors sur le roc et sur le sable, sur les collines et même sur la plaine, si la nature ou la main de l'homme ne les a pas contenus[1].

A ces eaux qui courent, qui marchent ou qui tarissent, s'ajoutent, malheureusement pour la Toscane, les eaux dormantes, intarissables, de ces lacs et *lagoni*, aux rives émaillées de fleurs, et qu'on y voit un peu partout, mais principalement aux bassins de la Cornia, de la Cecina, de la Mersia, traces à peine reconnaissables d'anciennes convulsions du sol, cratères transformés d'épouvantables volcans[2]. Des entrailles de la terre jaillissent, avec les eaux chaudes que venaient prendre les Romains[3], des exhalaisons empestées, où la science moderne a reconnu l'acide borique; l'onde, limpide au large, est épaisse et croupissante sur les bords, et l'air, imprégné de ces émanations funestes, devient un objet d'effroi. En ces lieux, aux temps antiques, on croyait voir quelques-uns de ces gouffres par où l'on descendait aux enfers.

Plus malsaines encore sont ces terribles Maremmes qui

---

[1] Voy. ces torrents et ces cours d'eau, ainsi que le système des montagnes, sur la carte de Toscane dressée par l'état-major autrichien, sur l'excellente *carte géométrique de la Toscane* du P. Inghirami, dans Zuccagni-Orlandini, *Atlante geografico-storico del gran ducato di Toscana*, in-f°, dans l'*Atlas der Alpenländer* de Mayr (Justus Perthes, Institut de Gotha), et enfin dans Spruner, *Historisch-geografischer Hand-Atlas zur Geschichte der Staaten Europa's von Anfang des Mittelalters bis auf die neueste Zeit*. Gotha, 1837-1846, in-f°.

[2] Lacs de Bientina, de Fucecchio, de Chiusi, de Montepulciano, de Bagni, de Bolsena, de Pérouse.

[3] Strabon, l. V, c. 2, § 9, éd. Didot, p. 188-189.

de Sienne, de Volterre, de Grosseto, s'étendent et se prolongent jusqu'à l'aride campagne de Rome, jusqu'aux fertiles plaines de la Campanie. Singulier mélange de montagnes verdoyantes et de sablonneuses collines, de stériles marécages et de riches moissons, de champs et de bois, de pâles asphodèles et de sombres lentisques, le désert des Maremmes attire le voyageur dans son atmosphère transparente, sous son ciel pur dont la douce brise de mer tempère les ardeurs [1], et semble l'inviter au repos ; mais qu'il s'y abandonne, il court risque de ne plus se réveiller. Les natifs eux-mêmes ne s'aventurent pas sans précautions dans ce pays qu'ils aiment. Ils savent, selon le proverbe toscan, qu'on s'y enrichit en une année, mais qu'on y meurt en six mois [2].

Ce fléau est aussi ancien que l'Italie. Il provient, en effet, du séjour prolongé des eaux sur un sol plat qui n'en permet pas l'écoulement [3]. Mais dès les temps les plus reculés on connut les moyens d'assainir la Maremme. De très-bonne heure elle compta de nombreux habitants. Les immigrants ne se portèrent que plus tard dans le bassin de l'Arno [4]. Il fallut l'incurie de l'administration romaine sous les empereurs, les dévastations et les calamités de la période suivante, pour rendre au mal sa force primitive et décourager les hommes d'y porter remède.

---

[1] Voy. la description des Maremmes dans *L'Étrurie et les Étrusques, ou dix ans de fouilles dans les Maremmes toscanes*, par Noël des Vergers, t. I, p. 1-10. Paris, 1862-1864. 2 vol. in-8°, et *La Maremme toscane* par Simonin, dans la *Revue des Deux Mondes*, n°ˢ du 1ᵉʳ et du 15 juin 1862.

[2] In Maremma si arrichisce in un anno, si muore in sei mesi.

[3] Voy. *Relazione sulle condizioni agrarie ed igieniche della campagna di Roma*, par R. Pareto. 1872.

[4] Ottfried Müller, *Die Etrusker*, t. I, c. I. Breslau, 1828. 2 vol. in-8°.

Le moyen âge n'en parlait plus que d'un ton résigné, comme on parle de l'inévitable [1].

C'est donc au nord du Subapennin que les envahisseurs, aux temps barbares, fixèrent leurs demeures, et que les Toscans, aux temps du moyen âge, parvinrent à la richesse par le travail. Là, ils trouvaient en quelque sorte tous les climats, grâce à tant de montagnes et de vallées, de collines et de plaines. Ils pouvaient s'adonner à tous les genres de culture. Sur les sommets ou dans les abrupts et sauvages ravins qui les séparent, s'élèvent droits et majestueux les sapins et les mélèzes, les chênes et les hêtres que les torrents portent sans frais dans les plaines et qui servent aux constructions [2]. Dans ces hau-

---

[1] Vedi Massa e passa, dicton des Maremmes.

... La maremma tutta
Dilettevole molto e poco sana.

(Fazio degli Uberti, *Dittamondo*, l. II, c. 9, v. 29-30. Mantoue, 1474.) Siena mi fè, disfecemi Maremma (Dante, *la Divina Commedia*, Purgatoire, ch. V, v. 133). On sait avec quelle rapidité funeste, en Italie, les terres desséchées deviennent marécageuses dès qu'on cesse d'y ménager aux eaux un écoulement. Voy. *Mutinensis urbis descriptio, auctore anonymo*, dans Muratori, *Rerum italicarum scriptores*, t. II, part. 2, p. 691. — Cf. du même, *Antiquitates italicæ medii ævi*. Dissert. 21, t. II, col. 153, et passim. Les efforts tentés de nos jours n'ont obtenu pour tous ces motifs ou pour quelques-uns d'entre eux qu'un médiocre résultat. On semble d'ailleurs enfermé dans un cercle vicieux : il faut des hommes pour chasser la malaria, et c'est la malaria qui empêche les hommes de peupler les plus riches terres d'alluvion. Voy. sur cette question d'avenir et ses difficultés : P. Roller, *l'Agro romano* (*Revue des Deux Mondes*, 15 janvier 1872, p. 398, 599); et sur les Maremmes : Tartini, *Memorie sul bonificamento delle Maremme toscane*. — Salvagnoli-Marchetti, *Raccolta di documenti sul bonificamento delle Maremme toscane dal 1828 al 1859*. Florence 1861. — Ximénès, *Della fisica costituzione della Maremma*. — Michelet, *Histoire Romaine*, t. I, p. 70-71. Paris, 1843. — Noël des Vergers, Simonin, *loc. cit.*

[2] Τὴν ξυλείαν τὴν εἰς τὰς οἰκοδομὰς σελμάτων εὐθυτάτων καὶ εὐμηκεστάτων ἡ Τυρρηνία χορηγεῖ τὴν πλείστην, τῷ ποταμῷ κατάγουσα ἐκ τῶν ὀρῶν εὐθύς; (Strabon, l. V, c. 2, p. 185).

tes régions, le fruit du châtaignier nourrit l'homme, et l'herbe le bétail. Plus bas, à mi-côte, le sol, selon qu'il est exposé aux rayons du soleil ou protégé contre ses ardeurs, produit la soie, l'huile, le vin, les légumes, les fruits, surtout aux vallées de la Nievole, de l'Elsa, de la Chiana, de l'Arno inférieur, et dans cette délicieuse province de Lucques qui est le jardin de la Toscane, comme la Toscane est le jardin de l'Italie. Cette fécondité merveilleuse, les anciens l'ont célébrée. « Autant dans les plus longs jours, dit Virgile, les taureaux auront brouté d'herbages, autant en fera naître la fraîche rosée de la plus courte nuit[1]. » — « Dans la plaine de Rosea, dit Varron, laissez tomber un échalas, le lendemain il est caché sous l'herbe. En beaucoup de contrées d'Italie le sol rend dix pour un, et en Étrurie quinze[2]. »

Creusez cette terre si productive à la surface, vous la trouverez pauvre des trésors malpropres et encombrants que recherchent les modernes, et dont on trouve pourtant par endroits quelques filons, le fer, la houille, le cuivre, le plomb argentifère, le mercure sulfuré[3] ; mais elle est riche en granits, en schistes, en serpentines, en marbres noirs à Pistoia, verts à Prato, partout beaux et abondants. Sienne en possède ; ceux de Seravezza, que Michel-Ange fit connaître, égalent et surpassent peut-être ceux

---

[1] Virgile, *Géorgiques*, II, 20. Dira-t-on qu'il parle ici de Mantoue ? quelques vers plus haut il parlait de la Toscane : Inflavit quum pinguis ebur Tyrrhenus ad aras (Ibid., v, 192).

[2] Cæsar Vopiscus ædilicius, causam quum ageret apud censores, campos Roseæ Italiæ dixit esse sumen, in quo relicta pertica postridie non appareret, propter herbam (Varron, *de Re rustica*, I, 7). — Ut ex eodem semine aliubi cum decimo redeat, aliubi cum quinto decimo, ut in Etruria et locis aliquot in Italia (Ibid., I, 44).

[3] On en trouve à l'île d'Elbe, à Montecatini, à Massa marittima, dans le val di Castello et dans le val del Bottino.

de Carrare, quoiqu'ils aient moins de célébrité. Stazzema donne le marbre brèche, dont les fragments réunis offrent les plus éclatants contrastes de couleurs ; Piombino les brocatelles, Volterre l'albâtre, Florence la pierre calcaire, dont les plaques polies représentent des ruines grandioses ou d'élégantes arborisations ; enfin à Montecatini, à San-Casciano, à Lucques, jaillissent des sources froides ou chaudes d'eaux minérales ou gazeuses, qui furent de bonne heure en grand renom.

Ces richesses variées que procure à peu de frais un travail facile et attrayant augmentent les séductions d'un pays où la nature est si belle et le climat si doux. Pays tempéré au milieu de régions brûlées ou froides, fertile à côté d'arides montagnes, sec et peuplé près de déserts humides, portant en lui-même les saisissants contrastes qui le distinguent des contrées voisines, végétation africaine au pied et au midi des montagnes, végétation septentrionale sur leurs pentes et leurs cimes exposées aux vents des Alpes, il inspire à ceux qui le parcourent une admiration qui grandit chaque jour, et à ceux qui l'habitent un amour qui tient de la passion. Sans doute le climat n'y est pas absolument tel qu'on pourrait le souhaiter. Le mistral glacé et l'âpre tramontane font souvent grelotter Florence ; le Notus, l'Auster, l'Africus de Pline et des poëtes, l'inondent de pluies et d'orages ou soufflent sur elle un air embrasé qui abat l'énergie morale comme la vigueur physique ; la brise de mer, qui rafraîchit le littoral, expire avant d'atteindre cette ville trop chaude en été, trop froide en hiver. Mais les montagnes sont à ses portes, et il suffit de s'y élever, de se fixer à mi-côte ou au sommet, au nord ou au midi, pour changer à son gré de climat. Là « les villages s'appendent comme l'aire de

l'aigle, les champs s'élèvent en terrasses, en gradins qui soutiennent la terre contre la rapidité des eaux, la vigne mêle son feuillage à celui des peupliers et des ormes, et retombe avec la grâce la plus variée ; le pâle olivier adoucit partout les teintes, et son feuillage léger donne à la campagne quelque chose de transparent, d'aérien [1]. »
De ces hauteurs qui dominent Florence on jouit d'un spectacle magique où les merveilles de la nature encadrent celles du génie humain, sans les écraser. L'air diaphane, le doux éclat de la lumière, font valoir les contours bien dessinés des montagnes. Le paysage semble composé avec art, pour la satisfaction du goût comme pour le plaisir des yeux. Ce caractère, moins marqué peut-être dans les autres parties de la Toscane, y est sensible encore. Dans la province de Sienne, quelques maigres bois de chênes ou de cyprès suffisent pour parer à souhait de pittoresques et riantes collines entrecoupées de ravins. Au centre de la vallée de Pistoia ou de celle de Lucques on se trouve comme dans un cirque de montagnes dont les sommets arides ne charment guère moins que les pentes cultivées. Dans la vallée enchanteresse de l'Arno, d'Arezzo à Florence, on saisit avec une netteté singulière ce système géologique de chaînes parallèles, de contreforts perpendiculaires, de vallées entre ces chaînes et ces contreforts, dont la régularité surprend et bannit l'idée du chaos.

Ce qu'on rencontre, dans toute l'Italie, de beautés naturelles, de contrastes étonnants, de ciel pur et d'atmosphère malsaine, de soleil brûlant et de bise glacée, de fleuves ou de torrents sans eau et de marais qui ne se

---

[1] Michelet, *Hist. Rom.*, t. I, p. 28.

dessèchent point, on le trouve rassemblé, et comme en raccourci, dans la Toscane. Si la politique des temps anciens et la religion des temps modernes ont fait de Rome la tête ou l'âme de l'Italie, on comprend qu'avant ce triomphe de la force ou de la foi, la Toscane ait été cette tête, cette âme. Caton, dans ses *Origines*, quand il parlait de la Toscane, lui donnait le nom d'Italie, et il n'admettait que l'Ombrie seule au partage de ce nom et de cet honneur [1].

C'est en Toscane que l'historien, en cherchant à débrouiller les temps primitifs, rencontre pour la première fois dans la péninsule un peuple digne de mémoire. Il est probable qu'avant les Étrusques d'autres immigrants l'avaient colonisée. Les anciens auteurs parlent des Iapyges, des Italiotes, des Œnotriens, des Ombriens, des Sicules [2], populations agricoles qui se refoulèrent tour à tour jusqu'aux extrémités méridionales du pays; mais quand on les a nommés, on n'en peut plus rien dire que par conjecture [3]. Les Étrusques, au contraire, ont laissé

[1] Berger et Cucheval, *Histoire de l'éloquence latine depuis l'origine de Rome jusqu'à Cicéron*, t. 1, p. 2, note 1. Paris, 1872, 2 vol. in-12°. Sur la géographie de la Toscane on peut consulter, outre les ouvrages déjà cités, Repetti, *Dizionario statistico-geografico-fisico-storico della Toscana*, Florence, 1833. — Audot, *L'Italia*, t. I, *Toscana*, Corografia fisica. — Targioni-Tozzetti, *Prodromo della corografia e della topografia fisica della Toscana*. Flor. 1754. — Marmocchi, *Corso di geografia storica antica, del medio evo e moderna*, Flor. 1845. — Le même: *Descrizione dell'Italia*, Flor. 1847. — Bruguières, *Orographie de l'Europe*. — D'Aubuisson, *Traité de géognosie*.

[2] Pausanias, *Arcadica*, l. VIII, c. 3. — Pline, *Hist. nat.*, l. III, c. 8, 19. — Denys d'Halicarnasse, *Antiq. Roman.*, 1, 30, éd. Reiske. — Denys a même parlé d'aborigènes; mais c'est une pure hypothèse, qu'ont reproduite avec plus de patriotisme que de critique Micali (*L'Italia avanti il dominio dei Romani*, 4 vol. Flor. 1821) et Bossi (*Storia dell'Italia antica e moderna*, t. I, l. I, c. 3. Milan, 1829).

[3] Voy. celles de M. Mommsen, *Römische Geschichte*, trad. de M. Alexandre, t. I, ch. 2, p. 10-19.

de leur passage des monuments positifs. Les restes de leurs énormes murailles sont debout sous nos yeux. Le lourd pas d'un bœuf, en enfonçant une vieille voûte, a mis au grand jour, dans notre siècle, d'innombrables trésors de leur civilisation. On a pu voir alors que cette antique race vivait encore dans ses descendants, nos contemporains. Comme un grand fleuve qui disparaît un moment sous la terre, la filiation a pu se perdre dans les profondeurs obscures du passé; mais on l'a constatée quand la lumière s'est faite de nouveau dans l'histoire. Entre l'Étrusque et le Toscan il n'y a guère moins de ressemblance qu'entre le Gaulois et le Français. Les colons qu'établirent les Romains aux champs de la Toscane n'en ont point noyé dans leurs flots les habitants, et bien des immigrants se sont successivement greffés sur la souche primitive, sans en altérer les caractères essentiels [1].

Le génie de la force pesante et lourde, si remarquable aux murs étrusques de Fiesole et de Volterre, reparaît encore aux constructions florentines, aux palais Pitti et Strozzi comme aux palais publics. Ces tours carrées du moyen âge qu'on voit à Florence, à Arezzo, à Pistoia, à Monsummano, à Lucques, à Sienne, à San-Gemignano, semblent être une tradition étrusque : Rutilius appelait les Étrusques *turrigenas* [2]. Diverses pièces de leur vêtement sont encore de mode après les temps féodaux. Leurs souliers à courroies dorées, recourbés en pointe et recouvrant la plus grande partie du pied, ne sont-ils pas plus

---

[1] Un poëte de notre temps, M. Giosuè Carducci, se représente Dante comme un pontife étrusque sorti de sa tombe (Voy. sur M. Carducci une étude de M. Étienne, *Revue des Deux Mondes*, 1er juin 1874, p. 604).

[2] Rutilius, *Itiner.*, I, 596.

semblables aux souliers à la poulaine qu'aux sandales antiques? Leur *tutulus*, ce cône prolongé que les femmes portaient sur la tête et d'où pendait quelquefois un voile, ne le retrouvons-nous pas dans les sculptures, dans les peintures de l'Italie aux temps républicains? Ces paysans des environs de Florence, d'Arezzo, de Cortone, qui vous saluent au passage, ont les traits, la physionomie que les bas-reliefs, les vases, les statuettes étrusques nous ont rendus familiers. De ces bouches au contour antique sortent de rudes aspirations, étrangères aux provinces les plus voisines, mais dont la langue étrusque abondait [1]. Le Florentin moderne est sérieux et grave comme l'étaient ses ancêtres du moyen âge, Dante, Michel-Ange, Machiavel, comme l'avaient été ses ancêtres des temps antiques, les Étrusques. Après trois mille ans, et malgré des différences inévitables, après tant de siècles écoulés, de révolutions subies, de guerres soutenues, de maux soufferts, les ressemblances sont donc frappantes encore. Elles attestent la perpétuité d'une forte race dans le pays dont nous entreprenons l'histoire.

Il n'était pas besoin, ce semble, de chercher, autant qu'on l'a fait, d'où cette race pouvait venir. Elle vint, comme tous les immigrants qui ont colonisé l'Europe, des plateaux de l'Asie centrale, par lentes et successives étapes. Les premiers qui s'étaient mis en route durent s'acheminer par les voies de terre, étant trop grossiers

---

[1] Les Florentins disent *hharo, hhasa, hharrozza*, pour *caro, casa, carrozza*. Or il y a une inscription falisque où l'on voit le hharo florentin : *C. Clipea heic penes Q. et M. f. hara acubat sorex q. b.*, c'est-à-dire : C. Clipea heic penes Quintum et Marcum fratres chara accubat soror, quæ vixit etc. Voy. Orioli, *Bollettino dell' Istituto archeologico*, 1854, et Risi, *Dei tentativi fatti per spiegare le antiche lingue italiane*, p. 81. Milan, 1863.

pour construire des barques et se diriger sur la mer[1].
Ils portaient le nom de Rhasena, qui était celui de leur
chef ou des contrées qu'ils habitaient au nord des Alpes[2].
Barbares par leur ancienne origine, par leur vie nomade
et même par le séjour qu'ils avaient fait dans les froides
régions de la Germanie, ils ne purent cesser de l'être sur
les pentes de l'Apennin, quand ils y furent fixés. C'est
d'ailleurs qu'y vint la civilisation.

D'autres hommes de la même origine, suivant d'autres
routes, étaient descendus vers l'Asie Mineure. Arrêtés
par la mer, ils avaient fait violence à leurs instincts

---

[1] Targioni-Tozzetti (*Relazioni di alcuni viaggi fatti per la Toscana*, Florence, 1751-1754) soutient qu'alors les Alpes étaient impraticables, et que par conséquent les premières migrations durent être maritimes. Mais comment prouverait-il que les Alpes, qui s'abaissent à l'est et à l'ouest, ne pouvaient donner passage sur le littoral, et même au centre de la chaîne, par la vallée de l'Adige? Seul dans l'antiquité, Denys d'Halicarnasse (I, 30) a soutenu l'antériorité des migrations continentales; mais les plus récents critiques, M. Mommsen, M. Alfred Maury, M. Berger, se rangent à son avis, soutenu déjà par Fréret (*Recherches sur l'origine et l'histoire des différents peuples de l'Italie*, dans les *Mémoires de l'Académie des inscriptions et belles-lettres*, t. XVIII, p. 93 sq), Bardetti (*De' primi abitatori d'Italia*, part. II, c. 8, art. 1, Flor. 1770), Durandi (*De primis Italiæ coloniis. — Saggio sulla storia degli antichi popoli d'Italia*, part. II, § 2, Turin, 1769). Les recherches de M. Giovanelli tendraient à établir que les premiers peuples d'Italie y vinrent par les Alpes les plus voisines de l'Adriatique (*Dei Rezii, dell'origine de' popoli italiani*, 1844. — *Le antichità Rezioetrusche presso Matrai*, Trente, 1845). Voy. *Archivio storico italiano*, Appendice, t. III, p. 285. Dans un travail récent (*Della provvenienza degli Etruschi*, *Nuova Antologia*, mai 1872), M. Bartolini voit dans ces premiers habitants non des Rhétiens, mais des Rhasena.

[2] C'est-à-dire de la Rhétie. Voy. Denys d'Halicarnasse, I, 30. M. Berger, d'après Fréret, prétend établir trois migrations : vers 1700 avant J.-C., une race illyrienne ou pélasgique; vers 1400, les Ombriens; vers les temps héroïques, les Rhasena (*Hist. de l'éloq. lat.*, t. I, p. 3). L'autorité de Fréret est sans doute fort respectable, et il a fort servi aux Allemands; mais malgré « son coup d'œil d'aigle », il est « enveloppé de brouillards, » (A. Maury, *Journal des savants*, 1869, p. 365) et l'on pourrait lui reprocher d'avoir trop voulu les percer.

nomades, et pris le parti, pour ne pas rebrousser chemin, de s'établir où ils se trouvaient. Là, moins éloignés que les Rhasena du berceau de leur civilisation primitive, ils étaient trop rapprochés du grand empire d'Assur, pour n'en pas apprendre cet art précis, minutieux, réaliste, si l'on peut dire, qui a fait comparer les vieux Assyriens aux modernes Hollandais [1]. Riverains de la Méditerranée, avec le temps, ils apprirent à construire des barques, à y monter, à entreprendre des voyages qui augmentèrent de durée à mesure qu'on en craignit moins les dangers [2]. Avec le temps ils passèrent en Grèce, en Italie, en Toscane. Ils n'y pouvaient venir et débarquer qu'en petit nombre [3]. Ils ne donnèrent donc point d'ombrage à l'inculte Rhasena, qui s'était fixé sur les pentes des montagnes où il trouvait un climat moins différent du sien que dans la plaine ou sur le littoral. Propagateurs d'une civilisation inconnue à ces barbares, ils furent accueillis avec empressement par cette race assez grossière pour ne pouvoir se suffire, mais assez désireuse du bien-être pour ne pas chasser qui le lui apportait. Une fois établis, ces colons de l'Asie Mineure appelèrent leurs

---

[1] Voy. J. Oppert, *Grundzüge zur Assyrischen Kunst*, p. 14. Bâle, 1872. — Jules Soury, *l'Asie Mineure*, dans la *Revue des Deux-Mondes*, 15 octobre 1873. — G. Perrot, Edm. Guillaume et Jules Delbet, *Exploration archéologique de la Galatie et de la Bithynie, d'une partie de la Mysie, de la Phrygie, de la Cappadoce et du Pont, exécutée en 1861*. Paris, 1872, 2 vol. folio.

[2] La découverte faite par M. Heuzey de tombes d'un caractère étrusque en Macédoine porterait à croire que l'immigration de l'Asie Mineure aurait pu venir, partiellement du moins, par la voie de terre, en traversant la haute Grèce et en suivant la côte de l'Adriatique. (Voy. un mémoire de ce savant, lu à l'Académie des inscriptions en juin 1872.)

[3] M. A. Maury exprimait déjà, il y a plusieurs années, cette opinion que s'il y eut une émigration lydienne, elle ne put être très-nombreuse. (Voy. *Encyclopédie moderne*, art. *Étrusques*.)

compatriotes, et devinrent, à la longue, si nombreux, qu'on ne put, quand on commença de les craindre, les jeter à la mer ou les anéantir. C'est ainsi qu'ils vécurent auprès des Rhasena et qu'ils s'unirent à eux par le mariage, qu'ils les initièrent aux arts de l'Orient [1]. C'est alors, et alors seulement, qu'il y eut une race étrusque. Elle fut formée par la réunion de deux rameaux issus d'une même souche primitive, mais depuis des siècles devenus étrangers l'un à l'autre par l'éloignement [2].

Ils l'étaient d'autant plus qu'avant de quitter l'Asie Mineure, les immigrants y avaient mêlé leur sang à

---

[1] Raoul Rochette (*Histoire critique de l'établissement des colonies grecques*, t. I, l. IV, c. II, Paris, 1815) et Inghirami (*Storia della Toscana*, t. II; p. 159, Flor., 1841) ont admis que les Rhasena firent bon accueil aux immigrants « lydiens ».

[2] M. Beulé (*Journal des Savants*, janvier 1865, p. 51) semble admettre que les « Pélasges-Tyrrhéniens », comme il appelle les immigrants de l'Asie Mineure, apportèrent la civilisation aux Rhasena. Tous les monuments qui nous restent de la civilisation étrusque attestent l'origine asiatique, lydienne ou phrygienne de ce peuple. Les anciens, à cet égard, sont à peu près unanimes. Voy. Hérodote, I, 94, éd. Didot, p. 33 ; Tacite, *Annales*, IV, 55 ; Pausanias, l. V, *Eleiacon*, l. I, c. I, p. 228 ; Strabon, VII, VII, p. 266 ; Sénèque, *Consolatio ad Helviam*, c. VI. Voy. encore Pline nat., Vell. Paterculus, Val. Maxime, Appien, Justin, et tous les auteurs qui appellent lydiennes les institutions ou modes introduites à Rome par l'Étrurie ; Diodore de Sicile, l. V. c. XL, éd. Didot, p. 279 ; Val. Maxime, II, 4, § 4. — Lucilius ap. Nonius Marcellus (*De compendiosa doctrina per litteras ad filium*, cap. XIV. — *De genere vestimentorum*, art. *Tunica*. Leipzig, 1826, p. 536) ; Tertullien, éd. de Paris, 1734 : *de Pallio*, § 1, p. 131 ; *de Corona*, § 13, p. 129 ; *de Idolatria*, § 18, p. 115 ; *de Spectaculis*, § 5, p. 91, 92. — Saint-Clément d'Alexandrie, *Stromata*, l. I, c. XVI. Wurtzbourg, 1780. Les anciens ne donnent point de preuves, parce que telle n'est pas leur habitude ; mais il est remarquable qu'ils aient tous jugé de même sur cette question. Ils ont bien vu cette filiation démontrée par la langue, les mœurs et les arts. Quant au pacifique mélange des Rhasena et des immigrants maritimes, il n'a rien d'invraisemblable. C'est par le mélange, dit M. Maury, qu'il faut expliquer « l'apparition des nations nouvelles. Le caractère multiple et varié de la formation des nations me semble souvent oublié dans les études ethnologiques. » (*Journal des Savants*, 1869, p. 359 364. 366.)

celui d'autres races. Leur langue, européenne par la plupart de ses éléments[1], en contient quelques-uns d'origine sémitique[2]. Dans les tombes de Chiusi on a retrouvé des vases manifestement égyptiens, et, ce qui est plus concluant encore, des œufs d'autruche[3]. En Phrygie, en Lydie, en Cappadoce, on retrouve comme à Tyrinthe, à

---

[1] M. Mommsen, avec ce ton tranchant qui lui est propre, dit (*Röm. Gesch.*, l. I, c. IX, t. I, p 161) que « le peu de mots ou de terminaisons dont le sens nous soit connu n'a pas la moindre analogie avec les idiomes grecs ou italiques. » L'assertion contraire a été péremptoirement établie par M. Maury dans ses doctes mémoires insérés au *Journal des Savants* (1869, p. 424, 481, 489, 560, etc.) d'après les deux mille inscriptions étrusques publiées par Fabbretti (*Corpus inscriptionum italicarum antiquioris ævi*, Turin, 1861-1867 ; *Glossarium italicum in quo omnia vocabula continentur ex Umbricis, Sabinis, Oscis, Volcis, Etruscis,* etc., Turin 1858) ; Gruter (*Corpus Romanarum inscriptionum*, t. I, part. I, p. 143-145, Amsterdam, 1707); Gronovius (*Thesaurus Græcarum antiquitatum*, t. XII, p 14, Lugd. Batav., 1697); Conestabile (*Iscrizioni etrusche di Firenze*). M. Lorenz conclut comme M. Maury, dans un article inséré au tome IV des *Beiträge für vergleichende Sprachforschung. — Beiträge zur Deutung der etruskischen Inschriften,* t. V, part. II, p. 204). Voy. encore sur ces questions de linguistique le journal intitulé *Zeitschrift für vergleichende Sprachforschung,* les *Annali di corrispondenza archeologica di Roma,* les articles de Raoul Rochette dans le *Journal des Savants,* 1843, p. 670 ; Gori, *Difesa dell' alfabeto degli antichi Toscani,* Flor., 1742 ; Amaduzzi, *Alphabetum veterum Etruscorum,* Rome, 1771 ; Bardetti, *Della lingua de' primi abitatori d'Italia,* Modène, 1772 ; Gerhard, *Etruskische Spiegel,* Berlin, 1839 ; Galvani, *Delle genti e delle favelle loro in Italia,* c. VI ; *Archivio stor. ital.,* série I, t. XIV, p. 168.

[2] Notamment l'écriture de droite à gauche, comme l'hébreu et l'arabe, la suppression des voyelles brèves et l'absence de la lettre o, double caractère de l'écriture araméenne. Voy. Risi, *Dei tentativi,* etc., p. 96-100. Mais il n'en faut pas conclure que la langue étrusque soit sémitique, comme l'ont fait Giambullari (*Il Gallo, ossia dell 'origine della lingua fiorentina,* Flor., 1549), le P. Tarquini (*Origini italiche e principalmente etrusche rivelate dai nomi geografici,* dans la *Civiltà cattolica,* 6 juin 1857, p. 551-573 ; 19 décembre 1857, p. 727-742), et M. Stickel (*Das Etruskische durch Erklärung von Inschriften und Namen als semitische Sprache erwiesen,* Leipzig, 1858). Ces auteurs ont été victorieusement réfutés dans les *Nouvelles littéraires de Gottingue* par Ewald, et dans la *Revue germanique* (1859, t. II, p. 640) par M. Maury.

[3] *Archivio stor. ital.,* 1865, 3ᵉ série, t. II, part. I, p. 80.

Mycènes et en Étrurie les constructions cyclopéennes, les façades architecturales taillées dans le rocher, les monstres fantastiques qui gardent l'abord des tombeaux, les chaussures à pointe recourbée et le bonnet conique aujourd'hui encore d'usage en Orient [1]. C'est donc l'Orient qu'apportaient sur la côte occidentale de l'Italie ces frêles esquifs où s'aventuraient des opprimés, des vaincus, des aventuriers de jour en jour plus nombreux [2]. Sans témérité, l'on peut dire que tout ce qu'il y eut de rudesse dans le génie, les usages, la langue de la primitive Toscane, vint des hommes du Nord; tout ce qu'on y remarque d'ingénieux, d'inventif, de raffiné, des hommes de l'Orient et du Midi. Il n'est pas jusqu'à ce nom d'Étrusques, qu'ils portèrent en commun après leur réunion sur le sol toscan, qui n'indique la prépondérance des derniers venus, car il est d'origine visiblement pélasgique [3].

---

[1] Voy. G. Perrot et J. Soury, ouvrages cités.

[2] Voy. la salle étrusque au musée grégorien, le musée de Volterre, les planches des ouvrages publiés sur Cære, les deux volumes de M. Noël des Vergers et l'article de M. Beulé (*Journal des Savants*, novembre 1864, p. 686). — Scipion Maffei, dans sa dissertation *Degl' Italiani primitivi* (Mantoue, 1727), fait venir les Toscans du pays de Chanaam, où il y avait un torrent Arnon, et de ce mot il fait venir le nom d'Arno. Rien n'est moins prouvé, mais le rapprochement est curieux. Voy. Follini, *Firenze antica e moderna illustrata*, t. I, c. II, p. 43, Flor., 1789, 8 vol. in-12.

[3] Niebuhr a dit (*Römische Geschichte*) et M. Dumont a répété (*Souvenirs de l'Adriatique*, dans la *Revue des Deux Mondes*, 1ᵉʳ novembre 1872, p. 102) que « le nom des Pélasges est odieux à l'historien qui hait la fausse philologie. » Nom si l'on veut, mais nom commode et même nécessaire pour désigner ces populations mal connues qui, après s'être débrouillées en Asie Mineure, se répandirent dans l'Occident par terre et par mer. Τυρρηνοί, mot par lequel on désigne souvent les habitants de la côte occidentale en Italie, devient Τυρσηνοί et même Τυρσηκοί, grâce aux altérations et transpositions ordinaires de lettres et de syllabes. Or cette dernière terminaison se trouve dans le nom de diverses villes et peuplades pélasgiques (Drabiscus, Bromiscus, Doriscus, Myrgiscus en Thrace; Volsci, Falisci, Graviscæ en Italie; Opisci ou Osques. Voy. Michelet, *Hist. Rom.*, I, 42, et

Ainsi constitué, ce peuple fonda bientôt sa puissance par son énergie[1], l'accrut par son sens politique comme par son travail, l'étendit moins par la conquête que par la colonisation. Rayonnant autour de lui, il peupla les riches plaines de la Campanie, les verdoyantes rives du Pô[2]. Il était alors dans sa période d'activité, d'industrie, de progrès. Il avait seul des lumières, quand tout était ténèbres autour de lui. Il savait être original par sa religion, par ses mœurs, par ses arts. Sa religion, bizarre et quelquefois barbare dans ses formes primitives, était fantastique et sombre, mais élevée, tout ensemble spéculative et pratique. A la tête de l'armée, elle mettait des prêtres, tenant dans leurs mains des torches flamboyantes et des serpents. Elle ordonnait d'immoler des victimes humaines. Sous le climat alors excessif de la Toscane, où de nombreux volcans ébranlaient la terre et chargeaient l'air de vapeurs brûlantes, où de sinistres météores sillonnaient le sol de leur traînée lumineuse[3], l'Étrusque éprouvait une frayeur réelle de ces phénomènes, y voyait une con-

---

Maury, *Encycl. mod.*, art. *Etrusq.*). De Τυρσχοί les Latins firent *Trusci*, et avec l'*e* préfixe *Etrusci*, d'où *Tusci* et *Thusci*. Dans les Tables eugubiennes, monument étrusque ou ombrien du quatrième siècle avant notre ère, on lit le mot *Turscum* (voy. Dempster, *De Etruria regali*, ouvrage écrit en 1619 et publié à Florence en 1728; Gruter, *Corpus inscriptionum*, t. I, p. 143; Lepsius, *de Tabulis eugubinis*, Berlin, 1833). Les Toscans modernes portent donc un nom antique, transformation reconnaissable de celui des Étrusques ou Tyrrhéniens. — On a dit, du reste, toutes sortes de folies sur l'étymologie du mot Étrusques. (Voy. Suidas, t. I, p. 527; Servius *Ad Æn.*, II, 598; le P. Secchi (*Bollettino dell' Istituto archeologico*, 1846, p. 15), Maffei (*Degli Italiani primitivi*, p. 200-220), M. Stickel (*Das Etruskische*, etc.), Betham (*Etruscan literature and antiquities investigated*, t. II, p. 246, Dublin, 1842).

[1] Sic fortis Etruria crevit (Virgile, *Georg.*, II, 533).
[2] Tite-Live, V, 33.
[3] Cicéron, *de Divinatione*, I, 12; Creuzer, Mommsen, I, 160; Michelet, I, 71.

tinuelle menace des Dieux, y cherchait l'explication du bien et du mal, de la vie et de la mort. Sa théogonie se rapprochait de celle des Grecs, en admettant des divinités multiples, mais s'élevait bien au-dessus par la conception d'un grand démiurge, âme du monde, cause des causes, providence ou destin, qui renfermait en soi tous les autres êtres, émanés de sa propre substance, et dont il était défendu, comme chez les Hébreux, de prononcer le nom. Sur les douze mille ans qui formaient le cercle mystérieux de la grande année, mille seulement étaient accordés aux Étrusques, et, rencontre singulière! après dix siècles d'existence, ils disparurent en effet[1]. Scandinaves et Grecs annonçaient bien aussi la chute des empires, mais sans en fixer la date avec précision[2].

Une vague conception de la vie future ne pouvait consoler ni rassurer les Étrusques, car ils ne surent pas, comme les chrétiens, voir une épreuve dans la vie présente, ou, comme les Grecs, la prendre par les beaux côtés. Ils n'y voyaient qu'une lutte sans relâche et presque sans espoir contre les fléaux de la nature, contre les perspectives certaines de la destinée. Les premiers, ils imaginèrent ce dogme désolant du petit nombre des élus et cet enfer lugubre qui ressemble moins au Tartare grec qu'à l'enfer des chrétiens et aux cercles fameux de Dante. Ne voyant point les moyens d'y échapper, ils se résignaient, sans trop y croire, aux inventions de l'Égypte,

---

[1] Servius *Ad Eclog.*, IV, 47. — Plutarque, *Vie de Sylla.* — Suidas, in voc. Τυῤῥηνία, Σύλλας. — Censorinus, *de Die natali*, c. XVII. — Anquetil-Duperron, trad. lat. du *Zend-Avesta*, Paris, 1771. — Canovai, *Dissertazione sopra l'anno magno degli Etruschi*, dans les *Saggi di dissertazioni dell' Accademia etrusca di Cortona*, t. VIII, diss. XI. — Ott. Müller, *Die Etrusker*, t. II, l. IV, c. VII, § 7.

[2] Voy. Eschyle, les discours de Prométhée, v. 519, 750, 898, 921, 970.

de la Perse, de la Grèce, dont ils faisaient comme une religion exotique à l'usage du commun. Grands et petits dieux, bons et mauvais génies, mortels eux aussi, se mêlaient à la vie humaine, personnifiaient les forces de la nature, sans être, comme chez les Grecs, méchants et débauchés.

Mais au-dessous d'eux, et c'est ici que paraît le génie pratique des Étrusques, ils plaçaient une caste aristocratique et sacerdotale, les *Lauchme* ou Lucumons, tenus pour autochthones, intermédiaires entre le ciel et la terre, dieux eux-mêmes pour leurs familles, leurs clients, leurs esclaves. Des livres achéruntiens, qu'ils disaient tenir du petit gnome Tagès, fixaient, avec le rituel obligatoire, toute la législation. Leur caste se transmettait le dépôt de ces livres, prédisait ou expliquait à leur aide les phénomènes célestes et terrestres, causes de la fécondité comme de la stérilité des champs[1]. Par là ils tenaient ces peuples convaincus de leur supériorité native, respectueux de leur science mystérieuse, attentifs aux mille pratiques religieuses, au minutieux cérémonial dont ils entouraient la vie et la mort. Ils ajoutaient sincèrement foi aux augures qu'ils tiraient, comme en Orient, du vol des oiseaux[2]. C'est ainsi que la religion devint entre leurs mains un instrument de règne et engendra une superstition dont les excès enchaînèrent l'esprit, la langue, les bras[3]. Frappés de cette politique profonde, les Romains envoyèrent plus tard l'étudier, sur les lieux mêmes, un certain nombre de jeunes patriciens.

[1] Tacite, *Annal.*, XI, 15; Cicéron, *Ad famil.*, VI, 6.
[2] Tite-Live, V, 33.
[3] Arnobe et les Pères de l'Église appelaient l'Étrurie *mater superstitionum*.

Cette religion décevante et sombre, qui ne laissait aucun espoir de félicité dans la vie ni de repos dans la mort, n'en était pas moins une émanation certaine des cultes plus sereins de l'Orient. La musique et les arts en venaient également, comme de leur patrie, comme de la source universelle et inépuisable du beau[1]. Quand l'art étrusque, affranchi de sa gaucherie première, atteint son apogée, c'est toujours de l'Orient qu'il s'inspire par l'heureux intermédiaire de la Grèce. Les noms inscrits sur les miroirs et sur les vases l'attestent; ils confirment la légende qui représentait les deux modeleurs Eucheir et Eugrammon, venant de Corinthe en Étrurie à la suite de Démarate, père de Tarchnas ou Tarquin l'Ancien[2]. Les rapports fréquents de l'Attique avec l'Étrurie ne sauraient être contestés[3]. C'est au troisième siècle avant notre ère, au temps de la prise de Syracuse, que l'art des Grecs, avec leur littérature, envahit l'Italie. Presque aussitôt, sous la main des Étrusques, on voit les figures moins roides, les poses plus gracieuses, les détails mieux proportionnés; les groupes sont animés et tout ensemble élégants[4]. Inférieurs par la puissance de création, par le sentiment de la beauté plastique et de l'idéal, par l'har-

---

[1] Plutarque, *De cohibenda ira*, t. II des *Moralia*, p. 805, éd. Reiske. — Silius Italicus, V, 12. — Pausanias, II, 21. — Plin. Nat., VII, 57. — Horace, *Odes*, l. IV, xv, v. 30. — Servius, *Ad Æn.*, I, 67. — Pindare, *Olympiques*, V. — Cicéron (*de Republica*, II, 10) affirme qu'au temps de Romulus il y avait déjà une littérature étrusque.

[2] Plin. Nat., XXXIV, 12.

[3] Voy. Aulu-Gelle, II, 3. — Mommsen, I, 269, 319. — Golbéry, *Encyclopédie des gens du monde*, art. *Étrusques*.

[4] Voy. Micali, Atlas, pl. 26, n°ˢ 1 et 2, et pl. 59, reproduisant des urnes du musée de Volterre. Il n'y a rien là de l'imitation servile, de la patiente reproduction à la mode des Chinois, dont parle M. Mommsen. C'est à peine même si l'on peut dire que l'artiste étrusque imite le grec; il s'en inspire.

monie et la souplesse, la vigueur et la pureté, ces patients ouvriers l'emportent par la perfection dans le détail, par la vérité dans le modelé des parties accessoires, par l'énergie poussée, il est vrai, jusqu'à l'exagération.

S'ils n'égalèrent jamais leurs incomparables maîtres, c'est qu'au moment où la Grèce était en progrès, la décadence commençait déjà pour l'Étrurie. Ni l'antériorité historique des Étrusques, ni les envahissements ambitieux des Romains, né donneraient de ce fait une explication suffisante. Ce qui l'explique, c'est le caractère naturellement sombre d'un peuple assombri encore par la politique profonde mais corruptrice de ses chefs. En le décourageant de la vie, ils le poussaient au plaisir et à la mollesse; en le dépouillant, par la sujétion, de toute dignité civique, ils le réduisaient à considérer la richesse comme le souverain bien, à ne travailler que pour l'acquérir, à transformer l'art en industrie, en métier. De là vint qu'après avoir introduit la sculpture en Italie[1], inondé Rome de statues[2], orné de fresques leurs nécropoles, ils se restreignirent peu à peu à ciseler et à peindre des objets d'utilité commune ou de toilette, dont le débit était assuré et rapide, mais où l'art, devenu mécanique, disparaissait en quelque sorte sous le procédé[3]. De là vint qu'après avoir entrepris le travail herculéen de l'assainissement des Maremmes et initié les Romains à leurs

---

[1] Cassiodore, *Variarum*, VII, 15, éd. de Rouen, 1679.
[2] Tertullien, *Apologet.*, 25.
[3] Voy. Noël des Vergers, I, 192, 311, 312. — Mommsen, I, 317. — D'Agincourt, *Histoire de l'art par les monuments*, t. II, p. 4. — Caylus, *Antiquités*. — Dempster, *Musæum etruscum*. — *Musæum etruscum gregorianum*, et les riches musées du Vatican, de Naples, de Pérouse, d'Arezzo, de Cortone, du Louvre, etc.

méthodes[1], les Étrusques tombèrent dans une morne apathie, dans un fatal abattement.

La fédération de leurs douze villes ne leur fut guère moins funeste[2]. C'était encore, comme les douze dèmes, comme les douze phratries de l'Attique, un emprunt fait à l'Orient. Elle était à ce point dans leur génie, qu'ils l'imposèrent à leurs colons au dehors, et que leurs descendants en ont conservé le goût. Pourtant, le système fédératif n'avait assuré l'indépendance municipale qu'aux dépens de la puissance publique. Dans chaque ville commandait un chef unique, le lucumon, organe et instrument de la caste sacerdotale et militaire. Des auteurs le qualifièrent même de roi[3], parce que sa charge, toujours à vie, devenait quelquefois héréditaire en faveur de son fils aîné[4]. La jalousie des villes entre elles et des lucumons entre eux épuisa la force d'un peuple qu'admiraient, qu'imitaient, que craignaient ses voisins, qui leur donnait des rois[5] et ne paraissait pas aux navigateurs moins redoutable que l'écueil fameux

---

[1] Columelle, *de Re rustica*, l. II, c. i. — Beulé, *Journal des Savants*, novembre 1864, p. 683.

[2] Étaient-elles au nombre de douze? Strabon (l. V, c. iv, § 3) et Tite-Live (V, 33) l'ont dit; les modernes le répètent. Le bon Ammirato (l. I, p. 4) va même jusqu'à en donner les noms ; mais, de compte fait, on en trouve dix-sept. Peut-être quelques-unes étaient-elles restées en dehors de la dodécapolie, parce qu'elles n'avaient pas d'importance ; peut-être leur fondation ne remonte-t-elle qu'aux temps de la domination romaine.

[3] Horace, *Odes*, I, i, 1. — Porphyrion, le scoliaste d'Horace, ajoute : « Mecœnas ait regibus atavis editum qui nobilibus Etruscorum ortus « sit. »

[4] Censorinus, *de Die natali*, ad finem. — Servius, *Ad Æn.*, II, 278. — Ottf. Müller, *Die Etrusker*, t. I, l. II, c. ii, § 4. — Inghirami, II, 236.

[5] Les deux Tarchnas ou Tarquins, et Mastarna ou Servius Tullius, qui firent de Rome une ville de pierre en attendant qu'Auguste la fît de marbre. (Voy. Niebuhr, *Röm. Gesch.*, II, 93.)

de Scylla[1]. Il était riche en céréales, en troupeaux, en armes, en argent, en guerriers[2]. Quand parut le danger que créait pour lui le voisinage de l'ambitieuse Rome, un éclair de patriotisme lui fit mettre à sa tête le lucumon de Clusium, Larth Porsena, qui signala son pouvoir par une éclatante victoire[3]. Mais l'union dura peu ; les rivalités renaissantes condamnèrent les Étrusques à l'impuissance ; l'alliance des Grecs de Cumes avec les Latins, l'hostilité des Siciliens, leur ôtèrent tout moyen de communiquer par terre ou par mer avec leurs possessions du Midi[4].

Jusque-là ils ne s'étaient point crus menacés en Étrurie ; ils ne combattaient encore que pour la domination. Rome les réduit à combattre pour l'existence. Après soixante-quatre ans de guerre, leur forteresse de Véies, plus grande qu'Athènes[5] et plus belle que Rome[6], inexpugnable, semblait-il, sur le roc escarpé d'où elle dominait la vallée de la Cremera[7], d'où elle menaçait le Latium, Véies succombe, non parce que les Romains sont devenus habiles en l'art des siéges, mais parce qu'elle est soutenue à peine de deux ou trois cités voisines. Les habitants des autres, lâchement abrités derrière leurs

---

[1] Scylla, dit Euripide, habitait la caverne tyrrhénienne. (*Médée*, V, 1342-1359.)

[2] Tite-Live, XXII, 3 ; X, 16.

[3] Tite-Live (II, 9) n'en veut pas convenir, mais il reconnaît la puissance de ce chef. Tacite (*Hist.*, III, 72) avoue qu'il soumit Rome ; Pline Nat. (XXXIV, 14), qu'il interdit aux vaincus l'usage du fer, si ce n'est pour cultiver leurs champs, et Denys d'Halicarnasse (V, 35), que le sénat lui offrit un trône d'ivoire, un sceptre, une couronne d'or.

[4] Diodore de Sicile, V, 9. — Tite-Live, V, 28. — Thucydide, III, 88.— Strabon, l. V. — Inghirami, II, 363. — Mommsen, I, 105-109.

[5] Denys d'Halic., II, 54.

[6] Tite-Live, V, 24.

[7] Den. d'Halic., II, 54.

remparts, n'ayant plus même cette intelligence politique qui fait porter secours à autrui pour ne pas périr soi-même, se rachetaient par un tribut, donnaient leurs vases, leur bronze, leur or ciselé. Plutôt que d'élire un chef militaire qui aurait pu devenir un maître, ils préféraient n'aller point au combat.

Plus que jamais ils se retranchaient sur les hauteurs qui les isolaient. Toutes leurs villes y étaient situées. On en retrouve la trace sur deux lignes parallèles. Vers la côte, en remontant du midi au nord, on rencontre Agylla ou Cære, la ville ronde, la ville des Grecs [1], perchée sur sa colline rocailleuse, protégée par le fleuve Vaccina et le lac de Bracciano [2]. Plus haut, Centumcellæ, port sûr, amphithéâtre défendu par une île faite de main d'homme [3]; Graviscæ, très-ancienne, mais déjà empestée de l'air des Maremmes [4]; Tarcufin ou Tarquinies, capitale religieuse [5]; Cosa, dont les vieilles tours dominent, du haut de sa montagne, le faubourg et le port [6]; Rusellæ aux immenses blocs pélasgiques, baignée par l'Ombrone et com-

---

[1] Agylla, en langue sémitique, signifie ville ronde, et tel est l'aspect de cette ville vue de la mer (Mommsen, I, 118). — Les Étrusques l'appelaient Cære, du mot χαῖρε, salut, qu'ils entendaient souvent dans la bouche des habitants (Strabon, l. V). — R. Rochette, d'après Etienne de Byzance, au mot Ἀγύλλα. — Fréret, Mém. de l'Ac. des insc. et belles-lettres, XVIII, 103. C'est la Cervetri des modernes.

[2] Virg., Æn., VIII, 478. — Plin. Nat., III, 8. — Lycophron, La Cassandre, éd. Dehèque, v. 1241. Paris, 1853. — Den. d'Hal., I, 20. — Strabon, l. V. — R. Rochette, l. III, c. v, t. I, p. 309. — Inghirami, II, 37. — On retrouve encore quelques traces de ces deux satellites. — Porto-Palo est l'ancien Portus Aliensis.

[3] Rutilius (Itin., I, 337). — C'est Civita Vecchia.

[4] Sil. Ital., VIII, 473. — Caton, Originum, ap. Servius, Ad Æn., X, 134. — Virg., Æn., X, 184. — Rutil., Itin., I, 282.

[5] Eustathe, Commentaire sur Denys le Périégète, éd. de Robert Estienne, 1547. — Aujourd'hui Corneto.

[6] Rutil., Itin., I, 285.

mandant une vaste plaine ; Pupluna ou Populonia, qui s'avançait vers la mer en forme d'isthme et de double promontoire [1] ; Pise, qui passait pour antérieure à l'arrivée des Tyrrhéniens en Italie [2] ; enfin, à l'extrémité septentrionale, Luna ou Luni, avec ses carrières de marbre blanc [3].

Parallèlement à ces villes maritimes et dans l'intérieur du pays, on voyait, après Veies [4], Vulsinies, au centre de cette sombre forêt Ciminienne dont les marchands et les Romains eux-mêmes osaient à peine franchir les défilés [5]; Camars ou Clusium [6], Arretium [7] et Cortona, dans une région volcanique où il semble que l'homme craignît de poser le pied. Plus au nord, sur un plateau élevé, Volterre, place forte dont les fossés sont deux rivières [8], et les premiers retranchements un cirque de collines. On ne parvenait à la ville que par une rampe longue et rapide, aussi facile à défendre que difficile à gravir. Au delà, il fallait traverser l'Arno et pousser jusqu'aux premières pentes de l'Apennin pour retrouver, dans ces siècles reculés, trace de colonisation humaine [9]. Pistoia existait

[1] Rutil., I, 401. — Strabon, l. V. — Micali, t. I, part I, c. x. — R. Rochette, l. IV, c. II, t. I, p. 568. — *Storia del principato di Piombino*, t. I, c. IV. — *Storia di Populonia*, c. v. — Aujourd'hui Porto-Baratti.

[2] Fondée, suivant Lycophron (*La Cass.*, v. 1238) et Caton (ap. Servius, *Ad Æn.*, X, 179), par les Teutanes, peuple grec de langage ; suivant Strabon (l. V, c. II, p. 185), par les compagnons de Nestor, originaires de Pise au Péloponnèse.

[3] Strabon, l. V, c. II, p. 185. — Sil. Ital., VIII, 482. — Ennius dans Perse, VI, 9. — Le port de Luni paraît être le golfe de la Spezzia. Voy. San Quintino, *Memorie della R. Accademia di Torino*, t. XXVII, p. 251.

[4] Nous omettons les petites villes, Capene, Nepete, Faleries.

[5] Tite-Live, IX, 36. Aujourd'hui Bolsena.

[6] Aujourd'hui Chiusi.

[7] Aujourd'hui Arezzo.

[8] L'Era et la Cecina.

[9] Strabon, l. V. — Plin. Nat., III, 8. — Micali, t. I, part. I, c. x. — Inghirami, I, 78. — Noël des Vergers, I, 200.

dès le temps de Plaute, au centre de son amphithéâtre de montagnes[1]. Sur un des derniers contreforts de la chaîne, dont le pied baignait presque dans le fleuve, on voyait de loin la forteresse de Fæsulæ, dont les habitants sont mentionnés dans l'histoire au temps de la bataille de Cannes par Silius Italicus, et de la retraite des Gaulois par Polybe[2].

Les Fésulans étaient Étrusques de race. De la hauteur escarpée que protégeaient encore leurs cyclopéennes murailles, ils bravaient les Ligures, qui voulaient faire de l'Arno la limite des deux peuples; mais leur sol pierreux était stérile : ils n'y pouvaient qu'à grand renfort de bras amener l'eau, les denrées, les matériaux. Il fallait donc qu'ils descendissent vers le fleuve, chemin qui ne marchait pas toujours et qui avait ses caprices, mais voie précieuse autant qu'économique, quand toute autre faisait défaut[3]. Ils en étaient peu éloignés : leur faubourg s'étageait sur la pente de la montagne, puis se prolongeait le long du Mugnone, petit cours d'eau qui en descend pour se jeter dans l'Arno. Ils se plaisaient dans cette vallée fertile et riante, émaillée de fleurs et regorgeant de fruits. N'osant s'y établir, parce qu'ils ne s'y fussent pas sentis en sûreté, ils y avaient du moins, pour leurs marchés, construit deux maisons ou *villette*, que les premiers chroniqueurs florentins appellent *villa Arnina* ou de l'Arno, et *villa Camarte* ou du champ, de la maison.

[1] .... Primum dum opus est Pistorensibus,
Eorum sunt aliquot genera Pistorensium.
(*Captivi*, act. I, sc. II.)

[2] Sil. Ital., VIII, 476, ann. 226 av. J. C. — Polybe, II, 25, éd. Didot p. 86 : πόλιν Φαίσολα. Aujourd'hui Fiesole.

[3] C'est ce qu'a très-bien vu Machiavel (*Istorie Fiorentine*, l. II, p. 17 A, éd. de Florence, 1833, en un vol.).

de Mars [1]. Avec le temps, quand les Romains, ayant vaincu Carthage, eurent assuré l'Italie contre les guerres extérieures, d'autres établissements vinrent se grouper autour des premiers [2]. Telle fut l'humble naissance de la ville qui devait être Florence. Elle ne s'accrut qu'avec lenteur et après la conquête. Étrusque par son origine,

[1] Giovanni Villani (*Storia Fiorentina*, l. I, c. xxxv) dit que la villa Camarte embrassait tout le circuit qui est derrière la cathédrale, et qui a été appelé depuis *Santa Maria in campo*. On reproche à cet auteur son étymologie de *casa* ou *campus Martis*. On l'accuse d'avoir confondu la langue latine avec celle du pays, comme si le latin ne s'était pas acclimaté en Étrurie, comme s'il ne s'agissait pas d'une divinité commune aux Latins et aux Étrusques. Le nom de *Camarte*, latin par le sens, est étrusque par le son. Ce mélange est commun dans les noms propres qu'on lit sur les inscriptions (voy. *Arch. Stor.*, 3ᵉ série, 1865, t. II, part. I, p. 68). Quant à la villa Arnina, on l'a appelée aussi Sarnina, parce qu'on disait primitivement Sarno et non Arno (voy. Borghini, *Discorsi*, t. I, p. 111, *Dell' origine di Firenze*, Flor., 1584). — Nous n'indiquons pas d'édition de Villani : elles sont toutes divisées par livres et chapitres ; alors même que les numéros des chapitres diffèrent de l'une à l'autre, ce n'est que d'une unité. Il est donc toujours facile de se reconnaître. Du reste, nous avons fait usage de l'édition de Milan, 1802, in-8°, et de celle qui est contenue au tome XIII des *Rerum Italicarum Scriptores* de Muratori. — Nous devrions, selon l'usage, citer ici Ricordano Malespini ; mais l'authenticité et l'antériorité de sa chronique ont été contestées par de trop sérieux arguments pour qu'il ne convienne pas de s'abstenir. L'histoire n'y perd rien, puisque, sauf des variantes suspectes, Malespini et Villani rapportent les mêmes choses, presque dans les mêmes termes. Voy. sur cette question Arnold Busson, *Die florentinische Geschichte der Malespini und deren Benutzung durch Dante*, Innsbruck, 1869, et Scheffer-Boichorst, divers travaux dans les *Göttinger gelehrte Anzeigen*, n° 20, 1870, et dans l'*Historische Zeitschrift* de M. von Sybel ; à quoi il faut ajouter une étude sur les sources présumées de Villani, *Gesta Florentinorum*, ap. *Archiv. der Gesellschaft für ältere deutsche Kunde*, t. XII, p. 427, ann. 1872. — Ces divers articles ont été réunis et publiés à part avec des corrections par l'auteur, sous ce titre : *Florentiner Studien*, 1874. Cf. Ces. Paoli, *Revue historique*, 1876, p. 540.

[2] Ce n'est pas beaucoup plus tard, puisque rien ne retenait plus les Fésulans de céder à leur goût pour la plaine ; mais ce n'est pas plus tôt, puisque Tite-Live (XXII, 2) nous montre les Gaulois enfonçant à mi-corps dans la vase des marais et des gouffres formés par l'Arno, et ne trouvant pas un endroit sec pour reposer leurs membres harassés. Cf. Machiavel, *Ist. Fior.* II, 17 A, et Bart. Scala, *de Historia Florentinorum*, l. I.

elle est romaine par ses développements[1]. Rien n'est plus rare que de découvrir des monuments étrusques quand on fouille le sol de Florence, mais on en a découvert, et l'on en découvrirait sans doute bien davantage, s'il ne fallait, pour retrouver la trace des morts, renverser les demeures des vivants.

Les Fésulans qui fondèrent les marchés de l'Arno étaient déjà des Etrusques de la décadence. La caste dominante aimait mieux dépérir que s'infuser du sang nouveau ; les habitants des villes se vengeaient d'être opprimés, sur les habitants de la campagne, objet de leur mépris ; les esclaves cherchaient dans d'odieuses et fréquentes saturnales une compensation à leur sort[2]. Les auteurs latins représentent les Étrusques de ce temps-là épais et obèses[3], mous et lâches, passionnés pour les

---

[1] Lami (*Novelle letterarie*, 1752, col. 505, et *Lezioni d'antichità toscane*, I, 2, 9, 18, Flor., 1766) et Follini (*Fir. ant. e mod. ill.*, 1, 6, 10) ont bien compris que Florence, comme on le voit dans un texte discuté de Florus (III, 22), était antérieure à la conquête romaine ; mais ils s'évertuent vainement à prouver qu'elle a été fondée par les Phéniciens ou les Lydiens, l'an 1440 avant notre ère. — Voy. Borghini, *Discorsi*, l. I, c. I, p. 177. — Varchi, *Storia Fiorentina*, l. IX, p. 243, Cologne, 1721, f°. — Paolo Mini, *Avvertimenti e digressioni sopra il discorso della nobiltà di Firenze*, Flor., 1594. — Bart. Scala, *de Historia Florentinorum*, l. 1. — Lastri, *L'Osservatore fiorentino*, t. IV, p. 3, Flôr. 1798. — Dante (*Inf.*, xv, 61) dit aussi que les Florentins descendirent de Fiesole *ab antico* ; on a longuement disputé sur ce mot ; mais Borghini et Lami ont soutenu avec raison qu'il ne fallait pas l'entendre des temps barbares, trop peu éloignés de Dante pour qu'il les appelât temps antiques. — Suivant M. Karl Hillebrand (*Dino Compagni, Etude historique sur l'époque de Dante*, p. 9, note 1, Paris, 1864), Borghini, Lami et Follini « ont prouvé jusqu'à l'évidence l'origine romaine. » Rien n'est moins exact. Borghini se borne à tenir cette origine comme probable, et Lami dit tout le contraire de ce qu'on lui fait dire : « Avendo noi veduto che..... come mai potremo ragionevolmente dubitare che ella non sia una antichissima etrusca cittade? » *Lezioni*, etc., II, t. I, p. 52.)

[2] Val. Max., c. ix, part. I, §.2. — Tit.-Liv., X, 16. — Niebuhr, I, 172. — Mommsen, I, 171. — Michelet, I, 169. — Inghirami, II, 569.

[3] Virg., *Georg.*, II, 196. — Catulle, XXXIX, 11.

plaisirs de la table, de la danse, de l'amour[1], couronnés de roses, couchés pêle-mêle, hommes et femmes, devant des tables somptueuses, entourés de joueuses de cithare et de flûte, servis par d'innombrables esclaves en riche costume ou même sans costume[2]. Il y avait à Rome une rue où vivaient les gens de mauvaises mœurs, où les hommes se vendaient eux-mêmes[3], où les femmes, comme en Lydie, apportaient une dot acquise par la prostitution[4]. Cette rue, on l'appelait *Tuscus vicus*, la rue des Toscans[5]. Veut-on que les auteurs romains exagèrent, par mépris pour des ennemis vaincus? Les vases des nécropoles, témoins irrécusables, représentent plus d'une fois les plus dégoûtants effets de l'orgie étrusque[6].

Contre la conquête, de tels hommes ne savaient plus, ne voulaient plus se défendre. La multitude asservie ne voyait dans les désastres publics qu'une occasion de rompre ses liens. On craignait de lui donner, contre les Romains, des armes qu'elle eût tournées contre ses maîtres. On était résigné d'avance au joug de Rome, on finit par l'appeler[7]. Sur les bords du lac Vadimon a succombé la fleur de l'Étrurie. Les survivants, loin de fouler aux pieds, comme l'héroïque Samnite, les cendres de leurs villes brûlées, loin de défendre celles qui sont debout encore, se soumettent à l'envi[8]. Quand les nobles de Vul-

---

[1] Virg., *Æn.*, XI, 752.
[2] Théopompe dans Athénée, l. IV, c. xxxviii, p. 153, et l. XII, c. xi, 14, p. 517. Ed. Casaubon, 1612.
[3] Plaute, *Curculio*, act. IV, sc. i, v. 21.
[4] Plaute, *Cistellaria*, act. II, sc. iii, v. 20. — Serv., *Ad Æn.*, X, 184., Hérodote, I, 93.
[5] Horace, *Sat.*, l. II, sat. iii, v. 229.
[6] Voy. Micali, Atlas, pl. 38, et Noël des Vergers, Atlas, pl. 11.
[7] Niebuhr, I, 174; VI, 309. — Noël des Vergers, II, 315.
[8] 306 av. J. C. Voy. Mommsen, I, 160-200. — Inghirami, II, 434-450.

sinies se lassent d'être gouvernés par une plèbe furieuse d'affranchis, c'est en Rome qu'ils espèrent[1]. Quand la puissante famille des Cilnius entre en lutte dans Arretium avec la multitude, c'est Rome que l'aristocratie appelle et qui rétablit l'ordre[2]. En vain Pyrrhus fournit aux Étrusques l'occasion de s'affranchir, de le tenter du moins. Au lendemain de Trasimène, dix mille Romains débandés traversent impunément l'Étrurie : nul n'exerce sur eux de vengeance, nul ne fournit à Hannibal les recrues qu'il sollicite. Tous apportent à leurs maîtres des dons considérables et volontaires pour l'expédition de Scipion en Afrique[3]. Rome les avait bien jugés : aux derniers temps de la lutte elle ne daignait plus triompher d'eux.

Sa prudence, toutefois, couvrit leur pays de colonies. Les Étrusques lui en avaient donné l'exemple en Campanie et sur le Pô ; elle le suivit avec cette force d'organisation qui lui était propre. Pour prévenir tout soulèvement[4] et pour satisfaire d'avides soldats, elle les envoyait en nombre aux pays vaincus. Un décret solennel instituait la colonie, toujours dans des villes déjà existantes, où les colons trouvaient, sans avoir à les créer, les premières conditions de la vie, et dont le site avantageux ou agréable était de nature à les retenir[5]. Au temps des guerres

---

[1] 266 av. J. C. Voy. Mommsen, I, 128. — Noël des Vergers, II, 263-307.
[2] 301 av. J. C. Tite-Live, X, 3. — Mommsen, I, 128.
[3] Tite-Live, XXXVIII, 45.
[4] Hujus urbis propugnaculum coloniam populi Romani præsidii causâ collocatam (Cicéron, *Philippiques*, V, 10).
[5] Tous les témoignages mettent hors de doute ce fait très-important pour l'histoire des origines de Florence. — Coloniæ *fuerunt oppida* quo populus Romanus cives suos ad incolendum deduxit (Samuel Pitiscus, *Lexicon antiquitatum Romanarum*, 1713). — Coloniæ inde dictæ sunt quod populi Romani *in ea municipia* miserint colonos (Siculus Flaccus, *de Conditionibus*

puniques, Alsium, Fregenne, Castrum-Novum, Pyrgi, Cosa, Graviscæ, Lucques, avaient reçu des colonies [1]; mais cet usage ne devint systématique et général qu'au temps de Sylla. Après une résistance imprévue, Sylla couvrit l'Étrurie des vétérans de ses quarante-sept légions [2]. Cicéron les montre plus aptes à dégrader les Étrusques qu'à les régénérer [3].

Arretium et Fésules furent leurs principales places fortes. C'est à Fésules, position presque inexpugnable, ville alors importante, que Sylla avait établi le gros de son armée [4]. C'est à Fésules que Catilina établit le quartier général de son insurrection [5]. C'est un colon de Fésules, un certain Furius, qui partage avec Mallius sa confiance et qui est le second de ses lieutenants [6]. C'est à Fésules enfin que le sénat, pour soumettre ces rebelles,

---

agrorum, dans Lami, *Lezioni*, etc., t. I, p. 272). — Ferd. del Migliore soutient aussi cette thèse, mais avec plus de clairvoyance que de critique (voy. *Firenze illustrata*, *Origine di Firenze*, p. 9, 10, Flor., 1684, in-4°). Il n'y a pas d'exemple connu de colons romains qui se soient établis en des lieux inhabités. Toutes les colonies dont il est fait mention dans le livre, apocryphe ou non, de Frontin (*de Coloniis*), avaient profité d'établissements antérieurs.

[1] Tite-Live, XXXVI, 3; XLI, 13. — Vell. Paterculus, I, 14, 15.

[2] Voy. Dempster, *de Etruria regali*, t. II, l. VI, c. xv. — Targioni-Tozzetti, *Relazioni*, etc., t. VII, p. 383. — Lami, *Novelle letterarie*, n° 27, p. 418, ann. 1753. — Gori, *Inscriptiones antiquæ in Etruriæ urbibus existentes*, Flor., 1726. — Repetti, *Dizion. geogr.*, etc., art. Chiusi.

[3] Voy. *Catilinaires*, II, 3, 5, 9, 14.

[4] Cicéron, *Pro Murena*, 24. *Catilinaires*, III, 6, 14. — Sil. Ital., VIII, 478. — Gori, *Inscriptiones*, etc., III, 84. — Angelucci, *Memorie storiche per servir di guida al forestiere in Arezzo*, p. 10, Flor., 1819. L'importance de Fésules aux temps romains est surabondamment prouvée par les fouilles qui ont mis au jour les restes d'un capitole, d'un forum, d'un cirque, d'un amphithéâtre, de thermes (voy. *Osserv. fior.*, t. IV, p. 4, et Borghini, *Discorsi*, II, 48, *Della Toscana e sue città*).

[5] Cicéron, *Catil.*, 1, 2, 3.

[6] Id, *ibid.*, III, 6, 20. — Salluste, *Catilina*, ch. xxiv, xxvii, xxx, xliii, lix. — Plutarque, *Vie de Cicéron*, ch. xix sq.

envoie Q. Marcius Rex[1]. Quand ils furent soumis, les colons reparurent, reprirent possession de leurs propriétés dévastées, et suivirent l'impulsion qui, en temps de paix, conduisait les Fésulans vers la plaine. Si les vétérans de Sylla s'étaient groupés autour des marchés de l'Arno, on ne saurait le dire : la tourmente, en ce cas, aurait emporté leurs rares et fragiles établissements. Mais César fonde treize colonies ; Octave, Antoine et Lépide ensemble, dix-huit ; Octave, devenu Auguste, à lui seul trente-deux[2] : dans ce grand nombre d'établissements militaires, on ne put négliger la position si favorable des *villette*, déjà peut-être devenues municipe[3]. En l'année 44 avant notre ère, les colons des triumvirs y reçurent, d'après la loi Julia, vingt arpents de deux cent quarante pieds de long sur cent vingt de large[4]. Leur installation y était définitive. Leur sang s'y mêla, par de fréquentes alliances, à celui des habitants primitifs.

---

[1] Sall., *Catil.*, 30.

[2] Amédée Thierry, *Le roi Odoacre, patrice d'Italie. Revue des Deux Mondes*, 15 juin 1859, p. 972.

[3] Cette opinion, qui attribue aux colons des triumvirs plutôt qu'à ceux de Sylla les développements de Florence, a été soutenue par Frontin (*de Coloniis*), Lorenzo Valla (*Opera*, Bâle, 1543), Raffaello Maffei, le Volterran (*Commentariorum urbanorum lib. V. Geographia Hetruriæ*, Lyon, 1552), Poliziano, *Epistolæ*, l. I, ép. à Pietro de' Medici ; Dempster (t. II, F. V, c. xvii), Casella (*De primis Italiæ colonis, de Tuscorum origine et Republica florentina*, Lyon, 1616) ; Ammirato (t. I, p. 5). La critique moderne s'y est rangée. Voy. *Grævii et Burmanni Thesaurus antiquitatum et historiarum Italiæ*, t. IV, col. 1630, note 1, et *Archivio stor. ital.*, 3ᵉ série, 1865, t. II, part. II, p. 197.

[4] Florentia colonia a triumviris deducta, assignata lege Julia centuriis cæsariana jugera 20 per cardines et decumanos (Frontin, *de Coloniis*, dans Cellarius, *Notitia orbis antiqui*, t. I, p. 572, éd. Schwartz, et dans les *Acta Sanctorum*, 24 octobre, p. 588). — Cf. Borghini, *Discorsi*, t. I, p. 1 sq.

C'était la partie du pays la plus fertile en froment, la plus riche en troupeaux [1]. Les innombrables fleurs qui en faisaient la parure méritèrent à la ville naissante le nom de Florentia [2]. Florence a été souvent célébrée pour son site enchanteur; mais on n'a pu en exagérer la douce et sereine beauté. Elle allait s'élever au milieu des lis et des roses, au pied de collines verdoyantes dont la base plonge dans l'Arno et qui s'étagent en gradins. Entre ce fleuve et les montagnes qui l'abritent au nord, elle avait toute liberté pour s'étendre. La vallée ou la plaine, large jusqu'à Signa, ne se resserre qu'en cet endroit, comme pour marquer à Florence et à Pise leur domaine respectif. Si beau que soit aujourd'hui l'aspect de ces lieux, il le fut jadis davantage : le mont Morello, le plus élevé de la chaîne de Fésules, était couvert non de bruyères, mais de mûriers; le Mugnone, maigre et infect ruisseau qui en descend, roulait des eaux plus abondantes : il fallut par deux fois le détourner de son cours, lui creuser un lit nouveau [3]. L'industrie n'avait pas encore envahi ces

---

[1] Tite-Live, XXII, 3.

[2] La critique a divagué comme à plaisir sur ce nom. Pour les érudits de la Renaissance, *Fluentia* est le vrai nom d'une ville située entre deux cours d'eau, l'Arno et le Mugnone, ou bien ils disent que Florence fut appelée ainsi *quod miro floreret successu* (Leon. Bruni Aretino, *Historiarum florentinarum*, p. 263). Florentia est une forme latine, comme Faventia, Fidentia, Pollentia (voy. *Arch stor.*, 3ᵉ série, 1865, t. II, part. I, p. 68). Rien de plus commun que de donner aux villes un nom emprunté aux caractères physiques des lieux où elles s'élèvent : en Toscane, Vada, Colle, Prato, Pontedera, Pontassieve, Cerreto, Querceto, etc.; chez nous, Pont d'Ain et Pontoise, Fontainebleau et Clairefontaine. B. Scala a bien vu qu'on ne peut chercher ailleurs que dans *flores* l'origine de *Florentia* (de *Historia florentina*, l. 1). Ferd. del Migliore (*Fir. illustr.*, p. XII) a publié deux vieilles inscriptions latines qui portent en toutes lettres *Florentia*.

[3] Le Mugnone se dirigeait primitivement à l'est et se jetait dans l'Arno à l'endroit où est le couvent des Salvi. On le détourna vers la *porta Pinti*; on le fit couler à l'ouest, au-dessous de la Ss. Annunziata, à travers la place

riantes campagnes. La propriété jalouse n'avait pas, en multipliant les murs de clôture, limité le plaisir des yeux. Sans doute, les anciens n'étaient pas platoniquement sensibles, comme le sont les modernes, aux beautés de la nature; mais ils le devenaient, dès qu'il s'agissait pour eux de choisir une résidence, et un si beau séjour devait les attirer.

Il serait superflu de rapporter ici les aventures romanesques dont les légendaires traditions du moyen âge ont voulu que la vallée de l'Arno fût alors le théâtre. Elles n'ont pas plus d'originalité que de fondement[1]. C'est dans Tacite qu'on trouve pour la première fois une mention vraiment historique de cette ville. On était en l'an 15 de notre ère. Tibère commandait à Rome. Les

San Marco et la via Larga (auj. Cavour), pour l'envoyer dans l'Arno au-dessous du *ponte alla Carraja*. La seconde fois, on se borna à mettre sur la rive gauche l'église de San Lorenzo qui était sur la droite. On trouvera dans le récent ouvrage de deux misses anglaises (*Walks in Florence, by S. and J. Horner*, Londres, 1873, 2 vol.), guide assez capricieux du voyageur, un plan intéressant de l'ancienne Florence, où se trouvent tracés les trois cours du Mugnone.

[1] Elles montrent dans Fésules la première ville fondée au sortir de l'arche; dans Catilina, le héros malheureux d'une guerre étrange où il est vaincu parce qu'il n'a plus que onze soldats contre vingt-quatre Romains; dans Florinus, son lieutenant, un membre de la famille des Floracchi et le fondateur de Florence. Bibl. Laurenziana, Pluteo 29, cod. 8, p. 70; du catalogue II, 9, IV. — Villani (l. I, c. 6-9, 31-34). Ces fables ont été très-spirituellement résumées par Fauriel (*Dante et les origines de la langue et de la littérature italiennes*, t. II, p. 374, Paris 1854). Il n'est ni plus piquant ni plus neuf de mener Catilina à la messe le jour de la Pentecôte que de faire de Calchas, comme on le voit dans les auteurs français du moyen âge, un évêque de Troie. Les chroniqueurs ne font que reproduire les récits auxquels donnait lieu l'obscurité des origines (voy. Dante, *Parad.*, XV, 124). L'illustre et regrettable M. Gino Capponi, en son récent ouvrage *Storia della Repubblica di Firenze*, t. I, p. 5 (Florence, 1875, in-8°), croit voir dans la fable de Catilina la preuve que l'Étrurie — et surtout Fiesole — était hostile aux Romains; mais il admet que Florence leur était favorable, parce qu'elle était une de leurs colonies.

Florentins, avec d'autres Étrusques, y envoient des députés pour protester contre une décision de Lucius Arruntius et d'Ateius Capito. Ces commissaires du sénat, pour préserver du fléau des inondations la campagne romaine, l'infligeaient aux campagnes étrusques ; ils voulaient détourner le Clanis de son lit et le rejeter dans l'Arno. C'était la ruine de Florence et de toutes les villes riveraines. A cette raison qui aurait dû suffire, les plaignants ajoutaient le respect dû à la religion d'alliés chez qui les fleuves de la patrie avaient un culte, des autels, des bois sacrés. « Les prières des villes, dit Tacite, la difficulté des travaux, peut-être la superstition, firent prévaloir l'avis de Pison, qui conseillait de ne rien changer[1]. »

Trois ans plus tard (an 18), par servilité ou par gratitude, les Florentins instituaient des jeux annuels pour les anniversaires de Livie, d'Auguste et de son redoutable successeur[2]. Déjà, en l'honneur des deux premiers, devenus dieux par leur mort, ils célébraient, chaque année, des fêtes de six jours. Aux paysannes du voisinage ils distribuaient, pour les offrir à la bonne déesse, du vin sucré, des gâteaux de miel et de lait[3]. Aux nouveaux dieux de l'empire, ils offraient des repas publics et immolaient des victimes. Pour l'élection de Tibère comme souverain pontife, ils célébraient des réjouissances[4]. Séjan, leur compatriote né à Vulsinies, stimulait

---

[1] Tacite, *Annal.*, I, 76, 79.

[2] Inscription sur marbre trouvée au village de Brozzi, à cinq milles de Florence, et rapportée par Lami (*Lezioni*, etc., t. I, p. 206). Voy. Atto Vannucci, *I primi tempi della libertà fiorentina*, p. 11, Flor., 1861.

[3] Inscription trouvée à San Gallo, près de Florence, dans les jardins Ricasoli. Voy. Gori, *Musœum Etruscum*, t. I, Flor., 1737.

[4] Lami, *Sanctæ Ecclesiæ florentinæ monumenta*, t. I, l. 1, p. 4, Flor. 1758, in-4°.

en eux le zèle de la flatterie, allumé déjà par le désir des faveurs[1].

L'excuse de Florence, c'est qu'elle avait beaucoup à demander, n'étant encore qu'une colonie. Elle avait obtenu le droit d'élire ses magistrats, de répartir ses impôts, de faire la police dans ses rues, de rendre des jugements d'importance secondaire ; mais elle voulait davantage : elle voulait se transformer à l'image de Rome. Rome avait rattaché les Florentins à la tribu Scaptia, leur reconnaissant ainsi le droit de suffrage dans ses comices[2]. Eux-mêmes, ils s'étaient construit, dans d'exiguës proportions, un capitole, un théâtre, un amphithéâtre[3], où ils donnaient des combats d'hommes et d'animaux, où ils se réunissaient pour leurs affaires, à l'exemple des Grecs et des Romains[4]. Mais ils étaient encore si peu de chose, que Strabon, parlant de la Toscane, ne nomme pas Florence, et que personne, avant l'empereur Hadrien, n'avait jugé nécessaire de prolonger

---

[1] Vell. Paterculus, II, 127. Inghirami, III, 22; IV, 77.

[2] Lami, *S. Eccl. flor. monum.*, t. I, p. 12, 13. Les deux tribus rustiques Arniensis et Romilia contenaient aussi des Florentins (*Acta Sanctorum*, 24 octobre, p. 588).

[3] Le capitole était sur l'emplacement du *Mercato vecchio*. Il y avait là une église appelée *S. Maria in capitolio* (*Arch. stor.*, 3ᵉ sér., 1865, t. II, part. I, p. 69, 70). — Des gradins découverts près de San Simone et du palais Peruzzi, font supposer que là se trouvait l'amphithéâtre, le *Perilasium* (περί-λάς) ou enceinte de pierres, appelé depuis, par corruption, *Parlagio*. Non loin de ces ruines, vers San Remigio, Lami dit avoir trouvé des indices d'un théâtre semi-circulaire. On parle encore d'un aqueduc, de quelques statues, de quelques pierres. Voy. Borghini, Lami (*Lezioni*), l'*Osservatore fiorentino*, IV, 3; V, 132-145; Reumont, *Tavole cronologiche e sincrone della storia fiorentina*, Introd. Flor., 1841. Vannucci, *I primi tempi*, etc., p. 12.

[4] Cantini, *Saggi istorici d'antichità toscane*, t. I, p. 41, Flor., 1796, 5 vol. in-12°.

la *via Cássia* jusqu'à ses portes[1]. En décidant qu'elle y serait conduite, Hadrien montrait du moins que cette ville obscure était en progrès.

Toutefois, dans ces premiers siècles du christianisme, la vie de Florence n'apparaît guère qu'aux luttes religieuses. Florence était trop imbue des superstitions étrusques pour s'ouvrir aisément aux idées nouvelles. A cet égard, elle se séparait de Rome, ville sans croyances, où le paganisme était raillé même des païens. Parmi les Florentins, les uns honoraient Hercule comme le premier fondateur de leur cité[2] ; les autres, et c'était le plus grand nombre, en rapportaient l'honneur à Mars, dont ils avaient fait leur patron.

La race étrusque était fidèle à ses dieux comme à ses coutumes locales et à ses procédés industriels. Frontin et Paulin, « disciples de Pierre, » prêchèrent, dit-on, sans trop de fruit l'Évangile à Florence, au temps de Néron et de ses fureurs[3]. En l'année 90, sous Domitien, Romulus, évêque de Florence et de Fésules, faisait des conversions dans son diocèse et y ordonnait des prêtres ; mais son zèle apostolique se heurtait au zèle païen du gouverneur Repertianus, et détournait difficilement de sacrifier aux idoles les néophytes qui ne pouvaient que par cette palinodie éviter l'exil ou la mort[4].

[1] Inscription antique placée à l'intérieur de la cathédrale de Florence (voy. *Arch. stor.*, 3ᵉ série, 1865, t. II, part. I, p. 68).

[2] Biblioth. nat. mss. italiens, n° 743 : *Sommario delle cose più notabili della serenissima città di Firenze*, p. 1. — C'est un ms. du dix-septième siècle.

[3] Ammirato, I, 7, 9. Quelques auteurs disent Paul au lieu de Paulin, mais c'est visiblement par erreur. Quant à Frontin, on ne sait pas seulement s'il est le même que saint Fronton évêque de Périgueux. Voy. Brocchi, *Vite de' santi e beati fiorentini*, t. I, p. 3, Flor., 1742, 3 vol. in-4°.

[4] *Acta Sanctorum*, 6 juillet, p. 261 sq. — Ughelli, *Italia sacra*, t. III,

Les empereurs changent, la persécution subsiste ou s'aggrave. Sous Décius et Valérien, Florence voit avec effroi le martyre de cinq de ses habitants, Minias, Fabianus, Cornelius, Sixtus et Laurentius. Minias, le plus illustre d'entre eux, était natif de la ville même et issu d'une famille considérable; il avait acquis un grand renom à la guerre[1]. Traqué comme une bête fauve, il s'était réfugié avec ses amis sur la plus haute des collines situées en face de la ville, à la gauche de l'Arno. Une épaisse forêt qu'on y voyait alors et qui portait le nom peut-être étrusque d'Élisbot lui servait de refuge. On l'y découvrit et on le mit à la torture. Des fers pointus furent enfoncés sous ses ongles, du plomb fondu coulé dans ses oreilles; puis, il eut la tête coupée[2]. La légende le montre alors, comme saint Denis, prenant sa tête à la main, et, sous la conduite d'un ange, retournant dans sa forêt, pour achever d'y mourir[3]. Plusieurs églises lui furent consacrées, une sur la colline même qui porte encore son nom, d'autres sur divers points de la Toscane[4]. Deux de ses compagnons, Acrisius ou San

p. 272, Rome, 1747, aux évêques de Fiesole. Suivant ce dernier, Fiesole, après son Romolo, serait restée 400 ans sans évêque. Romolo paraît avoir prêché la foi en diverses villes qui se le donnent toutes pour premier évêque, Brescia et Bergame par exemple. Cf. Lami, *de Eruditione apostolorum*, Flor., 1766, 2 vol. in-4°, et Brocchi, t. I, p. 12, 13.

[1] Les moines basiliens de San Miniato *a monte*, près de Florence, firent plus tard de Minias, devenu leur patron, le fils d'un roi d'Arménie venu en Toscane pour faire pénitence, et ils le représentèrent en mosaïque, la couronne à la main.

[2] 25 octobre 250, sous Décius. D'autres disent 275, sous Galien.

[3] *Acta Sanctorum*, 25 octobre, p. 415. — Lami, *S. Eccl. flor. monum.*, I, 589. Ces auteurs disent : Acta S. Miniati non satis fida.

[4] Par exemple sur la colline de San Miniato al Tedesco, ainsi nommée parce qu'un vicaire impérial y établit plus tard sa résidence à moitié chemin entre Florence et Pise. Voy. Brocchi, t. I, p. 17-23, d'après Pietro des Na-

Cresci et Laurentius, martyrs comme lui, obtinrent le même honneur[1].

Au quatrième siècle commence enfin de prévaloir le christianisme. Les empereurs le protègent, loin de le persécuter. Les Florentins suivent le courant, ou plutôt ils y sont emportés ; mais ils mêlent encore les deux religions. Sous l'évêque Félix[2], en 313, ils se prosternent tour à tour aux pieds du crucifix, et dans le temple de la déesse étrusque Nurtia, qui tient dans ses bras un petit enfant, comme Isis et la vierge Marie. On entrevoit le jour où Nurtia changera de nom pour conserver ses adorateurs ; mais sur la montagne de l'arriérée Fésules, la transition aux idées chrétiennes est insensible encore : on y vénère Ancharia, droite et roide comme une figure de l'Olympe égyptien[3]. Sur la hauteur et dans la plaine, Mars était toujours l'objet d'un culte particulier. De grands maux, selon une tradition accréditée, menaçaient les Florentins, si la statue de ce dieu essuyait des

---

tali, *Catalogo*, l. IX, c. 18, et Orlendi, *Orbis sacer et profanus*, part. II, l. 3, c. 34.

[1] On rapporte qu'Acrisius, incarcéré avec Minias, fut rendu à la liberté par son geôlier, s'enfuit dans le Mugello, livra bataille à coups de pierres avec ses compagnons à ceux qui le poursuivaient, et eut la tête coupée le 24 octobre (Brocchi, t. I, p. 31, d'après Marc Antonio des Mozzi, *Storia di San Cresci*, et les actes conservés à l'œuvre de S. Maria del fiore, à la *Libreria strozziana* et au martyrologe de la Laurenziana. — Cf. *Acta Sanctorum*, 24 octobre, p. 583 sq., et *Martyrologium romanum*. Anvers, 1613). C'est à Laurentius qu'est consacrée la basilique de San Lorenzo, où resplendit l'art de Michel-Ange.

[2] *Bibliotheca Patrum maxima*, t. IV, l. I, p. 145. Ughelli, *Italia sacra*, t. III, p. 14. Manni, *Principii della religione cristiana in Firenze*, Flor., 1764. — *Arch. stor.*, 3ᵉ sér., 1865, t. II, part. I, p. 68, 69, 73. — Ughelli donne pour premiers évêques à Florence S. Frontinus ou Frentinus en 56, S. Romulus en 90, S. Félix en 313, S. Theodorus en 361, S. Zanobius en 376. Les prédécesseurs de Félix n'ont pas un caractère historique.

[3] Tite-Live, VII, 3. Tertullien, *Apologet.*, 24. Gori a publié dans le *Musœum Etruscum* le dessin qu'on a retrouvé des déesses Ancharia et Nurtia.

outrages ou se voyait reléguée en un lieu indigne d'elle. Les chrétiens durent promettre de la respecter. Si, devenus les plus forts, ils l'ôtèrent de son temple, ils l'établirent du moins sur une haute tour, au bord du fleuve où les païens, dit-on, ne furent pas seuls à l'invoquer [1]. Au temps d'Aurélien, les Toscans se réunissaient encore sur le territoire de Vulsinies : ils n'y disputaient plus sur les destinées de leur confédération oubliée, mais ils y délibéraient encore sur les rites de leur vieux culte toujours debout. Même après avoir embrassé le christianisme, Constantin conservait par politique le titre païen de *pontifex maximus*, acceptait les arrêts de l'art fulgural, réglait la manière de consulter les aruspices, permettait les anciennes cérémonies au grand jour et dans les édifices consacrés [2].

On les permit, on les célébra longtemps encore. Ce peuple sans énergie pour ses plus sérieux intérêts défendait avec une sorte de rage ses plus folles superstitions. Sous l'inerte Honorius, les Étrusques consultaient toujours les éclairs et la foudre, cherchaient dans les entrailles des victimes la cause des malheurs de l'empire [3]. Sous le rude Amalarik, alors que l'eunuque Narsès se préparait à conquérir l'Italie, un bœuf, s'écartant de son troupeau qui traversait le forum de la paix, se dressa contre une vache d'airain qui ornait une vieille fontaine. Par là passait un Toscan de la campagne. Fort des con-

---

[1] Villani, I, 60. — E con tutto che i Fiorentini di novo fossero divenuti cristiani, ancora teneano molti costumi del paganesimo, e tennero per gran tempo e temeano fortemente lo loro antico idolo Marte (*ibid.*).

[2] Année 361. — Code théodosien, l. IX, t. XVI, l. 2; Noël des Vergers, II, 392-406.

[3] Claudien, *In Eutrop.*, l. I, v. 12. Noël des Vergers, II, 419.

naissances divinatoires propres à sa race[1], il annonça qu'un temps viendrait où un eunuque triompherait du maître de Rome. On rit alors, dit Procope, de cette prédiction invraisemblable ; mais aujourd'hui tout le monde l'admire, car elle a été confirmée par l'événement[2].

C'est ainsi, quelquefois appréciée, le plus souvent méconnue, que se perpétua la race étrusque. Forcée de se mêler à ses divers vainqueurs, elle les modifia en se modifiant elle-même, sans perdre ses caractères essentiels. Victoire obscure, mais réelle, puisque aujourd'hui même les traces en sont sensibles à des yeux attentifs. Tel est le motif qui nous forçait à remonter plus haut qu'on ne le fait d'ordinaire, pour rattacher Florence à ses véritables origines. L'histoire de cette ville s'explique mal, si l'on ne sait d'où elle vient et surtout à qui elle doit son génie si surprenant au moyen âge. Il fallait montrer la civilisation de l'Orient arrivant par mer sur cette terre privilégiée, se perfectionnant au contact de la civilisation hellénique, s'imposant à la barbarie romaine. Arrêtée en ses progrès par les brutalités de la guerre et de la conquête, l'Étrurie semble alors perdre presque tout ce qui fait sa gloire ; mais elle en conserve le dépôt sacré dans les entrailles de son sol pour des siècles capables de le comprendre et de l'apprécier, comme aussi dans les intelligences humaines qui, de génération en génération, se le transmettent sans en avoir conscience. Le jour est loin encore où Florence, adulte et brillante de jeunesse, apparaîtra soudain comme la

---

[1] Ut sunt Tusci etiamnum dediti divinationibus. (Procope, *De bello gothico*, l. IV, c. 21, *Rer. Ital. script.*, t. I, part. I, p. 356.)

[2] Procope, *ibid.*

fleur qui perce les obscures broussailles où a grandi sa tige, pour s'épanouir au soleil et pour charmer les yeux.

CHAPITRE II

LES TEMPS BARBARES

— 406-1068 —

Les barbares dans le monde romain. — La Toscane au temps des invasions. — Siége de Florence par Radagaise (406). — Destruction de son armée. — Honneurs rendus à sainte Reparata. — La Toscane sous les Ostrogoths. — Totila à Florence (542). — Justin assiégé dans Florence. — Narsès maître de la Toscane. — Domination des Langobards (569). — Condition de Florence. — Domination des Franks (774). — Rapports de Charlemagne avec Florence. — Nouvelle période d'invasions (870-880). — Première renaissance des villes. — La cour de Toscane (890). — Domination des Germains (951). — Les rois germains à Florence. — Allemands établis à Florence. — Boniface III, margrave de Toscane (1027). — Florence sous Béatrix et Mathilde. — Les papes à Florence. — Dispositions morales de cette ville. — Son dévouement à ses évêques. — Troubles religieux à Florence (1063). — L'évêque Mezzabarba accusé de simonie. — Massacre des moines de San Salvi. — Pierre Damien, légat à Florence. — Concile de Rome. — Décision du concile. — Émotion des Florentins. — Ils réclament l'épreuve du feu (1068). — Pietro Igneo entre dans le feu. — Lettre des Florentins au pape. — Déposition de l'évêque.

Durant les siècles de barbarie, l'histoire des villes est partout la même, si l'on peut dire qu'elles aient une histoire. Les éléments des sociétés passées ont beau s'agiter comme en un creuset immense d'où sortiront, après une effroyable ébullition, les sociétés futures, le caractère singulier de ce nouveau chaos, c'est l'uniformité. Partout l'existence est précaire et la condition misérable. Nulle part de caractère propre et de volonté libre. Nul ne sait si les lois du vaincu ont encore une place à côté des lois du vainqueur, si le maître d'aujourd'hui est le maître de demain. Tout le monde en souffre et la faute n'en est à personne : il semble que le destin antique ait repris sur le monde chrétien son accablante domination, et que les sectateurs du Christ courbent la tête, comme les Étrusques et les Orientaux, sous l'inexorable joug de la fatalité. D'une ville à l'autre il n'y a donc point de différence appréciable. Ce qu'on dit des unes doit, en général, s'entendre des autres, observation nécessaire au moment de débrouiller les annales de Florence, car jamais ville qu'attendaient de grandes destinées n'a eu de plus humbles et plus obscurs commencements.

L'empire romain, fruit amer de la décadence, n'avait pu sauver de sa ruine la société antique. Sa seule raison d'être était l'universel désir de mettre fin aux guerres civiles. Faute de génie, de volonté ou de force, il n'y avait coupé court qu'en leur substituant un mal pire, l'invasion[1]. La Toscane, quoique moins exposée que la Lombardie, en avait connu tous les maux[2]. Elle les ressentit plus que toute autre province, le jour où les barbares, cessant d'errer comme des oiseaux de proie, marchèrent droit sur Rome, pour commander au monde. Sur leur chemin, en effet, ils trouvaient la Toscane. Ils y passaient

---

[1] Am. Thierry, *Le roi Odoacre* (Rev. des Deux Mondes, 15 juin 1859, p. 971). — Bossi, *Storia dell' Italia antica e moderna*, t. X, l. I, part. I, cap. 42. — Le même : *Storia dei popoli italiani*, t. I, l. I, Milan, 1819. — Dal Pozzo, *Sopra l'agricoltura d'ogni paese*. — Rosmini, *Storia di Milano*, t. I, p. 45. Introd. — Inghirami, IV, 432-438.

[2] Selon M. Gino Capponi (*Stor. di Fir.*, I, 6), la Toscane fut moins éprouvée que les autres provinces par l'invasion; Hannibal, après avoir pris cette voie comme étant la plus courte pour aller à Rome, avait enjoint à son frère de passer par celle du Metauro, et enfin les Romains, pour éviter la Toscane, ouvrirent le passage du Furlo. Mais les barbares ignorants ne pouvaient, du premier coup, profiter de l'expérience du passé; ils devaient chercher le chemin le plus court et le plus direct.

en allant, comme un torrent dévastateur. Ils y repassaient au retour, comme ces eaux plus lentes que rend funestes un séjour prolongé sur le sol. Les rares habitants qui n'avaient pas fui devant ces hordes sauvages portaient dans leurs yeux, dit énergiquement Machiavel, l'épouvante de leurs âmes[1]. C'est en Toscane que Stilicon, voulant couvrir Rome, court arrêter Alarik[2]. C'est encore en Toscane qu'il devra combattre Radagaise, ce prêtre-roi qui promet à son dieu de lui offrir en libation tout le sang des Romains[3].

Poussé vers le Midi par les bandes innombrables de Vandales, d'Alains, de Suèves, de Burgondes que chassaient devant eux les Huns à peine arrivés d'Orient, Radagaise avait inondé de ses Goths l'Étrurie. Il en saccageait les villes, il y mettait le siége devant Florence, trop forte déjà pour ne pas l'arrêter[4], mais trop faible encore, et surtout trop divisée pour lui résister avec succès. Dans cet étrange et sinistre pontife de Thor les sectateurs attardés du paganisme saluaient le vengeur de Jupiter. Les chrétiens, lui voyant des alliés dans la place même, craignaient la trahison, et, déjà décimés par la famine, ne parlaient plus que de se rendre. En vain leur évêque Zanobius, pour relever leur courage, multipliait processions et prières, exposait à leurs regards les reliques vénérées de huit martyrs, don précieux du pape Damase et

---

[1] *Istoria fior.*, I, 3 B.

[2] Gibbon, *Histoire de la décadence et de la chute de l'empire romain*, ch. xxxi, éd. du *Panthéon littéraire*, t. I, p. 729 sq. — Zeller, *Histoire d'Italie*, p. 15, Paris, 1853. — Inghirami, IV, 295.

[3] Omnem generis humani sanguinem diis suis propinare devoverat (*P. Orosii adversus Paganos historiarum*, lib. VII, c. xxxvii, Leyde, 1738).

[4] Prosper, *Chronicon integrum*, p. 739, Paris, 1711. — *Olympiodori fragmenta*, 9, dans les *Fragm. histor. græcorum*, éd. Didot, t. IV, p. 59.

du vertueux Ambroise, évêque de Milan[1]. A son instigation peut-être, un citoyen considérable vint à grand bruit avertir les magistrats qu'Ambroise lui était apparu la nuit précédente, et qu'il ordonnait aux assiégés de tenir jusqu'au jour du lendemain, qui verrait leur délivrance. L'apparition d'un prélat mort depuis huit ans ne pouvait surprendre les fils des Étrusques : ils l'avaient vu dans leur ville vers 367 ; ils l'y avaient appelé en 393, pour consacrer la vieille basilique de San-Lorenzo, transformée en église[2]. Était-il surprenant qu'il revînt de l'autre monde pour donner un avis salutaire à une cité amie, par l'intermédiaire de l'hôte qui l'avait reçu sous son toit ?

Au miracle de leur salut ils donnèrent vingt-quatre heures, qu'en dépit de la famine éclaira l'espérance. Le lendemain, du haut des remparts, ils virent apparaître, fièrement déployées, les bannières de Stilicon. Sous leurs plis elles abritaient trente mille hommes de toute provenance[3], Alains attachés au général, Goths détachés de Radagaise, esclaves alléchés par la promesse de deux pièces d'or et de la liberté, Huns qui erraient sur la frontière, cherchant le pillage plutôt que les combats. C'était

---

[1]. Ces martyrs étaient Abdon et Sennen, Vitalis et Agricola, Nazarius et Celsus, Gervasius et Protasius. Brocchi, I, 64-89. Cf. sur san Zanobi, Matteo Villani, III, 85 ; Ugolino Verino, *De illustr. urb. Flor.*, l. III ; Dempster, t. II, l. V, c. 18, et toutes les Vies de ce prélat qu'énumère Brocchi à la page 62.

[2] Sur la consécration possible de San Lorenzo, en ce temps-là hors des murs, voy. Lami, *Eccl. flor. mon.*, II, 933. — On appelle quelquefois San Lorenzo basilique ambrosienne, mais il n'y a là qu'une tradition impossible à vérifier. Cf. Ammirato, l. I, t. I, part. I, p. 11.

[3] Erant autem legiones triginta (Zosime, ἱστορία νέα, V, 26, dans les *Historiæ Romanæ scriptores Græci minores* de Sylburg, t. III, Francfort, 1590, et dans le *Corpus scriptorum historiæ byzantinæ* de Bekker, Bonn, 1837).

peu contre les quatre cent mille barbares que l'exagération des auteurs prête à Radagaise ; mais la multitude de femmes et d'enfants qui, suivant l'usage, comptaient dans le nombre des envahisseurs, mais leur division en trois corps, trop éloignés les uns des autres pour se porter mutuellement secours, rétablissaient l'équilibre des forces. Stilicon, d'ailleurs, suivant son habituelle tactique, comptait bien éviter la bataille[1]. De Pavie il s'était acheminé vers la Toscane en longeant la mer. Au bruit de son arrivée, les assiégeants pleins d'effroi gagnèrent précipitamment les hauteurs de Fésules[2]. Ils y furent bientôt assiégés eux-mêmes, entourés de fortes lignes de circonvallation, réduits à la famine.

Sur cette cime nue et dévastée, sous un climat meurtrier pour des hommes du Nord, sans autre nourriture que de maigres racines, en peu de jours épuisées, ils voyaient à leurs pieds les soldats de Stilicon bien repus et joyeux, ils entendaient les éclats de rire et les chants railleurs. Contre un cercle de fer ils s'épuisaient en vaines attaques ; ils passaient de la famine à la peste, de la peste au désespoir ; ils succombaient résignés comme de vils troupeaux, sans désir de combattre, sans espoir de vengeance. Ne les pouvant sauver, leur chef ne cherchait plus qu'à se sauver lui-même. Pris et reconnu sous son déguisement, tandis qu'avec ses deux fils il traversait les lignes ennemies, il fut ramené au pied de la montagne, et les trois têtes tombèrent, à la vue des Goths ter-

---

[1] Zosime (V. 26) dit pourtant : « Barbaros nec opinantes adgressus, » et saint Paulin : « Altero die, adveniente Stilicone, facta est de hostibus victoria. » (*Vita S. Ambrosii*, c. 50.) Mais la victoire consistait à lui avoir fait lever le siége.

[2] Rhadagaisum in fesulanos montes cogit (P. Orose, VII, 37).

rifiés[1]. Cette poignée d'hommes exténués et malades se rendit aussitôt à merci. On les envoya, la chaîne au cou, dans les marchés à esclaves, où ils ne trouvèrent acquéreurs qu'au misérable prix d'un écu par tête[2].

Rien n'égalait la joie des Florentins délivrés. Sur les routes ils couronnaient les soldats de fleurs et de rameaux. Ils érigeaient un arc de triomphe. Leur imagination transformait en sanglantes batailles les moindres escarmouches. Leur piété faisait honneur de la principale, qui avait eu lieu le 8 octobre, à l'intervention de sainte Reparata, vierge et martyre, dont l'Église célébrait la fête en ce jour-là. Reparata avait subi la mort, cent cinquante ans auparavant, sous le cruel Décius, à Césarée de Palestine. Comme le feu, disait la légende, ne pouvait triompher de sa constance, ses bourreaux lui avaient coupé la tête, d'où son âme, sous la forme d'une colombe, s'était envolée vers le ciel[3]. Une si grande sainte n'avait pu abandonner les chrétiens dans le jour qui lui était consacré. Cette croyance pieuse prit faveur, et, près de trois siècles plus tard, un évêque de Florence, auquel on donne le nom de Reparatus, consacrait à sainte Reparata la vieille église de San-Salvatore. Comme le martyr Minias, la vierge-martyre de Césarée obtint même, en Toscane, bien d'autres autels[4]. A ces honneurs

---

[1] P. Orose, VII, 37. — Am. Thierry, *Le roi Odoacre*, p. 33-57.

[2] Am. Thierry, *Le roi Odoacre*, p. 37, d'après Orose, VII, 37, et *Marcellini comitis chronicon*. — P. Orose parle de deux cent mille hommes morts sur la montagne de Fiesole, et M. Am. Thierry réduit ce chiffre de moitié ; mais c'est trop encore, puisque deux corps d'armée battaient au loin la campagne. — Cf. Zosime, V, 26 ; saint Augustin, *de Civitate Dei*, l. V, c. 23, t. VII, col. 140, Paris, 1685, in-folio. — Mabillon, *Analecta*, IV, 485, Paris, 1685.

[3] *Acta Sanctorum*, 8 octobre, p. 24.

[4] Follini, t. II, c. 4, p. 6, 11. *Acta Sanctorum*, 24 octobre, p. 29-31. — La

sacrés les Florentins ajoutèrent des honneurs profanes. Ils instituèrent, ils fixèrent au 8 octobre, des courses dont le prix était une pièce de drap. Courir le pallium, *correre il palio,* telle est l'expression par laquelle le moyen âge désigna cette fête, qu'on finit par renouveler plusieurs fois dans l'année, et dont les temps modernes n'ont que tardivement abandonné la tradition[1].

C'était transmettre aux âges un souvenir durable d'un succès sans lendemain. Stilicon mis à mort par les maîtres imbéciles qu'il protégeait seul, rien n'arrêtait plus les barbares. Alarik pouvait reprendre le chemin de Rome et librement séjourner en Étrurie, Attila faire son personnage de fléau de Dieu, Odoacre se flatter d'être le dernier envahisseur, Théodorik tenter de fondre en un seul peuple les Goths et les Romains. Ceux-ci, faits à l'image de leurs derniers empereurs, ne savaient que courber la tête sous les coups redoublés du sort. La Toscane urbicaire, c'est-à-dire voisine de Rome, était à ce point dé-

---

tradition veut que Santa Reparata ait été fondée au lendemain même de la victoire; mais la première mention authentique de cette église est de 724 (voy. Reumont, *Tav. cron.*, an. 724, et A. Vannucci, p. 16). Cette église, de moitié moins grande que la cathédrale actuelle qui a été bâtie sur son emplacement, ne fut d'abord qu'une *pieve* ou paroisse. Quand San Lorenzo, qui était la primitive cathédrale, fut remplacé, selon tous les auteurs, par San Giovanni, érigé vers 670, Santa Reparata en était trop voisine pour n'en pas souffrir : elle ne fut plus qu'un baptistère. — En 1128 les rôles furent intervertis (*Pauli Diaconi de Gestis Langobardorum*, R. I. S., t. I, part. I. — Del Migliore, p. 3. — *Osserv. fior.*, t. I, p. 3). — On dit que le corps de Reparata fut rapporté en Campanie (*Acta Sanctorum*, ibid., p. 29), et qu'en 1352 des ambassadeurs florentins obtinrent pour leur patrie quelques-uns des os (Matteo Villani, l. III, c. 15 et 16). Mais il faut bien dire que Richa (*Notizie storiche delle chiese fiorentine*, p. 8, Flor., 1754, in-4) et Lami (*Lezioni*, I, 216) ne connaissent de sainte Reparata ni aux calendriers, ni aux martyrologes.

[1] Ce *palio* se courait de la porte San Pier Gattolini, aujourd'hui Romana, dans le quartier d'Oltrarno, à l'évêché, situé près de San Giovanni (A. Vannucci, p. 16).

peuplée, qu'en certains lieux, écrit le pape Gélase, on y rencontrait à peine un homme[1]. La Toscane annonaire, plus voisine de l'Arno et plus fertile, comme l'indique son nom, restait en friche et n'était qu'un désert[2].

Les villes, déjà si misérables au temps de l'empire, n'avaient pu que déchoir encore. A la tyrannie locale, la pire de toutes, avait succédé l'anarchie, plus désastreuse peut-être[3]. On ne savait plus faire usage des institutions municipales, ou de ce que le temps en avait laissé debout. Mieux valaient cent fois les violentes innovations des barbares que l'inepte incurie des Italiens; mais les barbares n'innovaient pas toujours. Ce n'est pas Théodat, gendre et neveu de Théodorik et par surcroît platonicien pédant, qui eût chassé la civilisation romaine de cette Toscane dont il fut le gouverneur ou le roi[4]. Il préférait sa philo-

---

[1] Lettres et écrits de Gélase, dans les *Sacrosancta concilia Labbei et Cossartii*, t. IV, p. 1158 sq.

[2] Borghini, *Disc.*, II, 87. Ces noms d'urbicaire et d'annonaire se trouvent dans les lettres de Théodorik. Ammien Marcellin parlant d'un fait survenu à Pistoia dit : dans la Toscane annonaire (*Rerum gestarum Libri XXXI*).

[3] Voy. sur la condition des villes le code Théodosien, *Ad decur.*, XII, 1; *de Quæst.*, IX, 35. — J. Gothofredus, *Puratila ad cod. Theod.*, XII, 1. — Salvien, *de Gubernatione Dei*, V, 7, 8, Paris, 1834. — Raynouard, *Hist. du droit municipal en France*, 1829. — Leber, *Hist. critique du pouvoir municipal*, Paris, 1828. — Guizot, *Essais sur l'histoire de France*, p. 15, 5ᵉ éd., Paris, 1841. — Laboulaye, *Hist. du droit de propriété foncière en Occident*, p. 105, Paris, 1839. — Haulleville, *Hist. des communes lombardes*, t. I, p. 15-19, Gand, 1857. — Savigny, *Geschichte der römischen Rechts im Mittelalter*, Bonn, 1840, trad. Guenoux. — F. Roth, *de Re municipali Romanorum*, Stuttgard, 1801. — F. Walter, *Geschichte des römischen Rechts bis auf Justinian*, Bonn, 1840. — Raumer, *Wiener Jahrbücher der litteratur*, t. VII, p. 102.

[4] *Rex Tusciæ*, comme l'appellent les auteurs. Voy. Ammirato, I, 15; Grégoire de Tours, *Hist. ecclésiastique des Franks*, l. III, ch. 31, surtout dans l'édition de MM. Guadet et Taranne. (*Publications de la Société de l'Histoire de France*, 1836.)

sophie à son trône, qu'il offrait de vendre à Justinien : fantaisie de néophyte lettré qui le fit mettre à mort comme traître par ses Ostrogoths. Totila lui-même vaut mieux que sa renommée. Il n'est pas le fléau de Dieu[1], le Hun féroce, le monstre à la tête chauve et aux oreilles de chien qu'a flétri la légende, en le confondant avec Attila. Il voulut au contraire imiter Théodorik, gouverner avec équité, rendre au pays sa prospérité passée[2]. Quel prétexte eussent offert aux violences d'humbles villes qui n'osaient résister[3]? Florence ouvrait ses portes pour n'être pas prise d'assaut[4]. On accusa Totila de l'avoir détruite : il y abat-

---

[1] Da iniquissima crudeltà fu soprannomato flagellum Dei, e veramente fu flagello d'Iddio (Villani, II, 3). M. Hillebrand (*Dino Compagni*, p. 10) accuse à tort Machiavel d'avoir confondu Attila avec Totila. — Il est prouvé, on le sait, que jamais Attila ne parut en Toscane.

[2] Voy. son plus récent historien, Am. Thierry, *Histoire d'Attila et de ses successeurs*, Paris, 1856.

[3] Villani (II, 1) dit que Florence comptait alors vingt-deux mille hommes en état de porter les armes, ce qui supposerait une population d'environ soixante mille hommes, chiffre tout à fait inadmissible. On ne sait, d'ailleurs, sur quoi ce chroniqueur se fonde, en parlant d'un temps si éloigné du sien. Voy. sur cette question Zuccagni-Orlandini, *Ricerche statiche sul gran ducato di Toscana*, t. I, Flor., 1848, et la discussion de Ad. Trollope (*A history of the commonwealth of Florence*, t. I, p. 38, Londres, 1865).

[4] La légende, que suivent les chroniqueurs, rapporte plus dramatiquement les choses. Entré par surprise, Totila aurait égorgé les chefs florentins invités à un banquet, mis le feu à la ville en sept endroits, porté le massacre dans les campagnes où s'étaient enfuis les habitants avec leur évêque Mauritius. De la ville il ne serait resté debout qu'une tour « bâtie par Pompée, » et le temple de Mars, qui devint plus tard le baptistère de San Giovanni (Villani, II, 1, 2, 3). Mais Procope et Agathias son continuateur restent muets sur des faits si graves, et pour ce motif le judicieux Muratori les passe sous silence. Il est certain que lorsque Narsès s'approcha de Florence, cette ville stipula qu'elle ne serait nullement molestée. Comment l'eût-elle fait, si le célèbre eunuque y fût venu en libérateur? Elle redoutait de lui un châtiment pour sa trop facile soumission. Peu de temps après on la voit debout. Si Totila l'eût détruite, on n'aurait pas eu le temps de la reconstruire. Voy. la verbeuse mais excellente dissertation de Borghini, *Se Firenze fu spianata da Attila*, Discorsi, IV, 19. — Ammirato

tit à peine quelque pan de muraille, pour se prémunir contre d'ultérieures rébellions. Il ne recourait à la dévastation et au meurtre que pour réduire ou punir quiconque lui tenait tête, quand il n'avait pas devant lui des corps d'armée; mais il en avait le plus souvent, qui le forçaient, même après une victoire, à s'observer, à rester sur la défensive. Bélisaire lui prend par la famine Fésules, où il avait mis garnison. Un lieutenant de Bélisaire, Justin, enfermé dans Florence par trois chefs goths, Bleda, Roderic et Uliaris, est délivré par deux chefs impériaux, Jean et Cyprien.

En rase campagne, dans le Mugello[1], les Goths peuvent bien reprendre l'avantage, parce que les Italiens y jetaient volontiers leurs enseignes et leurs armes, pour fuir avec une précipitation qui ne diminuait leurs pertes qu'en augmentant leur honte[2]; sur plus d'un point ils parviennent à terrifier les villes prises, en y massacrant les habitants et l'évêque[3]; ils obtiennent qu'elles se déclarent pour eux, qu'elles combattent à leurs côtés ; mais cette alliance involontaire, toujours suspecte, n'est qu'un danger de plus. L'eunuque Narsès n'a qu'à paraître : tou-

---

(I, 15), plus judicieux d'ordinaire, admet la destruction de Florence. M. Delescluze (*Florence et ses vicissitudes*), Mme Allart (*Hist. de la République de Florence*), reproduisent cette erreur.

[1] Id nomen est diei iter Florentia dissito (Procope, l. III, c. 5, p. 306). Le nom de Mugello désigne la portion supérieure et occidentale du Val de Sieve, à partir des sources de la Stura jusqu'au confluent de la Sieve avec le torrent Dicomano. Cette contrée, au pied de l'Apennin central, qui la sépare de la Romagne, est protégée contre le vent du nord par une chaîne qui va rejoindre le mont Senario et le mont Morello, près de Florence (Repetti, III, 626).

[2] Procope, *loc. cit.* Si l'on en croyait les chroniqueurs florentins, ces obscurs engagements auraient été d'éclatantes victoires.

[3] Procope, l. III, p. 360. — S. Grégoire, *Dialogues*, l. III, c. 13. — Muratori, *Annali d'Italia*, ann. 548. — Lami, *Lezioni*, t. I, p. 126.

tes les portes s'ouvrent devant lui, comme devant son adversaire, et avec plus de sincère empressement. Alsium, Centumcellæ, Arretium, Volterre, Pise, Pistoia, Fésules, Florence, se bornent à stipuler qu'il ne leur sera fait aucun mal[1]. Lucques seule soutient, avant de se rendre, un long siége de trois mois ; mais capitale de la Toscane[2], elle était le dernier point que Totila pût abandonner. Sa défaite fut partout, même à Lucques, un sujet de joie. « Dans les églises de la Haute-Italie, on voit encore aujourd'hui les tableaux qui représentent les masses des Goths foudroyés, dispersés par des saints qui planent dans les nuages[3]. »

Cette fois encore, l'ivresse publique exagérait la portée du triomphe. Foudroyés ou dispersés, les Goths ne disparurent point. Ayant pris goût à l'Italie, plutôt que de la quitter, ils se soumirent aux Byzantins. Implantés dans la Toscane annonaire, ils y poussèrent de profondes racines, en mêlant leur sang au sang indigène. Ils y propagèrent la haine d'un vainqueur pourtant plus respectueux qu'eux-mêmes des institutions et des terres. A leur exemple et par leurs conseils, tous les regards se portèrent vers le nord, en vue d'y chercher des sauveurs, d'appeler les Franks et les Alamans[4], tandis que Narsès, révoqué par

[1] *Excerpta ex Agathiæ historia a fine Procopii ad Gothos pertinentia*, trad. lat. de Grotius, l. I, R. I. S., t. I, part. I, p. 384. Voy. le texte même d'Agathias dans le *Corpus scriptorum historiæ byzantinæ*, t. IX, p. 38, Bonn, 1828.
[2] Mazzarosa dit que Lucques est appelée capitale dans un vieux document, et que le privilége dont elle jouissait de battre monnaie prouve bien qu'elle avait cette qualité (*Storia di Lucca*, l. I, t. I, p. 20, Lucques, 1833). Voy. pour les curieux détails du siége de Lucques, ce même auteur, p. 17, et Agathias, p. 38-52.
[3] Ferrari, *Histoire des révolutions d'Italie*, t. I, p. 50, Paris, 1858.
[4] Agathias, *loc. cit.* — Bossi, *Storia d'Italia*, t. XII, l. 3, c. 17. — Giraud,

l'empereur après quinze années d'un gouvernement tolérable, outragé par l'impératrice qui le voulait reléguer parmi les femmes et condamner à faire de la toile, en ourdit une, par son appel aux Langobards, dont ni les Grecs ni les Italiens ne purent se dégager [1].

La domination des Langobards est un fait capital dans l'histoire de la péninsule. S'ils viennent, comme les autres envahisseurs, sur leurs chariots encombrés de femmes et d'enfants, ils se fixent au sol, loin d'y errer en nomades, et ils donnent à leur établissement des bases si solides que, même vaincus, ils imposent leurs lois et leurs coutumes, que, durant tout le moyen âge, leur nom reste synonyme d'Italien [2], et que l'Italie du Nord le porte encore aujourd'hui. Prudents et politiques, sous un aspect farouche, ils ne s'avancent qu'avec précaution ; ils mettent trois ans à prendre Pavie ; ils laissent le temps faire à Ravenne son œuvre lente de décomposition. C'est seulement dans la Toscane qu'ils semblent pressés de s'établir. La jugeant facile à prendre, plus facile à garder, ils s'y voulaient enfoncer comme un coin de fer entre l'exarchat et Rome, pour mieux protéger leurs possessions

---

Bellezze della storia d'Italia, t. I : *Giornata del Vesuvio e destruzione della potenza dei Goti*, ap. Inghirami, II, 403-405. — Sartorius : *Versuch über die Regierung der Ostgothen während ihrer Herrschaft in Italien und über die Verhältnisse der Sieger zu den Besigten inhande.*

[1] Paul Diacre, l. II, c. 5, R. I. S., t. I, part. I, p. 427. Leo (*Hist. des peuples italiens*, I, 37) présente seulement comme possible l'appel de Narsès aux Langobards. Le fait est hors de doute. Voy. *Historiola rerum a Langobardis gestarum*, R. I. S., t. II, part. I, p. 24. — Le vrai nom de ce peuple paraît bien être Langobards. Ainsi écrivent Paul Diacre et saint-Grégoire ; mais déjà le traducteur grec de saint Grégoire écrit Λογγοβάρδοι. Villani (II, 7) donne une singulière étymologie de ce nom.

[2] Langobardi, Lombardi, li Longebard, li Lombard, sont les seuls termes usités par les écrivains franks ou français pour désigner les Italiens.

de Lombardie¹, tandis qu'entre Rome et eux-mêmes ils laissaient l'urbicaire à dessein dévastée et le désert des Maremmes, réalisant, dit saint Grégoire, la fin du monde². Dans l'annonaire, qu'ils ont ménagée, ils préfèrent aux villes de la plaine les places fortes de la montagne, à Florence Fésules, pour s'élancer, comme d'un nid d'aigle, tantôt vers le nord, tantôt vers le midi³.

A la longue, ils s'humanisèrent. Ils subirent, après tant d'autres, l'influence de mœurs douces, d'un reste de civilisation et d'un beau climat⁴. N'ayant point d'ennemis à combattre en Toscane⁵, ils y laissèrent régner la paix, qui ramena quelque prospérité. Florence même finit par se relever. Les Langobards, dans leur période militante, avaient, sans la détruire, renversé ses murs, carrés comme ceux d'un camp romain, et plus que décimé sa maigre population⁶ ; mais ils cédaient, comme les

---

¹ C'est la première application de la théorie allemande qui réclame le Mincio pour protéger les Alpes, et la Lorraine pour couvrir le Rhin.

² « In hac terra in qua nos vivimus finem suum mundus jam non nuntiat, sed ostendit (S. Greg., *Dial.*, l. III, c. 58). C'est la conclusion d'un tableau épique que ce pape fait des malheurs du pays. Pour les détails, voy. *S. Gregorii Magni epistolarum* I, 15, ad Balbinum episcopum Rusellanum. *Opera omnia*, t. II, p. 500, et Muratori, *Antiquitates italicæ medii ævi*, Diss. 21, t. II, col. 147. — Les passages des lettres et homélies de S. Grégoire où il décrit les ravages des Langobards sont réunis dans les *Memorie e documenti per servire all' istoria del principato lucchese*, par Cianelli, t, I, p. 26, note 3.

³ Cianelli, *loc. cit.* Pizzetti, *Antichità toscane*, l. I, c. 1. Muratori, *Ann. d'Italia*, ann. 603. Dans des papiers du IX⁰ et du X⁰ siècle, Fiesole est encore appelée castrum Fæsulæ (*Atti di S. Alessandro, vescovo di Fiesole*, dans un *Passionario del capitolo fiesolano*, cité par Lami, *Lezioni*, I, 283, 293). Cf. Villani, II, 7.

⁴ Borghini, *Disc.*, t. IV, p. 44-52. — Brunetti, *Codice diplomatico toscano*, t. I et II, Flor., 1806-1833.

⁵ Les Vies des papes contenues au recueil de Muratori, et où sont si soigneusement notées les villes prises par eux, n'en nomment aucune de la Toscane (R. I. S., t. III, part. I).

⁶ Fazio des Uberti, dans son *Dittamondo*, décrit emphatiquement la

Toscans du voisinage, à l'irrésistible attrait des rives fleuries de l'Arno. Ils trouvaient à peine place dans cette ville exiguë, située tout entière sur la rive droite du fleuve, et dont les limites extrêmes étaient, au nord. l'église de *San Michele in orto*, qui passait même pour être « dans la cité de Fésules [1] ; » à l'est la place de la Seigneurie ; à l'ouest le *Ponte-Vecchio* [2], que défendait une tour et qui reliait les deux tronçons de la voie romaine [3].

Cette affluence toujours croissante d'hommes riches et laborieux enrichissait les Florentins : sous le règne de Liutprand, leur évêque Speciosus possédait assez de biens pour en donner de considérables aux chanoines de sa cathédrale [4]. Leur ville avait un duc tout comme Volterre,

---

destruction de Florence par les Langobards ; mais quand une ville était détruite, le saint-siége lui enlevait son évêque. C'est ce qu'il fit à Populonia (Voy. *Arch. stor.*, 3ᵉ sér., 1865, t. II, part. I, p. 74), c'est ce qu'il ne fit pas à Florence (Voy. Ughelli, *Italia sacra*, t. III, aux évêques de Florence où l'on ne voit aucune solution de continuité). Quant au massacre d'un grand nombre de Florentins, il est constaté par une lettre du pape Pélage II à l'évêque de Florence (voy. les lettres de Pélage ap. Mansi, *Sacrorum conciliorum nova et amplissima collectio*, t. IX, Flor., 1763). — Ph. Jaffé (*Regesta pontificum romanorum*, Berlin, 1851) a fait une recherche attentive de celles qui peuvent passer pour authentiques.

[1] In civitate Fessolana (Lami, *Lez.*, I, 294 ; II, 429). On en disait autant de San Miniato a monte, quoique cette église fût située sur la rive gauche.

[2] Florence couvrait alors 260 mille mètres carrés ; elle en couvre aujourd'hui 9471 (Guibert, *Dictionnaire géographique et statistique*, p. 712, Paris, 1863, 1 vol). Il nous paraît superflu de donner des indications plus détaillées. On les trouvera, difficiles à suivre, à cause de l'emploi des vieux noms, dans les chroniqueurs Villani, IV, 7, Marchionne Stefani, *Istoria fiorentina*, l. I, Rub. 34, ap. *Delizie degli eruditi Toscani* du P. Ildefonso de San Luigi, t. VIII, Flor. 1776, plus claires dans divers modernes, Borghini, *Disc.*, t. IV ; Ammirato, I, 19 ; Lami, *Lezioni*, I, 144 ; Follini, I, 65, 70 ; Trollope, I, 55 ; *Arch. stor.*, 3ᵉ sér., 1865, t. II, part. I, p. 71, et Appendice, XVI, part. I, p. 86. Voy. aussi Bibl. nat. mss. ital. n° 27, un plan sommaire tracé à la main.

[3] *Osserv. fior.*, VI, 192 ; 3ᵉ éd.

[4] Ces biens étaient « in loco fluvii Greve infra plebe et episcopio B. Jo-

Lucques et même Fésules[1], symptôme d'anarchie sous ces rois barbares dont la couronne, dit Manzoni, avait juste la valeur de la tête qui la portait[2], mais instrument de progrès pour les populations urbaines, grâce à la lutte que les ducs vassaux soutenaient contre leur suzerain. Il fallait des deux parts s'appuyer à elles, adopter leurs mœurs et leurs costumes, permettre ou promettre ce qu'elles désiraient, tolérer ces libres associations que n'admettait pas la loi romaine, mais dont les races envahissantes avaient le goût et donnaient l'exemple. Restreinte à un étroit rayon, l'autorité des ducs en était, d'ailleurs, plus efficace, et elle paraissait tutélaire plutôt que tyrannique, dans l'état de dissolution où se trouvait la société[3].

---

hannis Baptistæ vel Reparatæ martyris » (Ughelli, *Ital. sacr.*, t. III, p. 27, aux évêques de Florence, ann. 724). On voit que ce prélat prenait indifféremment le titre de ces deux églises. Cf. Borghini, *Disc.*, t. IV; Ammirato, I, 19; Inghirami, V, 85. *Arch. stor.*, 1865, t. II, part. I, p. 74.

[1] Raph. Volaterr. *Geograph.* l. V, f° 136. — Cianelli, t, I, p. 43-53. — Inghirami, V, 80, 88, 107. « Unus quisque ducum suam civitatem obtinebat (Paul Diacre, II, 32, R. I. S. t. I, part 1, p. 436). »

[2] *Discorsi sopra alcuni punti della storia longobardica*, dans le volume intitulé *Tragedie e poesie*, Milan, 1867.

[3] Sur le caractère de la domination langobarde, ont eu lieu de grandes discussions. Les uns ont soutenu qu'elle n'avait pas supprimé la société romaine, et qu'il y avait eu alors deux sociétés superposées : Savigny, *Zeitschrift für gesch. Rechtswissenchaft*, t. XI ; Türk, *Die Langobarden und ihr Volksrecht bis zum Jahre* 774. Rostock, 1835. — Cantù, *Histoire universelle*, trad. Aroux, t. VII, p. 215-514. — G. Capponi, *Lettere sulla dominazione dei Longobardi in Italia*, dans l'*Arch. stor.* Append., t. I et X. — Capei, *Discorso a G. Capponi*, ibid. — Carlo Troya, *Della condizione de' Romani vinti da' Longobardi*, Milan, 1844. — Balbo, *Storia d'Italia*, Turin, 1837. — Sclopis, *De' Longobardi in Italia* (*Mém. de l'ac. de Turin*, t. XXXIII, et préf. des *Monumenta historiæ patriæ edita jussu Caroli-Alberti*. — Manzoni, *Discorso*, loc. cit. — Les autres prétendent que la société romaine disparut. Ce sont en général des Allemands jaloux de montrer l'Italie devant tout à l'Allemagne : Arnold, *Verfassungsgeschichte der deutschen Freistädte im Anschluss an die Verfassungsgeschichte der Stadt Worms.* Gotha, 1854. — Leo, *Entwickelung der Verfassung der Lombardischen*

Les comtes franks y remplirent le même office quand ils succédèrent aux ducs langobards. Après avoir prétendu, pour devenir leurs égaux, ne relever que de l'empereur, c'est contre l'empereur qu'ils se révoltèrent quand, à l'aide de son nom, ils eurent pris le dessus. Dans la seule Toscane, on voit se révolter le marquis Regnibald, le duc Allone, les évêques de Lucques et de Pise[1]. Le cadre féodal s'élargit pour recevoir les évêques et les villes, comme les vassaux grands et petits. Tandis que s'émiette la féodalité germanique, les villes concentrent leurs forces sous la protection du pouvoir souverain ; elles obtiennent de lui, sans perdre cette liberté individuelle dont les Germains avaient introduit le goût et les Grecs accepté l'usage, un légal et salutaire retour à la loi romaine, qu'applique le comte, assisté sur son tribunal des juges ou *scabini* qu'il a nommés, et d'un notaire qui écrit les sentences[2] ; elles grandissent lentement par la lutte tantôt sourde, tantôt déclarée du comte contre l'évêque et même contre l'empereur, intarissable source d'exemptions et de bénéfices que l'empereur accorde sans compter, pour tenir en échec des vassaux rendus redouta-

---

Städte bis zu der Ankunft Kaiser Friedrich I in Italien, Hambourg, 1824. — Bethmann-Hollweg, *Ursprung der Lombardischen Städte freiheit. Eine geschichtliche Untersuchung.* Bonn, 1846. — Karl Hegel, *Geschichte der Städteverfassung vor Italien seit der Zeit der römischen Herrschaft bis zum Ausgang des Zwölften Jahrhundert*, Leipzig, 1847. — Haulleville, loc. cit. — Ranieri, *Della storia d'Italia da Teodosio a Carlomagno*, Bruxelles, 1841. — Ferrari, I, 54-59.

[1] Hadriani epist. 1 et 12 dans D. Bouquet, *Recueil des historiens des Gaules et de la France*, t. V, p. 557. Voy. sur ce pape, Anastase bibl., R. I. S., t. III, part. I, et Sigurd, *Papst Hadrian I und die weltliche Herrschaft des römischen Stuhls*. A. Vannucci (p. 24) parle, en outre, de la conspiration du duc de Chiusi.

[2] Il faut voir là l'origine des institutions judiciaires de la période communale. Voy. Cantini, 1, 2-6.

bles par l'étendue et bientôt par l'hérédité de leurs fiefs¹.

Jaloux de reconstituer une nation latine, Charlemagne protégeait surtout les villes où il en retrouvait la tradition, celles que, pour ce motif même, avaient abattues ou abandonnées les Langobards. Florence était du nombre. Il y venait vêtu de la chlamyde romaine plutôt que du sayon gaulois². En 781, il tenait un plaid à ses portes³ ; en 786, il célébrait avec les Florentins la fête de Noël⁴. Il leur donnait pour duc un certain Gundibrand, protecteur médiocre, à vrai dire, que le pape Hadrien accusait bientôt de voler les bestiaux dans les fermes, et, pis encore, de molester les moines⁵. Des noms de forme barbare figurent désormais à côté des noms latins dans les actes où les noms de lieux ont déjà leur forme italienne⁶, indice manifeste d'une immigration croissante dans une ville en progrès.

Pour avoir voulu le bien de Florence, Charlemagne est réputé l'avoir fait. Aux dernières années du quinzième siècle, dans une convention conclue entre Charles VIII et leur patrie, les rédacteurs florentins saluent dans le prince frank celui qui le premier l'a restaurée,

---

¹ Voy. sur ce sujet un article de M. Pasquale Villari (*Il comune italiano*), dans le *Politecnico*, mars 1866, p. 296-304, et A. Vannucci, p. 22.

² G. Capponi, *Lettera 5 sui Langobardi* (*Arch. stor.*, App., t. X, part. II, p. 50-52.

³ Vadum medianum finibus florentinis (Cantini, I, 13 bis).

⁴ Borghini, *Disc.* IV, 44-52.

⁵ « Invasionem quam Gundibrandus dux civitatis florentine, etc. (*Hadriani epist.* 39. D. Bouquet, V, 585.)

⁶ Atroald, Adonald, Adelpald, Gratolf, Rimpert, Atripert, Adalbert, Dummel, à côté de Deodatus et Petrus. Chartes publiées par Ughelli, *Italia sacra*, III, 29; II, 577. L'*Arch. storico* (1865, t. II, part. I, p. 75) fait mention du premier de ces papiers, avec quelques inexactitudes. Mais il y est parlé d'un autre document de 853, où sur 15 signatures ecclésiastiques il n'y a que deux noms italiens.

celui qui a construit ses murailles, ses forteresses, ses temples, et substitué le nom de Florence au nom de Fluentia[1]. Les chroniqueurs vont jusqu'à dire qu'il donna aux habitants des institutions libres, des consuls, des sénateurs « à la mode de Rome, » et qu'il créa des chevaliers[2]. Autant de chimères d'imaginations sans critique. Ces chevaliers, elles nous les montreront venus plus tard d'Allemagne avec les Otton[3]. Cette liberté, comment l'aurait-il donnée, le chef barbare qui, malgré son génie, ne vit pas que sans l'abolition ou la diminution de l'esclavage il n'y avait pas de progrès social[4]? Ces murailles qu'il aurait élargies, il ne fit, on le prouve, que les réparer[5]. Cette église des saints apôtres qu'il aurait construite ne peut, si ancienne qu'on la suppose, remonter aussi haut[6]. Il n'est pas moins téméraire de dire que Florence lui dut l'extension de son territoire, de son *contado*[7], lequel, sous la juridiction du comte, comme plus

---

[1] « Advertens sua christianissima Maiestas quod Carolus Magnus hujus urbis fuit primus restaurator et nominis Fluentiæ in Florentiam mutator, locorumque et oppidorum et arcium dator, mœniumque constructor, et templorum aliquorum hujus inclytæ urbis ædificator, veræ sanctæ crucis et aliarum reliquiarum ac ornamentorum templo Sancti Joannis et aliis largitor.... (*Capitoli fatti dalla città di Firenze col re Carlo VIII*, a dì 25 de novembre del 1494. — Documents dans *l'Archivio storico italiano*, t.I p. 564, Docum. 3).

[2] Villani, III, 3. Ammirato, 1, 21.

[3] Villani, IV, 1.

[4] A. Vannucci, p. 25. — Alcuin, son maître, a un grand nombre d'esclaves. Prêtres, évêques, moines en font marché. On peut voir dans Libri (*Hist. des sciences mathématiques*, t. II, p. 508 sq.) des statuts et des témoignages nombreux d'auteurs qui montrent la servitude subsistant au moyen âge et soutenue par des lois.

[5] *Arch. stor.*, 3ᵉ série, 1865, t. II, part. I, p. 71; 1868, t. VIII, part. I, p. 235.

[6] Voy. Vasari, *Proemio delle vite*, t. I, p. 206, éd. Lemonnier, Florence, 1846. Les savants éditeurs la font remonter à l'an 1000.

[7] De *comes* vient *comitatus*, d'où *contado* (Cantini, I, 6).

tard sous celle de l'évêque, s'étendait à peine d'Empoli à Prato, étroitement resserré qu'il était entre les territoires de Volterre, de Lucques et de Fiesole[1]. Mais les peuples exagèrent leur reconnaissance comme leur ingratitude, et ne marchandent pas la gloire pour des marques même stériles de bonne volonté.

Charlemagne, au demeurant, fit plus de mal par ses successeurs qu'il n'avait fait de bien par son règne. Sous la faible race des Carolingiens, les Hongrois et les Awares, les Normands et les Sarrasins[2] eurent toute liberté d'envahir, de ravager l'Italie. « Tous les bois des forêts, écrivait à Charles le Chauve l'énergique pape Jean VIII, s'ils devenaient autant de langues, pourraient dire nos maux. Heureuses les femmes qui n'ont pas enfanté[3] ! » Pour se défendre, les populations affolées sollicitent comme une faveur le droit de relever leurs murailles, qu'une politique soupçonneuse avait abattues et ne permettait pas de réparer[4]; mais si elles repoussent ainsi les envahisseurs, elles enhardissent les tyrans. Le seigneur féodal ne connaît plus de frein quand il n'a plus de crainte. Persécuteur des humbles, complice des voleurs et des meurtriers, il n'est puni que dans le rêve de ses victimes, qui le voient par avance aux enfers, expiant ses

---

[1] Lami, *Lez.*, I, 98. Borghini, *Disc.* Villari (*Politecnico*, juillet 1866, p. 3). Au moment où commencent à prévaloir pour les noms de lieu les formes italiennes, nous pouvons nommer Fiesole la vieille Fésules.

[2] Voy. Reinaud, *Invasions des Sarrasins en France*. Paris, 1836. — Muratori, *Antiq. ital.*, Diss. I, t. I, col. 25.

[3] Ep. 8 dans Duchesne, *Historiæ francorum scriptores*, t. III, p. 870.— Cf. ep. 12, 14, 18, ibid., p. 874, 876, 879.

[4] « Nulli fas erat privato homini quanquam regiis beneficiis ditato, arces, sive ut in Italia dicere amarunt Rochas, Castra, et Castella munita habere, aut si quis habuit, certe illi non sine augustorum sive regum venia habere licuit (*Antiq. med. ævi*, t. II, col. 460, *Dissert.* 26).

méfaits par d'atroces supplices[1]. Pour mettre le comble à l'anarchie, Louis II détruit par son testament son œuvre réparatrice, et découpe en lambeaux ce royaume d'Italie dont il avait fait, si l'on peut dire, un être vivant.

Ce morcellement, qu'imposaient les idées du siècle, c'était le chaos succédant à l'ordre, mais non la mort succédant à la vie. Derrière leurs murailles relevées, les villes avaient retrouvé une vitalité nouvelle et comme le sentiment de leur personnalité. Elles apprenaient à s'organiser pour la résistance, à forger des armes, à appeler dans leur sein de nouveaux habitants. Les campagnards qu'elles y avaient reçus quand ils fuyaient les Sarrasins venaient de doubler leurs forces, elles voulaient les doubler encore en provoquant une si profitable immigration. Les seigneurs, dans leurs *rocche* ou châteaux forts, étant presque aussi redoutables que les pirates, ce mouvement put se ralentir, il ne s'arrêta pas. Les plus puissants d'entre eux, les *principes regni*, comme l'historien de Milan les appelle[2], avaient d'ailleurs intérêt à ménager les villes, car dans leur ardente compétition au trône ils y trouvaient leurs électeurs naturels[3].

La Toscane eut alors le privilége de vivre sous des maîtres puissants parce qu'ils étaient habiles, et bien vus

---

[1] *Visio Wettini*, dans Mabillon, IV, part. I, p. 268, et Himly, *Wala et Louis le Débonnaire*, p. 218.

[2] *Arnulphi mediolanensis Rerum sui temporis*, l. I, c. 15; R. I. S., t. IV, 12.

[3] Muratori, *Antiq. ital.*, t. IV, passim, et col. 39, 40.— Provana, p. 40. — Vesme, *Vicende della proprietà in Italia* (*Mem. della R. Accademia di Torino*, t. XXXIX, c. IV, p. 599). Mignet, *Mém. sur la formation territoriale et politique de l'Italie* (*Séances et travaux de l'Ac. des sc. morales et politiques*, 2ᵉ série, t. XII, p. 314, ann. 1847).

parce qu'ils étaient humains. Adalbert II, chef de cette famille, avait pour beau-frère Wido[1], compétiteur de Bérenger. Autant que possible étranger à leurs querelles, il en profitait pour grandir par la paix. Reconnaissantes d'un bienfait si rare, les populations lui étaient dévouées; après lui elles le furent à son fils. Le hasard des combats plonge en vain ce fils, avec sa mère, dans un sombre cachot de Mantoue : du fond de ce cachot il peut lancer ses ordres, et il est obéi. Ses sujets l'eussent délivré de force, si Bérenger, par prudence, ne l'eût rendu à la liberté.

Dans cette période de cent vingt-six années où l'on voit pour la première fois des rois italiens en Italie, les villes toscanes, comme les peuples heureux, n'ont pas d'histoire. Les vieux documents ne les mentionnent que pour marquer le lieu où est signé tel diplôme, où est accompli tel acte impérial. C'est à peine si l'on y voit qu'à Florence, en 897, l'empereur Lambert fit tenir des plaids en son nom; que, l'année suivante, il donna aux Florentins l'église de San Miniato, possédée depuis Charlemagne par l'abbaye de Nonantola[2], et que Bérenger confirma cette donation[3]. Mais à ce calme inespéré succède bientôt l'orage. L'heure est revenue des maîtres cupides, violents, capricieux. Sous le règne d'Hugues de Provence (926)[4], « renard très-solennel, qui n'avait rien du lion[5], » sous

---

[1] En France, nous disons Gay; d'anciennes annales disent Wito; Muratori remarque avec raison que tous les noms italiens qui commencent par *gua*, *gue*, *gui*, sont d'origine allemande (*Delle antichità estensi*, part. I, c. 1, p. 2, Modène, 1717, in-f°).

[2] Située non loin de Modène.

[3] Voy. le document dans Cantini, I, 21, 24, 27.

[4] Les Italiens disent Ugone, le grand Hugo.

[5] Muratori, *Ann. d'Ital.*, ann. 926, 931.

les ducs provençaux qu'il impose à la Toscane, les femmes en sont réduites à cacher leurs bijoux [1], les hommes à briser leurs armes impuissantes.

C'est alors que, dans l'universelle détresse, tous les yeux se portèrent vers le nord. Ils y voyaient un prince capable, Henri l'Oiseleur, chasser les barbares, reculer les frontières de l'empire, mettre l'ordre dans le chaos allemand. Son fils Otton fut, au premier prétexte, appelé comme un sauveur. On le jugeait assez fort pour vaincre, et assez éloigné pour n'être pas redoutable. Il vainquit, en effet, et tira l'Italie de la dégradation morale où l'avait plongée le règne abject d'une Marozia, d'une Théodora [2]. Mais il fit payer cher ce bienfait. L'héréditaire ténacité des Tudesques ne voulut plus ni lâcher la conquête, ni en laisser perdre le prétendu droit. Leur âpreté proverbiale s'en appropria tous les fruits. Le pape ne fut plus qu'un fonctionnaire impérial. Des évêques allemands firent de la simonie la plaie de l'Église. Aussi, dès le lendemain de la conquête, maudissait-on les conquérants. Ils sont, suivant le chapelain Donizo, « une race d'ivrognes et d'impies, qui aiment l'argent plus que la guerre [3]. » Un Allemand devenu Italien, disait-on, est un

---

[1] A. Vannucci, p. 29.

[2] Voy. ce qu'en dit non un ennemi de l'Église, mais Gerbert, pape plus tard sous le nom de Sylvestre II (Actes du concile de Saint-Basle, dans les œuvres de Gerbert, éd. Olleris, p. 173-236, 1867, in-4°, et dans Pertz, III, 658). Cf. Giraud, *Grégoire VII et son temps* (*Revue des Deux Mondes*, 15 mars 1873, p. 449, 450).

[3]
... Gens alemanna
Ebria gens ista nescit Christi pia dicta...
Plus adamant nummum quam bellum vincere sumptum.
(Donizo, *Vita Mathildis*, c. 18, R. I. S., t. V, 379.)

Ce nom, qui signifie Denis, est écrit, je ne sais pourquoi, Domnizo par Baronius et par le P. Tosti. Le 20° chapitre du livre II, qui est en acrostiche, donne le nom exact du chapelain-poète.

diable incarné[1]. « La venue d'Otton, écrivait plus tard Villani, porte-voix de la postérité, abattit la domination des Romains. Florence, clef de voûte de leur puissance, ne pouvait plus ni respirer ni montrer ses forces[2]. » Les Allemands, à vrai dire, n'étaient pas en reste d'injures : ils accusaient les « Romains » de bassesse, de timidité, de luxure, d'avarice, de mensonge, en un mot de tous les vices[3].

En fait, Otton le Grand et ses successeurs innovèrent peu : ils suivirent la politique des Carolingiens et celle des rois d'Italie. Pour écraser leurs rivaux ou amoindrir les rebelles, ils donnaient les villes aux évêques, ils y multipliaient exemptions et immunités ; mais ils n'avaient, quoi qu'on ait dit, nul dessein de les affranchir ; ils ne sont pas les fondateurs des libertés communales. Le premier Otton passe deux fois à Florence, en 962 et 964 ; il aimait cette ville « parce qu'elle était romaine et fidèle à l'empire[4] ; » la principale marque de sa faveur, c'est la concession d'un territoire de six milles autour des murailles[5]. Le plus souvent, les largesses impériales se portent sur une même église, sur un même couvent, objet, on ne sait trop pourquoi, de constantes prédilections ; ainsi l'abbaye ou *Badia*, dont on voit encore, à Florence, l'élégant clocher. Après l'avoir fondée en 975, sous l'invocation de la vierge Marie, Willa, femme d'Hu-

---

[1] Voy. Gfrörer, *Pabst Gregorius VII und seine Zeitalter*, Schaffouse, 1858-1860, t. II, p. 239.
[2] Villani, III, 5.
[3] « Quidquid vitiorum est comprehendentes » (*Liutprandi legatio ad Nicephorum Phocam*, R. I. S., t. II, part. I, p. 481).
[4] « Mostrò di molto amarla però ch'era sempre stata Firenze de' Romani e fedele allo imperio » (Villani, IV, 1).
[5] Villani, IV, 1.

bert, duc de Toscane, achetait pour l'enrichir plusieurs propriétés aux environs, et en nommait abbé son confesseur Marino [1]. En 995 et 996, son fils le comte Hugues y ajoute deux cent quarante-cinq propriétés nouvelles, entre autres celle du lac Trasimène et de ses rives [2]. Quiconque entreprendra sur cette liberté payera cent livres d'or fin, moitié au trésor impérial, moitié audit monastère [3]. En 1012, c'est Henri le Saint qui enrichit encore l'opulente *Badia*. Dès ce moment l'impulsion est donnée, la mode s'en mêle, et les particuliers, comme les princes, multiplient ces pieuses donations [4].

C'est que de plus en plus Florence faisait les délices des Allemands. A égale distance de Pavie et de Rome, elle était, sur la route qui relie ces deux villes, le seul point stratégique important. Le roi des Romains y passait pour aller ceindre la couronne impériale; il s'y arrêtait encore au retour. Ses courtisans s'y plaisaient comme lui, et s'y fixaient même plutôt que de le suivre, quand il repartait pour sa brumeuse Germanie. Voilà comment dès lors, s'il faut en croire Villani, les comtes Guidi, les barons Uberti et Lamberti, d'autres encore, d'Allemands devinrent Italiens, seigneurs dans la campagne, citoyens à Florence [5]. Les empereurs, au reste, s'y prêtaient volontiers. Au premier des comtes Guidi qui ait paru dans la

---

[1] La charte de fondation a été publiée par Puccinelli, dans la *Cronica della Badia*. Voy. Cantini, I, 27.

[2] Cantini, I, p. 28.

[3] Voy. le document dans Cantini, I, 31.

[4] Voy. les doc. dans Cantini, I, 35-44.

[5] Villani, IV, 1. Un document du 14 avril 960 est adressé par le margrave Oberto ou Hubert à son fidèle Guido (Repetti, *Diz. geogr.*, III, 376). Voy. sur la famille des comtes Guidi une longue étude du Frère Ildefonso de San Luigi, *Delizie degli eruditi toscani*, t. VIII, p. 89-195.

péninsule, Otton le Grand avait donné, en Romagne, le comté de Modigliana. Au fils de ce seigneur, échappé seul du massacre qui châtiait les excès des siens, il avait fait épouser la vertueuse Gualdrada, fille de messer Berti Bellincione des Ravignani, Florentin [1], et donné de nombreux châteaux dans le val d'Arno supérieur, récompensant par là dans le mari la femme dont ses amoureuses avances n'avaient pu triompher.

Ce contact fréquent des deux races fut, en somme, le plus grand bienfait de la domination germanique. Il retrempa le génie toscan [2]. Protégée par ses montagnes, la Toscane n'avait pas, au même degré que la Lombardie, besoin d'un pouvoir protecteur. Elle vivait d'une vie propre sous ses margraves. Un nouvel Adalbert II paraît, au début du onzième siècle, sous les traits de Boniface III. D'origine allemande comme tant d'autres, épargné par Henri le Saint dans l'Émilie, au moment où disparaissaient tous les grands feudataires, investi par Conrad le Salique du margraviat de Toscane [3], ce seigneur dominait de Mantoue et de Ferrare jusqu'à Florence et à

---

[1] Villani, IV, 1. — On appelait *messere* les chevaliers, les juges, les hommes de loi. — Sur les domaines et la succession des comtes Guidi, voy. *Delizie degli eruditi toscani*, t. VIII, p. 89-195, et Malavolti, *Dell' Istoria di Siena*, part. I, l. III, f° 28 v°, 29 r°, Venise, 1599, in-4°. — Ammirato, *Albero e istoria della famiglia de' conti Guidi*, Florence, 1640. — Sigonio, *Opera omnia*, t. II. *De regno Italiæ*, l. XIII, 770, ann. 1164.

[2] M. P. Villari nous paraît avoir donné une part beaucoup trop grande à l'antagonisme des races dans les luttes intestines de Florence.

[3] Sur ses origines, voy. Fiorentini, *Memorie della contessa Matilde*, p. 24, 25. — Le P. Bacchini, *Storia del monastero di San Benedetto di Polirone*. — Donizo, l. I, c. II. — Ughelli, *Italia sacra*, Append. — Muratori, *Antiq. ital.*, Diss. VI. — Tosti, *La contessa Matilde e i Romani pontefici*, Flor., 1859, et notre Mémoire *La comtesse Mathilde de Toscane et le saint-siége*, dans les *Séances et travaux de l'Acad. des sciences morales et politiques*, 1865, t. IV, p. 274. — F. Mozzi de' Capitani, *Sulla contessa Matilde, i suoi contemporanei e l'usanze nostre d'allora*. Venise, 1845.

Lucques. Son mariage avec Béatrix de Lorraine augmentait encore sa puissance, qu'affermissait sa sévérité : sans miséricorde, il faisait couper à ses ennemis les oreilles et le nez[1]. Mais ses ennemis étaient surtout aux provinces frontières : en Toscane, dans sa petite cour de Lucques, il vivait en paix et déployait un faste insolent. On en voit le détail dans la chronique versifiée du contemporain Donizo : les chevaux du margrave ferrés d'argent avec des clous mal rivés, afin que les fers, restant sur la route, marquassent les lieux qu'il avait traversés ; les festins de ses noces, où affluaient mimes et jongleurs, où l'on ne mangeait que dans de la vaisselle d'argent, où l'on tirait le vin des puits avec des seaux et des chaînes du même métal ; les présents de ce vassal à l'empereur, entre autres un vase et un char d'argent traînés par deux bœufs pour lui offrir quelques gouttes d'un vinaigre qu'il aimait[2]. On ne dit pas que des exactions trop criantes fussent la source de ces prodigalités qui semaient en Toscane les richesses apportées de loin et permettaient aux hommes, assurés d'une existence facile, d'ouvrir leur esprit comme leurs yeux sur un horizon plus large et plus élevé.

Dans ce fief, le plus vaste de la péninsule, le saint-siége voyait un rempart et l'empire un avant-poste. L'un et l'autre ne cherchaient qu'à l'attirer, qu'à le retenir dans leur alliance. Boniface leur marquait un égal respect, mais il ne se livrait point. Il vivait entouré d'évêques adonnés aux combats[3] et aux plaisirs, flanqués de

---

[1] Donizo, l. I, c. xi, R. I. S., t. V, 355.
[2] *Ib.*, 353-356.
[3] « Tanto mundanæ vertiginis quotidie rotantur impulsu ut eos (clericos) a sæcularibus barbirasium quidem dividat, sed actio non discernat... Per ora

concubines et de bâtards[1], inviolables pourtant grâce à l'huile sainte, et de vassaux dont la politique impériale avait déclaré les fiefs immédiats héréditaires de mâle en mâle; irrévocables même, si un jugement des pairs ne prononçait la déchéance[2]. Aux vassaux il était assez fort pour imposer sa volonté, alors même qu'ils se réclamaient de l'empereur ; aux évêques il marquait un dévouement et une dévotion hypocrites ; il entretenait sa femme, il élevait ses trois enfants dans les ferventes pratiques d'une piété qui, chez eux, était sincère. Sa mort prématurée (1053)[3] mit fin à ce prodige d'équilibre. Béatrix, sa jeune veuve, tutrice de l'héritier du margrave, se plaça d'elle-même sous la tutelle de l'Église. Or l'Église, alors, c'était déjà le glorieux fils d'un humble forgeron de Soana[4]. Sur les conseils d'Hildebrand, on ne permit pas à Béatrix un long veuvage. On mit sa main dans celle

---

ecclesiastici ordinis forensia jura decurrunt. Arma potius, arma corripimus... » (*Petri Damiani opera*, epist. I, 15, t. I, p. 32. Rome, 1606).

[1]
> Cedant equi phalerati,
> Cedant cæci rabulæ,
> Cedant canes venatores
> Et accipitres rapaces
> Nec non aves garrulæ....
> Execrate hæresin,
> Sacerdotum simul atque
> Scelus adulterii.

Vers de P. Damien, ap. Voigt, *Hildebrand als Papst Gregorius VII und sein Zeitalter*, Weimar, 1815, trad. de l'abbé Jager, l. I, p. 10, Paris, 1842, 2ᵉ éd. Cf. Villemain, *Histoire de Grégoire VII*, I, 285. Paris, 1873.

[2] *Conradi augusti lex*, R. I. S., t. I, part. II, p. 177. — Inghirami, V, 225. — Leo, I, 237. — Sismondi, *Histoire des Républiques italiennes*, t. I, p. 97, Paris, 1840.

[3] « Insidiis a duobus exceptus militibus, sagittisque vulneratus et mortuus (*Herimanni Augiensis Chronicon*, Pertz, V, 131.) — Sagittis toxicatis vulneratus (*Bernoldi Chron.*, ann. 1052, Pertz, V, 426).

[4] Soana ou Soano, au comté de Sienne. « Natione etruscus, patria Soanensis » (B. Platinæ *Historia de vitis Romanorum pontificum*, p. 153, Cologne, 1574). — Ce nom a été souvent altéré.

de Gothefred le Barbu, duc de Lorraine [1], dépouillé de
ses États par l'empereur, âme énergique, vindicative, ambitieuse, et qui s'était venue mettre au service de Boniface. La papauté avait sujet de croire qu'elle trouverait
en lui un instrument docile autant que résolu. Jadis excommunié par Léon IX pour avoir pris Metz et pillé
Verdun, il avait consenti, pour être relevé de la sentence,
à traverser pieds nus, une torche à la main, les rues de
la ville pillée, à gravir sur les genoux les degrés qui conduisaient au parvis de la cathédrale, à y recevoir de nombreux coups de fouet, à dépenser ses trésors pour la relever de ses ruines, à porter sur ses épaules les pierres
et le mortier, comme un maçon [2]. S'il avait subi de telles
conditions pour rentrer en grâce avec l'Église, alors qu'il
était encore en Lorraine, que lui pouvait-il refuser, alors
que par un mariage inespéré elle lui rendait la puissance
sous un ciel plus heureux, et qu'elle l'intéressait aux
succès du saint-siége en nommant cardinal, en destinant
à la tiare son frère Frédéric de Lorraine [3] ?

Cette union portait à l'empire un coup si funeste, que
le fils de Conrad, Henri III le Noir, « cette hydre cruelle, »
comme l'appelle le chapelain Donizo [4], la voulut faire

---

[1] On l'appelait le Barbu, parce que plutôt que de couper sa longue barbe, sur l'ordre du pape, il avait préféré payer une forte somme (*Hermanni Corneri Chronica novella*, dans Eckard, *Corpus historicum medii ævi*, t. II, 585; *Lamberti Scafnaburgensis Annales*, Pertz, V, 153. Ch. Abel, *Un chapitre inédit de l'histoire de la comtesse Mathilde*, dans les *Mémoires de l'Académie de Metz*, 1860-1861, p. 227).

[2] Les mêmes. — « Sumtus vero ad reædificandam Ecclesiam daret, et in opere cœmentario per se ipsum vilis mancipii ministerio functus deserviret. » (*Hermanni Corneri Chron.*, ap. Eckard, II, 585).

[3] *Lamberti Ann.*, 1051, 1053, Pertz, V, 155.

[4] « Henricus crudelis tertius hydrus » (Donizo, l. I, c. xviii, R. I. S., t. V, 361).

annuler par une diète à sa discrétion. Il n'y échoua que parce que Béatrix ayant déclaré qu'elle avait librement donné sa main à l'époux de son choix, l'usage du temps voulait qu'une femme noble fût crue sur parole. Il s'en vengeait en la retenant prisonnière, au mépris du sauf-conduit qu'il lui avait donné lui-même, sous prétexte qu'elle avait livré l'Italie à un ennemi public[1]. Elle ne dut la liberté qu'à la mort de l'empereur, qui laissait le gouvernement de l'empire à l'impératrice Agnès, régente au nom de son fils âgé de cinq ans, tandis que Béatrix, de concert avec Gothefred, allait sans embarras extérieurs gouverner la Toscane, au nom de sa fille Mathilde, âgée de huit ans (1056)[2].

Cette double minorité, cette double régence ajournait la lutte de l'empereur et du pape, qui semblait imminente. Béatrix avait tout loisir pour servir, selon son cœur, le saint-siége. Elle prodiguait les dons aux églises, assurait aux évêques leurs juridictions et leurs droits, donnait surtout raison dans ses plaids et audiences publiques aux prêtres et aux députés des corporations ecclésiastiques[3]. Mais quand la principale occupation des princes pouvait être de rendre la justice, les villes y trouvaient leur compte, car plus que personne elles assiégeaient le prétoire, où elles avaient toujours à porter une multitude de justes réclamations. Leur plus grand progrès en ce temps fut de conquérir le droit d'élire les évêques. La nomination des évêques par les margraves fut

---

[1] « Quod contractis se inconsulto nuptiis hosti publico Italiam prodidisset » (*Lamberti Ann.* 1055, Pertz, V, 157).

[2] *Lamberti Ann.* 1056, Pertz, V, 158. — *Bertholdi Ann.*, Pertz, V, 270; P. *Damiani opera*, l. I, ép. L.

[3] Cianelli, Diss. IV, 144; Inghirami, V, 236.

regardée comme un malheur public, car n'obtenant le bâton pastoral qu'à prix d'argent, ils vendaient aux curés les paroisses; et les paroissiens payaient en définitive ce qu'avaient déboursé leurs curés et leurs évêques. C'est sur les fidèles que pesait de tout son poids la féodalité ecclésiastique. S'en décharger était, si l'on s'en rapporte aux sèches chroniques du temps, le but constant et presque unique de leurs efforts. Ces chroniques, à vrai dire, étant l'œuvre de moines et de prêtres, donnent peut-être trop d'importance à ce genre de faits; mais si d'autres dignes de mention se fussent accomplis sous leurs yeux, on a peine à croire qu'ils les eussent tous et systématiquement passés sous silence. Le fond de l'histoire est alors l'incessante plainte des populations contre les charges qui les écrasent, la lutte des prélats contre la simonie, quelquefois contre leurs chanoines. Quand Béatrix et plus tard sa fille Mathilde parcourent la Toscane, elles protégent bien leurs sujets contre les droits excessifs qui pesaient ou que des autorités subalternes voulaient faire peser sur eux[1]; mais ce qu'on entrevoit de la vie municipale, c'est à travers leurs complaisances pour les ecclésiastiques.

Le pape Alexandre II s'y associait. Il ne faisait qu'un avec elles, car il avait été précepteur de Mathilde. Conservant jusque sur le siége pontifical la dignité d'évêque de Lucques, ville où continuait de résider la cour de Toscane, il accordait aux chanoines de cette ville, pour les processions, l'usage de la mitre, jusque-là privilége des

---

[1] « Matilda ductrix Liguriæ et Tusciæ ob reverentiam hujus loci constituit ut nullum plateaticum vel theloneum in civitate Pisana et Lucensi et in omni dicionis suæ terra monachi nostri aliquando darent » (*Petri Diaconi Chronicon*, Pertz, VII, 745).

cardinaux, et aux habitants, pour leurs affaires communales, l'usage du sceau de plomb dont se servaient déjà les doges de Venise[1]. C'est ainsi qu'on entrevoit, à travers d'épaisses ténèbres, une administration municipale constituée à Lucques, avant qu'aucun de ses actes se retrouve dans les auteurs ou dans les documents.

On a tiré cependant de diverses archives un grand nombre de diplômes qui témoignent chez le pontife, comme chez ses deux pupilles, d'une activité bienveillante dont les principales villes de la Toscane, Arezzo, Pise, Florence, sentirent à l'égal de Lucques les salutaires effets, Florence surtout, dont l'heureuse situation au cœur de la Toscane accroissait chaque jour l'importance. Plus qu'ailleurs les margraves s'y trouvaient sur la route des empereurs allant à Rome, des papes se dirigeant vers la Lombardie, la France ou l'Allemagne. Longtemps elle avait été un séjour de passage, et en quelque sorte une hôtellerie royale; elle commençait à devenir une résidence favorite, un séjour de prédilection. On y vivait plus en paix qu'à Lucques, éternellement armée contre Pise. Conrad II le Salique, en 1037 et 1038, y parlait, y agissait en maître. De droite et de gauche il confisquait leurs biens à ceux qui avaient offensé les lois ou la majesté impériale, aux artisans Olivo et Giovanni, au bourgeois Florentio Rufo, comme à l'opulent comte Martino. De leurs maisons situées au *Mercato vecchio*, au *Mercato nuovo*, à *Porta Santa Maria*, il faisait don aux chanoines de San Giovanni et à la fameuse *Badia*[2]. Hildebrand

---

[1] *Ptolemæi Lucensis Historia ecclesiastica*, l. XIX, c. II, R. I. S., t. XI, 1071. Fiorentini, p. 89, donne le document.

[2] Voy. les documents dans Cantini, I, 45-53. — Rien ne prouve que Conrad ait été de sa personne à Florence. On le voit en 1037 à Ravenne, à Vérone, à Parme ; en 1038 à Nonantola, à Pistoia, dans le pays de Lucques,

surtout se plaisait à Florence. Il s'y trouvait moins éloigné qu'à Rome de la bourgade natale et des pieuses femmes dont la puissance était aux ordres de l'Église. Toscan, il choisissait volontiers parmi les évêques de Toscane le chef de la chrétienté. Il lui recommandait de résider le plus possible dans cette province, au milieu de ses fidèles et non loin de l'ennemi.

C'est ainsi qu'en 1055, Victor II tenait à Florence un concile général où fut condamnée la simonie et interdite l'aliénation des biens ecclésiastiques[1]. Henri III s'y rendait avec une suite nombreuse[2]. L'affluence de tant de clercs et de laïques faisait couler l'or à flots parmi les Florentins. En 1057, c'est à Florence que mourait Victor II : son corps était enseveli à Santa Reparata. En 1058, son successeur Étienne IX, frère de Gothefred le Barbu, terminait aussi dans cette ville son court pontificat. Gerhard de Savoie, évêque de Florence, pape ensuite sous le nom de Nicolas II, sans se dessaisir de son évêché[3], continuait de vivre parmi ses ouailles. Lui aussi, il mourait au milieu d'elles, et allait rejoindre Victor II sous les dalles de Santa Reparata[4]. C'est alors, et toujours par le choix

à Pérouse, etc. Voy. Böhmer, *Regesta chronologico-diplomatica Regum atque Imperatorum Romanorum inde a Conrado I usque ad Henricum VII*, p. 71-72, Francfort, 1831 in-4°.

[1] *Labbei et Cossartii Concilia*, IX, 1080. — *Annales ecclesiastici*, ann. 1055. — Muratori, *Ann. d'Italia*, 1055. — Ughelli, I, 447. — Böhmer (*Regesta*, p. 83) l'y montre le 27 mai et encore le 6 juin. — Le 15 il était à San Genesio.

[2] Cantini, I, 60.

[3] *Vita Nicolai II*, R. I. S, t. III, part. I, p. 301. — Ughelli, *Italia sacra*, III, 83. — *Lamberti Ann*. 1059, Pertz, V, 160.

[4] Leo Ostiensis (Pertz, VII, 705). — *Lamberti Ann.* (Pertz, V, 163). — *Petri Damiani opera*, l. III, c. iv, t. I, p. 154, éd. de Rome. — Platina, p. 150. — Muratori, *Ann. d'Ital.*, 1061. — M. G. Capponi n'allègue sur ce fait d'autorité que celle de Höfler (*Die Teutschen Päpste*, Ratisbonne, 1839) ; aussi paraît-il en douter.

d'Hildebrand, que montait dans la chaire de l'apôtre cet Anselme de Badagio, évêque de Lucques et précepteur de Mathilde, qui prit le nom d'Alexandre II, et qui continua, le plus souvent, de résider auprès de la précieuse pupille dont il lui fallait diriger l'impétueux dévouement.

Comme lui, comme tant d'autres papes, la mère et la fille venaient volontiers à Florence. Elles y résidaient dans le palais épiscopal, près des vieilles églises de San Giovanni et de Santa Reparata. Elles siégeaient au tribunal de leurs juges, le bâton à la main [1]. Elles prenaient part à leurs sentences, et, presque invariablement, se prononçaient en faveur des clercs dans leurs querelles avec les laïques. Le 7 novembre 1061, se plaidait devant elles un procès fort singulier. Les chanoines de San Giovanni portaient plainte contre Ghislo, prêtre et gardien de San Lorenzo, qui était encore hors des murs, au sujet d'une terre appelée *campus regis*, située près de cette vieille basilique, le long de la voie *petrosa* ou pierreuse qui conduisait de la ville au Mugnone. Les plaignants étaient Martino, « préposé, » Rosso, archiprêtre, Bernardo, archidiacre, Rolando, clerc. Martino présente tous ses titres écrits, charte de donation de l'évêque Regembald pour le repos de son âme, confirmation des deux derniers Otton et de Conrad, papiers portant la signature de Gerhard, évêque de Florence, celle de beaucoup d'autres prélats et du souverain pontife lui-même. Le défendeur Ghislo reconnaît qu'il ne peut rien produire établissant les droits de San Lorenzo. Les juges prononcent contre lui. Béatrix, avec le bâton qu'elle tient à la main,

---

[1] « In civitate Florentia, in via prope ecclesiam S. Salvatoris justa palatio de Domni S. Battistæ » (Fiorentini, doc., p. 140).

renouvelle l'investiture aux chanoines et condamne à deux mille besants d'or quiconque tentera de les déposséder[1].

Florence prenait à ce genre d'affaires un intérêt passionné. Dans les actes du temps qui nous ont été conservés, tout semble se rapporter aux biens d'Église. On est saint quand on les augmente, on est scélérat quand on y touche. Un évêque même est appelé funeste, *detrimentosus*, quand il les dissipe ou les vend[2]. Les Florentins embrassaient tous les griefs du saint-siége. Flattés de la préférence qu'il leur marquait, devenus inviolables en quelque sorte par la présence presque constante du pape, de Gothefred, de Béatrix ou de Mathilde, ils oubliaient qu'ils avaient l'ennemi à leurs portes et comme sur leur tête, dans ces Fiésolains qui avaient toujours envié leur position favorable et redouté leurs progrès, dans cette forteresse plus voisine encore, et dépendante de Fiesole, qu'avait construite jadis sur les bords du Mugnone Desiderius, dernier roi des Langobards[3]. Villani dit bien à tort que la renommée de Florence commençait alors à s'étendre dans le monde entier[4]. Pierre Damien nous ramène au vrai : elle était, dit-il, *parva virum*, petite et de peu d'habitants[5]. Si elle s'agrandit quelques années plus tard (1078), si elle

---

[1] Voy. le document dans Cantini, I, 62-66. — Bien des années plus tard, en 1100, Mathilde rendait un jugement de même nature contre ceux qui inquiétaient les chanoines de Santa Reparata dans leur propriété (*Ibid.*, p. 70-72).

[2] Ughelli, *Italia sacra*, I, 343, aux évêques de Volterre.

[3] Lami, *Lez.*, 1, 252, 293.

[4] « Parva virum viduæ debet Florentia Romæ » (Cité par Ughelli, *Italia sacra*, III, 83).

[5] G. Villani, IV, 17.

ouvre de nouvelles portes, si son faubourg d'Oltrarno, n'étant pas enfermé dans ses murailles, se peuple rapidement au point de devenir le plus considérable de ses quartiers, avant même de prendre rang officiel parmi les *sesti* ou *sestieri* de la ville proprement dite[1], son développement matériel devance sans contredit celui de ses conceptions et de ses ambitions politiques. Elle ne porte qu'un regard distrait sur le spectacle si instructif pourtant que lui donne Pise, disputant à Lucques le titre de capitale[2], commandant sur la mer, rapportant d'Orient des richesses aussi nombreuses que nouvelles, réduisant à merci les Arabes et leur redoutable chef, Moëzz-Ibn-Bâdis, l'ennemi de la foi[3]. Elle ne comprend rien aux luttes de Pise et de Lucques, faisant leur provision d'huile aux dépens l'une de l'autre, sous prétexte d'empêcher que la récolte ne tombe aux mains des pirates musulmans. Elle ne voit pas que le dédain des comtes et des margraves devant ces querelles de clocher, ou leur impuissance à les prévenir comme à y mettre un terme, laissait à ces peuples toute liberté de s'assembler, de s'armer à leur guise, de faire la guerre et de conclure la paix. Elle n'apprend pas de Pise ce que Pise

---

[1] Villani, IV, 7. Ce mot de *sesto* ou *sestiere* indique suffisamment que Florence fut divisée en six circonscriptions. Nous n'avons en français aucun moyen de traduire ce mot, celui de *quartiers* n'indiquant que la division en quatre parties.

[2] « Quæ est Tusciæ provinciæ caput, » dit de Pise Liutprand (l. III, c. IV, R. I. S, t. II, part. 1, p. 446). — Une tradition sans fondement rapporte que dès l'an 1004 les Pisans avaient remporté à Acqualunga une victoire sur les Lucquois (*Chronicon Pisanum*, R. I. S., t. VI, 107. Muratori, *Ann. d'Ital.* 1004.)

[3] Moëzz, fils de Bâdis, surnommé Scerf ed Daulat, la gloire de l'empire, est appelé Mugettus par les chroniqueurs italiens (*Breviarum Pisanæ historiæ*, R. I. S., t. VI, 167), et Musetto par les Italiens modernes. Cf. Amari. *Storia dei Musulmani di Sicilia*, II, 359, Flor. 1858.

avait appris de Gênes[1], de Venise, de Naples, de Gaëte, d'Amalfi[2], à user impunément des droits que se réserve d'ordinaire le pouvoir souverain, et à fonder ainsi ses libertés locales. C'est un progrès que faisaient seules encore les villes maritimes, qui échappaient plus ou moins par la mer au despotisme féodal.

Florence se contentait donc du progrès indirect de ses libertés qui résultait des progrès directs de son évêque. C'était peu sans doute : la plupart des autres cités avaient déjà traversé cette période et voulaient désormais davantage ; mais aucune n'était au même degré en communion parfaite avec le saint-siége. Après tout, l'évêque était élu ; son pouvoir, presque seul viager parmi tant de pouvoirs héréditaires, laissait, alors même qu'il en abusait, l'espoir de jours meilleurs. Le plus souvent il n'en abusait pas. La jalousie, la rivalité du comte, l'avaient, dans les temps de confusion et d'empiétements, tenu en respect. Héritier de l'ancien *defensor*, il jouissait toujours de l'inviolable privilége d'accorder aux opprimés un asile, et il voyait les humbles habitants, les magistrats d'ordre inférieur, invoquer sans cesse son autorité ou son appui. Tandis qu'ailleurs les peuples avaient déjà pour leur évêque le sentiment qu'ils ressen-

---

[1] Dès le temps d'Adalbert et de Bérenger, en 958, les affaires publiques étaient quelquefois débattues à Gênes dans des assemblées populaires. (Confirmatio privilegiorum habitatoribus in civitate Januensi a Berengario et Adalberto Italiæ regibus, concessa anno 958, 15 kal. aug. ap. *Notices et extraits des mss. de la Bibl. nat.*, XI, 2, 3 ; Provana, *Studi critici sovra la storia d'Italia a tempi del re Ardoino*, p. 253, Turin, 1846.)

[2] *Chronicum Sagorninum ex recens P. Zanetti*, p. 84. — Filiasi, *Memorie storiche de' Veneti*, t. VI, c. xviii, p. 218. — Giannone, *Storia di Napoli*, l. VII, c. iii. — Guillelmi Appul., l. I. — Brenkmanni *De rep. Amalphitana* Diss., I, § 8, in *Thes. Antiq. et Hist. Italiæ Grævii et Burmanni*, IX, 4. — Provana, 105, 107.

tent si volontiers pour leurs maîtres, tandis que Milan, Crémone, Pavie, Brescia, en avaient déjà secoué le joug [1], Florence honorait le sien comme un père et le pleurait comme un bienfaiteur. Dans les vacances même du siége, elle ne trouvait pas, à l'exemple des autres populations urbaines, l'occasion presque partout avidement saisie de se gouverner, ne fût-ce que pour quelques jours : Gothefred, Béatrix, le pape, s'il était présent, dispensaient les Florentins des soins de l'administration. Il semble vraiment que leur évêque n'eût rien de commun avec les autres, qui faisaient de leur diocèse, dit le vieux Donizo, « la confusion du peuple [2]. »

Le jour où, pour la première fois, ces humbles sujets s'aperçurent que le guide de leurs âmes était de chair et d'os comme eux, qu'il partageait les faiblesses et les convoitises de tant d'autres prélats, ils se révoltèrent contre lui. Ce ne fut point pour des questions temporelles et de liberté; ce fut pour des questions spirituelles et de zèle religieux. Les ouailles furent plus zélées pour les prescriptions de l'Église que leur pasteur, que le pape lui-même. Les détails de cette bourrasque nous sont restés, et l'on y surprend enfin les traces de la vie.

En l'année 1063, Florence avait pour évêque un prêtre de Pavie nommé Pietro Mezzabarba. L'empereur Henri IV l'avait en quelque sorte imposé aux Florentins, et l'élection passait pour n'avoir pas été libre. Or la liberté des élections était chère aux clercs et aux religieux d'âme pure; elle était en outre le mot d'ordre de quiconque prenait parti, dans la grande querelle engagée alors, pour

---

[1] À Milan en 987; à Crémone en 996; à Pavie en 1024; à Brescia en 1037.
[2] « Quod erat confusio plebis. » (Donizo, l. I, c. xv, R. I. S. t. V, 357.)

le sacerdoce contre l'empire. Il y avait en Toscane, non loin de Camaldoli, dans la poétique solitude de Vallombrosa, une colonie de pieux cénobites. Giovanni Walbert ou Gualbert, un Toscan en odeur de sainteté dans le pays, les avait réunis[1]. Il leur avait donné la règle de Saint-Benoît, en leur permettant toutefois d'habiter dans des cellules séparées ou cabanes, dont l'ensemble formait comme un village perdu dans les arbres et constituait la communauté. Son institut avait été successivement approuvé par l'évêque de Fiesole, par le pape Léon IX, par le concile de Florence[2]. Nullement étrangers aux bruits du monde, malgré leur vie au désert, et l'esprit plein des accusations de simonie qui retentissaient partout, ils accusèrent sans détour leur évêque d'avoir acquis son siége à prix d'argent. Le fait, disaient-ils, n'était point douteux : le vieux Mezzabarba, père du prélat, interrogé combien il avait payé pour l'élection de son fils, était convenu d'avoir fait à l'empereur un présent de trois mille livres[3]. D'autres ordres religieux s'associaient aux protestations des moines de Vallombreuse; quelques-uns des leurs, très-mêlés à la vie florentine, habitaient à cinq milles de Florence, sur la rive gauche de l'Arno, et non loin de Signa, le monastère de San Salvadore ou abbaye de *San Salvi a Settimo*[4]. Néanmoins,

---

[1] Andreas Parmensis (ou Strumensis, ainsi nommé de l'abbaye dont il fut abbé; disciple de G. Walbert), *Vita S. G. Gualberti* (*Acta sanctorum*, 12 juillet, t. III de juillet, p. 311 sq.), Brocchi, t. I. — On peut voir dans Villani (IV, 16) la curieuse histoire de la conversion de Walbert. Il appartenait à la famille seigneuriale de Petriolo, dans le val de Pesa.

[2] De Franchi, *Historia del patriarca S. Giovanni Gualberto*, l. V, p. 99, 195, ap. Inghirami, V, 413.

[3] Andreas Januensis, moine du XVe siècle, qui a fait une compilation des Vies antérieures de G. Walbert (*Acta sanctorum*, loc. cit., p. 327).

[4] Cette abbaye est dans la commune de Casellino et Torri, juridiction de

Giovanni Gualbert, résolu à s'appuyer sur toutes les autorités qu'on respectait, alla trouver un ermite nommé Theuzon, fort âgé, fort en faveur auprès de la multitude, qui volontiers le venait consulter. Le sachant ennemi déclaré de la simonie, il lui voulait demander l'expression publique de son sentiment connu. Theuzon habitait une cellule à Santa Maria de Florence. C'était un de ces hommes que l'éloquent Pierre Damien, cardinal-évêque d'Ostie, appelle : « ermites de ville, solitaires de la place publique, moines universels, gens qui, sous couleur de profession monastique, prétendaient commander au menu peuple [1]. » D'humeur batailleuse, ennemi de tout tempérament, et si rigide qu'il n'admettait pas comme saints tous ceux que l'Église honorait comme tels [2], il avait eu déjà, en 1056, une longue dispute avec Pierre Damien qui l'exhortait à la soumission envers son abbé [3], et le qualifiait, sur son refus, « d'ignorant tout gonflé de soi, et dont l'arrogance troublait toutes choses [4]. »

Sans se faire prier, Theuzon rendit son oracle et souffla sur le feu. Giovanni Gualbert, dit-il, devait se diriger vers la place publique, assisté d'un autre religieux, et là déclarer que l'évêque était entaché de simonie, qu'on devait donc s'abstenir de recevoir de lui les sacrements.

Lastra. En 1004, le comte Lother l'avait donnée aux bénédictins. Son fils Guglielmo avait augmenté ses donations. (Repetti, *Diz. geogr.*, art. *Abazia a Settimo*. — Passerini (*Della origine della famiglia Bonaparte*, dans l'*Arch. stor.*, nuova serie, 1856, t. III, part. II, p. 43 sq.)

[1] P. Damien, *Epistolarum*, l. V, ep. 8, p. 68 (éd. de Paris, 1642).

[2] « An sancti revera essent quos universa Ecclesia hactenus coluisset ut sanctos. » (Lettre de S. Pierre Damien dans les *Ann. eccl.*, 1063, t. XVII, p. 244, éd. Mansi.)

[3] S. Pierre Damien, l. VI, ep. 30, ou opuscule 51, p. 343.

[4] « Turgidum mente virum, imperita cum arrogantia omnia perturbantem. » (Lettre de S. Pierre Damien, *Ann. eccl.*, loc. cit. p., 243.)

Docile à ce dangereux conseil, Gualbert l'exécuta de point en point. Dans son zèle, il renchérit même, ainsi que ses moines. Ils répandirent partout que les prêtres consacrés par l'évêque n'étaient pas de vrais prêtres, que ni lui ni eux ne pouvaient bénir le saint chrême, célébrer la messe, administrer aucun sacrement [1]. Ce langage porta le trouble dans les consciences et l'agitation dans la ville, qui fut aussitôt partagée en deux camps. Le menu peuple, par engouement pour Theuzon, beaucoup de Florentins plus considérables, par confiance et respect pour Gualbert, se prononcèrent après eux contre l'évêque. Plus de mille personnes moururent sans recevoir les sacrements, plutôt que de les accepter d'un prélat simoniaque ou de prêtres consacrés par lui. Mais il était soutenu par le margrave Gothefred, par les évêques des villes voisines, peu jaloux qu'on portât contre eux semblable accusation, enfin par ce troupeau humain, presque aussi nombreux que les turbulents, qui suit, les yeux fermés, l'impulsion des pouvoirs établis.

Le tumulte régnait dans Florence, et la querelle s'était tellement échauffée, qu'on semblait prêt des deux parts à en venir aux mains [2]. C'est Mezzabarba qui, le premier, tira le glaive. Fort de l'appui de Gothefred, il courut à ses ennemis les moins éloignés et par conséquent les plus dangereux, au monastère de Settimo. Par son ordre, une troupe d'hommes armés envahit de nuit la sainte maison, trouve les moines chantant la psalmodie, en tue quelques-uns, frappe et dépouille les autres, met

---

[1] Pierre Damien, *Opusc.* 30, c. III. — *Acta sanctorum*, loc. cit., p. 357. — *Ann. eccl.*, loc. cit., p. 243.

[2] « Usque ad effusionem sanguinis venirent. » (*Acta sanctorum*, loc. cit., p. 328.)

l'église à sac, livre aux flammes le couvent. A la nouvelle de ces cruautés accourent les ennemis de l'évêque, pour protéger les survivants et pour vénérer les morts, comme autant de martyrs[1]. Dès ce moment, l'évêque meurtrier vit se prononcer contre lui le sentiment public.

Mais les partisans qu'il conservait compensaient l'infériorité du nombre par l'énergie. Ils s'appuyaient d'ailleurs à la force matérielle dont disposait le margrave, fidèle à la cause qu'il avait embrassée. Pour rétablir la paix, le pape Alexandre II envoya Pierre Damien comme légat du saint-siége[2]. Du premier coup d'œil le judicieux prélat vit bien qu'à se prononcer pour l'un des deux partis il courait grand risque d'exaspérer l'autre. Il prit donc une position intermédiaire. Il condamna sévèrement la simonie comme une peste, mais il blâma les moines de « coasser comme des grenouilles, de dévaster comme des sauterelles le pré de l'Église[3], d'être les véritables auteurs de la discorde[4], » en un mot, d'avoir condamné sans le juger leur évêque, qu'ils n'avaient pas même le droit de mettre en jugement. « Admettons, poursuivait-il, qu'il soit simoniaque ; tant qu'il n'est pas atteint et convaincu devant l'Église, il faut se taire. Mieux vaut,

---

[1] Andreas Strumensis, c. vii (*Acta sanctorum*, loc. cit., p. 357.) — Becchetti, *Storia ecclesiastica*, ann. 1063).

[2] M. Villemain (*Hist. de Grégoire VII*, t. I, p. 358, Paris, 1873) place l'envoi de Pierre Damien plus tard, après le concile dont il sera bientôt question. Mais il ne cite pas ses autorités, et il a contre lui Baronius (*Ann. eccl.*, XVII, 259) et son commentateur Pagi (*ibid.*, p. 238).

[3] « Velut ranæ in paludibus garriant... hujusmodi quippe genus hominum ranis sive locustis merito comparatur.... per hos nunc vastatur Ecclesia.... herbas cum pomis arborum devorant. » (Lettre de Pierre Damien aux Florentins, Opusc. 30, p. 235, éd. de Paris.)

[4] « Hinc ad commonachos meos articulum transfero a quibus profecto procedere totam hanc jurgandi materiam non ignoro. » (*Ibid.*)

dans le doute, absoudre un coupable que condamner un innocent[1]. » Il marquait son horreur du refus fait par tant de personnes de recevoir le corps et le sang du Christ, consacré par des prêtres de l'évêque[2]. Il demandait enfin du temps pour examiner les choses de plus près[3].

Cette conclusion si timide d'un discours si véhément choqua la multitude. Les moines profitèrent du répit pour irriter encore leurs partisans. Ceux-ci reprochèrent orageusement au légat d'être simoniaque lui-même, puisqu'il prenait la défense d'un tel crime. Ils le déclarèrent indigne d'être écouté. Forcé de repartir sans avoir accompli sa mission, Damien prit du moins sa vaillante plume, et développa ses arguments dans deux longues lettres, adressées l'une aux Florentins, l'autre à l'ermite Theuzon[4].

Ces invectives éloquentes ne firent qu'aigrir les religieux. Ils prirent le parti de désarmer leur adversaire du seul argument sérieux qu'il alléguât, à savoir l'absence de toute condamnation ecclésiastique. A l'instigation de Giovanni Gualbert, ils décidèrent d'en référer au saint-siége. Ils semblaient par là se soumettre au légat, mais

---

[1] « Tolerabilius est si quis justificet peccatorem quam si præjudicet innocentem. » (Opusc. 30, p. 233, éd. de Paris.) — Le P. Capecelatro, de l'Oratoire (*Storia di S. Pier Damiano*, Naples, 1862, 2 vol.), admire fort ces paroles, dans la bouche d'un des plus rigides saints qu'ait eus l'Église ; mais les eût-il dites, si Mezzabarba n'avait été un clerc, un évêque ?

[2] Le même P. Capecelatro (II, 432) déclare que l'ordination par un simoniaque est valable, et que Pierre Damien avait déjà écrit pour soutenir cette opinion.

[3] Dans l'opuscule XXX, d'où est tiré tout ceci, Pierre Damien ne faisait qu'adresser par écrit aux Florentins les choses qu'il leur avait dites de vive voix. — Dans plusieurs éditions de saint Pierre Damien, on a appelé *opuscules* les lettres qui ont beaucoup d'étendue.

[4] « Tu quis es qui judicas alienum servum ? » (Opusc. 51, p. 348.)

ils se réservaient de soutenir leur sentiment, fût-ce par des moyens extrêmes [1]. Alexandre II, jugeant la question embarrassante, plutôt que de la trancher lui-même, préféra convoquer un concile à Rome. On y vit accourir plus de cent évêques, prêts à défendre leur cause commune dans celle d'un seul, et avec eux le margrave Gothefred qui, toujours la menace à la bouche, ne parlait de rien moins que de faire mourir les moines [2]. Tant qu'on resta dans les généralités, l'accord régna dans le concile. Unanimement on y condamna la simonie dans les termes les plus énergiques [3]. Mais quand on en vint au fait particulier qui avait provoqué la réunion, l'on vit éclater les plus vifs dissentiments. C'est que les assertions étaient contradictoires et sans preuves; c'est surtout que Mezzabarba eût-il été manifestement coupable, les politiques du concile eussent hésité à le condamner : son dévouement était nécessaire au saint-siége dans la lutte engagée contre l'évêque de Parme, l'antipape Cadalohus. L'abbé Rudolf, homme sage et vénérable, soutint la plainte des moines. Il fut combattu avec véhémence par Pierre Damien et par Rainald, évêque de Cumes, aux acclamations des autres prélats [4]. Pierre Damien reparla ouvertement de grenouilles et de sauterelles; il reproduisit toutes les invectives de ses discours et de ses lettres [5].

[1] « Correpti Petri justa reprehensione, iidem monachi Romanum pontificem adire instituerunt. » (*Ann. eccl.*, loc. cit., p. 244.) — La suite prouva bien que cette soumission n'était qu'apparente.
[2] « Usque adeo episcopo favebat ut mortis minas monachis intentaret. » (*Acta sanctorum*, loc. cit., *Vita S. J. Gualberti*, c. xvii. — *Ann. eccl.*, XVII, 244.)
[3] *Labbei et Cossartii Concilia*, IX, 1176.
[4] *Ann. eccl.*, loc. cit., p. 246.
[5] Le P. Capecelatro (II, 434) le conteste; mais ces mots injurieux se trouvent dans la lettre aux Florentins, et il n'y a pas lieu d'alléguer le

Alors, plutôt que de courber la tête, et par une sorte de coup de théâtre, les moines proposèrent de soutenir leur dire par l'épreuve du feu.

Cette proposition, quoique conforme à d'anciens usages, ne pouvait que porter le trouble dans l'auguste assemblée. D'origine païenne [1], les ordalies ne jouissaient point, auprès du saint-siége, d'une grande faveur, et, à vrai dire, il y avait longtemps qu'on en contestait la portée. Charlemagne, dès l'année 809, ordonnait de n'en pas douter, ce qui prouve qu'on en doutait [2]. Louis le Débonnaire n'avait d'autre dessein que de les rendre plus rares, quand il décidait que quiconque n'en sortirait pas vainqueur, aurait la main tranchée comme parjure [3]. Vers le même temps, Agobard, archevêque de Lyon, combattait avec force, dans deux ouvrages, les jugements de Dieu [4]. On n'ignorait pas qu'il y avait des moyens de fausser l'épreuve, puisqu'on connaissait diverses recettes pour s'y exposer sans danger [5], puisque, avant d'y procéder,

---

silence des auteurs, puisque les Vies de S. G. Gualbert insérées aux *Acta sanctorum* mentionnent les propos dont il s'agit. Ce que Pierre Damien a écrit à tête reposée, comment ne l'aurait-il pas dit dans le feu de la discussion ?

[1] Voy. Sophocle, *Antigone*, v. 264.

[2] « Ut omnes judicio Dei credant absque dubitatione. » (*Capitulaires*, t. 1, ann. 809, c. II.)

[3] Partouneaux, *Histoire de la conquête de la Lombardie par Charlemagne*, t. 1, p. 252, Paris, 1842.

[4] *Liber adversus legem Gundobaldi.* — *Liber de divinis sententiis.* Voy. l'édition de Baluze, Paris, 1666, 2 vol. in-8. Agobard mourut en 840. — Il est vrai que Hinkmar, archevêque de Reims, soutenait au contraire les ordalies en alléguant l'arche de Noé, le Jourdain, le passage de la mer Rouge, l'histoire de Sodome, etc. Les conciles lui donnaient raison. Il fallut pour les condamner définitivement, la ferme volonté d'Innocent III (1215, Concile de Latran, canon 18).

[5] Trotula, médecin de Salerne, a donné plus tard une ancienne recette, « quæ sustinet omne judicium aquæ et ignis ». Albert le Grand, une autre

on demandait à l'accusé, au patient, s'il n'avait rien bu, s'il ne portait rien sur lui qui pût le protéger [1].

Alexandre II et ses conseillers, surtout le judicieux Hildebrand, répugnaient donc à une entreprise dont l'issue pouvait être douteuse ou manquer de sincérité. Hildebrand, jusqu'alors, avait gardé le silence. Il prit la parole pour défendre les moines bénédictins dont il avait porté la robe, et qu'allait condamner, tout portait à le croire, la décision du concile. Il insista sur la pureté de leur doctrine. Il montra qu'ils l'appliquaient de très-bonne foi à l'évêque de Florence [2]. Personne ne protesta contre l'oracle de l'Église : mais les Pères ne consentirent ni à déposer Mezzabarba, ni à permettre l'épreuve [3]. Par prudence, ils rendirent même un décret qui défendait aux

---

pour porter le feu sans danger : « Si vis in manu tua portare ignem ut non offendat, accipe calcem dissolutam cum aqua fabarum calida et aliquantulum magranculis (?) et aliquantulum malvavisci (?) et promisce illud cum eo bene, et deinde line. » (Citations de M. Königswarter, *Études historiques sur les développements de la société humaine*, dans la *Revue de législation et de jurisprudence*, janvier 1850, 5 sq.) — M. Boutigny d'Évreux (*Études sur les corps à l'état sphéroïdal*, 3ᵉ éd., Paris, 1857) a cité des faits nombreux qui prouvent qu'on peut, en mouillant sa main avec de l'eau savonneuse, de l'éther et autres liquides, la plonger impunément dans la fonte incandescente ou toucher un fer rougi. Voy. à la page 46 et sq. l'explication scientifique du fait. L'auteur l'a développée devant l'Académie des sciences, dans les séances du 7 mai et du 29 octobre 1849. — Cf. Voltaire, *Dictionnaire philosophique*, art. *Épreuve*, et Montesquieu, *Esprit des lois*, l. XXVIII, p. 17.

[1] Gestaturus ferrum lota manu nihil debet contingere priusquam ferrum levet, nec caput, nec crines, nec aliquod vestimentum, nec per tactum alicujus succi vel unguenti per fraudem potius quam per innocentiam ferri candentis effugiat lesionem (Sunesen, *Comment. sur la Coutume de Schonen*, VIII, 15 ; Rheginon, *De synod. causis et discipl. eccles.*, I, 72 ; I, 300 ; II, 50. Citation de M. Königswarter, *loc. cit.*)

[2] *Acta sanctorum*, *Vita S. J. Gualberti*, c. 17. — *Ann. eccl.*, XVII, 244, 246.

[3] Nec accusatum deponere voluit, nec ut monachi ignem ingrederentur admittere. (*Ann. eccl.*, XVII, 244.)

moines d'aller, fût-ce pour prêcher les peuples, par les châteaux ou les villes, et leur enjoignait d'attendre dans leur cloître, selon la règle de Saint-Benoît, qu'on les y vînt consulter[1].

C'était leur signifier de ne plus attiser le feu de la discorde. On se flattait, à Rome, que, faute d'aliments, il s'éteindrait de lui-même. Mais les passions étaient trop ardentes pour qu'il en pût être ainsi. De retour à Florence, Gothefred se mit en mesure de faire exécuter le décret du concile. Il menaça de la corde les religieux qui ne regagneraient pas aussitôt leur solitude. La plupart obéirent; quelques-uns, plus obstinés, demandèrent à l'oratoire de San Pietro un asile réputé inviolable[2]. Tous, avant de rentrer dans l'ombre, répandirent bien haut le bruit qu'ils avaient offert vainement au concile de prouver, en passant par le feu, que l'évêque était simoniaque. Dès ce moment, ils avaient de leur côté, aux yeux de la foule ignorante, la raison et le droit. Mezzabarba fut bruyamment sommé de consentir à l'épreuve. Lui, fort de la décision du concile, il s'y refusait énergiquement.

---

[1] Juxta Chalcedonensis tenorem optimi concilii monachis quamvis religiosis ad normam S. Benedicti intra claustra morari præcipimus; vicos, castella, civitates peragrare prohibemus, et a populorum prædicatione omnino cessare censuimus..(*Ann. eccl.*, XVII, 252). Le P. Tosti (p. 90) loue le pape d'avoir refusé.

[2] *Ann. eccl.*, XVII, 247. — Lettre des Florentins à Alexandre II, dans Brocchi, I, 149. L'authenticité de cette lettre n'est pas douteuse. Lami (*Hodœporicon*, t. I. p. 231, Flor., 1741, 5 vol. in-12) ne parle comme d'une imposture que d'une falsification faite au seizième siècle avec toute la rhétorique alors à la mode. Mais la lettre primitive est conservée manuscrite à la Laurenziana; elle est reproduite par Brocchi, Baronius, de Franchi, Bernino (*Storia delle eresi*) et les Bollandistes. Lami lui-même la déclare ailleurs authentique (*De eruditione apostolorum*, II, 827). M. Passerini, l'autorité vivante pour tout ce qui touche à l'histoire de Florence, ne conteste pas l'authenticité et dit même que Lami a très-bien prouvé que la lettre est du 13 février 1068. (Voy. *Arch. stor.*, loc. cit.)

Il obtenait même de Gothefred un décret ordonnant l'expulsion des moines retirés dans l'oratoire, et portant que tout clerc, tout laïque indocile à l'autorité pontificale, serait conduit enchaîné au tribunal du margrave, ou, s'il avait pris la fuite, privé de ses biens[1].

Ces rigueurs, et surtout la violation du droit d'asile, portèrent à son comble l'exaspération populaire. Les moines, en signe de deuil, avaient cessé de faire sonner leurs cloches, de chanter les psaumes, de dire la messe. La foule se prosternait dans la boue des places publiques; les femmes, en grand nombre[2], se frappaient la poitrine, et, les cheveux épars, la tête couverte de voiles, s'écriaient avec force gémissements : « Christ, on te chasse; Simon le Magicien ne te permet pas de demeurer parmi nous. » Les hommes parlaient d'incendier la ville, plutôt que de la laisser à des hérétiques[3]. Ils multipliaient les sommations à l'évêque, les encouragements et les prières aux religieux, qu'il fallait rejoindre au loin dans la campagne, par les mauvais temps de l'hiver.

On était en 1068, au mois de février. Cette longue querelle durait depuis cinq ans. Mais l'heure était venue où elle devait prendre fin. Les pouvoirs publics n'étaient plus en mesure de réprimer les petites gens ameutés, ni même de parlementer avec eux. L'évêque et le margrave se résignèrent à céder. Le 12 février, qui était le quatrième jour du carême, après quarante-huit heures de recueillement et de prières, les Florentins se rendirent au couvent de *San Salvadore a Settimo*. Devant les portes

---

[1] Lettre des Florentins à Alexandre II. — Brocchi, I, 149.

[2] « Maxime feminarum. » (Lettre des Florentins, Brocchi, I, 149.)

[3] « Et nos, viri fratres, civitatem hanc quo heretica pars ea non gaudeat incendamus (Lettre des Florentins, *ibid.*). »

on avait construit côte à côte deux bûchers que séparait un étroit sentier. De la chapelle, quand on eut célébré la messe, clercs et laïques y vinrent en procession. Pietro, fils d'Aldobrandino, un des moines, qui gardait, dit-on, les ânes et les vaches de la communauté[1], se présenta pour entrer dans le feu. Il le traversa lentement et il en sortit sain et sauf. Le bruit s'accrédita plus tard qu'il avait demandé aux assistants combien de temps il y devait rester, qu'après en être sorti, il y était rentré pour ramasser son mouchoir, et que les flammes, pas plus la seconde fois que la première, n'avaient osé s'attaquer à lui[2].

Le peuple était encore dans la joie de ce spectacle et les moines dans l'enivrement de ce triomphe, quand les magistrats florentins sentirent la nécessité d'en informer le souverain pontife. Il fallait expliquer, excuser une désobéissance flagrante au décret du concile; mais l'explication et l'excuse étaient dans le résultat même. C'est

---

[1] Les auteurs l'appellent Pier Aldobrandini; mais il n'y avait pas alors de noms de famille. Ils disent tous ensemble qu'il gardait les vaches, ce qui est d'un convers, et qu'il avait célébré la messe, ce qui est d'un prêtre. C'est qu'ici nous entrons de plain pied dans la légende. L'imagination des Florentins écrivant au pape s'est donné libre carrière, soit naïvement, soit par calcul, pour rendre l'épreuve plus péremptoire. S'il faut choisir, Pietro ne devait pas être prêtre encore; on confiait d'ordinaire aux plus humbles, aux plus crédules la mission, à tout prendre périlleuse, malgré les précautions prises, de passer dans le feu.

[2] Desiderio, abbé du Mont-Cassin, qui fut plus tard Victor III, a écrit qu'il tenait ces détails de Pietro lui-même (Lami, *Hodœporicon*, p. 1004). Cf, sur ce pape, Hirsch, *Desiderius von Monte Cassino als Papst Victor III*, dans les *Forschungen zur teutschen Geschichte*, t. VII; Gottingue, 1867. Nous renvoyons à M. Villemain ceux qui voudraient connaître les détails de l'épreuve tels que les présente la lettre des Florentins, et à cette lettre même. Si extraordinaires que paraissent les détails, ils sont partout les mêmes. On peut voir ceux d'une épreuve semblable subie à Milan, en 1104, par le prêtre Liprandus et rapportés par son neveu Landulphus Junior (*Historia Mediolanensis*, c. x, R. I. S., t. V, 481). Cf. *Notæ S. Mariæ Mediolanensis* et *Annales mediolanenses breves* (Pertz, XVIII, 385, 389).

pourquoi l'apologie, sensible aux yeux d'un lecteur attentif, disparaît sous les détails miraculeux de l'épreuve, accumulés et grossis à dessein, comme sous les conclusions qu'on se hâte d'en tirer. « La sentence que le ciel a rendue, disaient les rédacteurs, est plus claire que le jour, plus éclatante que le soleil, plus explicite que toute parole. Notre évêque se refusait comme nous à la demander; mais flétris par nos concitoyens du nom d'hérétiques, nous l'avons dû prier de nous laver de cette infamie. — Si tu te sens pur, lui avons-nous dit, nous sommes prêts à subir pour toi le jugement de Dieu[1]. — C'est nous qui, sans même attendre son consentement, nous sommes rendus auprès des moines de Settimo pour demander l'épreuve. » Après en avoir fait le récit avec autant d'illusion que de sincérité, les auteurs de la lettre suppliaient le père des fidèles, puisque Simon Pierre était élevé dans la gloire et Simon le Magicien foulé aux pieds comme l'ordure, de réconcilier les Florentins avec l'Église[2].

Alexandre II céda devant le fait accompli. Il n'était point trop fâché de la désobéissance, puisqu'elle avait si bien tourné. Rome ne pouvait être hostile aux miracles. C'était l'effet d'une piété éclairée si elle hésitait à tenter Dieu ou à le sommer, en quelque sorte, de rendre son jugement. Quand il l'avait rendu, disparaissaient tous les scrupules[3]. L'évêque Mezzabarba fut déposé. Quelques

[1] Rogamus eum ut tam nos quam se ab hac infamia liberet, dicentes : Ecce nos, si te mundum senseris, si tu nobis jusseris, Dei pro te judicium subire non dubitamus (Lettre des Florentins, Brocchi, I, 149).

[2] Lettre des Florentins, dans Brocchi, I, 149-150, dans les *Acta sanctorum*, 12 juillet, t. III de juillet, et dans les *Annal. eccles.*, t. XVII, ann. 1063, sans parler des autres auteurs qui l'ont reproduite et que nous avons mentionnés plus haut.

[3] Voy. sur la politique des papes avant Grégoire VII, Baxmann, *Die Politik der Päpste von Gregor I bis Gregor VII* (Elberfeld, 1868, 2 vol.)

années plus tard, si l'on en croit une assertion qui le poursuit et l'écrase jusqu'en sa défaite, il alla finir ses jours dans le couvent même des religieux qui l'avaient renversé[1]. Le moine Pietro, qu'on appelait partout Pietro Igneo (Pierre de feu), fut fait évêque d'Albano et cardinal[2].

Ainsi se termina cette longue querelle qui, pendant cinq années, avait porté le trouble au sein de Florence. L'Église en sortait triomphante dans ce qu'elle avait de plus sincère et de plus passionné, sa milice monastique. Le profond Hildebrand, et d'après lui la cour de Rome, ne voyaient pas sans une satisfaction légitime cette condamnation salutaire autant qu'éclatante du crime de simonie. Personne peut-être ne sentit assez de quel prix l'Église et la société féodale payaient ce résultat et ce succès. Les magistrats laïques savaient désormais qu'on pouvait agir en certains cas sans l'agrément du saint-siége et même contre sa volonté. La multitude apprenait qu'elle pouvait imposer la sienne par ses agitations et ses clameurs. Ce sont là des leçons qui ne s'oublient point. Dans la vie religieuse, le soulèvement populaire est né spontanément de la conviction et du zèle; dans la vie civile, on le verra naître plus tard du calcul et de l'intérêt.

---

[1] Baronius (*Ann. eccles.*, XVII, 250) dit que l'évêque fut réconcilié avec l'Église et reprit son siége; mais Ughelli (t. III, aux archevêques de Florence) dit que ce fut un autre Pietro.

[2] *Ann. eccl.*, XVII, 250.

CHAPITRE III

FORMATION DE LA COMMUNE DE FLORENCE

— 1069-1215 —

La comtesse Mathilde. — Sa donation au saint-siége. — Développement des communes par la donation et la guerre des investitures. — Siége de Florence par Henri IV (1081). — Affaiblissement de Mathilde. — Les Florentins à la première croisade (1099). — Leur rentrée triomphale. — Cérémonie commémorative. — Progrès de Florence par la croisade et par les embarras de Mathilde. — Guerres de voisinage contre les seigneurs et les châteaux. — Traité avec Pogna (1101). — Prise et destruction de Monte Orlandi (1107). — Henri V à Florence (1109). — Le territoire de Pise gardé par les Florentins (1113). — Règlement provisoire de la querelle des investitures. — Mort de Mathilde (25 juillet 1115). — Nouveau progrès des communes. — Prise et destruction de Monte Cascioli (1119), de Fiesole (1125). — Carmignano enlevé aux Florentins (1126). — Prise et destruction de Montebuono (1136), de Monte Croce (1146). — Guerres de voisinage contre les villes. — Contre Sienne (1081-1148). — Frédéric Barberousse en Italie (1156). — Alliance entre Pise et Florence (1171). — Diète de San Genesio (1172). — Hostilités du vicaire Christian contre Florence et Pise. — Impuissance de Barberousse contre les Toscans (1175). — Plaintes des seigneurs contre Florence (1185). — Confiscation du territoire florentin. — Mort de Barberousse (1190). — Haine des Toscans contre Henri VI. — Interrègne. — Ligue toscane (1198). — Mécontentement d'Innocent III. — Reprise de la guerre contre Sienne (1177). — Prise de Montegrossoli (1182). — Siége et prise de Semifonte (1198-1202). — Paix avec Sienne (1202). — Soumission des seigneurs de Capraja et de Monte-Murlo (1204). — Nouvelles hostilités contre Sienne (1206). — Médiation du saint-siége (1210). — Progrès de Florence. — Otton IV, empereur (1208). — Le patriarche d'Aquilée en Toscane (1209). — Amende infligée aux Florentins. — Médiation d'Innocent III. — Politique florentine envers les seigneurs. — Ils sont introduits dans Florence.

La part passionnée que les Florentins venaient de prendre à la guerre du saint-siége contre la simonie témoigne d'une vie nouvelle et moins étroite, comme d'une certaine intelligence des grands intérêts de la société chrétienne en ce temps-là. Mais après un si violent effort, ce peuple naissant, étonné de soi, rentre dans l'ombre. Pour l'en faire sortir, trente ans plus tard, il fallut des événements graves, qui favorisèrent enfin ses progrès, après les avoir longtemps retardés.

En 1069, mourait Gothefred le Barbu, inconsolable d'avoir dû céder à une populace ameutée, et peu regretté du saint-siége qui le voyait, non sans inquiétude, aussi indépendant envers l'Église qu'envers l'Empire. Alexandre II et Hildebrand n'étaient point pris au dépourvu. Sans retard ils donnèrent à Béatrix et à sa fille un nouveau mentor. Bientôt même la docile Mathilde reçut de leurs mains un époux.

Le mentor, c'était un neveu du pape, comme lui nommé Anselme, homme prudent et docte, que Donizo appelle « l'ange du grand conseil[1] », mais qu'un biographe des papes remet judicieusement à sa place : « Hildebrand, dit-il, était comme la source, Anselme comme le ruisseau qui en découle et qui arrose les terres arides. L'un était la tête qui gouverne tout le corps; l'autre la main qui accomplit avec zèle tous les commandements. Celui-là, tel que le soleil, éclairait toutes choses ; celui-ci sur chacune en projetait la splendeur[2]. » Mais les suggestions d'Hildebrand gagnaient à passer par cette bouche éloquente : elles y devenaient si persuasives qu'en maintes lettres la jeune comtesse Mathilde mit à la disposition du saint-siége sa personne et ses biens. Elle s'y déclarait simple dépositaire de la puissance, résolue à n'en user

---

[1] Lucensis lucens Anselmus maxime prudens...
Consilii magni vir hic fuit angelus annis...
(Donizo, l. II, c. 2. R. I. S., t. V, 368.)

[2] *Vita Gregorii VII*, c. cxi, R. I. S, t. III, part. I, p. 348.

que dans l'intérêt et sur l'ordre de l'Église. Elle fut prise au mot dans ces effusions sans mesure de son tempérament méridional et de sa plume inexpérimentée[1]; et sa ferveur soigneusement entretenue ne les désavoua point. Telle fut l'origine de cette donation fameuse qui fit de l'Italie centrale comme l'enjeu de la lutte entre le sacerdoce et l'empire, et qui devait longtemps peser d'un si grand poids sur les destinées de la Toscane[2]. De ce magnifique margraviat l'Église avait la jouissance : son but constant fut de s'en assurer la propriété.

C'est dans ce dessein qu'elle jeta Mathilde dans les bras du fils de son beau-père, Gothefred ou Gozzelon, homme d'humeur méchante, suspect de pencher vers l'empire et capable d'en bien soutenir la cause dans les combats, mais petit et laid, rachitique et bossu, impropre, on y comptait, à perpétuer sa race et son nom[3]. Les exhortations,

---

[1] On connaît le mot, d'une banalité célèbre, que les Espagnols ont toujours à la bouche : *La casa è a la disposicion de Usted.*

[2] Tosti, p. 95. — Mozzi de' Capitani, de Bergame, *Sulla contessa Matilde, i suoi contemporanei e l'usanze nostre d'allora*; Venise, 1845, 1 vol. Voyez, en outre, avec tous les ouvrages qui parlent de Grégoire VII, Razzi, *Vita ovvero azioni della contessa Matilde*, Flor. 1587. — Mellini, *Trattato dell' origine, fatti, costumi e lodi di Matilda, gran contessa di Toscana*, Flor., 1589. — Lucchini, *Cronica della vita, origine e dell' azioni della contessa Matilde di Toscana*, Mantoue, 1593. — Pezzo, *Maraviglie eroiche di Matilde*, Vérone, 1678. — Erra, *Memorie storico-critiche della gran contessa Matilda*, Rome, 1788. — L'ouvrage de M. A. Renée (*La grande Italienne*, Paris, 1859) n'est, sous des apparences historiques, qu'une œuvre de courtisan pour donner à Napoléon III des prédécesseurs dans son entreprise en Italie. Sur toute la période des empereurs, on peut consulter avec fruit F. Moisè, *Storia dei dominii stranieri in Italia dalla caduta dell' impero romano fino ai nostri giorni*, Flor., 1859, et Ficker, *Forschungen zur Reichs und Rechtsgeschichte Italiens*, Innsbruck, 1868, 3 vol.

[3] Propter ejus excellens in militia meritum... licet statura pusillus et gibbo deformis esset. (*Lamberti Ann.*, 1070-1075, ap. Pertz, V, 176, 250, 254.)

d'ailleurs, ne manquèrent point à la jeune comtesse pour qu'elle observât dans le mariage cette chasteté qui n'y peut être de précepte, mais où l'Église a souvent vu un signe d'élection[1]. Tout concourait à la lui rendre facile : son repoussant époux, incessamment rappelé en Lorraine par ses intérêts seigneuriaux, ne manquait pas d'y trouver de graves embarras qui l'y retenaient trois ou quatre années de suite, sans qu'il pût reparaître en Italie[2]. Ainsi privée d'héritiers directs à qui sa tendresse maternelle eût pu vouloir transmettre ses domaines[3], Mathilde les voyait convoités par Gozzelon et réclamés par Anselme qui agissait au nom de l'Église. Dans cette lutte quotidienne de l'ambition personnelle et de l'ambition collective, le guerrier sans scrupules aurait peut-être mis à mort l'ecclésiastique désarmé, si, pour le rendre inviolable,

[1] Voy. à cet égard une lettre de Pierre Damien à Béatrix (Liv. VII, ep. xiv, p. 336-338).

[2] « Hæc, vivente adhuc viro suo, quandam viduitatis speciem, longissimis ab eo spaciis exclusa, prætendebat, cum nec ipsa maritum in Luteringia administrabat, negociis implicitus, vix post tercium vel quartum annum semel marcham Italicam inviseret (*Lamberti Ann.* 1077, Pertz, V, 257). Donizo, en bon courtisan, ne parle pas de ce mariage qui rappelait à Mathilde d'importuns souvenirs, et Baronius (ann. 1074) le révoque en doute ; mais il est prouvé par deux chartes des archives épiscopales de Lucques : « quia ego qui supra Matilda Marchionissa professa sum ex natione mea legem videre videor Longobardorum, sed nunc modo pro parte suprascripti Gotifredi qui fuit viro meo ». — « Qui ego ex parte supradicti viri mei.... » (Fiorentini, l. III, p. 105. — Tosti, p. 111.)

[3] On ne peut s'arrêter à la version unique qui donne un fils à Mathilde. Ce fils, d'ailleurs, serait mort de bonne heure, et la comtesse, dégoûtée par les douleurs de l'enfantement, n'aurait plus jamais eu commerce avec son mari. Chron. de Jacques de Vorage, dans *Anonymi vita com. Mathildis*, c. vii, R. I. S., t. V, 392. Bertels, *Respublica Luxemburgensis*, p. 209, parle, à l'année 1079, de la mort de ce fils unique (unico filio), comme ayant enfoncé dans la glace d'un fleuve, pendant qu'il jouait dessus avec d'autres enfants à l'âge de huit ans. Selon lui, Mathilde était présente, et c'était en Lorraine !

Alexandre II, sur la fin de sa vie, n'avait résigné en faveur de ce neveu l'évêché de Lucques que, jusque sous la tiare, il conservait jalousement[1].

Lorsque Hildebrand se décida à prendre la lourde succession de ce pontife, et à être pape de nom comme de fait, il avait soixante ans et Mathilde vingt. La calomnie a vainement tenté de flétrir les relations de ce vieillard à la taille grêle, au gros ventre, aux jambes courtes[2], et de cette jeune femme si sincère, si ardente en son dévouement[3]. Les termes affectueux, presque tendres, des lettres que lui écrivait Grégoire VII n'ont pu donner le change qu'à ceux qui le voulaient prendre. Si l'alliance entre eux fut intime autant qu'indissoluble, ce ne fut qu'une alliance où l'affection paternelle d'une part, le respect filial de l'autre, donnèrent à l'Église sa force et sa sûreté. Jamais le grand pontife n'écrit d'un ton plus ferme que lorsqu'il est à l'abri chez la comtesse, protégé par les murailles de ses châteaux et les lances de ses milices[4]. Heureusement douée pour la guerre, Mathilde savait former une armée redoutable et presque homogène de ces aventuriers d'origine diverse, Bretons et Lorrains, Gascons et Arvernes, Franks et Saxons, Frisons et Russes,

---

[1] Fiorentini, p. 123. Voy. Baxmann, *Die Politik der Päpste*, etc.

[2] Homuncio exilis staturæ,.... ventre lato, crure curto (Benzo, Guillaume de Malmesbury, Annales de Palith dans Pertz, XI, 659; X, 474; XVI, 69.)

[3] M. Giraud nous semble un peu sévère pour Mathilde : qu'il dise qu'elle fut « inconsidérée, qu'elle attacha son nom à des intrigues, à des actes que réprouve l'honnêteté politique, » on le conçoit ; mais on conçoit moins qu'il l'appelle « une dévote intrigante, à la piété affectée. » (Ch. Giraud, *Grégoire VII et son temps*, *Revue des Deux-Mondes*, 1er mai 1873, p. 157, 158, 162.). — On peut voir dans Lambert d'Aschaffenbourg (Pertz, V) l'aveu de ces calomnies et tout ensemble le démenti qu'il leur donne.

[4] Voy. Lettres de Grégoire VII, l. IV, ép. 17, 22, 23, 24, 27, 28. Tosti, p. 226.

qu'elle enrôlait au hasard[1]. Bien jeune encore, elle tenait tête dans les plaines lombardes à son cousin Henri IV[2], émule de Charlemagne, au dire des Allemands[3], tandis que, vers le Midi, Gothefred, avec les barons romains, tenait en échec les Normands « perfides et ingrats[4]. » Mais d'une raison peu sûre, elle était le bras plutôt que la tête ; quand elle semblait décider, elle ne faisait qu'obéir. L'enthousiasme lui rendait l'obéissance facile et douce, la poussait même à devancer les ordres du pape, à deviner, à accomplir dans l'occasion ses plus secrètes volontés.

C'est ainsi qu'elle fit par écrit au saint-siége la donation verbalement promise de la Ligurie et de la Toscane[5]. On était alors en 1077. Méconnu dans son autorité, menacé dans sa personne, Grégoire VII avait trouvé un inexpugnable asile sur le roc escarpé où s'élevaient les tours superbes de Canossa. Durant les trois mois qu'il y fit séjour, Mathilde, veuve et privée de sa mère[6], resta sans défense sous les séductions impérieuses de ce génie sans

---

[1] Donizo, l. II, c. I, R. I. S., t. V, 365.

[2] Béatrix était par sa mère cousine germaine d'Henri III. Voy. Saint-Marc, *Hist. d'Italie*, p. 1198-1210, et Ch. Giraud, *loc. cit.*, p. 156.

[3] « Promittens Carolum Magnum suo seculo representatum » (*Lamberti Ann.* Pertz, V, 141).

[4] « Perfidi et ingrati. » (*Vita Alexandri II*, R. I. S., t. III, part. I, p. 303.) — Cf. *Hermanni Corneri Chron.* (Eckard, II, 605). — Fiorentini, l. I, p. 71.

[5] « Anno 1077 Mattilda comitissa Liguriæ et Tusciæ viam imperatoris Henrici sibi infesti metuens, Liguriam et Tusciam provincias Gregorio papæ et sanctæ Romanæ ecclesiæ devotissime obtulit. (*Chron. Mon. Cassinens.* auctore *Petro Diacono*, l. III, c. XLIX, Pertz, VII, 738). Voy. la *Promissio Canusina* dans Jaffé (*Regesta*), et Pertz, (*Leges* II, 50).

[6] Gothefred le Bossu était mort en février 1076, « milite quodam ad requisita naturæ in secessu sedens de deorsum vulneratus infeliciter expiravit. » (Berthold de Constance, Pertz, V, 283). Cf. *Lamberti Annales* (Pertz, V), etc. Béatrix, un mois plus tard (Muratori, *Ann. d'Italia*, 1076).

égal. Elle souffrait, dit son biographe, de langueurs d'estomac et de maux d'entrailles. Pour en obtenir la guérison, elle se dépouilla vivante des biens qu'elle n'avait promis qu'à sa mort[1].

Mais ce qu'elle donnait à l'Église, l'Église avait à le conquérir ou à le défendre. Valable pour les alleux, ce grand sacrifice était nul pour les fiefs[2], et Henri IV ne consentait point à la spoliation de l'empire. En l'humiliant sans mesure à Canossa, grâce à un retour inespéré de la fortune, Grégoire VII compromettait sa victoire, dépassait et manquait son but. Il faisait trop paraître son dessein de subordonner l'État à l'Église, de faire de l'Église l'État lui-même, et du pape le monarque universel[3]. L'instinct du danger mit sur ses gardes la société civile; sans se livrer à l'empire, elle lui parut moins défavorable, et par là fit tomber le dangereux édifice qu'élevait si laborieusement la papauté.

Le récit de ces luttes épiques n'appartient pas à notre sujet; mais on comprend à quel point elles durent influer sur le régime intérieur et sur les destinées de la Toscane. Même triomphante comme au temps de Canossa, Mathilde n'avait pas trop de toute son attention, de toutes ses forces, contre son redoutable adversaire. Bientôt vaincue à Volta (1080)[4], et ayant perdu ces cupides mercenaires que dispersait comme des feuilles l'ouragan de la

---

[1]   Interea languor cum non cessaret ab alvo
   Illius, inde timens dedit Ecclesiæ sua vivens.
      (Donizo, l. II, c. 20. R. I. S., t. V, 383.)

[2] Voy. Ch. Giraud, loc. cit., 1er avril 1873, p. 645.

[3] Ibid., p. 642.

[4] Bernoldi Chron. 1080, Pertz. V, 436. — Le P. Tosti confond Bernold de Constance, dont la chronique ne commence qu'en 1073 à être détaillée, avec Berthold de Constance, dont la chronique finit en 1080, et se trouve aussi au V° vol. de Pertz.

défaite, elle n'avait plus, pour soutenir la guerre, que les milices de ses villes. Avec les villes qui les lui fournissaient elle devait donc se montrer de facile composition, ne point les pressurer outre mesure, favoriser les progrès de leur développement communal. Grégoire VII lui en donnait sagement le conseil et l'exemple, partout où ces progrès pouvaient nuire à ceux de l'empereur. Les peuples, à cet égard, n'ont pas besoin qu'on les excite : il suffit qu'ils se sentent la bride sur le cou. Tout leur était cause ou prétexte pour s'abandonner au courant qui les portait à l'émancipation : les moindres griefs contre leur évêque, les moindres jalousies contre leurs voisins, tantôt le désir d'étendre leur territoire, tantôt celui d'entraver le trafic d'une cité rivale, ici le besoin de résister au pape, là le devoir de combattre l'empereur. Ils passaient quelquefois d'une cause à une autre, se rangeant un jour du côté du vainqueur, pour en éviter les sévices immédiats; le lendemain du côté du vaincu, s'il ne l'était pas assez pour qu'un secours opportun ne rétablît l'équilibre, si profitable à l'indépendance communale. Non pas que les mêmes hommes chantassent incessamment et à tout propos la palinodie : chaque ville en contenait des deux partis, auxquels les événements du dehors donnaient tour à tour une prépondérance momentanée : l'intérêt commun, qui était l'affranchissement, en profitait. Trop peu éclairées encore pour le bien comprendre et le bien servir, elles croyaient être utiles au pape en combattant ceux de leurs citoyens qui se prononçaient pour l'empereur, et à l'empereur en persécutant ceux qui se déclaraient pour le pape. Absorbées par ces querelles mesquines et encore obscures, elles n'étaient que d'un médiocre secours aux puissances rivales qui mettaient en elles leur espoir; mais cet espoir que rien ne décourageait était pour elles une sauvegarde, ni le pape, ni l'empereur ne voulant nuire à des ennemis qui pouvaient cesser de l'être, ou à des amis qu'ils avaient éprouvés.

Ce spectacle, que donnait depuis longtemps la Lombardie, la Toscane le donna à son tour, quand la guerre y eut pénétré. Elle y pénétra le jour où Henri IV marcha sur Rome. La fortune se prononçant pour lui, Sienne, Pise, Lucques, se déclarèrent en sa faveur. Les évêques de Volterre, d'Arezzo, de Pistoia, entraînèrent leurs diocésains dans le parti impérial (1080)[1]. A Lucques, les chanoines chassent Anselme, leur évêque, le fidèle conseiller de Mathilde; ils le remplacent par un diacre, nommé Pietro, dévoué à l'empereur et à l'antipape Wibert. Excommuniés par Grégoire VII, ils n'en célèbrent pas moins les cérémonies religieuses (1081). Ils ouvrent leurs portes à Henri, et, en retour, obtiennent de lui d'amples priviléges[2]: protection accordée aux seigneurs féodaux pour les maisons qu'ils possédaient dans la ville ou les faubourgs; défense d'y édifier un palais impérial, et même, dans un rayon de six milles, des châteaux ou de hautes tours; garanties données aux gens de trafic, qu'il ne serait plus permis d'arrêter sans observer la loi, d'accabler de corvées ou de péages, d'entraver dans leur industrie et leur négoce. A plus forte raison Pise obtenait-elle les mêmes avantages. Il y fallait protéger en outre sa navigation, ses

---

[1] *Serie degli antichi duchi e marchesi di Toscana*, par Della Rena, continuée par Camici, III, § 2. — Inghirami, V, 268. — Ferrari, I, 428.

[2] Diplôme du 23 juin 1081. Voy. Fiorentini, p. 189, 206, 222, 225, 453. — Tommasi, *Sommario di storia lucchese* (*Arch. stor.*, X, 17-20). — Muratori, *Ann. d'Ital.* 1081. — Pœnitentiarius, *Vita S. Anselmi*, ap. Tosti, p. 240, 252. — Camici, IV, § 2. — Grassi, *Descrizione storica e artistica di Pisa*, parte storica, p. 29. — Inghirami, V, 260, 262, 268.

entreprises maritimes qui la comblaient de richesses et de gloire[1]; et par son invariable dévouement à l'empire, elle méritait plus que toute autre cité les faveurs impériales, qui arrachaient au pontifical Donizo de véhémentes imprécations contre cette « ville indigne d'abriter dans sa cathédrale les restes de Béatrix, souillée par les païens et les Turcs, par les Chaldéens et les Parthes, par mille monstres marins, par les parjures comme par les crimes des marchands[2]. »

Ce n'étaient pas, quoi qu'on en ait dit, l'origine première et le fondement des libertés urbaines; mais c'en était la confirmation éclatante. Il fallait bien que déjà elles existassent, puisque Henri IV s'engageait à ne nommer aucun marquis en Toscane sans le consentement des douze consuls de Pise, réunis en conseil au son du beffroi.

Florence n'eût pas obtenu de moindres avantages, si elle avait suivi l'exemple de la brillante reine des mers. Mais elle restait fidèle à la cause pontificale. Ne redoutant plus guère sa voisine, Fiesole, qui, déjà en décadence, « consumait en discordes schismatiques, comme écrit Grégoire VII, les misérables restes de son Église[3], » on l'avait vue toujours reconnaissante et dévouée à l'active comtesse, qui y rendait la justice, qui y ramenait la confiance et la sécurité[4]; pleine de joie quand Mathilde réduisait le

---

[1] Cantini, I, 70-72.
[2] Donizo, l. I, c. xx. R. I. S., t. V, 364.
[3] Valsecchi, *Epistola de veteribus pisanæ civitatis constitutis*. Flor., 1727, in 4°. — Bettinelli, *Del risorgimento d'Italia dopo il mille*, Bassano, 1776, in 8°. — Muratori, *Ann. d'Italia*, 1063. — Fanucci, t. I, l. , c. vii. — Grassi, p. 30: — Inghirami, V, 241, 265.
[4] Lettre aux Fiésolains pour les gourmander de chercher des querelles à leur évêque Frasmund et de troubler l'Église, « et sic fesulanæ ecclesiæ post longas tribulationes ipsas reliquias consumere. » Et plus loin : « misera-

césar germain à se traîner sur les genoux dans la neige de Canossa[1], et de douleur quand Cencio, le préfet de Rome, accablait de coups, sur les dalles de Sainte-Marie-Majeure, un pontife vénéré[2]. On l'allait voir résistant seule à l'ennemi devant qui pliaient et s'ouvraient toutes les autres villes, et par là retardant, comme l'a justement remarqué Villani, le progrès de ses naissantes libertés[3].

Henri IV revenait de Rome, dont il avait inutilement fait le siége[4]. Dès le milieu de juin 1081, il était à Lucques, cachant sa honte et sa rage; il y prenait un mois entier de repos[5]. Comment, de si près, eût-il supporté l'insulte que lui faisait Florence, en refusant de l'accueillir, de se prosterner devant lui? Il vint avec son armée camper au nord-ouest de la ville, sous ses murailles, à l'endroit qu'on appelait *Cafagio*, ou Champ du hêtre[6], et il attendit l'effet de cette menaçante démonstration. Une

---

bilis paupertas et ruina ecclesiæ suæ. » (Rome, 4 mars 1075. — Labbe, X, 113.)

[1] Donizo, l. II, c. x. — *Lamberti Ann.*, 1076 (Pertz, V, 241). — Paul de Bernried, De rebus gestis Gregorii VII, R. I. S., t. III, part. I, p. 338.

[2] Paul de Bernried, *loc cit.*, p. 329. — Berthold de Constance (Pertz, V, 281 sq). — Pandulphe de Pise, Vita Gregorii VII (R. I. S., t. III, part. I, p. 305). - M. Villemain (II, 26) a tracé un brillant tableau de cet épisode.

[3] « Per la qual cosa il nome di Firenze e la sua forza stette per ispatio di 200 anni, sanza potersi dilatare o cresciere ne' suoi piccioli cierchi e termine. » (Villani, III, 3.)

[4] Le 14 avril, il était à Milan; le 4 juin, il repartait de Rome (Böhmer, *Regesta*, etc., p. 95, 96).

[5] Voy. dans Fiorentini, p. 206, et dans Mazzarosa, I, 291, la mention d'un acte de lui en date du 23 juin. (Fiorentini dit par erreur Non. Julii; c'est IX Kal. Julii, c'est-à-dire 23 juin qu'il faut lire). Muratori (*Antiq. ital.* II, 949) et Böhmer (*Regesta*, etc. p. 96) mentionnent encore deux autres actes datés de Lucques le 19 et le 20 juillet. Par conséquent on ne peut tenir compte de l'assertion d'Ammirato mettant au 21 d'avril le commencement et au 21 de juillet la levée du siége de Florence (l. I accresciuto, t. I, p. 44). Si ce siége eut lieu, ce ne put être qu'en août.

[6] *Campus fagi*. C'est là qu'on a construit plus tard l'église des *Servi* et percé la rue de ce nom.

partie des Florentins lui voulaient ouvrir leurs portes, car il comptait parmi eux des partisans[1]; mais le plus grand nombre, qui les avait fermées en voyant flotter à l'horizon les bannières impériales, persista dans sa vaillante attitude. Bien leur prit d'avoir, trois ans auparavant, élargi, fortifié leurs murailles, et, par une circonscription précise des quartiers, ébauché l'organisation militaire de Florence. L'impétueux Germain dut se résigner à un long blocus ou à des attaques partielles qui trouvèrent ses ennemis sur leurs gardes. On ne sait si Mathilde était présente ou représentée par quelqu'un de ses vicomtes, par quelques-unes de ses milices, car tout est obscur et douteux dans ce grave événement. La constance des assiégés paraît avoir lassé celle de l'assiégeant. Le 5 octobre, il était de retour à Lucques[2]; il y était rentré sans gloire, ne pénétrant que dans les villes qui savaient passer d'un maître à l'autre et se vendre au plus offrant.

On voudrait croire que, pour prix de son énergique fidélité, Florence reçut de la grande comtesse des priviléges semblables à ceux que Pise et Lucques, pour prix de leur défection, recevaient de l'empereur. Mais Mathilde n'avait le moyen de rien donner; elle ne pouvait que laisser prendre. Faire face à Henri, qui passait l'hiver dans son palais de Ravenne, et à Wibert, qui avait repris le siége de Rome, forcer le blocus pour amener aux Romains des hommes et de l'argent, corrompre ou com-

---

[1] « Per la venuta del detto Arrigo imperadore si cominciò divisione in Firenze a parte di chiesa e d'imperio. (Villani, IV, 22).

[2] Böhmer, *Regesta*, etc., p. 96. — Il y était peut-être auparavant; mais les chroniqueurs brouillant toutes les dates, on ne peut constater sa présence que par ses actes. Ce long séjour en Toscane, cette ignorance de ce qu'il y fait entre juillet et octobre, rend très-probable l'assertion des auteurs sur le siége de Florence.

battre les barons du parti impérial et soutenir la foi ébranlée des amis du saint-siége, écrire en Allemagne pour en obtenir des secours, voilà quelle était la vie de cette « fille de Pierre qui résistait seule au plus grand prince du monde[1]. » Les succès lui étaient inutiles autant que les revers funestes. La victoire de Sorbara n'empêche pas Grégoire VII de mourir tristement à Salerne, où il avait dû suivre Robert Guiscard, son barbare allié (1084-1086). Le mentor Anselme meurt à son tour, et Mathilde reste seule pour soutenir la lutte, comme pour faire exécuter les volontés suprêmes de ce despotique pontife, appelé « saint Satan » par ses partisans eux-mêmes[2], et qui, pour faire des papes après sa mort comme il en faisait avant de l'être, avait désigné dans un ordre rigoureux les trois plus dignes de lui succéder. Si longtemps pupille du saint-siége, Mathilde en prenait la tutelle : grand péril pour une femme d'âge mûr sans doute, mais dont le génie n'égalait pas l'activité.

Cette activité, à vrai dire, soutenue par le bon vouloir, suffisait à améliorer le sort des peuples, alors surtout que l'absence de l'empereur ralentissait ou suspendait la guerre. Henri ayant passé quatre années loin de l'Italie (1085-1090), la comtesse recouvrait son pouvoir[3], et en usait pour réparer de son mieux tant de maux accumulés par la nature et les hommes, pour combattre les inondations, la famine, la peste, pour ordonner des travaux, tracer des routes, construire des digues,

---

[1] « Sola resistit ei Mathildis filia Petri. » (Donizo, l. II, c. I, R. I. S., t. V, 367). »

[2] « De cætero Sanctum Satanam meum humiliter obsecro. » (Petri Damiani lib. I, ep. XVI, p. 36.)

[3] « Suam potentiam recuperavit. » (*Bernoldi Chron.*, 1085. Pertz, V, 443).

des hôpitaux, des écoles, alléger le fardeau des péages [1], transformer comme à vue d'œil la Toscane. Dans un temps d'universelle misère, le spectacle de cette prospérité unique excitait l'admiration et les convoitises des princes sans sujets [2], et, en donnant à ceux de Mathilde un juste contentement de leur sort, il les rendait indifférents plus que d'autres à cette indépendance qui fait la dignité.

L'impétueux mouvement qui devait, quelques années plus tard, soulever la chrétienté contre l'islamisme, les ramena, presque à leur insu, dans les voies de l'émancipation. Dépositaire de l'aventureux dessein des croisades, conçu par le génie de Grégoire VII, bien avant que l'éloquence d'Urbain II le rendît populaire, la comtesse, dès l'an 1088, avait tenté d'y gagner les Italiens. Sur sa demande, mais bien moins pour lui plaire que dans l'intérêt de leur trafic, Génois et Pisans cinglaient de voiles vers Tunis, en rapportaient les couronnes des rois vaincus, et les offraient, symptôme significatif de l'esprit croissant d'indépendance, non à Mathilde leur souveraine, mais à Henri IV leur suzerain [3]. En 1099, les villes d'Italie et de Toscane, quoique sans enthou-

---

[1] « Mathilda præterea ducissa Liguriæ et Tusciæ.... Ob reverentiam hujus loci constituit ut nullum plateaticum (tribut pour les routes) vel thelonium (tribut pour les marchandises marines) in civitate Pisana et Lucensi et in omni ditionis suæ terra monachi nostri aliquando darent. » (*Petri Diaconi Chron.*, l. III, c. LX. — Fiorentini, p. 225).

[2] Robert Courte Heuse, déshérité à dix-huit ans par son père, Guillaume le Conquérant, étant venu en Toscane, marquait le désir d'épouser Mathilde, déjà quadragénaire, pour se créer un royaume sous ce climat aimé du soleil. (Fiorentini, Tosti, passim). Voy. aussi notre mémoire *La comtesse Mathilde et le saint-siége*.

[3] *Chronicum pisanum*, R. I. S., t. VI, 168. — *Annales genuenses*, l. I, R. I. S., t. VI, 253. — Cf. Michaud, *Histoire des croisades*, éd. de 1854 t. I, p. 43.

siasme, étaient emportées dans l'irrésistible flot qui poussait l'Europe aux rivages de la terre Sainte. Sur les exhortations de leur archevêque Ranieri, interprète de la comtesse et du pape, les Florentins envoyaient un certain nombre des leurs à la conquête du saint sépulcre. Pazzo des[1] Pazzi, suivi des hommes de bonne volonté, prenait passage sur les galères pisanes. Il avait reçu d'Urbain II la surintendance générale des croisés pour toute la Toscane[2]. A la prise de Jérusalem, il fut le premier qui arbora sur la muraille le grand étendard des bataillons qu'il commandait[3]. En récompense, il reçut de Godefroi de Bouillon la couronne murale, avec le privilége de porter sur ses enseignes particulières les armes instituées par le religieux conseil des princes et des prélats, cinq croix et deux dauphins. A son retour, ses compatriotes lui firent une réception triomphale, moins encore pour glorifier sa vaillance que pour honorer trois fragments qu'il rapportait du sépulcre reconquis. Il rentra dans Florence sur un char doré où était représenté son brillant exploit et qu'avait béni l'archevêque Ranieri. Ses compagnons le précédaient, ainsi que les magistrats, le clergé et une grande multitude de peuple. Sur son passage retentissaient les fanfares des trompettes, les chants d'allégresse, les applaudissements. Jusqu'au temps des factions violentes, la famille des Pazzi tint à

---

[1] Les Italiens disent *de'* ou *dei*, et les Français *de*. Mais l'article italien signifie uniquement : de la famille des. Ce n'est donc pas une partie du nom, et mieux vaut en donner la traduction exacte, que de reproduire, sous sa forme étrangère, un mot du langage commun.

[2] Gamurrini, *Storia genealogica delle famiglie nobili toscane ed umbre*, t. III, p. 111. — Inghirami, V, 300.

[3] Les chroniqueurs florentins semblent même dire qu'il fut le premier de tous les croisés à monter à l'assaut; mais le silence des historiens de la croisade nous force à interpréter plus modestement la gloire de Pazzo.

honneur de conserver elle-même les pierres vénérables [1]. Le samedi saint, aux cérémonies de la matinée, un d'eux les frappait avec l'acier ; le feu sacré qui en jaillissait servait à rallumer les cierges éteints et à allumer, quand l'officiant entonnait le *Gloria in excelsis*, les pièces d'artifice disposées sur le char triomphal. Puis, en partant de la place San Giovanni, on conduisait processionnellement ce char au *canto dei Pazzi* [2], et là partaient de nouveau des fusées en signe d'allégresse pieuse et de commémoration reconnaissante. Pour assurer la perpétuité de ces cérémonies, les Pazzi constituèrent sur un *monte* ou établissement de crédit [3] une somme d'argent à fonds perdu. On peut dire qu'elle était bien placée, car avec d'insignifiantes modifications cette fête se célèbre encore tous les ans, et les Pazzi lui ont laissé leur nom [4].

Tandis qu'ils versaient leur sang sous les murs de Jérusalem, Florence et les autres villes tiraient de leur départ un profit singulier autant qu'inattendu : elles en

---

[1] Elles furent alors déposées dans l'église de San Biagio, située entre la *via delle terme* et la *via Porta Rossa*. Cette église sert aujourd'hui de magasin.

[2] *Canto* signifie coin, comme *cantonata*, d'où cantonade.

[3] « On appelle *monte* ou *luogo di monte* les établissements de crédit en Italie comme en France. » (Littré, *Dictionnaire de la langue française*.) — « Il monte è un credito che i cittadini hanno con il comune per denaro prestato a un tanto per cento l'anno in perpetuo. Questo si può vendere, impegnare e contrattare in qualunque modo. » (*Osserv. fior.* IV, 96.)

[4] On l'appelle *festa della colombina della casa Pazzi*. Du maître-autel de la cathédrale part une grosse corde qui aboutit à un char couvert de pièces d'artifice et de pétards, situé au milieu de la place, entre l'église et le baptistère. Le samedi saint, à midi précis, une petite colombe artificielle est lancée le long de la corde et communique le feu aux pièces d'artifice. Si la colombe-fusée va droit, si le feu prend bien, les paysans accourus des environs pour recevoir l'horoscope s'en retournent joyeux, persuadés que la récolte sera bonne cette année. Puis on conduit sur la place plusieurs paires de bœufs pour les atteler au char et l'emmener au *canto* des Pazzi, où la cérémonie se termine par l'explosion des dernières pièces d'artifice.

paraissaient saintes aux yeux de la dévote comtesse. Non-seulement elle avait obtenu des indulgences plénières pour toutes les fautes, et accordé des garanties formelles contre toutes poursuites de la justice, contre toute persécution des créanciers, mais encore elle se fût fait scrupule, en un pareil moment, d'appesantir son autorité. Après la croisade il était trop tard pour le faire, pour rompre des habitudes prises, pour rappeler les villes à la soumission. En Lombardie elles traitaient avec Mathilde de puissance à puissance [1]. En Toscane, sans s'émanciper à ce point, elles se complaisaient de plus en plus dans leur douce indépendance de fait. Pas plus qu'Urbain II, Mathilde n'en prévoyait les suites, c'est-à-dire leur affranchissement définitif. L'eût-elle prévu, sa faiblesse croissante, amertume de ses dernières années, la forçait à céder devant ses sujets pour ne pas céder devant l'empereur. Il paraissait si redoutable, qu'on n'osait plus agir contre lui au grand jour. Ruser, tromper sans cesse, était la première nécessité d'une politique aux abois. Pour imposer à la comtesse vieillie un jeune mari, Urbain II devait dissimuler à Henri IV cette alliance, et à Welf, le mari désigné, la donation [2]. Celui-là, en effet, ne pouvait voir de bon œil une famille ennemie [3] à che-

---

[1] *Bernoldi Chronicon*, ann. 1093 (Pertz, V, 455). — Donizo, II, c. iv, vii, viii (R. I. S., t. V, 371-374). — Landulfus junior, *Historia Mediolanensis*, c. i (R. I. S., t. V, 469-472). — Sigonio, *Opera omnia*, t. II: *De regno Italiæ*, l. IX, ann. 1091. — Muratori, *Ann. d'Ital.*, 1093.

[2] « C'est un des faits, dit M. Giraud, qui ont entamé la considération de Mathilde aux yeux de la postérité. » (*Loc. cit.*, 1er mai 1873, p. 161.) — M. Abel (*loc. cit.*, p. 250) place vers 1080 un autre mariage de Mathilde avec Azzo, marquis d'Este. Il ignore que Fiorentini (p. 132) et Baronius (1074, t. XVII, p. 386) ont démontré qu'il s'agit d'une autre Mathilde. Les lettres de Grégoire VII (l. II, ep. 33, 55) parlent, dit Baronius, de quatre femmes de ce nom dans ce temps-là.

[3] Muratori appelle les Welfs de Bavière « antemurale in Germania della

val sur les Alpes, un pied au fond de l'Allemagne, l'autre aux confins du patrimoine de Pierre [1]; celui-ci n'eût pas consenti à flétrir sa dix-neuvième année, sans la ferme espérance d'accroître son pouvoir.

C'est pourquoi, à peine la vit-il déçue, à peine eut-il vent de la donation, que ses parents, avec la fougue de leur race, passaient d'un extrême à l'autre et offraient leur épée à un ennemi traditionnel. Lui-même, chassé par son ardente épouse qui méprisait sa froideur [2], devenait une précieuse recrue pour l'implacable ennemi du saint-siége (1096). Rien désormais ne succède à l'infortunée comtesse; rien, pas même la révolte de l'impératrice et de son fils Conrad, qui force l'empereur à se défendre en Allemagne au lieu d'attaquer en Italie; car le félon Conrad, bon catholique, mais nullement homme de guerre [3], ne peut s'entendre avec Mathilde, et vient misérablement mourir à Florence, peut-être par le poison (1101) [4]. L'année suivante, on peut bien publique-

---

parte pontificia. » (*Delle antichità estensi*, part. I, c. I-IV, p. 1-20.)

[1] *Bernoldi Chron.*, 1089 (Pertz, V, 449). — Fiorentini, l. II, p. 242. — Muratori, *Delle antichità estensi*, part. I, c. I-IV. — Tosti, p. 294-296.

[2] Muratori (*Antich. estensi*, part. I, c. IV, p. 20, 22) pense que le refus d'assurer à Welf l'héritage fut la cause du divorce. Tosti (p. 320) repousse cette hypothèse, mais par de faibles arguments. On sait que Mathilde accusa son mari d'impuissance. On peut lire dans *Minoritæ florentini gesta imperatorum* (Böhmer, *Fontes rerum germanicarum*, t. IV, 617, publié par Hüber), une anecdote curieuse et peu connue à ce sujet.

[3] « Konrad erat vir per omnia catholicus et apostolicæ sedi subjectissimus, plus religioni quam fascibus et armis deditus. » (*Annalista Saxo*, Pertz, VII.)

[4] En 1099, d'après *Anonymi vita comitissæ Mathildis*, c. XII, R. I. S., t. V, 395. — La chronique d'Ursperg (Pertz, VI) dit en 1101. « Accepta potione ab Aviano, medico Mathildæ comitissæ, vitam finivit. » (Landulfus junior, *Hist. Mediol.*, c. I, R. I. S., t. V, 459-520.) M. Giraud remarque que Landulphe, contemporain, n'était pas partisan d'Henri. (*Loc. cit.*, 1er mai 1873, p. 162.)

ment refaire l'acte de donation, perdu depuis le dernier séjour de l'empereur à Rome en 1083[1] : la papauté ne reçoit qu'un vain titre, avec d'inextricables difficultés. S'agissait-il seulement des alleux ou, en même temps, des fiefs? Y avait-il lieu de maintenir entre les uns et les autres une distinction formellement établie par la loi féodale, mais plus d'une fois méconnue par les décrets impériaux[2]? On en devait disputer longuement et point par amour de la dispute : le saint-siège n'avait que faire d'alleux tels que Briey, Stenay, Juvigny en Lorraine, héritage maternel de Mathilde, tandis qu'il tenait beaucoup aux pays entre Mantoue et Viterbe, lesquels justement étaient des fiefs[3]. L'authenticité même de l'acte fut contestée[4], et la mort d'Henri IV ne fit que raviver ces débats (1106).

En succédant à un père découragé, dont sa révolte, après celle de Conrad, avait troublé les derniers jours, Henri V s'engageait dans la lutte avec l'ardeur de son âge. N'ayant pris ses armes parricides que pour conserver ses droits au trône, en évitant l'excommunication qu'il eût encourue à soutenir dans son malheur Henri IV

---

[1] Voy. l'acte de 1102 dans Baronius (XVIII, 146); Muratori, R. I. S., t. V, 584; Gaetano Cenni, *Monumenta dominationis pontificiæ*, II, 338; Leibniz, *Scriptores rerum Brunswic.* II, 687 ; Tosti, 224. — Leo (I, 270) ne voit pas clair dans cette affaire. Il tient l'acte de 1077 pour réel, et celui de 1102 pour apocryphe.

[2] Le texte de Donizo ferait croire que Mathilde n'avait entendu donner que ses alleux : « Propria clavigero sua subdidit omnia Petro. » (L. II, c. 1, R. I. S., t. V, 366). — Mais les termes de l'acte même (omnia mea bona jure proprietario) semblent se prêter à un sens plus général.

[3] La Lombardie comme la Marche de Toscane : « Azzone avutala in feudo, » dit le P. Tosti (p. 25). — « Liguriam et Tusciam provincias Gregorio papæ et sanctæ Romanæ ecclesiæ devotissime obtulit. » (*Petri Diaconi Chron.*. l. III, c. XLIX, Pertz, VII, 758).

[4] Voy. Pierre Diacre (Pertz, VII, 758) et Fiorentini.

excommunié, il ne pouvait mettre moins d'énergie à défendre les droits de l'empire. Il ne craint pas de charger de chaînes le pape Pascal II et de l'emmener captif à sa suite, et la comtesse, après s'être enfermée, pour ne pas le voir, dans son château de Bibianello, est réduite à lui en ouvrir les portes, à l'y traiter avec courtoisie, car il est redoutable et lui prodigue les respects. « Mathilde courtoise, écrit le père Tosti, son admirateur et son biographe, c'était le signe que le principe ennemi avait déjà échappé à la tutelle d'un homme et s'était réfugié dans la personnalité terrible des multitudes [1]. »

Ces multitudes, c'étaient les populations urbaines. Dans leur désir nouveau d'indépendance, elles s'abandonnaient à la désaffection ou à la révolte. Leur souveraine vieillie ne trouvait plus auprès d'elles, dans les heures difficiles, un refuge assuré. Elle n'avait plus de résidence fixe ; elle errait de château en château, elle cherchait un abri derrière les hautes murailles de Bibianello, de Baranzone, de Bondello, de Canossa, sa chère Canossa, qui, par la bouche de son chapelain Donizo, lui recommandait de fuir les cités populeuses où les crimes se multiplient avec les parjures des marchands [2]. Sienne, Lucques, Arezzo, s'agitaient. Pise faisait à Lucques une longue guerre de cinq ans, sans que la comtesse y prît part, sans qu'elle pût l'empêcher [3]. Pise élevait sans permission, sur la plus haute cime des monts Pisans, sa fameuse forteresse de Verrucola, pour dominer les châ-

---

[1] Tosti, p. 358. Cf. Heller, *Heinrich V in seinem Verhältniss zu seinem Vater Heinrich IV und in seinem Bezichungen zu P. Paschalis II bis auf die Zeit seiner Kaiserkronung* ; Melk, 1869.

[2] Donizo, l. l, c. xx, R. I. S., t. V, 364.

[3] Fiorentini, 287, 290 ; Muratori, *Ann. d'Italia*, 1205.

teaux[1] du voisinage, les plaines et les collines des vallées de l'Arno, de l'Era, de la Nievole[2]. Pistoia, en proie au désordre, ne rêvait que sang et carnage ; elle voyait mainte famille émigrer dans les cités voisines, où la révolte ne pouvait être empêchée qu'à force de concessions[3].

Florence elle-même, trop fidèle encore pour se révolter, agissait du moins, en vue de ses intérêts, comme si elle n'avait plus connu de maîtres. Ses habitants, héritiers, pour la plupart, du sang latin, vivaient humblement de leurs humbles métiers, de leur trafic rudimentaire ; mais ils avaient besoin de routes libres pour s'approvisionner au dehors ou pour écouler leurs produits, et d'un territoire moins étroit pour respirer plus librement. Or, du haut de leurs aires inaccessibles, établies au flanc des rochers, au sommet des collines ou des montagnes, les hobereaux de race germanique fondaient, à chaque embranchement des chemins, sur les marchands, les voituriers, les voyageurs, ou apostaient des *sgherri*, coupe-jarrets qui percevaient des droits ruineux et mettaient à mort les récalcitrants. En se multipliant, l'injure privée devenait publique. La venger était une satisfaction universellement réclamée ; en prévenir le retour, une question de vie ou de mort[4]. Le jour où

---

[1] On appelait *castello* non-seulement les forteresses féodales, mais encore un grand nombre de bourgades fortifiées, où la noblesse tenait assujettie une population d'agriculteurs. (Voy. P. Villari, dans *Il Politecnico* de Milan, juillet 1866, p. 9.)

[2] Grassi, *Parte storica*, p. 43. Inghirami, V, 314.

[3] Salvi, *Delle storie di Pistoia*, l. I, t. I, p. 54 ; Inghirami, V, 313.

[4] M. P. Villari a vu très-juste sur ce point, si ce n'est qu'il exagère l'importance de la diversité de race entre les Italiens et les Allemands, depuis si longtemps mêlés sur le même sol. (Voy. *Il Politecnico*, juillet 1866, p. 10.)

ces incommodes voisins voulurent en outre s'agrandir, le jour où les autres villes de la Toscane eurent pour les mêmes motifs que Florence la même ambition, surgirent en outre mille querelles pour des droits d'entrée ou de sortie, pour des questions de bœufs, de pâturages, de bois, de rivières, d'exilés, de confins, de territoires. Le plus faible devait se soumettre au plus fort, accepter son alliance, lui payer la contribution de la *zappa* et celle du *boaticum*, prélevées l'une sur l'homme de labour, l'autre sur toute paire de bœufs [1], s'engager enfin à avoir mêmes amis, mêmes ennemis [2].

Ainsi Florence entreprit presque simultanément deux séries de guerres, contre les seigneurs voisins et contre les cités voisines. L'entreprise était périlleuse. Ces deux sortes d'adversaires eussent été invincibles s'ils avaient su s'entendre. Mais c'était la tendance du temps de ne compter que sur soi, de vivre en perpétuelle défiance de ceux dont on aurait dû se rapprocher par communauté d'intérêts. Les Florentins, d'ailleurs, avec une supériorité d'esprit politique qui éclate dès lors, n'agissaient point au hasard, pour venger de côté ou d'autre l'injure la plus récente. Ils s'attaquaient d'abord aux plus proches et ne s'avançaient au loin que graduellement, avec précaution. Ils cherchaient des alliés et bientôt des tributaires. Ils ne recouraient aux armes qu'après avoir échoué dans les négociations. Ils tendaient à former, sous leur direction, un faisceau des localités voisines, trop petites ou trop faibles pour qu'un seigneur voulût y

---

[1] La *zappa* montait à trois ou quatre sous de Lucques par homme, le *boaticum* à six par paire de bœufs.

[2] On peut voir dans Savioli (*Annali di Bologna*) un grand nombre de documents contenant des accords de ce genre.

résider. Quand les nobles épais de l'Allemagne comprirent cette politique menaçante, quand ils s'aperçurent que des bourgeois, des artisans mal armés, pouvaient être redoutables, ils essayèrent, eux aussi, de nouer des alliances ; ils firent aux monastères et aux églises des donations fictives de leurs propres biens [1]. Mais il était trop tard : ils ne trompèrent, ils n'intimidèrent point leurs subtils et résolus ennemis.

C'est en 1101, sous les yeux mêmes de la comtesse Mathilde [2], que Florence commença de s'attaquer à ses voisins. Il y avait dans le val d'Elsa, sur une colline qui dominait toutes celles de la contrée, un groupe d'habitations que protégeaient d'assez fortes murailles et qu'on nommait le château de Pogna [3]. Les vieux auteurs ne disent point que quelque hobereau y fût le maître. C'était sans doute une de ces petites places qui se défendaient, qui se gouvernaient elles-mêmes et auxquelles s'appliquait, comme aux manoirs des seigneurs, le nom générique de *castello*. Hors d'état de résister, Pogna se soumit, sans coup férir, au traité que lui proposait Florence. Elle s'engagea, sous la foi du serment, à ne faire ni paix ni guerre sans le consentement des Florentins, à n'augmenter ni déplacer ses fortifications, à n'en point édifier sur les hauteurs de Semifonte et à ne pas permettre que

---

[1] Voy. sur ce fait, F. Galeotti, *Memorie di Pescia*, ms. de la Bibl. nat. à Florence. — Manni, *Osservazioni ai sigilli antichi*, t. XI, Sigillo, 9. — Ughelli, *Albero ed istoria della famiglia dei conti di Musciano*, 1667. — Abel Desjardins, *Négociations diplomatiques de la France avec la Toscane*, Introd., p. 16, 17 ; Paris, 1859, in-4°.

[2] Sa présence est prouvée par les sentences qu'elle rendait en 1105 dans le Mugello, en 1107 à Prato, à Volterre et ailleurs.

[3] Entre Marciana et Tavernelle. Les ruines portent le nom de *Masse del poggio di Marcialla* (Repetti, IV, 498).

personne en édifiât. Les Florentins prirent des engagements semblables[1]. Ils promirent en outre d'aider et défendre les habitants de Pogna, et de leur faire rendre justice comme à eux-mêmes, excepté contre l'empereur et ses représentants[2], clause remarquable en ce temps de guerres acharnées contre l'empire, et qui montre à quel point les plus dévoués au saint-siége étaient loin encore de méconnaître le droit impérial.

Fière de ce succès, Florence ne tardait pas à se déclarer protectrice des campagnes environnantes et à attaquer ceux des châtelains ou capitaines[3] qui ne tenaient pas compte du droit qu'elle s'arrogeait et que les intéressés n'avaient pas encore reconnu. C'est ainsi qu'en 1107 elle s'armait contre le *castello* de Monte Orlandi. Située non loin de Signa, à l'endroit où une étroite gorge sépare les deux bassins de l'Arno florentin et de l'Arno inférieur, cette vieille forteresse servait de repaire aux comtes Cadolingi de Fucecchio et de Settimo. Elle commandait la route de Florence à Pise. Aucun voyageur, aucun marchand ne passait sans être rançonné. Là trouvaient un refuge les malfaiteurs de haut parage qui ne se croyaient plus en sûreté chez eux après de criants méfaits. C'étaient autant d'oppresseurs de plus pour les pauvres habitants de la vallée. Résolus à reconquérir la

---

[1] 4 mars 1101. Archivio di Stato, *Capitoli*, classe XI, distinction I, n° XXIX, f° 79 v°. — Ce document se trouve en outre dans un autre volume, n° XXVI, f° 74. — Il en est de même pour un grand nombre d'autres. Nous nous bornerons, à l'avenir, à indiquer le vol. XXIX.

[2] « Excepto contra imperatorem vel suos nuntios. » Voy. le doc. dans Cantini, I, 75. — Cf. Ammirato, l. I accr., t. I, part. I, p. 46. — *Arch. stor.*, 3° série, 1865, t. II, part. I, p. 79.

[3] *Comites pagani*, *castellani*, châtelains ; *capitani*, et par abréviation *cattanei*, *cattani*, où plusieurs voient aussi une syncope de *castellani*.

liberté de leurs communications avec Pise, les Florentins voulurent être redresseurs de torts. Ils s'emparèrent du château, y firent prisonniers tous ceux qu'il contenait, et n'en laissèrent pas debout pierre sur pierre, afin que personne n'eût le désir ni la possibilité de s'y retrancher de nouveau [1]. Ces destructions devinrent pour eux une règle dont ils ne se départirent plus, dès que la force de la place prise ou le caractère des vaincus leur pouvait inspirer des craintes pour l'avenir [2].

Qui soupçonnerait, au récit de tels événements, que Mathilde régnât encore sur la Toscane? Elle y régnait pourtant, et elle y était souvent de sa personne. En 1105, elle recevait à Florence le pape Pascal II qui venait y te-

---

[1] Villani, IV, 24. — Paolino di Piero, *Cronica* (1080-1305) ap. R. I. S., Supplément, t. II, col. 3, Rome, 1755, in-f°, et Florence, 1770. — Ce chroniqueur, fils d'un fermier des gabelles, et préposé lui-même à la gabelle des maraichers, écrivait vers 1302. Il est précieux surtout pour les temps les plus rapprochés de lui. M. G. Grion a contesté l'authenticité de cette chronique, mais ses arguments ont été victorieusement rétorqués par M. Scheffer-Boichorst, *Gesta Florentinorum*, ap. *Archiv der Gesellschaft für ältere deutsche Kunde*, t. XII, ann., 1872, p. 427-468. — Marchionne Stefani, t. I, Rub. 39 (*Delizie*, etc., t. VII). — Ammirato, l. I accr., t. I, p. 47. — Repetti, t. III, p. 452. — Le laconisme des auteurs et l'identité de leurs récits pour tous ces faits de guerre inspirent des doutes à Litta sur cette entreprise (*Famiglie celebri italiane*, part. II, G P., *Nota della famiglia Medici e de' primi tempi della repubblica di Firenze*). Mais à ce compte il faudrait les contester toutes, et il est certain qu'elles durent être la première manifestation de l'activité, de l'expansion florentines. Le laconisme même des auteurs prouve leur sincérité. Il leur eût été si facile d'ajouter de brillants détails, comme font les hagiographes!

[2] On finit même par en faire une prescription légale qui fut insérée au statut florentin (l. III, Rub. 94; voy. Lami, *Lezioni*, I, 290). — On dit qu'en revenant de Monte Orlandi, les Florentins aidèrent le pape et Mathilde à s'emparer de Prato, petite ville qu'avaient fondée certains vassaux des comtes Guidi, après avoir acheté leur liberté (Villani, IV, 25 ; Paolino, R. I. S., Suppl., II. 3 ; Muratori, *Ann. d'Ital.*, 1107). Mais les faits manquent ici complètement de certitude, comme on peut le voir dans Repetti (IV, 656).

nir un concile[1]. En 1109, le passage d'Henri V, qui se rendait à Rome, la ramenait dans sa forteresse de Bibianello, où elle apprenait, non sans dépit, qu'il célébrait en grande pompe la fête de Noël parmi les Florentins[2], qu'il les jetait, comme les Lombards, dans l'épouvante, qu'il les forçait à lui payer tribut[3], à invoquer son arbitrage dans les différends[4], à supporter qu'il abattît les murailles d'Arezzo et incendiât cette ville[5]; mais la trombe passée, « l'exterminateur de la terre[6] » approchant de la ville éternelle, Mathilde donnait de nouveau ses ordres à la Toscane. Elle avait même la satisfaction de s'y voir obéie, quand elle s'y faisait l'écho du saint-siége dans des questions qui touchaient, pour le moins en apparence, aux intérêts religieux.

C'est à couvrir de ce beau prétexte leurs desseins politiques que le pape et la comtesse mettaient alors leur habileté. Presque seule de toutes les villes toscanes, Pise

---

[1] Fiorentini, l. II. — Muratori, Ann. d'Italia, 1105.

[2] « Breviator Estensis ita legit : Et celebravit prædictus rex in civitate Florentiæ nativitatem Christi. Paria habent Epitomator Regiensis, Annales Hildeshemenses, aliasque historias (Muratori, note à Donizo, R. I. S., t. V, 378). »

[3]
    Gens trepidat cuncta, nummos sibi datque tributa,
    Ceu Longobardi, sic Tusci sunt tremefacti,
    Cum Florentinis.
                    (Donizo, l. II, c. 18. R. I. S., t. V, 378.)

[4] Ainsi Pise et Lucques, sur la question de savoir si les seigneurs de Ripafratta avaient le droit de percevoir une redevance sur les marchandises qui traversaient le territoire situé entre ces deux villes (Ammirato, l. I accr., t. I, p. 48; Grassi, p. 45; Inghirami, V, 326. Pignotti, Storia della Toscana, t. IV, l. II, c. II, p. 118).

[5] *Anonymi vita com. Math.*, c. xv, R. I. S., t. V, 395. — *Ottonis Phrisingensis episcopi Rerum ab origine mundi ad ipsius usque tempora gestarum libri VIII*, f° 78 v°. Argentorati, 1515.

[6] « Pandolfo pisano (in vita Paschalis II) chiama esso Arrigo Exterminatorem terræ, e mandato dall' ira di Dio in Italia (Muratori, Ann. d'Italia, 1109). »

défendait résolûment l'empire, et elle était trop puissante pour qu'on l'en pût empêcher. Supérieure à Venise sur la terre ferme, et à Gênes sur la mer, elle était maîtresse du commerce dans les eaux occidentales de la Méditerranée, et donnait la main aux nobles toscans, dévoués comme elle à l'empereur. Pour l'occuper au dehors sans la détourner de ses desseins mercantiles, le pape avait chargé Mathilde de faire prendre la croix aux Pisans contre le roi sarrasin des îles Baléares, Naçr-ad-Daulat[1], qui détenait, disait-on, dans ses cachots, plus de trente mille chrétiens[2], et dont les flottes ou les pirates infestaient les côtes entre l'Espagne et l'Italie. Faire leur salut en purgeant la mer et en éclipsant Gênes, c'était pour les Pisans une bonne fortune qui ranima leur zèle religieux. Les préparatifs faits avec autant d'ardeur que de hâte[3], au mois d'août 1113, leur flotte avait quitté le port. Contrariée par les vents, elle y rentrait presque aus-

---

[1] Ce nom signifie la forteresse de l'empire. Laurent de Vérone (*Laurentii Veronensis seu Vernensis Rerum in Majorica Pisanorum*, R. I. S., t. VI, 112) dit Nazaredolus, Nazacedcolus. Les Italiens ont adopté la première de ces deux formes. Une chronique pisane (*Gesta triumphalia per Pisanos facta*, R. I. S., t. VI, 101) dit Nazaredech qu'a préféré Sismondi, comme d'apparence plus arabe. Mais *Nazir* paraît être une corruption de Naçr, et *dech* de Daulat. Quelques arabisants voient ce nom sous la forme suivante : Nazir-al-dîn, prince de la justice.

[2] Laur., Vern. l. I, R. I. S., t. VI, 112.

[3] « Sitientes prælia Pisas (Laur. Vern., I, p. 112). Voy. sur cette expédition, outre le poëme de Laurent et les *Gesta triumphalia* cités plus haut, *Breviarium Pisanæ historiæ*, R. I. S., t. VI, 169. Leo (I, 279) et Sédillot (*Histoire des Arabes*, p. 282, Paris, 1854) en font à peine mention. Dozy (*Hist. des musulmans d'Espagne*), Conde (*Historia de la dominacion de los Arabes en España*, Barcelone, 1844), Viardot (*Essai sur l'histoire des Arabes et des Mores d'Espagne*, Paris, 1833), et Mills (*Hist. du mahométisme*, Londres, 1820) n'en disent mot. Villani (IV, 30) met cette expédition en 1117, mais il est en désaccord avec les autres autorités, et rien n'est moins sûr que sa chronologie.

sitôt, à temps pour arracher le territoire de Pise aux avides Lucquois, qui s'y étaient jetés comme sur une proie sans défense. Mais si l'on partait de nouveau, un retour offensif était à craindre : les Pisans firent appel aux Florentins et leur commirent la garde de leur *contado*. Florence ne savait pas encore qu'elle devait voir en eux ses ennemis irréconciliables, et, par suite, dans les Lucquois, ses plus fidèles alliés. Des transactions commerciales l'avaient rapprochée de Pise, et elle n'espérait que par l'alliance de cette ville ouvrir la mer à son modeste trafic. Avec empressement elle envoya donc et fit camper à deux milles de Pise bon nombre d'hommes d'armes à pied et à cheval. Un ban du capitaine leur en interdit l'entrée : c'était une marque de respect envers une population de vieillards, de femmes et d'enfants. Pour châtier un acte isolé de désobéissance, le coupable fut appréhendé et condamné au gibet. Les *anziani* ou magistrats de Pise ayant demandé que pour l'amour d'eux on lui fît grâce, et, sur le refus qu'ils essuyèrent, que du moins l'exécution eût lieu hors de leur territoire, le chef florentin feignit de céder par courtoisie; mais en secret, et au nom de sa patrie, il fit acheter par un *contadino* un coin de terre assez grand pour y ériger une potence, et il y fit pendre le condamné[1]. Les Pisans ne purent qu'admirer cette discipline rigoureuse dont ils profitaient et

---

[1] M. Trollope (I, 47) dit que cet achat est invraisemblable, parce qu'il supposerait une doctrine inadmissible, même pour ce temps-là, à savoir qu'un achat de terrain de particulier à particulier pouvait transférer la domination souveraine sur ce terrain d'un maître à un autre. Mais le cas n'était certainement pas prévu ; le chef florentin aura pu dire, au besoin, qu'il agissait en simple particulier, et comme les *anziani* n'avaient fait que prier, au lieu d'ordonner, ils ne pouvaient regarder ce subterfuge, fût-il illégal, comme une désobéissance.

qui est sans doute un des mérites que Dante a en vue quand il fixe à ce temps l'âge d'or de Florence. Au retour de l'expédition, pour reconnaître par un présent le service rendu, ils donnèrent à leurs alliés le choix entre deux portes de métal ou deux colonnes de porphyre, les unes et les autres enlevées aux Sarrasins. Les Florentins ayant choisi les colonnes, ils les leur envoyèrent solennellement recouvertes d'écarlate [1]. Aujourd'hui encore elles ornent une des portes du baptistère de San Giovanni.

Cependant allait sonner l'heure dernière pour la vaillante femme qui, pendant quarante années, avait rempli du bruit de son nom la scène du monde [2]. Elle s'éteignait dans le désespoir, dans l'obscurité, presque dans l'oubli. Henri V, en ceignant à Rome la couronne impériale, lui avait porté le dernier coup. La consécration sainte avait fait empereur aux yeux de tous, même aux yeux de Mathilde, le prince qu'elle avait combattu comme son père, sans contester jamais leur suzeraineté. Comment l'eût elle contestée, au lendemain du jour où la paix semblait rétablie par le règlement provisoire de la querelle des investitures [3]? Elle subit, avant de mourir, l'humilia-

---

[1] Villani (IV, 30). — Paolino (II, 4). — Elles sont aux deux côtés de la porte qui fait face à la cathédrale. Elles furent brisées dans l'inondation de 1424, c'est pourquoi on en voit les morceaux assujettis par des cercles de fer. — Une tradition rapportée par Villani (IV, 30) veut que les Pisans, par jalousie, eussent dégradé ces colonnes avant de les livrer, en les faisant noircir au feu et à la fumée. Rien n'est moins vraisemblable.

[2] Après sa mort seulement le souvenir du passé la refit grande dans l'esprit de la postérité. Paolino dit d'elle : « la quale fu una delle maggiori donne di Toscana e delle grandi del mondo, e possiamo dir buona (R. I. S., Suppl., II, 3). Il n'est pas certain que Dante parle de la comtesse dans les vers où l'on a cru la reconnaître (*Purg.*, XXVIII, 106); mais on peut lire à son sujet une belle et poétique page de M. Villemain (*Hist. de Grégoire VII*, II, 115).

[3] *Ann. eccles.*, 1110, 1111, t. XVIII, p. 213, 214, 216. — Labbe, X,

tion de se voir confirmée par son ennemi, sans pouvoir repousser cette grâce, dans la possession de domaines qu'elle ne pouvait plus posséder; elle put comprendre qu'il faudrait désormais compter avec les villes rebelles, et que le saint-siége, l'héritier de son choix, ne les plierait pas sans peine à la soumission; elle disparut, enfin, (25 juillet 1115), sans savoir que ses anciens sujets, lui rendant bientôt pleine justice, accorderaient à sa mémoire un touchant hommage. Non-seulement ils l'appelèrent la « grande comtesse, » mais encore les Florentins, dans leur reconnaissance, donnèrent à leurs filles, durant quatre siècles, le nom de *Contessa* ou, par abréviation, *Tessa*, que portèrent même des filles d'artisans [1].

La lutte sans doute n'était pas terminée entre le sacerdoce et l'empire, car l'empereur n'abandonnait les Églises à elles-mêmes qu'à la condition de n'être pas, dans la cérémonie du couronnement, déclaré vassal de la papauté, et le pape ne renonçait à la donation de Pépin, comme aux subséquentes, qu'à la condition que cette vassalité ne serait pas contestée; mais si ce malentendu, ou, pour mieux dire, ces sous-entendus produisent encore d'indignes violences, ils ne produisent point la guerre dont on est également las des deux parts. Déjà l'on voit poindre l'arrangement qui sera conclu à Worms quelques années plus tard (1123), où l'investiture temporelle par le sceptre, comme l'investiture spirituelle par la crosse et l'anneau, ne seront plus que de simples confirmations nominales [2]. De tels sacrifices coûtent également aux pou-

---

901. — Cf. J. de Maistre, *Du pape*, l, II, c. vii, p. 211; 8ᵉ éd., Lyon, 1849. — Cherrier, *Hist. de la lutte des papes et des empereurs de la maison de Souabe* I, 79, Introd. Paris, 1858, 2ᵉ édit.

[1] G. Capponi, *Stor. di Fir.*, I, 9.

[2] Labbe, X, 901. — Cherrier, I, 79, Introd.

voirs qui les consentent : s'ils s'y résignent, c'est qu'ils savent l'un et l'autre que leur adversaire n'en profitera pas. Ceux qui en profitent, ce sont les populations urbaines. En effet, le chapitre électeur de l'évêque est, pour la pluralité de ses membres, pris dans leur sein et réside au milieu d'elles; il a les mêmes passions, les mêmes intérêts, et c'est dans ses rangs, presque toujours, que le pape et l'empereur choisiront les commissaires qui les doivent représenter à l'élection.

Plus sensible encore et plus immédiat est le profit que les villes retiraient, sans y penser, de la mort de Mathilde. Comme elle ne laissait ni enfants ni héritiers naturels, Henri V et Pascal II réclament à l'envi ses biens; l'un invoque les liens du sang, l'autre la donation. L'un conteste, l'autre affirme le droit d'une femme, d'une vassale, à tester sans le consentement de son suzerain. Tous les deux, également jaloux de l'appui des villes, sont prêts à soutenir leur thèse, soit par les armes, soit par ce concours moral du sentiment public, qu'on ne pourrait sans anachronisme appeler l'opinion, mais qui déjà était une puissance. Ils accordent aux habitants les privilèges demandés, quelquefois même rivalisent à leur en offrir. Rivalité, empressement inutiles : ces citadins avisés ou reçoivent des deux mains, ou dans la fidélité même savent trouver l'indépendance. S'ils se prononcent pour l'empereur contre le pape, ou pour le pape contre l'empereur, c'est affaire de tradition ou de goût, d'éloignement ou de voisinage, d'intérêt toujours, bien ou mal entendu; mais ils crient très-haut qu'ils ne savent plus lequel des deux est leur suzerain, ni même quel est leur souverain direct et immédiat[1].

[1] La nouvelle *Biographie universelle* de Hœfer et Didot (art. Mathilde)

Tandis que leurs docteurs en dissertent au même titre que ceux de l'Église et de l'Empire, les villes toscanes profitent des ménagements qu'impose à leur égard la politique, pour continuer avec plus de hardiesse et de suite cette vie municipale déjà sensible du vivant de Mathilde, quoique limitée aux plus étroits horizons. Tout est changé en droit, puisque, au lieu d'avoir une souveraine reconnue, dont la tolérance ou la faiblesse favorisait seule l'émancipation urbaine, les Toscans ont deux souverains, peuvent se donner à l'un ou à l'autre et préfèrent ne se donner à personne; mais rien n'est changé en fait, car chez ces deux prétendants la tolérance est forcée et l'impuissance réelle, le pape n'ayant plus de milices à ses ordres, et l'empereur ne pouvant guère amener les siennes si loin.

Après quatre années où l'histoire obscure de ces temps ne signale aucune entreprise importante des Florentins, on les voit, en 1119, reprendre cette guerre contre les seigneurs où ils avaient déjà obtenu de sérieux succès. Les vaincus de Monte Orlandi, les comtes de Settimo, avaient trouvé un refuge dans le château de Monte Cascioli, plus menaçant encore que Monte Orlandi pour Florence, car il en était de deux milles plus rapproché [1]. Sentant bien qu'on ne les laisserait pas en repos, ils demandèrent secours au vicaire de l'empereur, retranché avec ses Allemands sur les hauteurs de San-Miniato al Tedesco, d'où il contemplait, impassible, la ruine des sou-

---

prétend que c'est parce que la donation était obscure que les villes s'émancipèrent. Nous avons vu que l'émancipation remonte plus haut. L'obscurité de la donation fut un prétexte précieux et habilement exploité, bien plus qu'une cause.

[1] Il en était à cinq milles, dans la paroisse de Settimo et la commune de Casellina. (Repetti, I, 507).

tiens de son maître. Il comptait pour si peu dans les événements, qu'on ne sait ni quand il était venu en Toscane, ni quel nom il portait. On l'appelait Semproco, Robert, Rimpert, Rabodo ou même Rabodone, c'est-à-dire le grand Rabodo. Les comtes Cadolingi lui firent honte de son inertie. Il était leur chef; laisserait-il leurs plus redoutables forteresses tomber tour à tour sous la hache et le marteau de vils manants? Cédant à ces objurgations, le grand Rabodo courut s'enfermer derrière les hautes murailles de Monte-Cascioli ; il les fortifia encore et se tint prêt à les défendre. Villani, avec un langage d'un autre temps, dit qu'il poussa ce château à la révolte[1], comme si les Florentins eussent eu le moindre droit sur les propriétés des seigneurs. Ils n'en avaient d'autre que celui de se défendre, et pour cela d'attaquer, quand ils se croyaient menacés. En 1119, ils envoyèrent leurs milices camper au pied de la colline ennemie et ne reculèrent pas devant les lenteurs d'un siége. On y était alors si peu habile, qu'on en attendait l'issue seulement de la famine; mais la famine tardait peu, car on faisait mal ou on ne faisait point l'œuvre importante du ravitaillement. Les assiégés durent bientôt, s'ils ne voulaient se rendre, se faire jour à travers les assiégeants. Dans cette entreprise désespérée, le vicaire impérial fut battu et trouva la mort. Monte-Cascioli fut rasé, comme l'avait été Monte Orlandi[2].

---

[1] Havealo rubellato M. Ruberto (Villani, IV, 28.)

[2] Villani, IV, 28, Stefani, I, Rub. 39. — Ammirato, l. I, t. I, p. 48. — Della Rena, *Serie degli antichi duchi e marchesi di Toscana, continuata dal Camici*, t. IV, p. 5, 8. Villani met cet événement à l'année 1113; mais son autorité ne tient pas devant celle de Della Rena, qui place en 1116 le commencement du vicariat de Robert. Lami (*Novelle letterarie*, 6, 13, 20 janvier 1747) rapporte d'ailleurs un passage d'une vieille chronique florentine qui met en septembre 1119 la prise de Monte Cascioli,

Chassés de partout, les comtes de Settimo ne voyaient plus ouvert à leur détresse qu'un asile, cette forteresse de Fiesole qui tenait suspendue sur la tête des Florentins une insupportable menace d'oppression. Comme ville, Fiesole avait déjà perdu beaucoup de son importance : ses citoyens, pour mieux jouir des commodités de la vie, étaient descendus en grand nombre dans la ville rivale qui s'étendait librement sur les bords de l'Arno. Mais comme *rocca*, comme *castello*, elle passait toujours pour inexpugnable, et elle contenait toute une population de *cattani* vaincus qui y concertaient à loisir leur vengeance. L'anarchie leur était favorable. La mort de Mathilde, celle d'Henri V (1125), le rôle effacé des vicaires impériaux ou marquis de Toscane que les chroniqueurs ne mentionnent même plus[1], l'avaient portée à son comble. Mais les Florentins en profitaient eux-mêmes, et ils étaient déterminés à détruire ce nid de brigands. Depuis longtemps déjà ils s'y étaient essayés. Un jour, on ne peut dire au juste en quelle année, c'était entre 1010 et 1075[2], comme les Fiésolains célébraient la fête de san Romolo, leur premier évêque, les Florentins, dit-on, y étaient accourus avec les populations voisines, car des inimitiés séculaires n'empêchaient pas des relations de tous les

---

date qui s'accorde bien mieux avec celle du soigneux Della Rena qu'avec celle de notre chroniqueur : « anno 1119, mense septembri, Florentini Montem Cascioli obsiderunt (sic) quem marchio Semprochus defendebat (*Cronica fiorentina*). »

[1] Fiorentini (l. II, p. 335) a bien vu ce fait important. Il a fallu les patientes recherches de Della Rena pour retrouver la trace douteuse de quelques-uns de ces inconnus.

[2] La preuve en est que la légende rapporte à l'an 1010 la destruction démontrée fabuleuse de Fiesole à cette date, et qu'en 1075 Grégoire VII intervenait en faveur de l'évêque de Fiesole d'une manière qui montre une entreprise antérieure. On le verra plus bas.

jours. A la faveur de l'affluence et du désordre, ils s'étaient réunis en nombre vers les portes pour les livrer à des hommes d'armes apostés dans ce dessein. Cette occupation ne s'était pas accomplie sans bruit, ni même sans résistance ; mais les nobles avaient cru à quelque rixe de *contadini*. En voyant entrer les milices florentines avec leurs armes reluisantes au soleil, leurs chevaux et leurs bannières, ils auraient voulu se défendre ; la multitude affolée s'était déjà soumise, ne demandant que la vie et le respect de ses biens [1]. Ils n'avaient donc pu, le premier moment de terreur passé, qu'appeler d'autres *cattani* à leur aide pour faire perdre aux Florentins leur conquête, fruit de leur trahison. De ce jour, Fiesole était devenue le point de ralliement de tous les brigands titrés ou non de la Toscane, et le point d'appui d'une guerre incessante contre le territoire de Florence [2]. Indifférents à la prospérité de la ville qui pourtant faisait leur force, ils la laissaient tomber dans une misère si profonde, que Grégoire VII, peu riche lui-même, mais pris de compassion,

[1] Villani, IV, 5; Paolino, R. I. S., Suppl., II, 5; Simone della Tosa, p. 136, dans les *Cronichette antiche di vari scrittori*, publiées par Manni à Milan. Ce chroniqueur (1328-1380) est incomplet et sommaire, mais précieux pour le contrôle. Tous ces auteurs rapportent cette aventure à l'année 1010, et ils prétendent que Fiesole fut alors détruite. Muratori (*Ann. d'Ital.*, 1010) et Lami (*Lezioni*, I, 283, 290) ont bien vu qu'il y avait là une erreur grossière. En effet, dans les années subséquentes il est question de Fiesole comme d'une ville habitée (urbem Fæsulanam, in civitate Fæsulæ, cum consensu et auctoritate sacerdotum, clericorum, atque omnium canonicorum totiusque cleri nec non et cum benevolentia laicorum istius fæsulanæ civitatis (doc. de 1028 dans Ughelli, *Ital. sacr.*, III, 288). En 1103, Pascal II confirmait à l'évêque Giovanni et à ses successeurs la possession de la citadelle et de la ville (possidendam arcem et civitatem fæsulanam, *ibid.*, p. 305).

[2] E teneanla certi gentiluomini cattani stati già fiesolani e riduceanvisi molti sbanditi e scherani e mala gente che alcuna volta faceano danno alle strade e al contado di Firenze (Villani, IV, 31).

envoyait, en 1075, des secours à l'évêque Trasmundo [1].

Les Florentins avaient donc quelque espoir de trouver la population mal disposée à la résistance. Le 30 juin 1125, ils vinrent mettre le siége devant Fiesole. Ils y restèrent jusqu'au 12 septembre, où la famine rendit nécessaire la reddition de la place [2]. Avec une modération toute politique, et qui montre bien que c'est surtout aux seigneurs qu'ils faisaient la guerre, ils s'abstinrent de toucher aux églises, et quelques-uns d'entre eux ayant touché aux biens, ils les désavouèrent hautement. La forteresse fut démantelée, mais on épargna la ville; on exprima le regret des maux qu'elle avait soufferts [3]. Une capitulation solennelle permit aux Fiésolains d'y habiter comme par le passé, s'ils ne préféraient venir à Florence [4]. Ils y vinrent en grand nombre, et la population y fut sensiblement augmentée [5]. Il faut donc renoncer à

---

[1] Ughelli, *Italia sacra*, III, 304.

[2] 1125, pridie Kal. Julii, Florentini ad obsidendum Fæsulas cucurrerunt. Pridie idus septembris ingressi sunt Fæsulas. (*Cronica florentina*, publiée par Lami dans ses *Novelle letterarie*, 1747). — On a voulu contester même le fait de 1125; mais il est établi par un document de 1209 environ (*Carte di San Giovanni di Pratovecchio*, arch. di Stato à Florence), où l'abbesse Sophia des comtes Guidi, âgée de quatre-vingt-quatre ans, « recordatur de destructione Fesularum » arrivée l'année même de sa naissance, comme le prouve un autre document. Voy. un travail de M. Passerini, *Una monaca del secolo XII*, dans l'*Arch. stor.*

[3] Dicunt autem se velle corrigere, quod non meditata nequitia commisere. Sunt etiam inter eos utriusque sexus et ordinis plurimi, quorum nec actu nec voluntate contigit fæsulana destructio; idcirco ne immunes ab hoc crimine cum reis puniantur in auribus hominum, et innoxia multitudo pariter ab Ecclesiæ gremio separetur (Lettre d'Atto, abbé de Vallombrosa, plus tard évêque de Pistoia, à Honorius II, rapportée par le P. Soldani, *Storia passinianense*, p. 109, et citée par Lami, *Lez.*, I, 288).

[4] Villani, *loc. cit.* Ammirato, l. I, t. I, p. 35.

[5] Ce n'est pas une raison de dire, avec M. Trollope (I, 39), qu'elle put être alors de soixante-dix ou quatre-vingt mille hommes. Ce chiffre n'est pas moins invraisemblable que celui de soixante mille sous Charlemagne, qui sert de point de départ à cet auteur.

la fable d'une destruction de Fiesole et d'une émigration forcée. L'humiliation de leur patrie dut paraître tolérable aux Fiésolains, car elle les délivrait du joug des seigneurs, elle les laissait libres, protégés dans une place démantelée, ou les rendait citoyens d'une ville prospère et en progrès. Si, dans les temps qui suivent, on constate quelques traces de l'ancienne rivalité, c'est entre les prélats, chefs spirituels des deux diocèses. C'est entre eux que la lutte se prolonge, malgré les efforts pacificateurs du saint-siége[1], jusqu'à ce que, enfin, de guerre lasse et sur l'ordre de Grégoire IX, l'évêque de Fiesole vint à son tour, en 1228, résider à Florence[2].

A partir de ce jour seulement la ville vaincue cessa de compter au nombre des cités. Auparavant la désertion avait été difficile et lente ; alors elle eut lieu en masse. Les habitants ne purent se résoudre à vivre loin du guide de leurs âmes, ou virent dans le devoir de le suivre un motif honorable d'abandonner à jamais le foyer paternel. Fiesole ne fut plus bientôt qu'un misérable village avec plus de ruines que d'hommes, tel, en un mot, que nous le voyons aujourd'hui.

Mais depuis longtemps déjà les deux peuples n'en for-

---

[1] Grégoire IX est obligé en 1233 d'exiger qu'on construise pour l'évêque de Fiesole un palais *in quo possit honeste fœsulanus episcopus habitare*. Le chapitre florentin faisait attendre son assentiment (non obstante quod in litteris super hoc nobis ab ipso florentino episcopo directis nihil de capituli continetur assensu). Voy. le document dans Cantini, I, 120-123.

[2] Quia vidimus quod ex cohabitatione Fesulani episcopi major inter eum et cœmune florentinum poterat concordia provenire et major episcopatus fesulani securitas et utilitas procurari, ecclesiam S. Mariæ de Campo cum pertinentiis suis tibi provedimus conferendam. (Bulle de Grégoire IX à l'évêque de Fiesole, 1228, dans Cantini, I, 112). On peut voir au même endroit que le résultat espéré ne fut pas obtenu (p. 119 sq.). Les querelles ecclésiastiques continuèrent, sans troubler autrement les laïques.

maient qu'un. Les ouailles avaient été moins belliqueuses que leurs pasteurs. En signe de conciliation et d'alliance, elles avaient confondu leurs couleurs et leurs bannières. Les Florentins portaient sur champ rouge la fleur blanche du lis, et les Fiésolains sur champ blanc une lune bleue. Lune et lis disparurent ; il ne resta plus, le long de la hampe, qu'une bande rouge pour Florence et une bande blanche pour Fiesole[1].

Il était heureux pour les Florentins qu'une paix durable et l'oubli des anciennes querelles leur donnât tout loisir de combattre leurs nouveaux ennemis. Ils en voyaient surgir de tous côtés. Le siége de Fiesole durait encore que la famille des Fabroni appelait ses aliés à son aide, pour reconquérir son château de Signa, dont Florence l'avait dépossédée. La lenteur des préparatifs fit échouer l'entreprise. Signa était ravitaillée, bien avant qu'on parût devant ses murailles. L'année suivante (1126), au mois de mars, les hobereaux amis des Fabroni avaient enfin pris les armes. Ils ne pouvaient les poser sans avoir tenté quelque coup. Signa paraissant hors d'atteinte, ils se portèrent à l'improviste sur Carmignano, autre *rocca* où commandait Florence, mais dont les défenseurs n'étaient pas sur leurs gardes. S'en emparer, dans ces conditions, paraissait chose facile ; le difficile était de la conserver, de la défendre contre un siége ou un assaut. Convaincus qu'ils y perdraient leurs peines, les anciens possesseurs

---

[1] Villani, IV, 6 ; Ammirato l. I, t. I, p. 35. Cf. *Arch. stor.*, 3ᵉ série, 1865, t. II, part. I, p. 79. M. Rosa y rapporte ces événements à l'année 1110 ; il a cru sans doute que les chroniqueurs n'avaient dit 1010 que par erreur de lecture sur les manuscrits. Mais le document de San Giovanni de Pratovecchio, cité à la page 132, doit faire foi. — Le même auteur se trompe sur les couleurs, et met une lune blanche sur un champ bleu.

préférèrent la livrer à Pistoia, qui les avait aidés à la prendre, après les avoir inscrits au nombre de ses citoyens[1].

Les Fabroni une fois hors de cause, ce fut bientôt le tour des Buondelmonti. Ils possédaient, à quatre milles de Florence, sur la route de Rome, un château qui dominait la petite vallée de la Greve, et qu'on appelait de leur nom, Montebuono[2]. Pour avoir refusé de renoncer aux péages, ils le virent pris et rasé, et pour sauver leurs autres biens, ils durent devenir citoyens de Florence[3]. Intimidé, le comte Ogier se laisse arracher par les vainqueurs la promesse de ne leur causer aucun dommage sur les routes et sur les fleuves, de les aider même et de les défendre, pourvu qu'il le puisse faire sans rien dépenser. Désormais, durant trois mois de l'année, il habitera Florence ou ses faubourgs ; s'il prend femme, il construira dans la ville une maison à l'endroit qui lui sera indiqué[4], et comme la parole d'un seigneur inspire peu de confiance, il livrera en garantie à l'église de San Giovanni ses *rocche* de Collenuovo, de Sillano et de Tremali[5]. De même le comte Uguccione des Ubaldini, pour donner confiance dans sa promesse de ne plus molester les Florentins sur ses terres, devait remettre aux con-

---

[1] Salvi, *Delle historie di Pistoia*, part. II, l. II, t. I, p. 67, ann. 1125.

[2] A moins, ce qui est fort possible, que leur propre nom fût dérivé de celui du château.

[3] Villani, IV, 35. — Stefani, I, Rub. 42. — Paolino, II, 5. — Simone della Tosa, p. 137. — Ammirato, l. I accr., t. I, p. 54, ann. 1135. — Rien de moins certain que cette date. Reumont (*Tav. cron.*) dit juin 1147.

[4] « E come fosse ammogliato, di fabbricare una casa nel sito che gli fosse dato. » (Ammirato, l. I accr., t. I, p, 52, ann. 1138).

[5] 4 juin 1138. Arch. di Stato, *Capitoli*, XXIX, f° 34 v°. — [6] Cf. Ammirato, *loc. cit.*

suls Bucello et Florenzello plusieurs de ses châteaux[1]. Ces humiliantes précautions des petites gens contre les gentilshommes deviennent en quelque sorte de règle dans toute transaction avec eux.

De tous ces voisins, de tous ces ennemis, il n'en était pas de plus redoutable que les comtes Guidi. Ces Allemands, à peine devenus Italiens, cherchaient dans l'alliance de quelques villes les moyens de nuire impunément aux autres. En 1144, comme le comte Guido Guerra, dit le Vieux, s'appuyait sur Lucques et sur Sienne pour molester Pise et Florence, ces deux cités mettaient à leur tête Uldrich, « vicaire impérial pour la Toscane, vice-margrave de Florence[2], » repoussaient l'agresseur, occupaient ses châteaux, dévastaient tout par le fer et le feu, et emmenaient dans leur patrie de nombreux prisonniers, pour les y maltraiter cruellement[3].

Deux ans plus tard, les Florentins, dédaignant de faire appel à leurs alliés, rouvraient les hostilités contre Guido Guerra, « pour ce seul motif, disent les chroniqueurs, que ses châteaux étaient trop près de la ville[4]. » Située à neuf milles dans le val de Sieve, sur la route d'Arezzo, la forte *rocca* de Monte Croce leur donnait surtout de l'ombrage. Ils l'assiégent, et pleins de confiance dans leurs forces, comme dans l'issue ordinaire de ces sortes d'opé-

---

[1] Cantini a vu le document et il en donne l'indication (I, 87).

[2] C'est ainsi qu'il s'intitule, l'empereur Conrad ayant retenu pour lui le titre de margrave, comme il résulte d'un document qu'a vu Ammirato (l. I. accr., t. I, p. 52-53). — Cf. Della Rena, t. V, p. 2. Uldrich disparut comme il était venu, sans qu'on sût comment.

[3] « Ut ipse vidi, » dit Otton de Freising (Pertz, XX, 264). Cf. Ammirato, l. I accr., t. I, part. I, p. 52, ann. 1144. — Sigonio, *De regno Italiæ*, II, 690. — Cianelli, Diss. iv, p. 168.

[4] «Imperciocchè le loro castella erano troppo presso alla città di Firenze. » (Villani, IV, 36.)

rations, ils se gardent mal contre les ennemis du dehors. Le comte Guido en sut profiter. Secondé par les Arétins et les Siennois, il les surprit le jour de Saint-Pierre (juin 1146), et leur infligea une si rude leçon, qu'ils conclurent en toute hâte une trêve[1]. Humiliés, ils rentrèrent chez eux, mais pour y préparer leur revanche.

Ils consacrèrent huit années à s'assurer par l'épargne le nerf de la guerre, à réorganiser leurs milices, à les exercer par d'autres expéditions, sans retenir, tant ils étaient sûrs de suffire à leur tâche, ceux de leurs concitoyens que le zèle religieux poussait vers la terre sainte, à la suite de l'empereur Conrad et du roi de France Louis VII (1147)[2]. En 1154, les bannières florentines flottaient de nouveau sous les murs de Monte Croce, que leur rendit, sans coup férir, la terreur ou la trahison. Monte Croce rasé, les comtes Guidi renoncèrent à la lutte ; ils vendirent leurs droits sur les campagnes voisines à l'évêque de Florence ; mais « depuis ce jour, écrit Villani, ils ne furent jamais amis des Florentins[3]. »

Contre les cités voisines, Florence poursuivait une lutte non moins acharnée. Ce qui lui mettait les armes aux mains, c'était ces questions de gabelles, de transit, de confins, dont nous avons parlé ; c'était le dépit de voir ses ennemis, ses exilés trouver presque à ses portes un refuge. Pour se venger, elle pillait, elle dévastait le ter-

[1] Simone della Tosa, p. 137. — Malavolti, *Dell' istoria di Siena*, part. I, l. III, f° 28 v°. — Ammirato, l. I accr., t. I, p. 53, ann. 1146.

[2] De ce nombre était Cacciaguida, capitaine de la cavalerie, trisaïeul de Dante et sauvé par lui de l'oubli. (Voy. *Div. Com.*, *Parad.* xv). Le cardinal Guido Bellagi, légat des Toscans qui suivaient Louis VII, était Florentin. (Ammirato, l. I accr., p. 53.)

[3] « E dall' hora innanzi non furono i conti Guidi mai amici del comune di Firenze e simile gli Aretini. » (Villani, IV, 36.) — Cf. Stefani, l. I, Rub. 47. — Paolino (R. I. S., Suppl., II, 6). — Simone della Tosa, p. 187.

ritoire de quiconque lui causait inquiétudes ou dommage. Les plus faibles cités, Pogna, Prato, par exemple, étaient traitées comme les châteaux des seigneurs et succombaient. Les plus fortes, Pise, Lucques, Pistoia, Arezzo, Sienne, ne pouvant être conquises[1], il fallut s'allier aux unes pour avoir raison des autres, c'est-à-dire pour leur imposer des conditions avantageuses aux vainqueurs. Pise continuait d'être, en ces temps primitifs, l'alliée de Florence, parce que Florence n'imaginait point qu'elle pût s'ouvrir la mer sans Pise ou malgré elle, parce que Pise avait peu d'intééêts territoriaux. Pistoia était ennemie comme trop voisine; Arezzo, pour avoir embrassé la cause des comtes Guidi; Sienne, par ses prétentions à la suprématie en Toscane.

Ces prétentions dataient de loin; elles expliquent la longue, l'incessante, l'implacable rivalité des deux villes. En 1081, quand Henri IV faisait le siége de Florence, Sienne lui avait fourni des vivres[2]. Pour l'en punir, les Florentins, l'empereur parti, s'avançaient dans le pays où les nobles Siennois avaient leurs châteaux; ils pillaient, ils brûlaient tout sur leur passage; ils auraient marché contre Sienne, si les habitants n'eussent envoyé contre eux six mille hommes qui leur infligèrent, aux environs de San Salvatore a Selva, une humiliante défaite. Puis vainqueurs comme vaincus se replièrent, sans conclure ni paix ni trêve, mais attentifs à toute occasion de nuire

---

[1] M. Gino Capponi (*Stor. di Fir.*, I, 11) dit que les entreprises des Florentins ne dépassaient pas un rayon de dix milles, assigné par la comtesse Mathilde, ou peut-être auparavant, au *contado* ou territoire de Florence.

[2] Telle fut, suivant Malavolti, l'historien de Sienne, la cause première de cette rivalité. Mieux vaudrait dire la première occasion qui la fit éclater. (Voy. *Dell' istoria di Siena*, part. I, l. I, f° 25 v°.)

à l'ennemi, prêts à cette guerre d'embuscades, d'escarmouches qui tenait tout le monde en haleine, et qui eut bientôt sa tactique, car elle était tout l'art militaire du temps[1].

Cinquante ans plus tard elle prenait un caractère plus grave. Sienne avait contribué à la défaite des Florentins devant Monte Croce. L'en châtier fut le but où tendirent les vaincus. Pour l'atteindre plus sûrement, ils résolurent de s'exercer à l'art des sièges, alors dans l'enfance, et, si l'on peut dire, de se faire la main. Entre Sienne et Florence, sur une hauteur qui commandait la plaine et les autres collines, s'élevait, entourée de bois, la forte *rocca* de Poggibonzi, « centre et ombilic de la Toscane[2]. » Elle était sous le protectorat de Sienne, qui en convoitait la possession. En 1148, les Florentins vinrent établir leur campement devant les murailles.

Mais cette fois encore, ayant mal mesuré leurs forces, et mal calculé celles de l'ennemi, ils durent plier bagage, s'excusant de leur entreprise sur ce qu'ils ignoraient l'alliance de Sienne avec Poggibonzi. Réduits à demander une trêve, et comprenant qu'ils s'étaient trop hâtés, ils se recueillirent, ils se préparèrent durant six années, et en 1154, dans le temps même où ils rasaient Monte Croce,

---

[1] Malavolti, part. I, l. III, f° 24 v°. — Bellarmati (*Il primo libro delle istorie sanesi*, dans les *Miscellanee sanesi* de G. Porri, p. 60) parle de la rencontre des Florentins et des Siennois en 1140, comme de la première bataille entre les deux peuples. Ignorait-il le fait rapporté par Malavolti ou le révoquait-il en doute? L'ignorance est plus probable.

[2] Podium (ou poggio) Bonizi, nom du premier possesseur. (Malavolti, part. I, l. 3, f° 30 r°.) Villani (V, 8) dit que sur cette hauteur était une « selva d'un terrazzano ch'avea nome Bonizo. » Mais il a tort de rapporter à l'an 1177 la fondation du château. — Poggibonzi, dit-il encore, « è de' meglio situati che sia in Italia, ed è appunto il bilico, il mezzo della provincia di Toscana (*ibid.*). »

ils essayaient d'enlever à Pistoia ce château de Carmignano que les Fabroni leur avaient jadis livré[1]. Ils savaient bien que Sienne était liée à Pistoia par un traité d'alliance; mais ils pensaient qu'elle n'oserait violer la trêve. C'était mal connaître un si rude adversaire. Des ambassadeurs siennois leur vinrent demander avec instances de ne pas les contraindre de choisir entre d'anciens et de nouveaux alliés. Dédaigneusement repoussée, Sienne envoya ses milices au secours de Pistoia. Grâce à ce renfort, celles de Florence et de Prato essuyèrent une sanglante défaite. La rage dans le cœur, elles prirent à peine le temps de se refaire. Comme le sanglier blessé qui tourne ses défenses contre son plus redoutable ennemi, elles envahirent le territoire de Sienne et marchèrent droit sur la ville elle-même. Les Siennois, pris à l'improviste par ce retour offensif, furent battus à leur tour, poursuivis, l'épée dans les reins, jusqu'au pied de leurs murailles. Mais là, le point d'appui qu'ils y trouvèrent, le concours des citoyens qui étaient restés dans leurs foyers, leur permirent de faire volte-face, de contraindre l'ennemi à lâcher les prisonniers et à battre en retraite. Ils furent assez prudents pour ne pas le poursuivre à leur tour. En rase campagne, les Florentins, plus nombreux, les eussent facilement écrasés[2]. Leur vengeance fut d'acheter au comte Guido Guerra ses droits sur la huitième partie du château tant convoité de Poggibonzi[3]. Ils avaient désormais un pied dans la place, et se flattaient de la posséder bientôt entièrement.

[1] Voy. plus haut, p. 134.
[2] Paolino (R. I. S., Suppl., II, 6). — Ammirato, l. I accr., t. I, p. 154. — Malavolti, part. I, l. 3, f° 29.
[3] « Partem nostram montis et castelli qui dicitur Bonizi. » 4 avril 1156. — Archives de Sienne, *Caleffo vecchio*, p. 2 r° v°.

« Tous les yeux en Toscane, dit l'historien de Sienne, demeuraient fixés sur les deux villes rivales, tous les cœurs étaient émus, tous les esprits en suspens[1]. » Ils l'étaient, en effet, mais par d'autres causes d'un intérêt plus général. La guerre avait recommencé entre le sacerdoce et l'empire. Deux papes qui se disputaient la tiare, Innocent II et Anaclet, avaient partagé en deux camps cette province, comme toute la chrétienté. On avait vu l'empereur Lothaire et l'impériale Pise soutenir le vrai pape[2], les autres villes se prononcer pour l'antipape, champion imprévu des idées théocratiques de Grégoire VII. Nobles et manants méprisaient à l'envi l'autorité du margrave Engelbert[3]. Henri de Bavière, gendre de l'empereur et envoyé par lui pour soumettre les rebelles[4], battait d'abord le comte Guido Guerra dans la plaine du Mugello, et, sans trop de peine, on peut le croire, l'entraînait au siége de Florence. Les Florentins avaient expulsé leur évêque, Gothefred des comtes Alberti, parce que, dans ces querelles douteuses, il s'était prononcé contre l'antipape et pour l'empereur. S'ils résistèrent, c'est ce qu'on ne saurait dire ; mais ils durent se soumettre et rétablir ce prélat, qui ne gouverna pas moins de trente-six ans leur Église (1113-1149)[5]. Les autres villes succombent à leur

---

[1] Malavolti, part. I, l. III, f° 29 v°.

[2] « Pisanos dico qui primi et soli interim adhuc erexere vexillum adversus invasorem imperii, » c'est-à-dire contre Roger. — *S. Bernardi Clarævallensis opera*, t. I. ep. cxl. Paris, 1690 in-f°.

[3] Muratori, *Ann. d'Ital.*, 1137.

[4] « Ut urbes quas ipse pro tædio divertendi itineris adire non poterat, subjiceret. » (*Annalista Saxo*, 1137, dans Pertz, VI, 775.)

[5] « Sicque cum ipso Florentiam adiens, obsedit et ad deditionem compulit ac ejusdem civitatis episcopum injuste expulsum sedi suæ restituit. » (*Annalista Saxo*, ibid.) — Muratori, *Ann. d'Ital.*, 1137. — Della Rena, t. IV, p. 40.

tour. Chose étrange cependant, le margrave Engelbert disparut au milieu de ces victoires qui devaient le remettre en vue, et le vainqueur, suspect à Conrad de Souabe qui succède à Lothaire, se voit dépouillé du duché de Toscane et repart pour l'Allemagne à la grande joie des Toscans[1].

Mais les Alpes allaient bientôt livrer passage à un adversaire, à un maître plus redoutable. En 1152, Frédéric Barberousse montait sur le trône de Germanie. Il y apportait les idées d'une race qui cherche dans l'histoire du passé la justification de ses convoitises présentes, dans les violences de ses ancêtres le fondement de ce qu'elle appelle son droit. Comme ses Allemands, il se perdait dans les systèmes et les abstractions[2], mais plus qu'eux il transformait ses chimères en réalités. Reprenant la doctrine de l'hégémonie germanique sur les royaumes temporels, il se proposait de remonter à Charlemagne, à Justinien même, de chercher un succès éphémère dans des flots de sang. « Il ne voulait, écrivait-il, ni acheter l'empire, ni prêter serment au peuple[3]. » Il descendait de son palefroi pour en faire présent à un docteur qui saluait en lui non-seulement le maître, mais encore le propriétaire du monde[4].

[1] *Conradi a Lichtenau abbatis Urspergensis Chronicon*, ann. 1137. Bâle, 1569, in-f°. — Muratori, *Ann. d'Ital.*, 1137. — Della Rena, IV, 54.

[2] C'est l'Allemand Leo qui fait aux Allemands ce reproche. Voy. *Hist. des Italiens*, trad. Dochez, l. IV, ch. vi, t. I, p. 317.

[3] « Imperium emere noluimus, et sacramenta vulgo præstare non debuimus ». (Lettre de Fréd. Barberousse à Otton de Freising, dans ce chroniqueur, *De gestis Friderici I*, R. I. S., t. VI, 635.) Otton, évêque de Freising, était fils de Léopold d'Autriche et d'Agnès, fille de Henri IV, par conséquent frère utérin de Conrad, oncle paternel de Barberousse. Son père était fils d'Agnès, sœur d'Henri IV (Introd. à sa chronique dans Muratori).

[4] *Ottonis Morenæ Historiarum Laudensium*, R. I. S., t, VI, 1018.

Tout, à cette heure des illusions, concourait à flatter sa manie. Les mécontents de toute sorte, nobles et villes, appelaient son joug en haine d'un plus voisin. Le saint-siége souhaitait qu'un bras fort mît fin à ces guerres mesquines, mais incessantes, qui arrachaient une à une les racines de la papauté comme celles de l'empire. Eugène III sollicitait du secours contre l'audacieux tribun qui régnait à Rome[1], Robert de Capoue contre le roi de Sicile[2]. Des citoyens de Lodi, le crucifix dans les mains, les larmes dans les yeux, les genoux dans la poussière, venaient à Constance demander au césar germain la liberté de leur patrie, que Milan retenait dans une dure servitude[3].

Résolu à descendre en Italie tout ensemble pour y abattre ceux qui relevaient trop la tête et pour ceindre la couronne impériale[4], le jeune roi disposait à l'avance des contrées qu'il n'avait pas réduites encore à la soumission. Il donnait à son oncle Welf, frère de Henri V, le margraviat de Toscane, avec le duché de Spolète, la principauté de Sardaigne et les biens allodiaux de la comtesse Mathilde[5]. Mais mille difficultés l'arrêtaient

---

[1] Arnaldo de Brescia lui-même ne supprimait pas l'empereur. Il se bornait à transférer du saint-siége à la République romaine le droit d'investiture. (Voy. Clavel, *Arnaldo de Brescia*, Paris, 1869. — G. de Castro, *Arnaldo da Brescia*, Livourne, 1875.)

[2] Otto Frising., l. II, c. vii. (R. I. S., t. VI, 703.)

[3] Otto Morena (R. I. S., t. VI, 957-965). — *Chronicon Mediolani seu manipulus florum*, auctore Gualvaneo de la Flamma, c. CLXXIII-CLXXVI. (R. I. S., t. XI, 633-635).

[4] « Expeditio italica tam pro afflictione horum quam pro corona imperii accipienda paulo minus quam ad duos annos jurata est. » (Otto Frising., l. II, c. vii, R. I. S., t. VI, 703).

[5] Moine de Weingart, *Chronicon*, c. xiii, dans Tiraboschi, *Memorie storiche Modenesi*, t. I, p. 152, Modène, 1793, 5 vol. in-4°.

aussitôt. Il voyait le vieux et prudent Welf refuser de partir avant lui, la Lombardie résister tant qu'il n'y promenait pas le fer et le feu, la Toscane, sans excepter Pise, s'armer à son approche, par crainte d'un sort pareil (1156)[1]. Crainte trop justifiée par les mœurs farouches des Allemands et la tolérance intéressée du saint-siége! « Rome, s'écriaient les hordes de Barberousse, en échange de l'or d'Arabie, reçois le fer teutonique. Voilà la monnaie dont ton prince paie sa couronne, voilà comment les Franks achètent l'empire[2]. » Au lieu de fulminer contre eux l'excommunication, Adrien IV célébrant la messe les absolvait de leurs péchés, les appelait « non homicides, mais vengeurs[3]. » Ne l'avaient-ils pas vengé, en effet, et délivré d'Arnaldo de Brescia, comme de son fantôme de république?

Les Toscans, s'ils avaient eu plus de clairvoyance, se fussent associés à la fameuse ligue des Lombards (1167), pour compléter la victoire de Legnano et « arracher la massue des mains d'Hercule[4]. » Mais dans ce soulève-

---

[1] « Pro timore Friderici regis Romam venientis. » (*Breviarium Pisanæ historiæ*, R. I. S., t. VI, 172.)

[2] « Accipe nunc, Roma, pro auro arabico teutonicum ferrum. Hæc est pecunia quam tibi princeps tuus pro tua offert corona. Sic emitur a Francis imperium. » (Otto Frising., l. II, c. xxiii, R. I. S., t. VI, 725.)

[3] « Romanorum ibi pontificem, inter missarum solemnia, cunctos qui fortasse in conflictu cum Romanis habito, sanguinem fuderant, absolvisse; allegationibus usum eo quod miles proprio principi militans ejusque obedientiæ adstrictus, contra hostem imperii dimicans, sanguinem fundens, jure tam poli quam fori, non homicida sed vindex affirmetur. » (Ott. Frising., l. II, c. xxiv. R. I. S., t. VI, 725.) — Au même chapitre on lit un discours de Barberousse, maintenant avec énergie toutes ses prétentions : « Prætermitto quod quilibet possessor, possessionem suam ingressurus, nullum conditionis præjudicium pati debeat, etc. »

[4] Eripiat quis, si potest, clavam de manu Herculis. (Ott. Frising., l. II, c. xxii, R. I. S., t. VI, 772.)

ment patriotique ils ne virent qu'une infranchissable barrière, élevée entre eux et l'empereur. La sécurité du jour les rendit insensibles aux dangers du lendemain. Barberousse ne donnait alors signe de vie, en Toscane, que par ses bienfaits. Il accordait à Sienne, pour prix de sa fidélité, que nul ne bâtirait de château à douze milles autour de ses murailles[1]. Il la laissait s'unir avec Pise et Arezzo pour marcher contre Chiusi ; avec Gênes, Lucques et Pistoia pour faire à Pise une guerre acharnée. Il trouvait bon que Florence, peu zélée pour Alexandre III, pour un pape qui était natif de Sienne, cherchât ailleurs son point d'appui, et conclût avec Pise une ligue de quarante années (1171) en vue d'intérêts locaux : les Pisans s'obligeaient à protéger sur leur territoire les personnes et les marchandises des Florentins, à leur accorder une maison dans la ville et deux boutiques sur le pont, à leur donner accès et passage sur les navires, à leur fournir quatre cents hommes d'armes payés pour toutes leurs guerres de Toscane, sauf contre l'évêque de Volterre ou les comtes Ildobrandino et Alberto, à leur porter assistance dans les huit jours, s'ils étaient assiégés, enfin à ne faire ni paix ni trêve avec leurs ennemis. Ces promesses, faites sous la foi du serment, devaient, tous les dix ans, être renouvelées, sous réserve, il est vrai, de la fidélité due à l'empereur ; mais le traité déniait à l'empereur lui-même le droit d'affranchir Pise de si formels engagements[2].

[1] « Quamvis omnibus qui imperatorie libertatis filii esse dinoscuntur, tutele imperialis jure debeamus presidium, quadam tamen speciali prerogativa dilectionis illi a nobis sunt amplectendi, quorum et devotio in argumentum fidei magis est cognita. » 7 novembre 1158. (Arch. de Sienne, *Caleffo vecchio*, p. 8).

[2] 4 juillet 1171 (Arch. di Stato, *Capitoli*, XXIX, 99 r°. — Cf. *Bernardi*

De tels pactes, le plus souvent, restaient à l'état de lettre morte : celui-ci, symptôme significatif du progrès des villes, devint une loi vivante : on allait voir Florence et Pise, pour leur commun profit, s'y montrer énergiquement fidèles. L'empereur était représenté en Toscane moins par son oncle Welf, quoique Welf fût, dit Ammirato, « maître de la maison de Mathilde[1], » que par Christian, archichancelier de l'Empire et archevêque nommé de Mayence. Ce prélat fermait les yeux sur les excès des Allemands, brûlant partout les maisons, dépouillant les voyageurs, buvant le vin et brisant les vases[2]; mais il les ouvrait sur les révoltes des Toscans indignés. Pour les réduire à l'obéissance, sous couleur de les ramener à la concorde, il avait convoqué une diète à San Genesio, humble bourgade couchée au pied de la colline où s'élevaient menaçantes les tours de San Miniato al Tedesco, sa résidence[3]. Là, entouré des seigneurs campagnards et des consuls urbains, il crut faire un coup de maître en enjoignant aux Pisans de restituer sans compensation leurs prisonniers des précédents combats. Il comptait sur une obéissance qui entraînerait, pensait-il, celle des autres cités. Courroucé d'un formel refus, il mit imprudemment au ban de l'Empire les plus fidèles sujets de l'empereur. Il déclara les Pisans déchus du droit

---

Marangonis vetus chronicon Pisanum dans l'*Arch. stor.*, 1ᵉ série, t. VI, part. II, disp. 1, p. 60. — Ammirato, l. I accr., p. 55, ann. 1171. — Cantini, I, 88.

[1] Ammirato, l. I accr. p. 55, ann. 1169.

[2] Radevic, R. I. S., t. VI, 762-764.

[3] En plaine, à vingt-quatre milles ouest de Florence et vingt-cinq est de Pise. Berceau de San Miniato, Borgo San Genesio fut le Roncaglia de la Toscane. Repetti, art. *Borgo San Genesio*. Il énumère les différentes assemblées qui s'y tinrent. Cf. Villani, VI, 31. — Muratori, *Ann. d'Ital.*, 1172.

de battre monnaie, comme de leur souveraineté en Sardaigne, et chassa leurs députés de sa présence [1].

En les voyant s'éloigner, les députés florentins se levèrent brusquement et partirent avec eux [2]. Enveloppées dans la même proscription, les deux villes s'unirent pour attaquer le camp des Impériaux. Christian riait de leurs préparatifs et de leurs menaces. « Ce trop colérique pacificateur, » comme l'appelle Muratori, faisait sonner bien haut les noms de ceux qui les rendraient vaines, le préfet de Rome, les marquis d'Ancône et de Montferrat, les comtes Guido et Aldobrandino, « un très-grand nombre d'autres comtes, capitaines, vavasseurs, consuls des villes de la Toscane, de la Marche, de la Romagne, de Spolète, et une infinie multitude de peuples [3]. » Mais sa confiance s'évanouit quand les ennemis approchèrent : il se hâta de lever le ban dont il les avait frappés [4]. Il les suivit hypocritement à Pise, et là, dans l'assemblée des citoyens, où se trouvaient les consuls de Florence, de Gênes, de Lucques, avec d'autres sages, il fit conclure à ces villes une paix fondée sur l'engagement mutuel de réparer, dans les quarante jours, les offenses commises, de faire jurer le maintien de ces stipulations par mille de leurs habitants, et d'en élire chacune deux pour régler les questions en litige. Ces préliminaires arrêtés, il repartit avec ses consuls pour San Genesio, afin d'obtenir, ou, pour mieux dire, de surprendre l'assentiment de la diète, car il ajouta de son chef, et sans prévenir personne, des conditions exorbitantes. Les délégués de Florence et de

---

[1] Marangoni, *loc. cit.*, p. 63.
[2] Muratori, *Ann. d'Ital.*, 1172.
[3] Muratori, *ibid.*
[4] Marangoni, *loc. cit.*, p. 63, ann. 1173.

Pise ayant refusé d'y acquiescer, il les fit brutalement charger de chaînes et conduire à Lucques, dans les prisons[1].

Cet outrage criait vengeance : les deux villes alliées prirent les armes sur-le-champ. Elles envoyèrent leurs milices, Florence à Castelfiorentino, Pise à Ponte d'Era[2], pour attaquer San Miniato à la fois de deux côtés. Christian accepta le défi, et, soutenu par les Lucquois, marcha au-devant de ses ennemis. A peine entré sur le territoire de Florence, il y voyait accourir et s'opposer à sa marche deux cent vingt-cinq chevaux, conduits par deux consuls de Pise, tandis qu'une habile diversion contre Lucques forçait les Lucquois à déserter son armée pour défendre leurs foyers[3]. Convaincue d'impuissance en même temps que frappée de vertige, sa politique détachait de l'empereur comme de lui ses alliés les plus résolus. Ils se repentaient enfin de n'être pas entrés dans la ligue lombarde, et déjà germait en eux la pensée d'une ligue toscane. Plusieurs villes, jusqu'alors impériales, se prononçaient ouvertement pour le pape. Les moins mécontentes attendaient, anxieuses, les événements[4].

En vain Barberousse essaya-t-il de regagner le terrain

---

[1] La chronique pisane donne les noms de plusieurs de ces victimes de la mauvaise foi allemande. Les noms cités paraissent être tous pisans. Ceux des Florentins sont désignés en bloc, comme il est naturel de la part d'un chroniqueur de Pise : « Florentinorum consules cum quatuor sapientibus » (Marangoni, *loc. cit.*, p. 63-64). — Cf. Roncioni, *Istorie pisane* (*Arch. stor.* 1re série, t. VI, part I, p. 379); *Breviarium hist. pis.* (R. I. S, t. VI, 163, 187); *Annal. genuens.*, l. II (R. I. S., t. VI, 347).

[2] Marangoni, *loc. cit.*

[3] Marangoni, *loc. cit.*, p. 64, 65. — *Breviarium hist. pis.*, R. I. S., t. VI, 188. — *Ann. gen.*, l. II, R. I. S., t. VI, 347, sq.

[4] Malavolti, part. I, l. III, f° 32 v°.

perdu. Sur la terre toscane il était pourtant plus qu'empereur et roi d'Italie ; beaucoup reconnaissaient en lui l'héritier des biens de Mathilde. Mais on ne remonte pas le courant des siècles comme celui des fleuves. Christian peut être remplacé par des vicaires plus souples et plus adroits : leur autorité est partout méconnue. A Pavie peuvent comparaître devant l'empereur (1175) les plénipotentiaires de Gênes, de Pise, de Lucques, de Florence ; l'empereur peut leur commander de le prendre pour arbitre de leurs différends : ces villes continuent de les vider par la guerre et de traiter entre elles sans son intervention. Il défend à Pise de battre monnaie au coin de Lucques, et Pise continue. Il la met de nouveau au ban de l'Empire [1], et elle s'en rit comme des foudres spirituelles [2]. La trêve de Venise (1177) le laisse jusqu'en 1192 possesseur des biens de la grande comtesse [3], mais les nobles chargés de les administrer à titre de fiefs, persistent à les vendre aux villes, qui arrondissent ainsi leur territoire, et invoquent, pour rendre leurs acquisitions inattaquables, les prétendus droits de souveraineté que Mathilde leur aurait transmis [4]. Que restait-il des basses

---

[1] Cianelli, t. I, diss. IV. — Mazzarosa, t. I, p. 74. — Ammirato, l. I accr., p. 56, an. 1175. — Inghirami, VI, 181.

[2] Barberousse écrivait à l'archevêque de Trèves : « Les gens qui entourent le pape se moquent eux-mêmes de l'excommunication. » (Voy. Lebret, *Geschichte von Italien*, t. II, p. 446, et Leo, l. IV, ch. vi, t. I, p. 318.)

[3] Après ce laps de temps, la question de propriété devait être tranchée par un tribunal arbitral. — *Concil. Venet.*, dans Labbe, t. X, p. 1491. — Muratori, *Antiq. ital.*, diss. 48, t. IV, p. 283. *Annal d'Ital.*, 1177. — Leo, l. IV, c. vi, t. I, p. 340. — Raumer, II, 255. — Cherrier I, 162. — Zeller, p. 172.

[4] Le document par lequel le duc Welf abandonne à Lucques tous les droits de souveraineté de Mathilde sur cette ville dans un rayon de cinq milles, existe encore aux archives de Lucques. On en peut lire un extrait

flatteries de Roncaglia, où l'archevêque de Milan proclamait jadis que la volonté du prince fait, à elle seule, la règle de la justice[1], et les légistes de Bologne, qu'une puissance sans contre-poids est l'idéal du gouvernement? La paix de Constance (25 juin 1183) consacrait l'humiliation du césar en Lombardie : il y abandonnait aux villes la nomination de leurs magistrats, l'administration de la justice, le droit de confédération et de guerre, en un mot, l'entier gouvernement d'elles-mêmes[2]; bien plus, il s'obligeait à ne séjourner longtemps dans aucune, pour ne pas les accabler sous l'impôt prolongé du *fodero*[3]. Il ne sauvait pas même les apparences, en déclarant, contre toute vérité, que, libre de punir, il préférait pardonner[4].

Non comprises dans la paix, puisqu'elles n'avaient point pris part à la guerre, les cités toscanes formèrent alors à leur tour une ligue où Pise refusa seule d'entrer. Les serments étaient à peine échangés, quand Barberousse reparut en Toscane (1185)[5]. S'il n'eût pas perdu

---

dans Leo, l. IV, c. vi, t. I, p. 356. — Lucques paya cette concession de mille deniers lucquois.

[1] « Scias omne jus populi in condendis legibus tibi concessum. Tua voluntas jus est, sicuti dicitur : quod principi placuit legis habet vigorem. » (Radevic, l. II, c. iv, R. I. S., t. VI, 786.)

[2] *Pax Constantiæ* (Pertz, t. IV *Legum*, p. 175, et Muratori, *Antiq. ital.*, t. IV, p. 295, 307 sq.). — Cf. Mignet, *Journal des Savants*, janvier 1862, p. 35.

[3] On désignait par ce mot l'obligation imposée aux villes de fournir des vivres au roi et à sa suite sur leur passage.

[4] *Pax Constantiæ*, loc. cit.

[5] Barberousse était à San Miniato le 29 juillet 1185 (Ughelli, *Italia sacra*, I, 848), le 2 août à Poggibonzi (Mittarelli, *Annal. Camaldul.* IV, 131), le 8 à Montalcino (Ughelli, III, 549). Le 19 novembre il était de retour en Lombardie, à Pavie. Il en était parti au plus tôt vers la fin de mai, car le 17 mai on le trouve à Crema (Voy. Böhmer, *Regesta*, p. 143, 144). Villa ni Malavolti, Ammirato, disent donc à tort 1184, et une chronique citée

son ancienne énergie, les rebelles déconcertés se fussent soumis; mais ce dépositaire des prétentions impériales n'aspirait plus qu'à vivre en paix avec le saint-siége ; ce souverain absolu, qu'à être le grand juge de ses sujets. Barons, comtes, seigneurs, portent à ses pieds leurs plaintes. Ils se disent opprimés par les petites gens, surtout par les Florentins. Ils en montrent avec indignation les continuels empiétements. Ils les accusent d'avoir usurpé le bien d'autrui, sans l'aveu de l'empereur[1], et contraint le comte Alberto, sa femme Tabernaria, ses fils Guido et Mainardo, à détruire de leurs mains leurs propres châteaux. Ce que les seigneurs possèdent encore, ils doivent reconnaître qu'ils le tiennent de Florence, en lui payant le crédit annuel d'une livre d'argent pur. Les autres villes sont ses tributaires, ses sujettes, plutôt que ses alliées. C'est peu d'être dépouillé, il faut coopérer à la spoliation d'autrui, amener des barons, vassaux immédiats de l'Empire, à se déclarer vassaux d'un peuple de manants. Ils se targuent, ces manants, d'avoir battu l'empereur Henri, de l'avoir forcé à lever le siége de Florence. Si à la finesse de l'esprit, trop réelle chez eux, on les laisse joindre la puissance des armes, bientôt les empereurs ne pourront plus mettre les pieds en Toscane[2].

L'oreille pleine de ces plaintes qui l'intéressaient adroitement à la répression, Barberousse se rendit de Pistoia à Florence (31 juillet 1185)[3]. Il ordonna la restitution

---

par Malavolti (part. I, l. IV, f° 36 r°) 1186. — Serait-ce par une faute typographique que M. Reumont dit 1188 ?

[1] Fioravanti, c. xii, p. 197.
[2] Ammirato, *loc. cit.* — Villani, V, 14. — Paolino (R. I. S., Suppl., II, 8).
[3] Les mêmes. Simone della Tosa (p. 188) est muet sur ce séjour. Ste-

des biens seigneuriaux incorporés au territoire florentin[1], qu'il réduisait ainsi à l'ancienne banlieue, avec trois milles de rayon[2]. Le coup était rude; mais la blessure ne pouvait qu'être passagère : l'empereur n'avait pas le pouvoir de faire longtemps respecter ses décrets. Les nobles reprirent ce qu'ils purent dans la campagne; Florence, opposant la force d'inertie, ne restitua point les châteaux[3]. Frédéric dut le souffrir; il dut même faire bon visage à ces demi-rebelles, pour obtenir leurs secours contre sa fidèle Sienne, qui, par crainte d'être dépouillée à son tour, arborait résolûment l'étendard de la révolte[4]. Sans démêler peut-être le motif de haine qui poussait Florence à lui fournir des vivres et des hommes d'armes, il conduisit lui-même l'expédition, laissa aux portes, fermées devant lui, son fils Henri avec une partie de son armée, et s'achemina avec l'autre vers le midi, contre Guillaume le Bon, roi de Sicile. A peine arrivé à Viterbe, il apprenait une victoire des Siennois, et le départ précipité de Guillaume, qui, pour se mettre hors d'atteinte, venait de repasser le détroit. Dans son aveugle fureur, il dépouille de leur territoire et de leurs priviléges toutes les villes toscanes, excepté Pise (1186)[5]; mais au lieu de reparaître,

---

fani (l. I, Rub. 52) donne la date de 1186 et Ammirato celle de 1185 qu i est prouvée par Böhmer. Voy. page 150, note 5.

[1] Stefani, l. I, Rub. 52. — Villani, V, 12. — Borghini, *Disc.*, t. IV, p. 377.

[2] Les chroniqueurs disent même que ces trois milles furent ôtés à Florence; mais Paolino (R. I. S., Suppl., II, 8) contredit cette assertion peu vraisemblable, que les Florentins restèrent quatre ans sans territoire. (Villani, V, 12.)

[3] « Non però renderono le castella. » (Stefani, l. I, Rub. 52.)

[4] Malavolti, part. I, l. IV, f° 36 r°.

[5] « Tolse il contado a tutte le terre di Toscana, dicendo d'essere suo, che

de séjourner dans la province, où sa présence seule aurait pu rendre effective cette spoliation, il s'achemine vers la Romagne; il y écoute, avec une indulgence toute politique, les ambassadeurs siennois, alléguant l'obstination du peuple pour excuser leur patrie de n'avoir pas ouvert les portes à son suzerain[1]; il feint de croire sincères ces protestations de la peur[2], il restitue à Sienne ses franchises, son territoire; puis, triste, découragé, il quitte l'Italie, où il ne devait plus jamais mettre le pied[3].

Les autres villes prirent patience. Deux ans plus tard, quand il fut parti pour la terre sainte (1188), elles rentrèrent en possession de leur sol confisqué. Comme on n'eût pu les empêcher de le reprendre, on le leur restitua gracieusement. Le pape Clément III s'y entremit[4]. Pouvait-il rien refuser à ces Toscans qu'il poussait malgré eux vers les lointains rivages de la Palestine? Les Florentins avaient pris la croix en si grand nombre qu'ils pu-

---

non lasciò a neuna se non tre miglia, eccetto a Pisa. » (Paolino, R. I. S., Suppl., II, 8.) — M. P. Villari (*Il Politecnico*, juillet 1866, p. 16) ne voit là qu'une fable. Barberousse, dit-il, n'était pas alors en Toscane. — Il n'avait pas besoin d'y être pour rendre un décret dont l'effet principal était d'autoriser toutes les rébellions des nobles contre les communes. En tout cas, il n'était pas loin. — Grégoire VIII, ajoute-t-il, était mort. Cela est vrai, mais les chroniqueurs peuvent s'être trompés de nom.

[1] Malavolti, part I, l. IV, f° 36 v°.

[2] « Più dall' interesse suo che dalla credentia ch'egli desse alle lor parole. » (Malavolti, *loc. cit.*)

[3] Malavolti, *loc. cit.* Tommasi, *Storia di Siena*, l. III, p. 160, Venise, 1625, in-4°. — Paolino, *loc. cit.* — Inghirami, VI, 203. — Sismondi (II, 53) et Leo (I, 360) veulent qu'il fût venu en pacificateur, avec une simple escorte, ce qui est inadmissible puisqu'il entreprenait une expédition contre le roi de Sicile. Leo ajoute qu'il avait réussi à pacifier l'Italie. La résistance de Sienne est-elle donc un succès?

[4] Malavolti, part. I, l. IV, f° 37 v°. — Grassi, p. 89. — G. Capponi, *Stor. di Fir.*, I, 16.

rent former un corps indépendant[1]. En récompense, le pontife leur obtint de l'empereur un territoire de dix milles autour de leurs murailles[2] : ainsi ils en avaient gagné sept à s'être croisés. Les eaux glacées du Selef ayant tué Barberousse (1190), Henri VI, son successeur, comme don de joyeux avénement, multiplie les priviléges[3]; mais ce prince « n'ouvrait sur les hommes, dit l'annaliste génois, que des mains pleines de vent[4]. » Opiniâtre et cruel, il personnifiait aux yeux des Italiens cette race germanique qu'ils jugeaient alors « incapable de se gouverner par la raison ou de se laisser fléchir par la miséricorde, agitée d'une fureur native, excitée par la rapacité, entraînée aux crimes par les mauvaises passions[5], vilaine et déplaisante, dont le parler ressemblait aux aboiements des chiens; méchante et grossière, qui massacrait les barons, livrait les femmes aux valets d'armée, et, quand elle s'essayait à être courtoise, faisait

---

[1] « E furono si grande quantità di Fiorentini, che fecero oste e squadre di loro medesimi oltra mare. » (Villani, V, 13.)

[2] Villani, V, 13; Ammirato, l. I accr., t. I, p. 61, ann. 1188. — Suivant Stefani (l. I, Rub. 53), l'extension du territoire fut la récompense non du départ, mais de la vaillance des Florentins à la croisade. Cet auteur s'accorde avec Villani à dire qu'ils furent les premiers ou des premiers à entrer dans Damiette prise d'assaut. Mais Damiette ne fut prise qu'en 1219 et 1249. Cela suffit à montrer la fausseté de cet exploit anonyme, trop semblable d'ailleurs à celui de Pazzo des Pazzi devant Jérusalem, pour qu'on y voie autre chose qu'une redite de l'imagination ou de la vanité. Villani affirme pourtant qu'un étendard rouge, rapporté de cette expédition, était encore, de son temps, suspendu à la voûte de San Giovanni. Cela n'a rien d'impossible ni de concluant.

[3] 25 mai 1187. Arch. di Stato, *Capitoli*, n° XXXV, f° 21 r°.

[4] « Ex civitatibus, oppidis, et casalibus largas et plenas vento hominibus Januæ porrigebat manus. » (*Ann. gen.*, l. III, R. I. S., t. VI, 367.)

[5] « Nec enim aut rationis ordine regi aut miseratione deflecti aut religione terreri Theutonica novit insania, quam et innatus furor exagitat et rapacitas stimulat et libido præcipitat. » (Hugonis Falcandi *Historia Sicula*, R. I. S., t. VII, 252.) — Cf. Jaeger, *Histoire de Henri VI*.

mourir de dégoût et d'ennui[1]. » Le dégoût et la terreur, tel est, durant les onze années d'un règne sans humanité et sans foi, l'effet des fréquents voyages où il promène avec lui dans toute l'Italie ses hordes teutones : souvent il est en Toscane, à San Miniato, à Fucecchio, à Prato, à Lucques, à Pise, à Sienne[2]. Quand il en sort, il rôde autour, comme le lion en quête d'une proie à dévorer[3]. S'il ne fit pas tout le mal qu'on redoutait de lui, c'est qu'il mourut jeune encore, sans avoir pu accomplir ses néfastes projets. Tandis que les Allemands le pleuraient, parce qu'il les enrichissait et leur promettait de rétablir l'Empire dans sa gloire primitive[4], les Italiens l'insultaient dans sa tombe. « Il est mort, s'écriait un chroniqueur poëte, ce loup ravisseur de brebis, ce détestable serpent, cause de tous nos maux. Il est mort, et les peuples qu'il avait comme ensevelis, l'Apulien,

---

[1] Pierre Vidal, 1195. A vrai dire, Pierre Vidal est un troubadour ; mais ayant vécu longtemps en Piémont et en Lombardie, il partageait les sentiments des Italiens. (Voy. Fauriel, *Dante*, etc., I, 262).— Cf. Richard de San Germano : « Ipse sui furoris impatiens, cœpit, *more teutonico*, in terram monasterii desævire. » (R. I. S., t. VII, 978.)

[2] Le 1ᵉʳ septembre 1186 il était à San Miniato (Lami, *Deliz. Erud.*, IV, 195; *Monum. eccl. flor.*, I, 341); du 29 avril au 15 août 1187 à Fucecchio ; le 18 février 1191, à Prato (Lami, *Del.*, IV, 198), le 22 à Lucques (Ughelli, I, 850), le 26 à Pise (Lami, *Del.*, IV, 199), le 25 mai à Sienne (Murat., *Ant. Ital.* V, 969), le 19 juillet 1194 à Pise (Margarin, *Bullarium Cassinense*, II, 222, Venise 1650). Voy. Böhmer, *Regesta*, p. 146-151.

[3] Dans Böhmer (*loc. cit.*), on le voit à Bologne, à Rome, à Faenza, à Spolète, souvent à Pavie et à Plaisance, en 1186, 1187, 1191, 1194, 1195, 1196.

[4] « Quod aliarum terrarum divitiis eos claros reddidit, terroremque eorum omnibus in circuitu nationibus per virtutem bellicam incussit, eosque præstantiores aliis gentibus nimium ostendit futuros, ni morte præventus foret. »(Otto de San Blasio, c. xlv, R. I. S., t. VI, 901.) On est tout surpris de trouver ce prince concédant des priviléges aux Florentins (mai 1187. Arch. di Stato, *Capitoli*, n° XXXV, f° 21 r°).

le Calabrais, le Ligure, le Toscan, se réjouissent[1]. »

Ce n'était pas sans sujet. Son frère Philippe IV de Souabe, qu'il avait nommé duc de Toscane et, sans respect pour les engagements de Barberousse, mis en possession des biens de Mathilde[2], lâchait sa proie pour aller en Allemagne soutenir sa candidature à la couronne impériale. L'héritier légitime, Frédéric II, n'était qu'un enfant en bas âge, devant qui se dressait Otton de Brunswick, fils d'Henri le Bon, et jusqu'à son tuteur Innocent III, pape de trente-sept ans, qui voyait, comme Grégoire VII, dans le successeur de l'apôtre, « le sel de la terre, le père et le maître de tous les fidèles[3]. » Subordonnant tout au triomphe de l'Église, Innocent abandonnait son impuissant pupille pour opposer au duc de Toscane, que son élection eût rendu trop fort contre Rome[4], le compétiteur, homme fait, qui s'engageait par serment à restituer enfin l'héritage de la grande comtesse (1203)[5]. Il lui cherchait une armée dans les milices communales, et, sur le refus des Lombards[6], il

---

[1]   Mortuus est mitis leo, raptor vel lupus agni,
      Mortuus est vere qui multos perdidit ære, etc.
              (*Chronicon Fossæ novæ*, R. I. S., t. VII, 879.)

On peut voir au même endroit plusieurs épigrammes contre Henri VI.

[2] Muratori, *Ann. d'Ital.*, 1193. — Leo, I, 370. — Mignet, *Journal des Savants*, novembre 1862, p. 663.

[3] « Nos debemus esse sal terræ. Quod si sal evanuerit, in quo salietur?... Romanæ sedis quæ, disponente Domino, cunctorum fidelium mater est et magistra. » (*Innocentii III epistolæ*, l. I, ep. 15. Ed. Baluze, t. I, p. 9.)

[4] « Quod autem expediat opponere nos Philippo, liquet omnibus manifeste; quum enim persecutor sit et de genere persecutorum fuerit oriundus, si non opponeremus nos ei, videremur contra nos armare furentem et ei gladium in capita nostra dare. » (*Ann. eccl.*, t. XX, p. 86, § 32).

[5] Voy. le serment d'Otton dans Pertz, t. IV, p. 203.

[6] *Registrum Innocentii III De negotio imperii*, 92, 95. Éd. Baluze, t. I, p. 730 sq. — Hurter, *Histoire d'Innocent III*, trad. fr., t. II, p. 77.

promettait aux Toscans, pour les séduire, de se faire le patron de leur liberté. La mort de l'empereur les avait dégagés de toute obligation envers l'empire. Que ne profitaient-ils de l'interrègne pour empêcher un nouveau césar de les entraîner dans ses luttes contre l'Église, et d'opposer ainsi leurs devoirs envers les hommes à leurs devoirs envers Dieu?

Les cités de la Toscane répondirent à cet appel. Leurs délégués, réunis pour la seconde fois à San Genesio, renouèrent la ligue[1]. Toutes y adhérèrent, à la réserve de Pise. L'évêque de Volterre, lui-même, quoique vicaire de Philippe, y prit sa place, comme seigneur temporel de ses diocésains. On en réserva une aux comtes Guidi, Alberti, et autres magnats. Chacun des alliés devait nommer un recteur, et l'assemblée de ces délégués, sous la présidence d'un d'entre eux, élu prieur pour quatre mois, décider souverainement des choses de la guerre et des obligations de la ligue, sans intervenir jamais dans les affaires intérieures des villes de la confédération. Celles-ci s'engageaient à ne reconnaître personne pour empereur, roi, prince, ou margrave, sans ordre exprès du souverain pontife. Elles promettaient d'aider l'Église par tous les moyens à recouvrer tout pays qu'elle réclamerait, sauf ceux qu'occupait quelqu'un des peuples ou des seigneurs ligués[2]. Le surlendemain, ces accords furent jurés à Flo-

---

[1] *Vita Innocentii III ex Baluzio*, § 12 (R. I. S., t. III, part. I, p. 488). — Flaminio dal Borgo, *Dissertazioni sopra l'istoria pisana*. Diss. IV, p. 157. — On ne peut prendre au sérieux Hurter quand il voit l'origine de cette ligue dans les souvenirs étrusques.

[2] «Quelli però che non fossero tenuti da alcuno de' collegati.» (Pacte de la ligue toscane, dans Ammirato, l. I accr., t. I, p. 63.) Cf. *Gesta Innocentii III*, § XI, éd. Bréquigny, t. I, p. 11, 12, et *Vita Innocentii III*, ex Baluzio (R. I. S., t. III, part. I, p. 468). — Sauf ce dernier auteur, aucun

rence, dans l'église de San Martino al Vescovo (13 novembre 1197) ¹.

Deux cardinaux, légats du pape, les avaient approuvés ; mais le pape lui-même leur refusa son approbation. C'est que la clause relative aux biens occupés lui ôtait, cette fois encore, tout espoir de recouvrer l'héritage de Mathilde. C'est que les villes n'étaient tenues que de ce qu'elles promettaient, et qu'il voulait être libre d'exiger davantage. Sujettes de l'Église, ne pouvaient-elles s'en rapporter à sa sainte autorité ²? Pourquoi, d'ailleurs, avaient-elles pris trop au pied de la lettre ses paroles d'affranchissement? Depuis qu'il espérait soumettre le futur empereur à ses desseins, il ne voulait plus rompre le faible lien qui rattachait la Toscane à l'Empire. Par deux lettres aux recteurs de la ligue, il disait en termes précis ou faisait entendre par images que « dans ce traité il y avait certaines choses qui ne convenaient point à l'honneur ecclésiastique. Comme nous voulons, ajoutait-il, que nos droits soient respectés, de même nous voulons respecter ceux des autres ³. Dieu créateur du monde

contemporain n'a parlé de cette ligue. On ne peut pourtant la révoquer en doute, puisqu'il en est souvent question dans la correspondance d'Innocent III.

¹ *Pace e concordia fra le città, vescovi e comuni di Toscana*, 11 novembre 1197. (Arch. di Stato, *Capitoli*, XXIX, f° 49 r°). A la suite on trouve les noms des consuls et conseillers qui jurèrent dans l'église. Ammirato (*loc. cit.*) les a reproduits. Cf. *Vita Inn. III ex Baluzio*, *loc. cit.*; *Gesta Inn. III*, § XI, loc. cit.

² « Non modica sumus admiratione commoti, cum forma colligationis hujus modi in plerisque capitibus nec utilitatem contineat nec sapiat honestatem. Immo cum Ducatus Thusciæ ad jus et dominium Ecclesiæ Romanæ pertineat, sicut in privilegiis Ecclesiæ Romanæ oculata fide perspeximus contineri, nullum inter se sub nomine societatis colligationem facere debuissent, nisi salvo per omnia jure pariter et auctoritate sacrosanctæ Romanæ sedis. » (*Innocentii III Epist.* l. I, ep. 15. Baluze, t. I, p. 9.)

³ « Quod sicut jura nostra servari volumus illibata, sic aliorum jura vo-

a mis au firmament de l'Église, comme à celui du ciel, deux astres : l'un grand, qui préside au jour des âmes, l'autre plus petit, qui préside à la nuit des corps : à savoir l'autorité pontificale et le pouvoir royal, celui-ci tirant de celle-là, comme la lune du soleil, sa splendeur et sa dignité[1]. »

Cette comparaison, alors en usage, et que Dante devait reprendre et développer à son tour dans son livre fameux sur la Monarchie, était plus propre à frapper les esprits que les meilleures raisons. Le pontife, au reste, faisant la part du fait accompli, réclamait, non pas que la ligue fût annulée, mais seulement qu'avec le concours des cardinaux légats elle reçût des modifications, pour que le saint-siége pût honorablement l'accepter et étendre sur les confédérés sa main protectrice, sans laquelle le vent de la tempête renverserait leur édifice bâti sur le sable[2].

Au fond, Innocent III sentait si bien que sa force en serait accrue, qu'il menaçait Pise d'excommunication, parce qu'elle refusait son concours. Mais les Pisans, s'ils « caressaient » les légats, ne se laissaient pas détourner de leur guerre contre Gênes[3], et leur abstention assurait aux Florentins le premier rang dans l'alliance. On le vit

lumus illibata servare. » (*Inn. III epist.*, 16 avril 1198. Ep. 88, Baluze, I, 47.)

[1] *Inn. III epist.* 30 octobre 1198. Ep. 401. Baluze, I, 235.

[2] « Si vero factum vestrum cupitis apostolicæ protectionis munimine roborari, sine quo validum esse non potest, si forte ventus tempestatis insurgat, diruat ædificium quod super arenam invenerit fabricatum, cum eisdem cardinalibus tractatum ipsum ad honorem et profectum Ecclesiæ, commodum et defensionem vestram taliter moderemini, ut eum honeste possimus et rationabiliter acceptare. » (*Inn. III epist.*, 16 avril 1198. Ep. 88, Baluze, I, 47, 48.)

[3] « E' detti cardinali nella città di Pisa furon carezzati.... Ed in ultimo consigliati, parendo a ciascuno de' Pisani essere al disopra della guerra. (Marangoni, R. I. S., Suppl. I, 479-480.) »

bien par l'esprit indépendant qui y domina. Viterbe y était entrée contre la volonté du pape à qui elle appartenait[1]. Comme il s'apprêtait à la réduire, les recteurs, aux termes de leur statut, marchèrent à son secours. Déjà ils étaient parvenus à Orvieto. Hors d'état de les combattre, Innocent leur représenta que, pour respecter le serment fait à la ligue, ils violaient le serment fait à l'Église. N'était-ce pas pour la plus grande gloire de l'Église qu'ils s'étaient confédérés, et Viterbe n'était-elle pas rebelle[2]? A la fin, ils cédèrent et reprirent le chemin de Florence, mais si mécontents qu'ils se répandaient en plaintes contre le pape. Ils l'accusaient d'être « léger, infidèle, » de vouloir s'emparer par la ruse de la citadelle d'Assise et d'autres châteaux. Le fier pontife, qui prétendait dominer sur les rois comme sur les peuples, était réduit à protester devant ces petites gens de ses intentions pures, à répéter qu'il marchait dans la lumière, non dans les ténèbres, et qu'il ne voulait agrandir le domaine de l'Église que dans l'intérêt de l'Italie[3].

Sa constance, son génie et la force des choses finirent

---

[1] Dans une de ses lettres, Innocent invite les magistrats de Viterbe à ne pas s'engager dans la ligue toscane sans sa permission (l. I, ep. xxxiv. Baluze, I, 16).

[2] « Quibus D. papa rescripsit quod cum ipsi societatem ad honorem Ecclesiæ Romanæ jurassent, ipsius honorem procul dubio non servarent, si Viterbiensibus contemnentibus ad mandatum ejus facere rationem, et ob hoc justo judicio diffidatis et interdictis, auxilium exhiberent. » (*Vita Innocentii III ex Baluzio*, c. cxxxiv. R. I. S., t. III, part. I, p. 565.)

[3] « Per quod non modicum murmur et scandalum contra Romanam ecclesiam inter societatem Thusciæ suscitastis.... Ex hoc nota nobis infidelitatis et levitatis ascribitur. Sane si puritatem intentionis et solicitudinis diligentiam quam in hoc facto gessimus rectius velitis advertere, liquido videbitis (cum non in tenebris sed in luce ambulemus) quod patrimonium Ecclesiæ non ad opus alterius, sed ad ejus dominium et profectum Italiæ intendimus perpetuo revocare. » (*Inn. III epist.*, l. I, ep. 88. Baluze, I, 47, 48.)

cependant par lui assurer la direction de la ligue. Les recteurs n'étant point magistrats dans leurs villes respectives, n'y pouvaient faire exécuter les résolutions prises dans leur assemblée. Un chef était nécessaire, et le pape seul en pouvait revendiquer le titre comme les droits. C'est lui, à ce moment, qui met à la raison les nobles obstinés au métier de brigands et qui nomme, en Toscane, les administrateurs chargés de percevoir annuellement l'impôt d'habitation, la redevance foncière, la taille sur les maisons. De lui dépend jusqu'à l'administration intérieure des villes de la ligue, car il y confirme ou renouvelle les priviléges et les franchises, et y fait régner la justice et la paix[1].

Mais, comme autrefois la grande comtesse, il restait impuissant à étendre cette paix bienfaisante aux relations des communes entre elles et à les détourner de leurs luttes en quelque sorte fraternelles, fatale cause d'épuisement pour ces forces qu'il aurait voulu tourner contre l'ennemi commun. Il y a là comme deux courants de l'existence des villes, l'un qui les rapproche par la similitude des intérêts provinciaux, l'autre qui les sépare par la divergence des intérêts municipaux ; l'un qui les porte aux frontières de la Toscane, pour les défendre comme celles d'une seconde et plus grande patrie ; l'autre qui les conduit aux limites du territoire des villes voisines, pour l'attaquer et le conquérir comme nécessaire à la légitime expansion, à la libre respiration de la première, de la vraie patrie. Courants d'ailleurs si inégaux en puissance que les plus minutieux chroniqueurs

---

[1] Muratori, *Antiq. ital.*, diss. 48, t. I, 269. — Malavolti, part, I, l. IV, f° 44. — Hurter, I, 144, 146 ; II, 343.

n'aperçoivent que le second. Sur les faits que nous venons de relater, sur les rapports de leur ville natale avec le pape et l'empereur, ils sont muets ou si laconiques que cette partie de l'histoire nous échapperait, si nous ne possédions la correspondance des souverains pontifes. Les chroniqueurs, les annalistes du temps, n'avaient point coutume de rechercher les négociations et les causes : ils se bornaient à rapporter les effets, les événements qui frappaient tous les yeux. Or, ce qui frappait les yeux, ce qui préoccupait les esprits, ce n'étaient pas les actes collectifs, si rares et si inutiles, d'une ligue qui ne réunissait que par accident des éléments contraires et ennemis; c'étaient les actes quotidiens et particuliers de luttes où ces éléments contraires s'abandonnaient à leur antagonisme naturel en toute liberté.

Pour Florence, en effet, la question vitale n'était pas de savoir qui, de l'empereur ou du pape, commanderait en Allemagne, en Lombardie, à Rome, en Toscane même, où une expérience déjà longue les montrait également sans pouvoir : c'était de disputer le pays à Sienne et de lui arracher la prépondérance. De là, dans ce temps ennemi des batailles rangées, mille tentatives pour assujettir à Florence les châteaux qui faisaient à Sienne comme une ceinture de forts détachés. Un jour, sans qu'on sache comment, les Siennois se voyaient réduits à céder aux Florentins la moitié de toutes les maisons, places, terres et choses qu'ils possédaient dans le château de Poggibonzi et ses dépendances. Comme ils n'en possédaient que la huitième partie, à eux cédée par le comte Guido Guerra, c'était donc la seizième qu'ils livraient à leurs ennemis. Ils promettaient en outre de fournir à Florence cinquante cavaliers par an, qu'elle payerait de ses deniers et pourrait employer dans un rayon de trente-cinq milles (1175)[1]. Mais, deux ans à peine écoulés, de ce traité il ne restait rien : les deux peuples se prenaient de querelle au sujet du château de Staggia, situé au pays de Chianti, limite commune et indécise des deux territoires (1177). La guerre rallumée ne s'éteignait plus. Ne fallait-il pas ravitailler les châteaux qui se donnaient à Florence, notamment celui de Montepulciano, situé sur une haute montagne du val de Chiana, et par où l'on pouvait prendre Sienne à revers ? Naturellement, les Siennois s'opposaient à ce genre d'entreprise : de là des rencontres, d'où ils sortaient tantôt vaincus, tantôt victorieux, sans être plus forts ou plus faibles qu'auparavant. Les suites, les conséquences de l'action, étaient souvent plus graves que l'action même. Les chroniqueurs parlent d'une défaite des Siennois près d'Asciano, dans le val d'Ombrone[2]. En retournant chez eux, les Florentins passaient par le bourg de Marti : quelques-uns y insultent une jeune fille et en sont châtiés par les habitants. Ceux-ci, craignant des représailles, se réfugient dans la *rocca* de Poggibonzi, en augmentent la force par leur nombre et en déterminent les défenseurs à préférer la protection des Siennois à celle des Florentins. Perdre ainsi, pour une faute isolée, « l'ombilic » de la Toscane, c'était un échec grave, et il fallait aviser sans retard. Florence décidait

---

[1] 4 avril 1176. Archivio di Stato, *Capitoli*, XXIX, f° 5. — Cf. une autre cession du même genre pour d'autres localités, 11 décembre 1176 (*ibid.*, f° 6), et l'acte de prise de possession, 8 avril 1177 (*ibid.*, f° 7). Cf. Arch. de Sienne, *Caleffo vecchio*, p. 9, 12. Ce traité y est rapporté au 22 mars 1175. Rien n'était plus ordinaire, en ce temps-là, que de revenir sur les traités pour les modifier ou les compléter.

[2] Villani, V, 6. — Simone della Tosa, p. 187. — Malavolti, part. I, l. III, f° 32. — Villani rapporte à l'an 1174 l'affaire de Staggia et à 1177 celle de Marti. Il y a là bien certainement une erreur.

d'opposer forteresse à forteresse et d'entourer de solides murailles la petite localité de Colle, dans le val d'Elsa, non loin de Poggibonzi. Les rivalités de voisinage plièrent les habitants de Colle à ce désir qui leur donnait une force réelle et leur assurait de puissants alliés. La première pierre de ses fortifications fut scellée du sang pris aux bras des deux syndics envoyés de Florence, en signe d'une amitié qui fut jurée perpétuelle et qui, par haine de Poggibonzi comme de Sienne, le fut en effet [1].

Cinq ans plus tard, Colle étant déjà pourvue de ses murailles et de ses tours, il ne restait plus à Empoli, située entre cette place et Florence, qu'à mettre bas les armes, qu'à promettre d'offrir, chaque année, à l'église de San Giovanni, un cierge plus beau que celui de la voisine Pontormo (1182) [2]. A son tour tombait le château de Montegrossoli, qui appartenait aux Firidolfi, et commandait, du côté de Sienne, l'entrée du pays de Chianti. Tel était le motif pour le prendre de vive force : le prétexte, que ses habitants eurent l'imprudence de fournir, ce fut le pillage d'un convoi de grains qui, d'Arezzo, allait à Florence [3]. Chose remarquable et nouvelle, ce château ne fut point rasé : Florence se sentait en état de le garder et de s'en faire contre sa rivale une sentinelle avancée. Toutefois, comme le nombre de ses acquisitions violentes allait croissant, comme il lui suscitait des enne-

---

[1] « A perpetua memoria e segno d'amicizia e fratellanza da quelli di Colle al comune di Firenze. E cierto per isperienza poi sempre è stato quello comune come figliuolo di quello di Firenze. (Villani, V, 8). Voy. dans l'Arch. di Stato, *Capitoli*, XXVI, f° 24 v°, un engagement de Colle, à la date du 25 avril 1201, de ne pas prêter assistance à Semifonte.

[2] 3 février 1182. — Arch. di Stato, *Capitoli*, XXIX, f° 98 r°. — Villani, V, 10. — Paolino, R. I. S., Suppl. II, 8. — Ammirato, l. I accr., p. 58.

[3] Paolino, *loc. cit.* — Stefani, l. I, Rub. 50.

mis qui trouvaient dans les cités voisines un refuge, un point d'appui, des secours pour soutenir leur droit et reprendre leur bien, en 1198, les magistrats florentins firent adopter une loi qui autorisait les seigneurs à vendre à la commune les châteaux qu'elle leur avait pris[1]. L'achat, dans ces conditions, ne pouvait être ruineux. Comment les anciens possesseurs se fussent-ils montrés exigeants, quand on leur offrait ce qu'ils n'auraient osé demander, ce qu'on restait libre de ne pas leur donner? Les Firidolfi vendirent aussitôt Montegrossoli[2]. Leur exemple, on peut le croire, trouva de nombreux imitateurs, et la sécurité de Florence en fut singulièrement augmentée.

Une autre expédition, dont l'objet était aussi d'affaiblir Sienne, a laissé dans l'histoire plus de traces que les précédentes. Entre cette ville et Empoli, les comtes Alberti de Vernio possédaient trois forteresses très-incommodes pour le trafic des Florentins, Pogna, Certaldo, Semifonte. Au plus fort de sa réaction féodale, Frédéric Barberousse les y avait rétablis. Pogna recommençait à rançonner les voyageurs[3]. Semifonte, qu'un traité déjà ancien interdisait de fortifier[4], était entourée de redoutables remparts. Soutenue de San Gemignano, qui en était à deux milles, elle devenait un obstacle presque insurmontable

---

[1] « Nonostante che il comune per forza l'avesse prese. » (Stefani, l. I, Rub. 55.)

[2] Stefani, *ibid*. — Quelques années plus tard, en 1107, les comtes Guidi vendirent Montemurlo, mais dans d'autres conditions, c'est-à-dire sans avoir été spoliés et parce qu'ils craignaient de l'être par Pistoia. Cet achat, d'après Stefani (l. I, Rub. 59) coûta 5986 florins. On peut croire que les châteaux vendus après conquête coûtaient sensiblement moins.

[3] Stefani, l. I, Rub. 54.

[4] Voy. plus haut, même chap., p. 119.

dans une marche sur Sienne. C'est pourquoi, par intimidation, en novembre 1184, Florence avait réduit le comte Alberto, sa femme Tabernaria, ses fils Guido et Mainardo, à promettre, sous la foi du serment, de détruire le château de Pogna, toutes les tours de Certaldo et toutes les maisons de Semifonte[1], d'abandonner enfin à Florence la moitié des droits que percevaient leurs *rocche* des vallées de l'Elsa et de l'Arno[2]. Mais autant en avait emporté le vent. Ces seigneurs savaient peu de gré à l'exigeante ville d'avoir permis que leur propre palais et leurs propres tours restassent debout parmi tant de ruines; ils aimaient mieux, comme par le passé, tyranniser, terrifier des êtres vivants. Florence dut se faire justice par elle-même. Une brusque attaque lui livre Pogna, trop faible pour résister longtemps; le comte et un de ses fils sont amenés prisonniers (septembre 1198)[3]. Certaldo, dans son effroi, prête le serment de fidélité et promet une offrande annuelle à l'église de San Giovanni[4]. Seule, Semifonte refuse de pactiser et attire fièrement sur elle toutes les forces des Florentins.

Située au cœur du val d'Elsa, au sommet d'un vaste plateau en forme de demi-lune, qu'entouraient de profondes vallées, cette place était couronnée d'une citadelle presque inaccessible. Elle comptait près de trois cents feux, et par conséquent près de trois cents hommes en état de porter les armes. Elle ne pouvait regretter ses

---

[1] Arch. di Stato, *Capitoli*, XXIX, f° 77 r°. — Repetti (V, 242) donne à tort la date du 12 février 1181.

[2] 29 novembre 1184. Arch. di Stato, *Capitoli*, XXIX, f° 78 v°.

[3] Paolino (R. I. S., Suppl., II, 10). — Villani, V, 11. — Simone della Tosa, p. 189. — Ces deux derniers disent 1199, mais le fait relatif à Certaldo, dont la date est fixée par l'Arch. di Stato, donne raison à Paolino.

[4] 11 mai 1198. Arch. di Stato, *Capitoli*, XXIX, f° 48 r°.

anciens maîtres, si âpres à la rapine, si dédaigneux des petites gens. Depuis qu'ils étaient captifs, la contagion de l'indépendance l'ayant gagnée, elle s'était donné un gouvernement libre, dont elle avait partout le modèle sous les yeux. Dès ce moment, le comte Alberti n'était pas moins ennemi de ses anciens sujets que Florence elle-même. Astucieusement sommé de mettre un terme à leurs agressions contre les marchands florentins, il ne pouvait que céder, moitié de gré, moitié de force, tous ses droits sur Semifonte, promettre son concours à la conquête, renouveler tous ses engagements de 1184. Ce traité faisait de lui un sujet de Florence ; il l'obligeait à y habiter un mois par an, à marcher dans les vingt jours contre tous les ennemis de la ville, Sienne, Pistoia et Bologne exceptées (12 février 1200) [1]. Ildebrando Pannochieschi, évêque de Volterre, jurait solennellement de ne pas faire la paix avec Sémifonte [2]. Des récompenses étaient promises et furent accordées à ceux qui se distingueraient durant le siége [3]. L'inexpérience de cet art difficile, la résolution des Sémifontains, prolongèrent singulièrement l'entreprise. La ville assiégée semblait grandir dans le danger. Elle avait fait de si formidables préparatifs de

---

[1] Voy. ce traité dans *Delizie*, etc., t. VIII, p. 123 ; Lami, *Memorabilia ecclesiæ florentinæ*, p. 389 ; Cantini, II, 51-59.

[2] Son serment, à la date du 13 février 1200, se trouve dans l'Arch. di Stato, *Capitoli*, XXIX, f° 41 r°.

[3] On lit dans les *Delizie*, etc., t. VII, p. 178-181, et dans Cantini, II, 85, une exemption de toutes chargés accordée à quelques citoyens de San Donato in Poci, comme prix de leur coopération. — Acte du 20 février 1202, renouvelé en 1289 et 1428 : « Qui Gonnella cum supradictis aliis hominibus mortui fuere in turre de Bagnolo et in muris apud Summofontem ab illis de Summofonte in servitio comunis Florentie, quando intravit idem Gonnella cum eis castro de Summofonte e latere de Bagnuolo (x Kal. martii 1201). » Lisez 1202, l'année florentine commençant le 25 mars.

défense, que Florence en paraissait menacée. « Florence, arrière, disait-on aux alentours, Semifonte devient cité[1]. » Les péripéties de cette longue campagne, qui ne dura pas moins de deux ans, nous ont été rapportées, mais dans un ouvrage apocryphe où l'imagination et l'art d'un faussaire ont plus de part que la réalité[2]. Florence, quoiqu'on l'en accuse, ne rasa point la place prise ; elle lui laissa, sous la foi du serment d'obéissance, une existence subordonnée et misérable[3]. Mais quand a sonné l'heure du déclin, on ne s'arrête point sur la pente fatale. Peu à peu, à l'exemple des Fiésolains, les vaincus ou leurs fils vinrent habiter parmi les vainqueurs. Quelques-unes des grandes familles de Florence, les Pitti, les Barberini, les Del Turco, les Velluti, descendaient des émigrés de

---

[1]
>Fiorenza fatti in là,
>Che Simifonte si fà città.

Le P. Gamurrini (*Famiglie toscane ed umbre*, III, 341) prétend que les Sémifontains firent graver ces deux vers en lettres d'or sur une pierre de leur château, du côté qui regardait Florence. En ce cas, ils auraient un autre sens.

[2] Cet ouvrage, intitulé *Istoria di Semifonte*, a été publié à Florence, en 1752, par Targioni-Tozzetti, dans la première édition de ses *Relazioni d'alcuni viaggi fatti in diverse parti della Toscana*, t. V, p. 177, et en 1753, à part, avec les *Cronichette* de Neri des Strinati, sous le nom de Pace de Certaldo, qui fut juge et quatre fois prieur à Florence au XIV° siècle. On l'attribue à Antonio Doni ou à Cosimo della Rena. La lecture en est agréable, quoique Giordani (*Monti e la Crusca*, p. 17) et P. Fanfani (*Dino Compagni vendicato dalla calunnia di scrittore della cronaca*, p. 471, Milan, 1875) contestent à l'*Istoria di Semifonte* tout mérite même littéraire, même de langue.

[3] Voy. Arch. di Stato, *Capitoli*, XXIX, f° 24, le serment des Sémifontains, à la date du 7 avril 1202, et f° 75 r°, l'acte de paix et concorde entre Florence, Semifonte et San Gemignano (3 avril 1202). — La preuve que Semifonte ne fut pas détruite, c'est qu'en 1209 les fils du comte Alberto se partageant leur héritage, réservaient leurs droits sur l'infortunée cité (Repetti, *Dizion. geogr.*, etc., V, 243), et qu'en 1260 Florence y entretenait encore un vicaire (*Libro di Montaperti*, conservé ms. à Florence, Arch. di Stato, 25 avril 1259, p. 1).

Semifonte[1]. Où s'élevait jadis une ville, il n'y eut bientôt plus qu'un amas de ruines. Les ruines mêmes périrent à la longue, et le nom de Semifonte s'effaça de la mémoire des hommes. Qui voudrait aujourd'hui revoir l'emplacement mélancolique de ce qui fut autrefois une forteresse redoutable, devrait demander aux *contadini* la colline de Petrognano [2].

Au fond, c'était Sienne qui, sans avoir pris les armes, était vaincue sous les murs de Semifonte. Prévenant la défaite par la soumission, elle avait conclu à temps avec Florence un traité de paix et d'amitié perpétuelle, à la condition de mettre sur pied, à ses frais, cent cavaliers et mille fantassins, pour triompher d'une poignée de braves gens[3]. En retour, Florence s'était obligée à fournir le même nombre d'hommes pour réduire Montalcino, château situé à vingt milles de Sienne vers le sud[4]. Deux commissaires devaient, dans les soixante jours, régler tous les différends au sujet des confins, deux cents Florentins, désignés par les Siennois, jurer au nom de

---

[1] « Velluti est genus antiquum a Semifonte profectum. » (Ugolino Verino, *De illustrationibus urbis Florentiæ*, l. III, p. 79, Flor., 1636). — Donato Velluti, qui a écrit une *Cronica della sua famiglia* (publiée par Dom. Manni, Flor., 1731) dit du moins que telle était la tradition. Voy. *Introduzione all' Istoria di Semifonte*, p. 42, éd. de 1753.

[2] Introduction à l'*Ist. di Semifonte*, p. 9, 10. — Repetti, IV, 15.

[3] « Nostris mendis et expensis, » dit le traité, 29 mars 1202. (Arch. de Sienne, *Caleffo vecchio*, p. 29 v°.)

[4] Voy. encore le doc. dans Cantini (II, 88-102) d'après l'Arch. delle Riformagioni, l. XXVI, p. 5. — On trouve à l'Arch. di Stato, *Capitoli*, XXIX, f°˙ 7, 18 et 31, une série de documents, déterminant les confins entre Sienne et Florence, nommant Ogerio, potestat de Poggibonzi, arbitre pour régler tous les litiges, approuvant ses décisions, obligeant Florence contre Montalcino, etc., 1203, et une bulle d'Innocent III approuvant cette paix. Cf. Malavolti, part. I, l. IV, f° 40 v°. — Montalcino était sur le sommet inégal d'une vaste colline entre les vallées de l'Orcia, de l'Asso et de l'Ombróne Repetti, III, 288).

leurs compatriotes l'observation des arrangements pris, les magistrats, à leur entrée en charge, faire le même serment, et l'imposer, quand expireraient leurs pouvoirs, à leurs successeurs désignés. Mais ces engagements, on les violait, on les éludait tout au moins à la première occasion. N'ayant point, pour vaincre Semifonte, fait appel aux renforts de Sienne, Florence se croyait ou s'attribuait le droit de renouveler le pacte qui plaçait Montepulciano sous sa protection [1], et Arezzo n'y mettant point obstacle [2], elle bravait le naturel courroux des Siennois. Comme ceux-ci menaçaient le château rebelle, empêchée par son récent traité de lui porter directement secours, elle soulevait une querelle de frontières, vieille de trente ans, et envoyait ses milices devant le château de Tornano. C'était une nouvelle violation de la foi jurée, puisque les arbitres devaient être chargés de régler cette sorte de différends. Mais Sienne sentit le piége et se garda bien d'y tomber. Elle accorda, du côté de Tornano, la rectification demandée, au risque d'en être gênée dans ses relations avec Poggibonzi [3]; puis elle déféra aux recteurs de la ligue, convoqués à San Quirico [4], sur son propre territoire, l'épineuse question de Montepulciano.

---

[1] *Capitoli*, XXIX, f° 26. C'est un serment de fidélité, en date du 24 octobre 1202, et renouvelé le 30 mai 1203 (*ibid.*, f° 80 v°). Les conditions étaient, comme toujours, de ne pas frapper de gabelles les marchandises florentines, d'offrir tous les ans à l'église de S. Giovanni un cierge de 50 livres, de payer 10 marcs d'argent à titre de tribut, de faire la guerre ou la paix selon le bon désir des Florentins, et de renouveler ce serment tous les dix ans. — Cf. Ammirato, l. I accr., t. I, p. 66, ann. 1202.

[2] 1202. *Capitoli*, XXIX, f° 89 r°.

[3] Era tanto il desiderio di quel popolo di far l'impresa di Montepulciano che.... s'accordò a ceder loro quel che volsero, dichiarando i confini con molto disavantagio e danno de' Sanesi (Malavolti, part. I, l. IV, f° 42).

[4] Petite ville du territoire siennois, entre Pienza et Montalcino, dans le val d'Elsa.

L'évêque de Volterre, prieur de la Ligue, Ugo Vinciguerra, recteur pour Florence, les recteurs d'Arezzo, de Lucques, de Pérouse, et beaucoup de nobles toscans, se rendirent à cet appel. Après avoir entendu les témoins cités, l'assemblée reconnut que Montepulciano appartenait au territoire et au diocèse de Sienne, que les comtes impériaux y avaient perçu les taxes et quelquefois fixé leur résidence. Mais Florence ne se soumit point à la sentence rendue, et, faute de lui en pouvoir inspirer le respect, Sienne ne put rentrer dans ses droits [1].

Les masques étaient tombés, la guerre devenait inévitable. Elle se fit attendre toutefois : Sienne en était détournée par les violences de ses grandes familles, les Salimbeni et les Tolomei ; Florence avait à combattre d'autres ennemis. Elle contraignait ses gênants voisins du Mugello, Fortebraccio et Ugolino des Ubaldini, à respecter leur serment de défendre les personnes et les marchandises des Florentins, à faire contracter le même engagement par leurs sujets, à donner leurs propres biens en garantie de leur foi [2]. Elle poursuivait simultanément la guerre contre Guido Borgognone, noble et féodal possesseur des châteaux de Capraja et de Malborghetto, situés non loin d'Empoli, en face l'un de l'autre, sur les deux rives de l'Arno [3]. La navigation du fleuve était ainsi à la discrétion de ce seigneur. Quiconque

---

[1] Malavolti, part. I, l. IV, f° 43, 44.

[2] « Juro quod ab hac hora in antea toto tempore vite mee salvabo custodiam atque defendam omnes homines et personas civitatis Florentie, et burgorum et suburgorum ejus et eorum bona in tota mea fortia et districtu et ubicumque potero. » (*Capitoli*, XXIX, 46. — Ce document a été publié par Cantini, II, 64-65, ann. 1200). — Cf. Ammirato, l. I accr., t. I, p. 65.

[3] Capraja était sur la rive droite, Malborghetto sur la rive gauche. Voy. Repetti à ces deux articles.

s'aventurait en cette contrée n'évitait Charybde que pour tomber en Scylla. Malborghetto fut bientôt pris et rasé. Au pied de sa colline fut construit un autre château, de force peu ordinaire, pour avoir raison de Capraja. Par une sorte de défi, les Florentins l'appelèrent Montelupo, disant partout que le loup dévorerait bien la chèvre[1]. Pour la sauver, le hobereau abandonne ses juridictions à Pistoia, et lui envoie ses gens d'armes. Il obtient des Lucquois qu'ils procurent une trêve. Mais, la trêve expirée, il ne lui reste plus qu'à passer sous les fourches caudines, à contracter les mêmes engagements que les autres châtelains vaincus. Une humiliation pourtant lui est épargnée : Capraja ne sera pas détruite sans son consentement, signe certain que, pour la rendre, il n'avait pas attendu qu'elle fût prise d'assaut[2].

C'était le seul nid de seigneurs qui fît encore résistance. Les comtes Guidi eux-mêmes avaient déjà plié. En haine de Pistoia, ils s'étaient rapprochés de Florence. Contre leur château de Montemurlo, Pistoia avait construit en face, et à deux milles à peine, le château de Montale[3]. Par là elle les avait réduits à se défaire d'une forteresse qu'ils ne pouvaient défendre, et à la vendre aux Florentins à beaux deniers comptants. Si une branche de la famille, par son opposition à cette vente, en retarda

[1] Per distrugger questa capra
Non vi vuol altro che un lupo.
(Repetti, III, 412, art. *Montelupo*.)

[2] Ammirato, l. I, p. 67, ann. 1204. — Fioravanti, ann. 1202. — Inghirami, VI, 252. — Voy. dans l'Arch. di Stato, *Capitoli*, XXIX, f° 35, le serment de Guido Borgognone, de ses fils et des hommes de Capraja (29 octobre 1204, et celui des Florentins à leur égard, f° 37.

[3] Ces deux châteaux étaient situés dans le val d'Ombrone Pistoiese, à 4 ou 5 milles à l'ouest de Prato et autant de Pistoia, sur deux gracieuses collines couvertes de vignes et d'oliviers.

les effets, Pistoia n'en était pas moins tenue à la réserve envers une place que protégeaient ses terribles voisins [1].

Tranquille de ce côté, Florence tourne de nouveau ses regards vers le sud. Elle envoie une armée détruire le château de Montalto, qui commandait, non loin de la route d'Arezzo à Sienne, les deux vallées de l'Ambra et de l'Ombrone, et qui, sur ce point, servait de boulevard au territoire siennois (1206) [2]. Elle force Sienne à lui céder Poggibonzi (1208) [3]. Le comte de Munaldo en 1208, Ildobrandino de Querceto en 1209, se lassent de la lutte et font leur soumission [4]. Tout plie donc autour de Sienne; mais Sienne est debout encore, n'abandonnant que pierre à pierre, en quelque sorte, les forteresses que Florence lui disputait. Les combats se renouvellent, se multiplient. Innocent III offre en vain sa médiation. Les Siennois l'avaient repoussée quand ils comptaient sur le triomphe; les Florentins la repoussent quand ils l'ont remporté. Pour la leur imposer, le cardinal-légat dut secouer la poussière de ses pieds, et brandir les foudres pontificales qu'il avait dans ses mains (1210) [5]. Aux vic-

---

[1] En 1213, Pistoia dut subir la trève qu'en vue d'une croisade prochaine le saint-siége lui imposait. (Fioravanti, ann. 1213. — Inghirami, VI, 275).
— Les comtes Guidi de Porciano s'opposèrent à cette vente. Le 24 avril 1219, les cinq Guidi, fils de Guido Guerra, promirent de tenir le château de Montemurlo à la disposition de Florence. Les habitants durent y faire, chaque année, l'offrande d'un cierge de 40 livres. Pour garantie, les comtes Guidi donnèrent cinq de leurs châteaux du val d'Arno supérieur, dont Montevarchi (*Capitoli*, XXIX, f° 101 r°). La vente définitive n'eut lieu que quarante-cinq ans plus tard. (Paolino, R. I. S., Suppl., II, 12. — Ammirato, ann. 1219, t. I. — *Delizie*, etc., t. VIII. — Repetti, t. III, art. *Montemurlo*).

[2] Stefani, l. I, Rub. 61. — Simone della Tosa, p. 190.

[3] *Capitoli*, XXIX, f° 74 v°.

[4] *Ibid*, f° 82, 44 r°.

[5] Stefani, l. I, R. 62. — Simone della Tosa, p. 190. — Paolino (R. I. S., Suppl., II, 12). — Hurter, II, 344.

torieux il laissa le fruit de la victoire, seul moyen de les désarmer. Sienne promettait de réparer les dommages faits à Montepulciano et à Montalcino, de ne plus prétendre à la domination sur ces deux châteaux, de n'attaquer ni molester aucun de ceux que Florence lui avait enlevés [1]. Ces conditions léonines arrachèrent un cri de douleur à toutes les poitrines siennoises [2]. La paix subie ne fut qu'une sombre préparation à la guerre. L'œuvre du cardinal-légat dura juste huit ans. L'éternelle amitié si récemment jurée n'était plus pour longtemps qu'inimitié.

Le malheur de Sienne était une leçon pour les autres villes : elles apprenaient à compter avec Florence. Par deux fois déjà, en 1199 et 1202, l'on avait vu Lucques demander pour préteur, c'est-à-dire pour principal magistrat, un Florentin, Guido des Uberti [3]. L'on allait voir bientôt Pise, Bologne, Pérouse, et plusieurs cités encore, signer des traités, conclure des alliances dont le principal avantage était pour les Florentins [4]. Mais ce qui marque mieux encore les progrès de leur domination, la solidité de leurs conquêtes, leur confiance dans le présent comme dans l'avenir, c'est que, voulant couvrir les frais de leurs

---

[1] Ammirato, l. I accr., p. 69, an. 1210. — Malavolti, part. I, l. IV, f° 45 r°. Ce dernier émet quelques doutes sur cette paix, parce qu'il ne l'a vue mentionnée dans aucun registre public ; mais il la rapporte, parce que les auteurs en ont parlé.

[2] « La qual cosa fu all' universale della città di Siena di smisurato travaglio. » (Malavolti, part. I, l. IV, f° 45 v°).

[3] Ce double appel à la même personne prouve que la première fois Guido avait bien réussi ; mais, la seconde, ayant favorisé les nobles dans leur dessein de devenir les maîtres, ou n'ayant su les en empêcher, il dut abandonner son poste, après avoir vu leur défaite (Mazzarosa, I, 81).

[4] Pise en 1214, Bologne en 1216, Pérouse en 1218 (*Capitoli*, XXIX, f°° 83-85, 91 v°, 97 r°). Lucques s'était engagée pour vingt ans dès 1184. *Ibid*, f° 86 v°).

guerres, ils osaient frapper de taxes spéciales les habitants du *contado*, clercs comme laïques. Les uns et les autres, dans des temps antérieurs, fussent morts en combattant plutôt que de payer[1].

Tout à coup, tandis que s'accomplissaient obscurément ces continuels progrès d'une humble mais ambitieuse commune, une nouvelle inattendue, franchissant les Alpes, se répand en Toscane et y porte l'espérance dans les cœurs. Philippe de Souabe, malade en son palais d'Altenbourg, venait de succomber sous le fer d'Otton de Wittelsbach, comte palatin de Bavière (1208)[2]. Volontaire ou accidentel, ce meurtre débarrassait le saint-siége d'un ennemi, les Toscans d'un maître. Otton de Brunswick se voyait aussitôt, sous le nom d'Otton IV, proclamé roi d'Allemagne, roi des Romains, par les vœux unanimes de la diète d'Halberstadt[3], reconnu par Innocent III, par les Italiens, par les Toscans. Son délégué Wolfgar, patriarche d'Aquilée, ne recueillait partout que protestations de dévouement et de respect. Les Florentins se déclaraient prêts à rendre au roi foi et hommage, à le suivre à la guerre, à ne contester ou violer aucun droit de l'Empire, à renouveler ces engagements aux mains mêmes du prince, dès qu'il arriverait. Défiant

---

[1] Document de la Badia de Passignano, 29 mai 1203 (Arch. dipl. fior., dans Repetti, V, 243).

[2] Otto de S. Blasio (R. I. S., t. VI, 907). — *Lamberti parvi Chronicou a Reinero monacho continuatum* (Martène et Durand, *Veterum scriptorum amplissima collectio*, V, 33, Paris, 1729). — *Chronica Slavorum : Arnoldi abbatis Lubecensis supplementum*, l. VII, c. xiv, p. 207, Francfort, 1581. — Selon une autre version, Otton de Wittelsbach aurait tué Philippe par mégarde, en jouant, en s'escrimant contre lui (Voy. Böhmer, *Fontes rer. germ.*, t. IV).

[3] Otto de S. Blasio, *loc. cit.* Conrad a Lichtenau, abbas Urspergensis, p. 312.

hors de propos, le patriarche voulait des actes : il exigeait que Florence restituât sur l'heure les régales perçues, les terres conquises ou confisquées. Plutôt que de défaire l'œuvre d'un siècle et de réparer l'irréparable, Florence aima mieux en référer à Otton lui-même et lui envoyer des ambassadeurs. Blessé de voir son autorité méconnue, Wolfgar n'attendit point la décision de son maître : il punit la désobéissance d'une amende de dix mille marcs, payables avant même le retour de l'ambassade.

Cette impolitique rigueur mit brusquement fin à la joie publique. Partout la stupéfaction fut extrême [1]. Florence indignée invoqua la médiation du souverain pontife, qu'Innocent n'eut garde de refuser. « Cette cité, écrivait-il à Otton, a toujours été dévouée à nos desseins, fidèle à ton pouvoir. Nous avons donc invité le patriarche à être plus modéré envers elle, à accepter ce qu'elle offrait, ce que tu aurais accepté toi-même. L'arc, pour avoir de la force, ne doit pas toujours être tendu. Sans nos lettres aux Lombards et aux Toscans, qu'il a demandées et obtenues, peut-être sa légation n'eût-elle pas si bien réussi, comme lui-même l'a reconnu par ses actions de grâces [2]. » Soit déférence pour le pape, soit sur l'ordre d'Otton, le patriarche d'Aquilée révoqua enfin sa sentence contre les Florentins.

La Toscane en devait bientôt marquer sa gratitude. Le roi des Romains l'allait traverser, se rendant à Rome, où l'attendait la couronne impériale ; au retour, il devait

---

[1] « Non sine admiratione multorum eos incontinenti milium marcarum banno subjecit, nolens ei inducias indulgere saltem usque ad reditum nuntiorum suorum quos ad tuam præsentiam destinarant. » (*Inn. III epist. XII*, 78. Baluze, I, 342.)

[2] « Quia vero civitas florentina semper ad nostrum consilium devotam se tibi exhibuit et fidelem.... » (*Inn. III Epist. XII*, 78. Baluze, II, 342.)

s'établir pour un temps assez long à San-Miniato al Tedesco[1]. Elle lui passa d'occuper diverses villes du domaine de l'Église et du legs de Mathilde, comme d'alléguer déloyalement, pour les retenir, un serment antérieur à son serment au pape[2], car elle sentait bien que de la compétition des deux pouvoirs sur cet éternel sujet de lutte naîtrait sa propre sécurité. Les foudres pontificales ayant détaché de lui ses sujets d'Allemagne, les Italiens seuls soutinrent encore sa cause. La ligue toscane, qui n'avait pas donné signe de vie en sa présence, ne ressuscita point après son départ. Cette tentative d'union n'était pas du goût des Toscans, et ils en avaient constaté les médiocres résultats. L'isolement municipal leur semblait seul propre à les affranchir du pape comme de l'empereur. Ils ne se sentaient assez menacés ni par l'un ni par l'autre pour ressaisir cet instrument de liberté devenu instrument de domination. Ils ne se prosternaient devant Innocent III que pour le désarmer. En ne lui résistant pas, ils lui échappaient. Ce pontife, qui réussissait dans les grandes choses, échouait dans les petites. Il se faisait reconnaître arbitre du droit et maître des couronnes, juge de la conduite des rois et dispensateur de la puissance souveraine[3], mais il ne parvenait pas à tenir

---

[1] Sismondi (II, 98) dit à tort qu'il n'y passa qu'en allant. Voy. Sigonio, *Opera omnia*, II, 888, *De Regno Italiæ*, l. XVI, ann. 1209, Malavolti, part. I, l. IV, f° 45 v°, et surtout Richardus de S. Germano (*Chronicon*), qui dit qu'après avoir été couronné, « in Marchiam secedens et in partes Thusciæ, ibi per annum continuum moram fecit. » (R. I. S., t. VII, 983). Cette assertion n'est pas tout à fait exacte. Le 4 octobre 1209, Otton était encore à Rome ; le 25 à Poggibonzi ; le 29 à S. Miniato ; mais de là il rayonne. Il est le 3 décembre à Florence ; le 2 mars 1210 à Ravenne, puis à Ferrare, Imola, Milan, Brescia, etc. (Voy. Böhmer, *Regesta* etc., p. 161, 162.)

[2] Ce serment était celui d'Aix-la-Chapelle. — « Vis jure regni et imperii bona ejusdem injuste dispersa conservare et recuperare? »

[3] Voy. Mignet, *Journal des Savants*, novembre 1862, p. 665.

dans sa forte main les humbles Toscans, et pour compter au besoin sur leurs bras, il devait rigoureusement s'interdire d'entraver leur développement communal. Aucune de leurs villes ne se laissait détourner, par les intérêts généraux de la chrétienté et de l'Italie, d'assurer le triomphe de leurs intérêts particuliers, l'extension de leur territoire, la liberté, la sécurité de leur trafic.

Florence surtout, comme jalouse de réparer le temps perdu, y apportait une pensée politique et un système arrêté. Elle combattait pour l'existence, non-seulement par instinct, à la manière des animaux, mais aussi par conviction de son droit, comme il sied à des êtres raisonnables et susceptibles de progrès, comme faisaient de leur côté toutes les villes du voisinage[1]. Villani ne l'a point senti, si clairvoyant qu'il soit d'ordinaire. « Florence, dit-il, commença à s'étendre par la force plus que par le droit[2]. » Où donc était le droit alors, et qui pouvait l'invoquer ? Quand même, au point de vue féodal, les châtelains eussent été inviolables, pouvait-on ne pas les combattre le jour où le brigandage, devenu leur unique industrie, comme leur principale passion, ôtait aux marchands urbains la sécurité de leurs relations et de leur trafic, à tous les habitants de Florence la possibilité des approvisionnements ? L'instinct de la conservation peut bien pro-

---

[1] Le mouvement progressif de Sienne est absolument identique. De 1213 à 1217, on voit plusieurs seigneurs lui faire leur soumission, les Cacciaconti, les Valcortese, les Ardengheschi, et de même plusieurs communes, San Quirico, Asciano, Querciagrossa, qui lui vend pièce à pièce son territoire. L'évêque de Volterre, à son tour, vend plusieurs châteaux, Montieri, Montorsaio, Montarrenti, Montelatrone (Arch. de Sienne, *Caleffo vecchio*, p. 89-107).

[2] E cosi cominciò il comune di Firenze a dilatarsi con forza più che con ragione. (Villani, IV, xxxv. Cf. l. IV, c. xxiv.)

voquer des actes sauvages; mais la raison excuse la violence chez des gens qu'on étouffe et qui veulent respirer. Or une ville qui ne commande qu'à une étroite banlieue, et dont la banlieue même est infestée de brigands; une ville qui ne peut ni ouvrir ses portes aux légumes de ses cultivateurs, ni aventurer à quelques milles sur les routes les produits de son industrie, ni se livrer avec les cités les plus proches au plus élémentaire trafic; une ville sommée de payer partout des taxes qu'elle ne doit point, et qui ne peut les refuser sans voir ses citoyens pillés, maltraités et tués, n'est-elle pas semblable à l'être humain qui protége sa vie en frappant qui l'attaque? La naïveté même des chroniqueurs est ici péremptoire, car elle est pleine d'involontaires sous-entendus. Florence fait la guerre parce qu'un château est trop près de ses murailles? Cela signifie que ce château, pour sa part, l'affame et la ruine. Elle écrase un noble campagnard parce qu'il lui « désobéit? » Cela veut dire qu'après maint engagement de renoncer à ses exactions, il y revient sans cesse, et qu'il lui faut imposer le respect de ses serments. Elle détruit les forteresses qu'elle a prises? C'est qu'elle ne les saurait garder toutes, et qu'il serait insensé de laisser le vaincu recommencer ses méfaits. Elle dévaste le territoire de mainte cité voisine? C'est qu'elle y voit ses ennemis, ses exilés trouver un refuge; c'est qu'elle use de représailles dans un temps où est en faveur la loi du talion. Elle s'empare de quelques « terres[1] » fortifiées? C'est afin que les peuples rivaux n'y cherchent pas un

---

[1] Ce mot s'entend de toute agglomération de demeures closes de murs, ville ou château. Il a fini par prendre, avec le temps, celui de localité. Voy. l'édition que M. Del Lungo publie de Dino Compagni, Ier livre, p. 7, note 21, Milan, 1870.

point d'appui pour leurs incursions hostiles et leurs empiétements. Voilà ce qui explique mieux que l'influence de la planète Mars[1], ou la descendance des « belliqueux et cruels Fiésolains, » inutilement croisés de « nobles et vertueux Romains[2], » les guerres continuelles, les agitations sans fin de Florence. En fait, elle n'attaque que pour se défendre. Aux villes qui la respectent, elle ne demande que des traités de commerce, ou, pour mieux dire, de libre transit. Déjà peut-être l'ambition illégitime est au fond des âmes ; mais on ne voit encore aucun de ces actes iniques, injustifiables, qui rendent odieux les conquérants. Est-ce la faute de Florence s'il n'y a pas, en Italie, comme en France et en Angleterre, un pouvoir central toujours présent et déjà assez fort pour faire sentir aux communes qu'elles n'ont de droits que chez elles ; aux seigneurs, qu'ils doivent ménager les plus humbles sujets du roi ?

Sur tous ces points, Florence suit donc sa politique naturelle. Sur un seul elle s'en écarte, à son grand détriment. Ces seigneurs qu'elle a spoliés et ruinés, elle ne veut ni les mettre à mort, car elle ne fait pas la guerre aux personnes, ni leur permettre de se retirer chez d'autres châtelains ou dans d'autres villes de la Toscane, car ces villes, ces châtelains, s'en fussent trouvés plus forts. L'exil même ne suffisait pas : on en revient, et souvent plus hostile, plus irrité qu'on n'est parti. Restait d'obliger les seigneurs à habiter Florence même ; et c'est à ce

---

[1] Por ce n'est-il mie merveille se li Florentin sont touz jors en guerre et en descort, car cele planete regne sur els. De ce doit maistre Brunez Latins savoir la vérité, car il en est nez, et si estoit en essil lorsqu'il compila ce livre, por l'achoison de la guerre as Florentins. (*Li Livres dou Tresor,* p. 46, dans les *Documents inédits sur l'histoire de France,* 1863.)

[2] Villani, I, 32.

dangereux expédient, on l'a vu, qu'elle s'était résolue. Comment put-elle se flatter de les réduire ainsi à l'impuissance? Pour éviter leurs morsures, elle les réchauffait dans son sein. Là, sans doute, ils étaient sous les yeux des magistrats; mais ils arrivaient avec leurs rancunes, leurs colères, leurs convoitises, leurs projets de vengeance[1]. C'est aux dangers qu'on en pouvait prévoir que Dante fait allusion, quand il regrette que Florence n'ait pas mieux aimé avoir sa frontière à deux milles de ses portes, que de les ouvrir à « ces gens-là, » comme il appelle les grands[2].

Mais avant d'aborder le récit de ces discordes intestines, il convient de se demander quels adversaires les nobles, devenus citoyens, allaient rencontrer devant eux, au sein de cette ville dont nous n'avons guère suivi jusqu'à présent que les entreprises extérieures; en d'autres termes, sur quelles bases s'était constituée la société florentine; comment, de simple bourgade, elle était devenue une ville libre et puissante; quelles étaient ses industries, ses institutions primordiales, et quels ses magistrats primitifs.

[1] C'est ce qu'a très-bien vu Litta, *Famiglie*, etc. : *Note della famiglia Medici*.
[2] Quelle genti ch'io dico. (*Parad.*, XVI, 53.)

CHAPITRE IV

FORMATION DES INSTITUTIONS FLORENTINES

— 400-1216 —

Les Italiens d'après Otton de Freising. — Origines des institutions de Florence. — Perpétuité des institutions municipales de l'empire romain. — Les *scholæ* ou associations. — Associations à Florence pour l'industrie et le trafic. — Art de la laine. — Préparation des draps étrangers, ou art de *calimala*. — Art de la soie. — Obstacles au trafic. — Art des changeurs. — Les Florentins banquiers du Saint-Siége. — Art des médecins. — Art des peaussiers. — Art des juges et des notaires. — Les consuls chefs des arts. — Ils deviennent magistrats municipaux. — Ils sont élus parmi les nobles. — Importance des nobles. — Leur rôle militaire. — Leur rôle à l'intérieur. — Leurs tours. — Le menu peuple. — Le *primo* et *secondo popolo*. — Le service militaire. — Vicissitudes de la cavalerie et de l'infanterie. — Les *guasti* et les siéges. — Organisation militaire des quartiers. — Le potestat. — Son origine. — Son institution progressive. — Ses attributions. — Universalité de la révolution communale. — Constitution primitive de Sienne. — Constitution donnée au val d'Ambra par le comte Guido Guerra.

Vers l'année 1157, peu de temps après le premier voyage de Frédéric Barberousse en Italie, son oncle et son historiographe, Otton, évêque de Freising, qui avait passé les Alpes avec lui, traçait des Italiens un curieux et sincère portrait[1].

[1] Les deux livres de l'histoire universelle d'Otton de Freising, qui racontent les premières années du règne de Barberousse, ont été écrits forcément entre 1156 et 1158, puisque cette dernière année est celle qui vit la mort de ce chroniqueur. (Voy. l'introduction de Wilmans à la Chronique d'Otton de Freising, dans le tome XX de Pertz, et celle de Muratori (R. I. S., t. VI).

« Ils ont dépouillé la barbarie, écrivait-il; ils doivent aux propriétés du sol et de l'air quelque chose de la douceur et de la sagacité des Romains, l'élégance de leur langue, l'urbanité de leurs mœurs, leur habileté à conduire les affaires publiques. Ils aiment la liberté, détestent l'insolence du pouvoir, veulent des magistrats qui les conseillent, non des maîtres qui leur commandent[1], et ils les changent tous les ans, pour prévenir l'esprit de domination. Il y a chez eux trois classes d'hommes : les capitaines, les vavasseurs, le peuple. Dans ce pays partagé entre les villes, on trouverait à peine un noble ou un magnat qui n'obéisse à la sienne. Pour être toujours en état de comprimer leurs voisins, elles ne dédaignent pas d'investir des dignités et du ceinturon de la chevalerie des jeunes gens de condition inférieure, les premiers venus parmi les ouvriers des arts manuels les plus méprisables[2], que les autres peuples écartent comme la peste des fonctions élevées et libérales. C'est ainsi qu'elles l'emportent en richesse et en puissance sur toutes les villes du monde. Ce qui augmente encore leur force, c'est l'absence des rois, qui ont coutume de résider au nord des Alpes. Sur ce point seulement elles conservent quelques traces de l'ancienne barbarie, que fières de vivre sous des lois, elles n'en ont pas le respect[3]. Le prince qui a droit à leur obéissance ne l'obtient que s'il leur fait sentir, au moyen d'une armée, le poids de son autorité. Quand il se présente pour réclamer ce qui lui est dû, elles l'accueillent en ennemi[4]. »

Tels étaient, d'après un témoin oculaire, peu porté à les flatter, les Italiens dans la seconde moitié du douzième siècle. Que tout ce qu'il en dit pût s'appliquer aux Flo-

---

[1] Libertatem tantopere affectant ut potestatis insolentiam fugiendo, consulum potius quam imperantium regantur arbitrio. (Otto Frising., l. II, c. XIII, Pertz, XX, 396.) — Nous croyons avoir traduit plus exactement le sens de ce dernier membre de phrase qu'en employant le mot de *consuls*.

[2] Inferioris conditionis juvenes vel quoslibet contemptibilium etiam mechanicarum artium opifices. (*Ibid.*)

[3] In hoc tamen antiquæ nobilitatis immemores, barbaricæ fecis retinent vestigia, quod cum legibus se vivere glorientur, legibus non obsequuntur. (*Ibid.*)

[4] Otto Frising., *ibid.*

rentins, on n'oserait l'assurer, puisque les Florentins étaient en retard sur les peuples de Lombardie au moins de cinquante années. Mais ce portrait est le leur, sans qu'il y faille changer un mot, si on le rapporte aux premières années du treizième siècle. Alors commencent à se dissiper les épaisses ténèbres qui enveloppaient la vie intérieure de Florence. Les documents précis manquent encore; mais on n'en saurait conclure que la société manquât d'institutions. Celles qu'on fait dater du temps, moins éloigné de nous, où elles furent fixées sur le parchemin, sont de beaucoup antérieures. Les peuples, au moyen âge, ne se donnaient une constitution écrite qu'après l'avoir pratiquée. Ils ne rendaient définitif que ce qui avait fait ses preuves; jamais il ne leur fût venu à l'esprit qu'on pût imposer à tous les conceptions abstraites de quelques-uns. La lecture des statuts florentins prouve jusqu'à l'évidence qu'ils ne sont que la consécration d'usages déjà anciens; et celle des chroniqueurs, si insuffisante qu'elle soit pour bien connaître ce genre de faits, nous apprend du moins à quelle date il faut les rapporter.

Ce serait donc s'exposer à ne les point comprendre que de n'en pas chercher dans des temps antérieurs les obscures origines; mais il suffira de peu de mots pour montrer le lien qui rattache la société et les institutions florentines du moyen âge aux siècles barbares et à l'antiquité romaine. C'est ici surtout que l'obscurité est profonde; toutefois, à force d'y accoutumer ses yeux, on y distingue quelques faits avec certitude, et c'est à quoi, sur un tel sujet, doit se borner notre ambition.

La période des invasions avait pu bouleverser toutes choses; elle n'en avait, pour ainsi dire, supprimé aucune. De même que tant d'édifices grandioses, détruits par les barbares, couvraient le sol de leurs ruines, et devaient, en des temps plus heureux, suffire à l'éducation de ceux que leur goût porterait aux arts, de même subsistaient la plupart des institutions romaines, quoique le lien qui en formait un faisceau et un tout eût entièrement disparu[1]. Ni les Goths ni les Langobards n'avaient assez d'ordre, de discipline, de civilisation pour les remplacer. Ils en trouvaient le mécanisme commode pour les dispenser de frais d'imagination, et la désorganisation assez grande pour n'en pas être gênés dans leurs plus arbitraires fantaisies[2]. L'horreur qu'ils éprouvaient pour les villes, dont ils se tenaient à l'écart comme d'une prison, dont ils détruisaient les murailles, comme s'ils craignaient d'y être quelque jour enfermés, y laissait aux habitants la liberté de s'administrer eux-mêmes, dans l'infime et précaire condition que leur faisait la tyrannie des envahisseurs. Ceux-ci, d'ailleurs, ne s'établirent jamais ni dans les provinces méridionales de l'Italie, ni à Rome, et ils ne dominèrent qu'assez tard sur l'Exarchat. Il y avait donc des contrées où rien n'était venu briser les cadres de la vie municipale, telle qu'on l'avait vue sous l'empire romain. Dans les écoles, quand se fut apaisé le flot de l'invasion, les livres antiques remettaient dans les mémoires les noms républicains, et sous les yeux comme

---

[1] Voy. Pagnoncelli, *Dell' antichissima origine e successione de' governi municipali nelle città italiane*, Bergame, 2 vol. 8°, 1823.

[2] Les papiers diplomatiques recueillis par l'abbé Marini font bien voir que telle fut la conduite des barbares. L'Allemand Leo le reconnaît, quoiqu'il en soit gêné dans sa thèse favorite des bienfaits de toute sorte apportés à l'Italie par l'invasion germanique. (Voy. *I papiri diplomatici raccolti ed illustrati dall' abate Gaetano Marini*, Rome, 1805, et Leo, t. I, p. 29.)

l'ombre de la grande Rome. Les moines professeurs en célébraient le glorieux passé dans leurs conversations non moins que dans leur enseignement; ils en inspiraient à leurs disciples et, par eux, en répandaient au dehors la curiosité, le regret et l'amour[1].

Ces mots et ces institutions dont les esprits étaient pleins, il devint possible de les remettre en honneur quand les ducs langobards entrèrent en rébellion contre leur roi et les comtes franks contre leur empereur, puis quand les évêques firent échec aux comtes, car dans ces rivalités sans fin et sans mesure il fallait s'appuyer aux populations urbaines pour tenir tête au suzerain dont on voulait s'affranchir; au compétiteur qu'on voulait supplanter. En relevant contre les Normands et les Sarrasins leurs murailles que remplaçait jadis un misérable buisson d'épines[2], les populations urbaines fortifiaient en elles le sentiment de la personnalité civile[3]; en se soumettant à la juridiction du comte ou de ses juges, elles y retrouvaient ce bienfait de la justice, qui est un des plus nécessaires éléments de toute société; en concourant à l'élection de l'évêque, souvent issu du peuple et toujours viager, elles reprenaient l'idée et le goût de nommer leurs magistrats, de les choisir parmi les simples mortels, de fixer des limites à la durée de leur pouvoir.

Déjà, en effet, elles se sentaient quelque force et quelque volonté; elles étaient quelque chose indépendamment de leurs chefs. C'est encore aux souvenirs de l'empire ro-

---

[1] Giesebrecht, *De litterarum studiis apud Italos primis medii œvi seculis*, p. 12, 24, Berlin, 1845, in-4.

[2] Erat dicta civitas de spinis clausa. (*Chronica Astensia*, R. I. S., t. XI, 147.)

[3] Muratori, *Antiq. ital.* Diss. 26, II, 460-469.

main qu'elles en étaient redevables. Après les premiers jours d'effroi où on les avait vues se disperser, s'effacer devant les barbares, elles s'étaient rapprochées, selon l'irrésistible loi de la nature humaine; elles avaient formé de nouveaux groupes sur le modèle des précédents. Jadis, pour l'enrôlement des soldats et la perception des tributs, les empereurs avaient institué des *scholæ*, c'est-à-dire des compagnies ou associations. Sous le coup de l'invasion, elles étaient toutes devenues militaires et obligatoires; on les appelait alors *scholæ militum;* mais quand l'apaisement des passions et des appétits eut rendu aux Italiens quelque tranquillité, reparurent les associations civiles et volontaires. Les hommes de même métier se réunirent; à côté des *scholæ militum*, on vit naître et grandir des *scholæ artium*, ou corporations d'artisans et de marchands[1].

Cette renaissance primitive remonte au temps des Langobards : le jour où ces barbares renonçaient à la vie nomade, ils avaient eu besoin de constructeurs et d'artisans plus habiles qu'ils n'étaient eux-mêmes. Les institutions féodales purent diminuer l'importance de ces compagnies; elles ne les supprimèrent point. Au douzième siècle, on voyait encore, à Rome, les *scholæ* des Saxons, des Franks, des Frisons, celles des portefaix, des porte-torches, des défenseurs, des candidats, celles du Lion, de l'Aigle, du Dragon[2], c'est-à-dire quatre espèces d'associations, selon la nation, le métier, la fonction, le vêtement

---

[1] Marini, *I papiri diplomatici*, etc. Amédée Thierry, *Le roi Odoacre*, etc. (*Rev. des Deux Mondes*, 15 juin 1859, p. 969.) — Leo, I, 25-30.

[2] Baiulos, stereostatarios, stauroferos, aquiliferos, leoniferos, lupiferos, draconarios, candidatos, defensores, stratores. (*Petri Diaconi Chronicon*, l. IV, c. xxxvii, Pertz, VII, 779.) — Cf. *De laudibus Berengarii carmen*, l. IV, p. 36, R. I. S., t. II, part. I, p. 407.

ou les insignes[1]. A Venise, à Ancône, à Ravenne, à Gênes, on trouve aussi des *scholæ* solidement organisées[2]. A Milan, dès l'année 1066, les métiers étaient divisés par *contrade* ou quartiers[3]. On peut conclure que bientôt il en fut de même à Florence, car l'association était partout, hors d'Italie comme en Italie, dans la gilde ou hanse germanique comme dans les communes. Quand Otton de Freising signalait parmi les Italiens trois classes, les capitaines, les vavasseurs et le peuple[4], c'étaient autant de groupes, sinon de compagnies, qu'il avait observés. Son tort était de confondre sous le nom de peuple deux classes distinctes, deux groupes très-différents, les hommes libres, arimans ou *buoni uomini*[5], et le vul-

---

[1] Ricotti, *Storia delle compagnie di ventura in Italia*, t. I, p. 300, Turin, 1845, 4 vol. in-12.

[2] A. *Danduli Chronicon*, l. X (R. I. S., t. XII, 378). — *Annal. genuens.* (R. I. S., VI, 451). — Fantuzzi, *Mem. Ravennat.*, t. III, n° 137, p. 401, dans Ricotti, I, 300.

[3] Giulini, *Memorie spettanti alla storia di Milano*, l. XXIV, t. IV, p. 98, éd. in-4.

[4] Voy. plus haut, p. 185.

[5] Tel est le sens primitif de *buoni uomini*. Il rappelle les ἀγαθοὶ d'Athènes et le *gentleman* des Anglais. Plus tard on lit dans les lois et les chroniques : *Boni homines, juris et morumperiti, sapientes, consiliatores*; mais alors ils ont des fonctions judiciaires ou administratives. La fonction de conseiller (en allemand *Rath*) est celle qui prévaut, et tel est le sens qu'on attache plus tard au mot dont il s'agit. Mais il reste générique ; nous verrons les *buoni uomini* former diverses sortes de conseils, de commissions, de magistratures, et jusqu'à des comités de bienfaisance. (Voy. notre *Jérome Savonarole*, I, 416, Paris, 1853.) — Fauriel (I, 107-110) se trompe donc à moitié, quand il dit qu'ils constituaient « la minorité aristocratique, les personnages considérés par *la naissance*, le rang ou la fortune, » car cela ne fut vrai que plus tard. — Quant à Leo (*Entwickelung*, etc., p. 175) et Hillebrand (p. 13), ils se trompent tout à fait en disant que ce mot désigne les nobles. M. G. Capponi (*Stor. di Fir.*, I, 20) tombe dans la même erreur quand il dit : « da principio significava gli uomini per nascita ragguardevoli. » — Il est à peine croyable que Guerrazzi ait pu écrire que les *buoni uomini* étaient ainsi nommés parce qu'ils étaient élus

gaire, les serfs, *vulgus, homines servilis conditionis*[1].

Générales ou particulières, ces associations voyaient leur existence reconnue, fortifiée même par les chartes nombreuses que leur octroyaient les empereurs[2]. Obtenues sans peine quand elles étaient sans importance, arrachées une à une quand elles étaient un sacrifice du souverain intéressé à se concilier les villes, ces chartes établissaient une sorte de tradition, ou pour mieux dire étaient reçues non comme une nouveauté et une faveur gratuite, mais comme une restitution et un retour à de vieilles coutumes, dont l'ancienneté fut plus tard invoquée, quand on voulut les supprimer sous prétexte d'abus. Il y avait des priviléges qu'on arrachait aux autorités subalternes ou qu'on s'attribuait à soi-même, toujours sans bruit, pour ne pas donner d'ombrage au maître, et pour que le voisin ne conçût pas l'idée d'obtenir ou de prendre l'équivalent. On vivait ainsi assez librement, non d'après une loi fixe, mais d'après une tolérance intéressée qui en tenait lieu. A la faveur des luttes du suzerain avec ses vassaux, des vassaux entre eux, du pape contre l'empereur, les petites gens, les métiers, usurpèrent la liberté comme les seigneurs avaient usurpé la tyrannie[3], et, à la longue, s'aperçurent qu'à la condition de ne pas contester

---

parmi ceux qui avaient une grande réputation de bonté (*Assedio di Firenze*, c. VII, p. 181, Paris, 1846).

[1] Savigny, t. III, p. 80. — Leo *Entwickelung*, etc., p. 122, sq. — Bethmann-Hollweg, p. 13. — Karl Hegel, t. II, p. 143. — Stenzel, *Geschichte Deutschlands unter den Frankischen Kaisern*, t. I, p. 97, Leipsig, 1827. — Cibrario, *Della schiavitù e del servagio, e specialmente dei servi agricoltori*, Milan, 1868.

[2] On en peut voir dans Muratori, *Antiq. ital. Diss.*, 45, IV, 19, et dans Haulleville, p. 213, note 9.

[3] C'est une juste remarque de Sismondi (I, 265). E. Quinet a aussi d'excellentes réflexions sur ce sujet. (Voy. *Révolutions d'Italie*, I, 7.)

le droit du suzerain ou de son vicaire, ils avaient la bride sur le cou[1].

Comme les autres villes, mais après elles, Florence traversa ces phases obscures. Tandis qu'au Nord et au Sud on ne voyait partout que *scholæ, consorterie, fratrie*[2], Florence ne savait encore comment organiser son collége des *fabbri tignari* ou charpentiers. On fait remonter à tort au temps de Charlemagne les premiers développements de ses industries et de son trafic[3] : le grand empereur n'y contribua qu'en faisant respecter par l'envahissante Venise les droits des autres cités trafiquantes[4], et il n'est pas prouvé que Florence fût déjà du nombre; mais elle en était probablement sous Lothaire, autre carolingien, car une loi de ce prince déclarait nulles certaines écritures faites *in finibus Tusciæ*, parce qu'elles ne portaient point la date du jour et du mois[5]. Quoi qu'il en soit, n'étant située ni sur un grand fleuve navigable, ni sur un lac, ni sur la mer, ne pouvant pas plus que les autres villes compter sur les routes de terre, aussi peu

---

[1] Muratori, *Antiq. ital.*, Diss. 45, t. IV, col. 3.

[2] En 943, il y avait à Ravenne une association de pêcheurs. Voy. Muratori, *Antiq. ital.*, Diss. 75, t. VI, col. 455. Cf. Lami, *Lezioni*, et Fantuzzi. *Confrérie* traduit bien *fratrie;* quant à *consorterie*, il est à peu près intraduisible. *Coterie* est le mot français le plus proche, mais il se prend en mauvaise part ; *communauté* dit trop et *association* pas assez. Le latin *consors,* en remontant à l'étymologie, rend assez bien l'idée. De nos jours, la politique a pris en mauvaise part *consorteria*, qui devient ainsi tout à fait l'équivalent de *coterie*.

[3] Pagnini, *Della Decima*, III, 8. Lisbonne et Lucques, 1765, 4 vol. in-4°.

[4] *Epistola Hadriani papæ*, ep. 43, dans Dom Bouquet, V, 588. — Pardessus, *Collection des lois maritimes*, Introd. I, 65; Paris, 1828, in-4.

[5] Auditu comperimus in finibus Tusciæ talia scripta esse prolata quæ sunt absque mense et die mensis, de quibus volumus ut si deinceps prolata fuerint nullum habeant vigorem. (Lotharii I leges; n° 79. R. I. S., t. I, part. II, p. 147).

sûres que mal entretenues, Florence devait être tributaire, pour écouler ses produits, du port maritime le plus voisin. C'est donc au temps des plus grands progrès de Pise, après la première croisade[1], qu'il faut rapporter le tardif essor du trafic et par conséquent du travail florentin. C'est après avoir donné, par la prise de Fiesole, la preuve de son ferme dessein de conquérir la liberté de ses mouvements, que Florence cessa de se restreindre à la fabrication des objets d'utilité commune qu'employaient ses habitants, et que n'auraient pas achetés ses voisins, aussi habiles qu'elle à les fabriquer. Tardivement entrée dans la carrière, elle y dépassa presque aussitôt ses rivales et parut y marcher à pas de géant.

La première industrie que fit prospérer Florence, ce fut la préparation de la laine. On a sujet d'en être surpris, car la nature et l'exiguïté de son territoire, comme les conditions générales du moyen âge, étaient peu favorables aux progrès de l'agriculture, qui donne seule des pâturages et des bestiaux. L'herbe pousse mal sur un sol que les eaux du ciel, celles des montagnes ou la main des hommes n'arrosent pas suffisamment. On ne cultive la terre avec zèle que si les guerres publiques ou privées, les violences sans motif, les bas prix fixés aux denrées dans les temps de disette, l'interdiction de rien exporter dans

---

[1] En 1099, Pise n'avait pas assez de navires pour transporter les croisés en terre sainte : elle se bornait à leur fournir des vivres et des munitions (navium suarum quæ proficiscentem subsequebantur exercitum. — *Willermi Tyrensis Historia belli sacri*, l. VII, c. XXI, éd. Bongars, *Gesta Dei per Francos*, t. I, p. 741, Hanovre, 1611). — Un peu plus tard, les navires pisans couvraient les mers (Erant in ea cives nobiles et pecuniosi valde, quippe qui continuis navigationibus universas pene mediterraneo mari adjacentes provincias gratia commerciorum peregrinis mercibus et multiplicibus divitiis urbem repleverant. — *Ibid.*, l. XIII, c. v, t. I, p. 836).

tous les temps, n'empêchent pas le colon de recueillir les fruits qu'il a semés et de retirer de son labeur une juste rémunération. Des serfs, qui n'étaient pas libres du choix de leurs cultures, ne s'y adonnaient qu'avec l'apathie propre d'ailleurs à la servitude. Des métayers en possession d'un bail héréditaire se contentaient de vivre et ne cherchaient point à améliorer leur sort. Quand, aux dernières années du douzième siècle, on leur eut substitué des fermiers à bail temporaire, qu'on pouvait remplacer s'ils étaient inhabiles ou négligents, on n'obtint pas du premier coup les naturels résultats de cette révolution importante; on ne vit point baisser le prix de l'argent, ni s'élever celui de la terre, car les dévastations ne furent pas moins rares, les prairies mieux arrosées, les pâturages plus gras et plus abondants[1].

Florence fit donc violence à la nature, en travaillant de prédilection la laine, sans en avoir la matière première[2]. Pour expliquer ce fait singulier, l'économiste Pagnini prétend que les Florentins croyaient leur ville fondée sous le signe du Bélier, et par là destinée à l'industrie de la laine[3]. Il ne voit pas que l'origine de cet art doit être cherchée dans les rapports que les croisades établirent et multiplièrent entre l'Italie et l'Orient. C'est l'Orient que rappellent les noms des premiers tissus italiens[4]; c'est l'enfance de l'art qu'attestent ceux que leur

---

[1] Voy. pour plus de développements sur ces matières, Leo, l. II, c. II, t. I, p. 53, note, et Cibrario, *Della economia politica del medio evo*, p. 366-369, Turin, 1839.

[2] Ainsi font aujourd'hui pour la soie l'Angleterre et la Suisse, où l'on ne voit point de mûriers.

[3] Pagnini, *Della Decima*, II, 8.

[4] Velum holosericum, fundathum, alithinum, vela tiria, bizantina, etc. Voy. Muratori, *Antiq. ital.*, Diss. 25, t. II, p. 400 sq.

donna Florence : les tissus grossiers qu'elle appelait *villaneschi*, *schiavini*, n'étaient visiblement employés que pour les villains et les serfs. Quand les progrès du temps eurent rendu les communications plus faciles et les frais de transport moins onéreux, on se pourvut de laines propres à fabriquer les draps fins, en Barbarie, en Sardaigne, aux îles Baléares, en Espagne, en Portugal, en France, en Angleterre. Avec leur goût natif, les Florentins furent choqués des produits imparfaits de cette industrie aux pays où elle était le plus anciennement, le plus solidement établie, dans les Flandres et le Brabant. Se flattant de faire mieux, ils eurent l'ingénieuse idée de transporter à Florence ces draps mal fabriqués, et là, tout à loisir, de les remettre sur le métier. Leur tâche fut alors de les carder, de les tondre, de les lisser, de les tailler, et par-dessus tout de leur donner une nouvelle teinture, car c'était la plus défectueuse partie de la fabrication. Quand ils avaient pris une couleur à la fois solide et agréable, perdu ce duvet qui les rendait rudes au toucher, obtenu de plus justes et plus commodes dimensions, quand on les avait détirés et passés au rouleau, ils acquéraient une valeur toute nouvelle, qui les faisait rechercher dans tous les pays. Ils se répandaient en Italie; ils allaient en Orient, où on les échangeait contre les drogues et les couleurs employées pour les teindre; ils reparaissaient en France et en Angleterre, où le prix de la vente servait à acheter en plus grand nombre les draps destinés à une nouvelle préparation.

Ainsi non-seulement on suppléait au manque de la matière première, mais encore le travail des étrangers contribuait aux profits des Florentins. Pour perfectionner ces étoffes trop grossières et pour en faire bientôt un trafic étendu, il suffisait, en effet, d'un très-petit nombre de bras. Ce fut une branche spéciale de l'art de la laine, qui s'en distinguait en ne faisant pas la fabrication tout entière, en ne produisant que des draps fins à l'aide de draps communs achetés en pays étranger. Le souvenir de leur origine faisait appeler *panni oltramontani*, ou *franceschi*, ces produits estimés de l'industrie des Florentins; mais on savait bien reconnaître quand leur main y avait passé. A Florence même, il parut nécessaire de donner un nom spécial à cette importante branche de l'art; elle reçut celui de la rue où se trouvaient les principales boutiques de draps français. Cette rue débouchait dans le *Mercato vecchio*. On l'appelait quelquefois *Strada francesca*, mais plus souvent *Calimala*, parce qu'elle conduisait à un mauvais lieu[1], et pour la rue comme pour l'art c'est le nom qui prévalut[2].

L'origine première de cette industrie raffinée remonte probablement au onzième siècle, et ses développements au douzième. Les marchands florentins fréquentaient dès lors les foires de Champagne et faisaient un commerce actif avec la France[3]. En 1199, l'art de *calimala*, l'art des marchands, comme on disait volontiers, c'est-à-dire

---

[1] *Callis malus*. Cette étymologie est d'autant plus incontestable que dans le vieil italien, comme en espagnol, *calle* signifie rue. (Voy. *Arch. stor.* 1865, 3° série, t. II, part. I, p. 72, note 1.) —Un Allemand, Neumann, (Introduction à l'ouvrage de L. Bruni Aretino περὶ τῶν Φλωρεντίνων πολιτείας, Francfort, 1822), donne pour étymologie καλὴ et μᾶλα pour μῆλα, pluriel de l'inusité μῆλον, mouton, brebis, qui donne la laine. Mais c'est trop savant pour le peuple qui crée les noms, et trop peu pour les hellénistes, car pourquoi καλὴ au singulier féminin et μᾶλα au pluriel neutre?

[2] Voy., sur tout ce qui précède, Pagnini, II, 92, 98. — Follini, t. VI, c. XXI, p. 206, 219. — P. Villari (*Il Politecnico*, juin 1867, p. 577).

[3] Pagnini, III, 237. — Pardessus, t. II, Introd., p. 74. Dès le treizième siècle, on possède à cet égard des documents positifs. Voy. *Arch. stor.*, nuova serie, t. VI, part. I, p. 163, et part. II, p. 247.

des marchands par excellence, était constitué, avait ses magistrats particuliers[1], qui, en 1204, apposaient leur signature avec d'autres au traité conclu entre Sienne et Florence[2]. On ne saurait donc nier que dès la seconde moitié du douzième siècle les marchands de drap français étaient en pleine prospérité, et se séparaient entièrement de l'art de la laine, qui ne marchait plus qu'après eux[3].

Inférieur par le rang et postérieur par la date, venait ensuite l'art de la soie. Comme les deux précédents, il était déjà constitué en 1204 : ses chefs figurent comme les leurs au bas de ce fameux traité entre Sienne et Florence (1204), assez explicite dans son laconisme pour montrer la civilisation des Florentins bien plus ancienne qu'on ne le croit communément[4]. En 1225, en 1247, d'autres documents positifs montrent l'art de la soie acclimaté parmi

---

[1] « Præsente Stoldo Muscati tertio consule mercatorum. » (Document publié par Cantini, II, 65.) Que ces deux derniers mots doivent s'entendre de l'art de Calimala, c'est ce qui résulte d'un document de 1235 : « Consulum suprascriptorum cum consulibus mercatorum, cum prioribus artium atque decem bonis viris cujuscumque sexus. » (Doc. dans Cantini, I, 153.)

[2] Ammirato, l. I accresc., p. 67. — Pagnini, II, 83. — M. G. Capponi (*Stor. di Fir.*, I, 20) déclare qu'il n'ose ajouter entièrement foi à ce document.

[3] D'après ce qui précède, on ne s'étonnera pas que l'art de Calimala fût constitué avec des consuls particuliers dès l'an 1193; mais, en voici la preuve péremptoire dans un document des archives florentines : — « Cencio di Giambone de Ceffuli e Diede suo figlio, col consenso delle loro rispettive moglie, donano irrevocabilmente fra i vivi a Giovanni di Boninsegna e a Ugone di Angiolotti, consoli dei mercanti vecchi di Calimala, etc...» 21 octobre 1193. (Arch. di Stato, *Cartapecore Strozziane Uguccioni*).

[4] Voici, une fois pour toutes, ce que dit Ammirato, au sujet des arts dont les chefs signèrent ce traité : « Onde vi erano quei de' giudici e notai, de' cambiatori, di Calimala, de' mercanti del comune, dell'arte della lana e di Porta S. Maria (l. 1 accresc., p. 67). Or on sait que *l'arte di Porta S. Maria* est synonyme *d'arte della seta*, les marchands et fabricants de soie ayant leurs boutiques dans ce quartier.

eux[1], et ne permettent d'en reculer l'établissement ni jusqu'en 1265, quoique Ammirato n'en parle qu'à cette date[2], ni moins encore jusqu'en 1315, où l'on prétend qu'il fut importé par des Lucquois. Dès le temps de Justinien, deux moines revenant de l'Inde l'avaient introduit à Constantinople, et dès 1148 Roger de Sicile, après avoir conquis Thèbes, Athènes et Corinthe, avait amené dans son royaume des artisans qui furent les maîtres des Italiens[3]. Cinquante ans pour propager cet art de Palerme à Florence, c'est assurément plus qu'il ne fallait, avec la fréquence des relations maritimes, entre deux pays si rapprochés.

Les Florentins ne prirent que tard, dans la fabrication de la soie, le premier rang[4], qu'ils tenaient déjà dans la préparation de la laine. Peut-être n'étaient-ils ni assez nombreux pour suffire simultanément aux industries latérales que supposent et qu'entretiennent ces deux arts, ni assez sûrs de leurs débouchés pour travailler une matière dont la main-d'œuvre quadruple la valeur[5]. Tout, en effet, était obstacle au trafic d'un peuple non maître de la mer : la longueur des chemins mal entretenus et les risques de toute sorte qu'on y courait; la multiplicité, l'énormité des taxes qu'on payait pour y passer, pour traverser un pont ou un territoire, pour décharger des mar-

---

[1] Voy. ces documents dans Pagnini, II, 108-109.
[2] Ammirato, II, 131, ann. 1265.
[3] Otto Frising., l. I, c. xxxiii (R. I. S., t. VI, 668). Muratori, Antiq. ital., Diss. xxv, t. II, p. 405.
[4] Richa, IV, 257; Pagnini, II, 83.
[5] Pagnini (II, 111) dit qu'une livre de laine d'Espagne qui vaut 5 paoli (2 fr. 50), transformée en drap superfin, en vaut 40, tandis qu'une livre de soie grége, devenant étoffe, vaut non plus 30 paoli, mais 120, et même bien davantage, si l'on a mêlé au tissu des fils d'or ou d'argent.

chandises et les déposer, fût-ce sur une place publique[1] ; l'ignorance de l'écriture, qui rendait impossible par lettres une correspondance suivie avec les pays étrangers, et nécessaires de continuels voyages pour accompagner soi-même ou faire accompagner ses marchandises, ce qui mettait en mouvement un nombre de personnes hors de toute proportion avec l'importance des affaires ; enfin, quand on pouvait employer les vaisseaux d'une ville voisine, les risques ordinaires de la mer, ceux de la piraterie, et l'odieux usage de confisquer les navires naufragés avec les marchandises qu'ils contenaient[2].

Depuis longtemps les Florentins luttaient avec un grand courage contre ces obstacles. Quand ils montraient tant d'empressement à défendre, en 1113, le territoire des Pisans partis pour conquérir les Baléares, ils cherchaient à se concilier le peuple qui leur pouvait ouvrir les voies de mer. Quand ils forçaient, en 1201, les Ubaldini à protéger les marchandises florentines de passage dans le Mugello, ils voulaient s'assurer un libre passage vers la Lombardie. Quand ils concluaient, en 1203, avec Bologne un traité qui mettait fin aux représailles entre ces deux villes[3], ils poursuivaient visiblement le même but. Mais le plus sûr moyen qu'ils trouvèrent de l'atteindre et d'imprimer à leur trafic, comme à leur industrie,

---

[1] Voy. le glossaire de Ducange, art. « avaria, anchoragium, curratura, exclusaticum, foraticum, gabella, geranium, hansa, hacella, mensuraticum, modiaticum, nautaticum, passagium, pedagium, plateaticum, palifictura, ponderagium, pontaticum, portaticum, portulaticum, pulveraticum, ripaticum, rotaticum, teloneum, transitura, viaticum ». Cf. Muratori, *Antiq. ital.*, II, 4 sq.

[2] Pagnini, III, 301. — Pardessus, II, 107, 118.

[3] Muratori, *Antiq. ital.*, Diss. 49, t. III. Pagnini, II, 20. — Nous dirons plus loin ce qu'étaient ces représailles qui jouent un si grand rôle dans l'histoire des communes italiennes au moyen âge.

un prodigieux essor, ce fut la création d'un art vraiment nouveau dans la forme qu'ils lui donnèrent, celui des changeurs ou banquiers.

Depuis de longues années ils connaissaient le prix de l'argent et l'usage qu'en peuvent faire des hommes économes et sobres qui savent le gagner et ne le dépensent pas. Ils le prêtaient à gros intérêts. L'Église, ils ne l'ignoraient pas, poursuivait de ses censures ce genre de trafic, en invoquant le texte du Deutéronome ; mais ils discutaient le Deutéronome avec l'Église[1], et n'admettaient pas, comme Dante le soutint plus tard, que l'argent, de sa nature, n'est pas productif[2]. Avec leur esprit droit et pratique, ils ne comprenaient pas qu'il fût illicite de donner de l'argent à loyer, quand c'était licite pour une maison, pour une voiture, pour un cheval[3]. Ils sentaient bien que l'argent est une marchandise comme une autre, que le prêt d'argent est un service rendu à autrui et une privation pour soi-même, que la transformation du capital en un chiffon de papier en diminue la valeur in-

---

[1] « Non fœnerabis fratri tuo ad usuram pecuniam, nec fruges, nec quamlibet aliam rem — sed alieno. Fratri autem tuo absque usura id quo indiget commodabis (Deutéronome, c. XXIII, v. 19, 20.) — Mais disaient les Florentins, le livre sacré n'interdit l'usure qu'envers un frère, non envers des étrangers. — Sous la loi chrétienne, répondait l'Église, tous les hommes sont frères.

[2]
E perchè l'usuriere altra via tiene,
Per se natura e per la sua seguence
Dispregia poichè in altro pon la spene.
(*Inferno*, XI, 109-111.)

Cette explication est fort obscure; mais les commentateurs sont d'accord : « Perchè vuol rendere fruttifero il denaro che per se non è tale. » (Costa et Bianchi.) — « L'usurier prétend traiter les écus qu'il prête comme s'ils produisaient d'autres écus qu'il exige de son emprunteur. » (Ortolan, *Les pénalités de l'Enfer de Dante*, p. 74 sq., Paris, 1873.)

[3] Ortolan, *ibid*.

trinsèque, qu'on court risque de ne point recouvrer la somme prêtée, et que ce risque, comme ce dommage, exigent une rémunération.

Leur tort était de ne pas distinguer l'usage de l'abus, et de proportionner le taux de l'argent au bénéfice présumé que ferait l'emprunteur [1]. Sous Justinien, l'intérêt variait, suivant la qualité des personnes, de quatre à douze pour cent [2]; au treizième siècle, il fut porté à quatre deniers par livre et par mois, c'est-à-dire à vingt pour cent par an. La loi même fixait ce taux [3]. On ne prêtait que pour six mois. L'emprunteur payait immédiatement l'intérêt ou en faisait ajouter la somme au capital, et s'engageait, s'il ne pouvait restituer au jour fixé, ce qui était tacitement prévu et accepté de part et d'autre, à payer *pro damno et interesse*, quatre deniers par livre, pour chaque mois de retard [4]. Bientôt cet intérêt exorbitant passa pour modéré; on alla jusqu'à trente et quarante pour cent. Ce sont de tels abus que prétendait châtier Dante, quand il plaçait les usuriers sous une

---

[1] Pardessus, II, 123.

[2] 4 p. 100 pour les personnes illustres, 8 p. 100 pour les marchands, 12 p. 100 pour les personnes d'autre condition qui avaient prêté du grain, ou du blé, 6 p. 100 pour le reste des sujets. (Loi 26, cod. *de usuris*.)

[3] A Vérone, en 1228, la loi fixait le taux de l'intérêt à 12 p. 100; à Modène, en 1270, à 20 p. 100. — Voy. Muratori, *Antiq ital.*, Diss. 16, t. I, et Hallam, *View of the state of Europe*, c. ix, part. II, t. III, p. 402, Londres, 1819.

[4] Muratori, *Antiq. ital.*, Diss. 16, t. I, p. 888 sq. — Cantini, III, 161. — Le 13 juin 1216, Ulivieri, fils de Tignoso, était condamné à payer à Buonofino de Bologne quatre livres pisanes pour une créance cédée à Buono par son frère Giuseppe, et en outre à quatre livres pour intérêts de cinq ans, à raison de 4 deniers par livre et par mois. (*Arch. dipl. Pergamene delle Riformagioni di Firenze*). — Le 6 septembre 1292, Ubaldino, fils de Giovanni, empruntait à Matteo Scali cent livres pour six mois aux mêmes conditions : « pro omni damno et omni interesse quatuor denarios pro qualibet libra « singulis mensibus. » (Cantini, III, 161.)

pluie de feu, au milieu de sables ardents[1]. Mais à Florence un système financier plutôt qu'un sordide amour du lucre dictait ce genre d'opérations. On voulait empêcher la concurrence commerciale de s'établir. On comprenait que des capitaux empruntés à si haut prix ne pourraient être employés dans le commerce, où ils n'eussent jamais rapporté un intérêt supérieur ni même égal. D'autre part, les spéculateurs n'ignoraient pas quel avantage il y avait à emprunter des fonds dont les capitalistes ne trouvaient pas l'emploi dans le travail industriel. Telle est, d'ailleurs, la nature des choses. A mesure que les risques augmentent, s'élève l'intérêt de l'argent[2]. Ce qui le fixe, ce n'est pas l'avidité du prêteur, c'est la solidité de l'emprunteur. Or, tout était risque au moyen âge, dans ces temps où la violence privée déplaçait, renversait l'assiette des fortunes, et la violence publique celle des gouvernements. C'est ainsi que le taux élevé des espèces, qui en des pays moins civilisés prouve le manque de numéraire et de crédit, ne prouvait, en Toscane, que l'aptitude précoce des habitants aux questions financières et leurs saines doctrines en matière d'argent.

La papauté, qui, malgré ses censures obligées, jugeait les Florentins d'un œil pénétrant, avait eu recours de bonne heure, dans l'intérêt de l'Église, à leur habileté rare et à leurs relations déjà nombreuses. Elles les avait chargés de percevoir les revenus du saint-siége dans les divers pays de la chrétienté; elle leur payait une commission qui fut pour beaucoup dans le rapide progrès de l'industrie des banquiers[3].

[1] *Inferno*, ch. xi.
[2] On prête à l'Angleterre à 3 p. 100 et à la Turquie à 12 p. 100.
[3] « Hisce autem et curia romana utebatur ut reditus suos a variis

Rome, en effet, était, au moyen âge, le véritable centre des intérêts matériels comme des intérêts moraux. A Rome affluaient les trésors du monde entier, revenus du pape et des prélats, obole de Saint-Pierre, offrandes de toute sorte. Être chargé de percevoir ces deniers, de les faire parvenir au destinataire, c'était avoir le maniement de la plus grande partie des capitaux en circulation [1]. Dans les mains par où ils passaient, il en devait toujours rester quelque chose. Or, au douzième siècle, les Florentins portaient déjà le nom de changeurs du pape, *campsores papæ*, et les profits qu'ils tiraient de cette charge ne furent pas la moindre cause de leur invariable dévouement au saint-siége. Au douzième siècle, ils étaient sans doute insuffisants, ou Rome avait voulu répartir les bénéfices dont elle était l'occasion, car les Siennois reçurent le même titre et en retirèrent les mêmes avantages, nouveau sujet d'inimitié entre eux et leurs ambitieux voisins [2].

La signature des chefs de l'art du change florentin au bas du traité de 1204 montre bien que cet art avait dès lors une sorte d'organisation, peut-être même de statut. L'extrême complication des monnaies, qui faisait de la connaissance de l'argent une véritable science, rendait l'intermédiaire des changeurs indispensable au plus grand nombre. La livre n'était plus qu'une unité de monnaie imaginaire. Elle avait beau, comme au temps de

regnis colligeret. » (Muratori, *Antiq. ital.*, Diss. 16, t. I, 888, 890).

[1] Voy. M. P. Villari, *Il Politecnico*, décembre 1866, p. 586, 587.

[2] En 1235, Grégoire IX donne quittance « ad Angelerium Solaficum quemdam campsorem nostrum et ejus socios mercatores Senenses de omnibus rationibus quas in Anglia, Francia et curia Romana vel etiam alibi nostro vel ecclesiæ Romanæ nomine receperunt. » (Muratori, *Antiq. ital.*, Diss. 16, t. I, p. 889.)

l'empire romain et de l'empire grec, être composée de vingt sous, ces sous, quant au poids, n'en faisaient pas le tiers; ils n'avaient plus eux-mêmes qu'une valeur nominale, représentant douze deniers, et il y eut autant de livres différentes qu'on frappa de sous divers. Chaque pays, chaque ville avait ses monnaies, multiples, compliquées, et par surcroît fort lourdes, car l'or ayant disparu sous les Carolingiens, on n'avait guère plus que de la monnaie d'argent [1]. Tout payement de quelque importance devenait un embarras et un danger. Les transactions commerciales s'en trouvaient réduites dans leur nombre et leur étendue. Elles n'eussent jamais peut-être triomphé de ces complications et de ces difficultés de tout genre, si les changeurs de Florence n'avaient introduit l'usage de la lettre de change.

Que les Juifs, comme on le prétend, l'eussent jadis inventée, et les Vénitiens employée plus tard, à l'occasion des croisades, dans leur pratique commerciale [2], il importe peu. Ce sont les Florentins qui ont généralisé cet ingénieux expédient de remplacer la monnaie encombrante ou les pesants lingots par de légères feuilles de papier, rétabli d'un pays à l'autre l'équilibre entre la valeur réelle de l'argent et sa valeur légale, c'est-à-dire arbitraire, servi d'intermédiaire à ceux qui n'avaient pas partout, comme eux, des marchands et des comptoirs, donné, en un mot, l'impulsion au commerce, en supprimant les chances probables de pillage, les causes cer-

---

[1] Cibrario, *Dell' economia*, etc., p. 456. — Peruzzi, *Storia del commercio di Firenze*, p. 103.

[2] Dès 1171. Voy. *Arch. stor.*, 1865, 3ᵉ série, t. II, part. I, (*Dell' orig. di Fir.*) Weber, *Ricerche sull' origine e sulla natura del contratto del cambio*, Venise, 1810. — Pardessus, II, 111. — Cibrario, *Dell' economia*, etc., p. 472, 473.

taines de pertes devant lesquelles il reculait[1]. Ainsi ils firent de brillantes fortunes, les uns en exerçant à la fois leur industrie et le métier du change ou de la banque, les autres en concentrant tous leurs efforts sur ce dernier, qui devint le premier des arts[2], sinon par le rang, du moins par l'importance, et qui leur fit donner à eux seuls le nom de changeurs[3]. On a bien pu les flétrir sous celui d'usuriers, et de chiens lombards[4], mais on ne saurait oublier qu'en s'enrichissant ils enrichirent leurs concitoyens et leur patrie. C'est grâce aux trésors qu'ils y firent affluer, que Florence put acheter aux seigneurs leurs châteaux, pourvoir à l'équipement, à l'approvisionnement de ses milices toujours sur pied, asservir les villes voisines, s'agrandir, se fortifier elle-même, et construire dans son sein de somptueux palais.

---

[1] Le statut inédit d'Avignon de 1243 contient un paragraphe « De litteris cambii. » (Bibl. nat. de Paris, ms. anc. fonds, n° 4656), ce qui prouve que l'usage des lettres de change était déjà assez général. En 1246, Innocent IV déposait à la banque de Venise une somme considérable, pour la faire parvenir à un banquier de Francfort (Mencken, *Scriptores rerum germanicarum*, II, 1735). En 1235, autre exemple en Angleterre (Rymer, t. I, part II, p. 16). Cf. pour Venise, Marin, *Storia* etc. V, 296. Indications de Pardessus, II, 111, 112. Cf. Libri, *Hist des sciences mathématiques*, t. II, p. 39, 268.

[2] « Idque sensim primum ac præcipuum eorum negotium evasit. » (Muratori, *Antiq. ital.*, Diss. 16, t. I, p. 888.)

[3] *Ibid.*, p. 877.

[4] « Cani Lombardi ». (Boccace, *Decameron*, giorn. I, nov. 1, t. I, p. 43. Milan, 1846.) On sait qu'à Paris et à Londres il y avait une rue des Lombards ou prêteurs sur gages. Les changeurs étaient encore appelés, selon les lieux, banchieri, tavolieri, usurai, et s'appelaient eux-mêmes cambiatori ou feneratori. On sait qu'aux usuriers de Cahors on donnait le nom de caorsins. Parmi les vrais Lombards on remarquait surtout des Milanais, des Placentins, des Astésans : « Anno 1226 cives Astenses cœperunt præstare et facere usuras in Francia et ultramontanis partibus, ubi multam pecuniam lucrati sunt. » (Ogerius Alferius, *Chron. Astense*, R. I. S., t. XI). (Muratori, *loc. cit.* p. 890).

A ces quatre arts, il en faut ajouter trois autres, déjà constitués en 1193[1] : les médecins et les apothicaires, dont dépendaient les chirurgiens et les accoucheuses, et qui tiraient leur importance non des soins qu'ils donnaient à la vie et à la santé de leurs semblables, mais des drogues et des épices de l'Orient, alors si recherchées, dont les *speziali* ou apothicaires avaient le dépôt et le débit[2]. Venaient ensuite les peaussiers, très-florissants aussi, car, depuis les temps langobards et carolingiens, la mode s'était maintenue, chez les grands et même chez les petits, d'employer peaux et fourrures, pour se vêtir et pour orner ses vêtements[3]. Si ces deux arts ne sont pas au niveau des premiers, c'est qu'ils n'avaient pour objet que de répondre, dans le pays même, aux exigences usuelles de la vie, et que la règle, chez les Florentins, fut toujours de donner le pas à ceux qui leur ouvraient de vastes débouchés, qui leur assuraient des relations étendues au dehors. Plus tard, quand Florence eut des galères, quand elle eut obtenu dans l'Orient, sur les bords de la mer Noire, à Constantinople, en Égypte, des franchises égales à celles des Vénitiens, des Pisans et des Génois, le trafic des épices cessa d'être local et connut les grandes affaires ; mais il ne put jamais s'élever au premier rang, soit qu'il nuisît aux apothicaires devenus marchands

---

[1] Un document de 1193 parle de sept recteurs des arts : « septem rectores qui sunt super capitibus artium ». (*Arch. delle Riform.* lib. xxvi des *Capitoli.*) Voy. Cantini, I, 124, 125.

[2] Cantini, III, 173-174.

[3] En 772, Ansprandus, roi des Langobards, « vilibus vestibus, sive pelliciis, utebatur. » (Paul Diacre, l. VI, c. xxxv, R. I. S., t. I, part. I, p. 502.) — Charlemagne portait en hiver des peaux de loutre. « Ex pellibus lutrinis thorace confecto. » (*Vita Karoli Magni per Eginhardum scripta*, c. xxiii, dans D. Bouquet, V, 98), et en été, à la chasse, des peaux de mouton, « pellicium berbicinum. » (Mon. S. Gall. l. II, c. xxvii, dans D. Bouquet, V, 133.)

d'avoir dans leurs rangs les médecins et les chirurgiens, empiriques et opérateurs qui ne vendaient pas, soit que l'avance prise par les arts précédents fût trop considérable pour qu'ils pussent être rejoints.

Un dernier art, toutefois, qui date aussi de ces temps reculés, fut l'objet d'une exception flatteuse : c'est celui des juges et des notaires. Eux non plus ils ne vendaient point ; mais ils rendaient la justice, cet impérieux besoin du faible dans des temps de violence. On les tenait donc en haute estime ; on leur donnait, comme aux chevaliers, le titre honorifique de *messere ;* on leur accordait, ce qui était un honneur dans une ville de marchands, l'autorisation de se constituer en corps de métier. On fit plus encore : à la longue, l'art des juges et des notaires obtint le premier rang [1]. Jadis, au temps des comtes, il n'y avait qu'un tribunal ; il y en eut plusieurs quand Florence se fut agrandie ; probablement un par quartier. Si le quartier manquait d'un local convenable, le tribunal tenait ses séances dans la vieille église de San Michele in Orto, où se trouvaient aussi les greniers pour les grains [2].

---

[1] La première mention d'un tribunal florentin est de 1197 : « Restaurat damnum judex et compagnus Arrigucci existentes consules in curia S. Michaelis in orto super facto justicie. Judice vero Spinellus Spade, provvisoribus Cavalcante de Ultrarno et Guarenti Bertoldi, notarius Albertus. » (*Archivio de' monaci di Passignano*, dans Cantini, III, 62.) — La première mention de *l'art* des juges se trouve dans un traité conclu entre Florence et Orvieto, en 1229 (Voy. Cantini, I, 153 note) ; mais ces documents, les plus anciens qui nous aient été conservés, ne sont évidemment pas les premiers ; il tombe sous le sens qu'il y avait des tribunaux avant l'année 1197. Ce serait manquer de critique que de dire qu'une institution date seulement de l'année où il en est parlé dans les documents.

[2] Malgré les conclusions contraires de Cantini, cela nous paraît résulter des textes qu'il cite (III, 57, 58). Suivant lui, tous les tribunaux auraient siégé à San Michele, mais ce n'étaient pas ceux des quartiers ou *sesti*, qui n'étaient pas encore créés. C'est jouer sur les mots. Que Florence ne fût pas divisée déjà en six quartiers, c'est probable, mais elle avait des quartiers,

Le désir d'assurer la libre impartialité des juges, en les affranchissant des influences du voisinage, fut sans doute pour beaucoup dans cette translation.

Durant la première moitié du treizième siècle, la plupart des tribunaux, et peut-être tous, émigrèrent ainsi à San Michele in Orto[1]. Ils ne trouvèrent pas tous place dans l'église même ; ils s'établirent dans le jardin où elle était située, dans des constructions antérieures ou faites exprès pour eux, et qu'on désignait, aux actes publics, en indiquant les propriétés particulières auxquelles elles étaient contiguës[2]. Sur la porte était une enseigne, comme aux boutiques des marchands : ici un chevalier, là un lion, ailleurs une rose, et c'est par ces signes qu'on distinguait officiellement les divers tribunaux[3]. Un consul, un juge, deux provéditeurs, deux notaires, c'est ainsi, généralement, qu'ils étaient alors composés.

Qu'il y eût encore d'autres métiers, c'est ce que prouvent jusqu'à l'évidence les besoins primordiaux de toute agglomération d'hommes. Pas plus alors que plus tard, Florence ne pouvait se passer de boulangers et de bouchers, de tailleurs et de cordonniers ; mais ces industries, et d'autres encore, réputées viles, ne comptaient pour rien dans l'État. Le nombre était peu considérable

correspondant à ses quatre portes. D'ailleurs, sur les cinq documents que cite Cantini, il y en a au moins deux où il n'est pas dit que les tribunaux dont on parle soient établis à San Michele ; ce sont ceux de Porta San Piero et de San Pier Scheraggio.

[1] « In curia porte S. Pancratii posita in orto S. Michaelis (1243). In curia sextus Burgi sita in Orto S. Michaelis. » (1249.) — « Curie sextus Ultrarni site in Orto S. Michaelis. » (1260.) — (Documents dans Cantini, III, 59-61.)

[2] « Juxta domum filiorum olim Adacti existentibus ; — ad pedem domus Romaldellorum ; — ad pedem turris fil. (*sic*.) » (Cantini, *loc. cit.*)

[3] « Ubi est signum equitis ; — ubi est signum leonis ; — ubi est signum rose. » (Cantini, III, p. 58-65.)

des habitants qui y comptaient pour quelque chose : aux dernières années du xiii² siècle, ils pouvaient encore tenir leurs assemblées dans des églises ou des palais[1], et à la fin du xv², le *peuple* se composait à peine de trois mille deux cents personnes, quoique la ville se fût beaucoup agrandie, quoiqu'on eût fait des révolutions et des lois pour étendre le droit de cité. Un auteur moderne suppose que dans les premiers temps de la vie communale, il n'y avait pas, à Florence, plus de quinze cents citoyens, dont mille seulement étaient éligibles aux emplois[2]. On n'en saurait être surpris. Le *contadino*, toujours attaché à la glèbe, n'avait ni les droits du citoyen ni même ceux de l'homme libre. Dans la ville, il y avait beaucoup d'habitants de condition servile[3], et plus encore qui étaient libres sans prendre aucune part à la vie publique. C'est qu'il ne suffisait point de ne pas devoir la naissance à des serfs ou à des fils de serfs ; il fallait en outre payer des impôts, qu'on ne demandait qu'aux nobles résidant à Florence et à l'aristocratie marchande des sept arts ou métiers.

A la tête de ces métiers étaient placés des chefs qui portaient en 1193 le nom de recteurs[4], qui reçurent en 1204 celui de prieurs et un peu plus tard celui de consuls des arts, auquel succéda enfin le nom générique de *capitudini*[5]. Ils avaient déjà porté celui de consuls, dans

---

[1] Voy. Archivio di Stato, novembre 1287. *Provvisioni della Repubblica*, t. I.

[2] M. P. Villari, dans le *Politecnico* de Milan, juillet 1866, p. 7, 8.

[3] Au XV² siècle, on parle encore d'esclaves ou de serfs laissés en héritage, et, même alors, les *contadini* n'avaient pas le droit de cité. (Voy. P. Villari, *loc. cit.*)

[4] Voy. la note 1 de la page 204.

[5] « Qui sunt super capitibus artium. » (Doc. dans Cantini, I, 124-125.)

les siècles antérieurs, où on le donnait indistinctement à tous les magistrats, aux évêques même et jusqu'aux empereurs [1]. Ils le perdirent le jour où on voulut l'employer pour désigner les magistrats municipaux, c'est-à-dire où l'on distingua entre les chefs de la ville et ceux des métiers.

Cette distinction ne fut nécessaire qu'assez tard. Elle ne l'était point tandis que Florence vivait sous le joug de son comte ou de son évêque. Il n'y avait alors d'autres magistrats que ceux qui veillaient aux intérêts des corporations, et qu'à l'origine on confondait avec les *scabini* ou échevins installés dans les tribunaux [2]. A mesure que les métiers, plus considérables par le nombre de leurs membres et par la richesse que produisait leur travail, se groupèrent par quartiers, leurs chefs y tinrent une grande place. Sans y avoir d'autorité officielle, ils y faisaient la police et presque la loi. Rien n'était changé dans leurs attributions; mais ils avaient plus de crédit et aussi plus d'exigences : ils parlaient haut et se faisaient écouter. Quand il fallait prendre quelque mesure d'intérêt général, quand quelque danger menaçait la ville, il était naturel qu'ils se réunissent pour aviser, car, réunis,

---

[1] Dans un document de 998, Otton III se donne à lui-même le nom d'*Imperator consul*. Au IX° siècle, la chronique des comtes d'Anjou était intitulée *Gesta consulum Andegavensium*. Le comte Bernard de Foix est *consul de Fuxo*, et Bernard, vicomte de Nemours, *proconsul*. Un document de 1227 nomme le comte de Flandres alternativement *comes* et *consul*. Henri II, s'adressant à des évêques, leur écrit : *O egregii consules!* Ce nom, enfin, est donné par les familles à leurs chefs. (Voy. Bethmann-Hollweg, *Ursprung* etc., p. 151, notes 15, 16, 17, et Haulleville, t. I, p. 429). C'était un souvenir du vocabulaire romain.

[2] Voy. Ad. Pawinski, *Zur Entstehungsgeschichte des Consulats in den comunen Nord und Mittel Italiens*, Berlin, 1867. Cet auteur complète Karl Hegel par Wüstenfeld. Il commet d'assez graves erreurs, mais il a bien étudié sa matière.

on pouvait sans exagération dire qu'ils représentaient la communauté, tous ses membres appartenant à une au moins des associations dont elle se composait. De même, quand l'autorité centrale des vicaires impériaux commença de s'effacer par impuissance, les consuls des métiers étaient seuls en mesure de recueillir son héritage, et c'est ainsi, sans institution formelle, qu'ils devinrent des magistrats communaux [1].

Ce que l'histoire appelle improprement « la révolution des consuls, » n'est donc autre chose que le lent, l'insensible progrès de leur pouvoir, et l'on ne saurait assigner aucune date précise à cette transformation [2]. Des consuls ayant d'autres attributions que de gouverner leurs métiers, il y en avait à Fano, à Osimo, à Ancône en 883, à Rome en 904, à Orvieto en 975, à Ravenne en 990, à Ferrare en 1015, à Pise et à Gênes en 1100 [3]. Il y en eut à Florence tout au moins en 1101. A cette date, deux magistrats portant ce titre promettent au nom de Florence de rendre la justice aux habitants de Pogna, qui ont fait leur soumission. Dans cet acte, si heureusement arraché aux injures du temps comme à l'incurie et aux violences des hommes [4], il est parlé, chose plus digne encore d'at-

---

[1] Ammirato a bien vu que telle était la vérité. « Essendo i consoli delle arti, dit-il, gli stessi che quei del comune. » (L. I accr., t. I, p. 67.)

[2] On ne peut non plus dire quand le prévôt des marchands de Paris, sans cesser d'être le chef d'une corporation, devint le chef de la municipalité.

[3] Flaminio dal Borgo, *Diplomi pisani*, p. 83. — *Ann. genuens.*, R. I. S., t. VI, 247. — Leo, l. IV, c. IV, t. I, p. 278. — Haulleville, t. I, p. 432.

[4] Devant un fait si positif, il serait oiseux de s'arrêter aux conjectures et aux contradictions des auteurs, même presque contemporains. Paolino dit (R. I. S., Suppl. II, 16) en 1117. Villani en parle pour la première fois à la date de 1177 (M. Hillebrand dit à tort 1170). Ammirato (I, 56) en 1176. D'après un document cité par Raumer (*Wiener Jahrbücher der Litteratur*, t. VIII, p. 69), ce serait en 1172. Neumann (*loc. cit.*) dit vaguement de 1080 à 1150, ce qui est une manière sûre de ne pas se tromper. — Le P.

tention, d'élections nouvelles et même d'assemblées[1]. Ces assemblées étaient encore rudimentaires, telles que les peut avoir une ville sans importance : tous les clercs et laïques y étaient convoqués[2]. La comtesse Mathilde, qui se trouvait à Florence en juillet 1101[3], admettait donc ces stipulations particulières des villes de ses États entre elles, et ces consuls municipaux qui méritaient sa bienveillance en professant le même respect pour son autorité que pour celle de l'empereur[4]. Il y avait dès lors une sorte non pas de constitution, mais de coutume communale, permettant la réunion des citoyens dans certaines circonstances, et l'élection de leurs magistrats.

A Florence et dans les autres villes, les consuls, en général, étaient élus pour un an. On ne leur donnait pas de plus longs pouvoirs par crainte qu'ils ne prissent le goût de la domination[5]. Leur nombre varia de un à

Ildefonso de S. Luigi a publié une liste des consuls de 1138 à 1210 (*Delizie degli eruditi Toscani*, VII, 136-144).

[1] « Item pro hoc facto faciemus arringum et percipiemus populo sub juramento ut hec omnia firma teneant et eis non excomandabimus. Item, quando eligemus arbitros, faciemus eos jurare ut mictant in constituto ut consoles sequentes, civitatis vel rectores ita teneantur firmum tenere. Et sic gradatim de consulato in consulato observari debeat in perpetuum. » (Arch. di Stato. Doc. dans Cantini, I, 75.)

[2] « In presencia omnium clericorum et laïcorum civitatis Florencie... majores et minores convocati more solito. » (Doc. cité par A. Desjardins, *Négociations diplomatiques de la France avec la Toscane*, t. I, Introd., p. 42, 43. Paris, 1859.)

[3] Voy. Fiorentini à cette année.

[4] Cantini (I, 79, 82) suppose que Mathilde donna la liberté à Florence pour la récompenser d'avoir soutenu un siège contre Henri IV en 1081. Il est bien plus probable qu'elle la lui laissa prendre. Peut-être cependant lui fit elle, comme à Pise, à Mantoue, à Crémone, à Guastalla, etc., de ces concessions de détail qu'elle accordait le plus souvent aux églises, mais quelquefois aussi aux hommes, *hominibus*. — Le savant Lami se trompe donc quand il dit que les Florentins ne commencèrent à se mettre en liberté qu'après la mort de Mathilde.

[5] « Consules eliguntur, neve ad dominandi libidinem prorumpant, sin-

vingt; le plus souvent il se tenait entre les deux, et il en dut être ainsi tant que la distinction ne fut pas nettement établie entre les consuls des métiers et ceux de la commune[1], entre les consuls qui rendaient la justice et ceux qui avaient la charge du gouvernement. « Sur ce point comme sur tant d'autres, Florence paraît singulièrement en retard : en 1127 à Rome, en 1133 à Gênes, en 1158 à Milan, on distinguait déjà les consuls *de placitis*, des consuls *de communi*[2]. A Florence, on ne trouve guère mentionnés qu'en 1204 les *consules civitatis* et les *consules justitiæ*[3]. Mais depuis longtemps déjà ces charges sont remplies par des citoyens dont les noms faisaient alors ou ont fait depuis grande figure dans les annales de leur ville : au consulat se succèdent les Albizzi, les Alberti, les Amidei, les Cavalcanti, les Giandonati, les Tornaquinci, les Infangati, les Caponsacchi, les Guidi, les Uberti, les Fifanti, les Abati, et d'autres encore[4]. A la fin,

---

gulis pene annis variantur. » (Otto Frising., II, 13. R. I. S., t. VI, 708).

[1] En 1174, huit consuls sont chargés de recevoir un acte de donation ; en 1176, neuf signent un instrument de paix entre Sienne et Florence ; en 1201, onze sont mentionnés dans un acte de récompense (Documents dans Cantini, I, 91-93 ; II, 85). — Voici un tableau d'après la liste des *Delizie* ; mais il ne faut pas oublier que cette liste, dressée d'après des documents particuliers, doit être incomplète :

année.	consuls.	année.	consuls.	année.	consuls.	année.	consuls.	année.	consuls.
1138	2	1181	3	1187	2	1194	2	1200	2
1172	2	1182	2	1188	3	1195	2	1201	13
1173	2	1183	2	1189	3	1196	1	1202	5
1174	8	1184	2	1190	2	1197	20	1203	9
1176	9	1185	2	1191	3	1198	8	1204	10
1180	2	1186	3	1192	3	1199	4	1210	2

[2] *Ann. genuens.*, l. I. (R. I. S., t. VI, 255). — Cianelli, t. I, p. 185. — Leo, l. IV, c. vi, t. I, p. 326).

[3] Voy. la liste des *Delizie*, etc., VII, 136-144. — Villani (V, 32) ne voit pas cette distinction et, par conséquent, ce progrès.

[4] Cantini, I, 91-93.

l'usage prévalut de fixer le nombre des consuls communaux ou politiques d'après celui des portes ou des quartiers, en donnant à chacun de ces quartiers tantôt un, tantôt deux consuls[1] ou prieurs[2]. C'est alors seulement que Florence commença à avoir un gouvernement digne de ce nom, gouvernement communal et oligarchique, où un sénat de cent *buoni uomini* paraît avoir eu mission d'élire comme de contrôler les consuls[3], et qu'on appelle, dans le langage du temps, *commune civitatis*. Le chroniqueur Paolino de Pieri[4] en fixe la date à l'année 1195. « Auparavant, dit-il, Florence se gouvernait à la manière des villages, sans ordre, bon usage ou statut[5]. »

Si dès lors elle se gouverna mieux, si elle connut l'ordre, si elle eut comme les villes voisines[6] un statut,

---

[1] Ailleurs comme à Florence : Viterbe a 4 quartiers, et 4, puis 8 consuls ; Crema, 27 quartiers et 27 consuls ; Pérouse, 5 portes et 10 consuls ; Lucques, 3 arrondissements et 12 consuls. Voy. Ferrari, II, 14, et Sismondi, I, 270.

[2] Un document du 1er mars 1202 parle des « Priori di ciascun sestiere di Firenze. » (Arch. di Stato, *Cartapecore Strozziane Uguccioni*).

[3] Voy. une étude de M. P. Villari dans *Il Politecnico* de Milan, juillet 1866, p. 6, 8.

[4] C'est-à-dire fils de Pieri. Cela soit dit une fois pour toutes. La particule *di* n'a pas d'autre sens en italien dans les noms propres. Elle n'indique ni noblesse, ni grande famille, tout au contraire. Pour les grandes familles, on disait *des* (de' devant les consonnes, pour *dei*, et *degli* devant les voyelles) : par exemple, Cosimo des Medici.

[5] « Comiciò Firenze ad avere consoli che in prima si reggeano a modo di ville, sanza ordine o statuto o buona usanza. » (Paolino, R. I. S., Suppl. II, 9). A partir de cette année 1195, Paolino donne une liste de consuls assez semblable à celles des autres auteurs, si l'on tient compte des fortes variantes sous lesquelles sont souvent présentés les mêmes noms. Il ne donne guère, d'ailleurs, que celui du principal consul de chaque année, en ajoutant : *e suoi compagni*. Tel était l'usage primitif.

[6] Lucques, par exemple, avait un statut dès 1198. Voy. à cet égard des détails très-précis dans *Memorie e documenti per servire alla storia di*

c'est-à-dire des constitutions écrites, elle le dut, on vient de le voir, à ses métiers, auxquels elle empruntait leur organisation en l'élargissant. Mais les gens des métiers n'habitaient point seuls Florence. Auprès d'eux vivait une classe d'hommes nobles qui les méprisait, parce qu'ils travaillaient de leurs mains, et qui les haïssait parce qu'ils acquéraient ainsi des richesses qui les rendaient puissants. Cette classe se composait des familles allemandes qui, suivant l'exemple des Uberti et des Lamberti, avaient déserté la cour de l'empereur pour venir chercher, sur les bords de l'Arno, une résidence de leur choix ; puis de celles qui étaient volontairement descendues de leurs castels campagnards pour demander à la vie urbaine des avantages, des jouissances dont elles étaient privées, et qui, pour ravoir leurs priviléges, confisqués par l'évêque ou par la ville, rentraient dans le droit commun, assurant ainsi à l'égalité civile un progrès d'autant plus remarquable qu'il vint d'une aspiration des anciens maîtres, au lieu d'être une conquête sur eux. Enfin, à ces familles il faut joindre celles qui, vaincues et par contrainte, avaient suivi le même chemin.

Ces citoyens malgré eux subissaient les mêmes obligations et n'avaient pas le droit de les trouver trop dures, puisque d'autres de leur race s'y étaient volontairement soumis. Si certaines conditions, dont nous avons parlé en rapportant leur défaite, leur étaient particulières, ils ne pouvaient s'en prendre qu'à eux-mêmes, puisqu'elles n'étaient qu'une garantie contre leur esprit de rébellion. Bien des priviléges, au surplus, les rendaient suppor-

---

Lucca, t. III, part. III, p. 10, Préf., volume publié en 1867 par l'Académie de Lucques, pour faire suite à Cianelli.

tables. Ces seigneurs qu'on appelait alors capitaines et qu'on appela bientôt grands ou magnats, étaient déclarés non justiciables des tribunaux consulaires. On tolérait qu'ils vécussent au sein d'une opulence dont nul ne recherchait plus la coupable origine, entourés d'une clientèle nombreuse d'hommes habitués à porter des armes et à en faire usage sans scrupule. On approuvait qu'ils cherchassent les occasions de montrer leur capacité militaire ; on ne leur marchandait, au retour, ni les honneurs, ni les récompenses. C'est parmi eux qu'une population de bourgeois et d'artisans prenait de préférence ses consuls. Elle n'avait garde de leur enlever les châteaux qu'ils possédaient encore. Elle trouvait bon qu'ils y résidassent durant la belle saison, où l'on faisait la guerre [1], comme en des postes avancés qui formaient une ligne de défense autour de la ville; elle faisait d'eux, en quelque sorte, des feudataires communaux. Jadis elle avait exploité contre eux le mécontentement des campagnards ; maintenant, c'est contre les campagnards qu'elle tournait leurs bras. Ne pouvant admettre les prétentions des bourgs à l'indépendance sans se créer de nouveaux ennemis, ni les absorber, comme elle avait fait les seigneurs, sans introduire dans ses murailles un élément plus nombreux que n'étaient ses citoyens, elle voyait dans les capitaines de précieux instruments contre les localités voisines; elle s'applaudissait de leur concours autant que de leur soumission [2]. Ce concours, chose étrange, ils ne le refusaient pas même contre les hobereaux encore récalcitrants, et

---

[1] On ne faisait la guerre que de mai à octobre. Voy. Ricotti, I, 64.

[2] Partout il en était de même. Ne pouvait-on, comme à Florence, l'obtenir par la force, on l'achetait, comme à Gênes, à beaux deniers comptants. Voy. *Ann. genuens.*, l. II, R. I. S., t. VI, 349.

c'était fort heureux, car leur inaction eût rendu impossibles ces nouvelles campagnes : on eût pu craindre qu'ils n'abusassent, à l'intérieur, de l'éloignement des milices pour se rendre les maîtres. Un auteur moderne ne les compare pas sans raison au renard de la fable, qui, ayant perdu sa queue, la voulait couper à tous ceux de son espèce[1]. Quant aux seigneurs qui regimbaient devant l'humiliation d'un traité, on leur rendait l'existence si dure, qu'ils ne pouvaient éviter de résider à Florence qu'en cherchant un refuge dans quelque autre cité. Chacune ayant ainsi ses émigrés, Florence n'y perdait rien : la renommée de son beau site et la vie agréable qu'on y menait, y faisaient accourir de toutes les villes de l'Italie centrale infiniment plus de nobles habitants que son voisinage immédiat ne leur en envoyait. La rébellion, d'ailleurs, devenait de jour en jour plus rare. « Dans la seconde moitié du XIIe siècle, écrit Otton de Freising, on n'eût pas trouvé un personnage de marque qui ne fût soumis à sa ville[2]. »

Mais cette soumission, volontaire ou forcée, ne changeait pas le naturel d'hommes belliqueux, qui avaient toujours vécu de la guerre, et que le peuple florentin, dans son propre intérêt, poussait à en vivre comme par le passé. Ceux qui n'habitaient Florence qu'à leur corps défendant, se tenaient en garde contre les attaques des citoyens, auxquels ils prêtaient leurs propres sentiments. D'autres, établis dans le même quartier, dans la même rue que d'anciens rivaux, se croyaient tenus à prendre

---

[1] Trollope, I, 68.
[2] « Vixque aliquis nobilis vel vir magnus tam magno ambitu inveniri queat, qui civitatis suæ non sequatur imperium. » (Otto Frising., l. II, c. XIII, R. I. S., t. VI, 708-709.)

contre eux l'offensive ou à se tenir du moins sur une défensive armée. Tous ils avaient des querelles sans cesse renaissantes avec des gens de toute condition dont ils ne pouvaient plus éviter le contact, avec qui ils vidaient par les armes leurs moindres différends. Ne se croyant nullement en sûreté, ils marchaient la dague au poing, regardant derrière eux et au détour des rues; ils transformaient en forteresses leurs maisons, ils y élevaient de hautes tours, comme dans leurs châteaux de la campagne[1], à l'imitation de celles qui, dans la ville même, avaient été, au xe siècle, en des temps de détresse effroyable, le dernier et souvent l'inexpugnable refuge des malheureuses populations contre les Normands, les Sarrasins, les Awares et les Hongrois[2]. Peu nombreuses alors, ces tours le devinrent tant, grâce aux capitaines, que l'exagération de chroniqueurs sans critique en donne dix mille à Pise[3]. Villani, plus soucieux du vraisemblable, n'en attribue, dans le principe, que cent cinquante à Florence[4]. Il y en eut plus tard bien davantage, puisque chaque grande famille, chaque famille riche, eut la sienne, puisque aujourd'hui même, après tant de siècles écoulés et de ruines accumulées, on en voit debout un si grand nombre encore, qui donnent à la

---

[1] M. Trollope (I, 64) croit à tort que l'on commença à bâtir des tours à la suite des troubles suscités par les Uberti, en 1177. C'est un fait beaucoup plus général et commun à toutes les villes. On bâtissait en prévision de ces faits de guerre qui étaient alors le principal de la vie.

[2] Muratori, *Antiq. ital.*, Diss. 26. t. II, p. 493.

[3] « Credat qui velit quæ de Pisana civitate scripsit Benjamin Tudelensis Judæus in *Itinerario*, in hæc verba loquens : Ingens urbs in cujus domibus fere decem mille turres numerantur ad pugnandum aptæ et instructæ. » (Muratori, *ibid.*, p. 495.) Marangone va jusqu'à 15,000. (R. I. S., Suppl. I, 338).

[4] Villani, III, 3.

ville des fleurs un aspect si sévère et si singulier[1].

Ces tours, de forme carrée ou rectangulaire, n'avaient pas plus de sept ou huit mètres de côté, mais elles n'en avaient guère moins de deux d'épaisseur. Les matériaux dont elles se composaient, pierres, moellons, gros cailloux arrachés au lit de l'Arno, étaient unis par un ciment si solide que la mine et l'acier auraient eu peine à les disjoindre, à les renverser. Celles qui ont disparu du sol n'ont point succombé à la vétusté; c'est la main des hommes qui les a détruites. On y entrait par une porte le plus souvent étroite et basse; on y montait par un escalier plus étroit encore. A chaque étage, une seule fenêtre; aux angles, parfois un soupirail, pour donner passage à la lumière, surveiller l'ennemi, lancer des flèches. Au sommet, une terrasse crénelée d'où l'on pouvait frapper sans être atteint. La forme des créneaux indiquait la faction qui en faisait un de ses réduits[2]. De toutes les ouvertures pleuvait, à l'occasion, une grêle de pierres, de flèches, de traits. Sur la terrasse on établissait des machines, comme celles de l'antiquité, pour atteindre plus loin. La porte avait-elle été enfoncée ou brûlée, les assaillants ne pouvaient qu'un à un, pour ainsi dire, gravir les degrés; on les tuait presque sans péril, on se faisait un rempart de leurs corps. La défense avait tous les avantages dans l'asile presque inexpugnable de ces tours. Aussi

---

[1] Pour se rendre compte de ce qu'il y a encore de tours à Florence, il faut monter sur une d'elles ou sur une des collines du midi, qui sont plus rapprochées que celles du nord, les jardins de Boboli, par exemple, ou la nouvelle et admirable promenade des *Colli*, œuvre de M. le syndic Ubaldino Peruzzi.

[2] Les créneaux guelfes étaient rectangulaires; les créneaux gibelins, évasés par le haut en forme de V. (Voy. un dessin curieux dans un intéressant mémoire de M. Gargani, *Della casa di Dante*, entre les pages 10 et 11. Florence, 1865.)

servaient-elles de point de ralliement. On s'y donnait rendez-vous pour aller à l'attaque d'une maison, d'une tour ennemie; on y revenait, en cas de défaite, pour s'y retrancher au besoin. Quelquefois elles étaient si rapprochées qu'on pouvait se frapper de l'une à l'autre [1]. Spectacle étrange que celui d'une ville si petite encore et où tant de formidables forteresses attestaient que l'état de guerre domestique était l'état normal de ses habitants!

Les nobles, en effet, n'étaient pas les seuls fauteurs de division et de discorde. Les marchands et les artisans, séparés entre eux par les intérêts rivaux de leur industrie ou de leur trafic, ne regardaient au-dessus d'eux qu'avec jalousie, et au-dessous qu'avec mépris. Comme ils n'osaient encore s'attaquer ouvertement à ces rudes seigneurs, ils les voyaient avec joie s'appauvrir par leur vie improductive et par leur luxe, s'épuiser par leurs querelles et par leurs sanglantes altercations. Ils ne leur contestaient point le funeste privilége que revendiquait fièrement leur folie, de vider entre eux leurs différends, sauf à les traiter sans égards, quand, de guerre lasse, ou dans l'impuissance de se détruire les uns les autres, quelques-uns des magnats s'adressaient aux tribunaux [2]. Ils vivaient en défiance d'une troisième classe, de beaucoup la plus nombreuse, mais qui, n'étant pas composée d'hommes anciennement libres, ne comptait pour rien dans l'État. Confuse agglomération de serfs, d'affranchis

---

[1] Par exemple à Por S. Maria, où l'on en voit encore sept dans un étroit espace. Au Mercato vecchio, qui était alors le centre de la ville, il y en avait davantage. Une ancienne église située en cet endroit portait le nom de S. Maria tra le torri. (Voy. sur tout ce qui concerne les tours, une excellente étude de M. Simonin dans la *Revue des Deux Mondes*, 1ᵉʳ février 1873, p. 651-652.)

[2] Voy. Leo, l. I, c. vi, t. I, p. 313.

qui naissaient à la liberté, de gens sans avoir, sans feu ni lieu, cette classe avait beau être exclue de toutes les charges, de tous les conseils, de toutes les élections, on savait trop de quel poids pesait, dans les jours d'émeute, son robuste bras, pour ne pas redouter ses lents, mais continuels progrès. En les redoutant, chose étrange, on était réduit à les favoriser. La condition du serf, si supérieure à celle de l'esclave, dans un temps où il y avait encore des esclaves[1], tendait à s'élever davantage, non-seulement parce que la richesse et les lumières croissantes poussent irrésistiblement les hommes à la liberté, mais encore parce que les idées chrétiennes introduisaient alors l'usage d'affranchir des serfs pour fêter les événements heureux[2], et l'intérêt social celui de faire, pour encourager l'immigration, de tout serf immigrant un homme libre dans la ville où il s'établissait[3].

Ces humbles avaient bien des étapes à parcourir avant de pénétrer dans cette classe intermédiaire de marchands qui les dédaignait à cause de leur origine et aussi de leur pauvreté ; mais le temps faisait oublier l'une et diminuait l'autre. L'assiduité, l'habileté au travail enrichissait quelquefois les plus pauvres, et devant leurs richesses s'ouvraient à la longue les rangs de la bourgeoisie qui s'infusait ainsi un sang nouveau. Le sang des nobles

---

[1] Ne fût-ce que chez les Sarrasins. Pardessus (t. IV, p. 437) montre même qu'il y en eut en Italie, à Gênes, à Florence, jusqu'au seizième siècle ; mais il pense que c'étaient des infidèles. En somme, après le treizième, l'esclavage n'est plus qu'une exception sans importance et sans intérêt.

[2] Les documents à cet égard sont très-nombreux dans le treizième siècle. Nous aurons l'occasion d'en citer. Voy. d'ailleurs Cibrario, *Sull' economia politica*, etc., p. 22. — Reinaud, *Invasions des Sarrasins en France*, p. 265, Paris, 1836.

[3] Fauriel, I, 56, 57, 107. — Hillebrand, p. 13, 14.

y vint lui-même apporter son tribut. Certains d'entre eux, dépourvus de morgue ou réduits à merci par la misère, prenaient l'héroïque parti de travailler de leurs mains. Ils ne faisaient pas toujours des guerres lucratives, ou bien ils dépensaient en peu de temps ce qu'ils avaient gagné. Ils se faisaient alors pelletiers, tisserands, charpentiers. Si c'était déroger, ceux de la caste qui ne dérogeaient pas se montraient peu sévères, dans une ville où les marchands tendaient de plus en plus à tenir le haut du pavé.

Ainsi, en même temps qu'il élevait les uns, le travail abaissait les autres. Il accomplissait cette œuvre lente de nivellement progressif qui préparait la démocratie. Il formait peu à peu cette classe mi-partie de nobles et de roturiers plus ou moins anciennement libres, que les chroniqueurs ont appelée *primo popolo*, le premier peuple, et qui constituait la cité, *il comune*, comme disaient les contemporains, sans prévoir le singulier changement de sens que les progrès populaires et les discordes civiles feraient, moins d'un siècle plus tard, subir à ce mot. C'étaient les membres de cette aristocratie composite, magnats et riches marchands, qui nommaient seuls aux emplois. Aucune incapacité légale ne les empêchait d'y être nommés. Si les roturiers portaient de préférence leur choix sur des nobles, et se contentaient d'être électeurs, c'était par une sorte de respect traditionnel et de convention tacite. S'il est vrai que l'histoire de Florence se confonde souvent avec celle des grandes familles, c'est qu'elles avaient souvent la conduite des affaires, privilége non exclusif, toujours révocable et de plus en plus contesté. Il n'en faut pas conclure, comme on l'a fait, que ce furent les nobles qui instituèrent la commune¹; il ne faut pas oublier surtout qu'à Florence les magistratures avaient une très-courte durée ; que, dans ces conditions, le véritable souverain c'étaient les électeurs, et que la classe des électeurs, nous venons de le voir, se composait d'un petit nombre de nobles et d'un nombre chaque jour plus grand de bourgeois.

Mais sauf sur ce terrain qui par moments les réunissait tous, ils vivaient séparés partout, dans la vie militaire comme dans la vie civile. Les expéditions armées, qui étaient pour les uns la seule forme honorable et fructueuse du travail, répugnaient profondément aux autres qui n'y voyaient que l'interruption de leur industrie et de leur trafic, la perte de leurs biens et de leur existence même. Cette répulsion datait de loin. Dans un temps où les Carolingiens tentaient d'établir le service obligatoire, et où l'on voyait des abbés, des évêques, des hommes de loi exercer des commandements², les humbles, qui ne pouvaient prétendre à cet honneur, imaginaient mille moyens pour échapper au service militaire : ils vendaient leurs biens ou en faisaient une donation fictive ; ils se réduisaient à la condition de serfs d'Église. Charlemagne avait dû défendre que personne sans sa volonté se consacrât à Dieu, et Lothaire déclarer libres les enfants nés d'une femme libre et d'un homme volontairement esclave. Les comtes étaient tenus de forcer les récalcitrants à marcher sous leurs ordres³, mais jamais ils n'avaient pu que contrarier cette irrésistible tendance au repos. Loin d'en triompher, ils voyaient ceux-là même

---

¹ Haulleville, I, 427, 436.
² Ricotti, I, 18.
³ Carol. Magn. Leg. langob., c. cxxii ; Lothar. Leg. langob., c. xxii, xxiii, viii, xi, dans Ricotti, I, 4-32.

qu'on avait cru s'assurer par l'appât d'un salaire, se croire, dès qu'ils y renonçaient, affranchis de toute obligation [1].

Ainsi avait disparu l'infanterie, cette force principale des armées antiques et de toutes les solides armées [2]. Le goût des Langobards pour les chevaux, le mépris des seigneurs tudesques pour les petites gens, avaient favorisé cette fâcheuse révolution. Le mot *miles*, l'opposé d'*eques* chez les Latins antiques, avait fini par signifier vassal, cavalier, chevalier; *cavalcare* commençait à devenir synonyme d'aller en guerre [3], et les Florentins devaient bientôt donner le nom de *cavalcate* à certaines expéditions.

Toutefois, par le seul fait qu'elles devenaient des communes, qu'elles s'enrichissaient, qu'elles avaient des intérêts nouveaux à défendre, des voisins à combattre, des territoires à conquérir ou à rendre libres pour assurer leur subsistance ou leur trafic, les villes, avant même d'être complétement indépendantes, s'étaient vues dans la nécessité de s'armer pour leur propre compte, et cet armement primitif préparait, sous les formes les plus modestes, la résurrection de l'infanterie. Une population d'artisans et de marchands ne pouvait que combattre à pied. Occupés du matin au soir, ils n'avaient pas le loisir de s'exercer au maniement du cheval. Comme il fallait

---

[1] Ricotti, I, 43.

[2] Machiavel l'a non sans raison proclamé après avoir vu à l'œuvre les armées exclusivement composées de cavalerie. (*Discorsi sopra la prima deca di Tito Livio*, l. II, c. xviii, p. 231 A.)

[3] « Statuimus ut unusquisque arimannus quando cum judice suo caballicaverit, ut unusquisque per semetipsum debeat portare scutum et lanceam, et sic post illum caballicet.... ubi oportet fieri caballicago. » (*Edicta regum langobardorum*. Rachis, leg. A, 746, c. xi, éd. Baude de Vesme, dans Ricotti, I, 11.)

toujours être prêt, ils organisèrent militairement les quartiers, circonscription commode, déjà adoptée pour l'administration judiciaire et civile. Chaque quartier avait sa bannière, autour de laquelle se rallièrent les compagnies de milice qu'il était tenu de fournir. Quand Florence en eut six, ce qui ne tarda guère, on les reconnut à leurs couleurs : le gonfalon d'Oltrarno était blanc ; celui de Porta San Piero jaune ; celui de Porta del Duomo vermeil. Les trois autres quartiers mariaient leurs couleurs : le Borgo le blanc et l'azur, San Pancrazio le rouge et le blanc ; San Pier Scheraggio se distinguait par des bandes alternatives, jaunes et noires [1].

Uniquement destinées, dans le principe, au maintien de l'ordre public à l'intérieur, ces milices, peu à peu, se laissèrent entraîner à quelques expéditions extérieures. Mais alors elles voulaient que la nécessité en fût évidente et la durée de peu de jours. Ce ne fut pas leur faute si l'occasion s'en renouvela fréquemment. Avec leur esprit calculateur, ces marchands armés supportaient les chances de succès et de revers dans une entreprise belliqueuse comme dans une entreprise commerciale. Doués de plus de bon sens que de fol héroïsme, ils ressemblaient moins à ces chevaliers du Nord qui ne reculaient pas, même devant une armée, qu'à ces héros grecs, tels qu'on les voit dans Homère, qui savaient si bien lâcher pied, quand ils étaient les plus faibles ou les moins nombreux. Ce n'est pas eux qui auraient dit : Tout est perdu, fors l'honneur. L'honneur, c'était de réussir, et il n'y avait pas de honte à échouer. Avec de telles idées et de

---

[1] Stefani, l. II, Rub. 91. A cet égard, il faut le dire, l'accord n'est pas parfait entre les anciens auteurs. Voy. Villani et Borghini (*Discorso dell' arme delle famiglie fiorentine*).

tels goûts, on comprend que les Florentins aient vu dans les seigneurs qu'ils réduisaient à habiter leur ville, de précieux auxiliaires qui les dispenseraient, le plus souvent, de prendre eux-mêmes les armes, des mercenaires, si l'on peut dire, dont ils n'avaient pas à payer la solde, puisque la spoliation des vaincus était le salaire des vainqueurs, et le donnait bien autrement large que n'eussent fait d'économes artisans.

Leur intérêt les retint pourtant sur cette pente dangereuse. Si doux qu'il leur parût de poser les armes, après les avoir reprises, et d'en laisser le poids à d'autres, ils s'aperçurent que c'était donner aux cavaliers, aux *milites*, comme on continuait de dire, une prépondérance assurée, et limiter tout ensemble singulièrement la portée des entreprises militaires que l'ambition urbaine méditait. Assez nombreuses pour mener à bonne fin ces expéditions dévastatrices qu'on appelait des *guasti*[1], et qui consistaient à récolter pour l'adversaire, à ne rien laisser sur pied, la noblesse l'était trop peu pour occuper le pays ennemi dans des campagnes de quelque durée, comme pour escalader de hautes murailles ou d'abrupts rochers, que protégeaient des fossés ou des cours d'eau. L'inexpérience de l'art militaire faisait du moindre siége une opération qui durait de longs mois, quelquefois des années[2]. En face de la place ennemie on établissait

---

[1] Le mot n'est pas exclusivement italien. Dans notre vieux langage, *degast* signifie guerre aux moissons (Voy. Littré, *Dictionn. de la langue française*). — On disait : « Faire le dégât d'une province. » (Vaugelas, q. c. CLXVIII.)

[2] En 1062, 1077, 1078, 1135, on avait vu des siéges durer des années dans le midi de la péninsule : ceux de Mileto, San Severina, Tauromeno (*Gaufridi Malaterræ Historia sicula*, II, 23 ; III, 5, 15. R. I. S., t. V, 564, 577, 580) et de Naples (*Alexandri Abbatis Thelesini Historia*, III, 14-22,

comme une ville volante de tentes et de baraques, où l'on reprenait les fonctions et même les plaisirs de la vie: La cavalerie y servait pour aller aux fourrages et aux vivres, pour annoncer ou repousser les diversions des alliés de l'ennemi ; mais ce n'est pas elle qui pouvait tenir tête aux sorties, approcher et mettre en jeu des machines roulantes, tenter l'assaut, amener la famine et la reddition par un blocus effectif. L'infanterie seule était propre à cette partie de la guerre qui demande la force de résister plutôt que la force d'impulsion, et la solidité plutôt que la vitesse, de même qu'elle pouvait seule défendre les anciens priviléges, ce fondement des libertés publiques que menaçaient les magnats. Le mot latin *pedes* reparut alors, quelquefois synonyme de celui de *popolani*, terme intraduisible qui désigne tous les hommes non nobles, sans distinguer entre la bourgeoisie ou *popolo grasso*, et la multitude, ou *popolo minuto*, comme on les appela bientôt. L'infanterie et la cavalerie formèrent désormais deux courants, qui suivirent la même route sans jamais se confondre, si ce n'est dans ces luttes intestines où magnats et *popolani* se livraient de furieux combats. Bien des années devaient s'écouler encore avant qu'on vît les gens des métiers devenir les égaux, puis les maîtres des seigneurs, posséder assez de richesses pour être cavaliers eux-mêmes, pour ne laisser que les petites gens dans les milices à pied, pour former ainsi une seconde aristocratie, non moins exclusive que la première, et dont le signe caractéristique fut, non plus d'être de vieille souche, mais de ne combattre qu'à cheval.

R. I. S., t. V, 656-658). On a vu, au chapitre précédent, le temps qu'il fallut aux Florentins pour se rendre maîtres de Semifonte.

Au début du treizième siècle, l'organisation militaire était d'une simplicité extrême. Chaque quartier choisissait parmi les nobles deux compagnies de cavaliers qui s'armaient de pied en cap, à la manière bien connue du temps, puis parmi les *popolani* deux corps de fantassins, les arbalétriers pourvus de leur redoutable arme de jet, et l'infanterie pesante, qui portait le pavois ou bouclier, la cervelière ou coiffe de fer, et la lance[1]. C'étaient deux corps d'élite. Quant aux autres citoyens, également répartis en compagnies, ils n'étaient armés que de l'épée. Dès que sonnait la cloche, ils devaient se réunir sur la place d'armes de leur quartier. De dix-huit à soixante-dix ans aucun homme n'en était dispensé. Ils obéissaient aux capitaines de leurs compagnies, aux porte-bannières ou gonfaloniers de leurs quartiers, et ceux-ci aux consuls qui se donnaient ordinairement pour chef suprême un d'entre eux ou même plusieurs. Le commandement, au surplus, était discret autant que rare. Dans ces rapides expéditions ou dans ces siéges interminables qui étaient alors toute la guerre, chacun recevait seulement l'ordre de combattre et de ne pas s'écarter trop du gonfalon[2]. Il fallait bien laisser aux gens le moyen de tirer quelque profit de la campagne entreprise, car on ne voit pas qu'il y eût alors de paye militaire; les Florentins se bornaient, selon toute apparence, à des rémunérations spéciales pour les services exceptionnels ou les actions d'éclat[3]. De batailles rangées, il n'y en avait point. Les engagements

---

[1] Si l'on en croit Villani (III, 2), le quartier de Porta San Piero aurait été dès lors et fut toujours celui qui fournit la meilleure cavalerie et les meilleurs gens d'armes.

[2] Muratori, *Antiq. ital.* Diss. 26, t. II, 441-445. — Sismondi, I, 270.

[3] Voy. Cesare Paoli, *Le cavallate fiorentine nei secoli XIII e XIV.* (Arch. stor., 3ᵉ série, t. I, part II, p. 54).

n'étaient qu'un pêle-mêle confus, sans plan ni tactique. On ne voyait guère, comme aux temps homériques, que des combats singuliers. La bravoure était tout et le sort décidait. Aux combattants se mêlaient écuyers et valets qui tendaient les armes à leur maître, qui le relevaient quand il était renversé, qui le remettaient en selle ou lui amenaient le cheval de rechange [1]. L'infanterie se tenait soigneusement à l'écart de ces chocs violents entre cavaliers bardés de fer, ou si les circonstances la contraignaient d'y prendre part, elle y faisait mauvaise figure et, en toute hâte, prenait la fuite. Elle n'avait d'assurance que derrière ses murailles, parce qu'elle savait que tout l'avantage était pour la défense, ou devant celles d'autrui, parce que la défense consistait à se garder de l'assaillant bien plus qu'à le repousser. Un peuple qui n'est pas belliqueux de nature ne retrouve toute son énergie que dans les batailles des rues, où il combat derrière des barricades, sous les yeux des siens et en quelque sorte à l'ombre de sa demeure, pour ses intérêts les plus chers et les plus personnels.

Telle était la condition de Florence au temps où nous sommes parvenus; voilà du moins ce qu'on peut dire avec certitude. De vieux documents permettent bien de croire que l'organisation des pouvoirs publics était dès lors ce que nous la voyons plus tard, puisque nous trouvons des conseils et des magistrats portant déjà les noms et les titres qu'a rendus célèbres l'histoire de temps ultérieurs [2]. Mais l'affirmation nous entraînerait dans le

---

[1] Rocquancourt, *Cours élémentaire d'art et d'histoire militaires*, t. I, p. 279, Paris, 1831, 4 vol. in-8°. — Ricotti, I, 63.

[2] Par exemple ceux de conseil général, de prieurs des arts. — « Nos consules Florentine civitatis cum consilio generali consilii consulum mercato-

domaine de la conjecture. La seule chose certaine, c'est que les Florentins étaient gouvernés par des consuls qu'assistaient des conseillers, auxquels, en souvenir de Rome[1], ils donnaient le nom de sénateurs[2]. L'heure était pourtant venue où, par mobilité de caractère, par esprit d'imitation, et tout ensemble par un légitime désir d'éviter les inconvénients de ces magistratures, ils en introduisirent une nouvelle qui, sans supprimer les consuls, prit le pas sur eux, et acquit rapidement trop d'importance pour qu'il ne convienne pas d'y insister ici.

Pour en trouver l'origine, on remonte d'ordinaire à la diète de Roncaglia. En y faisant prévaloir le droit romain, les légistes avaient reconnu et restitué aux princes le droit de nommer dans les villes le principal magistrat. La diète avait eu beau spécifier qu'ils ne le nommeraient pas sans l'assentiment du peuple[3], elle ne les en avait pas moins transformés de suzerains en souverains. Frédéric Barberousse, profitant sans retard de l'autorité qui

---

rum et militum et cambiatorum et priorum omnium artium Florentine civitatis. » (Docum. dans Cantini, II, 85, ann. 1201.) — Les mêmes termes se retrouvent dans un autre document de 1235. Voy. Cantini, I, 150-153).

[1] Villani dit bien que si Florence avait des consuls, c'était « secondo l'usanza data dai Romani ai Fiorentini. » — C'est aussi pour ce motif peut-être que les chroniqueurs, le plus souvent, ne nomment que les deux premiers consuls.

[2] Ammirato (l. I accr., t. I, p. 67) voit déjà en 1204 un conseil général, un conseil spécial et dix *buoni uomini*; il a probablement raison, mais l'existence de ces conseils n'est bien constatée qu'en 1228, dans une lettre d'Andrea Jacobi, potestat de Florence. (Voy. *Bibliotheca pistoriensis a Fr. Ant. Zacharia descripta*, t. I, p. 73. Turin 1752, in-4°.) On en trouve une autre mention dans les *Delizie*, etc. (VII, 186) pour 1253. M. Abel Desjardins (Introd., p. 44) dit à tort qu'elle est de 1201.

[3] « Præterea et hoc sibi ab omnibus adjudicatum atque recognitum est in singulis civitatibus potestates, consules, ceteros magistratus assensu populi per ipsum creare debere. » (*Radevici Chronicon*, l. II, c. vi, R. I. S., t. VI, 788.)

leur était concédée, avait nommé dans chacune des villes où il était maître un commissaire impérial, chargé d'exercer pour lui la souveraineté, de donner ou maintenir à des hommes dévoués les droits régaliens. Ces commissaires, appelés d'abord *rectores civitatum et locorum*, puis *potestates* ou puissances, nom général qu'on donnait en divers lieux, comme celui de consuls, à divers magistrats[1], étaient tous ou presque tous Allemands. Ils arrivaient dans les villes avec leurs préjugés et leurs haines de race ; ils accablaient les malheureux habitants de railleries, de violences non moins que d'impôts[2] ; ils rendaient impossible ou illusoire tout recours à l'empereur. Aussi étaient-ils mal accueillis, conspués, expulsés, assassinés même ; on voyait dans leur présence la négation de toute liberté. Mais on ne tarda pas à reconnaître que leur qualité d'étranger était une garantie de meilleure justice, un recours suprême et protecteur dans les conflits des autres magistrats, dans les différends qui se vidaient à main armée.

Déjà en 1153, les docteurs de Bologne avaient déterminé leurs concitoyens à investir un Faentin du pouvoir qu'exerçaient auparavant les consuls, ainsi que de la présidence dans les tribunaux[3]. Plus tard on approuvait Barberousse, lorsqu'il décidait, à Roncaglia, que les

---

[1] Dès le neuvième ou le dixième siècle, on trouve dans les auteurs ce nom de *potestates*, *potestas*. Au onzième, il est encore féminin, mais le masculin ne tarde pas à prévaloir. « Ideoque præcipimus et quibuscumque in terminationibus volumus jubere, decernimus ut nullus unquam potestas, minister vel missus.... » (Doc. dans Giulini, II, 177, éd. de 1855). — Giulini ajoute : « Il nome di podestà è stato da me osservato anche in altre carte più antiche, usato per indicare generalmente chiunque avea giurisdizione, ma l'ho sempre veduto fin ora adoperato nel suo proprio genere feminino. » (*Ibid.*) Quand prévalut la langue italienne, on écrivit successivement *potestà*, *podestà*.

[2] Sire Raul, R. I. S., t. VI, 1188.

[3] « D. Guidonem Rainerii de Sasso dei gratia Bononiensium rectorem et

juges seraient toujours étrangers[1]. Quand il renonça, en 1185, à nommer lui-même les potestats, quand il accorda aux Milanais le privilége d'élire le leur et de lui conférer par les suffrages du peuple le titre et les prérogatives du comte[2], l'institution du potestat cessa d'être odieuse ; on n'en vit plus que les bienfaits. Deux ans plus tard, les autres villes suivaient l'exemple de Milan, sans attendre la permission impériale. Partout on élisait, on appelait un magistrat étranger. Le plus souvent on lui conservait le nom déjà consacré de *potestat*; quelquefois on y substituait celui de *capitaine du peuple*. A Lucques, on préférait même celui de *préteur*, emprunté non sans à-propos à l'histoire de Rome antique, où le préteur rendait la justice. C'était indirectement rappeler au magistrat nouveau quelles devaient être, dans la pensée commune, ses principales attributions. Avertissement et précaution bien inutiles, qui n'empêchèrent ni le préteur d'empiéter, comme les potestats, ni ses administrés d'approuver ses empiétements[3].

A Florence, dès 1146, nous voyons un officier désigné

potestatem. » (*Dall' archivio de' canonici di S. Giov. in monte*, l. V, n° 9, dans Savioli, t. I, part. II, p. 225, Dipl. 146.) — « Hic denotatur qualiter D. Guido Rainerii de Sasso Potestas atque Rector. » (1153. *Dall' archivio pubblico di Bologna*, Reg. nuovo, t. I, p. 33, dans Savioli, t. I, part. II, p. 228, Dipl. 148.)

[1] « Singulis diœcesanis singulos judices præposuit, non tamen de sua civitate, sed vel de curia, vel de aliis civitatibus. » (Radevic, l. II, c. v, R. I. S., t. VI, 787.)

[2] « Anno D. 1185.... concessit imperator civitati Mediolani ut singulis annis Rectorem eligeret forensem qui diceretur Potestas, qui ipso facto esset comes. » (Gualvaneo de la Flamma, *Manipulus florum*, c. ccxv, R. I. S., t. XI, 655.)

[3] « Pacta et conventiones inter D. Gerardum Caponsaccum Potestatem Florentie et ejus consiliarios. » (*Arch. delle Riform.* Capitoli, l. XXVI, dans Cantini, I, 124.) Parme avait un potestat dès 1175 (Affò, *Storia di Parma*, II, 259); Crémone dès 1180 (*Chron. Cremon.*, R. I. S, t. VII, 635), Faenza,

sous le nom de potestat, conduire l'armée contre les Guidi de Montecroce[1]. En 1184, Ammirato signale un nouveau potestat, qui passe pour le premier[2]. En 1193, le potestat n'est point pris au dehors : il porte le nom florentin de Caponsacchi[3]. En 1200, lorsque les citoyens se décident à appeler un étranger, ils s'affranchissent aussi de l'usage qui s'était établi de ne conférer cette charge que pour une année. Paganello des Porcari, de Lucques, objet de leur choix, est maintenu par eux une seconde année et reste en charge de février 1200 à janvier 1202[4]. Florence s'était donc bien trouvée de la magistrature et du magistrat. Comme il était noble, les nobles saluaient en lui le défenseur naturel de leurs intérêts non moins qu'un fonctionnaire d'origine primitivement impériale[5]. Comme il était étranger, les *popolani* espéraient qu'il n'aurait pas les passions de parti, les intérêts personnels qui rendaient si injuste la justice des consuls. Comme il était unique, ils se flat-

---

dès 1184 (*Tolosani Chron.* ap. *Rer. favent. script.*, c. LXXXII, p. 708); Gênes, en 1191 (*Ann. gen.*, l. III, R. I. S., t. VI, 364. — Ricotti, I, 173).

[1] « Moverunt in manu potestatis florentini. » Doc. publié par M. Passerini (*Una monaca del* XIIᵉ *secolo*, ap. *Arch. stor.* 3ᵉ ser. t. XXIII, p. 10, ann. 1876).

[2] Cantini a examiné le document dont s'appuie Ammirato, et il croit que le mot *potestatis* n'y a que le sens de puissance. Selon Sozomène, qui appelle consul le potestat, cette magistrature n'aurait été créée qu'en 1194. « Florentini consulem elegerunt qui jus diceret et cum publica potestate rempublicam gubernaret, quod per singulos annos usque ad Friderici II mortem observatum est. » (*Excerpta ex historia Sozomeni Pistoriensis* R. I. S., Suppl., I, 76).

[3] Voy. la liste des consuls dans les *Delizie*, etc., VII, 136, sq.

[4] « Dom. Paganellus sive Paganus de Porcaria sive de Porcari de Luca potestas erat in officio pridie idus Februarii 1199 Indict. III et finem habuit Kalendis Januarii 1201 Indict. V. » (Doc. dans Cantini, II, 59.)

[5] C'est sans doute ce qui a fait dire, non sans exagération, à M. P. Villari que le potestat avait été institué *pour que* les nobles eussent une garantie. Tel n'était certainement pas le but des *popolani*.

taient de ne plus voir dans les conseils du gouvernement la discorde qui rendait si difficile et si lente l'expédition des affaires. Ils sentaient bien que les consuls ne pouvaient être volontiers acceptés pour juges par les châtelains qu'ils avaient soumis. Les questions à vider étaient, en effet, aussi abstraites que délicates : elles supposaient la connaissance du droit féodal et du droit romain. Il s'agissait de savoir jusqu'où devait aller l'influence de la caste guerrière, dans quelle mesure étaient légitimes les défiances du peuple, les accusations d'insolence ou de rapacité, les motifs que, de part et d'autre, on avait pu avoir de tuer. Assurés de mécontenter quelqu'un par leurs sentences, restant dans la ville après l'expiration de leur charge, les juges-consuls étaient exposés aux vengeances des mécontents, et par cette crainte arrêtés souvent dans l'accomplissement rigoureux de leur austère devoir [1]. Il fallait un magistrat tout ensemble civique et féodal [2], qui ne vînt à Florence qu'au moment d'y remplir sa charge, qui en repartît aussitôt après l'avoir remplie, et qui, durant son séjour, ne frayât point avec les habitants qu'il serait chargé d'administrer et de juger.

Nous verrons plus tard avec quelle sage précision la législation florentine pourvut à ces divers intérêts. Pour le moment, tout n'était encore que tâtonnements et incertitudes. Ce potestat, qui avait assez bien réussi pour être maintenu une seconde année, ne recevait pas de successeur : en 1203, il était remplacé par des consuls [3].

---

[1] « I consoli non sapeano stare coll' animo forte alla giustizia corporale, ma a preghiera o a misericordia s'arrendevano; di che la giustizia mancava. » (Stefani, l. I, Rub. 60.)

[2] Tout cela a été fort bien vu et analysé par M. G. Ferrari, II, 302, 303.

[3] Ce fait permet de croire que M. P. Villari rapporte à tort à l'année

Si, en 1205, on voyait un nouveau potestat, le comte Ridolfo de Capraja, l'année suivante, des consuls encore ont seuls la charge du gouvernement. En 1207, Gualfredotto Grasselli, de Milan, est à son tour potestat, et comme il est réélu en 1208, comme il a un successeur [1], Villani date de lui l'institution [2]. En réalité, cependant, les hésitations continuent : il n'y a que des consuls en 1210 et en 1211. C'est seulement en 1212 que, avec le comte Ridolfo de Capraja, élu potestat pour la seconde fois, cette magistrature semble prendre racine : on n'y voit plus d'interruption [3]. Sur la durée, sur les attributions, on n'est pas fixé encore : en 1214, Jacopo Giangrassi, de Rome, ne reste en charge que six mois, limite qui ne prévaut définitivement qu'en 1290 [4]. Le potestat est un juge, et tout ensemble l'exécuteur de ses propres arrêts, comme des ordres de la commune de Florence [5]; mais on tend à faire de lui un chef de gouvernement. Gherardo Caponsacchi est flanqué de six conseillers et de six recteurs des arts ; Paganello des Porcari, de onze conseillers et quatre consuls la première année, de deux conseillers et douze consuls la seconde [6]. Ainsi maintenus

---

1207 l'innovation de faire élire le potestat, jusqu'alors, suivant lui, nommé par l'empereur.

[1] Le Romain Judici des Papi (Voy. le ms. de l'Arch. di stato à Florence, intitulé : *Officiales forenses civitatis Florentiæ.*)

[2] Villani, V, 32.

[3] Voy. les listes de Paolino (R. I. S., Suppl., II, 9) et des *Delizie*, etc. VII, 136 sq. — Manni, *Osservazioni sui discorsi di Borghini*, t. IV, p. 385. Milan, 1809.

[4] Villani, VII, 139. — Paolino, *loc. cit.*, p. 9-12. — Simone della Tosa, p. 183.

[5] Il a été créé, selon Villani (V, 32) pour que « non mancasse la giustizia.... rendesse le ragioni civili co' suoi collaterali e giudici, e facesse le secuzioni delle condannagioni. »

[6] Voy. les listes des *Delizie*, VII, 136 sq.

en regard et à côté du potestat, les consuls ont encore quelquefois la prééminence [1]. Ils interviennent seuls dans l'accord conclu en 1203 entre Florence et Sienne [2].

Mais un magistrat unique a pour naturel privilége d'attirer sur soi l'attention. C'est à lui, de préférence, qu'adressent leurs lettres papes, empereurs, seigneurs du dehors. Le vent enfle sa voile et il s'y abandonne; il cède aux exhortations dont on le poursuit, non moins qu'à son penchant de noble, en acceptant ou prenant le ceinturon militaire du commandement. A ses assesseurs civils, à ses juges, il délègue, en pareil cas, ses pouvoirs judiciaires [3]; il commande la cavalerie ou même toute l'armée; il est réélu pour ses victoires [4]. Son origine impériale est oubliée. Magistrat exclusivement communal, il est cependant bien vu de l'empereur, parce qu'il en respecte l'autorité; des nobles, parce qu'il en défend les droits; des marchands, parce qu'il les ménage, parce qu'il n'est animé contre eux d'aucune rivalité de voisinage, d'aucune passion de parti. Il tient le premier rang [5]; il fait souvent l'office des consuls, qui, à la vérité, font, alors encore, quelquefois le sien. Rien, en effet, n'est plus rare au moyen âge, et même plus tard, que l'idée

---

[1] « E però non rimase la signoria de' consoli, ritenendo a loro la ministrazione d'ogni altra cosa del comune. » (Villani, V, 52.) Cf. Simone della Tosa, p. 190 sq. — « Ed il governo della città rimanesse a' consoli e senatori come a questo dì faceano. » (Stefani, l. I, Rub. 60.)

[2] Voy. le document dans Cantini, II, 88-102.

[3] « Ebbe il potestà un giudice e tre notai, e un compagno e sei fanti. » (Paolino, R. I. S., Suppl., II, 40.)

[4] C'est le cas de Gualfredotto Grasselli de Milan, en 1208. (*Officiales forenses civitatis Florentiæ*. — Ammirato, l. I acc., t. I, ann. 1208.)

[5] C'est ce qu'entend Villani, quand il dit (V. 52) que l'année 1206 fut la dernière du gouvernement des consuls, et aussi qu'à partir de ce moment il n'y eut plus d'interruption dans la série des potestats.

toute moderne de la séparation des pouvoirs[1]. Machiavel, Guicciardin, Giannotti, les plus grands écrivains politiques de l'Italie, n'en ont aucune idée. Les Italiens ne comprirent jamais combien de difficultés elle évite, et ils ne sentirent qu'à la longue à quels dangers exposait les communes un dictateur juge, et un juge homme de guerre. Ce fut un grand pas fait vers la domination d'un seul, qui prévalut de si bonne heure en Lombardie, par les usurpations du potestat.

Florence se retint plus longtemps sur la pente, parce qu'elle sut ramener à temps ce magistrat à ses attributions principales, et l'honorer comme juge suprême en le dépossédant de l'autorité politique[2]. Mais il y fallut bien des années. Au début, l'immixtion du potestat en toutes choses n'est pas seulement une pratique; elle est aussi une théorie. Le premier livre de politique italienne, l'*Oculus pastoralis*, enseigne au potestat comment il doit entrer en fonctions, rendre la justice, parler pour la guerre et pour la paix, faire l'éloge de celui qu'il remplace, transmettre ses pouvoirs à son successeur[3]. Partout on témoignait de cette innovation un vif contentement. Le chroniqueur contemporain Paolino, qui a vu dans la charge des consuls la première ébauche d'un

---

[1] Leo (l. IV, c. VI, VII, t. I, p. 346, 373) et Fauriel (I, 107-114) commettent une grave erreur en donnant la justice seule au potestat et le reste aux consuls. Les consuls jugent et le potestat administre ou gouverne. Il faut renoncer, au moins pour ces anciens temps, à dire dans quels cas. Fauriel dit ailleurs (*Histoire littéraire de la France*, t. XX, p. 503) que, au temps de Brunetto Latini, sur le potestat roulait tout le gouvernement. L'une de ces deux assertions n'est pas plus exacte que l'autre.

[2] Ce ne fut pas, à proprement parler, la séparation des pouvoirs, car les magistrats politiques continuèrent à avoir des attributions judiciaires.

[3] Voy. ce curieux écrit dans Muratori, *Antiq. ital.* Diss. 46, t. IV, p. 96 sq.

gouvernement[1], date de celle du potestat l'institution d'un gouvernement régulier[2]. Brunetto Latini, le maître de Dante, y louait une ingénieuse inspiration de la sagesse italienne. Quand, à l'imitation d'Aristote, il fit à son tour sa *Politique*, il y donna pour règles aux magistrats électifs celles qui fixaient dans les cités d'Italie les droits et les devoirs du potestat[3]. C'est qu'outre l'avantage d'une justice plus équitable et d'un pas fait vers cette unité de commandement dont les plus jalouses républiques sentent le besoin, les marchands étaient heureux que leur réconciliation avec les nobles fût pour ceux-ci un encouragement à se donner corps et âme à la guerre, dans un temps où la guerre devenait de plus en plus sérieuse, puisqu'il s'agissait, non plus de prendre de petits châteaux, mais de lutter pour la prépondérance avec les autres cités de la Toscane[4].

Qui voudrait suivre d'un lieu à l'autre cette révolution universelle s'exposerait à d'inévitables redites et ne pourrait signaler, avec quelques différences de détail, que plus ou moins de précocité dans les réformes. Mais il importe de montrer que Florence, entraînée dans le mouvement commun, ne se distinguait des autres villes que

---

[1] Voy. même chapitre, p. 212.

[2] « Firenze in prima era retta per consoli o per vicari de' Romani » (c'est-à-dire des rois des Romains). « Già incominciava la terra a venir migliorando. » (Voy. la liste des potestats dans Paolino, après l'année 1199, R. I. S., Suppl., II, 9-12.)

[3] « L'autre (manière de gouvernement) est en Italie, que li citoien et li borjois et les communes des villes eslisent lor poeste (potestat) et lor seignor, tel comme il cuident qu'il soit profitables au commun profit de la ville et de tous ses subjés. » (*Li livre dou Trésor*, texte original français, l. III, part. II, c. I, *Collection des documents inédits sur l'histoire de France*, p. 577). — Une traduction italienne a été publiée à Venise en 1553. Voy. ce passage, p. 230.

[4] C'est ce qu'a bien vu M. P. Villari (*Il Politecnico*, juillet 1866, p. 19).

par ces détails qui, dans la plus frappante ressemblance, marquent l'existence et le caractère personnels. A Milan, l'évêque était encore une sorte de souverain nominal au nom de qui les magistrats prononçaient leurs sentences, frappaient les monnaies, fixaient et altéraient la valeur des espèces, percevaient les péages [1]. Ils étaient élus dans l'ordre de la noblesse par cent électeurs que désignait parmi les artisans le conseil général. Telle était l'unique part faite au populaire dans le gouvernement. Les douze consuls et le potestat, à la fois capitaine, juge, chef de police, avaient seuls la charge de l'administration [2]. Il en était de même à Bologne, sauf que trois conseils y sanctionnaient les mesures dont ces magistrats avaient l'initiative. On votait sur leurs propositions sans les discuter. Quarante électeurs tirés au sort parmi les artisans d'ordre moyen, dix par tribu ou par quartier, élisaient les membres de ces conseils [3]. Gênes, qui est, comme Florence, une compagnie de marchands devenant peu à peu un État, après avoir transformé ses consuls « mercantiles » en consuls de la commune [4], soulevé ses marchands pour détruire les maisons et les tours de quiconque les opprimait [5], exclu des honneurs municipaux les nobles qui venaient de la campagne, au profit des « communautés et compagnies [6], » ou, pour mieux dire,

---

[1] Gualvaneo de la Flamma, c. ccxxiii (R. I. S., t. XI, 657).
[2] Sismondi, II, 44-46.
[3] Sigonio, *Opera omnia*, t. III, p. 106, 236. *Hist Bononiens*. L. II et V. — Ghirardacci, *Della historia di Bologna*, part. I, l. ii, t. I, p. 63.
[4] De 1100 à 1121 (*Ann. gen.* l. I, R. I. S., t. VI. — Vincens, *Histoire de la République de Gênes*, t. I, c. v, p. 95 sq., Paris, 1843. — Mignet, *Journal des Savants*, novembre 1843, p. 645.
[5] *Ann. gen.*, l. I, R. I. S., t. VI, 276.
[6] *Ibid.*, p. 450.

de l'aristocratie marchande qui se formait dans leur sein, Gênes, en 1191, remplaçait par un potestat ses consuls *de communi*[1]. L'année précédente, Pise avait aussi appelé un capitaine ou potestat, substitué à ses consuls des *anziani* ou *seniori*, et adjoint à ceux-ci, bientôt suspects, un conseil qui avait la charge d'élire le capitaine[2]. Les autres villes de la Toscane suivent le mouvement, chacune selon son génie. En 1207, Volterre a une constitution où il semble que la liberté tînt peu de place. Si les citoyens élisaient librement le potestat et les consuls, ceux-ci administraient sans être assistés d'aucun conseil[3]. A Lucques, au contraire, le préteur, placé au-dessus des consuls, était soutenu par un sénat qui s'assemblait sous sa présidence, mais surveillé par un conseil du peuple, pris dans les diverses sociétés des quartiers, à chacune desquelles commandait un prieur des armes[4]. San Gemignano, si petite qu'on ne lui avait point donné de place dans la ligue toscane, avait pourtant, en 1181, trois ou quatre *rettori* ou consuls annuels que nommait l'évêque, et en 1199 un potestat assisté de deux conseils, l'un spécial et composé de cinquante membres, l'autre, général et plus nombreux, qui se réunissait au son de la cloche

---

[1] *Ann. gen.*, l. II, R. I. S., t. VI, ann. 1191. — Giudici, *Storia politica dei municipi italiani*, I, 528.

[2] Voy. Bonaïni, *Statuti inediti della città di Pisa*, Flor., 1854, 3 vol. in-4°. *Breve consulum Pisanæ civitatis*, 1254 et 1262. t. I, p. 4, 23. — Marangone, R. I. S., Suppl., I, 338. — *Arch. Stor.*, 1869. 3° sér., t. IX, part. I, p. 231. — Giudici, I, 526.

[3] Cecina, *Notizie storiche della città di Volterra*, p. 24. Pise 1758, 1 vol. in 4°.

[4] *Memorie e documenti per servire alla storia di Lucca*, t. III, part. III, Préf. p. 10. — Mazzarosa, I, 78, 82. Voy. dans Leo (l. VII, c. I, t. II, p. 32) d'intéressants détails sur la constitution de Lucques, notamment sur les diverses cours de justice.

dans la principale église ¹. Pistoia, plus considérable sans l'être beaucoup encore, partageait, comme Florence, le pouvoir entre des consuls et un potestat qui n'était pas toujours étranger ², qui avait pour conseillers quatorze citoyens choisis par deux sages élus, et qui devait suivre leur avis ou le soumettre au grand conseil, assemblé au moins quatre fois l'an ³, davantage même, à la volonté des consuls ⁴.

Sienne, enfin, donnait un spectacle de sagesse dont Florence aurait dû profiter. Primitivement gouvernée par ses nobles, elle en avait, dès 1147, à moitié secoué le joug. Leurs divisions inspirant au peuple le sentiment de sa force, ils avaient dû partager le pouvoir avec lui. Les partis s'étaient formés selon le plus ou moins grand nombre de places qu'il convenait d'accorder aux non nobles dans le conseil. Le parti des neuf, ou *popolo del minor numero,* leur en voulait donner neuf sur vingt-sept ; le parti des douze, ou *popolo del numero mediocre,* douze sur vingt-quatre. Un troisième parti, *popolo del maggior numero,* ou ordre des réformateurs, contenait, avec quelques anciennes maisons, tout le menu peuple. Aucun Siennois ne pouvant prétendre à la charge de potestat, celle des consuls appartint pour deux tiers aux gentilshommes, pour un tiers aux artisans et marchands. Il

---

¹ L. Pecori, *Storia della terra di San Gemignano*, p. 37-64. Florence, 1853, in 8°. — Excellent livre, simple, clair, précis, savant, plein de choses. A la page 662 on trouve les statuts de San Gemignano.

² « Et nisi Potestas sit forinseca. » (*Status civitatis Pistoriensis* § 56, dans Muratori, *Antiq. ital.* V, 547. — C'est un ramassis de constitutions appartenant à des temps divers et dans lesquelles il faut savoir se débrouiller.) Cf. Giudici, I, 548.

³ «Faciant pulsari ad arringum ... plenum populum. » (*Status civ. Pist.* § 74, *loc. cit.* p. 551.)

⁴ *Status civ. pist.*, § 15, *loc. cit.*, p. 538. Cf. § 29, p. 540.

y avait eu d'abord deux consuls annuels, il y en eut trois et quelquefois six. De même le conseil des cent nobles s'augmenta de cinquante membres qui furent pris parmi les non nobles. Il se réunissait tous les mois et était renouvelé tous les ans ou tous les deux ans[1]. Ces prudentes concessions de l'aristocratie donnèrent au gouvernement de Sienne une stabilité rare en Italie, parce que le peuple et les grands ne formèrent pas, comme ailleurs, deux États à côté l'un de l'autre.

On ne saurait donc le nier, le mouvement vers des institutions libres était général, irrésistible. Ce qui le prouve mieux encore, c'est que ce ne sont pas seulement des cités affranchies qui se constituent d'après les mêmes errements. Des seigneurs encore maîtres sur leurs terres, et jaloux de le rester malgré le voisin qui les menace, n'imaginent d'autre moyen de balancer l'influence des villes que d'en imiter les institutions. On les voit détourner leurs sujets de chercher de nouveaux maîtres, en leur donnant la liberté. Ainsi font ces comtes Guidi de Modigliana, qui étaient encore, malgré la perte de Monte Croce, les plus puissants seigneurs de l'Italie centrale. Dans la vallée de l'Ambra[2], à quelques milles au sud-est de Florence, ils possédaient un petit comté de cinq ou six villages, privés de routes, et par là de presque tout commerce avec les hommes. Ces villageois pourtant furent atteints de la contagion qui gagnait de proche en proche, et bientôt le mal parut si grave, qu'en 1208

---

[1] Malavolti, part. I, l. III, f° 20-28. — Marcantonio Bellarmati, *Delle storie di Siena*, p. 57. — Leo, l. VII, c. i, t. II, p. 30.

[2] Petite rivière qui sort des collines de Chianti et va se jeter au sud dans l'Arno, non loin de Montevarchi, à moitié chemin entre Florence et Arezzo.

le comte Guido Guerra, troisième du nom et gendre du Florentin Bellincione Berti, ordonna, pour y remédier, que douze habitants des villages, élus par leurs concitoyens, donneraient des statuts à la vicomté du val d'Ambra, comme disent les chroniqueurs de Florence [1].

Ces statuts sont une curieuse tentative pour concilier les droits du souverain et ceux des sujets. Le principal magistrat fut un vicomte ou un potestat, nommé par le comte, et dont la juridiction s'étendait sur tous les villages. Il devait les parcourir douze jours par mois, pour y rendre la justice. En certains cas, il ne pouvait prononcer de jugement sans l'assistance d'un conseil que nommaient les justiciables. Tous les habitants mâles, de dix-huit à soixante-dix ans, juraient obéissance et fidélité au potestat et à la commune, sous peine d'amende et d'exil. De dix-huit à quarante ils devaient, aussitôt convoqués, se rendre à l'assemblée du peuple. Leur assentiment était nécessaire pour la moindre modification au statut, et leur vote pour la formation du conseil consultatif qui assistait le potestat. Le comte n'intervenait dans l'administration de la justice que pour choisir entre deux peines différentes édictées par la loi contre un même délit; mais il faisait respecter en lui la majesté souveraine : toute offense envers un de ses envoyés ou délégués était châtiée comme si elle l'eût atteint lui-même, et c'était lui, en pareil cas, qui fixait le châtiment. L'amende était, comme chez les barbares, la peine ordinaire ; mais elle avait pour sanction, quand on ne payait pas, outre la

---

[1] Ce document a été publié par M. Bonaïni. Voyez ce qu'en dit M. Giudici, I, 553.

confiscation des biens, le bannissement et les peines corporelles, le fouet, l'amputation du pied ou de la main. Or, le délai pour payer était d'un mois quand le vicomte avait rendu la sentence, de dix jours seulement quand c'est du comte qu'elle émanait [1].

L'exemple du puissant Guido Guerra devait trouver des imitateurs. D'autres comtes ou châtelains, des seigneurs ecclésiastiques, non moins pénétrés que lui du danger, tentèrent comme lui de le conjurer, non plus par ces faveurs insignifiantes et dédaigneuses qu'accorde un maître absolu, mais par un sérieux effort pour rendre la condition des sujets supportable. S'ils pensèrent les détourner ainsi d'en chercher une meilleure, d'émigrer chez des voisins ou de se prêter avec complaisance à leurs projets d'envahissement, ils furent déçus dans leur attente. Florence, comme il était naturel, leur fut préférée, parce qu'en donnant la liberté elle suivait son penchant, tandis que, même pour accorder moins, ils faisaient au leur une visible violence. Par répugnance instinctive non moins que par nécessité de ne pas trop s'amoindrir, ils faisaient trop attendre et limitaient trop étroitement leurs concessions.

Ce moment est une époque dans l'histoire des communes italiennes comme dans l'histoire générale du temps. Sur la scène politique, les principaux acteurs disparaissent presque à la fois. Innocent III meurt en 1216, précédé ou suivi de près par le landgrave de Thuringe,

---

[1] Giudici, I, 558; Trollope, I, 80. — M. Giudici compare ces institutions aux priviléges qu'obtinrent les habitants de Suze, d'Amédée III de Savoie, puis de son petit-fils Thomas en 1198, et y voit la preuve d'une civilisation supérieure en Toscane, où les peuples étaient moins mêlés aux barbares, moins gouvernés par eux.

par Alphonse de Castille, Éric de Suède, Henri, empereur de Byzance, Jean, roi d'Angleterre, Otton IV, Philippe Auguste, Waldemar de Danemarck[1]. Plus libres de leurs mouvements dans ce désarroi général de l'autorité princière, les villes achèvent d'assurer leur indépendance et déjà la compromettent par leurs rivalités entre elles, par leurs discordes intestines, par l'instabilité de leurs ingénieuses constitutions. Florence apparaît alors au milieu d'elles, non pas, comme l'a dit un auteur allemand[2], semblable à un homme d'un âge plus mûr et d'une plus grande vigueur, mais, au contraire, telle qu'un jeune homme d'un génie exceptionnel et d'une maturité précoce, qui l'emporte par les heureux dons de la nature sur l'expérience de ses contemporains plus avancés que lui dans la vie. Elle a dès lors, quoi qu'en disent Dante et les chroniqueurs, des travers et des vices qui chassent bien loin l'idée de l'âge d'or ; mais ses vices, comme ses passions, sont ceux de la jeunesse, dont aucune agglomération humaine n'est exempte, alors même qu'elle est en progrès. A cet égard il n'y a pas lieu de distinguer les Florentins des autres peuples d'Italie. Ce qui les en distingue, c'est que déjà ils marchent à leur tête, mettant de l'ordre dans le désordre, de la grâce dans l'énergie, et même quelquefois de l'humanité dans la fureur ; c'est qu'ils prennent intérêt à tout et se montrent aptes à tout, aux lettres comme au trafic, aux arts comme à l'industrie ; c'est qu'ils sont prêts à tenir fermement en leurs mains et à ranimer le flambeau vacillant, presque éteint, de la civilisation. Le temps n'est pas loin où l'on pourra

---

[1] Voy. Hurter, III, 479.
[2] Leo, t. I, p. 11.

dire d'eux que rien n'est difficile à leur génie[1], et qu'ils sont le cinquième élément de l'univers[2].

[1] « Florentinis ingeniis nil ardui est. » (Bernardo Cennini, peintre du quinzième siècle. Son traité sur la peinture, écrit en 1437, a été publié à Rome en 1821. — Voy. *Arch. stor.*, 3° série, 1871, p. 551.)

[2] « Et ideo cum Florentini regant et gubernent totum mundum, videtur mihi quod ipsi sint quintum elementum. » (Paroles attribuées à Boniface VIII. Bibl. Laurenziana, Plut., XXIV, num. 8, in-4°, ap. *Osserv. fior.* VI. 3° éd.)

LIVRE II

CHAPITRE PREMIER

DU COMMENCEMENT DES DISCORDES CIVILES JUSQU'A LA PAIX AVEC SIENNE

1177-1235

Incendies et discordes civiles (1177). — Accord entre les Uberti et le peuple (1180). — Querelle des Buondelmonti et des Amidei (1215). — Luttes civiles (1215-1248). — Les principales familles. — Guerre contre Pise (1220-1222). Prépondérance des Florentins en Toscane. — Guerre contre Pistoia (1226). — La *Martinella* et le *Carroccio*. — Médiation du cardinal Giuffredo. — Guerre contre Sienne (1228). — Frédéric II en Palestine. — Son retour. — Nouvelle campagne contre Sienne (1229-1230). — Les Florentins pénètrent dans Sienne. — Ils en sont chassés. — Prise de Montepulciano par les Siennois (1232). — Diète de Ravenne (1232). — Condamnation des Florentins. — Modification dans les institutions florentines : les *Anziani* (1232-1234). — Recensement du *contado*. — Florence héritière du comte Uberto de Maremme. — Réforme du gouvernement à Sienne (1233). — Attaque contre Sienne (1234). — Traité entre les deux villes (30 juin 1235).

Des premières années du treizième siècle les auteurs florentins font dater les premières discordes civiles à Florence. Poggi et Machiavel croient même faire preuve de critique en ne tenant presque aucun compte de tout ce qui précède. Si obstinés d'ordinaire à suivre les traces de Villani, ils s'en écartent quand ils y voient que le mal, les partis, les violences remontent bien au delà[1]. C'est qu'au treizième siècle seulement l'histoire apporte ces détails précieux où l'on voit palpiter la vie; mais combien de fois Florence ne fut-elle pas troublée avant ce temps-là! Nous l'avons vue, durant les guerres du sacerdoce et de l'Empire, en 1068, se diviser sur la grande querelle de la simonie et verser de ses mains son propre sang; en 1081, n'imposer silence qu'avec peine aux citoyens qui demandaient qu'on ouvrît les portes à Henri IV; plus tard, agiter bruyamment la question de savoir quelle place occuperaient dans la commune les seigneurs vaincus et réduits à l'habiter. Il n'est pas bien sûr que ces incendies fréquents qui dévoraient en quelques heures un quart, un tiers, une moitié de la ville, fussent toujours l'œuvre de l'imprudence ou du hasard. Le vent les propageait sans doute avec une rapidité extrême parmi des constructions en bois, resserrées dans un étroit espace et que séparaient à peine des rues qu'on nommerait aujourd'hui des ruelles; mais quand on voit, deux années de suite, en 1177 et 1178, deux terribles incendies dévaster Florence, du Ponte vecchio au Mercato vecchio[2] et de Santa Reparata à San Pier Scheraggio[3], il est impossible de ne pas remarquer que c'est juste le moment des plus grandes dis-

[1] Con tutto che dinanzi assai erano le sette tra' nobili cittadini e le dette parti per cagione delle brighe e questioni della chiesa e dell' impero (Villani, V, 38).

[2] S'il fallait en croire Paolino (R. I. S., Suppl., II, 7, 8), il ne serait resté qu'une maison debout dans ce quartier, celle d'Alberto Leoni de San Girolamo.

[3] Cette église, depuis longtemps détruite, s'élevait sur l'emplacement des *Offices* actuels, du côté du nord. — Le Scheraggio était un égout situé par derrière et qui recueillait presque toutes les eaux de la ville. Il n'existe plus. L'église était vaste, d'architecture romaine des temps barbares, à trois nefs. Sur le côté se trouvait un grand cimetière. Les ruines ont disparu au dix-huitième siècle. (Voy. *Osserv. fior.*, V, 205-211, 3ᵉ éd.)

cordes qui eussent encore éclaté, ou du moins dont l'histoire ait gardé le souvenir.

Ces discordes n'avaient point eu pour cause, comme l'écrit Villani, « trop de richesse, de repos, d'orgueil, d'ingratitude[1]; » elles étaient l'inévitable effet de la présence des seigneurs humiliés, mais puissants encore, résignés à leur sort, mais jaloux de l'améliorer. Les principaux d'entre eux se prononcèrent les premiers contre le gouvernement des consuls. Chaque année, au mois de mai, on donnait des successeurs à ces magistrats. En 1177, les Uberti, soutenus par leurs clients et par les mécontents que suscite tout gouvernement établi, refusèrent de reconnaître les nouveaux élus[2]. Florence fut dès lors partagée en deux factions, et, dit Ammirato, « comme en deux peuples[3], » qui refusaient de subir, l'un la loi de quelques consuls, l'autre les caprices de quelques particuliers. « Partout, dit le même auteur, on n'entendit plus que le bruit des armes. On se guettait, on se tendait des embûches. L'épieu à la main, on chassait l'homme comme on chasse le sanglier. Nul ne traversait les rues barricadées qu'avec circonspection, en portant ses regards de droite et de gauche, car des portes, des fenêtres, des terrasses, tombait comme une pluie de

---

[1] E ciò fu troppa grassezza e riposo mischiato con la superba ingratitudine (Villani, V, 9).

[2] Ce motif ou ce prétexte, passé sous silence par Villani, est allégué par Stefani, l. I, Rub. 49. Cantini (I, 98) conteste cette affaire, parce qu'il n'en reste pas trace dans les papiers publics, et que les Florentins ne se laissèrent pas détourner de leurs entreprises extérieures. Mais les papiers publics constatent des actes officiels, non des troubles; et quant aux entreprises extérieures, comme les Florentins en firent toujours, il faudrait donc conclure qu'ils n'eurent jamais de troubles intérieurs.

[3] E quasi si crearono due popoli. (Ammirato, l. I accr., p. 59, ann. 1177.)

pierres et de flèches. D'une maison, d'une tour, d'un toit à l'autre, dès qu'apparaissait une tête, partaient les projectiles; pour qu'ils eussent plus de portée, on dressait des machines, à l'imitation des anciens. Pour être moins exposé, on tentait de sortir la nuit; mais c'était l'heure des guet-apens. Toute sécurité avait disparu au sein même de la famille. Sans scrupule, le beau-père faisait sa fille veuve, le gendre sa femme orpheline. Le père, quand son fils rentrait le soir, ne savait pas s'il devait voir en lui un ami ou un ennemi. Derrière les rideaux, sous les couvertures du lit conjugal, on redoutait encore la trahison et la mort[1]. » Mais, par un étonnant contraste, ces gens qui avaient combattu, la veille, avec un acharnement proche du délire, on les voyait, le lendemain, manger et boire ensemble, raconter leurs prouesses, applaudir à celles d'autrui[2]. C'est que les partis n'étaient pas constitués encore, et que l'on défendait d'instinct des intérêts qui n'avaient pas trouvé leur drapeau.

Deux années durant, les Florentins supportèrent allègrement cette existence troublée, que les modernes conçoivent à peine et dont ils fuient jusqu'à l'apparence, quelquefois au prix de leur honneur comme de leur liberté[3]. Les partisans des consuls paraissent avoir eu

[1] Quasi dubitassero d'haver a trovar il nimico dietro le cortine o sotto le coltrici del letto geniale (Ammirato, l. I accr., t. I, p. 57-58). — On peut croire qu'Ammirato arrange le tableau, mais il n'est pas sans intérêt de voir comment le meilleur historien de Florence envisageait l'histoire de sa patrie.

[2] Ma tanto venne in uso quello guerreggiare tra' cittadini che l'uno dì si combatteano e l'altro dì mangiavano e bevevano insieme, novellando delle virtù e prodezze l'uno dell' altro (Villani, V, 9).

[3] Pour ne rien exagérer, il faut dire qu'il y eut, durant ces deux années, des intervalles de répit. C'est ce qui résulte du fait des combattants attablés ensemble, et de l'assertion de Stefani : Vennero all' arme e quivi si diede, e tolse per più dì e per più volte (l. I, Rub. 49).

l'avantage : ceux qu'ils avaient nommés furent maintenus[1]. Mais comme on prévoyait qu'à chaque élection nouvelle les Uberti recommenceraient la lutte[2], il parut sage de leur faire une part, ainsi qu'aux autres nobles, dans le gouvernement. Dès l'année 1180, on voit figurer au nombre des consuls un Uberto des Uberti et un Lamberto des Lamberti[3]. Les nobles ne cessent plus d'être appelés au consulat, et, par leur importance personnelle comme par leurs richesses, ils y prennent le premier rang. C'est alors seulement que la paix parut faite. Les gens des métiers se l'étaient assurée au prix d'un sacrifice volontaire, et les magnats n'avaient plus de motifs pour la troubler. En 1182, les consuls Bongianni des Amidei et Uberto des Infangati rapprochaient les deux partis et procuraient leur réconciliation[4].

Trente années et plus de paix sociale en furent l'heureux effet. Florence n'entendit plus le bruit des armes que pour ses expéditions extérieures. On voudrait croire que Dante parle de ce temps quand il fait célébrer par son ancêtre Cacciaguida l'âge fortuné où sa ville natale dans le repos n'avait aucun sujet de larmes, où son peuple était juste et glorieux; mais il faut bien reconnaître qu'il tombe dans l'erreur commune, puisqu'il ajoute que ja-

---

[1] Ultimamente s'ottenne quel consolato, e gli Uberti pensarono avere a questa volta la pugna perduta... I consoli stettero nel modo usato e nuova legge non si fece per gli Uberti e ristettero (Stefani, l. I, Rub. 49).

[2] Gli altri pensarono che costoro moverebbero ogni volta lite (Stefani, *ibid.*)

[3] Ainsi s'explique que les auteurs aient donné à cette guerre une durée de deux, trois et même quatre ans. Il en fallut deux pour dompter les Uberti, un ou deux pour les apaiser en leur cédant.

[4] Villani, V, 10. —Ammirato, l. 1 accr., p. 58, ann. 1180. Reumont dit 1182, et c'est, en effet, en 1183 seulement que recommencent les guerres extérieures.

mais le lis n'avait été renversé par le fer d'une lance, ni rougi par la guerre civile[1].

Quand la guerre civile le rougit de nouveau, ce ne fut point un réveil de l'ancienne querelle. Le peuple florentin avait pris son parti de n'être rien ou presque rien dans l'État, en attendant qu'il y pût être tout. C'est entre les nobles qu'éclata la discorde, tant ils avaient de confiance dans la durée de leur victoire et dans l'appui de l'empereur.

Héritier de princes ennemis de l'Église, Frédéric II n'avait plié le genou devant l'Église que pour la détacher d'Otton IV, qu'elle protégeait. Ce rival mort, il avait cessé aussitôt d'appeler Innocent III son cher seigneur, de lui marquer en toute occasion sa reconnaissance et son dévouement. Il ne renonçait plus, pour obtenir la couronne impériale, à son trône de Sicile[2], auquel il tenait, ce sont ses propres paroles, comme à la prunelle de ses yeux[3]. Il ne promettait plus de restituer les biens ecclésiastiques[4]. Il ajournait indéfiniment son départ pour cette croisade sainte qu'il avait fait serment d'entreprendre. Il se montrait favorable aux revanches, aux revendications des seigneurs féodaux. Pour s'appuyer au besoin sur leurs forces, il était prêt à leur communiquer les siennes. Il prétendait être un souverain spirituel, un pape laïque et

---

[1] *Parad.* xvi, 148.

[2] Ita quod ex tunc nec habebimus nec nominabimus nos regem Siciliæ (Lunig, *Codex diplom. Italiæ*, t. II, p. 865. Dipl. de Fréd., n° 16, Francf. 1726, in-f°).

[3] In hereditario regno Siciliæ velut in pupillam oculorum nostrorum (*Petri de Vinea Epist.*, l. II, ep. x, Ed. d'Amberg, p. 262 ; de Bâle, 275. L'éd. d'Amberg est la plus correcte.)

[4] H. Bréholles, *Historia diplomatica Friderici II Rom. Imp.* Paris, 1855-59, 5 vol. in-4°, II, 152. — Mignet, *Journal des Savants*, décembre 1862, p. 728.

militaire[1]; prétention étrange qui devait attirer sur sa tête les foudres pontificales, ne les eût-il pas méritées par sa notoire impiété.

Les nobles avaient donc enfin un chef digne de ce nom, Italien comme eux de naissance, de goûts et de mœurs, presque aussi étranger qu'eux à l'Allemagne, dont il n'aimait ni le ciel nébuleux, ni les longs hivers, ni les villes boueuses, ni les habitants grossiers; capable de duplicité comme de hardiesse, cachant l'ambition sous l'astuce[2], et l'astuce sous les séductions d'un esprit aimable autant que cultivé. Si les magnats refusaient parfois de le suivre dans ces expéditions lointaines dont ils avaient les fatigues et lui les profits, il leur inspirait une sécurité qui leur fit perdre toute prudence et oublier l'ennemi commun, les petites gens, pour se quereller entre eux[3].

Qu'à Florence ils fussent déjà divisés par des rivalités sourdes, on n'en saurait douter. C'est l'ordinaire effet des rapports de voisinage, des similitudes de fortune et de prétentions d'inspirer aux hommes, pour des causes frivoles, les âpres dissentiments que des causes sérieuses les convient à oublier. Un incident survient alors, qui met, comme on dit, le feu aux poudres, et qu'on accuse de tout le mal, parce qu'il a provoqué l'explosion. L'incident, ici, a pris sous la plume des chroniqueurs une importance extrême : ils en ont fait le commencement des annales de Florence. c'est-à-dire des luttes intestines qui devaient si longtemps la déchirer. Il faut suivre leur ré-

---

[1] H. Bréholles, *Hist. dipl.*, Introd., p. 471, 495.

[2] Se de loco non recessuros aliquatenus juraverunt, nisi prius inter predictos principes dictante sententia juxta posse ipsorum vel compositione amicabili tractaretur. Et nos etiam nostris litteris firmavimus illud idem (Ep. Frid. II Honorio III, 1220. H. Bréholles, *Hist. dipl.*, I, 803).

[3] Mignet, *Journal des Savants*, décembre 1862, p. 727.

cit, puisque la tradition ornée nous cache la vérité nue, mais ne voir dans tant de détails, souvent contradictoires, que les caprices d'imaginations vives, sans respect pour ce qui est l'honneur de l'histoire, pour la stricte vérité.

En 1215, Gherardo Orlandi étant potestat[1], un certain Mazzingo Tegrini, des Mazzinghi, tout fier d'avoir reçu le ceinturon des chevaliers, avait appelé à de somptueuses fêtes, dans un village voisin, toutes ses « bonnes gens » de la ville, c'est-à-dire toutes les personnes de distinction. A table, une facétie de jongleur, les railleries d'Oddo Arringhi des Fifanti[2], piquent au vif un des invités, Uberto des Infangati. A sa mordante réplique, le railleur riposte en lui jetant un plat à la tête. Le festin continue, mais le sang s'échauffe, les fumées du vin troublent les cervelles, et, aussitôt les tables retirées, un jeune ami de l'offensé, Buondelmonte des Buondelmonti, se précipitant sur l'offenseur, l'étend à terre d'un coup de poignard.

Pour le venger, sa famille, ses amis se réunissent. Uberti et Lamberti, Amidei et Gangalandi en délibèrent. Mais la réflexion avait porté conseil : une lueur de sens politique leur fit comprendre les dangers de la division entre magnats. Ils décidèrent que la paix serait maintenue, à la charge, pour Buondelmonte, d'épouser la nièce du blessé, fille de Lambertuccio des Amidei[3].

[1] Il l'était depuis 1214 ; mais la liste des *Officiales forenses* nous le montre encore en charge au mois de septembre 1215. La chronique que nous suivons l'appelle Currado Orlandi ; il n'y a pas de potestat de ce prénom.

[2] La famille des Fifanti était déjà en décadence. Elle joue un faible rôle dans la vie publique de ces temps. A la date de 1258, on trouve dans les documents manuscrits un acte de la vie privée qui les concerne. (Arch. di Stato, *Cartapecore Strozziane Uguccioni*, 18 septembre 1258).

[3] Chronique de la fin du treizième siècle ou du commencement du quatorzième, attribuée tantôt à Brunetto Latini, tantôt à un membre de la

Épouser une laideron ne pouvait sourire au brillant cavalier que convoitaient toutes les mères. Plus entreprenante que les autres, parce qu'elle avait deux filles à marier, la femme d'un des puissants Donati exploita hardiment ces dispositions présumées. Un jour, c'était le dimanche des Rameaux, voyant Buondelmonte chevaucher sous ses fenêtres, elle l'appela, le prit à part, lui fit honte de l'alliance projetée. « Je t'avais réservé, dit-elle, ma fille que voici. » Belle à souhait, riche et de grande maison, la jeune patricienne séduisit, du premier coup d'œil, l'inflammable cavalier, et sans qu'il fût besoin de « l'intervention du diable[1], » lui fit oublier ses engagements. Incontinent il la prit pour fiancée, sans regarder aux conséquences.

Ce second outrage, aggravant le premier, ramenait les Amidei à leurs projets de vengeance. Réunis à leurs alliés dans l'église de Santa Maria sopra Porta[2], ils demandèrent conseil en versant d'abondantes larmes. Traîner le coupable dans la boue, le rouer de coups de bâton, le blesser au visage à coups de couteau, telles étaient les propositions soumises à l'assemblée. Mais Mosca Lamberti, quand vint son tour d'opiner, dit sentencieusement : *Cosa fatta, capo ha*, c'est-à-dire : « Ce qui est fait est fait[3]. » L'arrêt homicide était rendu, toute l'assistance

---

famille Buondelmonti, et publiée par Gori (*La Toscana illustrata nella sua storia*, in-4, Livourne, 1755), puis par Fraticelli (*Storia della vita di Dante*, p. 100, Flor. 1861). Razzi et Lastri en ont donné des fragments. — Voy. Otto Hartwig, *Die Angebliche Chronik Brunetto Latini's*, ap. Beilage zur Allgemeinen Zeitung, 10 et 11 décembre 1872, et une note de M. Cesare Paoli sur ce travail, ap. *Arch. stor.*, 3ᵉ série, t. XVII, 1873.

[1] Per sussidio diabolico preso di lei (Villani, V, 38).
[2] Cette église n'existe plus.
[3] Le sens n'est pas douteux. *Capo ha*, c'est *caput habere*, venir à chef, comme disait notre vieux français. On lit dans Frédégaire : « Non

y souscrivit. Pour en avoir suggéré l'idée, le froid et cruel Mosca nous est montré dans l'enfer vengeur du poëte, levant vers le ciel ses moignons mutilés, d'où le sang tombe goutte à goutte sur sa figure [1].

On résolut d'agir dès que Buondelmonte aurait contracté son insultant mariage. On croyait, semble-t-il, qu'il pût hésiter encore et venir à résipiscence. Mais il n'y pensait point. Il ne soupçonnait pas le danger. La loi permettant de renoncer à une alliance quelconque, moyennant dommages-intérêts [2], il n'imaginait pas qu'on pût contester l'exercice de son droit; il oubliait à quel prix était mis le pardon de sa violence. C'est du mal qu'on leur fait, non de celui qu'ils font eux-mêmes, que les hommes gardent le souvenir.

Le jour de Pâques, dans la matinée, alors que la foule remplissait les rues, les conjurés se réunirent dans la maison des Amidei, située près de l'église de San Stefano, et y attendirent au passage leur ennemi. Le voyant venir d'Oltrarno, vêtu d'un habit blanc tout neuf et monté sur

---

potuit ad caput venire, » il ne put y parvenir. Sozomène traduit : « Rem factam caput habere (*Historia Pistoriensis*, R. I. S., Suppl., 1, 96). » Quant à la traduction exacte, elle a toujours embarrassé les Italiens. Ammirato (l. I accr., an. 1215) fait un contre-sens formel que reproduit M. Gino Capponi (*Stor. di Fir.*, I, 24) : « Uccidiamolo, e cosi al fatto sarà dato principio. » Nannucci (II, 18) dit : « Cioè ha fine da riparare... alla fine ogni cosa si aggiusta. » Costa et Bianchi : « *Cioè* ha fine. » Mais ils ajoutent que chez les modernes, ces mots signifient : « poi qual cosa sarà. » (*Comment. all' Inferno di Dante*, XXVIII, 107, note.) M. G. Ferrar (II, 264), qui sait également bien l'italien et le français, traduit par un non-sens : « Quand c'est fait, c'est dit. » Léo ne traduit pas, il invente : « Une chose accomplie a toujours raison (l. IV, c. vii, t. I, p. 395). » M. Trollope comprend mieux : « A thing done outright is done, finished and completed (I, 102). »

[1] *Inf.*, XXVIII, 103.

[2] Etsi error fuerat de deserendis nuptiis, pœna legibus constituta erat pecuniarum promissarum. (Sozomène, *loc. cit.*)

un palefroi blanc, ils s'avancèrent à sa rencontre, le rejoignirent au débouché du Ponte vecchio, au pied de la statue de Mars : aussitôt Schiatta des Uberti l'arrête et le renverse ; Mosca des Lamberti et Lambertuccio des Amidei le frappent, le couvrent de blessures ; Oderigo des Fifanti lui coupe la gorge ; puis ils se retirent tous dans la tour des Amidei, prêts à se défendre, s'ils étaient attaqués. Ils ne le furent point pour le moment : on promena par les rues, avec force gémissements, le cadavre de la victime, pendant que les Buondelmonti et les Donati couraient aux armes, imités bientôt par les familles amies, par les Nerli et les Bardi, les Mozzi et les Frescobaldi [1].

Ce ne fut pas, nous l'avons vu, le commencement des discordes civiles à Florence [2]. Déjà la division régnait

[1] Voy. ce récit, avec toutes ses variantes, dans Villani (V, 38), Stefani (l. II, Rub. 64), Sozomène (*Hist. Pist.*, R. I. S., Suppl. I, 96) et la chronique attribuée à Brunetto Latini. Il y faudrait ajouter Dino Compagni, qui n'est pas le moins intéressant ; mais, comme pour Malespini, des doutes si sérieux ont été élevés sur l'authenticité de cette fameuse chronique, qu'il est désormais impossible d'en faire état. M. Grion, directeur du lycée de Vérone, a le premier soulevé la question ; M. Scheffer-Boichorst l'a reprise avec de plus solides arguments, empruntés surtout à l'histoire (*Florentiner Studien*, Leipzig, 1874, 8°). Tous ne sont pas bons, et M. Paoli, avec une extrême réserve, a fait toucher du doigt les vices et les excès de la méthode de l'auteur allemand (*Arch. stor.*, 3e série, t. XX, 1874), de même qu'il avait déjà relevé les erreurs de M. Grion et les indications inexactes de M. Hillebrand (*Arch. stor.*, 3e série, t. XIX, disp., p. 9-15). Mais M. P. Fanfani, bibliothécaire de la Marucelliana et membre de la Crusca, a démontré à son tour, par des preuves de toute sorte, surtout par des preuves tirées de la langue, qui n'est pas, dans la prétendue chronique de Dino, celle du temps, qu'on serait désormais inexcusable de prendre cet écrit, si longtemps classique, pour une autorité historique et même littéraire (voy. *Dino Compagni vendicato dalla calunnia di scrittore della Cronica*, Milan, 1875). On accuse Antonio Doni d'être le faussaire qui a écrit la *Cronica fiorentina* attribuée à Dino Compagni, comme l'*Istoria di Semifonte* attribuée à Pace de Certaldo. M. Paoli a récemment résumé l'état de la question dans la *Revue Historique*, avril 1876, p. 540-541.

[2] Paolino l'affirme pourtant, comme Villani : «E fu bene il capo e' l

entre les nobles et les marchands, entre les frelons et les abeilles ; mais c'est alors seulement qu'elle déchira le sein de la noblesse. Or la noblesse tenait trop de place dans la ville pour que le peuple, spectateur de ses querelles, y demeurât étranger. Les plus faibles devaient fouler aux pieds leur orgueil pour rechercher son appui. Mais pour l'obtenir, il fallait plus ou moins penser à sa guise, et, puisqu'il soutenait le pape, ne plus soutenir l'empereur. Les Buondelmonti s'y résignèrent. De la cause d'un tel allié ils firent leur cause propre, surtout quand ils durent se défendre pour l'avoir défendu.

A ce prix ils devinrent les chefs du parti de l'Église[1], qui ne se recrutait guère que de modestes familles, que d'humbles artisans. Bien des magnats, quand ils les virent forts, se rapprochèrent d'eux, les plus nouveaux surtout, qui étaient « de petit commencement[2], » et devaient leur prospérité au trafic : Cerchi, récemment venus du val de Sieve[3], Pulci, Rossi, Tornaquinci, Cavalcanti, Pazzi même, encanaillés dans le trafic, mais enorgueillis de leur opulence ; Adimari, descendus, au

---

cominciamento delle brighe di Firenze, che ne sente tutta Toscana (R. I. S., Suppl. II, 12). » Dante de même. Voy. *Parad.*, XVI, 140. Il semble, à l'entendre, que si les Buondelmonti n'avaient jamais passé l'Ema (petite rivière qui séparait de Florence leur château de Montebuoni), jamais Florence n'aurait connu les tristesses de la guerre civile. Machiavel (*Ist. fior.*, II, 18) et M. G. Capponi (*Stor. di Fir.*, I, 24) suivent la tradition.

[1] E dove i Buondelmonti erano di parte d'imperio, tornarono allora alla parte di chiesa, e dove erano ghibellini e con gli ghibellini, tornarono guelfi... I Buondelmonti che prima erano in concordia con gli Uberti a fatti della città e a parte ghibellina, per la morte di M. Buondelmonte furono guelfi (Stefani, l. II, Rub. 64, 82). — C'est à dessein que nous évitons d'employer les noms de guelfes et de gibelins. A ce moment-là, ils sont encore un anachronisme. On le verra plus loin.

[2] Villani, V, 39.

[3] Dante, *Parad.*, XVI, 65 ; Villani, V, 39.

onzième siècle, des hauteurs du Mugello, race que les hautains Donati jugeaient trop récente pour s'allier à elle, et que le terrible Dante montre se dressant comme une vipère quand on la fuit, devenant douce comme un agneau quand on lui montre les dents ou la bourse[1]. Trente-huit familles considérables, selon Villani, marchaient derrière les Buondelmonti, et trente-deux seulement derrière les Uberti. Mais inférieur en nombre, le parti de l'Empire était supérieur en puissance : on y voyait, avec les vieux Caponsacchi, descendus de Fiesole au Mercato vecchio[2], avec les redoutables Guidi, possesseurs de tant de châteaux au dehors, les comtes Gangalandi, les Pigli, les Brunelleschi, fort anciens, mais si riches qu'on les soupçonnait d'avoir secrètement trafiqué ; les Abati, marchands avérés, qu'on dédaignait, mais que, par désir de vaincre, on ne repoussait pas[3].

Ces familles et bien d'autres avaient en commun la distinction d'un nom propre, sobriquet souvent injurieux à l'origine, mais vite devenu titre d'honneur, dans un temps où les gens de petit état n'étaient désignés que par leur nom de baptême et leur nom patronymique[4]. Elles

---

[1] Dante, *Parad.*, XVI, 115, 118. On a longtemps appelé *Corso degli Adimari* la rue qu'on appelle aujourd'hui *via de' calzaioli*. — Ils habitaient, comme les Donati, le quartier de Porta San Piero.

[2] M. Ferrari dit 39 et 34. Je ne sais comment il fait son compte. Cet auteur, du reste, est si absolu dans ses affirmations, qu'il ne peut échapper à l'erreur. Avec les Buondelmonti, dit-il, pas un comte ; avec les Uberti, pas un marchand (II, 265). Rien n'est moins exact.

[3] Dante, *Parad.*, XVI, 121.

[4] Les noms de famille ne deviennent d'un usage général en Italie qu'au treizième siècle. Dans les temps barbares, on ne portait qu'un nom personnel (Maternus, Herimbertus) ; on y ajouta plus tard le nom paternel pour mieux distinguer (Petrus Joannis, Pietro di Giovanni), et l'on fit ainsi des noms de famille (Figiovanni ou figli di Giovanni, Firidolfi, Fifanti). Enfin le peuple y ajouta ses appréciations caractéristiques, et l'on eut les Pazz

vivaient pêle-mêle dans les quartiers où leur résidence était antérieure à leurs dissensions. Le hasard seul y déterminait la prépondérance des uns ou des autres. Aux deux *sesti* de San Pancrazio ou Brancazio[1] et de Porta del Duomo dominait la faction des Uberti ; quant aux Uberti eux-mêmes, ils habitaient le *sesto* de San Pier Scheraggio, au milieu de leurs ennemis[2]. Les Buondelmonti, au contraire, vivaient entourés d'amis dans le Borgo Sant' Apostolo[3], et avaient presque partout l'avantage du nombre. Où ils n'étaient pas, des chefs subordonnés transmettaient, faisaient exécuter leurs ordres, imprimant ainsi une certaine unité à l'action[4].

Florence donnait donc l'étonnant spectacle de six places de guerre, de six camps retranchés, où l'adversaire avait non-seulement ses intelligences, mais aussi ses demeures, dont les masses carrées, dont les épaisses murailles, dont les portes élevées fort au-dessus du sol pouvaient soute-

(fous), les Ubbriachi (ivrognes), les Infangati (embourbés), les Importuni, etc. On fit même des noms avec des mots composés : Foraboschi (perce-bois), Caponsacchi (capo in sacchi, tête en sacs), Fortinguerra, etc., ou même avec des phrases : Diotisalvi (Dieu te sauve), Bentivoglio (Je te veux du bien), Pelavicini (pèle voisins), Vivachivince (Vive le vainqueur), etc. Voy. Fauriel, II, 402-403. — Ainsi chez nous les noms de Dieutegard, Mangematin, Piquemal, Aimelafille, et tant d'autres.

[1] Les Florentins employaient de préférence cette seconde forme. Ils aimaient à défigurer les noms, comme à les abréger.

[2] Dans le quartier San Brancazio il y avait 8 familles pour les Uberti et 3 contre ; dans celui de Porta del Duomo, 5 pour et 4 contre ; à San Pier Scheraggio, 6 pour et 12 contre. (Voy. la liste de Villani, V, 39.)

[3] Ils y pouvaient compter 6 familles pour eux, et seulement 4 contre (Villani, V, 39). Cf. *Il pecorone di Ser Giovanni fiorentino* (Giorn. II, nov. 2, f° 16 v°, Venise, 1565). En face des Buondelmonti habitèrent, sinon alors, au moins un peu plus tard, les Acciajuoli. — On trouvera à l'Appendice la liste dressée par Villani, et d'autres qui ont aussi leur intérêt, empruntées à un manuscrit de la Bibl. nat. à Paris (ms. italiens, n° 743).

[4] « E in ogni sesto era chi capo d'una parte e chi d'un' altra. » (Stefani, l. II, Rub. 82.)

nir un siége et n'étaient prises que d'assaut, sous une grêle de traits¹. On vivait ainsi chez soi constamment sur le qui-vive, derrière des fortifications mobiles ou *serragli*, barricades, palissades, chevaux de frise, qu'on fermait, ainsi que les boutiques, à la moindre injure, à la moindre menace. On ne posait les armes qu'à la nuit ; on relevait alors les morts et les blessés. Le jour suivant avaient lieu les funérailles, et c'est seulement en cas de défaite que la tristesse y présidait.

Tout entière à ses discordes intestines, Florence ne prêtait qu'une oreille distraite aux bruits du dehors. Le pape Honorius III, dont elle se disait la fille dévote, n'obtenait point qu'elle apaisât ses haines pour prendre part à la croisade (1219). Crémone et Parme, Milan et Plaisance, se laissaient imposer la paix ; Gênes et Pise elles-mêmes, une longue trêve : Florence restait seule en armes entre les Alpes et le Tibre². Mais cette ruche belliqueuse ne négligeait point son fructueux travail. Avec une parfaite aisance, elle prenait, elle maniait tour à tour l'arc, la dague et les outils de ses métiers. L'habitude une fois prise des perpétuelles alertes, elle savait être calme en même temps qu'énergique. Exempte de cette organisation nerveuse qui fait la faiblesse et souvent la ruine des peuples modernes, elle dominait ses émotions, s'inquiétait peu de l'incertitude, s'enrichissait en multipliant ses produits, en les répandant de plus en plus au dehors.

---

¹ Aucune de ces maisons ne subsiste aujourd'hui ; mais on peut s'en faire une idée en regardant le Palazzo Vecchio, les palais Strozzi, Riccardi, Spini ou Ferroni, du Bargello et du Proconsolo, car ces édifices furent construits au quatorzième et surtout au quinzième siècle, à l'imitation de ceux du treizième.

² Rich. de San Germano, R. I. S., t. VII. — Cherrier, II, 3, 4.

Cette vie étrange, dont nous pouvons à peine concevoir l'idée, dura, s'il faut en croire les chroniqueurs, trente trois ans consécutifs. Les conditions n'en furent changées qu'au temps de la crise suprême où succomba Frédéric II. Mais ce qui porte au comble notre surprise, c'est que durant cette longue période, malgré tant de travail et de combats domestiques, malgré la fréquente immixtion de Frédéric aux affaires de la Toscane [1], les Florentins poursuivent le cours de leurs entreprises extérieures. Aguerris par la lutte des rues, ils marchaient contre leurs anciens ennemis, ils ne craignaient pas de s'en créer de nouveaux. Jusqu'alors plus faibles que Pise, ils en avaient recherché l'alliance. Se croyant désormais aussi forts, ils cessaient de respecter en elle la protégée de l'Empire, prodigue à son égard de priviléges [2] autant qu'avare envers Florence et Gênes, trop suspectes d'incliner vers la papauté [3]. Les circonstances étaient favorables. Que pouvait, malgré son mauvais vouloir, un prince sommé de partir pour la terre sainte, tout occupé d'obtenir un sursis et de leurrer Honorius III par des promesses dérisoires sur l'impossible restitution des biens de Mathilde [4] ?

---

[1] En décembre 1220, Frédéric II déclarait Lamberto, Duodo, Visdomini, Orlandino, Tancredo, Marzucho, Normanno, Ibaldo, Sesmondino, Gattanello, Riccomanno, Duodo, Federigo, Rainerio, Enrico, et leurs légitimes héritiers, comtes du Sacré Palais à perpétuité, avec tous les honneurs, toute la puissance des comtes et des envoyés de l'empereur, et en outre avec la faculté de créer des juges, d'émanciper des serfs, de déclarer légalement et conduire la guerre, etc., dans les comtés de Lucques et de Pise. (Arch. di Stato, *Cartapecore Strozziane Uguccioni*, décembre 1220.)

[2] Diplôme du 1er décembre 1220, dans Flaminio dal Borgo, *Raccolta di diplomi pisani*, p. 42.

[3] « Vix partem de eo quod ad imperium pertinebat voluit confirmare. » (*Ann. gen.*, l. V, R. I. S., t. VI, 421.) — Cf. Leo, l. IV, c. vii, t. I, p. 400

[4] *Confirmatio Terræ Mathildis Romanæ ecclesiæ*. — Capuæ, Januar.

Au mois de novembre 1220, il était à Rome pour la cérémonie de son couronnement[1]. Les villes toscanes y avaient, selon l'usage, envoyé leurs ambassadeurs. Une querelle puérile entre eux fut, paraît-il, pour les deux cités, l'occasion de la rupture. Assis à la table d'un cardinal, un des ambassadeurs de Florence, ayant loué la beauté d'un « petit chien de chambre, » l'avait aussitôt reçu en présent de son hôte[2]. Le lendemain, dans les mêmes circonstances, et avec l'impertinent oubli d'un grand seigneur, ce prince de l'Église en faisait don à un des ambassadeurs pisans; puis il le laissait prendre au premier des deux qui le venait retirer. C'était le Florentin. Là-dessus, grande colère des Pisans, paroles injurieuses, rixe dans les rues à la première rencontre, retraite de leurs adversaires, moins bien escortés[3]. Mais ceux-ci avaient à Rome de nombreux compatriotes, marchands qu'appelaient les affaires de leur négoce, magnats attirés par les fêtes du couronnement. Les uns et les autres ressentirent patriotiquement l'offense. Un jeune chevalier d'illustre famille, Oderigo Fifanti, se mit aux aguets avec ceux de son âge, et maltraita si fort les Pisans, qu'il en prit, disent les chroniqueurs, une rude revanche[4].

La stupéfaction fut profonde à Pise. Il semblait aux Pisans que des inférieurs les eussent outragés. Ils résolu-

---

1227. — Voy. Cherrier, t. II; Raumer, III, 546; Leo, l. IV, c. vii, t. I, p. 400.

[1] Ce couronnement eut lieu le 22 novembre 1220.

[2] Ce prince de l'Église, dit assez singulièrement Ammirato, estimait dans sa courtoisie qu'un tel animal convenait moins à un prêtre qu'à un homme qui a chez lui des femmes. (L. I accr., t. I, p. 74, ann. 1220.) — C'est une réflexion que ce cardinal aurait pu, ce semble, faire plus tôt.

[3] « Pero che con gli ambasciadori pisani havea allhora 50 soldati di Pisa. » (Villani, VI, 2.)

[4] « Con aspra vendetta. » (Villani, VI, 2.)

rent de les punir en saisissant les marchandises florentines, fort nombreuses aux magasins et entrepôts de leur port[1]. Florence, tout d'abord, ne pensa point à combattre ; elle négocia. Elle envoya plusieurs ambassades[2] réclamer la levée de l'embargo, prier ses voisins de se souvenir quels avaient été, dans les scandales de Rome, les vrais provocateurs. Elle punissait sévèrement, on pouvait s'en souvenir à Pise, ceux de ses citoyens qui manquaient à leur devoir[3]. Mais oublieux du passé, tout entiers au présent, les magistrats de Pise répondirent sèchement que des marchandises déjà vendues ne pouvaient plus être restituées. Ceux de Florence redoutant les dangers et la responsabilité d'une rupture, demandèrent alors qu'au moins on leur renvoyât un nombre équivalent de ballots, contenant de l'étoupe, de la bourre ou autres choses sans valeur, pour donner une apparente satisfaction au peuple ; la commune de Florence se chargerait d'indemniser ses marchands. Faute de cet expédient, l'amitié ne pouvait plus subsister entre les deux villes, et bientôt commenceraient les hostilités[4].

Par malheur, les orgueilleux Pisans « se croyaient maîtres du ciel et de la terre. — Si l'on marche contre nous, dirent-ils, nous ferons la moitié du chemin[5]. » Quoique étonnés du défi, ils étaient charmés de la querelle ; ils y voyaient une occasion d'arrêter les Florentins en leurs progrès. Chez ceux-ci l'ardeur belliqueuse

---

[1] Villani, VI, 2 ; Ammirato, l. I accr., t. I, p. 74.
[2] « Più ambascerie. » (Villani, VI, 2.)
[3] C'était une allusion discrète à l'homme d'armes pendu en 1113 sous es murs de Pise, pour en avoir violé le territoire. Voy. Villani, IV, 30, et plus haut, l. I, c. III, p. 124.
[4] Villani, VI, 2.
[5] Ibid.

n'était point unanime : si les nobles voulaient la guerre, les marchands regrettaient la paix : ils récriminaient contre la témérité des Fifanti, les ambitions des Uberti, les passions des Buondelmonti ; ils préféraient la richesse à la dignité. Certains d'entre eux, pourtant, en se rangeant à l'avis des nobles, firent pencher la balance. La guerre fut déclarée. La justice évidente de la cause en fit espérer le succès[1].

Les préparatifs, comme les négociations, prirent du temps : c'est le 21 juillet 1222 seulement que les milices florentines se mirent en marche[2]. A Castello del Bosco elles rencontrèrent l'ennemi : selon sa menaçante promesse, il leur avait épargné la moitié du chemin. La mêlée fut générale, la lutte longue autant qu'acharnée. Le concours des Lucquois donna la victoire aux Florentins. L'armée pisane, outre ses morts, laissa treize cents prisonniers, fleur de la noblesse, dont la plupart, dit-on, périrent avant d'arriver à Florence[3]. « Et voilà, s'écrie Villani, comment la misérable beauté d'un petit chien, en qui le diable s'était incarné, fut cause de tant de mal[4]. »

[1] Villani, VI, 2 ; Ammirato, l. I accr., t. I, p. 74, 75.
[2] Ainsi disent Villani et Simone della Tosa (p. 191). Paolino (R. I. S., II, 14) dit le 20 juillet 1224 ; mais il est peu exact pour les dates. Selon lui, d'ailleurs, cette bataille eut lieu Gherardo Orlandini étant potestat pour la seconde fois. Or il le fut en 1223, et non en 1224. — Ammirato paraît hésiter, car il donne la date du mois, non celle du jour.
[3] Tronci, *Annali pisani*, 1222, p. 183. — Paolino (R. I. S., Suppl., II, 14). — Villani, VI, 3. — Ammirato, l. I accr., t. I, p. 75. — Plusieurs chroniques de Pise passent cet échec sous silence, par exemple : le *Breviarium pisanum* (R. I. S., t. VI, 192) et la *Cronica di Pisa* (R. I. S., t. XV, 977). Mais de telles réticences ne sont pas rares dans ces temps-là.
[4] « E cominciossi per così vil cosa come per la bellezza d'un cagnolino, il quale si può dire che fosse il diavolo in ispetie di cagnuolo, perchè tanto male ne seguiò. » (VI, 3.) — Tronci (p. 183) trouve si heureuse l'idée de l'incarnation du diable, qu'il se l'approprie sans citer son auteur.

Le mal était grand, en effet, même pour les vainqueurs. Ils rentraient chez eux pour se refaire, laissaient Lucques exposée aux vengeances de Pise, et ne lui venaient en aide qu'en voyant Pise et Pistoia prêtes à l'écraser de concert[1]. En 1224, le potestat de Florence faisait des deux parts déposer les armes par son habile médiation[2].

Ce rôle de médiateur plaisait aux Florentins, et souvent déjà ils y étaient appelés[3]. Leur importance croissante est attestée par les lettres de Clément IV[4], et par les précautions que prenaient contre eux leurs ennemis. Sienne gagnait Poggibonzi en lui cédant le château de Staggia[5], Orvieto et Arezzo par une offre d'alliance[6], sous réserve d'attendre, pour en recueillir les fruits, qu'expirât le traité qui liait Arezzo à Florence, et que les Arétins promettaient de ne pas renouveler[7]. Ils ne voyaient pas sans crainte et sans ombrage cette alliée du présent, cette ennemie de l'avenir, tenir en échec dans le val d'Arno les Pazzi, qui y défendaient jalousement leur indépendance, élever le fort de l'Incisa sur le mont *alle Croci* pour commander la riche vallée où dominait le château de Figline « révolté (1223)[8], » réduire les comtes Guidi à

---

[1] « Là ebbe luogo un fatto d'armi glorioso per gli Lucchesi, nel quale i Fiorentini fecer la parte di buoni e valenti alleati. » (Mazzarosa, I, 87, 88.) Les chroniqueurs florentins ne disant mot à ce sujet, on peut croire que ces hostilités furent de peu d'importance.

[2] Fioravanti, *Memorie di Pistoia*, c. XIII, ap. Inghirami, VI, 296.

[3] Leur évêque, en 1220, avait réglé les différends de l'évêque de Volterre avec son diocèse. Voy. Cecina, *Notiz. di Volt.*, p. 31.

[4] Voyez-les dans Martène et Durand, *Thesaurus anecdotorum*, t. II.

[5] 10 juillet 1221. Arch. de Sienne, *Caleffo vecchio*, p. 110-113.

[6] 27 octobre 1221. *Ibid.*, p. 126 v°.

[7] 3 septembre 1222. « Arezzo jure studium et operam cum effectu, non tamen bellicosis factis inter nos. » — Les clauses relatives à Florence sont contenues aux articles 4 et 5. (Arch. de Sienne, *Caleffo vecchio*, p. 142.)

[8] Villani, VI, 4; Simone della Tosa, p. 192; Ammirato, l. I accr., p. 76.

lui vendre leur châteaux de Galica, de Monte Rotondo, de Monte Croce, comme ils lui avaient déjà vendu celui de Montemurlo[1].

Qu'une misérable ville opprimât ainsi les protégés de l'Empire, c'était une offense à l'empereur. C'en fut une plus grande encore de n'envoyer aucun délégué à Crémone, où il avait convoqué une diète (1226). Le sentiment progressif de leur force augmentait chez les Florentins le goût dangereux de l'isolement. Ils restaient à l'écart de la ligue lombarde, renouvelée contre un second Frédéric; ils ne lui faisaient la guerre qu'en combattant les villes voisines qui avaient embrassé sa cause; ils marquaient leur haine de l'étranger comme leur dévouement au saint-siége par les mêmes coups qui les délivraient d'importunes rivalités.

La plus importune de toutes était celle de Pistoia, située aux portes mêmes de Florence, sur la route de l'Apennin. Comme Florence, Pistoia avait ses luttes intestines, mais si violentes et si cruelles, qu'elle n'est, aux yeux de Dante, qu'une tanière de bêtes féroces[2]. Six assassinats y avaient, en 1177, inauguré la guerre civile. Tandis que les Uberti luttaient pour la domination à Florence, les Panciatichi, à Pistoia, chassaient les Cancellieri, amis des Florentins. Les Fabroni, citoyens malgré eux, expulsés en 1215, soufflaient dans les âmes leur animosité passionnée contre ces marchands des bords de l'Arno, leurs premiers persécuteurs. Une étincelle suffisait à tout embraser. Elle partit de ce château

---

[1] Ammirato, *loc. cit.*, p. 77.

[2] ... Son Vanni Fucci
Bestia, e Pistoia mi fù degna tana.
(*Inf.*, xxiv, 125.)

de Montemurlo, si menaçant pour Pistoia, et que Florence n'avait pas sans motif acheté aux comtes Guidi. Florence n'y commandait pas encore, parce qu'une branche de cette puissante famille lui en contestait la jouissance; mais elle en avait la nue propriété, et elle en protégeait les habitants, sans cesse inquiétés par ceux de Pistoia. A ces derniers elle avait plus d'une fois interdit toute agression, même indirecte; mais eux, loin d'obéir, ils avaient marqué leur mépris en plaçant sur la haute tour de Carmignano deux bras de marbre tournés vers Florence, le pouce de chaque main entre l'index et le médium, disposition qui passait pour injurieuse et provocatrice [1]. L'affront voulait du sang : Florence appela ses milices aux armes ; elle fit les préparatifs d'une grande et régulière expédition. Pour la première fois alors, si l'on en croit ses historiens, elle fit usage de sa cloche communale et de son fameux *caroccio* [2], fait plus important que l'expédition même, et caractéristique des institutions militaires chez les Florentins.

A l'instant où ils déclaraient la guerre, ils mettaient en branle une cloche qui sonnait jour et nuit durant un mois, pour appeler les citoyens aux armes et tout ensemble pour avertir l'ennemi de préparer sa défense [3], libre et singulière imitation des mœurs chevaleresques

---

[1] Jannotti Mannetti, *Historia Pistoriensis* (R. I. S., t. XIX, 1007). — Villani, VI, 5. — C'était ce qu'on appelait *far le fiche*, terme honnêtement intraduisible, mais qui équivaut, dans son sens figuré, à celui-ci : faire la nique.

[2] « Questo è il primo anno nel quale si fa menzione di esser i Fiorentini andati a hoste col caroccio e colla campana. » (Ammirato, 1228. l. I accr., t. I, p. 77.)

[3] Villani, VI, 76. — Ammirato, *loc. cit.* — « Acciochè il nemico avesse tempo alle difese. » (Machiavel, II, 18-19.)

par un peuple de marchands. On appelait cette cloche la *Martinella*, quelquefois même la cloche des ânes [1]. Elle était établie au cœur de la ville, dans l'arc de la porte d'une petite église, Santa Maria du Mercato vecchio. Qui ne répondait pas à son appel était déshonoré, puni de fortes amendes comme traître à la patrie. Le mois expiré, l'on entrait en campagne. On transportait la Martinella sur une sorte de « château » en bois, consistant en quatre poutres réunies par des traverses ; on la suspendait à la traverse de devant, et tout cet appareil, dressé sur un char, s'avançait en tête de l'expédition, la cloche lançant ses belliqueuses volées, pour diriger l'armée en marche, au besoin pour la rallier [2].

Devant le char de la Martinella, on conduisait le *carroccio*, autre char qui était comme l'image ambulante de la cité. Florence l'avait emprunté aux coutumes des Lombards [3]. De temps immémorial, en Lombardie, les moines se faisaient suivre dans les champs, à l'heure de la récolte, d'un char surmonté d'une perche où était suspendue une cloche dont les tintements invitaient les vassaux à apporter leur tribut [4]. Dès l'année 1039, Héribert, archevêque de Milan, avait fait adopter cette cloche et ce char par ses milices pédestres, comme signal et point de ralliement dans leurs luttes contre la cavalerie [5]. L'innovation florentine consista à disjoindre ce qui était réuni

---

[1] « E chi la chiamava la campana delli asini. » (Villani, VI, 76.)

[2] Villani, Ammirato, Machiavel, *loc. cit.*

[3] « E in questo modo le città di Lombardia mandavano fuori i lor popoli alla guerra..., e dal loro esempio mossi poi i Toscani servarono il medesimo ordine. » (Malavolti, part. I, l. I, f° 25.)

[4] *Chronici monasterii Novaliciensis fragmenta*, l. II, c. x, R. I. S., t. II, part. II, p. 706.

[5] Ricotti, I, 119-120.

chez les Lombards. Le *carroccio*, porté sur quatre roues, était formé de poutres de chêne, réunies par des barres de fer et peintes en rouge. Une paire de bœufs, recouverts de drap rouge, le traînaient à pas lents. On ne leur pouvait imposer aucun autre travail. On les nourrissait, comme bêtes sacrées, dans l'hôpital des Pinti. Leurs conducteurs étaient francs de toute sorte d'impôts [1]. Sur la plate-forme du char, assez grande pour qu'on y pût célébrer la messe et même combattre, se dressaient deux antennes, rouges comme tout le reste, du haut desquelles flottait au vent la bannière rouge et blanche, aux couleurs de Florence et de Fiesole [2].

Au jour fixé pour l'entrée en campagne, le *carroccio*, tiré de San Pier Scheraggio ou de San Giovanni, qui eurent successivement le privilége de lui donner abri [3], était conduit en grande pompe au Mercato nuovo. Là on confiait ce dépôt sacré, ce palladium prosaïque, à la garde de forts et valeureux jeunes gens, sous la conduite d'un citoyen entendu aux choses de la guerre et qu'on appelait le capitaine du *carroccio*. En marche, ils étaient accompagnés de trompettes et d'un prêtre pour donner aux blessés les secours de l'âme et tout ensemble ceux du corps [4]. Où s'arrêtait le *carroccio*, là était le poste du

---

[1] Villani, VI, 76. Ricotti, I, 141-142, d'après un ms. (*Libro di Montaperti*) dont il sera amplement question plus bas.

[2] La plupart des autres *carrocci* n'avaient qu'un mât ou antenne. Alors, pour empêcher que le poids du gonfalon ou la force du vent ne le fît incliner, de chaque côté du char marchait un homme tenant à la main une corde attachée au sommet du mât, pour le forcer à rester droit (Malavolti, part. I, l. I, f° 25). Les Florentins avaient ingénieusement remédié à cet inconvénient et remplacé ce correctif par le système de la double antenne.

[3] *Osservat. fior.* V, 208-211, 3° éd.

[4] « Neque vero sacerdos aberat cum divinæ rei caussa, tum ut esset qui lethifero vulnere laborantibus sacra, si opus esset, ritu christiano subminis-

capitaine et son quartier général. De là partait l'ordre du combat; là était le point de ralliement; là se portaient tous les efforts de l'attaque et de la défense, car le signe de la victoire c'était la prise de ce char. L'ennemi vainqueur le promenait en triomphe, les antennes renversées, les ornements dans la boue, puis le livrait aux insultes de la populace qui souvent le couvrait d'ordures [1]. Au contraire, il ramenait en grande pompe le sien, objet d'autant de respects que l'autre de mépris.

Quand les habitants de Pistoia virent s'avancer le *carroccio* et la Martinella, ils comprirent que Florence marchait contre eux *a oste*, c'est-à-dire avec une nombreuse armée. Ils n'osèrent envoyer la leur à sa rencontre; ils se retranchèrent, selon l'usage, derrière leurs murailles, et la réduisirent ainsi à ne faire qu'un *guasto*, qui ne demandait point de si dispendieux préparatifs. Mais l'incendie des faubourgs, la dévastation du territoire, la destruction des tours qui en faisaient la défense, notam-

---

traret. » (Sigonio, *Hist. Bonon.* l. III, ann. 1169. *Op. omnia*, t. III, col. 151.) — Villani, Ammirato, Machiavel, Ricotti, *loc. cit.*

[1] « Et ibi super carrocium cacaverunt (*Chron. Patavinum*, R. I. S., t. IV, 1124, ann. 1198). Voy. un curieux dessin des deux chars dans *L'Inferno di Dante disposto da G. Warren Lord Vernon*, t. II, p. 36, Londres, 1862, in-f°. Il est fâcheux que ce bel ouvrage, pour lequel l'auteur a eu recours à toute l'érudition spéciale des Florentins, n'ait « illustré » que les sept premiers chants de l'*Enfer*. Notre description s'inspire à la fois des auteurs et de ces deux dessins, fort différents de ceux qu'on peut voir en tête du *Chronicon Parmense* (R. I. S., t. IX) et dans les *Annales Cremonenses* de Cavitelli, ap. Grævius, *Thesaurus antiquitatum et historiarum Italiæ*, t. III, part. II, p. 1289, Leyde, 1704. Il ne s'agit point là du *carroccio* florentin. Chaque ville apportait quelque innovation caractéristique, un globe doré, en haut du mât, l'image de quelque saint sur le devant, deux voiles blanches portant au milieu un christ en croix, les bras étendus, des tentures roses et non rouges. — Voy. *Arnulphi Hist. Mediol.*, l. II, c. XVI, R. I. S., t. IV, 18. — *Burchardi epistola*, 1162. R. I. S., t. VI, 917. — Sigonio, Malavolti, *loc. cit.*

ment de celle qui tendait vers Florence ses deux bras injurieux, ruinèrent Pistoia et la réduisirent à merci. Pour obtenir la fin des hostilités, elle dut implorer la médiation du cardinal de Castiglione [1] et s'obliger à la guerre comme à la paix, selon la volonté des Florentins, sous peine de payer mille livres d'or. Les Florentins, en retour, promettaient de défendre Pistoia et ses biens, et même de restituer le château de Carmignano [2]. C'était la teneur ordinaire de ces sortes de traités, aussi promptement violés que facilement conclus : Florence ne défendit rien, ne restitua point Carmignano, et Pistoia dut guetter l'occasion de s'en emparer [3].

Cette occasion ne se fit point attendre. Alliée à Pise et à Poggibonzi [4], à Arezzo et à Pistoia, Sienne avait recommencé la guerre contre Florence, que soutenaient Lucques, Pérouse, Orvieto. Orvieto surveillait de près Montepulciano, que Florence protégeait de loin, et qui préférait cette protection, efficace sans pouvoir devenir oppressive, à celle de Sienne trop voisine pour ne pas l'imposer comme un joug. Les bannis avaient seuls d'autres sentiments. Ils conjuraient pour rentrer de force dans leur patrie, s'y emparer du pouvoir et acheter la tyrannie de Sienne au prix de plusieurs juridictions [5]. Entre deux

---

[1] Ce cardinal fut pape pour quelques jours, après la mort de Grégoire IX, sous le nom de Célestin IV.

[2] « Patti e capitoli riguardo al castello di Carmignano ». 25 juin 1228. (Arch. di Stato, *Capitoli*, n° xxix, f° 110 v°). — Ammirato (l. I accr., t. I, p. 77). — Villani, VI, 5. Paolino, (R. I. S., Suppl. II, 15). — Fioravanti, c. xiv, p. 117. — Inghirami, VI, 514.

[3] Fioravanti, *loc. cit.*

[4] Le traité de cette alliance est du 7 juin 1228. Ce sont les clauses ordinaires. (Arch. de Sienne, *Caleffo vecchio*, p. 175-178.)

[5] Paolino, (R. I. S., suppl. II, 15). Simone della Tosa, p. 192. Malavolti, part. I, l. V, f° 51 v°, 52 r°.

ligues de force égale, le résultat de la lutte, toujours incertain; dépendait de Frédéric II. Ses succès encourageaient Sienne, et ses revers Florence. Pour le moment, il n'était point dans une passe heureuse. A son ancien précepteur, l'indulgent Honorius III, avait succédé (18 mars 1227) le sévère Grégoire IX, jeune, à quatre-vingt-six ans, par la vigueur de son esprit et la sûreté de sa mémoire, renommé pour son savoir et pour « le fleuve d'éloquence cicéronienne qui coulait en lui[1] », aussi remarquable par sa connaissance des affaires que par sa persévérance en ses desseins. L'heure n'était plus des vains prétextes pour rester en Italie au lieu d'aller en terre sainte. « Par esprit de douceur, Grégoire IX avait tiré le glaive médicinal de Pierre[2] » et guéri Frédéric II d'une maladie réelle ou simulée[3]. Il avait fallu partir enfin, tandis que Jean de Brienne, l'ancien roi de Jérusalem, levait, avec l'argent de l'Église, des forces considérables en Lombardie et en Toscane, suspect de les diriger vers la Pouille plutôt que vers le royaume perdu dont la conquête n'était plus dans ses espérances, si elle était encore dans ses vœux[4].

---

[1] « Fluvius eloquentiæ tullianæ. » (*Vita Gregorii IX ex card. Aragonio*, R. I. S., t. III, part. 1, p. 575). Cf. *Conradi a Lichtenau abbatis Ursperg. Chron.* p. 325. — Michaud, *Hist. des croisades*, l. XII, p. 510. — Cherrier, II, 45.

[2] « Medicinalem Petri gladium in eum exseruimus in spiritu lenitatis. » (*Regesta Gregorii IX*, l. I, n° 180, ap. Cherrier, II, 57-58.)

[3] « Infirmus fide sed sanus corpore, ut securius Deo mentiretur et Ecclesiam falleret omisso promisso passagio, in lecto ægritudinis diebus aliquot simulatus decubuit. » (Ep. Greg. IX, ap. Math. Paris, p. 342, éd. de Paris.) Il paraît pourtant que la maladie était réelle. Plusieurs courtisans de Frédéric en étaient atteints, « inter quos.... Lantgravius (de Thuringe) procurata morte opinione publica creditur interiisse (*Vita Greg. IX*, R. I. S., t. III, part. I, p. 576) ». Voy. d'autres textes dans Cherrier, II, 57-58.

[4] *Conradi a Lichtenau Chron.*, Michaud, *loc. cit.*

Cette armée, toute pontificale, était la sauvegarde des Florentins. Elle obligeait les Siennois à la circonspection dans leurs entreprises, comme à la résignation devant celles de leurs ennemis. Par trop d'ardeur et d'âpreté, Grégoire IX compromettait ses avantages. Il ne pouvait pardonner à l'empereur de vivre en bon accord avec les musulmans, d'appeler « frère et ami » le soudan du Caire [1], d'inviter à sa table des émirs avec des évêques [2], et, pour tout dire d'un mot, de songer plus aux relations commerciales de ses sujets qu'à la conquête des lieux saints. En lui refusant l'absolution [3], en défendant à tous de siéger dans ses conseils, de lui porter secours [4], il lui rendait intolérable le séjour de la Palestine et le ramenait en ennemi. A peine Frédéric a-t-il posé le pied sur le rivage d'Italie, Jean de Brienne cesse d'affirmer en Sicile qu'il est seul empereur [5]; les *clavesignati* déshonorent, en se dispersant, les deux clefs en sautoir qu'ils portaient sur leurs habits et qui annonçaient en eux la milice du saint-siége [6]. Conrad, fils de l'empereur, dé-

---

[1] « Sire, nostre seigneur li empereres vous salue comme celui qu'il veut tenir a frere et a ami. » (*Relation de la croisade de Frédéric II*, Bibl. nat. mss. 8316, f° 392, et fonds Colbert, 8314³). — M. Huillard Bréholles a reproduit ce texte dans les *additamenta* à son tome III, p. 480.

[2] « Accedente Pascha Sarracenorum in die Mariæ Magdalenæ, imperator nuntios soldani et vetuli de Montanis ad convivium vocat, et eis multis episcopis assidentibus et multis nobilibus Teutonicis, festivas epulas parat. » (*Godefredi Colonensis Annales*, cité par Böhmer, *Fontes*, II, 364, et Avenel, *Journal des Savants*, août 1864, p. 519.)

[3] « L'apostole dist qu'il ne l'absoudroit mie, qu'il ne le tenoit mie por crestien, ains estoit passé comme faux et traistres. » (*Guillelmi Tyrii continuata historia*, ap. Martène, *Amplissima collectio*, V, 698.)

[4] « Après manda au patriarche, au temple et à l'ospital qu'ils ne fussent à son conseil n'a son accort. » (*Ibid.*)

[5] « Affirmat non esse alium imperatorem præter se ipsum. » (Math. Paris, p. 246.)

[6] « Clave signati.... papalis exercitus qui clavium signa gerebant. » (Richardus de San Germano, R. I S., t. VII, 1007.)

bouche des Alpes, et rend la confiance aux amis de l'Empire. Sienne, aussitôt, reprend l'offensive. Elle force les Orviétans et les Pérugins à lever le siége de Chiusi ; elle vole à l'assaut de Montepulciano, que devaient rendre facile les intelligences qu'elle entretenait dans cette place. A sa grande surprise, personne ne lui tend la main, personne ne lui ouvre les portes, tous sont debout pour les défendre, et il ne lui reste qu'à dresser ses tentes sous les murailles, pour obtenir le succès par la famine, ou grâce à des renforts que l'empereur lui pourrait envoyer (juillet 1229)[1].

Mais l'empereur avait sur les bras trop d'affaires dans son royaume pour répondre à l'appel de ses alliés toscans. Florence le voit, et, en septembre, lance son potestat, Giovanni de Boccaccio[2], à la tête d'une armée. Prompt comme la foudre, ce juge transformé en général paraît à trois milles de Sienne, détruit le petit château de Monte Liscaio, puis se retire sur le territoire de Florence, pour porter ailleurs ses attaques le lendemain. Son plan était de les multiplier, pour contraindre les Siennois à éparpiller leurs forces, à tenir garnison dans tous les postes stratégiques qu'ils occupaient contre le gré des habitants, à lever le siége de Montepulciano. Ainsi soutenus, les ennemis de Sienne reprennent courage, refusent tout tribut et secouent le joug. Les châtier, les soumettre, est plus urgent que de poursuivre une conquête. Celle de Montepulciano est abandonnée. Le but de Florence était atteint[3].

---

[1] Paolino (R. I. S., Suppl. II, 15). — Malavolti, part. I, l. V, f° 53 r°.
[2] La liste des *Officiales forenses* dit : Joannes Bottacci, ou Boccacci ou Bocca.
[3] Villani, VI, 6. — Paolino, p. 15. — Simone della Tosa, p. 192. —

Mais alors toutes les combinaisons de la politique étaient comme des édifices bâtis sur le sable mouvant. Sans motif connu, Pérouse, si dévouée à Florence, se prononce en faveur des Siennois. Spontanée ou résultat de pratiques corruptrices, cette révolution arrêtait court une expédition florentine dont la présence du *carroccio* et de la Martinella atteste assez l'importance (mai 1230). Il faut se détourner de la route de Sienne, s'avancer résolûment vers le sud, par San Quirico et Radicofani, franchir la Chiana enfin, pour ravager le lointain territoire de Pérouse. Cette pointe hardie ne pouvait aboutir qu'à cette stérile vengeance. Les milices florentines reculaient bientôt devant celles de Rome, que Pérouse avait appelées à la rescousse, et risquaient d'être prises de flanc, au retour, par les Siennois. Heureusement la retraite était conduite par un homme de ressources autant que d'audace, le potestat milanais Otto de Mandello, qui exerçait cette charge pour la seconde fois. La première fois, c'était en 1219 : à la faveur de l'anarchie, conséquence de la mort d'Otton IV, il avait bien mérité de Florence en lui soumettant tout le *contado*. Sur son refus d'une réélection immédiate, on l'avait remplacé par un membre de sa famille, Alberto de Mandello, et onze années plus tard, triomphant de sa résistance, on lui conférait de nouveau la dignité de potestat, qu'il devait conserver deux ans [1]. C'est un fait digne de remarque, quoiqu'il ne paraisse pas avoir été remarqué, que la plupart des grandes entreprises florentines, dans ces temps-là, ont eu lieu sous des potestats élus pour la seconde fois [2]. Ce peuple pru-

---

Ammirato, 1229. l. 1 accr., t. I, p. 78. — Malavolti, part. I, l. V, f° 54.

[1] Voy la liste des *Officiales forenses* et Paolino, p. 13, 15.

[2] On peut citer, outre Otto de Mandello, Gherardo Orlandini de Lodi,

dent ne s'engageait à fond que sous des chefs en possession de sa confiance, parce qu'il les avait éprouvés.

Ramené au pays de Sienne et contraint de le traverser en entier, Otto de Mandello y sut faire face à tous les périls. Il partagea son armée en deux corps. L'un se porta sur Caposelvole, dans le val d'Ambra, dont les habitants, aidés de leurs voisins d'Arezzo, infestaient le val d'Arno florentin. L'autre, le plus considérable, puisqu'il avait gardé le *carroccio*, parcourait le val d'Orcia et le val de Chiana, saccageait et brûlait vingt châteaux et forteresses. Sienne et Pérouse auraient pu s'y opposer ; mais les nobles et le peuple, avec un aveuglement trop commun dans l'histoire, s'y disputaient le pouvoir les armes à la main[1]. Avide d'un succès, le potestat s'avance jusqu'à un mille de Sienne. Là, sur une hauteur appelée le Poggio di Vico, il fait retentir aux oreilles ennemies les sons de la Martinella, et déploie aux yeux les bannières du *carroccio* ; il fait dévaster par sa cavalerie les environs de la ville, espérant provoquer une sortie, ramener ses adversaires sous leurs murailles l'épée dans les reins, et les serrer d'assez près pour entrer dans la ville pêle-mêle avec eux. Ses prévisions ne furent point trompées. Au plus fort d'une escarmouche entre deux partis de cavalerie, des Florentins en embuscade prennent les Siennois de flanc, les écrasent sous le nombre, les

---

potestat en 1215, et qui, réélu en 1224, défait les Pisans; Giovanni Judici des Papi, potestat en 1210, et qui, réélu en 1235, conduit contre Sienne une brillante expédition. De même Andrea Jacopi de Pérouse mène à bonne fin, en 1229, la guerre contre Pistoia, et soutient avec succès en 1233, la guerre contre Sienne. (Voy. Paolino, p. 12-16, et la liste des *Officiales forenses*, dont les indications diffèrent quelquefois d'une année.)

[1] Villani, VI, 6, 7. — Simone della Tosa, p. 192. — Ammirato, 1230. l. I accr., t. I, p. 78, 79. — Malavolti, part. I, l. V, f° 54 v°.

mettent en fuite, se précipitent comme un ouragan par les portes ouvertes, et sont déjà aux portes de Sienne, quand les habitants oublient enfin, pour les chasser, leurs funestes dissensions. De toutes parts s'élèvent alors des *serragli* ou barricades. Pour les défendre, les femmes versent leur sang; plusieurs y sont faites prisonnières [1]. Mais trop de Florentins gisaient morts ou blessés sur les dalles des rues : les survivants durent battre en retraite. Poursuivis à leur tour jusque dans la campagne, jusqu'au couvent de Monte Cellesi, ils y trouvèrent un point d'appui, firent volte-face, contraignirent l'ennemi à rebrousser chemin, et rentrèrent au camp, avec leur butin et leurs prisonniers [2].

Il le fallut bientôt lever : la fermeté imprévue de la résistance et des motifs politiques en imposaient la nécessité. Pour la dissimuler, comme pour marquer l'impuissance des Siennois à rien tenter hors de leurs murailles, Otto de Mandello leur voulut infliger quelques-unes de ces humiliations dont son temps avait le goût. A leur porte ils possédaient un pin d'une grandeur peu ordinaire, qui projetait au loin ses superbes rameaux. Ils en étaient fiers comme d'un emblème de leur puissance séculaire. Ce pin fut abattu. Des cavaliers allèrent clouer à la porte de Camullia un écu portant le lis de Florence. Puis fièrement les milices florentines regagnèrent leurs foyers. Nul ne les inquiéta ; mais quand

---

[1] « E menarono in Firenze delle donne che presero dentro a serragli. » (Paolino, p. 15.)

[2] « Con molti prigioni fatti in quel viaggio, che secondo alcuni scrittori di quel tempo, furono intorno a 3200. » (Malavolti, part. I, l. V, f° 54 v°, 55 r°). — C'est l'historien de Sienne, qui donne ce chiffre, sans le révoquer en doute ; on peut donc le croire peu exagéré. Toutefois, Paolino, un Florentin, ne parle que de 1223 (p. 16).

elles se furent séparées de leurs alliés d'Orvieto, ceux-ci, attaqués à Sarteano, et déjà trop loin pour appeler au secours, essuyèrent une défaite qui vengeait à moitié les Siennois[1].

Les motifs politiques qui avaient commandé la prudence et la retraite, c'était sans doute les nouvelles du midi. Frédéric venait de recouvrer tout le royaume de Naples, d'occuper une grande partie des domaines de l'Église, et, nonobstant, d'obtenir du pape, avec une paix éphémère, la levée de l'excommunication. De tels succès donnaient un grand poids à la défense qu'il avait faite aux Florentins, sous peine de cent mille marcs d'argent, d'entreprendre aucune guerre contre Sienne[2]. S'il continuait d'avancer vers le nord, les communes y pouvaient craindre le sort de ses sujets. Partout il avait remplacé potestats et consuls par des justiciers royaux, des camériers, des baillis. Pour la moindre désobéissance, il menaçait du gibet les magistrats municipaux auxquels il dédaignait d'ôter leur charge. Il imposait aux bourgeois mille taxes arbitraires, supprimait leurs franchises, saccageait leurs villes à la moindre marque de mécontentement[3]. La crainte d'un tel maître resserrait les liens de Florence avec le saint-siége, mais la contraignait à les dissimuler et à s'effacer. Au contraire, les nobles féodaux de Sienne, enhardis par son alliance, mettaient sous leurs pieds les bourgeois avec le peuple dans leur patrie, et reprenaient aussitôt la politique envahissante que Florence abandonnait.

[1] Paolino, p. 16. — Simone della Tosa, p. 192. — Malavolti, part. I, l. V, f° 54 v°, 55 r°.
[2] Arch. de Sienne, *Caleffo vecchio*, p. 219. Doc. du 7 décembre 1233.
[3] *Novæ constitutiones regni Siciliæ*, l. I, tit. 50, p. 73, et *Regestum Friderici II*, p. 361, Carcani, 1786 in f°, ap. Cherrier, II, 109, 117.

L'éternel objet des convoitises de Sienne, c'était cette solide forteresse de Montepulciano dont la possession l'eût protégée dans le sud contre tout mouvement tournant des Florentins. Ceux-ci, de leur côté, voulaient que Sienne, en querelle avec toutes les places voisines, fût comme un arbre dont on coupe tout autour les racines, pour l'abattre ensuite plus aisément[1]. Montepulciano s'y prêtait volontiers : elle cherchait au loin ses alliés contre une tyrannie qui était à ses portes. Elle avait des traités avec Florence, avec Orvieto. De là, l'obligation pour les Siennois de combattre Orvieto, d'attaquer Chiusi, que défendait Pérouse, et, pour les Florentins, de rentrer bon gré mal gré en campagne, s'ils ne voulaient voir succomber un à un leurs amis. Mais les circonstances n'étant pas favorables, ils se bornent à d'éphémères entreprises. S'ils s'avancent jusqu'aux portes de Sienne, s'ils y détruisent les châteaux de Selvoli et de Querciagrossa qui en étaient à quatre ou cinq milles, ils rentrent presque aussitôt chez eux sans avoir pu détourner la commune rivale de son entreprise sur Montepulciano.

En détruire les grains et surtout les vignes, qui produisaient dès lors un vin très-renommé, telle fut, pour attirer leurs adversaires au dehors, la tactique des Siennois. Elle avait réussi contre eux aux Florentins; elle échoua contre les défenseurs de ce château. Impassibles devant leur ruine, plus jaloux de leur indépendance que de leurs récoltes, ils attendaient avec patience le secours de leurs alliés ou le retour de la mauvaise saison. Les as-

---

[1] M. Trollope (I, 115) ne voit pas quel intérêt les Florentins pouvaient avoir à ces expéditions au sud de Sienne. Il ne se les explique que par l'esprit d'aventure. Il est bien clair pourtant que l'arbre auque on laisse la moitié de ses racines dans le sol n'est pas déraciné

saillants qui la voyaient venir, y trouvèrent le stimulant d'un vigoureux effort. Il fallait se hâter. Après avoir traité avec Chiusi, pour assurer leurs derrières, ils appliquent les échelles aux murailles de Montepulciano, et d'un fougueux élan les couronnent sur plusieurs points à la fois (28 octobre 1232). Ils auraient dû les raser, pour n'avoir plus à les craindre : ils se contentèrent d'en jeter à bas quelques pans et de détruire la citadelle[1], laissant ainsi à des ennemis irréconciliables le moyen de se relever.

Leur apparente mansuétude n'était, au fond, que calcul. Ils ne voulaient pas ruiner une importante forteresse dont ils espéraient, grâce à Frédéric, être bientôt maîtres absolus. Ce prince s'acheminait vers Ravenne. Il y avait convoqué une diète pour « mettre fin aux discordes intestines qui portaient la guerre et la désolation parmi les villes et les peuples[2]. » Tandis que les Lombards, dont il était loin encore, renouvelaient contre lui leur vieille ligue[3], les Toscans, qui le voyaient à leurs portes, redoutaient ses armes, et Grégoire IX, que les Impériaux accusaient de fomenter des troubles[4], était

---

[1] Villani, VI, 9. Paolino, p. 16. Simone della Tosa, p. 193. Malavolti, part. I, l. V, f° 56 r°.

[2] Ut tot incumbentibus dissensionum malis quæ passim et publice civitates et populos in desolationem impellunt, quæ intestina et plus quam civilia bella movent, finis debitus imponatur (Lettres de convocation à la diète; ap. *Ann. gen.*, l. VI, R. I. S., t. VI, 464).

[3] Voy. sur cette nouvelle ligue lombarde, Muratori, *Antiq. ital.*, IV, 323, Diss. 48 : *De Societate Lombardorum* (*Ferrariensium et Mantuanorum pacta per quæ societati Lombardiæ, Marchiæ et Romaniæ adhærent*, anno 1231), et Corio, *Storia di Milano*, part. II, l. II, t. 1, p. 395-397, Milan, 1855, in-8. Cet ouvrage, quoique écrit en italien, a été publié originairement sous ce titre : *Bernardini Corii viri clarissimi mediolanensis patria historia*.

[4] Utut perfide Gregorius IX papa secum ageret imperatorias terras

trop désireux d'une nouvelle croisade, pour ne pas souhaiter le rétablissement de la paix[1].

C'est donc entouré d'hommages, adulé à l'envi par la faiblesse et la bassesse des hommes, que Frédéric s'assit à son tribunal de Ravenne. Les Siennois y comparurent par ambassadeurs, pour porter plainte contre les Florentins. En présence des seigneurs de la cour, parmi lesquels Gebhard d'Arnstein, « lieutenant de toute l'Italie[2], » et Pierre de la Vigne, juge de la curie impériale, s'avança Guidotto de Lucques, syndic et agent de Sienne. Il fit reconnaître ses pouvoirs et exposa que les Florentins avaient fait la guerre aux Siennois « avec leur armée et leur peuple[3], » tué des citoyens, emmené des prisonniers, causé par la destruction de Selvoli et de Querciagrossa un dommage de deux cent mille livres, par la dévastation des champs un autre de quatre cent mille. La violation de son territoire était, à elle seule, une injure que Sienne eût volontiers rachetée au prix de quarante

---

invadendo... imperatoris litteras respuendo, innocentes Alemannos Friderico adhærentes crudeliter interficiendo (*Paralipomena rerum memorabilium... Historiæ abbatis Urspergensis per studiosum quemdam Historiarum annexa*, p. 327).

[1]. Voy. Cherrier, II, 41-44.

[2] « *Totius Italiæ legatus.* » Il avait donc juridiction sur la Toscane. Mais avant lui plusieurs officiers impériaux avaient reçu une délégation spéciale pour cette province. En 1220, Eberhard de Kaiserlautern était *nuncius specialis imperatoris in Tuscia* et *vicarius legati in Tuscia;* en 1222, le *dapifer* Gonzelin de Wolfenbuttel portait le titre de *totius Tusciæ legatus*, qui passe ensuite à Raynald, duc de Spolète et à plusieurs autres. (Voy. H. Bréholles, *Hist. dipl.*, Introd., p. 484, 490, et t. II, p. 248 et note 1.) — La plupart des historiens ont confondu les capitaines généraux avec les vicaires particuliers, et ceux-ci avec les capitaines des villes.

[3] Cum exercitu, gente et manu armata (7 décembre 1232. Condamnation de Florence par la cour impériale, ap. Arch. de Sienne, *Caleffo vecchio*, p. 219).

mille livres[1]. Florence lui devait donc rendre justice de toutes ces choses, *salvo jure addendi et minuendi*[2].

Après avoir ouï ces doléances et ces requêtes, la cour eût donné la parole aux délégués florentins, s'il s'en était présenté; mais, seule debout parmi tant de peuples à genoux, et quoique sommée de comparaître en la personne de son potestat, Andrea de Jacopo Pérugin, Florence faisait résolûment défaut. A l'expiration du délai, Pierre de Saint-Germain, avocat du fisc, réclama donc la condamnation des défaillants à une double amende de dix mille marcs *ad opus curiæ*, pour n'avoir point comparu, et de cent mille *ad opus imperatoris*, pour avoir, malgré les plus formelles défenses, fait la guerre aux Siennois[3]. Gebhard d'Arnstein et Pierre de la Vigne, ayant alors consulté la curie impériale des comtes, barons et jurisprudents, prononcèrent les sentences requises et mirent Sienne en possession des biens de Florence, jusqu'à concurrence de six cent mille livres de deniers siennois[4].

Les orgueilleux Florentins courbèrent sans doute la tête, car la paix régna deux ans dans ces contrées, tant que Frédéric y séjourna. Rebelles, ils eussent vu se tourner contre eux les armes de Sienne et de l'Empire. Quoique avides d'argent, ils savaient les plaies d'argent guérissables; ils calculaient trop bien pour préférer la guerre à un sacrifice de six cent mille livres, qu'ils regagneraient aisément par la prospérité de leur trafic. Au

---

[1] Quam injuriam nollet sustinuisse dictum comune, melius vellet dedisse de suis 40 m. Librarum ejusdem monete. (*Ibid.*)

[2] *Caleffo vecchio.* Ibid.

[3] Voy. plus haut, p. 276.

[4] Arch. de Sienne, *Caleffo vecchio*, loc. cit. — Ils ajoutèrent cette clause que les biens de Florence seraient *adnotanda secundum ordinem juris*.

tumulte interrompu des combats succéda celui des récriminations. Florence accusait Sienne d'avoir rompu la paix[1]. Sienne déclarait Florence coupable, puisqu'elle avait refusé de comparaître à Ravenne[2]. Preuve nullement péremptoire, car on récuse d'ordinaire le juge dont la robe couvre un ennemi. En fait, Montepulciano n'était point comprise dans les accords entre les deux villes rivales. On ne pouvait donc reprocher à l'une de l'avoir attaquée, à l'autre de l'avoir défendue[3]. Florence surtout, si elle avait un traité avec Sienne, en avait un aussi avec Montepulciano. Ce dernier, plus ancien, devait avoir la préférence, le jour où les convoitises de Sienne forçaient à choisir entre les deux.

Ce temps de trêve obligée ne fut point perdu pour les villes. Elles se recueillirent, portèrent leurs regards sur elles-mêmes, modifièrent en quelques points leurs constitutions. Ainsi faisaient Milan, Bologne et Gênes[4]. Florence suivit leur exemple, mais se paya de mots. Ses consuls étaient élus parmi les nobles et par une classe de citoyens où dominait la noblesse. A ce vieux nom romain qui éveillait l'idée déjà odieuse d'aristocratie, elle substitua celui d'*anziani* ou anciens, dans l'espoir un peu naïf que les mêmes magistrats, sous un nom nouveau, se montreraient, plus que par le passé, favorables au peuple. En même temps, avec ce goût de l'ordre qui fait prospérer le commerce, Florence cherchait, par un re-

---

[1] I Sanesi ruppero la pace (Villani, VI, 6). — Ammirato, plus circonspect, se borne à dire : « Si ruppe la pace. » (L. I accr., t. I, p. 78.)

[2] Malavolti, part. I, l. V, f° 56 v°.

[3] C'est ce qu'a très-bien vu Malavolti. *loc. cit.*

[4] Voy. Gualv. de la Flamma, *Manip. florum*, c. 245 (R. I. S., t. XI, 668). — Giulini, VII, 420. — Sigonio, *Hist. Bonon.*, l. IV. *Op. omn.*, III, 236, sq. — Ghirardacci, *Dell' historia di Bologna*, l. v. t. I, p. 150.

censement du *contado*, à bien connaître sa puissance hors de ses murs. Son potestat, le Pavésan Torello de Strada, mandait, en 1233, à tous les habitants du territoire, de se présenter, durant le mois de mai, par devant les notaires des *sesti*, pour déclarer s'ils étaient nobles, chevaliers, détenteurs d'alleux (*alodieri*), soldats (*masnadieri*), artisans, métayers, manœuvres, ne dépendant que d'eux-mêmes ou dépendant d'autrui; faute de quoi ils seraient bannis jusqu'à ce qu'ils comparussent, sans préjudice de cent sous d'amende pour tout cavalier, de quarante pour tout homme de pied, quelle que fût sa condition[1]. Combien n'est-il pas regrettable que les chiffres de cette enquête ne nous soient pas parvenus! Mais on ne conservait alors avec quelque soin que les actes des gouvernements. Ces chiffres de la statistique, dont les magistrats florentins sentaient le prix pour l'instant et pour la vie courante, ils les jugeaient sans intérêt pour l'histoire et la postérité. L'opération, d'ailleurs, avait été mal combinée. Contre les récalcitrants, il eût fallu le recensement à domicile. C'était donc là, tout d'abord, ce qu'il fallait ordonner.

A Sienne, la réforme du gouvernement était plus profonde et mieux entendue. En 1233, une commission de quinze nobles et quinze bourgeois, chargée de reviser les statuts, instituait un collége unique de vingt-quatre membres, mi-parti, comme la commission même, de nobles et de bourgeois, renouvelable tous les ans, et dont le contrôle s'exercerait sur tous les magistrats. Véritable dépositaire de la puissance publique, ce collége modifiait et complétait un gouvernement qui devait suf-

[1] Ammirato, 1233. L. I accr., t. I, p. 80.

fire à la prospérité de Sienne pendant une période glorieuse de son existence [1].

L'empereur, cependant, s'était éloigné de la Toscane, et la paix était partie avec lui. Dans cette perfide mer des passions humaines, les bouillonnements du fond reparaissaient à la surface. Sûre qu'il ne pourrait de sitôt revenir [2], Florence regagnait le temps perdu. Le comte Uberto de Maremme, pour acheter sa protection contre Sienne, s'était déclaré son tributaire : chaque année, à la fête patronale de San Giovanni, il envoyait une biche recouverte d'écarlate. Il avait même, sur son testament, institué la ville protectrice héritière de tous ses biens [3]. Sous prétexte de les préserver d'une occupation ennemie, Florence les occupa par ses propres milices [4]. Dans le nombre était Porto Ercole, qui devait, croyait-elle, affranchir de Pise ses communications avec la mer. Mais elle reconnut bientôt son erreur. Voulait-on atteindre ce port, il fallait traverser un pays exposé aux incursions siennoises et de nulle sécurité pour le trafic. L'usurpation était en pure perte. Sienne s'en vengea sur le comte, qui en était la cause première; quelques années plus tard, elle le mit à mort [5].

[1] Il quale rinnovandosi ogn' anno tenne lungamente il governo della città (Malavolti, part. I, l. V, f° 59). M. Ferrari (II, 281) n'est pas d'accord avec cet auteur sur la composition de ce gouvernement ; mais Malavolti n'indique et n'a vu aucun texte qui autorise les écrivains sur lesquels se fonde M. Ferrari. — Cf. Leo, l. VII, c. I, t. II, p. 30, et le duc de Dino, Introd. à sa traduction des *Chroniques siennoises*, p. 8, Paris, 1846.

[2] Ammirato, 1232. L. I accr., t. I, p. 79-80.

[3] Conoscendo che Federigo se bene era ritornato in Italia non poteva fino a tempo nuovo venire in Toscana. (Malavolti, part. I, l. V, f° 59 v°.)

[4] In fin da quel tempo incominciò esso (il comune di Firenze) ad haver ragione in Portercole e in molte altre castella di quel signore (Ammirato, accr., t. I, p. 80).

[5] Ivi a non molti anni (Ammirato, *loc. cit.*).

Il vivait encore, en butte à d'implacables haines, quand Florence rouvrit les hostilités contre les Siennois. Giovanni del Judice des Papi, potestat pour la seconde fois [1], conduit les Florentins sur le territoire ennemi, détruit la récolte de grains, ravitaille Montalcino, puis, par un brusque retour vers Sienne, fait dresser les tentes devant les trois portes ouvertes aux trois pointes de l'étoile que figure cette étrange ville. Comme il n'y peut pénétrer, comme il n'a ni la patience, ni peut-être les moyens d'en faire le siége, il y jette, au moyen de catapultes, d'énormes pierres, des ordures, et, marque souveraine de mépris, un âne mort [2]. L'imagination ou les circonstances variaient les détails dans la sanglante injure de l'âne. On le coiffait d'une mitre d'évêque, ou on lui attachait des fers d'argent [3]. Quand manquaient les machines de guerre pour le lancer dans l'enceinte ennemie, on en pendait trois en vue des murailles, portant au col le nom de trois considérables citoyens. Quelquefois les assiégés, regimbant sous l'outrage, oubliaient la disproportion des forces et venaient se faire battre dans une imprudente sortie. S'ils restaient impassibles pour être inexpugnables, c'était l'ironique adieu des assiégeants dépités, et comme le présage de nouvelles luttes. Sans retard, des deux côtés on s'y préparait. « Et voilà, s'écrie le troisième Villani, rapportant cette bizarre coutume encore en vigueur de son temps, et voilà à quoi la sage commune de Florence dépense des millions de florins [4] ! »

[1] Il l'avait été déjà en 1210. Voy. la liste des *Officiales forenses*.
[2] Villani, VI, 10, note de Muratori.
[3] Ghirarducci, l. VI, t. I, p. 176. Paolino, p. 16.
[4] Ecco in che i savi comuni di Firenze e di Pisa spendono i milloni di fiorini, rinovellando spesso quelle villanie. (Filippo Villani, l. XI, c. LXIII, R. I. S., t. XIV, 729.)

L'âne jeté, l'armée florentine quittait le territoire siennois, mais pour y rentrer bientôt, y recommencer les *guasti*, y détruire maisons et châteaux[1], tandis que les magistrats florentins priaient le pape de les remettre en paix avec leur éternel ennemi. Ce n'est pas qu'ils lui eussent pardonné; c'est que l'empereur, maître de la mer et allié de Pise, pouvait en peu de jours envoyer, de ses ports napolitains vers Grosseto, des vivres, de l'argent, des hommes d'armes. Mais ce motif même fermait l'oreille de Sienne aux propositions du cardinal de Préneste, envoyé comme légat. Sienne bravait une sentence de Rome, comme Florence avait bravé la sentence de Ravenne.

Tout à coup elle devient plus malléable : elle venait d'apprendre que Frédéric partait pour l'Allemagne, où son fils Henri levait l'étendard de la révolte[2]. C'est le tour des Florentins de montrer pour la paix moins d'ardeur. On les voit, en effet, respirer plus librement, masser leurs milices à Poggibonzi. Mais, trop engagés envers le pape ou trop peu sûrs d'une longue absence de l'empereur, ils consentent au traité. Ils le signent le 30 juin 1235, dans leur camp, près de la rivière Staggia, sur les hauteurs boisées où s'élevait Poggibonzi. La présence de nombreux évêques marquait le prix que mettaient les Toscans à un solide accord entre les deux grandes rivales. Les injures étaient réciproquement remises, et chacun reprenait son bien, sans pouvoir molester qui l'avait pris. On jurait sur les Évangiles une concorde véritable, une paix perpétuelle. Dans le délai de

---

[1] Ammirato, 1234, l. I accr., t. I, p. 80-81.

[2] Ma più che dal legato furon persuasi i Sanesi a farlo dalla resolution subita che fece Federigo d'andar in Germania. (Malavolti, part. I, l. V, f° 60 r°.)

douze jours, les Siennois devaient payer huit mille livres pour relever les murs de Montepulciano, détruits par eux, et laisser, jusqu'à ce que la restauration en fût achevée, cent de leurs prisonniers, détenus par les Florentins, à Città di Castello, aux mains de l'Église romaine. Ils promettaient de ne plus inquiéter Montalcino. Ils dissolvaient leur ligue avec Poggibonzi, cédaient ce château à Florence, s'engageaient, sous peine de mille marcs d'argent, à ne donner, en cas de révolte, aucun secours aux révoltés[1]. Quand tout fut réglé, l'on vit le Mantouan Compagnone des Poltroni, potestat de Florence, le Florentin Gaëtano de Salvi, potestat d'Orvieto, Ubertino del Gesso et Enrico Benencasa, syndics, l'un de Florence, l'autre d'Orvieto, embrasser et baiser le syndic Buonagratia et le potestat Bernardino des Pii de Modène, qui avaient stipulé au nom des Siennois.

Deux ans plus tard, selon l'usage, et après des infractions partielles au traité[2], Florence et Sienne le confirmaient par de nouveaux protocoles[3]. Accolades et serments ne lient guère des peuples dont les intérêts sont contraires et les passions ardentes ; mais liés à la fortune, l'un du saint-siége, l'autre de l'Empire, ils ne savaient encore comment se terminerait l'implacable lutte qui, depuis tant d'années, troublait la chrétienté. Les yeux

---

[1] 11 août 1235. Arch. de Sienne, *Caleffo vecchio*, p. 203 r° v°.

[2] On rapporte qu'à peine la paix conclue, le comte Guglielmo Aldobrandini, après avoir donné ordre de détruire les murs de Grosseto, accusait Sienne de l'avoir fait, et obtenait qu'on la condamnât à les relever. (Malavolti, part. I, l. V, f° 60, 61. — Ammirato, 1235, l. I accr., t. I, p. 81.)

[3] Arch. de Sienne, *Caleffo vecchio*, p. 219. Ces renouvellements des traités sont très-fréquents, comme on peut le voir aux archives de Florence et de Sienne.

tournés vers Rome et vers l'Allemagne, ils attendaient, pleins de doute et d'anxiété, sans se détourner un instant de leurs propres affaires, des événements prochains et décisifs.

CHAPITRE II

DE LA PAIX AVEC SIENNE JUSQU'A LA MORT DE FRÉDÉRIC II

— 1235-1250 —

Travaux intérieurs sous le potestat Rubaconte (1237-1238). — Pacification de Pistoia. — Les Florentins devant Brescia, dans l'armée impériale. — Florence sous l'interdit. — Frédéric en Toscane (1239). — Guelfes et Gibelins à Florence. — Origine de ces dénominations. — Mort de Grégoire IX (1241). — Innocent IV. — Déposition de Frédéric (1245). — Son nouveau séjour en Toscane. — Le prince d'Antioche, son vicaire à Florence. — Soulèvement des Gibelins (1247). — Défaite et éloignement des Guelfes (janvier 1248). — Funérailles de Rustico Marignolli. — Démolitions accomplies par les Gibelins. — La tour du *Guardamorto*. — Campagnes extérieures des Gibelins contre les Guelfes. — Leur défaite à Ganghereta. — Leur victoire à Capraja. — Trahison du cordonnier. — Cruauté de Frédéric envers les captifs. — Impuissance croissante de Frédéric en Toscane (1249). — Nouvelle campagne des Gibelins. — Ils sont surpris à Figline. — Dureté de leur gouvernement. — Soulèvement des Guelfes (1250). — Les Gibelins cèdent sans combat. — Réforme des institutions par les Guelfes. — Réorganisation des milices. — Le capitaine du peuple. — Maintien du potestat. — Attributions de ces deux magistrats. — Leurs conseils. — Mort de Frédéric II (13 décembre 1250). — Ses conséquences. — Rappel des exilés guelfes. — Supplice du cordonnier. — Prépondérance des Guelfes en Toscane.

Vivre en paix avec Sienne, c'était pour Florence être de loisir. Avec les autres voisins, moins acharnés parce qu'ils étaient moins redoutables, la guerre semblait en quelque sorte un passe-temps et une promenade : elle attirait les Florentins au dehors sans les y retenir ; elle leur donnait la gloire à peu de frais, avantage fort apprécié d'un peuple de marchands. Si ces temps de trêve étaient courts et précaires, on ne l'ignorait pas, et on les consacrait avec ardeur aux améliorations intérieures, impérieux besoin d'une ville encore dans l'enfance, mais qui marchait à grands pas vers la puberté. Tout y était à faire ou à refaire. Les maisons, les édifices en bois de ses rues étroites devenaient incessamment la proie des flammes, et l'incendie d'un d'entre eux causait en quelques heures la ruine, l'anéantissement de tout un quartier. On rebâtissait aussitôt, ou, pour mieux dire, on rebâtissait sans cesse, véritable œuvre de Pénélope; jusqu'à l'heure où la pierre, se substituant au bois, rendit les accidents moins nombreux et la méchanceté moins facile. Les rues et les places n'étaient point pavées; on ne les pouvait traverser sans être aveuglé par des tourbillons de poussière ténue, ou souillé par des flaques d'une boue immonde. Primitivement, un seul pont reliait les deux rives du fleuve; il ne suffisait plus aux communications de la ville avec son faubourg d'Oltrarno, devenu le plus populeux de ses *sestieri*. En 1218, le fameux potestat Otto de Mandello avait commencé, en aval du *Ponte vecchio*, les piles du pont dit *alla Carraja*[1]. En 1237, un autre potestat de cette noble mais trèspopulaire famille, marchant sur les traces de son parent et de son devancier, fit infiniment plus que lui pour la prospérité intérieure de Florence. Il se nommait Rubaconte[2]. Ne pouvant s'illustrer dans les arts de la guerre, il voulut honorer sa charge par les travaux de la paix. Il poussa aux reconstructions ceux des Florentins que le

---

[1] Villani, V. 41.
[2] Entre les deux, et immédiatement après Otto, en 1219, un autre membre de la même famille, Alberto ou Uberto de Mandello, avait été appelé à la dignité de potestat. (Voy. la liste des *Off. forenses*.)

feu avait ruinés et que la ruine ou le découragement retenait de réparer leurs désastres. Il pava les rues de ces dalles irrégulières qui s'ajustaient avec une industrie étrange, et par l'irrégularité même des joints acquéraient une grande force d'adhérence, imitation manifeste du procédé des Étrusques dans leurs solides constructions[1]. Il employa simultanément plus de mille ouvriers à ce travail[2]. Il construisit un pont nouveau en amont du *Ponte vecchio*, et, pour inaugurer cette entreprise, prit, dit-on, sur ses épaules plusieurs charges de pierre et de chaux[3], exemple que suivent encore, avec moins de réalité entraînante, les magistrats des nations modernes, quand ils déposent sur la première pierre d'un édifice public la première truelle de ciment[4].

Avec l'année, finissait la charge de Rubaconte, mais non les travaux qu'il dirigeait. Il fut maintenu pour six mois, soit qu'on le crût plus capable qu'un autre de les mener à bonne fin, soit que, par courtoisie et reconnaissance, on lui en voulût laisser tout l'honneur. Ce court délai y suffit. En juillet 1238 les rues étaient pavées, le

---

[1] On voit encore à Florence un certain nombre de rues où subsiste cet ancien système de pavage ; mais la municipalité actuelle le remplace, au fur et à mesure que des réparations deviennent nécessaires, par des dalles carrées qui s'ajustent régulièrement, à angles droits, selon le goût moderne. — Voy. Trollope, I, 118.

[2] Paolino, p. 17.

[3] « Più ceste ancora poi vi portò di calcina e di pietre sul collo suo per ricordanza. » (Paolino, p. 17.)

[4] On prétend que le *Ponte vecchio* existait déjà dès le IV° ou V° siècle, et que les Florentins le passaient pour ensevelir leurs morts dans le cimetière de Santa Felicita. Il fut emporté par la crue de 1117, et refait. En 1218, on avait commencé, en aval du *Ponte vecchio*, le *Ponte alla Carraja*, d'abord appelé *Ponte nuovo*, et qui fut achevé en deux ans. Le *Ponte alla Trinita*, qui faisait le quatrième, fut construit en 1252. Voy. *Illustratore fiorentino*, de 1837, et Vannucci, p. 201, 202.

nouveau pont s'ouvrait aux communications des deux rives, et recevait le nom de Rubaconte, qu'il a porté très-longtemps. Si, plus tard, la dévotion des Florentins envers la Madone y substitua celui de *Ponte alle Grazie*, à cause d'une chapelle, consacrée près de là à sainte Marie des Grâces[1], le nom de l'actif potestat resta du moins gravé en lettres d'or dans leurs annales : c'est une gloire que les peuples ne marchandent guère aux grands bâtisseurs[2].

Peut-être la méritait-il encore par ses efforts intelligents pour ramener la concorde dans les villes voisines de Florence. Déjà en 1233, un de ses prédécesseurs, Torello de Strada, mettait d'accord Volterre et San Gemignano, surveillait l'exécution de sa sentence, menaçait ceux qui faisaient mine de s'y soustraire d'une amende de mille marcs d'argent[3]. En 1237, Rubaconte accomplissait sans menaces une tâche plus ardue : il réconciliait temporairement à Pistoia deux partis rivaux qui, depuis

---

[1] Du côté de l'est, en venant du *Canto agli Alberti*. Cette chapelle fut érigée par Jacopo des Alberti, après 1374, par dévotion à une image de la Madone peinte sur le mur d'une petite maison qu'il y avait en cet endroit. On l'appelait *delle grazie*, à cause des nombreux miracles qu'on lui attribuait. C'est dans la seconde moitié du XV° siècle que le pont Rubaconte en prit le nom.

[2] A cette date se rapporte une tradition relative à la fondation de la compagnie de la Miséricorde, et qui se trouve relatée, d'après un manuscrit copié en 1605 par Lorenzo Fici, dans l'*Istoria dell' oratorio e della venerabile archiconfraternità della Misericordia, scritta da Placido Landani*, nouvelle édition, par l'abbé Pillori, Flor., 1843. M. Trollope (I, 119-120) a rapporté cette tradition comme véritable. Elle brouille pourtant des faits de divers temps, que M. Passerini, dans son ouvrage *Degli stabilimenti di beneficenza*, a rétablis d'après les documents. Nous en parlerons en leur lieu, c'est-à-dire en 1326.

[3] Pecori, *Storia di San Gemignano*, ann. 1233. — Coppi, *Annali e memorie d'uomini illustri di San Gemignano*, l. II, p. 92. — Inghirami, VI, 324.

six longues années, y formaient comme deux villes en une seule, ayant chacune son potestat, ses magistrats, ses corporations de métiers, sans autres rapports que de mêler leur sang aux affreuses tueries de la place publique[1]. Maîtresse absolue de son territoire, tandis que ses voisins avaient encore à conquérir ou à défendre le leur, Florence devenait l'arbitre écouté de leurs différends, surtout quand un sage potestat en savait trouver la solution équitable, dans une heureuse période de paix.

Mais la paix convenait mal à l'humeur batailleuse d'une noblesse qui n'était dans son élément, qui ne faisait ses profits qu'au milieu des combats. Ne la pouvant troubler ni à Florence ni en Toscane, elle la fuyait pour rejoindre Frédéric II sous les murs de Brescia. On y vit des partisans du pape comme des partisans de l'empereur. Ils n'y étaient point envoyés par leur patrie[2]; toutefois elle tolérait, peut-être même approuvait-elle leur départ et leur coopération à cette guerre impériale, fait trop nouveau et trop étrange pour se passer d'explication.

Deux causes rapprochaient alors Florence de Frédéric II : un intérêt manifeste à ménager ce prince en progrès, et les impolitiques rigueurs de Grégoire IX. L'idée fixe d'une croisade grandiose possédait ce pontife : il en voulait faire l'honneur de son règne. Ses dominicains et

---

[1] Pacification de courte durée ! En 1242 et 1248 le parti populaire était encore vaincu deux fois et voyait ses chefs expulsés. (Fioravanti, c. xiv, ann. 1237. — Inghirami, VI, 522. — Ferrari, II, 266.)

[2] « E assediò Brescia e furonvi i guelfi e i ghibellini di Firenze a gara al servigio dello imperadore. » (Villani; VI, 40.) — « Molti fiorentini cosi guelfi come ghibellini si trovarono in quella gue.ra più per privato studio che in nome della lor repubblicæ. » (Ammirato, 1237, l. I accr., t. I, p. 82.) — Cf. Malavolti, part. I, l. V, f° 61 r°.

ses franciscains, lancés par lui, prêchaient partout la réconciliation et la concorde, obtenaient autant de crédit qu'ils avaient de ferveur. Seule ou presque seule, la mercantile Florence restait froide à leurs accents passionnés. Giovanni de Schiò [1], le plus éloquent des frères prêcheurs, y prêchait au désert, grande humiliation d'amour-propre pour l'apôtre qui avait soulevé Vicence [2] et Bologne, et que l'enthousiasme de ses auditeurs disait chargé d'une mission céleste, marqué au front d'une croix [3]. Plus humilié encore de ne pouvoir transformer en croisés des marchands, Grégoire IX oublia, dans sa pieuse colère, que plus qu'aucune cité d'Italie, Florence soutenait sa prétention exorbitante d'être l'unique pouvoir réel, celui qui déléguait tous les autres [4] : il excommunia les magistrats et mit la ville en interdit [5].

C'était mal choisir son moment. Florence, nous le verrons plus loin, commençait à être fortement travaillée par l'hérésie. L'empereur rouvrait les hostilités, faisait des préparatifs formidables, en vue de conquérir cette riche péninsule qui, « au su du monde entier, était son héritage [6], » et d'en ramener toutes les provinces à l'unité de l'Empire [7]. Au-dessous d'un lieutenant impérial pour toute l'Italie, il instituait cinq vicaires généraux, commandants d'armée, qui recevraient directement ses

---

[1] Bourg à 26 kil. nord-ouest de Vicence.

[2] Il est surtout connu dans l'histoire sous le nom de Jean de Vicence ; ses succès dans cette ville ont fait croire qu'il y était né.

[3] *Bononiensis historia miscella*, R. I. S., t. XVIII, 258.

[4] H. Bréholles, *Hist. dipl.*, V, 777. Mignet, *Journal des Savants*, décembre 1862, p. 739.

[5] *Regesta Gregorii IX*, t. IV, l. VII, f° 104, ap. Cherrier, II, 124.

[6] « Italia hereditas mea est, et hoc notum est toti orbi. » (H. Bréholles, *Hist. dipl.*, t. II, part. II, p. 881, ann. 1236.)

[7] H. Bréholles, *Hist. dipl.*, IV, 849. Mignet, *loc. cit.*, p. 740.

ordres, communiqueraient, au besoin, sans intermédiaires avec lui, réuniraient dans leurs mains tous les pouvoirs, administratifs comme judiciaires, et nommeraient des juges, leurs agents immédiats. Enfin, dans les villes il institua des capitaines, et il se réservait le droit exclusif de les révoquer. La Toscane était une des cinq grandes provinces : elle avait son vicaire général[1].

Que cette hiérarchie fût mal combinée, qu'avec sa prétention de tout voir, de tout faire par lui-même, Frédéric défît d'une main ce qu'il faisait de l'autre et se condamnât à l'impuissance, on ne saurait le contester; mais alors ce colosse aux pieds d'argile paraissait formidable. L'organisation nouvelle donnée à son empire semblait y assurer partout son pouvoir. Les plus obstinés partisans du pape, Mantoue, la Marche de Trévise, le comte de San Bonifazio, le marquis d'Este, se soumettaient humblement à l'empereur[2]. Comment Florence, frappée des foudres pontificales, n'eût-elle pas porté vers lui ses regards? Elle y mit pourtant quelque réserve, comme par honte d'une telle volte-face, et peut-être pour ne pas s'interdire tout retour à ses anciens errements. Elle ne fit aucun acte formel de soumission; mais en permettant à ses citoyens de se rendre au camp impérial devant Brescia, elle ôtait à Frédéric tout prétexte de la traiter en ennemie. Si elle n'obtint pas de lui des faveurs signalées, c'est qu'au fond, entre elle et lui persistait l'antipathie. De mœurs douces, sauf en leurs rares moments de fureur, les Florentins ne voyaient pas sans répulsion une guerre où les belligérants rivalisaient

---

[1] H. Bréholles, *Hist. dipl.*, Introd., p. 471, 484, 490; t. II, p. 248. — Voy. plus haut, chap. précéd., p. 280, note 2.

[2] *Malvecii Chronicon Brixianum*, c. xxiv, R. I. S., t. XIV, 909.

de cruautés. Ce n'est pas eux qui eussent imaginé, comme le prince en qui reparaissait le Teuton sous le vernis italien, de protéger leurs machines en y faisant attacher des prisonniers vivants, ou, comme les Brescians assiégés, d'opposer aux béliers qui ébranlaient leurs murs des captifs impériaux suspendus à de longues cordes[1]. Si le succès encore avait fait oublier ces barbaries impériales! Mais non, le siége échouait honteusement. Les nobles florentins s'éloignaient donc en toute hâte. Ils rougissaient d'autant plus d'un chef sans entrailles, que sa fortune semblait sur le déclin. Ils ne se doutaient guère qu'il les allait suivre en Toscane, pour y appesantir sa main de fer.

Une seconde fois, le 20 mars 1239, l'excommunication châtiait son impiété, ses mœurs dépravées et surtout sa prétention de rattacher la Sardaigne à l'Empire[2]. Pour braver son adversaire de plus près, il ne tarda pas à s'acheminer vers Pise[3]. Il avait résolu d'y passer l'hiver. Il s'y sentait, grâce à la flotte pisane, moins éloigné du midi, vrai fondement de sa puissance, et assez près du nord pour surveiller les papalins sans être à leur merci. Il n'avait qu'à monter sur ces précieuses galères pour s'assurer la Sardaigne, pour tenir Gênes et Venise en échec. Il se flattait, en outre, d'apaiser les discordes pisanes, qui ne permettaient pas de donner à cet instrument de règne une plus grande extension[4]. Déjà, dans

---

[1] *Malvecii Chron. Brix.*, 1238, R. I. S., t. XIV, 911. — *Chronicon Estense*, R. I. S., t. XV, 508. — *Monachi patavini Chron.*, R. I. S., t. VIII, 677.

[2] Matth. Paris, p. 327, éd. de Paris, 1644.

[3] Il y était le 25 décembre 1239. Il en repartit en avril pour le midi. (Voy. Böhmer, *Regesta*, p. 191.)

[4] Flaminio dal Borgo, Diss. IV, p. 178-185. — Sismondi, II, 225-228.

ce dessein, il s'était fait précéder de Gebhard d'Arnstein, son lieutenant pour toute l'Italie (mai 1238). Gebhard avait rencontré frères mineurs et frères prêcheurs le crucifix aux mains, le mot de liberté à la bouche, parcourant la Toscane pour y donner à l'excommunication la plus grande publicité[1], entrant dans les cabanes comme dans les palais, poussant à la révolte le riche comme le pauvre, promettant aux nobles les terres des Impériaux, et aux villes des subsides en argent[2]. Mais en apparaissant avec une poignée d'hommes d'armes, il avait ramené ou maintenu dans l'obéissance tout le pays.

Le séjour prolongé qu'y fit l'empereur lui-même confirma les Toscans dans leur prudente soumission. Nulle part, durant cette période, on ne les trouve rebelles. Florence n'élit que des potestats dévoués à Frédéric. Tel était Rubaconte en 1237[3]; tels sont Guglielmo Usimbardi et Angelo Malabranca en 1238, Guido Rossi de Sesso en 1239, Castellano des Cafferi en 1240[4]. Sous ce dernier, trois citoyens sont désignés pour contracter un emprunt. Il s'agit de solder les troupes impériales[5]. En 1241, Ugo

---

[1] « Solemniter publicare ac nuntiare:curetis et faciatis simili modo per vestras civitates et diœceses publicare et etiam nuntiare. » (*Ann. eccl.*, 1239, § 16, XXI, 214.)

[2] Cherrier, II, 193.

[3] « Interea Florentini obedierunt comiti Gaboardo qui erat in Tuscia pro imperatore, dantes codigium Robacomiti de Mandello eorum potestati. Exinde tota Tuscia subdita fuit imperatori. » (*Chron. de rebus in Italia gestis ab anno 1154 ad ann. 1284*, p. 175, ms. de la Bibl. du musée Britannique, édité par M. H. Bréholles, Paris, 1856, in-4°, et publié de nouveau par Pertz (t. XVIII) sous ce titre : *Annales placentini gibellini*. L'éditeur allemand dit que son texte est plus pur. Je n'ai pas trouvé de différence sensible dans tous les passages dont j'ai eu à me servir.) Cf. H. Bréholles, *Hist. dipl.*, Introd., p. 484.

[4] *Officiales forenses*, etc.

[5] Ammirato les nomme Guidalotto, Volto dall'Orco, Ubaldino di Guicciardo. (Ann. 1240, l. I accr., t. I, p. 83.)

Ugolini Latini de Castello, en 1242, Gottifredo des Conti[1],
gouvernent encore Florence au nom du maître, « lequel,
dit Ammirato, ne changeait pas de manière de vivre et
de penser, suivant les saisons[2]. » S'éloigne-t-il, il se fait
remplacer par son bâtard Enzio, roi de Sardaigne (1240-
1246)[3], par Pandolfo de Fasanella, capitaine ou vicaire
général (1240-1245), par Frédéric d'Antioche, fruit,
comme Enzio, de ses trop libres et trop nombreuses
amours (1246)[4].

Ce joug, nouveau pour elle, Florence le supportait
impatiemment. Ne sachant ni flatter ni servir un ancien
adversaire, elle voyait ses rivales obtenir de lui mille
avantages, mille priviléges dont elle souffrait dans ses
industries et son trafic. Elle se rapprochait du saint-siége,
qui, sans doute, l'avait frappée, mais qui ne la frappait
plus. Elle relevait dans son sein le parti de l'Église, en
face du parti de l'empereur[5]. Il ne s'agissait point encore,
comme à Pérouse, de ressaisir le pouvoir[6]. Par l'éloignement, Pérouse était presque hors d'atteinte, tandis qu'en
deux journées de marche on pouvait fondre de Pise sur
Florence. Mais la faction pontificale se préparait à la lutte
par ces manifestations, puériles en apparence, sérieuses

---

[1] Ammirato met ce dernier en 1241 ; il est en contradiction avec la liste des *Officiales forenses*.

[2] « Il quale dall'usato modo di vivere non variando perchè si variassero le stagioni, fu ne' medesimi pensieri trovato dell'anno 1241. » (Ammirato, 1240, l. I accr., t. I, p. 83.)

[3] Enzio, Hensius ou Heinz avait pour mère Bianca Lanza, une Lombarde. Voy. Münch, *König Enzius*, Ludwisburg, 1828, et Reumont, *Tav. cron., storia letteraria*, ann. 1225.

[4] H. Bréholles, *Hist. dipl.* Introd., p. 491.

[5] « Il nome delle loro sette in Firenze non era nominato se non parte di chiesa e parte d'imperio. » (Stefani, l. II, Rub. 82.)

[6] Muratori, *Ann. d'Ital.*, 1240. — Malavolti, part. I, l. V, f° 61 v°.

au fond, qui sont la ressource des faibles, et qui leur permettent de se rallier comme de se compter. Tout différait entre elle et la faction impériale : les habitudes, les gestes, les actes, la couleur des vêtements, la forme des créneaux et des tours, les lieux de réunion et de promenade, la façon de couper l'ail et de faire claquer les doigts. L'une se réunit à San Pier Scheraggio, l'autre à San Giovanni. Ceux-là ont trois fenêtres de front à leurs demeures, ceux-ci deux seulement. On prête serment d'une part en levant l'index, de l'autre en levant le pouce. Ici on coupe les pommes de travers, là perpendiculairement. Aux vases simples on oppose des vases ciselés, aux roses blanches des roses rouges. On est pour l'empereur ou pour le pape, selon qu'on porte à gauche ou à droite les plumes du chaperon[1]. La guerre des chansons parcourt les rues : « Le parti papal s'est écroulé, le parti impérial l'emporte[2]! » chantent les victorieux. La raillerie aux apostats est la revanche des vaincus. Le frère Élie, général des Mineurs, ayant passé de l'Église à l'Empire, un franciscain ne peut sortir de son couvent et se montrer dans la ville, sans que les fidèles du pape, paysans, femmes, enfants, le poursuivent de ce refrain, au grand déplaisir de l'ordre : « Va faire escorte à frère Élie, qui a pris la mauvaise voie[3]. »

---

[1] Stefani, l. II, R. 82. — Malavolti, part. I, l. V, f° 61 v°. — Osio, ap. Ferrari, II, 407. — Raumer, VI, 604, note. — Hurter, II, 469.

[2] « Vulgi dicacitate irritatus (le légat) scurrile carmen per compita cantillantis : Ruit pars papalis, prævaluit imperialis, etc. » (Höfler, *Albert von Beham*, p. x, ap. Alessandro d'Ancona, *La politica nella poesia del secolo XIII° e XIV°*, *Nuova Antologia*, t. IV, p. 12, janv. 1867.)

[3]   Or attorna frate Elia
    Che pres' ha la mala via.
(Fra Salimbene, *Chron.*, p. 111, ap. d'Ancona, *loc. cit.*, ann. 1240.)

C'est alors seulement qu'apparaissent, où du moins que s'acclimatent à Florence les noms fameux de guelfes et de gibelins. Déjà ils étaient connus en Toscane; mais on n'y savait point voir ce cri de guerre de deux nations ennemies, qu'on entendit pour la première fois, assure-t-on, à la bataille de Weinsberg, où les soldats des Welfs de Bavière[1] et d'Henri le Superbe criaient : *Hye Welf!* ceux de Conrad III et des Hohenstaufen : *Hye Weiblingen*[2]*!* Sur l'origine et le sens de ces noms tudesques on émettait les plus diverses, les plus étranges conjectures. L'un supposait deux démons, Gibel et Gualef, adorés dans deux temples, sur deux montagnes de Sicile, s'emparant de deux glaives tombés des mains de l'empereur et du pape, pour pousser les mortels aux guerres implacables[3]; l'autre, deux femmes qu'on avait vues combattre dans les

---

[1] Sur l'origine des Welfs, on a dit mille folies. L'auteur du *Ligurinus*, se fondant sur ce que welf signifie loup ou chien, fait descendre les Welfs des Catulus de Rome (*Guntheri Ligurinius seu opus de rebus gestis Imp. Friderici I, libri X.* Voy. lib. IX, p. 201). L'abbé d'Ursperg les fait venir de Scythie en Germanie, au temps de Valentinien. — Les Allemands les signalent dès le temps d'Attila (Müller, *Histoire de la Suisse*, I, 204, note 25. — Hurter, I, 154, note 2), où tout au moins mentionnent un Welf qui aurait donné sa fille en mariage à Louis le Débonnaire (*Eginhardi vita Kar. magni*, Pertz, II, 443 sq. *Thegani vita Hludovici imp.*, c. IV, Pertz, II, 591). — Muratori (*Delle antichità estensi*, part. 1, c. I, p. 2) les fait comtes d'Altorf, seigneurs de Ravensberg en Souabe.

[2] Weibling était un château situé dans les montagnes de Hartzfeld, au pays de Wurtemberg (Cherrier, I, 86, note). — Selon Gualvaneo de la Flamma, ces deux noms auraient été entendus dès 1134 en Sicile : « Qui postea vadens in Apuliam (Conrad, roi d'Allemagne), quemdam ducem Guelphum nomine decapitavit... Ex tunc nomen partis Guelphorum et Gibelinorum in Sicilia inolevit. » (*Manipulus florum*, c. CLXIX, R. I. S., t. XI, 632.)

[3] « Ut magis pungerent, a duobus dæmonibus contrariis in cursu nomen acceperunt, quorum unus vocatur Gibel et alter Gualef. Ex quibus quando unus est in aere ab orientali plaga, alter est ab occidentali, et sic faciunt Guelfi et Gibellini in Lombardia. (*Petri Azarii novariensis Chronicon*, R. I. S., t. XVI, 299.)

nuages, le jour où venait au monde le roi Manfred[1] ; un troisième, deux chefs, commandant les deux armées de ce même Manfred et du saint-siége[2]. A Florence, on y voyait les noms de deux chiens qui se déchiraient à belles dents sur la place publique, et dont la lutte acharnée passionnait les pères après avoir passionné les enfants[3]. Sous ces inventions puériles, comme sous les plus bizarres étymologies[4], paraît le désir d'approprier des noms nouveaux à d'anciennes querelles, d'introduire quelque ordre dans l'infini chaos des conflits privés, des aspirations contradictoires, des rivalités de famille et de caste, des intérêts matériels. Intérêts et rivalités, aspirations et conflits se dissimulaient sous l'antagonisme séculaire de l'Église et de l'Empire, déjà connu de l'Italie au temps de l'exarchat et des empereurs iconoclastes[5], ravivé au moyen âge par les prétentions théocratiques de Grégoire VII et les ambitions terrestres des princes allemands. Le double cri

---

[1] « Formæ geminæ mulierum super Tusciam in aere nubigero comparuerunt.... alteram.... vocari posse Gebelliam, alteram vero Guelpham. Eæ, ut aiunt, junctis brachiis invicem colluctantes.... » (*Sabæ Malespinæ Hist.* I, c. I, R. I. S., t. VIII, 787.)

[2] *Malvecii Chron.* Dist. VIII, cap. 3, R. I. S., t. XIV, 919. — Antonio d'Asti suppose un ancêtre de Frédéric Barberousse appelé Gibellus (*Carmen*, c. II, R. I. S., t. XIV, 1041); Villani (V, 38), deux Allemands possédant deux châteaux appelés l'un Guelfe, l'autre Gibelin.

[3] « Una sera quando la iente lassa l'opera, appresso a lo cenare, nella cittate di Fiorenza, se appiccaro doi cani. L'uno habe nome guelfo, l'altro ghibellino. Forte se strascinavano. A questo romore de doi cani, la moita corinaglia trasse. Parte favoriva a lo guelfo, e parte a lo ghibellino. » (*Historiæ romanæ fragmenta*, ap. Muratori, *Antiq. ital.*, III, 267.)

[4] Selon Matteo Villani, guelfe vient de *guarda fe*, et gibelin de *guida belli*.

[5] G. Capponi, *Lettera quarta sui Longobardi* (Arch. stor., Append., t. X, II° part., p. 27). Cf. sur l'origine et les progrès des guelfes et des gibelins, Muratori, *Antiq. ital.*, t. IV, Diss. *De regimine ac divisione nobilium et plebis.* — Villemain, *Hist. de Grégoire VII*, I, 346. — Ozanam, *Dante et la philosophie catholique*, Œuvres, t. VI, p. 340-343, Paris, 1859.

de guerre dont avaient retenti les champs de bataille en Germanie passa les Alpes avec les Welfs de Bavière et les Hohenstaufen. Il fit fortune en Italie. Les noms de guelfes et de gibelins y désignèrent les partis : d'abord les alliés de ces deux maisons tudesques ; puis, quiconque attendait de Rome ou de l'Allemagne le salut public ; enfin, quand la guerre des investitures fut terminée, ceux qui défendaient soit contre la noblesse le peuple, soit contre les communes le système féodal.

C'est assez tard, et comme par aventure, que ces deux noms étrangers furent adoptés par les Florentins[1]. Au nombre des partisans de l'empereur se trouvaient d'excellents catholiques, qu'on réputait nonobstant ennemis de l'Église. Leur ferveur religieuse s'en offensait. En 1240, dans une de leurs réunions à San Pier Scheraggio, ils proposèrent et firent décider que leur cri de ralliement fût désormais non plus : « Vive le parti de l'Empire ! » mais : « Vive le parti gibelin ! » Le sens était le même, et pourtant les plus inquiètes consciences se rassurèrent. Telle est sur la frivolité humaine la puissance

---

[1] Leur introduction à Florence date, selon le supplément à Nic. de Jamsilla (R. I. S., t. VIII, 584), de 1258 à 1265 ; selon Saba Malespina (l. I, c. i, R. I. S., t. VIII, 787), de quelques années auparavant. Ventura (*Chron. Astense*, c. XVII, R. I. S., t. XI, 176) dit : *post obitum Friderici secundi*. Malvezzi (*Chron. Brix*, R. I. S., t. XIV) dit que sous Frédéric commencèrent ces factions *quæ* POSTEA *guelfi et gibellini nomina habuere*, et il ajoute que ces deux noms s'étendirent en 1260 à l'Italie entière. Mais ce dernier mot nous montre l'erreur. On confond l'emploi général avec l'origine. Sur ce dernier point, le texte de Stefani que nous citons à la note suivante est péremptoire, car il est placé dans cet auteur, à l'année 1259 ou 1240, après la fondation du pont Rubaconte. L'autorité de Stefani est corroborée par celle de Rainerio de Pise (*De præliis Tusciæ*, l. V, R. I. S., t. XV, 333), qui dit : *Sous le règne de Frédéric II*. — Inutile d'ajouter que les chroniqueurs florentins emploient beaucoup plus tôt qu'il ne faudrait les noms de guelfes et de gibelins.

des mots. En entendant ce cri retentir pour la première fois dans leurs rues, les pontificaux y répondirent naturellement : « Vive le parti guelfe[1]! » et en voilà pour des siècles. Déjà le sens a changé ; il changera encore. Qu'importe? Sous ces noms d'emprunt chacun saura toujours reconnaître les siens. Ce qu'ils masquent ou, si l'on veut, ce qu'ils désignent, c'est l'interminable duel de l'aristocratie défendant les positions conquises, contre la démocratie ardente à les conquérir. Ces gibelins qui soutiennent l'Empire sont des nobles trop effrayés des progrès populaires qui s'accomplissent sous leurs yeux, pour ne pas préférer la tyrannie lointaine, intermittente, d'un empereur dont ils ont peu à redouter. Ces guelfes qui soutiennent l'Église sont des *popolani*, irrités de l'insolence des nobles, jaloux de s'émanciper, et qui comptent bien, en se donnant au pape, suivre un chef docile, non un maître rebelle à leurs vœux[2].

La balance, en 1240, était loin d'être égale entre les deux factions. Frédéric II, dans la vigueur de l'âge, avait le vent en poupe. Grégoire IX pliait, aux approches de la centième année, sous le poids des chagrins[3]. Il voyait, impuissant, deux cardinaux, trois légats, cent ecclésiastiques[4], que des galères génoises portaient à l'embouchure du Tibre, pris par des galères pisanes aux ordres de l'em-

---

[1] Stefani, l. II, Rub. 82.

[2] « Con l'ajuto della chiesa speravano preservare la loro libertà e sotto l'imperatore temevano perderla. » (Machiavel, *Ist. fior.*, II, 19). Machiavel est moins judicieux quand il voit l'origine des guelfes et des gibelins dans la querelle des Buondelmonti (p. 18). Il suit alors l'autorité, douteuse sur ce point, de G. Villani (V. 38).

[3] « Proxime annos centum attigisse Parisius ac Wesmonasteriensis testantur... Curis gravioribus fessus ac senectute. » (*Ann. eccl.*, 1241, § 82, XXI, 276.)

[4] « Qui ultra centum æstimantur. » (Matth. Paris, p. 381.)

pereur, empêchés de se rendre au concile dont Saint-Jean de Latran allait être le siége, dirigés vers Naples les mains liées comme de vulgaires prisonniers, à fond de cale, par une chaleur étouffante, en proie à des myriades de mouches « qui les piquaient comme des scorpions, » jetés malades ou épuisés dans des cachots, « sortant enfin des misères de ce monde pour aller au Seigneur avec la palme du martyre[1]. » La douleur, l'humiliation, frappèrent à mort le vieux pontife (21 août 1241). Deux ans d'interrègne augmentèrent encore la faiblesse de l'Église[2], et quand les sept cardinaux dont se composait le conclave purent se mettre d'accord, ce fut pour élire un partisan avéré de Frédéric II (1243).

Mais leur choix, qui semblait assurer le triomphe de ce prince, fut le commencement de sa ruine. Finibaldo des Fieschi, connu dans l'histoire sous le grand nom d'Innocent IV, sortait d'une famille implantée à Gênes depuis le dixième siècle, et qui devait sa fortune aux empereurs. Frédéric, toutefois, avait trop d'expérience pour se bercer d'illusions. A ses courtisans, qu'emportait une joie irréfléchie[3], il répondait tristement : « J'ai perdu un bon ami; aucun pape ne peut être gibelin[4]. » S'il chercha un moment à éviter l'inévitable, s'il demanda pour Con-

---

[1] « Omnes jam vel morbus vel lethalis invaserat imbecillitas... etc. (Matth. Paris, p. 381.) Cf. *Ann. gen.*, R. I. S., t. VI, 485. — Rich. de S. Germano, R. I. S., t. VI, 1046. — *Ann. eccl.*, 1241, §§ 54-71, XXI, 268-275. — Marangoni, R. I. S., Suppl., I, 501. — Tronci, p. 190.

[2] *Ann. eccl.*, 1241, § 85, XXI, 276. — Le successeur immédiat de Grégoire IX ne régna que dix-sept jours. C'était le cardinal Giuffredo de Castiglione, exalté sous le nom de Célestin IV.

[3] « De ejus creatione in curia Friderici exsultatio magna fuit. » (*Andreæ Danduli Chron.*, R. I. S., t. XII, 354.)

[4] « Perdidi bonum amicum quia nullus papa potest esse ghibellinus. » (Gualv. de la Flamma, *Manip. flor.*, c. cclxxvi, R. I. S., t. XI, 680.)

rad, son fils et son héritier, la main d'une nièce du nouveau pontife, dont les desseins étaient encore un mystère, il se flattait peu de réussir; il ne pensait pas même à acheter le succès. Il continuait à détenir le patrimoine de saint Pierre; il persistait dans l'insubordination, l'impiété, les mauvaises mœurs; il n'attendait pas que la guerre lui fût déclarée : il faisait le siége de Viterbe, résidence favorite des papes, qui s'y trouvaient plus en sûreté qu'à Rome; il tentait, avec trois cents chevaux toscans, d'enlever Innocent IV[1].

Ce guet-apens, s'il eût fait du pape le prisonnier de l'empereur, eût déconcerté les guelfes et rendu vains tous leurs efforts. Mais quand ils voient leur chef à l'abri sur les galères génoises, ils se rattachent à l'espérance. Libre et indépendant, Innocent IV ne ménage plus son perfide ennemi. Il ne peut le combattre par les armes? ses légats parcourent l'empire et provoquent la rébellion contre un rebelle. Lui-même, sur son passage, il soulève les villes guelfes; il frappe l'empereur d'une troisième excommunication, et il convoque à Lyon le concile œcuménique qui doit le déposer[2].

Ce coup terrible ramena Frédéric en Toscane (1245). Abandonné de ses sujets au nord des Alpes, il ne trouvait qu'en Italie des esprits assez libres pour lui rester fidèles. Plus que jamais il avait besoin de la flotte pisane pour assurer ses communications rapides avec Naples et la Sicile, pour protéger les côtes de son royaume contre les

---

[1] « Ut idem papa postea asserebat. » (Matth. Paris, p. 431.)
[2] *Petri de Vinea Epistolæ*, l. II, c. x, p. 260 (éd. d'Amberg). — *Ann. eccl.*, 1245, § 1, XXI, 317. — *Ann. gen.*, R. I. S., t. VI, 505. — Curbio, *Vita Inn. IV*, § 13, 14, R. I. S., t. III, part. I. — Matth. Paris, p. 431. — Ammirato, l. I accr., t. I, p. 84.

agressions des Génois. Mais ce despote, jadis si fier, se fait humble aujourd'hui. Obsédé de superstitions, il évite Florence[1], parce qu'un des astrologues qu'il traînait à sa suite lui prédisait la mort en un lieu dont le nom était formé du mot fleur[2]. Il erre de ville en ville, va de Pise[3] à Grosseto[4], de Grosseto à Sienne; il demande aux Siennois des milices pour la Lombardie, et il ne les obtient que pour la Toscane, où il n'en avait nul besoin. Il accepte pourtant, faute de mieux, et il envoie ces renforts contre Pérouse, sous les ordres de Frédéric d'Antioche, son vicaire général[5]. Ce bâtard, il essaye vainement de le rendre respectable. Il le recommande par lettres spéciales aux Florentins, « dont il lui a confié le gouvernement, car il n'y a pas, dit-il, de ville en Italie à laquelle nous portions plus d'intérêt[6]. Celui qui vous est envoyé, c'est la chair

---

[1] « Non volle entrare in Firenze. » (Villani, VI, 35.) L'auteur de la chronique attribuée à Ric. Malespini (c. CXLIII) dit même chose.

[2] « Compererat Fridericus ab astrologis se moriturum ad Portas ferreas, quum pervenisset ad oppidum nomen habens a flore. » (*Fr. Pipini Chron.*, c. XL, R. I. S., t. IX, 660.) — « Trovando per suoi aguri.... come doveva morire in Firenze. » (Villani, VI, 35.) — On sait qu'il mourut à Castel Ferentino ou Fiorentino (les deux formes se trouvent, la dernière dans Pipino, c. XL, p. 660, et dans l'appendice à Gaufrido Malaterra, R. I. S., t. V, 605), à six milles de la forteresse de Lucera. — Pour donner pleinement raison à la prédiction, on ajoute que dans la chambre où il mourut on trouva une porte de fer.

[3] Lünig, *Reichsarchiv*, XIII, 53, Leipzig, 1713, ap. Böhmer, *Regesta*, p. 193.

[4] Schöpflin, *Alsatic diplomatica*, Mannheim, 1772, ap. Böhmer, p. 194.

[5] « Cum cordi nobis sit sic semper imperii nostri providere negotiis, ut quantum necessitas rerum patitur, cum commoditate nostrum fidelium procuretur, cum dictus noster exercitus, concurrentibus in eum nostris Lombardie fidelibus ad confusionem rebellium satis laudabiliter sit instructus.... » (26 mai 1246, Arch. de Sienne, *Caleffo vecchio*, p. 250.)

[6] « Ad civitatis vestræ regimen cujus inter omnes civitates Italiæ attenta nos cura sollicitat. » (Friderici epistola Florentinis, ap. *Petri de Vinea Epist.*, l. III, ep. 9, p. 390, éd. d'Amberg.)

de notre chair, les os de nos os. Il vous arrive muni de pleins pouvoirs pour maintenir la tranquillité, faire fleurir la justice, châtier les coupables et les rebelles, rendre la force aux fidèles de l'Empire dans la dévouée Florence[1]. Il n'a pas seulement l'autorité d'un gouverneur ordinaire. Représentez-vous donc le père dans le fils, dépositaire de la puissance impériale dans toute sa plénitude. Si quelqu'un, ce que nous ne croyons pas, osait lancer contre lui le caillou de la malveillance, nous le poursuivrions d'un jugement plus sévère que si, dans sa témérité, il s'attaquait à notre personne[2]. »

Ces protestations d'amitié cachaient mal la défiance qu'inspiraient à Frédéric et que méritaient les Florentins. S'ils n'allaient pas jusqu'à la révolte, c'est qu'ils savaient l'empereur inexorable en ses colères. Le bruit courait, en effet, de femmes et d'enfants morts de faim dans leurs prisons, de prisonniers à qui les bourreaux crevaient les yeux, coupaient le nez, le pied, la main, avant de les jeter dans les flammes ou dans la mer[3]. Ils feignaient donc de donner librement leurs suffrages à des maîtres imposés; ils conféraient deux fois à Frédéric d'Antioche la charge de potestat, ils obéissaient à ses vicaires[4] comme

---

[1] « Fideles nostri devotæ Florentiæ tam grati rectoris oculis refloreant novitate.... Ut facinorosos et insigniter seu contumaciter se gerentes liberius animadvertere valeat, sibi concedimus vices nostras. »·(*Ibid.*)

[2] « Et si forte, quod omnino non credimus, contra eum quisquam indevotionis calcaneum elevaret, trangressores hujusmodi acerbiori judicio prosequemur quam si etiam in personam nostram hæc alicujus vel aliquorum temeritas attentaret. » (*Ibid.*)

[3] Lettre de Gauthier d'Ocra au roi d'Angleterre, sept. 1246 (H. Bréholles, *Hist. dipl.*, t. VI, part. I, p. 458). — Fazello, *De rebus siculis*, poster. dec., l. VIII, p. 444, ap. *Hist. dipl.*, Introd., p. 98. — *Appendix ad ultimum capitulum Gaufridi Malaterræ* (R. I. S., t. V, 605).

[4] En 1246, Emanuele Doria, en 1247, Rogerio de Bagnolo, sont vicaires de Frédéric d'Antioche à Florence. On peut voir dans la liste des *Officiales*

à lui-même, ou du moins ils ne protestaient pas ouvertement, même contre les abus de pouvoir. Mais sous ces actes, dictés par la prudence, perçaient les véritables sentiments. Entre les deux élections du bâtard, Florence élisait, pour faire montre d'indépendance, Ugo Ugolini de Castello[1]. Loin de céder, comme Volterre, Chiusi, Pise, Sienne et Pistoia, à la fascination impériale, elle se renfermait dans une réserve glaciale et y maintenait à son exemple les communes qui gravitaient dans son orbite, Lucques, Poggibonzi, Montalcino, Montepulciano, Orvieto[2].

L'empereur le sentait, mais, n'exerçant plus qu'une autorité précaire, il évitait de heurter de front des sujets jaloux d'être des citoyens. Il en était réduit à conspirer contre eux. Il entretenait parmi eux de secrètes intelligences : les relations nouées sous les murs de Brescia portaient leurs détestables fruits. Il s'étudiait à inspirer confiance aux gibelins et aux hérétiques. Ayant exigé que chaque parti, dans chaque ville, lui remît des otages, il les internait à San Miniato al Tedesco ; mais aussitôt il rendait aux gibelins la liberté et retenait les guelfes, réduits à vivre d'aumônes dans cet inexpugnable château[3]. Il « détruisait les fidèles de la sainte Église dans toute cité soumise à son pouvoir[4] », et par là s'attachait de corps et d'âme tous les hommes d'orthodoxie suspecte que le saint-siége poursuivait par le fer et le feu. Il faisait exhorter les Uberti à soulever leurs partisans gibelins

---

forenses que Frédéric, arrivé en décembre 1246, n'attendit pas longtemps sa nomination. — Cf. Paolino, p. 19, 20.

[1] *Officiales forenses.* — Paolino, 19, 20.
[2] Fioravanti, c. xiv, ann. 1245. — Inghirami, VI, 352. — Cecina, p. 44. — Gori, *Storia di Chiusi*, R. I. S., Suppl., I, 920.
[3] Villani, VI, 33.
[4] *Ibid.*

et à jeter les guelfes dans l'exil. Il leur promettait l'énergique concours de ses gens d'armes [1]. Si Villani l'accuse à tort d'avoir « fait commencer à Florence les dissensions et les batailles entre citoyens[2] », il est vrai, du moins, qu'il en suscita de plus terribles et plus funestes que les précédentes. On vit le sang couler à flots, et la lutte prit fin, non par un accord avec les combattants, mais par la mort ou le bannissement des vaincus.

Des deux parts, au début, les forces semblent égales. Du côté des gibelins et sous la conduite des Uberti s'étaient rangées les puissantes familles des Tedaldini, des Caponsacchi, des Elisei, des Abati, des Cattani de Castiglione, des Brunelleschi, des Lamberti, des Amieri, des Scolari, des Soldanieri, des Guidi. Du côté des guelfes étaient les Donati, les Visdomini, les Adimari, les Pazzi, les Del Bagno, les Pulci, les Guidalotti, les Tosinghi, les Agli, les Tornaquinci, les Vecchietti, les Buondelmonti, les Giandonati, les Gianfigliazzi, les Rossi, les Nerli[3]. S'il y a parmi ces familles des noms nouveaux, inconnus en 1215, c'est que plusieurs avaient grandi, tandis que d'autres s'étaient amoindries ; mais on ne voit pas qu'aucune, parmi les plus anciennes, eût changé de parti. Déjà les guelfes avaient l'avantage du nombre, et ils s'appuyaient, en outre, sur cette puissante, quoique obscure réserve des classes populaires, dont l'appoint devait un jour assurer le triomphe à la faction qu'elle soutiendrait. Pour le moment, les gibelins rétablissaient l'équilibre

---

[1] *Ibid.* — Cf. *Leon. Bruni Aretini Historiarum florentinarum* l. I, p. 19, Strasbourg, 1610.

[2] « Per la qual cosa fece cominciare dissensione e battaglia cittadina in Firenze. » (Villani, VI, 33.)

[3] Reumont, *Tav. cron.*, ann. 1247.

par leur supériorité au métier des armes, le seul qu'eussent jamais exercé la plupart d'entre eux, et surtout par l'unité du commandement, qui manquait à leurs adversaires. Les Buondelmonti, en effet, mis en vue par la tragique fin d'un brillant cavalier de leur nom, n'étaient point parvenus, cependant, à établir leur suprématie sur les guelfes. Les Donati y prétendaient également et semblaient plus près d'y réussir ; mais leur orgueil nuisait à leur autorité, et le temps n'était pas venu encore où ils parviendraient à l'imposer.

Durant toute l'année 1247, les deux partis vécurent en armes derrière leurs barricades, se livrant par occasion à des escarmouches partielles et dans l'attente d'une générale collision. Des deux parts on sentait la pacification impossible, tant que les combats n'auraient pas décidé. Entre adversaires qui se supposent des forces égales, toute paix n'est qu'une trêve, tout prétexte est bon pour la rompre : il n'est rien que les peuples, en cela moins différents des particuliers qu'on ne pense, supportent moins aisément que l'égalité. Pour les guelfes, d'ailleurs, il s'agissait de vivre ou de ne vivre plus dans leur patrie, car les gibelins, confiants dans l'appui de l'empereur, menaçaient hautement de les en expulser.

Le nœud de la question était au quartier de San Pier Scheraggio. Les guelfes, on l'a vu, y vivaient en nombre ; ils y gênaient par leur présence les réunions gibelines autour des forteresses qu'habitaient les Uberti. Déloger ces témoins incommodes fut tout d'abord le but du parti qui osa prendre l'offensive. Mais pour l'atteindre plus sûrement, il résolut d'attaquer dans les six quartiers à la fois. A chacun d'eux commandait une famille qui réunissait ses adhérents au pied de sa tour[1], et qui, sur divers points, trouvait en face d'elle d'anciens amis, des alliés, des parents. Ainsi les liens du sang unissaient les Scolari et les Buondelmonti, opposés les uns aux autres dans le Borgo Sant' Apostolo. Nulle part la lutte ne fut plus acharnée, plus implacable qu'aux lieux où s'entre-tuaient ces frères ennemis. Mais elle n'y était, en quelque sorte, qu'une habile diversion. Peu à peu les Uberti en rappe-

---

[1] Les chroniqueurs nous donnent le détail des familles de chaque parti dans chaque quartier :

SAN PIER SCHERAGGIO (emplacement des *Uffizi*).

Gibelins : Uberti, Fifanti, Infangati, Amidei, Malespini, Volognano.
Guelfes : Bagnesi, Pulci, Guidalotti, Gherardini, Foraboschi, Sacchetti, Manieri, Lucardesi, Chiermontesi, Compiobbesi, Cavalcanti, Da Quona.

PORTA SAN PIERO (canto dei Pazzi).

Gibelins : Tedaldini, Lisei, Caponsacchi, Giuochi, Abati, Galigari.
Guelfes : Bisdomini, Donati, Pazzi, Ardinghi, Tedaldi, Cerchi, partie des Giugni.

PORTA DEL DUOMO (canto alla paglia, en face du Borgo S. Lorenzo).

Gibelins : Lancia de Castiglione, Barrucci, Agolanti, une partie des Brunelleschi et beaucoup de *popolani*, hérétiques ou autres.
Guelfes : Tosinghi, Agli, Sizi, Arrigucci.

SAN BRANCACCIO (auj. S. Pancrazio, via della Spada).

Gibelins : Lamberti, Cipriani, Toschi, Amieri, Palermini, Migliorelli, une partie des Pigli.
Guelfes : L'autre partie des Pigli, Tornaquinci, Vecchietti, Bostichi.

BORGO SANT' APOSTOLO (près du Ponte vecchio).

Gibelins : Scolari, Soldanieri, Galli, Cappiardi, une partie des Guidi.
Guelfes : Buondelmonti, Scali, Bostichi, Giandonati, Gianfigliazzi, Gualterotti, Importuni.

OLTRARNO.

Gibelins : Gangalandi, Ubbriachi, Mannelli.
Guelfes : Nerli, Rossi, Frescobaldi, Bardi, Mozzi.

Dans ce classement emprunté à Villani, on peut remarquer qu'il est question d'une partie des Guidi et des Brunelleschi parmi les gibelins, et non de l'autre parmi les guelfes. C'est sans doute que cette autre partie des deux familles habitait la campagne. (Voy. Villani, VI, 33.)

laient sans bruit leurs partisans pour les grouper autour d'eux, et, au risque d'être battus ailleurs, pour frapper là le coup décisif. Déjà, par cette tactique, ils avaient pris l'avantage, quand les guelfes d'Oltrarno, l'ayant devinée, essayèrent de la déjouer. Abandonnant leurs foyers et leurs *serragli*, trop excentriques pour que la possession en influât beaucoup sur le résultat général, ils se portèrent brusquement sur San Pier Scheraggio. Les ponts étant défendus, ils passèrent par les digues ou écluses de l'Arno [1], avant qu'on eût l'idée de leur couper ce chemin aventureux. Leurs amis des autres *sestieri* suivirent aussitôt leur exemple, mais avec moins d'opportunité, car il n'était pas indifférent, sur la rive droite, d'abandonner quatre quartiers sur cinq aux gibelins. Ceux-ci, d'ailleurs, à travers mille obstacles, enlevaient l'une après l'autre les barricades des guelfes, et arrivaient à celles des Guidalotti et des Bagnesi, en face de la porte qui, de ce côté-là, donnait sur la campagne.

Tout à coup, le 30 janvier 1248, on apprend que cette porte et les autres dont les gibelins étaient maîtres venaient de s'ouvrir devant le prince d'Antioche, suivi de quinze cents cavaliers et cinq cents *pedoni* allemands [2]. Ce fut pour les guelfes le coup de la mort. De personne ils n'attendaient aucun secours : le pape était à Lyon, et dans toute la Toscane dominait leur ennemi. Ne doutant plus de la défaite, ils s'acharnèrent néanmoins au combat. Pendant trois jours encore, du dimanche au mercredi, ils disputèrent pied à pied le terrain avec le cou-

---

[1] Ces digues portaient dès lors et portent encore aujourd'hui le nom de *pescaie*.

[2] Stefani, l. II, Rub. 84. Villani (VI, 33) dit : « Sedici centinaia di cavalieri tedeschi a cavallo di sua gente. » M. Reumont (*Tav. cron.*), 1800.

rage du désespoir[1]. Mais décimés, couverts de blessures, ils durent, à la fin, sortir de Florence[2]. Ils le firent avec lenteur et dignité, non sans avoir accompli, sur le point où ils dominaient encore, une triste cérémonie, où parurent au grand jour leurs virils sentiments.

Dans une des précédentes batailles avait péri un de leurs compagnons, chevalier de grande renommée, qu'on appelait Rustico Marignolli. Jusqu'au dernier moment, et malgré ses souffrances, il avait tenu dans ses vaillantes mains l'étendard de son parti. Laisser son cadavre sans sépulture, c'était le livrer, pour être mis en pièces, aux vindicatifs gibelins. On résolut donc de l'ensevelir à San Lorenzo. Le cercueil y fut porté sur les épaules de chevaliers bardés de fer, tenant, en guise de cierges, leurs lances et leurs arbalètes. Au soleil reluisaient les cuirasses, les épieux et les faux, tandis que les bannières renversées traînaient à terre en signe de deuil. Tous les visages exprimaient la douleur, mais plus encore la colère et la soif de la vengeance. Lui, du moins, disait-on de toutes parts, il ne rougirait pas d'une fuite honteuse, d'un misérable exil où l'on verrait mourir de faim les femmes et les enfants. Exaltés par leurs tristes pensées, comme par cet émouvant spectacle, les jeunes gens redemandaient à grands cris le combat, la mort dans la ville natale, une sépulture honorable dans le tombeau de leurs pères. Pour les rappeler à la résignation et à la prudence, il fallut les conseils, les ordres mêmes des hommes mûrs[3],

---

[1] Ces trois jours doivent être entendus en comptant celui de l'arrivée des Allemands.

[2] Villani, VI, 33-35. — Leon. Bruni Aret., l. I, p. 19. — Ammirato, 1247-1249, l. I accr., t. I, p. 85-86.

[3] Ammirato, 1248, l. I accr., t. I, p. 86.

témoins déjà de trop de vicissitudes pour désespérer jamais de l'avenir.

Dans la nuit du 2 février 1248, ils accomplirent enfin leur triste exode[1]. Les petites gens se dispersèrent dans la campagne ; les grands se concentrèrent dans les châteaux de Montevarchi, de Capraja, de Pelago, de Ristonchio, de Magnale, de Cascia. Ainsi ils entouraient Florence et son territoire, résolus à y déchaîner la guerre, puisque leurs ennemis y faisaient la loi [2]. C'était leur manière d'aimer la patrie que d'y vouloir dominer à tout prix, réel et déplorable travers, mais dont ne sauraient leur faire un crime des peuples qui ont vu marcher contre eux, dans les rangs d'armées étrangères, leurs propres émigrés. La faute des Guelfes fut, alors, de partir volontairement pour échapper aux conséquences de la défaite. Redoutables encore, ils pouvaient, en posant les armes, imposer leurs conditions. Ils donnèrent, en s'éloignant, un exemple doublement funeste : ils apprirent aux vain-

---

[1] Un ms., œuvre relativement récente de quelque érudit, nous donne comme suit le nom des familles guelfes qui quittèrent Florence : Buondelmonti, Bardi, Bagnesi, Pulci, Manieri, Compiobbesi, Scali, Importuni, Vecchietti, Nerli, Frescobaldi, Gherardini, Guidalotti, Lucardesi, Cavalcanti, Gianfigliazzi, Bostichi, Tosinghi, Agli, Bisdomini, Della Bella, Giandonati, Tornaquinci, Arrigucci, Adimari, Donati, Tedaldini, Cerchi, Sizii, Pazzi, Ardinghi, Rossi, Mozzi, Foraboschi, Sacchetti, Chiaramontesi, Gualterotti. (Bibl. nat., mss. italiens, n° 743.) — Quant à la date, Villani (V, 33) dit 1248 ; Ammirato (*loc. cit.*) et M. G. Capponi (I, 29), pensant au vieux style, corrigent en 1249. Mais ce chiffre est inadmissible. Il faudrait supposer que les Florentins restèrent deux ans sous les armes. Une erreur de Villani ou de ses copistes est plus probable. M. Reumont, M. Bonaïni, disent comme nous 1248. Villani met à cette année, en avril, les événements subséquents.

[2] « E in quelle castella dimorando, faceano gran guerra alla città e al contado. » (Villani, VI, 33.) Cf. Stefani, l. II, Rub. 83. — Voy. aussi Bonaïni, *Della parte guelfa in Firenze*, ap. *Giornale storico degli archivi toscani*, t. II, p. 174, juillet-septembre 1858.

queurs à faire place nette par l'exil, et aux vaincus à chercher leur revanche dans la dévastation et la ruine du sol natal [1].

Cependant les gibelins, maîtres du gouvernement comme de la ville, prenaient leurs mesures pour que leur victoire fût de durée. Ils crurent qu'en détruisant les demeures et les tours de leurs ennemis, ils leur ôteraient tout moyen de recouvrer jamais leur puissance perdue. Ils en ruinèrent selon les uns vingt-quatre, selon les autres environ trente-six [2]. Dans le nombre était le « noble » palais des Tosinghi, si supérieur à tous les autres qu'on l'appelait par excellence *il Palazzo* [3]. Il s'élevait sur le *Mercato vecchio*, à une hauteur de quatre-vingt-dix brasses, orné de colonnettes de marbre et flanqué d'une tour superbe qui avait quarante brasses de plus. De ce chef-d'œuvre de l'art primitif, qui en pouvait inspirer d'autres, il ne resta plus qu'un souvenir [4]..

L'église cathédrale de San Giovanni n'avait pas, elle-même, trouvé grâce devant ces nouveaux vandales. Ils la voulaient renverser parce qu'elle servait aux réunions des guelfes, mais ils n'osaient le faire directement, par crainte du sacrilége, ou, pour mieux dire, des maux dont le saint patron de Florence pourrait, dans son courroux, les accabler. Ils imaginèrent un expédient naïf et tout ensemble raffiné. Sur la place, à l'entrée du *Corso de-*

---

[1] Questa fu la prima volta che neuno uomo uscì di Firenze, per arte della qual cosa molto male è seguitato poi. (Paolino, 1248, p. 19.)

[2] Villani, VI, 33. — Stefani, l. II, Rub. 83.

[3] Quella de' Tosinghi in su Mercato vecchio, chiamato il palazzo (Villani, VI, 33).

[4] Nous donnons les chiffres de Villani. Les auteurs modernes les modifient, mais sans citer d'autorités.

gli Adimari[1], et à l'endroit où l'on voit encore aujourd'hui un petit mais élégant oratoire[2], s'élevait une tour haute de cent vingt brasses[3]. On l'appelait *Torre al guardamorto*, parce que, pendant un nombre d'heures déterminé, on y gardait les cadavres des magnats qui devaient être ensevelis dans l'église même de San Giovanni. Niccola Pisano, si célèbre depuis comme sculpteur et comme architecte, suggéra aux gibelins l'idée de saper cette tour par la base, de manière qu'elle tombât d'elle-même de tout son poids sur la sainte rotonde et n'en laissât rien subsister que d'énormes débris[4]. Le *guardamorto*, étayé de grosses poutres, fut attaqué à la base par la scie, et quand on l'eut ainsi comme suspendu en l'air, on mit le feu aux étais. Mais le hasard, de mauvais calculs ou l'intervention de saint Jean, lequel, dit le bon Stefani, « sait faire quand il veut[5] », furent cause que la tour tomba d'un autre côté, au milieu de la place, sans endommager la moindre pierre de la vieille cathédrale. Tous les Florentins en furent émerveillés, et le peuple, guelfe au fond de l'âme, en parut tout joyeux[6].

---

[1] Disons ici, pour ceux qui ne sont pas familiers avec la langue italienne, que *degli* a le même sens que *dei* ou *de'*, et n'en diffère que parce qu'on l'emploie devant les voyelles.

[2] Celui de l'ancien hôpital dit *del Bigallo*.

[3] Le *braccio* ou bras ou brasse de Florence équivalait environ, dit Sismondi (III, 433), à 22 pouces. Il ne faut pas confondre la brasse florentine avec la brasse maritime qui est de 5 pieds.

[4] C'est Vasari qui attribue cette invention à Niccola Pisano (voy. l'édition excellente de Lemonnier, t. I, p. 265-266, Flor. 1841).

[5] S. Joanni sa fare quando vuole. Quando la torre cadde, parve che la spingesse con quella sua insegna per modo che si stese sulla piazza, e solo una pietra non ne tocca (Stefani, l. II, Rub. 83). Cette croyance à l'intervention de saint Jean est partagée par Villani (Come piacque a Dio per reverenza e miracolo del beato Giovanni).

[6] Il popolo ne fu molto allegro ch' ella non vi cadde (Villani, VI, 33).

Ces sentiments avoués d'une multitude méprisée faisaient la faiblesse du parti qui triomphait par la violence et dans le sang. Lui aussi, comme la tour du *guardamorto*, il était en l'air. Pour se préserver de la chute, il dut s'étayer des forces allemandes, garder à sa solde huit cents des hommes d'armes que le prince d'Antioche avait amenés, les laisser sous les ordres du comte Giordano Lancia, un des capitaines impériaux. L'appui de l'étranger n'était point alors une honte; mais il attestait l'impuissance, ou, tout au moins, l'infériorité. Rassurés par ce renfort contre les dangers du dedans, les gibelins devaient conjurer ceux du dehors. Dans l'année même de leur triomphe[1], ils partirent en guerre contre les exilés qui s'élançaient incessamment des châteaux où ils avaient trouvé asile, pour détruire ou s'approprier, sur le territoire de Florence et jusque dans sa banlieue, les récoltes et les denrées nécessaires aux approvisionnements.

La première attaque fut dirigée contre Montevarchi. De Ganghereta, château des comtes Guidi dans le val d'Arno supérieur[2], une partie des Allemands surveillaient les guelfes de cette place incommode et cherchaient l'occasion de fondre sur eux. Les ayant rencontrés, ils leur livrèrent « une âpre bataille jusque dans le fleuve[3]; » mais vaincus à la fin, ils durent se retirer derrière leurs hautes murailles, laissant aux vainqueurs beaucoup de morts et de prisonniers (26 avril 1248).

---

[1] Avvenne che infra l'anno medesimo che i Guelfi furono cacciati (Villani, VI, 33).

[2] Il avait appartenu d'abord aux comtes Ubertini de Soffena, et il était devenu par mariage propriété des comtes Guidi, à eux confirmée par Henri VI et Frédéric II. Il fut détruit, en 1271, par les habitants, sur l'ordre de Florence.

[3] Fue aspra battaglia infino nell' Arno (Villani, VI, 33). — Paolino, 1249,

Nullement découragés, les gibelins cherchèrent vers l'ouest leur revanche. Le terrain en semblait mieux choisi. Au château de Capraja, les plus sages, les plus considérables des guelfes se trouvaient loin de tous leurs amis, et près de Frédéric II, qui rongeait son frein à Fucecchio [1], furieux d'avoir vu devant Parme, après deux ans de siége, sa couronne capturée, son trésor pillé, son armée mise en fuite par les défenseurs de cette ville, qu'il croyait tenir à sa merci [2]. En Toscane, lui présent, personne n'osait bouger encore, si las qu'on y fût d'une guerre ruineuse et de la privation des saints offices; personne ne se fût risqué à maudire tout haut l'ennemi de Dieu et des saints [3]. Il y aurait eu péril pour les guelfes à s'aventurer hors de leurs retraites; il y avait impossibilité pour ceux de Capraja de se ravitailler, d'obtenir des secours. Des Allemands reçurent la mission facile d'assiéger ce château. Trois mois ils restèrent devant ses murailles [4], sans avoir à repousser de sorties, mais aussi sans savoir à quelles extrémités étaient réduits les défenseurs. Incapables d'endurer la famine, et même de comprendre qu'on la puisse endurer, ils les croyaient bien pourvus de vivres,

p. 20. — Stefani, l. II, Rub. 85. — Ammirato, l. I accr.; t. V, p. 86.

[1] Fucecchio, alors place forte, est situé à sept milles d'Empoli, dix-huit de Lucques, vingt-deux de Pise, vingt-six de Florence (voy. Repetti).

[2] Voy. *Chron. Parmense*, R. I. S., t. IX, 770. — *Rolandini Patavini Chron.*, l. V, c. xxi, R. I. S., t. VIII, 248. — *Chron. Veronense*, R. I. S., t. VIII, 634. — *Monachi Patavini Chron.*, R. I. S., t. VIII, 683. — *Chron. placentinum*, R. I. S., t. XVI, 464. — *Memoriale potestatum Regiensium*, R. I. S., t. VIII, 1115. — Curbio, *Vita Inn. IV*, § 26, R. I. S., t. III, part. i. — *Epistola Parmensium ad Mediolanenses* (Ann. eccl., 1248, § 17, XXI, 401).

[3] Malavolti (part. I, l. V, f° 63 v°) montre les Siennois soumis, et Cecina (p. 46) les Volterrans. On voit dans Fioravanti (c. xiv, p. 224) les habitants de Pistoia faire une nouvelle révolution gibeline.

[4] Sismondi (II, 268) dit deux mois seulement.

et semblaient disposés à leur accorder de bonnes conditions, quand un des guelfes, cordonnier au *Mercato vecchio*, ne craignit pas de venger une injure privée par la ruine commune. Il se nommait Giovanni del Tosco et avait été *anziano*[1]. Les chefs militaires ayant négligé de l'appeler dans leurs conseils, il « courut aux portes et cria » aux Allemands que Capraja ne pouvait tenir plus d'un jour encore. Aussitôt les négociations furent rompues, et les guelfes durent se rendre à discrétion[2].

On les conduisit à Frédéric. Comme ce prince partait pour son royaume, il les emmena avec lui au fond de la Pouille. Sur la demande des gibelins, il fit crever les yeux à tous les nobles prisonniers et ordonna qu'ainsi mutilés on les jetât à la mer[3]. Un seul, Ranieri Buondelmonti, chevalier, capitaine, et qu'on surnommait *il Zingano*, le diseur de bonne aventure, trouva tardivement grâce devant lui. L'ayant jugé « sage et magnanime[4] », il lui permit de se retirer aveugle dans l'île de Monte Christo, où l'infortuné guelfe prit l'habit religieux et consacra le reste de sa vie aux pratiques de la dévotion, « trouvant ainsi, dit Ammirato, une large compensation à ce qu'il avait

---

[1] Uno calzolaio uscito di Firenze, ch'era stato uno grande anziano, non essendo richiesto al detto consiglio sdegnato si fece alla porta (Villani, VI, 35). — C'est Stefani (l. II, Rub. 86) qui donne son nom. Selon lui la prise de Capraja eut lieu en septembre, selon Villani, en mai 1249.

[2] Villani, VI, 35. Un document montre Frédéric à Pise en mai 1249. (Affò, III, 384. Böhmer, *Regesta*, p. 195.)

[3] E poi per lettere e ambasciadori a lui mandati da' Ghibellini di Firenze, a tutti quelli delle grandi case nobili di Firenze fece trarre gli occhi e gittarli in mare (Villani, VI, 35). Sismondi (II, 268) émet un doute timide : « On l'accuse, » dit-il. À vrai dire, Villani est guelfe ; mais Frédéric est si riche en cruautés qu'on peut tout croire. L'initiative des Gibelins semble confirmée par les paroles enveloppées et amères de Stefani. Voy. p. suiv.

[4] Villani, VI, 35. — Paolino, p. 20, 21. — Simone della Tosa, p. 194. — Ammirato, 1249, l. II, t. I, p. 88.

perdu[1]. » — « Et voilà, écrit de son côté Stefani, les dots et les joyaux des partis. Quiconque est résolûment guelfe ou gibelin ne peut, je pense, faire son salut. Dieu me pardonne si je me trompe, et qu'en ce cas mes paroles soient comme si je ne les avais pas écrites ou prononcées[2]. » Curieux langage, où la révolte d'un sens droit et l'indignation d'un cœur honnête ne triomphent pas sans combat des traditions invétérées et des préjugés funestes de l'esprit de parti.

Avant même de quitter la Toscane, l'empereur y avait senti s'évanouir son pouvoir[3]. A ses ordres, qu'on n'exécutait plus, il devait déjà substituer des prières, qu'on écoutait avec dédain. De Sienne il lui fallait réclamer un nouveau serment[4], tant était précaire l'obéissance d'une ville où, dès 1240, Aldobrandino, surnommé Cacciaconti, chassait les comtes et les nobles que couvrait pourtant la protection impériale[5]. Si les Siennois lui accordaient comme par grâce, et le conseil consulté, quarante cavaliers sans archers ni infanterie[6], ils lui refusaient d'attaquer Arezzo et Pérouse, de tenir garnison dans Castel della Pieve plus longtemps qu'ils ne s'y étaient d'abord engagés[6]. C'était bien pis à Bologne, que les exi-

---

[1] Stefani, l. II, Rub. 86.

[2] Per la partita che lo Imperadore fece di Toscana, e per la sconfitta che lo Re Enzo hebbe da' Bolognesi, la forza dello Imperio cominciò alquanto a calare in Toscana (Villani, VI, 38).

[3] 2 mai 1249. Arch. di Sienne, *Consiglio della Campana*, t. I, p. 33 v°.

[4] Voy. Bellarmati, *Storia di Siena*, p. 62, ap. *Miscellanea Sanese.* — Gigli, *Diario Sanese*, t. XI, p. 568, ap. *Chroniques Siennoises*, trad. du duc de Dino, p. 140.

[5] 25 et 26 mai 1249. *Cons. della Campana*, ibid., p. 38, 39.

[6] 28 juin 1249. Ibid., p. 48 v°. — Le 26 juillet suivant, Frédéric demandait encore des soldats à Sienne qui lui en accordait dédaigneusement vingt-cinq (*Ibid.*, p. 53-55).

lés florentins accueillis dans ses murs ramenaient à la cause guelfe et remettaient en possession des villes d'alentour. Enzio, « l'Achille de son temps[1] », le propre fils de l'empereur, fait prisonnier par les Bolonais (26 mai 1249), n'obtenait sa délivrance ni des supplications de son père, ni de l'offre de le racheter à prix d'or, que faisait Frédéric dans une lettre tour à tour pathétique et menaçante, où se mêlait aux considérations philosophiques sur l'inconstance de la fortune l'annonce d'une prochaine expédition de son innombrable et triomphante armée[2]. Quelques mois plus tard, en septembre 1249, il reparaissait dans la Toscane, mais relevant d'une grave maladie[3], et avec une poignée d'hommes hors d'état d'accomplir ses menaces. On ne lui refusait point les honneurs dus à sa dignité : le potestat de Sienne et sa curie, les consuls de l'une et l'autre *mercanzia*, les prieurs des vingt-quatre, l'allaient complimenter à son arrivée, lui accordaient cinquante cavaliers et cinquante archers comme garde d'honneur[4]; mais, en décembre, s'il les voulait conserver à son service, il en devait, de sa personne, faire la demande au sein même du conseil général[5]. Telle fut l'inutilité, comme l'obscurité, de ce voyage et de ce séjour, que les chroniqueurs n'en ont point conservé le souvenir. Nous n'en aurions pas même connaissance, si les docu-

---

[1] Leo, l. IV, c. 8, t. I, 445.

[2] Voy. sa lettre dans *Petri de Vinea Epistolæ*, l. II, c. 34, édit. d'Amberg, p. 302. — On sait qu'Enzio mourut dans sa prison après y avoir vécu vingt-deux ans. Voy. Matth. Paris, 1249, p. 513, et les sources indiquées par Sismondi (II, 268-272).

[3] Percussus est morbi qui dicitur lugdus vel ignis sacer (Matth. Paris, 1249, p. 513).

[4] 27 septembre 1249. Arch. de Sienne, *Consiglio della Campana*, p. 71-72.

[5] 21 décembre 1249. *Ibid.*, p. 79 v°.

ments conservés aux archives de Sienne n'en faisaient foi[1].

Quoique réduits à leurs propres forces, les gibelins ne perdaient point courage. Leur tâche était d'isoler entre eux les châteaux où s'abritaient les guelfes, mais leur embarras fort grand d'y suffire. Il aurait fallu multiplier les siéges, qu'on ne faisait qu'avec le concours de l'infanterie, et par conséquent des petites gens. Or les petites gens, peu portés à la guerre, ne la faisaient qu'à contre-cœur à des compatriotes dont, en secret, ils partageaient les sentiments. Le moindre échec, en de telles circonstances, ne pouvait qu'être funeste aux dominateurs du jour. Ils avaient résolu d'isoler Montevarchi, Ostina et Figline, qui formaient comme un triangle dans le val d'Arno supérieur, et triplaient leur force par leurs constantes communications[2]. Nullement inquiétés d'abord, ils se relâchèrent bientôt de leur surveillance, et par là donnèrent prise à leurs ennemis. Ceux-ci, à la faveur d'une nuit noire, s'acheminent sans bruit vers Figline, pénètrent dans les faubourgs, surprennent les gibelins endormis, les tuent ou les font prisonniers. Quelques fuyards apportent au camp, devant Ostina, la nouvelle inattendue de cet heureux coup de main. Leurs récits effrayés en grossissent l'importance, et les assiégeants, pliant aussitôt leurs tentes, retournent dans la ville na-

---

[1] Les historiens qui n'écrivent que d'après les chroniqueurs sont tombés ainsi dans l'erreur grave de croire que Frédéric avait alors « soumis les guelfes de Florence et affermi son autorité dans toute la Toscane (Sismondi, II, 280). » M. de Cherrier (II, 386-387) dit de son côté que Frédéric bornait alors son ambition au déclin à maintenir son royaume de Sicile en paix et à en expulser les agents pontificaux. On voit ce qu'il en faut penser. « L'abandon dans lequel il laissa les Gibelins (II, 387) » fut donc son malheur et non sa faute.

[2] Ostina appartenait aux Pazzi, Montevarchi à la branche guelfe des Guidi. — (Voy. Repetti, III, 538, 703.)

tale, le seul endroit où, désormais, ils se crussent en sûreté (21 septembre 1250)[1].

La prudence, autant que la peur, commandait cette retraite. Très-suspecte était la fidélité de l'armée gibeline, dès que les guelfes remportaient un succès. A Florence même l'effet en était moindre ; mais on n'échappait à ce danger que pour tomber dans un autre, aussi redoutable et plus certain. C'était la fatalité de sa condition qu'ayant contre lui la multitude et une portion même de la noblesse, le parti gibelin ne les pût maintenir dans l'obéissance qu'à force de dureté dans le commandement. Cette dureté, d'ailleurs naturelle à leur orgueil, leur aliénait jusqu'aux indifférents, à qui semblait préférable le joug de la faction vaincue, pour cette seule raison qu'ils n'en supportaient pas alors le fardeau[2]. Les taxes exorbitantes de la guerre, qu'ils payaient sans être admis à en discuter, à en voter le chiffre, paraissaient intolérables, comme l'était la suspension du trafic avec les villes voisines. Ni les marchands ni les artisans ne trouvaient, au même degré que les nobles, dans

---

[1] Villani, VI, 38. Stefani, II, Rub. 87. Ammirato, l. II, t. I, p. 89.

[2] Quegli della casa delli Uberti e tutti li altri nobili ghibellini tiranneggiavano il popolo di gravi storzioni, forze e ingiurie (Villani, VI, 30). Cf. Ammirato, l. II, p. 89. — Ce sont, il est vrai, des guelfes qui parlent ainsi ; mais si Florence a été résolûment guelfe, une des raisons en est certainement la hauteur, la dureté des gibelins. M. de Cherrier (II, 351, 383), en haine de la démocratie, est trop indulgent pour eux comme pour Frédéric. La démocratie, à proprement parler, n'existait alors nulle part, quoiqu'on surprît partout des tendances démocratiques. Quand Bologne, pour ratifier au scrutin le traité conclu en 1249 avec Imola, appelait autour du conseil de la commune les consuls des orfévres et des marchands, les anciens du peuple, les professeurs et maîtres des écoles, elle ne faisait pas un acte démocratique à l'excès. En tout cas, les Italiens ne souffraient pas autant que M. de Cherrier paraît le croire des conditions d'existence dont il parle avec tant d'horreur.

les rapines de la guerre une compensation à leurs pertes; et l'intérêt lésé, plus encore que la dignité froissée, augmentait chaque jour leur mécontentement.

Il éclata quand rentrèrent à Florence les gibelins fugitifs. Toutefois, comme ils occupaient les magistratures, comme ils avaient le maniement de la finance et le commandement des hommes d'armes, on résolut d'agir avec circonspection. Une première réunion des opposants eut lieu sur la place de San Firenze, au cri de « Vive le peuple[1] ! » La proposition y fut faite de délibérer touchant une nouvelle forme de gouvernement. Tous en tombèrent d'accord, mais quoique armés, ils se sentaient, en cet endroit, trop près des Uberti. Craignant d'être châtiés comme perturbateurs du repos public, ils se retirèrent à Santa Croce, dans le couvent des Frères-Mineurs, où le respect des ordres religieux rendait toute poursuite difficile et assurait aux délibérations quelque liberté[2]. Aux alentours, d'ailleurs, un certain nombre de *popolani* faisaient bonne garde. Sous leur protection, il fut dit ouvertement que la seigneurie des Uberti ne pouvait être plus longtemps tolérée, et que mieux valait se faire tailler en pièces que d'être ainsi malmené. A ces propos, sur-le-champ connus des gibelins, répondirent d'impétueuses menaces : il fallait mettre à mort les mécontents dans le cloître, au besoin dans l'église même de Santa Croce. Des deux parts on avait eu le tort de parler haut avant d'agir, et de donner ainsi l'éveil à l'ennemi qu'il fallait surprendre. Les boutiquiers, les

---

[1] Stefani, l. II, Rub. 89.
[2] Sismondi (II, 317) raconte les choses un peu autrement, je ne sais trop sur quelle autorité, car il s'écarte à la fin de Villani (VI, 39) et d'Ammirato (1250, l. II, t. I, p. 89). Leon. Bruni est muet.

marchands guelfes compromis sentirent qu'il était urgent de réparer leur faute, et que dans l'audace seule ils trouveraient le salut. Le lendemain, après les vives alarmes de la nuit[1], ils transportèrent leurs conciliabules aux fortes maisons des Anchioni, près de San Lorenzo ; puis, très-politiquement, ils ameutèrent ceux de leur classe et la multitude, non contre tous les gibelins, mais contre l'unique famille des Uberti. L'ennemi à vaincre semblait ainsi moins redoutable, car la simplicité populaire ne voit que ce qu'on lui montre, et ne réfléchit pas que, derrière les chefs, se trouvent leurs partisans[2].

Par leur tiédeur, toutefois, ces partisans inspiraient à leurs chefs des inquiétudes, car ceux-ci, loin d'exécuter leurs menaces, n'osèrent même soutenir le combat[3]. Les conjurés purent marcher librement sur la maison du potestat, déposer ce magistrat avec tous les autres, et reconstituer à leur guise le gouvernement. N'éprouvant nulle part de résistance, ils n'avaient nul prétexte d'être cruels ou injurieux. Personnellement, ni les Uberti ni les autres nobles n'essuyèrent aucun outrage[4] ; mais c'est leur caste qui paya les frais de cette prise d'armes. Les réformes qui furent alors accomplies n'avaient qu'un objet et qu'un but, protéger contre eux le *primo popolo*, le *popolo vecchio*, dont les rangs, où se pressaient les marchands enrichis, s'ouvraient pour les moins fiers des

---

[1] « Ebbono la notte grande paura. » (Stefani, II, Rub. 89.)

[2] Stefani, II, 89. — Ammirato, 1250, l. II, t. I, p. 89.

[3] Après avoir exposé les prodromes de la bataille, aucun chroniqueur ne parle de la bataille même. Il faut donc croire que les Uberti n'osèrent pas l'engager. Le judicieux Ammirato l'a bien compris. Voy. la note suivante.

[4] « Non facendo oltraggio agli Uberti nè ad alcun altro dei nobili, poichè questi accortisi di non potere stare a petto col popolo, volontariamente erano stati i primi a posare le armi. » (Ammirato, 1250, l. II, t. I, p. 91.) Cf. Villani, VI, 40, et Stefani, II, 89.

grands, quand ils ne dédaignaient pas d'y entrer[1]. Il ne s'agissait point, comme on l'a cru et dit longtemps, de donner une constitution à Florence. Florence en avait une tout au moins depuis l'année 1195[2]; il en est fait mention plus d'une fois dans des documents authentiques de la première moitié du treizième siècle[3]. Il s'agissait de mesures suggérées par les circonstances, et, si l'on peut dire, d'expédients de combat.

Le 20 octobre 1250, les *anziani*, dont la magistrature, vers 1234, avait remplacé celle des consuls[4], rendirent une première ordonnance qui réduisait la hauteur des tours possédées par les grands. De cent vingt brasses elles furent ramenées à cinquante. On aurait pu les raser, on se contenta de diminuer leur pouvoir de nuire. Elles étaient si nombreuses que cette démolition partielle donna assez de pierres pour entourer d'une muraille le faubourg d'Oltrarno[5]. Les six *sestieri* ou quartiers dont se composait déjà Florence furent officiellement délimités. Les deux plus grands, Oltrarno et

---

[1] « Con tutte queste provvisioni non si era riguardato ad altro che a bisogni di dentro. » (Ammirato, 1250, l. II, t. I, p. 91.) « Multitudinem urbanam per easdem regiones sub vexillis descripsit, ut esset domi simul præsidium, si quid contra nobilitas moliretur. » (Leon. Bruni Aret., *Hist. flor.*, II, 20.)

[2] Voy. l. I, ch. iv, p. 212.

[3] Un document du 28 décembre 1212 mentionne le potestat et les consuls (Arch. generale, *Pergamene*). Un du 3 mai 1231 contient ces mots : *Et per constitutum Florentie defensionem non exhibuerimus.* Un du 13 juin 1232 : *Notarius ex officio guarentigie, mihi per capitolum constituti Florentie concessum.* (Arch. diplom., *Pergamene delle Riformagioni.*) Un du 11 octobre 1247 mentionne le conseil général et le conseil spécial du potestat (*Ibid.*). La plus ancienne rédaction conservée et connue est postérieure, comme nous le verrons, mais il n'en est que plus nécessaire de constater l'existence antérieure du statut florentin.

[4] Voy. plus haut l. II, ch. i, p. 282.

[5] Villani, VI, 39.

San Pier Scheraggio, eurent chacun quatre chefs ou *caporali*; les quatre autres, chacun trois. Ces vingt *caporali* commandaient à autant de compagnies, formées dans leurs quartiers respectifs. Chaque année, ils étaient élus. Le jour de la Pentecôte, au *Mercato nuovo*, ils recevaient en grande pompe les bannières ou gonfalons qu'ils devaient porter eux-mêmes, comme signe de leur commandement. On les distinguait les uns des autres à leurs devises non moins qu'à leurs couleurs[1].

Outre ces vingt compagnies, qui formaient le gros de l'armée communale, il y en avait d'autres, qu'on appellerait aujourd'hui les armes spéciales : six de cavalerie, une par *sestière*; puis la garde du *carroccio*, les archers (*arcadori*), les arbalétriers (*balestrieri*), une troupe armée du bouclier ou pavois (*pavesari*), le train des équipages (*salmeria*), et les irréguliers, aventuriers ou ribauds (*ribaldi*), tous corps qu'on recrutait indifféremment partout, et qui, comme les précédents, ayant chacun sa bannière[2], devaient, aux premiers sons de la cloche, se rassembler autour de leur *caporale* ou gonfalonier. Il était donc bien difficile qu'un citoyen en âge de porter les armes échappât à cette conscription civique[3]. Même en quittant la ville pour la campagne, ils tombaient sous le coup de la loi, car les quatre-vingt-seize paroisses (*pivieri*) dont se composait le *contado*[4] devaient

---

[1] Ammirato, *loc. cit.* — Bibl. nat., mss. ital., n° 743, p. 39.

[2] Villani, VI, 40. — Ammirato, *loc. cit.* — Machiavel (*Ist. fior.*, II, 18).

[3] Sismondi (II, 318) dit que tous les citoyens valides étaient inscrits dans les compagnies. Machiavel (II, 18) dit seulement « tutta la gioventù ». Mais ce dernier mot est bien élastique et bien compréhensif.

[4] Villani, VI, 39. Ammirato comme Villani. La chronique attribuée à Malespini (c. cxxxvii) dit 86, et Machiavel (II, 18) 76, mais sans indiquer sur quoi se fonde cette correction. M. P. Villari (*Il Politecnico*, décembre

chacune fournir une compagnie, et là diriger sur Florence au premier appel.

A ces forces nouvelles il fallait un chef suprême. Là est la grande, l'originale innovation de cette réforme introduite dans le gouvernement. Pour défendre les intérêts du peuple et le conduire à l'attaque de ses ennemis, on lui donna un capitaine pris, comme le potestat, parmi les étrangers, et même parmi les nobles, soit par un reste de préjugé sur la supériorité native de la noblesse, soit par cette conviction méprisante, mais fondée, qu'un magnat honoré de cette magistrature et payé grassement serait pour les intérêts populaires un protecteur dévoué. L'obligation de le choisir parmi les guelfes corrigeait celle de n'élire qu'un noble, car déjà les mots de guelfe et de populaire tendaient à devenir synonymes [1].

Très-puissant parce qu'il commandait aux milices, le capitaine du peuple n'était pourtant pas un dictateur. A ses côtés restaient les *anziani*, ses surveillants plus encore que ses conseillers. Dépositaires jusqu'alors du pouvoir exécutif, tout au moins en partie, et représentant le peuple dans le gouvernement, en face du potestat qui représentait souvent les nobles, ils se sentaient amoindris par l'institution d'un officier chargé des mêmes intérêts, et plus fort, à lui seul, qu'ils n'étaient tous ensemble. Ils devaient donc l'observer sans relâche, s'ef-

---

1866, p. 671) s'en tient comme nous au chiffre de Villani et d'Ammirato. Il est regrettable que dans leur dédain commun pour la campagne, les premiers auteurs ne soient pas plus explicites sur l'organisation militaire du *contado*.

[1] M. P. Villari (*loc. cit.*) voit bien que le capitaine fut créé dans l'intérêt du peuple; mais il se laisse entraîner jusqu'à dire que le potestat l'avait été dans l'intérêt exclusif des nobles. C'est aller trop loin; la magistrature du potestat fut une sorte de compromis où tout le monde trouva son compte.

forcer de le prendre en faute, et de cette rivalité naissait pour la cause populaire une garantie de plus. Si formel était le dessein de ne pas trop effacer les *anziani* devant le capitaine, que leur nombre, d'abord variable et généralement faible, fut porté à douze, deux par quartier ou *sestiere*, et qu'on les flanqua de trente-six conseillers, à raison de six par quartier.

Mais ce qui montre mieux encore le dessein de ne livrer à personne la dictature, c'est qu'en face du capitaine du peuple on maintint le potestat. Sans doute, le potestat perdit de son importance : s'il continua d'avoir dans ses attributions les causes civiles et criminelles, du capitaine relevèrent désormais toutes celles qui avaient pour principe la plainte d'un *popolano* sur l'*estimo* ou répartition des taxes[1], pour objet des extorsions, des faux, des violences qu'on refusait de porter au tribunal du potestat, pour motif l'insubordination ou les soulèvements de la noblesse, contre laquelle le nouveau magistrat pouvait prononcer toutes les peines, sans en excepter la peine capitale[2]. Mais le potestat demeurait, pour les expéditions au dehors, le chef quelquefois de toute l'armée, toujours de la cavalerie et des corps spéciaux, sauf quand ils étaient convoqués pour quelque service à l'intérieur, notamment contre les magnats. En diminuant son pouvoir, on lui laissait les honneurs : c'est lui qui

---

[1] Voy. plus haut, l. II, ch. i, p. 283. — L'*estimo* était, à proprement parler, l'évaluation de la fortune des gens pour les taxer. Il s'entendit plus tard de l'imposition même. Comme il y avait dans ces évaluations beaucoup d'arbitraire, on imagina pour y remédier le *catasto* ; mais il ne porta que sur la propriété immobilière, tandis que l'*estimo* portait aussi sur la propriété mobilière.

[2] *Statuta populi et communis Florentiæ*, Fribourg, Cantini, t. III, c. xvi. *Delizie*, t. IX, p. 256 sq. P. Villari, *Il Politecnico*, décembre 1866, p. 672.

remet les bannières aux divers corps de l'armée ; c'est à lui que sont adressées, comme jadis, les lettres des papes et des princes aux Florentins [1].

Destinés par la force des choses à être rivaux, ces deux magistrats étaient assistés chacun de deux conseils, l'un spécial, l'autre général, celui-là peu nombreux, celui-ci davantage. Probablement, la composition en était la même qu'aux temps ultérieurs ; mais, faute de certitude, il convient d'ajourner encore, pour en parler plus au long. Ce qui est certain, c'est que de l'année 1250 date la distinction officielle entre la commune et le peuple. *Il comune*, c'était jusqu'alors l'ensemble des habitants qui jouissaient des droits civiques ; maintenant, ce mot s'entend volontiers du potestat et de ses deux conseils, qui représentent les prétentions comme les droits de l'ancienne aristocratie. On lui oppose *il popolo*, c'est-à-dire le capitaine, ses conseils et le gros de la population, qui marche derrière lui. En d'autres termes, *commun* finissait, à Florence, par signifier *particulier*, sans perdre son acception ordinaire. La commune, dans les documents et les auteurs, c'est toujours l'État, la République, soit que les nobles y tiennent le haut du pavé, soit qu'ils y vivent, comme on le verra plus tard, au niveau et même au-dessous des autres citoyens [2].

Cette séparation des deux principales classes de la société florentine, cette création de deux États dans l'État, funeste conséquence de l'introduction des nobles dans la

---

[1] Cantini (II, 66) fait cette remarque pour les lettres de Grégoire IX et de Frédéric II.

[2] On peut voir cette différence dans une foule de documents des archives de Florence et dans plusieurs que publie Cantini, notamment t. II, p. 115, où il est question, à la vérité, de l'an 1311.

ville, de leur ambition et de leur orgueil, était grosse d'orages et de tempêtes. Néanmoins, elle fut durable. Il y a des plantes vivaces qui n'ont pas besoin d'une atmosphère paisible pour prospérer. Combien le chêne altier n'a-t-il pas bravé d'ouragans avant de rompre et de se voir arraché jusqu'en ses racines du sol qui les nourrissait? Eux aussi, au moyen âge, les Italiens avaient la force et l'habitude de vivre dans une atmosphère troublée. Ils ne la voyaient sereine que dans leurs rêves d'avenir. Ils y aspiraient comme l'esprit humain à l'idéal, sans trop d'espoir de l'atteindre. Ils la reléguaient presque au rang des chimères, parce que nulle part dans leur horizon elle n'était une réalité.

La réforme décidée fut aussitôt accomplie. Uberto de Lucques reçut, le premier, la dignité de capitaine du peuple, avec le gonfalon blanc et rouge aux couleurs et aux armes de Florence[1]. On le conduisit solennellement à la *Badia*[2], en face de laquelle devait s'élever bientôt le palais du Bargello, et on l'y établit avec les *anziani*[3], sans l'obliger encore, comme on le fit plus tard, à y prendre ses repas, à y passer la nuit[4]. Sur la tour dite

[1] Villani, VI, 39.

[2] Les maisons de la *Badia* étant dans la suite devenues la proie des flammes, le capitaine et les *anziani* qui s'y réunissaient passèrent dans les maisons des Cerchi, qu'on voit encore là où est le théâtre national et l'imprimerie royale, dans l'ancienne *via del Garbo*, aujourd'hui *della Condotta*. Quand les *anziani* devenus prieurs allèrent habiter le *Palazzo vecchio*, le capitaine habita, par derrière, une maison qui fut détruite par Cosimo I, pour agrandir ce palais devenu sa demeure. (Voy. A. Vannucci, 105, 107.)

[3] Voici les noms des douze *anziani* qui venaient d'être élus : Bonafede Carri, Barone Baroni, Buonaccorso del Lanoso, Chiaro Girolami, Chiaro di Guido Arlotti, Jacopo de Cerreto, Guido Lotteri, Maccio Jacopi, Ridolfo di Puglia, Rinuccio Monaldi, Salvi Manieri, Barone Baroni, Giubelli (*Delizie*, etc., VII, note au l. II, Rub. 90, de Stefani).

[4] « Tornavansi alle loro case a mangiare e a dormire. » (Villani, VI, 39.)

du Lion, l'on installa une cloche destinée à convoquer le peuple au gré du capitaine, pour défendre les intérêts populaires dans les conseils par le vote, ou dans les rues, les armes à la main. En somme, les anciennes constitutions subsistaient dans leur entier, mais élargies et complétées, au profit du peuple en progrès[1].

Il importe de bien comprendre comment fonctionnait ce gouvernement compliqué. Auparavant, les *anziani*, successeurs des consuls, étaient le pouvoir central. Ils avaient l'initiative des mesures à prendre. Auprès d'eux et au-dessous, le conseil des cent, dont ils prenaient l'avis ; puis le parlement, composé de tous les habitants qui jouissaient des droits civiques : on ne l'assemblait que dans les cas graves, quand les *anziani* le jugeaient à propos. A côté, le potestat, chargé d'exécuter leurs ordres et d'administrer la justice, assisté de deux conseils, auxquels l'usage s'était introduit de soumettre les lois nouvelles, en commençant par le moins nombreux[2]. Quand le capitaine fut institué, on ne lui donna pas, comme au potestat, deux conseils, mais il les eut tout naturellement, car il demandait leurs lumières d'abord aux *anziani*, puis aux trente-six conseillers qu'on venait d'instituer en même temps que lui. Il était libre, comme le potestat, pour les siens, de leur en adjoindre d'autres, en nombre illimité, d'introduire ainsi dans leur sein des

---

[1] M. P. Villari (*loc. cit.*, p. 673) dit que ce fut la troisième constitution de Florence, la première ayant été celle des consuls, la seconde celle du potestat. Nous croyons qu'on ne peut, sans donner une idée fausse des choses, appeler constitution nouvelle ce qui n'est que l'addition d'un rouage à la constitution établie. Le recueil des statuts florentins n'est en effet que la collection de tous ces rouages qui appartiennent à des temps très-divers.

[2] Voy. à cet égard beaucoup de faits et de documents au tome II de Cantini.

capacités nouvelles, d'y déplacer, au besoin, la pluralité des voix. Cet expédient eût intronisé l'arbitraire, s'il n'y avait eu qu'un conseil ; mais comme il y en avait quatre, dépendant de magistrats divers, les stratagèmes de l'ambition ou de la brigue eussent été immédiatement déjoués.

Irréguliers et mobiles, ces conseils deviennent, après quelques tâtonnements, fixes et réguliers. Le capitaine eut, lui aussi, son conseil spécial et son conseil général, progrès nécessaire, si l'on ne voulait qu'il fût inférieur au potestat. Hiérarchiquement il l'était, et il devait l'être, car ses conseils, ne se composant que de *popolani*, représentaient moins l'ensemble de la communauté que ne faisaient les conseils du potestat, où les nobles avaient entrée à côté des marchands. C'est ce qui explique comment les conseils du potestat purent conserver le nom de conseils de la commune, alors même qu'ils n'eurent plus à eux seuls le droit de décider. Mais le jour où, par l'institution régulière de ces deux conseils, le capitaine eut obtenu l'égalité, il se trouva jouir de la suprématie, parce qu'il n'y avait parmi ses conseillers que des hommes de même classe, ayant mêmes intérêts, parce que derrière ces *popolani* marchait à rangs pressés le gros de la population. Nous verrons plus tard, quand les documents seront moins rares, dans quelle mesure il est possible de déterminer la part de ces quatre conseils au gouvernement[1].

Frédéric II, alors, n'était plus en Toscane : c'est grâce à son absence que put s'accomplir une réforme si favorable au parti qu'il combattait. Mais il y pouvait

---

[1] Le seul auteur qui nous ait paru voir clair dans ces choses si obscures est M. P. Villari. Voy. sa remarquable étude dans *Il Politecnico* de Milan, numéro de décembre 1866.

revenir; avec la mer libre et les galères pisanes, ses hommes d'armes, partis de Naples pour Pise, y débarquaient à sa volonté, avant qu'on reçût, par les voies de terre, avis de leur départ : de là cette modération peu ordinaire dont usaient les guelfes vainqueurs envers les gibelins [1]. Tout à coup, le 20 décembre 1250, un des Uberti, qu'ils avaient envoyé dans le sud pour solliciter instamment des secours [2], reparaît à Florence la tête basse, et par lui la nouvelle se répand que « l'ennemi de Dieu et des saints est descendu aux enfers, n'emportant avec lui que le misérable sac de ses péchés [3]. » Ce grave événement donnait aux choses une face nouvelle. Frédéric avait pu échouer dans sa double et téméraire entreprise d'arracher au pape son pouvoir temporel, et de substituer à l'Allemagne, comme centre de gravité de l'Empire, cette Italie divisée où il n'était maître sur un point qu'en cessant de l'être sur les autres [4]; mais les

---

[1] Voy. Ammirato, 1250, l. II, t. I, p. 91.

[2] « Descendit ad inferos, nihil secum deferens nisi sacculum peccatorum (*Monachi patavini Chron.* R. I. S., t. VIII, 685). La date de cette mort est définitivement fixée par un document de la bibliothèque de Palerme, publié par M. de Cherrier (II, 462). Les auteurs avaient beaucoup varié à ce sujet, mai la date exacte se trouvait déjà dans quelques-uns, notamment dans Stefani (l. II, Rub. 92).

[3] Comment M. de Cherrier (II, 598) peut-il reprocher aux Italiens de n'avoir pas accepté le despotisme « passager » de Frédéric, pour se constituer sous ses auspices en un seul peuple? Un peuple ne s'arrache pas par un acte de volonté à la loi de son développement séculaire; et qui peut dire qu'un despotisme qui se fonde sera passager? Voy. sur Frédéric II, Höfler : *Kaiser Friedrich II. Ein Beitrag zur Berichtigung der Ansichten über den Sturz der Hohenstaufen*, Munich, 1844, in-8°.

[4] Stefani, l. II, Rub. 92. Les autres auteurs disent le 7 janvier 1251. — L'autorité de Stefani nous paraît préférable, d'abord parce que nous avons pu vérifier qu'il est généralement exact sur les dates, ensuite parce qu'il est très-probable que l'ambassadeur des Uberti dut revenir en toute hâte pour avertir les siens de se tenir sur leurs gardes. Sept jours pour venir de Castel Ferentino à Florence pouvaient suffire à un cavalier.

ressources de son esprit comme celles de son royaume tenaient constamment ses ennemis sur le qui-vive, et ne permettaient à aucun d'eux de compter sur le lendemain. S'ils ne désespéraient pas de leur cause, ils la soutenaient avec réserve, sans négliger les marques de déférence propres à désarmer le courroux impérial. Même après la réforme florentine, messer Rinieri de Montemerlo, vicaire de l'empereur, et porté comme potestat sur les listes officielles de cette magistrature, n'avait pas cessé de résider à Florence, dans la maison toute gibeline des Abati[1]. S'il n'y fût mort, la même nuit, dit-on, que son maître[2], et sous le poids d'une pierre de la voûte de sa chambre, qui l'écrasa dans son lit, on l'eût sans retard expulsé. De toutes parts, en effet, on secouait le joug. Les otages, les exilés guelfes recouvraient leur liberté, rentraient dans leur patrie. La prudente Florence exigea, cependant, qu'ils fissent leur paix avec les gibelins. Pouvait-on savoir de quelle humeur serait, quelle puissance aurait l'héritier de Frédéric (2 janvier 1251)? Le sang d'un seul lava les offenses réciproques. Jusqu'alors le parti impérial avait protégé contre de naturelles vengeances le traître cordonnier de Capraja. Fort du pacte conclu, il osa, comme les autres exilés, reparaître à Florence. Il y fut reconnu par le peuple, lapidé par les enfants. Une multitude furieuse

---

[1] Voy. la liste des *Officiales forenses*. Cette liste ne mentionne qu'un potestat en 1249 et un en 1250, celui dont il est question ici. Il semble donc ou que les guelfes n'en ont pas expulsé, ou qu'ils ont appelé, pour éviter les querelles, un nouveau potestat du parti impérial, ou qu'il y a eu une lacune. — De même Paolino, sauf qu'il met en janvier 1250, c'est-à-dire 1251, Rinieri de Montemerlo; mais on sait qu'il est un guide peu sûr pour les dates.

[2] « E ciò fu bene segnale che nella città di Firenze dovea morire la sua signoria. » (Villani, VI, 42.)

traîna son cadavre par les rues, puis le jeta dans les fossés¹. S'il fallait une victime expiatoire, les Florentins, assurément, avaient frappé qui le méritait.

Le mouvement se propagea dans toute la Toscane, ce suprême foyer des gibelins. Pise et Sienne, les Guidi et les Ubaldini purent bien continuer de les soutenir, et, au besoin, de leur donner asile ; mais Lucques, fidèle satellite, commençait à suivre Florence dans toutes ses évolutions politiques. Volterre adoptait la distinction florentine entre la commune, qui comprenait la noblesse avec les petites gens, et le peuple, puissance nouvelle². Sienne elle-même ménageait ses guelfes³. On sentait vaguement partout que la mort de Frédéric inaugurait une ère, et qu'avec lui disparaissait la puissance, la dignité d'empereur. Ses fils, ses successeurs, en peuvent prendre le titre ; mais il ne leur est reconnu ni par le saint-siége, ni par les princes allemands. Vingt-trois ans s'écouleront avant qu'en leur diète querelleuse ils se mettent d'accord sur un roi des Romains. Puis, durant soixante années, leurs élus attardés viendront tour à tour en Italie pour y ceindre la couronne impériale et rétablir leur autorité méconnue ; mais de honteux échecs les attendent en ce pays dont l'histoire, jusqu'alors si étroitement liée à celle de l'Allemagne, s'en sépare à jamais.

Privés de leur plus ferme appui, les gibelins tentèrent

---

¹ Villani, VI, 35. — Ammirato, l. II, p. 93.

² « Ed in quel tempo oltre il nome del comune che significava la Republica presso gli Ottimati, si principiò ad usare quello del popolo, perchè in tal modo e l'antica e la nuova forma del governo significata ne venisse. » (Cecina, p. 51.)

³ « Senza fare alcuna dimostratione in pregiuditio de' cittadini di parte guelfa di Siena. » (Malavolti, part. I. l. V. f° 63 v°.)

de se soutenir par eux-mêmes et ne rendirent pas les armes sans combat. Nous verrons bientôt se dérouler ces nouvelles péripéties d'une ancienne lutte entre le passé et l'avenir; mais il faut auparavant retourner sur nos pas, suivre à l'intérieur de Florence les troubles graves et d'un ordre tout particulier qu'y avait introduits et que, durant un siècle, y propagea l'hérésie. L'histoire les a jusqu'à ce jour passés sous silence, soit qu'elle les connût mal, faute de recourir aux vieilles archives et aux ouvrages spéciaux, soit qu'elle répugnât, par une piété mal entendue, à leur faire l'honneur d'une mention[1]. Il faut pourtant voir les agitations de la vie religieuse compliquer celles de la vie politique, pour se faire une juste idée de la société florentine et de sa vitalité puissante sous le règne de Frédéric II.

[1] M. G. Capponi, pourtant, leur a consacré près d'une page (I, 28). C'est peut-être assez pour le plan de son livre, mais non assurément pour captiver l'intérêt.

CHAPITRE III

L'HÉRÉSIE A FLORENCE

— 1117-1309 —

Origine et progrès de l'indépendance religieuse. — Le catharisme en Italie (1035). — Les patarins à Florence (1117) et dans l'Italie centrale (1125). — Les apôtres florentins. — Doctrines des dualistes absolus et mitigés. — Les faux frères. — Jugement des orthodoxes sur les patarins. — La secte d'Épicure à Florence. — Premières persécutions contre l'hérésie dans l'Italie centrale. — Filippo Paternon évêque des patarins (1212). — Persécutions posthumes. — Emprisonnement, abjuration et fuite de Paternon. — Persécution dirigée par l'évêque Ardingo des Foraboschi. — Les femmes protectrices des patarins. — Tolérance des magistrats. — Frédéric II protecteur de l'hérésie. — Fra Ruggiero des Calcagni inquisiteur à Florence (1240). — Condamnés délivrés par les Baroni. — Fra Pietro de Vérone prédicateur à Florence contre l'hérésie. — Succès de sa prédication. — Les chevaliers de Sainte-Marie. — Pace de Pesamnola potestat gibelin. — Attaques contre les hérétiques. — Les Baroni cités au Saint-Office (12 août 1245). — L'inquisiteur cité au tribunal du potestat. — Sermons contre le potestat. — Les orthodoxes attaqués dans les églises (24 août 1245). — Condamnation des Baroni. — Combats du *pozzo a san Sisto* et de la place des Rossi. — Défaite, terreur et abjuration des patarins. — Mort de Fra Pietro de Vérone. — Honneurs rendus à sa mémoire. — Les Franciscains inquisiteurs à Florence. — Anéantissement de l'hérésie par les confiscations. — Stratagèmes des héritiers. — Indulgence des magistrats. — Plaintes du Saint-Office. — Transformation de l'esprit d'indépendance religieuse à Florence. — L'incrédulité parmi les gibelins.

Dans la détresse de ses dernières années, Frédéric II, on l'a vu, s'était flatté, en favorisant l'hérésie, de commander à Florence. Si invariablement dévouée au saint-siége qu'elle s'épuisait à en combattre les ennemis, et si passionnément orthodoxe qu'elle montrait, en matière de dogme, plus de rigueur que le saint-siége lui-même, cette ville d'esprit vif et de tempérament impétueux semblait à la veille de devenir hérétique et de s'attacher à l'empereur. Dominée un moment par les amis d'un prince qui ne l'avait jamais aimée, elle s'était laissé naïvement séduire, dans une partie notable de sa population, aux doctrines religieuses qu'ils suivaient par politique. Son passé, ses traditions, ses tendances les plus marquées étaient un sûr garant qu'il n'y avait là qu'une fièvre passagère ; mais on put s'y tromper et croire que la pieuse Florence accompagnerait dans ses voies orageuses l'impie Frédéric. Épisode singulier, unique de cette histoire, qu'ont dissimulé les chroniqueurs florentins pour l'honneur de leur patrie, comme les fils de Noé voilaient, par respect filial, les nudités de leur père. Le savant Borghini va même jusqu'à nier que l'hérésie ait jamais infecté Florence ; mais la dénégation intéressée d'un prélat ne saurait prévaloir contre des documents positifs.

Longtemps la barbarie et l'ignorance avaient retenu les âmes dans les liens étroits de la foi [1]. Plus de richesse et de culture provoquèrent l'esprit d'indépendance. Ne pas se gêner en sa vie et racheter ses péchés à prix d'argent, sans préjudice des plus dévotes pratiques, tel fut le compromis qu'imaginèrent d'opulents seigneurs et qu'accepta l'Église. Le margrave Boniface, père de la grande comtesse Mathilde, enrichissait de ses présents églises et monastères, en fondait de nouveaux sur divers points de ses États, assistait dans sa chapelle à d'inter-

---

[1] On serait tenté d'ajouter la terreur religieuse qu'inspirait la fin prochaine du monde ; mais ce n'est là qu'une légende, ou, tout au moins, faut-il réduire de beaucoup l'importance de ce fait. Voy. un article de D. Plaine, dans la *Revue des questions historiques*, 1875.

minables offices, psalmodiait lui-même avec les clercs, se dépouillait le dos pour qu'on le flagellât, en châtiment de ses simonies, devant l'autel de la Madone[1]. Mais la mortification subie, il renouvelait le péché. C'était peu de couper le nez et les oreilles à ses ennemis vaincus[2] ; il mettait à l'encan les églises, prenait aux évêques leurs terres et leurs châteaux, promettait en retour des tributs et ne les payait jamais[3]. La promesse, ici, valait mieux que l'argent même, car elle était de bon exemple : Rome prenait donc patience ; bien plus, elle donnait au margrave le nom de pieux. Le clergé, d'ailleurs, avait trop besoin d'indulgence pour n'être pas indulgent. Ses mœurs dissolues et simoniaques, son ambition déréglée et violente, son goût pour les armes et la vie profane sont un lieu commun de l'histoire. Les luttes héroïques de Grégoire VII, les lettres éloquentes de Pierre Damien, cent autres écrits moins célèbres, mais non moins expressifs, qui attestent ces écarts, ne provenaient pas, apparemment, de l'esprit irréligieux[4]. L'Église en était venue à remplacer les pénitences canoniques, d'abord si sévères et si humiliantes, par la lecture du psautier, par

---

[1] Ante dei matris altare flagellat amare
Verberibus nudum qui deliciis erat usus.
(Donizo, l. I, c. xiv, xv, R. I. S., t. V, 357.)

[2] Marchio terribilis cunctis abscindere dixit
Auriculas, nasos, ut stent cum lumine plano.
Incisæ nares ac aures sæpe necatæ.
(Donizo, l. I, c. ii, R. I. S., t. V, 355.) — Cf. *Anonymi vita comitissæ Mathildis*, ibid., p. 392.)

[3] Donizo, l. I, c. 14, *ibid*.

[4] Voy. entre autres *Ratherii episcopi Veronensis opera, De contemptu canonum*, p. 161 sq., Vérone, 1765, et dans le *Spicilegium* d'Achery, t. II, p. 161, éd. de 1657. — *Liber tertius dialogorum Victoris papæ III, quid est de miraculis alibi gestis*, ap. *Bibliotheca maxima patrum*, XVIII, 853.

des pèlerinages, par la flagellation volontaire et sans témoins, tandis que l'ingénieux système des indulgences dispensait de renouveler l'expiation ceux qui renouvelaient le péché.

A ces erreurs de la conduite le goût renaissant de la lecture et de l'étude commençait à ajouter les erreurs de l'intelligence. Il ouvrait aux esprits des horizons nouveaux, sans donner encore au jugement un juste équilibre. Au onzième siècle, un certain Vilgard, maître d'école à Ravenne, voyait la vérité dans les poëtes anciens, non dans les mystères du christianisme[1]. Les extravagances des doctes provoquaient celles des ignorants. Tels clercs qui ne savaient pas même le symbole des apôtres[2], trouvaient aux livres saints sujet d'affirmer que Dieu est un homme, Jésus un ver ou un scarabée[3]. L'abbé d'Ursperg, Conrad de Lichtenau, croyait que la désolation annoncée par l'Évangile était proche ; il poussait l'évêque de Florence Ranieri à proclamer du haut de la chaire que l'antechrist allait paraître, qu'il était né. C'est l'éclat de cette doctrine peu orthodoxe qui poussait Pascal II ému à réunir dans Florence un concile

---

[1] Cœpit multa turgide docere fidei sacræ contraria, dictaque poetarum per omnia credenda esse asserebat. Ad ultimum vero hæreticus est repertus (*Glabri Radulphi Cluniacensis Historiarum*, lib. II, c. 12, ap. *Hist. de la France*, X, 23).

[2] Inveni plurimos illorum sacerdotum neque ipsum sapere symbolum qui fuisse creditur apostolorum (*Ratherii Romam euntis itinerarium*, ap. *Spicilegium* d'Achery, II, 271).

[3] Modo videtur vobis quod nihil omnino sit Deus, si caput non habeat, oculos non habet, aures non habet, manus non habet, pedes non habet (*Ratherii sermo I de quadragesima*, ap. *Spicilegium* d'Achery, II, 295).
— Jésus ayant dit dans l'Écriture : *Sum vermis et non homo*, et le prophète : *Scarabæus de ligno clamabit*, on avait pris ces paroles au pied de la lettre : « Quis audeat solummodo cogitare quod per naturam Christus fuerit vermis aut scarabæus, » s'écrie le même auteur (*ibid.*).

pour la condamner sous les yeux mêmes de ceux qu'elle avait séduits. Mais si nombreux en étaient les partisans, au sein du clergé comme de la population laïque, que les délibérations tumultueuses du Concile et l'agitation plus tumultueuse encore des rues empêchaient le souverain pontife de prononcer une condamnation (1105)[1].

Cette impuissance de l'Église, non moins que ses accommodements avec le ciel, portait un trouble profond dans les âmes religieuses. Les phénomènes de la nature, tempêtes, tremblements de terre, chute d'étoiles, apparition de comètes, leur semblaient être une menace divine, et les malheurs causés par la folie humaine, ruines de la guerre, famines, pestes, épidémies, un premier châtiment. Par découragement ou par terreur, les uns revêtaient tristement la bure, se retiraient aux montagnes solitaires, et y attiraient de nombreux compagnons[2]. D'autres inclinaient à sortir de l'Église, à suivre une doctrine qui faisait grand bruit alors, et qui voyait dans le mal une loi fondamentale de l'univers.

Cette doctrine, c'était celle des cathares. Mélange monstrueux d'éléments gnostiques et manichéens, de prétentions et de cérémonies chrétiennes, de métaphysique puérile et de mythologie absurde, de vieilleries et de nouveautés[3], elle avait passé, des pays slaves où elle

---

[1] Muratori, *Ann. d'Ital.*, 1105. — Borghini, *Discorsi*, t. IV. *Trattato della chiesa e vescovi fiorentini*. — *Osservatore fiorentino*, I, 71-74.

[2] Par exemple, pour ne parler que de la Toscane, saint Romuald de Ravenne, qui fonda à Camaldoli, dans l'Apennin d'Arezzo, l'ordre des Camaldules (956-1027), et saint Jean Gualbert, fondateur de l'ordre de Vallombreuse dans l'Apennin de Fiesole (995-1073). Voy. *Acta sanctorum*, t. II de février, p. 101-145, et t. III de juillet, p. 344 sq.

[3] Voy. les jugements de M. Schmidt (*Histoire et doctrine de la secte des Cathares ou Albigeois*, Paris, 1848, 2 vol. in-8°), et de M. Réville (*les Albigeois*, *Revue des Deux Mondes*, 1ᵉʳ mai 1874).

régnait depuis le dixième siècle, dans cette Lombardie jadis arienne[1], qui entretenait avec la Bulgarie de fréquents rapports[2]. Dès la première moitié du onzième siècle, le catharisme comptait assez de prosélytes parmi les Italiens pour que son chef en ce pays, un certain Girard, occupât, près de Turin, le château de Monteforte (1030-1035). L'archevêque de Milan, Héribert, l'y assiégeait et le condamnait au bûcher ainsi que ses adhérents. Il les accusait d'adorer des idoles comme les païens, et de faire des sacrifices ridicules avec les Juifs[3]. Grande fut l'émigration en Languedoc et en Provence; mais nombreux encore étaient « ces nouveaux monstres, ces serviteurs de la perfidie, qu'engendrait chaque jour la pourriture, l'argent, l'impunité[4]. » Ils faisaient des prosélytes,

---

[1] M. Réville a fait cette remarque que les pays où le catharisme a surtout fleuri sont ceux où avait fleuri l'arianisme, qui était pourtant bien oublié, Espagne du nord, France du midi, Italie septentrionale (*loc. cit.*, p. 57).

[2] Ces rapports sont prouvés. Divers lieux et bon nombre de personnes portaient dans la péninsule un nom qui indiquait des origines bulgares. Voy. le détail dans Schmidt, t. II, p. 286, n. 8.

[3] Landulphus senior, R. I. S., t. IV, 88, 89. — *Glabri Radulphi historiarum*, l. IV, c. 2, ap. *Historiens de la France*, t. X, p. 45.

[4]
    Quidam episcopi sponte facti miseri,
    Heu! relictis labaris, adhæscrunt Pataris.
    Nova monstra Patarini, famuli perfidiæ,
    Sicut vermes de fetore nascuntur cotidie.
(*Benzonis episcopi Albensis ad Heinricum IV imp.* Lib. IV, ap. Pertz, *Script.*, XI, 641, 642.)

Selon ce panégyriste de l'empereur, la faute en était à ses adversaires, Alexandre II, qu'il appelle Asinander, Asinandrellus, Asinelmus, et Grégoire VII qui reçoit de lui les noms de Prandellus et même Merdiprandus (*ibid.*, p. 648, et l'Index de Pertz à ces mots). Quo errore plurima involvitur populi multitudo, partim simplici oculo, partim seducta pretio, partim impunitate quæ patraverat scelerum (*Arnulfi Gesta episcoporum Mediolanensium*, l. IV, ap. Pertz, VIII, 27). — Cf. César d'Heisterbach, *Illustrium miraculorum et historiarum memorabilium*, l. V, c. 24, p. 358.

jusque dans les rangs des évêques. Trop isolée pour les noyer dans le sang, la persécution de Monteforte avait été trop terrible pour ne pas redoubler leur ferveur et leur zèle (1064-1073).

De Lombardie, en effet, ils passèrent bientôt en Toscane. En 1117, douze ans après le concile qui n'avait pu censurer l'évêque Ranieri, le chroniqueur Simone della Tosa les signale d'un mot sec à Florence[1]. On voit dans Villani qu'ils y défendaient leurs croyances les armes à la main[2]. En 1125, ils sont les maîtres à Orvieto. Les ecclésiastiques et les orthodoxes leur livrent bataille dans les rues, les massacrent ou les chassent de la ville[3]. Ils y rentrent peu après, suivis de deux Florentins qui, bannis de leur patrie, viennent, sur un autre théâtre, reprendre l'œuvre interrompue de la prédication (1150). Ces deux apôtres se nommaient Diotesalvi et Gherardo de Marsano. Diotesalvi, écrit l'hagiographe, « était un des chefs de la secte, homme d'extérieur honnête, d'aspect vénérable, pur mensonge comme celui de Satan se transformant en ange de lumière[4]. » Expulsés

---

Cologne, 1599. — Arnold Lubec, I, 3, c. 10. — *Ann. eccl.*, 1185, t. XIX, p. 551. — Rinaldi, *Ann. eccl. tratti da quelli del Baronio*, p. 804. Rome, 1783.

[1] Simone della Tosa, p. 186.

[2] Era di ciò si divisa e partita la gente della città che con armata mano difendeano la detta eresia contro a' buoni e cattolici cristiani (Villani, IV, 29). — Villani parle ici de ce qu'il appelle la secte d'Épicure, et selon Lami (*Lez.*, II, 492), il ne s'agit pas du catharisme. Mais à cette date, en 1115, en 1125, il n'y avait pas encore beaucoup de variétés d'hérésie. Voy. *Dict. des hérésies*, par Pluquet, *Disc. prélim.*, t. I, col. 171-185, ap. *Encyclopédie théologique* de l'abbé Migne, t. XI, Paris, 1847.

[3] Gori, *Storia di Chiusi*, R. I. S., Suppl. I, 898.

[4] Tanquam Satanas in lucis angelum se transformans, se aspectu venerabilem, honestum incessu et exteriori habitu mentiendo (*Acta sanctorum, Vita S. Petri Parentii*, t. V de mai, p. 86). *Arch. stor.*, 3ᵉ série,

à leur tour, ils sont remplacés par deux Florentines, Milita et Julitta, « brebis au dehors, louves au dedans, qui affectaient une piété profonde et fréquentaient les églises, pour mieux attirer les femmes et les hommes dans le labyrinthe de l'hérésie¹. » En 1163, leur secrète propagande est découverte, beaucoup de leurs disciples sont brûlés ou pendus, d'autres exilés². Elles-mêmes disparaissent obscurément ; mais presque aussitôt un cinquième apôtre les remplace, Pietro, dit le Lombard, qui résidait depuis longtemps à Florence³. Il venait de convertir Viterbe à la doctrine. A Orvieto il rassemble les débris de la persécution et forme de nouveau, parmi les nobles et le peuple, une puissante communauté. Le nombre leur donne l'audace. Ils s'enhardissent à prêcher en public. Ils disent tout haut que si la guerre leur est faite, ils contraindront leurs adversaires à s'exiler misérablement⁴.

---

t. XXII, 1875. Disp. 4, p. 55, un article de M. Fumi sur les patarins à Orvieto.

¹ Præferentes exterius religionis ecclesiasticæ qualitatem, ecclesiarum limina frequentando,... in vestibus ambulantes ovium, interius luporum similitudinem obtinebant. Illæ vero multos et viros et mulieres attraxerunt in labyrinthum hæresis. (*Acta sanctorum*, ibid.)

² *Acta sanctorum*, ibid., p. 87. — Gori, *loc. cit.*, p. 903.

³ Nous n'hésitons pas à le croire Florentin, c'est-à-dire à penser que c'est le même dont il va être question plus bas. Deux hérésiarques du même nom, dans la même province et le même temps, ce serait bien extraordinaire. On l'appelait le Lombard, peut-être parce qu'il était né en Lombardie ou qu'il en était originaire. Mais on sait que Lombard est souvent synonyme d'Italien, surtout au dehors. En tout cas, Pietro le Lombard devait résider à Florence.

⁴ Ad quorum prædicationis vocem conveniens nobilium et populi multitudo,... in tantum hæreticorum excrescit numerus, quod contra catholicos publice prædicabant, dicentes quod si belli contra illos immineret necessitas, eos extra civitatem cogerent miserabiliter exsulare (*Acta sanctorum*, ibid.).

Derrière les murs de Florence, quand soufflait la tempête, les hérétiques de Toscane trouvaient un refuge assuré. En 1194 y venaient les cathares de Prato, frappés par l'évêque de Worms, légat d'Henri VI, des peines ordinaires, l'emprisonnement, la confiscation des biens, la démolition des maisons[1]. Un grand nombre de Florentins partageaient leurs croyances, non toutefois sans les avoir comme passées au crible, pour les rendre moins contraires à la raison, car ils y voyaient un excès d'absurdité que devait repousser, alors même qu'il courait les aventures, leur esprit fin et judicieux. Ces cathares ou purs, qu'on nommait patarins en Italie, parce que, à Milan, leur quartier général, ils habitaient la rue des *Pates*, c'est-à-dire du vieux linge ou des fripiers[2],

---

[1] Lami, *Lezioni*, etc., II, 484, 496. Le document, tiré des archives de Prato, est publié par cet auteur à la p. 523.

[2] Que Cathare et Patarin soient une même chose, c'est ce que prouvent divers textes : — Præsertim ab impiis Manichæis qui se Catharos vel Paterenos appellant (*Innocentii III Epist.*, l. X, ep. 54. Baluze, II, 26). — Quos alii Catharos, alii Patrinos, alii Publicanos... vocant (*Concilium Lateranense III*, n° 27, ap. Mansi, *Concil.*, t. XXII, col. 232). — On a donné du mot patarin les étymologies les plus singulières (voy. Schmidt, II, 278), et ce n'est pas étonnant, puisque les patarins eux-mêmes n'étaient pas bien fixés à cet égard : — In exemplum martyrum qui pro fide catholica martyria subierunt Paterenos se nominant velut expositos passioni (Loi de Frédéric II, 1224, ap. Pierre de la Vigne, l. I, ep. 26, et Mansi, *Concil.*, XXIII, 588). — L'étymologie la plus probable est le mot *pates* qui signifie vieux linge et qui appartient au patois du Dauphiné, du Lyonnais et tout ensemble à celui de la Lombardie. La rue des *Pates*, à Milan, était la principale de celles qu'habitaient les cathares. C'est ce qu'a bien vu Muratori : Vocem *patalia* sive *pataria* nihil aliud significasse primo quam vilium personarum congeriem et deinde seditionem abjectorum artificium ac gentis indoctæ rudisque... fortassis aut plures ad inchoandum hunc motum fuere propolæ quos Mediolanensibus appellare mos est *Pate*, atque inde adinventum *Patariæ* et *Paterinorum* vocabulum irrisionis et contemptus causa (*Antiq. ital.*, Diss., 60, t. V, 84). Cf. Ducange, art. *Pataria*, Giulini, IV, 98, et *Arch. stor.*, 3° série, t. VI, part. I, 1867, p. 6, un article sur la *Pataria* de Milan.

s'étaient divisés en deux sectes, les dualistes absolus, qu'on nommait *Albanenses*, et les dualistes mitigés, connus sous le nom tantôt de *Concorezenses*, tantôt de *Bagnolenses*[1]. Les patarins de Florence étaient au premier rang des mitigés.

On connaît leurs dogmes communs. Ils admettaient la coexistence de deux principes, l'un bon, l'autre mauvais. Ils voyaient le péché dans l'amour des choses et des créatures matérielles. L'amour des femmes était donc coupable comme l'amour des biens, le mariage condamné à l'égal du concubinage et de l'inceste[2]. Point d'autre sacrement que le baptême, d'autre pénitence que l'adhésion à l'Église cathare, d'autre confession que la confession publique, comme chez les premiers chrétiens. Croire et le déclarer suffisait pour monter au ciel. Le pain et le vin consacrés ne devenaient pas le corps et le sang du Christ. La croix, instrument de supplice, était un objet d'horreur. Les sectaires n'invoquaient ni la Vierge, ni les anges, ni les saints[3]. Sans pitié pour

---

[1] On se perd en conjectures sur le sens de ces trois noms. On suppose que le premier et le troisième pourraient venir de certaines localités ; mais on ne connaît pas de localité appelée Concorezo (voy. Lami, *Lez.*, II, 482, 494 ; Schmidt, t. II, p. 285, note 7). Selon Lami, c'étaient les *Bagnolesi* qui dominaient en Toscane comme en Lombardie (II, 494). Schmidt croit que ce sont plutôt les *Concorezenses* ou *Concoregieri*. Entre eux il n'y a qu'une nuance.

[2] Matrimonium damnant dicentes hoc esse meritoriam fornicationem, sed incestum naturalem cum matre propria vel sorore dicunt esse mundam fornicationem (*Reinerii Liber contra Valdenses*, éd. Gretser, p. 79), dans un recueil d'écrits contre les Vaudois : *Scriptores antiqui contra Valdenses* (ce titre n'est que sur la reliure). A la suite d'un écrit intitulé *Lucæ Tudensis episcopi de altera vita*, on trouve le recueil du jésuite Gretser : *Lucæ Tudensis scriptores aliquot succedanei contra sectam Waldensium*. Ingolstadt, 1613. Dans le nombre, à la p. 65, est l'écrit de Ranieri Sacconi. — Qui dicebant non est templum, non est sacerdotium, nuptiarum improbant stabile negotium (Benzo *ad Henricum IV*, loc. cit.).

[3] Nunquam etiam implorant patrocinium angelorum vel sanctorum, seu

leur corps, ils multipliaient les jeûnes ; ils se privaient de viande, d'œufs, de fromage[1]. Sans égard pour la société, ils déclaraient tous les serments illicites, ils déniaient aux magistrats toute autorité pour punir les malfaiteurs. Sans respect pour l'Écriture, ils ne voyaient qu'un dieu mauvais dans celui de l'Ancien Testament. Sans ménagements pour l'Église, ils lui refusaient le droit de posséder, si ce n'est en commun[2] ; ils se moquaient de ses rites et du culte des images. Ils supprimaient les splendeurs, les ornements, les cloches, les chaires sculptées. Pour autel, ils se contentaient d'une table, où reposait, sur une nappe blanche, le Nouveau Testament. C'est là que, matin et soir, se réunissaient les fidèles, pour écouter la lecture du livre saint, réciter le *Pater*, seule prière permise, recevoir la bénédiction du ministre et des parfaits.

Deux modifications intelligentes, deux concessions au spiritualisme, caractérisaient la doctrine des mitigés. Au-dessus des deux principes, qu'ils appelaient Satanaël et Jésus, ils plaçaient un seul Créateur des choses, des êtres matériels comme des spirituels. Ils ne lui attribuaient pas le dessein de sauver toutes les âmes qu'il avait jetées dans le monde ; s'ils persistaient à repousser le purgatoire et les prières pour les morts, ils relevaient la morale

---

B. Mariæ Virginis, neque se muniunt signo crucis (*Reinerii Liber contra Valdenses*, p. 67).

[1] Frequenter orant, jejunant, abstinentque omni tempore a carnibus, ovis, caseoque (*Reinerii Lib. contra Valdenses*, p. 68). Voy. sur tout ce qui précède *Summa fratris Renerii de catharis et Leonistis seu pauperibus de Lugduno*, ap. Martène et Durand, *Thesaurus anecdotorum*, t. V, p. 1759-1776, Schmidt, tout le second volume, et l'art. déjà cité de M. Réville.

[2] Predicavano che la chiesa non poteva posseder nulla se non in comune (Lami, *Lez.*, II, 488).

avec le libre arbitre, en proclamant la nécessité du *consolamentum* pour être sauvé. C'était comme un sacrement, qu'on méritait par la prière et par le jeûne, qu'on recevait par l'imposition des mains, en présence des fidèles, à la lueur des flambeaux. Le *consolé* voyait son mariage dissous ; il jurait de ne plus s'approcher d'aucune femme, de ne plus vivre que de nourriture végétale (ce qui permet de croire que les patarins modérés toléraient parmi les non-consolés la nourriture animale comme l'alliance de la femme), puis, après l'accolade générale, il se retirait dans une solitude, au pain et à l'eau pour quarante jours [1].

C'est ainsi, en conservant quelque chose des doctrines et des cérémonies de l'Église, que les patarins prétendaient rester chrétiens, quand ils détruisaient le christianisme dans son essence. Ce dualisme qu'on leur reprochait, ils prétendaient le voir chez les catholiques, qui mettaient le diable en lutte avec Dieu. C'est aux catholiques et non à nous, disaient-ils, qu'on peut imputer le crime de simonie et le scandaleux abandon de tous les devoirs religieux [2]. Mais le mystère de leurs rites permettait de leur attribuer « mille erreurs ou plutôt mille horreurs contre la foi apostolique. » Ainsi écrivait à l'archevêque de Bordeaux Yvon, prêtre de Narbonne [3], un de ces faux frères qui s'insinuaient parmi les hérétiques,

---

[1] Doat, XXIV, f° 269ᵃ, ap. Schmidt, II, 119-120, 98, 112. — Lami, *Lez.*, II, 482.

[2] Divina spernunt cum ministris officia, asserentes omnia symoniaca (*Arnulfi Gesta archiep. Mediol.*, l. IV, ap. Pertz, VIII, 20).

[3] Multos quotidie errores, imo potius horrores quos contra fidem apostolicam asserebant, audiens subticebam. (Lettre d'Yvon de Narbonne à Giraud, arch. de Bordeaux, ap. Mathieu Paris, *Historia major*, ann 1243, p. 413, Paris, 1644).

tantôt pour connaître leurs dogmes et leurs mœurs, tantôt, si l'on en croit César d'Heisterbach, « par amour des filles [1], » et qui racontaient souvent, même sans être Gascons, beaucoup plus qu'ils n'avaient vu. Ayant feint d'embrasser leur croyance, Yvon avait pu vivre trois mois au milieu d'eux. « A leur table, disait-il, j'ai bu les plus nobles vins, mangé les mets les plus délicats [2]. De la Toscane et de la Lombardie partaient pour Paris divers suppôts des écoles, et pour les foires des villes françaises de nombreux marchands, avec la commune mission de convertir les riches laïques, leurs correspondants, leurs commensaux ou leurs hôtes [3]. » Un autre, Ranieri Sacconi, patarin dix-sept ans, et parvenu parmi ses frères à la haute dignité de l'épiscopat, abjurait tardivement leurs erreurs pour revêtir le froc de Saint-Dominique [4], et parlait de leurs réunions secrètes comme jadis les païens de celles des chrétiens primitifs [5]. « Je n'ai pas vu, disait-il, un

[1] Sciatis frater me non frequentare conventicula hæreticorum propter hæreses, sed propter puellas (César d'Heisterbach, *loc. cit.*, p. 357).

[2] Apud eos tribus mensibus splendide ac voluptuose procurabar... Nobilissima paterinorum bibi vina, rabiolas et ceratia et alia illecebrosa comedens, deceptores decipiens, paterinumque me profitens (Yvon, *ibid.*). Il faut croire que par *rabiolas* et *ceratia*, Yvon entendait des mets recherchés ; mais comme ces mots ne se trouvent que dans sa lettre avec ce sens, on ne sait ce qu'ils signifient. S'il fallait en juger par ce qu'en dit Ducange, ce seraient des navets, des raiforts, quelque plante comme le céleri. Il n'y aurait là rien de bien raffiné.

[3] Mihi sua ceperunt secreta detegere, perhibentes quod ex omnibus fere civitatibus Lombardiæ et quibusdam Tusciæ Parisios dociles transmisissent scholares quosdam logicis cavillationibus, alios etiam theologicis dissertationibus insudantes, ad astruendos ipsorum errores et professionem apostolicæ fidei confutandam. Multos etiam mercatores hac intentione mittunt ad nundinas, ut pervertant divites laïcos commensales et hospites (Yvon, *ibid.*).

[4] Ego frater Rinherius olim hæresiarcha, nunc Dei gratia sacerdos in ordine fratrum prædicatorum... dico quod in 17 annis quibus heu! conversatus sum cum eis... (*Reinerii Liber contra Valdenses*, p. 67.)

[5] Voy. Minucius Felix, *Octavius*, c. 9, p. 90. Éd. de Leyde, 1709.

seul d'entre eux prier en particulier, pleurer sur ses péchés, se frapper la poitrine, faire un acte de contrition[1]. »

Toutes ces accusations, au demeurant, reviennent au reproche d'hypocrisie. On ne voit rien de criminel, mais on suppose tout, car on n'admet pas une vie honnête avec une religion fausse[2]. C'est le langage partial de la passion et de la foi, que démentent les plus sérieux témoignages. Saint Bernard, si sévère aux croyances, disculpe les mœurs dans la sincérité de son âme. « Rien de moins répréhensible, écrit-il, que leurs conversations. Quant à leurs actes, ils sont conformes à leurs paroles[3]. »
— « Malgré toutes mes recherches dans les procès faits par nos frères, écrit de son côté Sandrini, dominicain de Florence, je n'ai pas trouvé que les hérétiques consolés en Toscane commissent des actes énormes, notamment dans les rapports d'homme à femme. Leurs erreurs venaient donc de l'intelligence, plutôt que de la sensualité[4]. »

---

[1] Non vidi aliquem ex eis orare secreto, seorsim ab aliis, aut ostendere se tristem de peccatis suis, seu lacrymare, vel percutere pectus suum, sive aliquid hujus modi quod esset signum contritionis (*Reinerii Lib. contra Valdenses*, p. 67).

[2] Mundos se coram populo et justitia præditos esse simulant (Joachim *in Apocalyps.*, f° 131ᵃ). — Nitidæ vitæ apparentia (Guil. de Podio Laurentii, 672). — Dum speciem præferunt pietatis, dum evangelicæ parsimoniæ et austeritatis mentiuntur exempla (*Acta sanctorum, Vita S. Dominici*, t. I d'août, 547). Ces citations sont empruntées à l'ouvrage de Schmidt, II, 155. — Gente finta ed ipocrita (Lami, *Lez.*, II, 488).

[3] Si conversationem interroges, nihil irreprehensibilius, et quod loquitur factis probat... Jam quod ad vitam moresque spectat, neminem concutit, neminem circumvenit, neminem supergreditur (*S. Bernardi sermo* 65, I, 1495).

[4] Per quanto io abbia cercato ne' processi fatti da' nostri frati, non ho trovato che gli eretici consolati in Toscana passassero ad atti enormi, e che si commettesse mai da loro, massime tra uomini e donne, eccesso alcuno di senso... Onde... i loro errori più che di sensualità, d'intelletto. (Tiré

Enfin, d'après le savant Lami, si prévenu pourtant contre les patarins, « les méchants ne pouvaient, chez eux, ni exercer le ministère ecclésiastique, ni parvenir à l'épiscopat: Prêtres et diacres devaient être honnêtes dans l'Église de Dieu[1]. »

Ainsi vont les choses dans les sociétés religieuses. Souvent elles rachètent l'infériorité du nombre par la supériorité du caractère et de la vie : elles se font respectables parce qu'on les épie, et pour ôter une arme à leurs ennemis; elles travaillent avec ardeur, pour accroître leur force par la richesse. Dans l'active Florence nul n'était plus actif, plus industrieux que les patarins. L'abstinence amaigrissait leur corps, pâlissait leur visage, exténuait leur voix, ce dont on leur faisait un crime, quoiqu'on en fît un mérite aux moines[2]; ils n'en étaient pas moins infatigables, réprouvant l'aumône[3], soit comme excitation funeste à la paresse, soit par cet amour de l'or dont se défendent mal ceux qui le gagnent à la sueur de leur front. « Chez eux, dit saint Bernard, on ne mange pas son pain dans l'oisiveté ; on travaille de ses mains pour sub-

---

d'une Vie de Fra Ruggiero des Calcagni, par le P. Sandrini, qui a laissé manuscrit un volume de Vies de dominicains illustres de S. Maria Novella. Lami la rapporte *in extenso* à partir de la p. 540 au t. II de ses *Lezioni*.

[1] Per loro di più i cattivi preti non potevano amministrare, niuno malvagio poteva essere vescovo, la chiesa di Dio non poteva aver sacerdoti e diaconi se non buoni (Lami, *Lez.*, II, 448).

[2] Pallent insuper ora jejuniis (*S. Bernardi sermo* 65, I, 1495). — Tristes sunt omni tempore... et facies eorum pallore perpetuo deprimuntur (Joachim, *in Apocal.*, f° 131ᵇ).

<blockquote>
Est Patharistis
Visio tristis
Vox lacrimosa.
(Bernardus Morlacensis, citat. de Schmidt, II, 155.)
</blockquote>

[3] Elemosynas nullas aut paucas faciunt, nullas extraneis (*Summa patris Renerii*, ap. Martène, *Thes. anecd.*, V, 1765).

venir à son existence[1]. » — « Entrait-on dans leur secte pauvre et mendiant, après quelque séjour on en sortait riche, parce que, occupés du matin au soir aux œuvres mondaines des marchands, ils ne permettaient pas à leurs mains de rester en repos[2]. » — « Vit-on jamais au Nouveau Testament que les apôtres allassent aux foires pour des affaires terrestres, et qu'ils eussent la soif de l'or comme les patarins[3]? »

C'étaient donc des gens de labeur qui faisaient la force et comme l'armée du patarisme à Florence. Mais à leur tête marchaient des nobles, ennemis du saint-siége et amis de l'Empire, partisans, dans la société religieuse, de ce dualisme qu'ils voulaient établir dans la société civile, favorables à l'organisation hiérarchique de l'épiscopat cathare, parce qu'il ressemblait à celle de la société féodale[4]; adonnés enfin à une vie de plaisir, de débauche même, où les chroniqueurs florentins voient la renaissance de la secte d'Épicure[5]. Pour eux comme pour

---

[1] Panem non comedit ociosus, operatur manibus, unde vitam sustentet (*S. Bernardi sermo* 66, I, 1495). — Se quasi de suo labore viventes (Joachim, *in Apocal.*, f° 132ª). Citations de Schmidt, II, 156.

[2] Si pauper enim fueris et mendicus, moram cum illis facias, statim exies opulentus, quippe a diluculo ad crepusculum in mundanis operosi mercaturis, manus non permittunt otiari. (Ebrardus, 170, ap. Schmidt, II, 156).

[3] Nunquam invenitur in Novo Testamento quod apostoli essent negotiatores et quod pergerent ad nundinas causa negotiationis terrenæ, et quod anhelarent pecuniam cumulandam sicut vos facitis (Moneta, *in Patarinos*, ap. Schmidt, II, 156).

> Accipiendo,
> Nil tribuendo
> Sunt opulentes.

(Bernard. Morlac. ap. Schmidt, II, 156.)

[4] *Histoire des Albigeois. Les Albigeois et l'Inquisition*, par Nap. Peyrat, Paris, 1872, ap. Réville, *loc. cit.*, p. 59.

[5] La città era in que' tempi molto corrotta di eresia; e intra le altre era della setta delli Epicurei per vizio di lussuria e di gola (Villani, IV, 29).

Dante, l'épicurisme est une hérésie qui mène, comme les autres, aux monstruosités de Sardanapale[1], et qui tue l'âme avec le corps[2]. On confondait alors et même plus tard ceux qui repoussent toute doctrine religieuse avec ceux qui s'écartent de la doctrine orthodoxe[3]. Les hommes que le grand justicier du temps précipite dans le cimetière d'Épicure, au mépris de ses affections, de ses admirations personnelles, ce sont, pêle-mêle, les incrédules, les hérétiques, les vicieux[4].

C'est qu'en effet les uns et les autres, avec une commune audace, étalaient au grand jour leurs aberrations ou leurs vices. Par le conseil ou l'exemple, ils y gagnaient les faibles et les simples d'esprit[5]. Le scandale était grand aux premières années du treizième siècle. Les corrompus faisaient école d'immoralité. Les hérétiques ne méritaient plus le singulier reproche d'aimer les conciliabules secrets[6]. Ils célébraient publiquement leur culte, prêchaient au milieu des champs, sur les places des villes, comme dans les églises, provoquaient les prêtres à des disputes solennelles en présence du peuple, faisaient exposer la théologie cathare par d'éloquents docteurs formés à la dialectique dans l'université de Paris. Le clergé

---

[1] Dante, *Parad.*, XV, 106.

[2] Dante, *Inf.*, X, 14, 15.

[3] On ne peut comprendre autrement que Lami ait pu dire des patarins, malgré tant de témoignages, et contrairement au sien propre : « Osceni ed incestuosi all' eccesso, empi e barbaramente crudeli (*Lez.*, II, 483). »

[4] Dante, *Inf.*, ch. ix et x, ch. xv, 106.

[5] Ut jam non in occulto, sicut aliqui, nequitiam suam exerceant, sed suum errorem publice manifestent, et ad suum consensum simplices attrahant et infirmos .(*Concil. Lateran.*, III, n° 27. Mansi, *Concil.*, XXII, 232).

[6] Erano uomini amanti le conventicole e i nascondigli a guisa di quei che male operano (Lami, II, 483).

n'osait les attaquer à cause du nombre et de la puissance de leurs protecteurs[1].

Innocent III l'osa le premier. Sa jeunesse et son génie le poussaient à l'action. Il était temps, s'il voulait conserver au saint-siége la direction des âmes chrétiennes. Les plus ardentes commençaient à ne plus voir dans le successeur de l'apôtre un médiateur nécessaire, et à croire qu'elles pouvaient par les austérités et la souffrance s'élever au-dessus des puissances hiérarchiques, racheter leurs péchés et ceux mêmes des autres hommes[2]. De moins absolues, ne voulant pas désespérer encore, réclamaient impérieusement la création d'une milice destinée à combattre les ennemis de l'Église et du ciel. Ce grand pape leur en donna deux : les dominicains et les franciscains. En attendant que ces ordres nouveaux pussent s'imposer aux diverses classes de la société chrétienne et y exercer leur énergique action[3], il exerçait vigoureusement la sienne, non sans rencontrer une résistance qui l'indignait et l'irritait.

Que Milan lui résistât, il ne pouvait s'en étonner. Milan était loin de Rome, et au joug de Rome préférait le joug de l'Empire. Plus que jamais elle était à la tête des défenseurs de l'hérésie. « Les hérétiques y accouraient comme à la sentine de l'erreur. Tout ce qui s'écarte du dogme catholique y était tenu pour point de foi[4]. » Mais

---

[1] Non erat qui eos impedire auderet, propter multitudinem et potentiam fautorum ipsorum (Reinerius, ap. Schmidt, I, 144).

[2] Huillard-Bréholles, *Hist. diplom. de Frédéric II*, introd., t. I, p. 195.

[3] Cela ne tarda guère, s'il faut en croire Villani : « Durò questa maledittione e heresia infino al tempo di S. Francesco e di S. Domenico (Villani, IV, 29). »

[4] Vos spiritibus attendentes erroris, facti estis hæreticæ pravitatis præcipui defensores... Ad civitatem vestram quasi quamdam erroris sentinam

qu'il en fût de même dans l'Italie centrale et jusque dans le patrimoine de saint Pierre, c'était une offense au protecteur temporel comme au père spirituel. Laissant donc de côté les stériles plaintes et ses foudres méprisées, il faisait flamboyer le glaive et allumait les bûchers. Par là seulement il devenait redoutable. Viterbe osait bien nommer consuls des patarins (1207), mais ces consuls, il les mettait en fuite, puis il faisait instruire leur procès [1]. Aux habitants il prescrivait de dénoncer leurs concitoyens hérétiques ; au dénonciateur il livrait en partie les biens confisqués. Toute maison ayant donné asile à ces grands coupables était détruite, sans qu'il fût permis jamais de la réédifier ; tout ami qui leur ouvrait sa porte, partait, en cas de récidive, pour un exil perpétuel. L'accusé avait l'obligation de répondre aux interrogatoires, et les témoins à décharge le droit de ne point parler. Juges, avocats, notaires étaient tenus de lui refuser tout bon office, sous peine de perdre leur emploi. Le condamné ne pouvait appeler de la sentence. Point d'aumône pour lui ni les siens après la condamnation, point de sépulture chrétienne après le bûcher [2].

Sous ces terribles rigueurs, Viterbe courbait la tête ; mais aux portes mêmes de Viterbe on la relevait obstinément. Il fallait la présence, l'action personnelle du pape, pour stimuler le zèle des bourreaux et décourager la constance des victimes. A Orvieto, commandait pour le saint-siége Pietro Parentio, un noble romain, jeune, sensé,

---

confugiunt, ubi pro religione suscipitur quidquid discordare a fide catholica demonstratur (*Innoc. III Epist.*, l. V, ep. 189, 21 octobre 1212. — Baluze, II, 693).

[1] *Gesta Inn. III*, Baluze, I, 79.

[2] *Inn. III Epist.*, l. X, ep. 130. Viterbe, 23 septembre 1207. Baluze, II, 74.

éloquent¹. En 1199, il y avait soutenu un rude combat contre les patarins, armés de pierres, de lances, d'épées, barricadés dans leurs rues et retranchés dans leurs tours. Après avoir démoli tours et palais, enchaîné, flagellé, exilé, accablé d'amendes les plus criminels des agresseurs, il se flattait de faire régner l'ordre par la crainte, quand il voit ces vaincus le troubler avec audace, exiger qu'il rende les sommes confisquées, qu'il renonce au gouvernement de la ville. Ce « doux agneau, » comme l'appelle l'hagiographe², abandonne l'argent sans trop de résistance, mais il se cramponne à son siége avec une énergie qui cause sa mort. Attaqué dans son palais, il y succombe sous le couteau des patarins³.

Si le sang ne coulait pas à Sienne, c'est que Sienne réservait ses forces contre ses implacables ennemis, les Florentins ; mais, en 1218, les hérétiques y étaient assez forts pour arracher aux magistrats des engagements contraires à leurs devoirs, à la justice et au droit⁴. D'accord avec l'évêque de Sienne, avec ses chanoines et tous les gens pieux, l'évêque d'Ostie et de Velletri, légat du pape, déclarait nuls ces serments, « ou pour mieux dire ces par-

---

¹ Ætate juvenis, sensus canitie senex, sermone facundus (*Acta sanctorum. Vita P. Parentii*, t. V de mai, p. 87). M. Gregorovius, *Geschichte Stadt. Rom.*, II, 31, dit que ce nom est celui d'une des familles patriciennes de Rome. Il paraît pour la première fois en 1148 parmi les sénateurs. Dans les *Fragm. Fulginatis historiæ* (*Antiq. Ital.*, IV, 137), on rencontre beaucoup d'hommes de ce nom ayant exercé le pouvoir à Orvieto. — Voy. *Arch. stor.*, 3ᵉ série, t. XXII, ann. 1875, disp. 4, p. 52.

² Circumdans agnum mansuetum synagoga luporum (*ibid.*, p. 89).

³ L'hagiographe ajoute qu'ils voulurent jeter le cadavre dans un puits, mais qu'ils ne purent ni lever le cadavre ni ouvrir le puits. (*Acta sanctorum*, ibid., p. 89.) Cf. Hurter, II, 265 sq., et le travail de M. Fumi, déjà cité, qui donne des détails un peu différents.

⁴ Magistratus officium, justitiam et juris effectum impediunt (Arch. de Sienne, 30 mai 1218. *Caleffo vecchio*, p. 72).

jures[1]; » il dissolvait toutes ces sociétés impies « d'Albigeois ou de quelque nom qu'on les appelle[2], » qui avaient apporté à Sienne le scandale et la ruine; il en excommuniait tous les membres, avec ceux, quels qu'ils fussent, qui en créeraient de semblables; il ordonnait que cette sentence serait renouvelée, tous les jours de fête, dans les églises, au son des cloches et les cierges allumés[3]. Ces foudres purent empêcher l'hérésie de conquérir de nouveaux adeptes; elles n'intimidèrent nullement ceux qui déjà la professaient.

Leur chef spirituel, leur évêque, résidait à Florence. C'était, depuis l'an 1212, un certain Filippo Paternon, d'origine inconnue, mais qui étendait sa juridiction sur presque toute la Toscane, d'Arezzo jusqu'à Pise[4]. Prato, le val d'Arno, le val d'Elsa dépendaient de lui. A Poggibonzi, il avait une école florissante. Ses ministres parcouraient le pays : on écoutait avidement les prédications d'un Farnese, d'un Torsello, d'un Brunetto, d'un Jacopo de Montefiascone. De redoutés seigneurs suivaient avec leurs familles les services religieux de la secte, lui ouvraient, en cas de danger, leurs châteaux et leurs tours. Le plus sûr, le plus inexpugnable de ces asiles, c'était la forte tour de San Gaggio, située sur la route de Rome, au penchant d'une de ces ravissantes collines qui verdoient au sud de Florence, à un mille à peine de la porte San-Pier-Gattolini[5]. Elle commandait au loin la campagne

---

[1] Que sunt potius perjuria nominanda (*ibid.*).

[2] Colligationem etiam impietatis et omnes societates iniquas sive de scarpetta, sive Albigensium, quocumque nomine censeantur (*ibid.*).

[3] Arch. de Sienne, *Caleffo vecchio*, ibid.

[4] Son nom semble venir de *Patarin*. Ce n'était peut-être qu'un surnom, un sobriquet.

[5] Aujourd'hui *porta Romana*. Les Langobards, dit-on, appelaient *gaggio* un bois avec pâturages.

et protégeait les domaines de Barone, fils de Barone, un de ces magnats presque inviolables, parce qu'ils dépendaient de Frédéric II, pleins de mépris pour les magistrats et les petites gens, comme pour les foudres de l'Église. Pulce, fils de Pulce, d'une famille calabraise[1], Chiaro, fils de Manetto, Cante, fils de Lingraccio, Uguccione, fils de Cavalcante, rivalisaient avec les Baroni de zèle hérétique et de collectes pour soutenir leur culte avec leurs pasteurs. Au nord de la ville, sur les bords du Mugnone, et dans la ville même, les Cipriani ouvraient leurs maisons aux cérémonies religieuses, quand la persécution ralentie ne commandait plus le mystère des épaisses murailles ou des profonds souterrains[2].

C'était l'ordinaire à Florence. Les patarins s'y ressentaient à peine du coup funeste dont Innocent III, en 1215, venait de frapper le catharisme dans la ville de Milan et la province de Languedoc, en faisant un seul canon obligatoire pour l'Église entière, de toutes les mesures prises par lui et avant lui contre l'hérésie[3]. Confiants moins dans leur nombre que dans l'humaine et philosophique tolérance de leurs concitoyens orthodoxes, ils ne s'épouvantaient guère de l'extermination lointaine des Albigeois. Le canon du concile restait contre eux lettre morte : on ne l'exécutait que sur leurs cadavres et sur leur postérité. Un des plus opulents, nommé Gherardo, qu'on saluait du titre de *messere* ou messire, et qui, par conséquent, était docteur ou chevalier, s'étant converti, en 1218, aux doctrines cathares, les pratiquait libre-

---

[1] Lami, *Lez.*, II, 541, 563.
[2] *Ibid.*, 497, 562.
[3] *Concil. Lateran.* Canon III *de hæreticis.* Mansi, *Concil.*, XXII, 987 sq. Schmidt, I, 151.

ment, et allait même, cinq ans plus tard (1223), reposer en terre ecclésiastique du sommeil éternel. C'est alors seulement que, pris d'un beau zèle, Fra Grimoaldo de Prato, mineur franciscain et inquisiteur de Florence, instruisait le procès et condamnait le défunt. La famille de Gherardo tombait sous le coup de ces rigueurs posthumes. Son fils aîné Ugolino et sa sœur Avvegnente, pour sauver leur vie, abjuraient leur foi. Plus fermes, ses trois autres fils et sa femme Adelina étaient enveloppés dans la sentence qui le poursuivait au tombeau[1]. Si elle fut exécutée contre eux ou s'ils y échappèrent par la fuite, c'est ce qu'on ne saurait dire; mais le scandale de cette inhumation chrétienne porta ses fruits. De simples soupçons suffirent désormais pour qu'elle fût refusée : Gherardo Cipriani dut ensevelir secrètement sa mère dont on n'avait pas poursuivi la personne, dont on ne poursuivait pas la mémoire, mais qui avait porté dans son sein un fils devenu rebelle à son Dieu.

Tels étaient, à Florence, les timides débuts de la persécution. Pourtant saint François d'Assise y était venu, puis saint Dominique. Un compagnon de ce dernier, Fra Giovanni de Salerne, y avait établi les Dominicains au couvent de Santa-Maria-Novella, dont il était prieur. Mais il fallait du temps à la semence divine pour germer dans un sol ingrat. En 1227, on osa davantage. Un prêtre, jadis patarin, s'était rendu à Rome, pour représenter au nouveau pape, Grégoire IX, le déplorable état de l'Église florentine. Aussitôt, Giovanni de Salerne reçoit l'ordre de procéder judiciairement contre Paternon l'hérésiarque, et de le tenir en prison, avec ses acolytes, jusqu'à ce qu'ils

---

[1] Lami, *Lez.*, II, 536. Raumer, *Gesch. der Hohenst.*, III, 512.

fassent, devant tout le peuple, une solennelle abjuration. S'ils persévèrent dans leurs erreurs, il devra être procédé contre eux selon la rigueur des décrets[1]. L'évêque catholique Giovanni de Velletri[2], stimulé sans doute par de semblables commandements, et plus actif ou plus autorisé que l'inquisiteur, requiert les magistrats de lui prêter assistance, et fait appréhender au corps l'évêque patarin, son rival exécré. Ce misérable apôtre n'avait en lui l'étoffe ni d'un martyr ni d'un héros. Il paya sa liberté au prix d'une feinte apostasie. On le relâcha « imprudemment, » dit Lami[3], et il recommença ses conciliabules, il fut pire que jamais[4]. Toutefois sa faiblesse lui ôtait tout crédit dans son diocèse, et la peur aussi le reprenant, il disparut sans bruit de Florence, où lui succédèrent tour à tour, dans ses fonctions épiscopales, ses lieutenants de prédication, Torsello, Brunetto, et enfin Jacopo de Montefiascone[5].

Plus fermes et plus fidèles, ces nouveaux pasteurs rencontraient devant eux un ennemi plus redoutable, parce qu'il était plus résolu. Un nouvel évêque venait d'être donné aux orthodoxes, incident toujours fâcheux pour les hérétiques, car ils payaient d'une recrudescence de persécution la ferveur des premiers jours. Ardingo des Foraboschi, nommé à ce poste de combat, était chanoine de Pavie[6]. Issu d'une grande famille florentine, il connaissait à merveille le terrain brûlant où il posait le

---

[1] Bulle de Grégoire IX, aux archives de S. Maria Novella.
[2] Il resta à la tête de ce diocèse de 1205 à 1230. Voy. Ughelli, *Italia sacra*, t. III.
[3] « Incautamente. » (Lami, *Lez.*, II, 499.)
[4] Lami, *ibid.*
[5] Moneta, ap. Lami, *ibid.*
[6] Ughelli, *Italia sacra*, III, 141.

pied. L'Église concevait tant d'espoir de son zèle, que le décret pontifical qui, en Languedoc, ôtait l'office de l'Inquisition aux évêques pour le donner aux frères prêcheurs (1232), ne paraît pas, à Florence, avoir reçu son exécution. L'évêque conserva la haute main, sauf, pour le jugement, à demander aux inquisiteurs dominicains leurs lumières, et, pour l'exécution, à faire appel au bras séculier.

A peine installé dans son diocèse, il donnait une première marque de son énergie, en faisant saisir et en envoyant à Rome, loin des coreligionaires dont l'appui était leur force, deux patarins, Pietro et Andrea, qui, dans leur isolement et par crainte de la torture, venaient sans trop de peine à résipiscence. Puis il provoqua chez les orthodoxes un redoublement de dévotion envers la Vierge Marie, dédaignée des hérétiques ; il créa des confréries où l'on chantait des hymnes à la Reine des Anges, et qui, pour ce motif, furent appelées compagnies des *Laudesi*[1]. Par ces moyens, il empêcha le mal de s'étendre, en attendant qu'il pût le guérir. Les malades ne cherchaient plus qu'à se garder de médecins qui ne connaissaient d'autre remède que le fer et le feu. Ils n'osaient plus propager la contagion et faire des prosélytes. Ils recommençaient à chercher de secrets et sûrs asiles. Aux anciens, trop connus, ils en préféraient de nouveaux, tantôt chez un certain Amato dans la ville, tantôt chez Albizo des Caponsacchi, aux environs, à Ripoli (1235)[2].

---

[1] On lisait à Santa Reparata une inscription sur une de ces compagnies fondées plus tard, en 1281 : « S. Societatis Laudensium B. M. V. qui congregantur in ecclesia S. Reparata. Ann. 1310 de mense november. » (Lami, II, 514-515.)

[2] Ripoli, où il y avait une importante abbaye, était à deux milles de Flo-

Dans cette périlleuse vie de mystère, les femmes jouaient le rôle de Providence : par la ruse, mieux que les hommes par la force, elles protégeaient les frères compromis. Margherita, l'infatigable épouse de Pulce, Theodora, sa parente, étaient alors au premier rang. Elles servaient d'intermédiaire entre les chefs de la secte et les plus humbles sectaires, donnaient à ceux-ci de l'argent, du blé, des vivres, du vin, leur procuraient la joie suprême du *consolamentum*. D'autres, il est vrai, n'accomplissaient ces œuvres de charité fraternelle, ne suivaient les cérémonies du culte qu'à contre-cœur et par soumission à leurs maris. Alors, soit faiblesse de caractère, soit révolte de la conscience, elles dénonçaient ou se laissaient arracher l'obscure vérité. C'est ainsi que plus tard Lamandina, femme de Rinaldo et belle-fille de Pulce, voyait son témoignage invoqué par l'Inquisition, et, sans haine pour les patarins, prononçait leur arrêt de mort.

Mais cette heure souhaitée de la vengeance céleste tardait trop au gré du saint-siége. Grégoire IX se multipliait pourtant et réveillait de son mieux le zèle endormi de ses collaborateurs. Il sommait l'évêque Ardingo de requérir le bras séculier, et si le bras séculier refusait, de le contraindre par les censures ecclésiastiques prononcées sans appel (1234)[1]. Il ne laissait au potestat que huit jours pour punir les hérétiques dénoncés, si

---

rence, derrière San Miniato al Monte. En 1188 elle dépendait déjà de l'ordre de Vallombreuse (Repetti, I, 24, art. *Abazia di Ripoli*).

[1] Dicta potestas et successores sui... ad denunciationem suam, prout eis per te denunciatum fuerit, processuri... quod si prædicti potestas et consilium monitis tuis acquiescere forte contemserint, tu eos ad præmissa per censuras ecclesiasticas appellatione remota compellas. (Bref publié par Ughelli, *Italia sacra*, t. III, à l'évêque Ardingo. — Lami qui reproduit ce bref, en a longuement établi la date. Voy. *Lez.*, II, 520-531.)

dans l'intervalle ils n'avaient fait amende honorable[1]. Ce magistrat devait, ainsi que ses successeurs, prêter serment de poursuivre l'hérésie[2], et, avec l'aide de son conseil, insérer aux statuts de la ville celui que venait de publier l'ordinaire, *de hæreticis difidandis et baniendis*[3]. Le premier et le second dimanche de l'Avent, à la messe solennelle de Santa Reparata, l'évêque en personne avait ordre de rappeler au potestat son devoir et d'en réclamer l'accomplissement.

Enrichir d'un chapitre nouveau les constitutions de Florence, c'était chose facile ; il le fut moins d'exterminer l'hérésie. On put bien jeter en prison quelques marchands considérés[4] ; mais contre le mauvais vouloir des citoyens et même des officiers subalternes se vinrent briser tous les efforts des magistrats principaux. Les ordres reçus n'étaient exécutés qu'en apparence : on suspendait les jugements ; on restituait en secret l'argent des amendes ; on fermait les yeux sur le retour des exilés[5]. Les maisons s'ouvraient pour leur donner asile, pour les cacher au besoin. Ces complices étaient trop nombreux pour qu'on les pût châtier de peines corporelles, et quant à l'excommunication pontificale, suivant le mot d'un chroniqueur, ils la buvaient comme de l'eau[6]. Rien de moins surprenant dans la catholique Italie. On y avait bien d'autres audaces. N'est-ce pas à Sienne qu'un

---

[1] Ipsi rectores eum capi facere teneantur et captum infra octo dies postquam esset ab ipso episcopo condemnatus punire... nisi rediret ad mandatum Ecclesiæ (*ibid.*).

[2] Pro quibus omnibus liberius exsequendis tam præfatam potestatem quam successores suos præstare volumus simile juramentum (*ibid.*).

[3] Il devint le chap° 40 du livre III.

[4] Lami, *Lez.*, II, 519 sq.

[5] Raumer, *Gesch. der Hohenst.*, t. III, p. 542. Leo, t. I, p. 413.

[6] Maledictionem bibentes ut aquam (ap. Ferrari, II, 222).

potestat faisait couper la tête à des clercs[1], et à Parme qu'on enterrait dans le fumier ceux qui, en mourant, se repentaient de leur opposition au clergé[2]?

Gibelins et patarins avaient d'ailleurs un point de contact : ils étaient également dévoués à Frédéric II, parce qu'ils comptaient également sur lui. Or Frédéric, en butte à la haine des guelfes, était pour les orthodoxes un objet d'horreur. Les hardiesses de sa pensée dépassaient de beaucoup celles des hérétiques. Indifférent ou incrédule aux dogmes comme aux pratiques de la foi, par ses habitudes, par son langage, il scandalisait les âmes pieuses. Avait-il un ami dans le sacré collége, c'était ce matérialiste Ubaldini, son compagnon dans l'enfer de Dante[3], qui disait effrontément : « Si j'ai une âme, je l'ai perdue pour les gibelins[4]. » C'est parmi les femmes arabes qu'il prenait ses maîtresses[5]; c'est sur l'emplacement des églises qu'il leur construisait des palais[6]. Comme il entretenait à sa cour des astrologues de Bagdad, étranges avec leurs longues barbes et sous leurs robes flottantes, on lui attribuait des relations avec Astaroth et Belzébuth[7]. Il appelait jonglerie le viatique

---

[1] Andrea Dei, *Cronica Sanese*, 1289, R. I. S., t. XV, 40.

[2] Affò, *Storia di Parma*, t. III, p. 101. Leo, t. I, p. 413.

[3] *Inferno*, X, 120.

[4] Se anima è, io l'ho perduta pe' Ghibellini (Benvenuto d'Imola, *Comment. ad. Inf.*, X, 120, ap. Muratori, *Antiq. Ital.*, I.)

[5] Cherrier, *Hist. de la lutte des papes*, etc., II, 34.

[6] In pluribus terris regni Apuliæ ubi fuerunt ecclesiæ Deo dicatæ, suarum meretricularum loca construxit (Nic. de Curbio, *Vita Innocentii IV*, § 29, R. I. S., t. III, part. I, p. 592 sq.).

[7]   Amisit astrologos et magos et vates
　　　Beelzebuth et Astaroth, proprios penates,
　　　Tenebrarum consulens per quos potestates,
　　　Spreverat Ecclesiam et mundi magnates.

(Vers cités par le légat Albert de Beham, dans son carnet autographe, *Re-*

porté à un mourant[1]; il niait que Dieu puisse tout faire et naître d'une vierge[2]; il aimait à s'entendre nommer précurseur de l'Antechrist[3]. Moïse, Jésus, Mahomet étaient pour lui trois imposteurs, et on l'accusait d'avoir écrit un livre pour le prouver[4]. Aux justes griefs s'en ajoutaient d'incohérents et de ridicules. On voyait dans son habitude de se baigner le dimanche le mépris des divins préceptes sur le repos dominical[5], dans sa présence à la messe l'impie bravade d'un excommunié, dans son absence aux offices le cynique aveu de son impiété[6]. Quoi qu'il fît, il était damnable; mais son moindre crime n'était pas de prêter ouvertement appui aux patarins[7].

Le temps n'était donc plus des ménagements et des lenteurs. Sans retard il fallait écraser ces rebelles que grandissait l'impunité. Un évêque énergique n'y suffit pas? On lui donnera pour l'assister, au lieu d'Aldobrandino Cavalcanti, tiède inquisiteur, Fra Ruggiero des

---

gistrum epist., p. 128. Voy. Höfler, *Bibliothek des liter. Vereins.* Stuttgart, 1847, et Renan, *Averroès*, p. 230.)

[1] Heus ne, inquit, quam diu durabit truffa ista ! (*Chron. Alberici*, an. 1239, p. 568, ap. Cherrier, *loc. cit.*, II, 169.)

[2] Insuper dilucida voce affirmare vel potius mentiri præsumpsit quod omnes fatui sunt qui credunt nasci de virgine Deum qui creavit naturam et omnia potuisse (Lettre de Grégoire IX, 21 juin 1239, ap. Math. Paris, p. 346).

[3] Gaudet se nominari præambulum antichristi (*ibid.*).

[4] Ce livre *De tribus baratoribus* (Math. Paris, *ibid.*) a été attribué à bien des personnages. Voy. Renan, *Averroès*, p. 235. M. Renan affirme qu'il n'a jamais existé. Du moins personne n'en a-t-il vu l'édition de 1598. Celle de 1753 (Vienne) n'est probablement qu'une imposture, une spéculation de libraire. (*Dict. hist.*, art. Pierre des Vignes. Cherrier, II, 169.)

[5] Fertur quod frequenter balneis usus fuerit diebus dominicis. Per hoc patet quod præcepta Dei et festa et sacramenta ecclesiæ irrita censuit et inania.(*Vitodurani Chronicon*, ap. Eckard, t. I, p. 1739).

[6] Cherrier, *loc. cit.*, II, 271.

[7] Hic fidem catholicam non tenebat; hæreticos publice fovebat (Nic. de Curbio, *Vita Inn. IV*, § 29, *loc. cit.*).

Calcagni, Florentin aussi, et de qui l'on espère mieux (1240)[1]. La nomination émanait jadis de l'ordinaire; elle émane désormais du saint-siége, et le juge ecclésiastique en reçoit plus d'autorité dans l'instruction des procès[2]. L'évêque restait bien chargé de lui transmettre les ordres de Rome, et libre, quand il le jugeait opportun, de les exécuter lui-même[3]; mais le plus souvent c'est l'inquisiteur qui prononce sur la culpabilité; c'est lui qui, mettant les coupables hors de l'Église, les livre de droit au bras séculier. Prétendre, comme l'ont fait d'imprudents apologistes, que le potestat seul frappait, et nullement l'Inquisition, ce serait donc imputer le crime au bras, non à la tête, rendre le bourreau et non le juge responsable du châtiment. Mais il est strictement vrai qu'à Florence des lois jalouses ne permettaient pas plus au Saint-Office de citer directement à son tribunal les suspects d'hérésie que de les condamner au bûcher. A la manière de Rome antique, où était inconnu le ministère public des modernes, l'inquisiteur suscitait quelque homme de loi pour dénoncer les faits et les démontrer devant lui, faisant appel ainsi aux passions les plus basses, et provoquant au sein des familles la hideuse délation. S'il diminuait par là l'odieux de sa tâche, il en augmentait assurément les difficultés.

Fra Ruggiero des Calcagni le comprenait. Doué de

---

[1] Lami, *Lez.*, II, 540-543.
[2] On peut voir dans Lami (II, 582) un texte tiré des archives de S. Maria Novella qui prouve que la procédure ordinaire c'était une délégation des pouvoirs de l'évêque à l'inquisiteur : « Ego Fr. Rogerius... Episcopi Flor. judicis ordinarii vicarius constitutus in hunc modum... Vobis super facto hæreticorum committimus vices nostras in examinando et sententiando... »
[3] Lami, *Lez.*, II, 560.

clairvoyance, plus peut-être que d'énergie, il se mit à
l'œuvre sans ardeur. Il craignit de soulever une faction
qui embrassait, s'il en faut croire Lami, le tiers des citoyens[1]. D'audacieuses menaces d'incendie contre Santa
Maria Novella et de mort contre les dominicains lui
commandaient la prudence[2]. Trois ans s'écoulèrent
avant qu'il ouvrît son tribunal. Il y parut enfin (1243),
n'osant différer davantage. Il s'y fit assister de quelques
notaires et de deux ou trois des plus considérables frères
de son ordre[3]. Après s'être assuré le concours des magistrats, il jeta dans les prisons plusieurs patarins, in-
struisit leur procès et les condamna comme hérétiques,
ce qui entraînait pour eux le supplice du bûcher. Mais
avant qu'on en eût terminé les sinistres préparatifs, les
Baroni, avec des hommes à leur solde, délivraient les
prisonniers et les emmenaient dans le val d'Arno, où
Guido Cacciaconti leur ouvrait les portes de sa « terre »
de Cascia. En sûreté dans cet asile, et sans penser à la
mort qu'ils avaient vue de si près, ces intrépides sectaires relevaient aussitôt la tête et catéchisaient ouvertement tout le pays. La vindicte publique les y poursuivit.
Cacciaconti fut sommé de les en expulser, sous peine d'y
être contraint par les armes. Il cédait en apparence, n'é-
tant pas le plus fort; mais usant d'une charitable équi-
voque, de nuit il conduisait ses hôtes à Pontassieve, qui
lui appartenait également et dont le curé n'avait pour les
patarins que des sympathies. De là, ils passèrent sur les

---

[1] Tanti signori e signore che componevano una terza parte della città (Lami, *Lez.*, II, 563). — Cf. Raumer, *Gesch. der Hohenstaufen*, t. IV, p. 187. Leo, l. IV, c. 8, t. I, p. 155.

[2] Lami, *Lez.*, II, 563.

[3] *Ibid.*, p. 544-547.

domaines de la puissante famille des Pazzi, où ils furent longtemps à l'abri[1].

Humilié d'un tel échec, Fra Ruggiero implorait partout assistance. Il invoquait les magistrats, l'évêque, le souverain pontife. C'est le souverain pontife qui l'entendit et le tira d'affaire, en le reléguant au second plan. Après deux ans d'interrègne, Innocent IV venait d'être exalté par les sept cardinaux dont se composait le conclave. D'un caractère résolu et avec ce coup d'œil sûr qui sait juger les hommes, il envoya l'ordre à Fra Pietro de Vérone de partir pour Florence (1243). Ce dominicain, plus connu sous le nom de saint Pierre Martyr, était, depuis quatorze années, inquisiteur à Milan[2]. L'éloquente vigueur de sa prédication avait soulevé contre les hérétiques la Lombardie entière. C'était un homme jeune encore, de haute stature, à la tête énergique, à la voix tonnante. Dès les premiers mois de 1244[3], il embrasait déjà les Florentins de sa parole enflammée. « On le suivait, dit un écrivain de son ordre, comme un prodige vivant[4]. » On lui attribuait le don des miracles. On rapportait qu'un jour, comme il avait convoqué le peuple au *Mercato nuovo*, quartier des changeurs[5], un

---

[1] Lami, *Lez.*, II, 564.

[2] Depuis 1232. Voy. Lami, *Lez.*, II, 513.

[3] Plusieurs disent qu'il vint auparavant; mais la démonstration de Lami (*Lez.*, II, 537-538) est péremptoire. M. Passerini, *Storia degli stabilimenti di beneficenza e d'istruzione gratuita della città di Firenze*, p. 2. Flor., 1853, 1 vol. in-8°), dit qu'il fut appelé en 1243 par l'inquisiteur. Sur la date il n'y a pas de difficulté, car on peut « être appelé » à la fin de 1243 et n'arriver qu'au commencement de 1244. L'initiative de l'inquisiteur n'est pas impossible non plus, si l'on suppose qu'il pria le pape de donner l'ordre à Fra Pietro de venir à Florence; mais il est peu vraisemblable : on ne se suscite pas à soi-même un rival.

[4] Le P. Sandrini, ap. Lami, *Lez.*, II, 565.

[5] Vocato populo civitatis in platea quæ mercatum novum dicitur (*Acta*

cheval échappé y porta le trouble dans l'auditoire. Tous à la fois voulaient s'enfuir et se pressaient au débouché trop étroit des rues. Lui, alors, étendant le bras et faisant le signe de la croix sur la foule, s'écria d'une voix forte : — Que personne ne bouge! — On obéit. L'animal furieux s'élance, pour traverser la place, sur la tête, les épaules, les reins, les genoux des hommes et des femmes que meurtrit son dur sabot, et cependant, quand il eut passé, l'on constata que nul n'avait de mal[1]. Quel moyen de révoquer le fait en doute, puisque, à quelques jours de là, il se renouvelait sur le *Mercato vecchio?* « L'ennemi du genre humain, sous la forme d'un cheval noir, fait irruption par la rue où étaient les boutiques des forgerons. » Même panique, même signe de croix, même fuite épouvantée et inoffensive de Satan[2]. L'imagination populaire, grâce à une confusion de lieu, avait doublé le miracle. Le pinceau de Taddeo Gaddi le ramena plus tard à l'unité, en le retraçant sur le mur extérieur de l'oratoire dit *del Bigàllo*[3].

Trop étroite pour ces merveilleuses prédications était la place de Santa Maria Novella, leur théâtre ordinaire. En vue de l'agrandir, Fra Pietro sollicita l'autorisation

---

sanctorum, *Vita S. Petri martyris*, 29 avril, t. III d'avril, p. 692).

[1] *Acta sanctorum*, ibid.

[2] Prædicante Petro in foro veteri, humani generis hostis in forma equi nigerrimi apparens, movens se ex strata fabrorum ferrariorum, etc. (*Acta sanctorum*, ibid.). Ces miracles ont été rapportés à la suite de la Vie du saint, œuvre de son contemporain Tommaso de Lentino, par le dominicain Ambrogio Taegio.

[3] Ou de S. Maria, puis de la Misericordia Vecchia. On peut voir dans l'*Osservatore fiorentino* (t. I, à la suite de la p. 96, 3ᵉ éd., Flor. 1824), la reproduction au trait de cette fresque assez bien conservée. Le peintre a représenté le Frère prêchant et le cheval galopant sur les têtes, en suivant une ligne au bout de laquelle on aperçoit le diable et deux animaux sinistres, cornus comme lui.

d'acheter des terrains tout à l'entour[1]. Cette question fut agitée comme une affaire d'État. Au son de la cloche et par crieurs publics le potestat convoqua son conseil spécial, puis son conseil général. Les *capitudini* ou prieurs des arts prirent part, selon l'usage, aux délibérations[2]. La vente des terrains fut consentie, et la sonore éloquence de l'apôtre put bientôt, sur un emplacement plus vaste, exalter plus d'auditeurs à la fois.

Il en sentait le besoin, car, pour le moment, il restait seul sur la brèche. Aux patarins ses adversaires venaient du dehors les plus sérieux motifs de s'enhardir. Tandis qu'en France le Saint-Office livrait aux flammes Toulouse et Béziers, en Italie, les cathares de Rimini, de Faenza, de Viterbe, tenaient librement leurs assemblées. Ceux de Lombardie ouvraient des écoles publiques; à Plaisance, ils chassaient l'évêque; à Milan, ils tuaient le grand inquisiteur[3]. Fra Ruggiero en était tout effrayé, car, selon la vive expression d'un moderne, il « craignait sa peau autant qu'un autre[4]. » Il ne demandait qu'à négliger, qu'à oublier ses devoirs périlleux de juge ecclésiastique. S'ils lui étaient rappelés par l'incessant aiguillon de Pietro de Vérone, s'il faisait quelques procès, quand on lui avait dénoncé des patarins qui ne pouvaient ou ne vou-

---

[1] Anno 1244, Ind. 3, die 12 exeunte decembris, ad instantiam et postulationem karissimi fratris Petri professionis ordinis prædicatorum (Doc. tiré des archives de S. Maria Novella, ap. Lami, II, 566, et Cantini, II, 111).

[2] Per utrumque consilium civitatis Florentie generale scilicet et speciale in palatio solidan. ad sonum campane, et per vocem preconum, ex precepto D. Bernardini Rollandi Rubei Potestatis Flor. more solito congregatum et per capitudines et priores artium civitatis predicte ad dictum consilium convocatos... (Doc. de S. Maria Novella, ap. Lami, II, 566.)

[3] Corio, ann. 1252. Hurter, l. XIV. Ricotti, I, 285-288.

[4] Sully, Œconomies royales, t. I, p. 95. Éd. Michaud et Poujoulat.

laient nier qu'ils fussent de la secte, alors il les sollicitait « humblement » de renoncer à leur foi ; il ne les condamnait que sur un formel refus[1]. Cette suprême ressource de l'apostasie, on la laissait toujours aux inculpés ; mais ils savaient bien distinguer une poursuite molle d'une poursuite ferme, et dans le nombre comme dans la résolution de leurs frères ils trouvaient un encouragement à persévérer. De là des condamnations inévitables ; si rares qu'elles fussent, elles excitaient le courroux de la secte, elles provoquaient ses menaces. Des cris de mort étaient partout proférés contre les frères prêcheurs.

Inquiet à bon droit, et désireux de leur donner une garde, Pietro de Vérone invita les nobles catholiques, qui avaient tous l'habitude des armes, à se réunir dans le couvent de Santa Maria Novella pour en assurer la sécurité. L'affluence fut telle de ceux qui répondirent à son appel, qu'il conçut aussitôt le dessein de transformer cette garde défensive en une milice offensive, en un ordre militaire, prêt à courir sus aux hérétiques pour l'honneur de la religion[2]. L'acte, dans cette nature de feu, suivait de près la pensée : peu de jours suffirent pour faire de cette conception hardie une vivante réalité. Les nobles enrôlés furent revêtus d'un habit blanc avec

---

[1] Voici le texte d'une de ses sentences (31 janvier 1245) : — Quia constat mihi, auditis et intellectis hæredibus Bonæ Uxoris Ricevuti de Poppio hæreticæ consolatæ, ipsam esse hæreticam consolatam manifestam a sancta fide catholica deviare; et quod monita et rogata humiliter, noluit de suis hæresibus discedere : habito consilio nostrorum fratrum et Dei omnipotentis nomine invocato, per sententiam judico eam hæreticam esse, et tanquam hæreticam et pro hæretica condemno eamdem relinquens ipsam judicio seculari (Doc. ap. Lami, II, 559).

[2] Lami, *Lez.* II, 568. — Cantini, II, 111, 113. — Passerini, *Storia degli stabilimenti*, etc., p. 3.

une croix rouge sur la poitrine et sur le bouclier. Douze des principaux reçurent des gonfalons blancs, aussi à croix rouge, avec une étoile au coin supérieur, près de la hampe. C'était désigner les capitaines, car à eux seuls, dans les usages du temps, il appartenait de porter les bannières. Autour d'eux accoururent en foule les fidèles ; on admit jusqu'à des femmes dans leurs rangs[1].

Les patarins apprirent bientôt à leurs dépens ce qu'était cette *société* des capitaines de Sainte-Marie, ou, comme on disait dans les premiers jours, des inquisiteurs de la foi[2]. « Ils firent dans la ville, écrit le savant et orthodoxe Lami, tout ce que voulut le saint, et qui n'est que trop connu par l'histoire de sa vie[3]. » Arrêter les hérétiques, les remettre aux mains de l'inquisiteur, telle fut surtout leur mission. Fra Ruggiero, revenu de ses alarmes, n'hésita plus à multiplier les sentences qui vouaient les condamnés à la mort, unique châtiment inscrit aux statuts pour le crime d'hérésie. De Florence la persécution s'étendit aux villes voisines : à Poppi, à Prato, on appréhenda des femmes, et, qui pis est, des

---

[1] « Molto considerabile…. E si arrollarono poi uomini e donne. » (Lami, II, 568-569.)

[2] On appelait d'abord les douze « quæsitorum fidei capitani » (voy. le doc. dans Lami, II, 582), puis « i dodici di S. Maria » (Passerini, p. 3). — On ne connaît les noms que de quatre d'entre eux : Guittomanno d'Aldobrandino, Guidalotto de Volto dell'Orco, Amico de Valore des Rostichelli, et un des Rossi (Passerini, p. 3). Cf. L. del Migliore, *Fir. illustr.*, p. 75. — Le peintre Taddeo Gaddi représenta sur la muraille de l'hospice *del Bigallo*, dans une seconde fresque, Pietro de Vérone remettant l'étendard aux douze capitaines. On peut voir encore la reproduction au trait de ce qui reste de ce travail, bien plus détérioré que le précédent, dans l'*Osserv fior.*, t. I, à la suite de la page 96.

[3] « E furono quegli che allora e dopo in ossequio della fede cattolica fecero tutto quello che il santo volle nella città, e che è pur troppo noto nell' istoria della sua vita. » (Lami, II, 569.)

seigneurs, des châtelains qui périrent par le feu [1].

C'en était trop. Les nobles fauteurs de la secte maudite s'indignèrent qu'on osât toucher à leur caste. Les Baroni réunirent leurs partisans. Ils enflammèrent leur courage et leur haine; ils convinrent avec eux de recourir à la protection de l'empereur. Toujours, à l'heure du danger, se tournaient vers lui leurs regards. Ils savaient bien que partout où se trouvait Frédéric florissait l'hérésie, que son apparition aux plaines lombardes y avait été le signal des dernières violences contre les catholiques et leurs chefs. Ils l'avaient vu de près, en 1237, sous les murs de Brescia, où, par conformité d'idées et de tendances, comme par amour de la guerre et des aventures, ils étaient venus grossir son armée. De sa bouche ils y avaient recueilli d'impies encouragements. Si notoire et si efficace était la protection qu'il accordait aux patarins, qu'à sa mort, en 1251, Innocent IV écrivait à Pietro de Vérone ces paroles significatives : « Enfin on peut penser à détruire l'hérésie [2]. »

Quand les Baroni s'adressèrent à l'empereur, la rupture était complète entre lui et l'Église. Frappé d'anathème, menacé de déposition, repoussé avec horreur par ses sujets allemands, il ne trouvait de sympathies, il n'avait de pouvoir qu'en Italie et surtout en Toscane. Envoyé ou agréé par lui, le potestat de Florence, Pace de Pesannola, Bergamasque [3], était un gibelin résolu, qui, par con-

[1] A Poppi Bona, femme de Ricevuto ; à Prato Megliorata, Albano Martinelli, Andrea, fils d'Ugolino, châtelain de Civitella (Lami, II, 570, 582).
[2] Lami, II, 490.
[3] 1245. La liste des *Officiales forenses* dit Pace Pesamigola, et Schmidt (I, 180), Pandolfo de Pasanella. On sait combien rare était au moyen âge l'exactitude à l'égard des noms propres. Nous suivons Lami et les documents contemporains.

viction ou par politique, se prononçait, dès son entrée en charge, pour les patarins. De concert avec les Baroni, il arme bon nombre d'hommes sûrs, afin de les opposer aux chevaliers de Sainte-Marie, et il attend les événements. L'attente ne pouvait être longue : les rudes Florentins n'eussent guère compris qu'on leur mît la dague au poing pour n'en pas faire usage. Dans les rues, les catholiques militants furent attaqués, surtout les frères prêcheurs. Plus qu'aucun d'eux Fra Ruggiero se sentait menacé : n'était-il pas le bouc émissaire, responsable, aux yeux des patarins, de toutes les sévérités, de toutes les persécutions? Exaspéré de ces attentats, lui jusqu'alors si timide, il met de côté sa prudence, et cite à comparaître les chefs de la rébellion. Sur leur refus, il s'acharne, il s'entend avec l'évêque pour obtenir une sommation du saint-siége. Chose étrange! Ces mécréants, qui résistaient à l'inquisiteur, cèdent au pape. Ils ne croyaient pas que, même en son nom, personne osât les condamner. Ils comptaient sur une manifestation prochaine de la puissance impériale. Intéressés à gagner du temps, ils se présentent donc au tribunal du Saint-Office; ils se soumettent d'avance à ce que les juges ecclésiastiques exigeront d'eux; ils prennent cet engagement par écrit et déposent mille livres de caution.

Fra Ruggiero, fort sagement, avait réclamé cette garantie; l'attitude du potestat la rendit vaine. Le 12 août, la sentence à peine prononcée, les Baroni courent auprès de lui et invoquent son assistance. Plus que jamais dévoué à leur cause, Pace de Pesannola envoie sur-le-champ deux massiers de la commune, avec d'autres officiers revêtus de leurs insignes, au couvent de Santa Maria Novella. Il fait sommer l'inquisiteur de révoquer et casser la condamnation de Barone et de Pace, tous deux fils de Barone, comme contraire aux ordres impériaux. Il lui enjoint de restituer les sommes par eux versées en gage de soumission, lui intimant, s'il n'obéissait, de se présenter, le lundi suivant, sous peine de mille marcs d'amende, au palais public, devant le tribunal du potestat.

Intimidé, l'inquisiteur eût faibli peut-être; mais l'énergique Fra Pietro était derrière lui. Dès le lendemain, il répliquait donc par un monitoire, requérant le potestat lui-même de comparaître avant la fin du jour devant le Saint-Office, séant à Santa Maria Novella[1]. Le silence du mépris répondit seul à cette sommation. L'on ne pouvait, dès lors, tarder d'en venir aux mains. Les forces semblaient égales. Si les patarins étaient moins nombreux que les catholiques, ils pouvaient jeter dans la balance l'épée du potestat. Ils étaient soutenus de tous les hommes d'armes que sa charge l'obligeait à entretenir. Ils pouvaient compter sur l'appui des citoyens aux convictions flottantes, défenseurs-nés de tout pouvoir établi, et sur l'inertie des croyants tièdes, qui toléraient toutes pratiques religieuses, tant qu'elles ne causaient point de troubles dans l'État. Mais déjà l'on en fomentait de redoutables : en rejeter la responsabilité sur les hérétiques, et par là tourner contre eux quiconque jusqu'alors

---

[1] « Frater Rogerius deputatus contra ser Pacem Passannolam potestatem florentinum de hæresi publice infamatum, tanquam fautorem hæreticorum et publicum defensorem pro eo quod in negocio fidei pro hæreticis defendendis contra mandatum apostolicum se opponit mandando capitanis fidei et notariis S. Dom. papæ quod de officio suo nullatenus intromittent, alioquin ponet eos in bannum 100 librarum et notarios similiter in 100 libras condemnavit, et quod sibi præcepit quod sententiam latam contra Pacem de Barone et Baronem fratres filios olim Baronis revocet et casset, quia dicebat eam latam contra mandatum Imperatoris. » (Monitoire de Fra Ruggiero ap. Lami, II, 573.)

était resté neutre, telle fut l'habile politique des orthodoxes : elle obtint un entier succès. Les patarins, disaient-ils, peuplaient la ville des scélérats de la campagne[1] ; ils épouvantaient ainsi les fidèles, « *tous* hommes de bonne conscience, loin d'être, comme le parti contraire, terribles et cruels[2]. »

On chercherait en vain un récit de ces faits favorable aux cathares. Les dominicains seuls ont la parole. Faut-il s'étonner dès lors qu'ils mettent l'agression à la charge de leurs ennemis? Mais les actes officiels font mieux connaître la vérité. Le 24 août, en l'honneur de saint Barthélemy, dont on célébrait la fête[3], les bons catholiques étaient convoqués dans les églises de Santa Reparata et de Santa Maria Novella. Leurs prédicateurs favoris y devaient prêcher contre le potestat[4]. Cet appel pour un pareil dessein était un acte de révolte, que le principal magistrat de la ville ne pouvait tolérer. Par son ordre, la cloche communale répandit dans les airs ses bruyantes volées, signal habituel des réunions populaires. En un instant, les patarins et leurs amis parurent sur la place : à l'avance ils avaient eu des Baroni avis de se tenir prêts. Sur leurs chevaux caparaçonnés comme pour une expé-

---

[1] Le P. Sandrini ap. Lami, II, 574. Schmidt supprime ce détail.

[2] « Che per esser tutti uomini di buona coscienza, non avevano tanto del terribile e del crudo come quelli della truppa contraria. » (Lami, II, 574.)

[3] Les auteurs disent un jour de fête. Ils ne semblent pas croire que tous les événements qui vont être rapportés s'accomplirent dans la même journée. Cela résulte pourtant de la sentence rendue contre les Baroni, laquelle se termine ainsi : « Acta sunt hec in die B. Bartolomei in platea S. M. Novelle, ea die qua per Pacem et Baronem et Potestatem excommunicatum in favorem hereticorum contra fideles est publice dimicatum. » (Doc. ap. Lami, II, 577.)

[4] « Eos qui vocati a nobis ad predicationem venerant audituri que contra potestatem dicenda erant. » (*Ibid.*) Comment ceux qui ont lu cette phrase peuvent-ils dire que l'agression vint des hérétiques ?

dition militaire, arcs et flèches aux mains, gonfalons déployés, ils se dirigèrent vers les deux églises. La foule, en rangs pressés au pied de la chaire, écoutait religieusement le sermon séditieux. Brutalement ils se précipitent sur elle, ils la dispersent, la dépouillent, la frappent, blesssent plusieurs personnes, en poursuivent d'autres dans le cimetière de Santa Reparata, et là, sans le moindre souci du sacrilége, leur donnent la mort[1]. Ce fut dans Florence un scandale effroyable. Les gens froids taxaient d'exagérations ces clameurs ; mais à leurs doutes on opposait une éloquente réponse : on leur montrait les cadavres, on leur faisait toucher du doigt les blessures profondes[2]. Le sentiment public, jusqu'alors indécis, se prononçait avec énergie pour les victimes contre les bourreaux.

Sans tarder, les meneurs catholiques profitèrent de leurs avantages. Dans l'après-midi du même jour, Fra Pietro de Vérone, d'accord avec l'évêque et l'inquisiteur, assemblait le peuple sur la place agrandie de Santa Maria Novella. Là, devant un innombrable auditoire, fut promulgué le jugement qui vouait à la mort les Baroni, promoteurs du criminel et sanglant conflit, fauteurs d'hérétiques, hôtes impénitents des évêques patarins Brunetto et Torsello, de beaucoup d'autres de la secte[3], et notamment d'un certain Giovanni, condamné par le Saint-

---

[1] « Dum armata manu, implorato auxilio Potestatis Florentie fautoris hereticorum, vocatis exbannitis, pulsata campana communis, extenso vexillo, equis phaleratis, cum balistis, sagittis et arcubus, nobis se publice opposuerunt pugnando contra nos et societatem fidei.... et violaverunt cemeterium majoris ecclesiæ vulnerando et occidendo fideles, intrando ecclesiam cum armis, fugando, spoliando, vulnerando.... » (*Ibid.*)

[2] « De quibus pene tota civitas attestatur, et cicatrices fidelium vulneratorum hoc idem indelebiliter attestantur. » (*Ibid.*)

[3] « Quod in domibus ipsorum episcopi hereticorum Burnettus et Tor-

Office, délivré de vive force, par leurs propres mains[1]. En conséquence, la justice ecclésiastique les déclarait infâmes, ainsi que leurs complices, et les soumettait à toutes les peines édictées par les sacrés canons. Leurs maisons, « repaires de perfides, » devaient être renversées de fond en comble et tous leurs biens confisqués[2]. Quant aux autres hérétiques, les juges, « voulant accomplir leur tâche avec douceur, » promettaient miséricorde à quiconque, déposant les armes, viendrait, avant la fin du jour, s'humilier au pied de leur tribunal et exprimer sincèrement le vœu de rentrer sans retard dans le giron de l'Église[3].

« Une si grande bonté, » comme dit le dominicain Sandrini, ne toucha point le cœur endurci des hérétiques[4]. Plus agités, plus entreprenants que jamais, ils poursuivaient d'insultes leurs principaux adversaires, dans les rues et jusque dans les églises. Ils ne reculaient ni devant le meurtre ni devant l'incendie, moyens de guerre familiers alors à tous les partis, et qu'avec l'indignation qui sied aux consciences pures, ils se reprochaient réciproquement. Les orthodoxes n'étaient pas en reste avec eux[5]; mais ils voulaient s'assurer l'avantage; ils

---

sellus et alii quamplures heretici sunt receptati. » (*Ibid.*) Tous ces textes font partie de la sentence rendue.

[1] « Quod idem Baro et Pax coram nobis confessi sunt (*Ibid.*). »

[2] « Et aliis pœnis sacris canonibus infligendis addicimus puniendos; domus eorum que fuerunt latibula perfidorum, pronuntiantes funditus diruendas; bona eorum omnia pronuntiantes et dicentes omnino confiscanda. » (*Ibid.*)

[3] « Volentes in mansuetudine perficere opera nostra.... quod si hodie, depositis armis, humiliantes se, volentes redire ad gremium S. M. Eccl., abjurantes omnem hæresim, misericordiam implorabunt, recipiemus eos. » (*Ibid.*)

[4] « Tanta bontà, » dit le P. Sandrini, ap. Lami, II, 577.

[5] Passerini, *loc. cit.*, p. 4, 5.

n'avaient d'autre but que de les anéantir. Les plus fervents et les plus considérables des catholiques furent réunis en conseil. Beaucoup de nobles offrirent leur vie pour la défense de leur sainte religion. Il fut résolu, après en avoir référé à Rome, qu'on rendrait aux patarins attaques pour attaques, et qu'on les débusquerait des points stratégiques dont ils s'étaient emparés[1].

Le chef de cette croisade fut l'éloquent prédicateur que le médiocre effet de sa parole remplissait de confusion et de dépit. Il se mit à la tête des chevaliers de la foi. Grand et fort comme il l'était, tenant dans ses robustes mains la bannière blanche à croix rouge, il attirait tous les regards, il inspirait à tous la confiance et l'enthousiasme. Parti de Santa Maria Novella, il marcha au-devant de l'ennemi. Il le rencontra non loin du couvent, en un lieu alors appelé *Pozzo a San Sisto*, étroit carrefour qui porte aujourd'hui le nom de *Croce al Trebbio*[2]. Refoulés plutôt que vaincus, les hérétiques battirent en retraite vers le quartier d'Oltrarno et la place dite des Rossi[3], où se trouvaient, sur la rive gauche, au bout du *Ponte vecchio*, les maisons de cette noble et riche famille de leur parti. En cet asile ils pouvaient être

---

[1] « Ed andare colle armi scoperte a combattere contro le parti eretiche, che coll' armi pure alla mano s'erano avvantaggiate ne' primi posti della città. » (Lami, II, 578.)

[2] Ce carrefour est au bout de la *via delle Belle Donne*, qui conduit d'une part à la *via Tornabuoni*, de l'autre à la place de S. Maria Novella. On y voit encore une croix commémorative. — On ne sait pas trop ce que signifie Trebbio. Peut-être *trivium*, *tripudium*, *trebbiare* ou *trebbiatura*, mot qui s'emploie en parlant de ce que foule le sabot d'un cheval. — *Tribo*, dit-on encore, veut dire *tribus*. Voy. *Osserv. fior.*, III, 193, 3ᵉ éd. — Il y avait dans les environs de Florence une petite localité appelée Trebio (voy. Arch. di Stato, *Capitoli*, 1193, p. xxix, fᵒ 96 rᵒ).

[3] Aujourd'hui de Santa Felicita.

inexpugnables, s'ils y parvenaient à temps pour occuper les têtes de pont qui, seules, y donnaient accès. Mais serrés de trop près dans cette poursuite ardente, ils virent leur échapper ce moyen de salut. Quand Pietro de Vérone comprit vers quel point ils se dirigeaient, par un raffinement propre aux guerres civiles et religieuses, il remit le gonfalon du commandement au chef d'une branche restée orthodoxe de la famille des Rossi. Il savait bien que les haines fraternelles sont de toutes les plus implacables[1].

Cependant, de sa voix vibrante, il continuait d'enflammer les courages, qu'avait échauffés le premier succès. Les chevaliers de Sainte-Marie ayant passé les ponts à la suite de leurs ennemis, parvinrent presque aussitôt qu'eux sur la place, et y massacrèrent quiconque, les chefs tués, ne se dérobait pas par une fuite rapide à des vainqueurs qu'enivraient les fumées du sang[2].

[1] Le texte des Bollandistes est formel : « Quibusdam de Rubeorum familia nobilibus et aliis catholicis vexillum exhibens cruce insignitum, ut ipse verbis et ille gladiis contra hæreticos Domini prælium exerceret. » (*Acta sanctorum*, loc. cit.; p. 693.) — D'autre part, on lit dans l'*Osserv. fior.* (VII, 147, 3ᵉ éd.) : « Quanto ai Paterini di cui fur capo i Rossi dice abbastanza la colonna colla statua di S. Pier martire sulla piazza già de' Rossi, ora di S. Felicita. » — Il y avait donc des Rossi dans les deux camps, et le choix de Fra Pietro s'explique, car il n'y a pas d'acharnement comparable à celui des frères ennemis.

[2] La plupart des auteurs mettent le combat de la place des Rossi avant celui du Pozzo a San Sisto, à en juger du moins par l'ordre qu'ils indiquent. Saint Antonin dit que la bataille eut lieu « ultra Arni flumen et citra Arnum. » (*Croniche*, part. III, tit. xxiii.) Les Bollandistes de même ; mais cela ne fait pas deux autorités, car Ambrogio Taegio, dominicain du quinzième siècle, auteur de la Vie de Pierre martyr, ne fait que reproduire ce qu'on avait écrit avant lui. — Il semble clair qu'assaillants ou assaillis, les chevaliers de Sainte-Marie durent partir de S. Maria Novella, leur lieu ordinaire de ralliement, dégager les abords du couvent, et, à moitié vainqueurs, poursuivre l'ennemi au delà des ponts. L'ordre inverse ne s'expliquerait pas. Or deux textes indiqués ou cités par Lami (p. 580 et 584) donnent l'ordre

Alors même qu'elles furent dissipées, ils ne renoncèrent qu'avec peine et contre des gages certains aux plus inexorables rigueurs. C'était peu, pour trouver grâce, d'établir clairement qu'on n'avait pris à la lutte aucune part. Tout patarin supposé dut, pour sauver ses jours, faire profession d'orthodoxie à Santa Maria Novella, et porter publiquement sur l'épaule droite une croix de drap rouge, en signe de réconciliation avec l'Église. Ceux qui persistèrent dans l'impénitence furent conduits au bûcher, et la terrible Inquisition ne pardonna même pas aux os de ses victimes[1].

L'allégresse régnait parmi les âmes pieuses. Elles sentaient l'hérésie frappée à mort. Débordant de gratitude envers les frères prêcheurs, elles léguaient à l'envi des immeubles au couvent désormais fameux qu'ils habitaient à Florence, fortune inespérée pour des moines qui jusqu'alors, ne possédant rien, vivaient au jour le jour des dons de la charité. Le saint-siége, de son côté, récompensa Fra Ruggiero des Calcagni : ce piètre inquisiteur fut nommé évêque de Castro dans la Maremme, et figura, à ce titre, parmi les Pères du concile de Lyon[2]. Le vrai vainqueur des hérétiques, Fra Pietro de Vérone, n'obtint que de le remplacer dans ses épineuses fonctions. C'était sans doute une haute marque de confiance, car en cette ville d'indépendante et capricieuse humeur, il fallait

que je suis. Leur autorité confirmant le raisonnement, vaut bien l'autorité unique de saint Antonin. Un de ces deux textes parle de deux journées, par confusion probable avec les deux combats. M. Passerini (p. 5) dit : « Il y a un ou deux engagements près de S. Felicita et de la piazzetta del Trebbio. C'est obscur. » Il ne m'a pas semblé impossible de pénétrer cette obscurité. La statue de Pierre martyr établie sur la colonne de la place des Rossi semble bien indiquer que là eut lieu le combat décisif.

[1] Passerini, *loc. cit.*, p. 5.
[2] Lami, II, 579-583.

affermir le triomphe; mais soit qu'il jugeât la récompense trop inférieure à ses services, soit plutôt qu'il souhaitât uniquement d'être au plus fort des combats, le fougueux apôtre ne fit pas un long séjour à Florence. Son infatigable zèle y paraissant désormais superflu, un ordre de Rome le renvoya en Lombardie, où la faction impériale, toujours prépondérante, favorisait les patarins et donnait asile aux faidits de Languedoc[1]. Une fin tragique l'y attendait. En 1252, alors qu'il revenait de Côme, où l'avait appelé son devoir, il tomba dans une forêt sous le poignard de la secte qu'il frappait à coups redoublés. Une tradition, que rapporte Savonarole, veut que ses meurtriers fussent de ceux qu'il avait vaincus à Florence et chassés de leur patrie[2].

Les admirateurs qu'il y avait conservés, et dont chaque jour croissait le nombre, voulurent du moins honorer sa mémoire. Ils n'attendirent pas que l'Église, après l'avoir déclaré martyr, le mît au nombre de ses saints, et que l'Espagne fît de lui le patron de son inquisition redoutable[3]. Sur les deux étroites places qui avaient servi de champ de bataille et vu couler le sang des patarins, deux colonnes furent érigées qui reçurent à leur sommet, celle du carrefour *al Trebbio*, une croix sculptée dans la pierre; celle de la place des Rossi, la statue du martyr. Un tableau qu'on vit longtemps à la porte des capitaines d'Or San Michele, le représenta tenant dans ses saintes mains son glorieux étendard. Le 29 avril, jour où l'on célébrait sa fête, les hommes de sa compagnie, car l'institution qu'il avait fondée lui survi-

---

[1] Réville, *loc. cit.*, p. 71.
[2] *Acta sanctorum*, loc. cit., p. 698. — Lami, II, p. 588.
[3] *Ibid.*

vait, promenèrent dès lors par la ville cette bannière vénérée, en faisant à Santa Maria Novella l'offrande sacramentelle de cierges allumés[1]. Avec le temps la procession fut supprimée, et le gonfalon blanc à croix rouge ne sortit plus du couvent; mais on le déployait du moins, on le suspendait dans l'église, le jour anniversaire du saint. Aujourd'hui, on ne l'y suspend même plus. Il reste confiné dans la sacristie, au fond d'une sombre armoire. Il ne voit la lumière que par aventure et pour un instant, à la demande bien rare d'un voyageur curieux. Ce témoin encore palpable d'un fait important et d'une grande renommée ne dit plus rien à l'imagination du peuple dont il a guidé les pas dans une lutte sans merci. Il n'est pas jusqu'au nom jadis retentissant de Fra Pietro qui ne soit désormais enveloppé d'obscurité. Mélancolique exemple de la vanité des gloires humaines, alors même qu'un rayon d'en haut semble les éclairer!

Mais la gloire qu'ambitionnait l'intrépide apôtre ne lui fit point défaut : il avait fait œuvre durable. « Le parti gibelin, écrit le P. Sandrini, ne put plus faire son nid dans nos murs, et la foi, qui souffrait beaucoup par son fait, fut désormais inébranlable, n'eut plus à supporter parmi nous de semblables secousses[2]. » La mort prématurée de Frédéric II ôta aux patarins tout espoir de rentrer dans Florence. Contre ces « ouvriers de l'iniquité, » Innocent IV appela partout aux armes les ouvriers de la justice. Il promit rémission de toute péni-

---

[1] S. Antonin, *loc. cit.* — *Acta sanctorum*, loc. cit., p. 693. — Lami, II, 579 sq.

[2] « Di modo che il partito ghibellino non potè più annidare tra queste mura, e la fede che molto pativa per quello, restò indelebile e incapace di più mai tollerare in Firenze simili scosse. » (Le P. Sandrini, ap. Lami, II, 583-584.)

tence à quiconque avait incendié des églises ou maltraité des prêtres, pour peu qu'il combattît sous les bannières de la croix[1]. Il répartit les charges d'inquisiteur entre les franciscains et les dominicains, dont la rivalité jalouse redoubla les rigueurs de la persécution. Aux dominicains il assigna la Lombardie, la Romagne, les marches de Trévise et de Gênes; aux franciscains, Rome et sa campagne, le patrimoine de saint Pierre, le duché de Spolète, la Toscane[2].

Cette substitution eut à Florence d'heureux effets. Un passé récent, des plaies mal cicatrisées encore avaient fait aux frères prêcheurs de nombreux ennemis; les frères mineurs n'en avaient point. La pacification intérieure en devint plus rapide. Cinq ans à peine s'étaient écoulés que, dans le gouvernement des guelfes, portés au pouvoir par les troubles de la rue, parmi les douze *anziani* créés à cette occasion, l'on voit figurer deux membres de la famille maudite des Baroni[3]. Ils avaient donc abjuré leur foi religieuse et, tout ensemble, leur foi politique; on tenait donc leur conversion pour sincère, puisqu'on les appelait à la plus haute des magistratures que Florence ne confiât pas à des étrangers. Bientôt, les croisés de Pietro le martyr, ne trouvant plus dans la lutte contre l'hérésie l'emploi de leur zèle, le consacrèrent aux œuvres charitables, spécialement à l'hospitalité. Divers hôpitaux pour les voyageurs furent confiés à leurs soins, dans la ville et au dehors, véritable bienfait en des

---

[1] « Et quod Joannes hereticus condemnatus quem per violentiam de carcere communis extraxerunt receptatus est ibidem, quod idem Baro et Pax coram nobis confessi sunt. » (*Ibid.*)

[2] Mansi, *Concil.*, XXIII, 584 sq. — Schmidt, I, 167.

[3] Schmidt, I, 168.

temps où manquaient partout les auberges¹. C'est ainsi que, changeant de titre comme de fonction, les chevaliers de Sainte-Marie devinrent les capitaines de la Miséricorde. Ces belliqueux athlètes de la veille étaient les pacifiques infirmiers du lendemain.

Contre ce qui restait du catharisme, il suffisait désormais de la vigilance pontificale, à condition, pourtant, de ne se point relâcher. Or les papes, durant cette période, n'ont pas de plus constante pensée que d'en finir avec l'ennemi terrassé dont le fantôme hante leurs nuits sans sommeil. Alexandre IV ordonne aux potestats et recteurs des communes, sous peine de deux cents marcs d'argent, de livrer à l'évêque et aux inquisiteurs du lieu les hérétiques réclamés². Martin IV, résolu d'en confisquer les biens, écrit à ce sujet aux inquisiteurs de Florence³. Le mineur Salomon de Luca, qui exerçait alors cette charge, intente, pour se conformer aux ordres reçus, un procès posthume à une certaine Ruvinosa, morte veuve du Florentin Reniero del Bagno (1282)⁴. L'année suivante, le potestat Aldegherio de Senazza rend la sentence nécessaire pour vendre et partager, conformément

---

¹ « Certum est sæculo XIII°, immo longe antea in nullo ferme ex italicis urbibus desiderata fuisse itinerantium diversoria.... In suburbiis civitatum hospitales ædes condere majores nostri in more habuerunt. Ita consultum peregrinis quibus si quando nocte intercepti ita fuissent clausis jam urbium portis. » (Muratori, *Antiq. Ital.*, Diss. xxxvii, t. III, 583, 585.) — Le premier de ces hôpitaux fut celui *del Bigallo*, à cinq milles de Florence, du côté de l'est. On en donna aussi le nom à ces chevaliers. Nul ne sait au juste le sens de ce mot de *Bigallo*.

² Bulle d'Alexandre IV, *Ann. eccl.*, 1255, n° 30, t. XXI, p. 529.

³ Arch. di Stato, *Capitoli*, n° xliv, f° 14 r°.

⁴ « Dominam Ruvinosam.... que jam decessit.... quod bona dicte.... mobilia et immobilia, jura et actiones.... debeant in consilio, ut assolet, de condemnatis aliis, de verbo et facto publice publicari per sententiam dividenda, sicut in constitutionibus papalibus dignoscitur contineri. » (1282. Doc. ap. Lami, II, 588.)

aux constitutions pontificales, les « meubles, immeubles, droits et actions » de la défunte [1]. Mais il fallait trouver acquéreur dans des conditions favorables. Ce ne fut pas l'affaire d'un jour. Vente et partage n'eurent lieu que trois ans plus tard, le 5 novembre 1287, dans le couvent même des franciscains, par les soins de Fra Bartolommeo de Sienne, alors « inquisiteur de la perversité hérétique [2]. » Encore avait-il dû donner à l'acquéreur des garanties contre l'éviction, et contre les sentences ultérieures du Saint-Office [3].

C'étaient les rôles renversés : le juge ecclésiastique faisait fonction de magistrat civil. Un tel empiétement fut sans doute peu goûté, car, dans la suite, on voit des syndics ou procureurs spéciaux chargés de ces sortes d'opérations, et prenant possession des biens « de tout patarin ou hérétique vivant ou mort, confisqués ou mis en vente par ordre ou du consentement du potestat, pour les louer ou les vendre, et en remettre à la commune la part qui lui en revenait [4]. » La procédure entre ces mains laïques devenait plus âpre, comme plus rapide. Des syndics, hommes de loi ou d'affaires, s'entendaient aux détails infiniment mieux que des moines, et ils ne pouvaient qu'accomplir avec zèle une tâche qui n'était pas sans pro-

---

[1] Lami, *ibid.*
[2] « Actum in loco fratrum minorum de Florentia, presentibus testibus Pacino Peruzzi, Ughetto Bencivenni, populi S. Simonis, et Bughetto Boninsengne populi S. Nicolai ad hoc vocatis. Frater Bartholomæus senensis ord. Minorum auctoritate apostolica inquisitor heretice pravitatis per se suosque successores pro inquisitoris officio ex causa venditionis dedit.... Maso D. Rogerini Minerbetti.... contra bona et res olim D. Raynerii del Bagno de Florentia: » (Doc. ap. Lami, II, 590 sq.)
[3] Lami, II, p. 593.
[4] Archivio diplomatico, *Pergamene delle Riformagioni*, 18 entr. febr. 1305. — Cf. Arch. di Stato, *Provvisioni*, n° I, p. 35 v°. 4 janv. 1286, et n° x, p. 160, 5 février 1300.

fit. L'intérêt privé, à vrai dire, luttait plus librement avec eux d'expédients et de ruse. Attentif à se défendre, et moins retenu par le respect, il élargissait, pour en retirer une part de l'héritage, les mailles du filet que resserrait l'officier public, pour y retenir tout ce qu'avait donné la confiscation. Ainsi, en 1309, Gherardo Lupicini étant mort, on procédait à la saisie de ses biens, pour des actes qui sentaient l'hérésie, mais déjà vieux de trente-huit ans[1]. L'effet rétroactif habilement donné à la loi permettait de remonter, sans prescription possible, au temps même du délit. Toutes les mesures étant prises d'avance, l'exécution s'accomplit sans encombre, avec une foudroyante rapidité. Le 5 juillet, avait paru le décret; le 19, non-seulement les syndics étaient nommés, mais déjà ils avaient accompli leur besogne d'oiseaux de proie[2]. Plus prompte encore était pourtant la victime désignée, l'héritier de Gherardo. C'était Lippo, fils de Rodulfo Lupicini. Avant la saisie, il avait lestement vidé la cassette, et remis à son oncle, Megliorato Domenici, tout l'argent monnayé. Megliorato payait aussitôt les dettes du défunt, rachetait au prix de mille livres les biens confisqués, et en remettait scrupuleusement à Lippo les revenus. Un acte authentique servant de décharge reconnaissait, en 1314, la parfaite fidélité de cette longue gestion[3].

Les magistrats civils fermaient donc les yeux, au début, sur ces échappatoires de l'intérêt privé; plus tard, ils prêtaient ouvertement les mains à tout acte suscep-

---

[1] Arch. diplom., *Pergamene delle Riformagioni*, 5 juillet 1309.
[2] *Ibid*. Doc. du 19 juillet 1309. On y détaille les biens dont il s'agit, on y nomme l'acheteur.
[3] *Ibid*. Doc. du 2 mars 1314.

tible de régulariser les situations, de produire l'apaisement par l'oubli. Tandis que le Saint-Office poursuivait les descendants des hérétiques jusqu'à la troisième et quatrième génération [1], ils ne considéraient pas les fautes des pères comme une cause d'indignité pour les fils. Ils ne craignaient même pas, en des pièces officielles, de rappeler, sans intention hostile, ces compromettantes filiations. En 1299, par exemple, ils instituaient syndic pour une banqueroute un certain Guido. Ils auraient pû l'appeler, selon l'usage d'un temps où les noms de famille étaient rares encore, Guido di Giovanni, c'est-à-dire fils de Giovanni : ils l'appelaient, dans l'acte même de sa nomination, Guido del Patarino, Guido fils du Patarin [2].

Cette tolérance exaspérait le Saint-Office, car, si l'hérésie était morte, les tronçons épars en remuaient encore. Il tenait peu de compte aux magistrats de leur empressement à édicter toutes les constitutions répressives qu'il réclamait [3]. Il leur reprochait d'en édicter d'autres, gênantes pour les libertés ecclésiastiques, et de ne lui prêter qu'à contre-cœur le concours du bras séculier [4]. Il

---

[1] Lami, II, 497, 536. Schmidt, I, 181.

[2] Arch. di Stato, *Provvisioni*, n° IX, p. 231. 9 janvier 1299. — En 1308, à Lucques, un citoyen, mal famé, il est vrai, comme traître et assassin, était appelé Patarino. (*Statuto di Lucca*, l. III, Rub. 60, publié dans la continuation de Cianelli, *Memorie e Documenti per servire alla storia di Lucca*, t. III, part. III, p. 177. — Lucques, 1867, in-4°.) Le statut de Lucques, dans sa rédaction du quatorzième siècle, contient encore l'obligation de persécuter les Patarins : « Et purgabo civitatem lucanam, districtum et episcopatum hereticis et Patarinis et Sodomitis. » (L. III, Rub. 155, publié dans les *Mem. e Doc.*, etc., t. III, p. 230.)

[3] « Maxime circa fidei sancte cultum et adversariorum hereticorum paterenorum vel suorum fautorum exterminium et gravamen constitutiones contra eos editas. » (3 octobre 1300. Arch. di Stato, *Provvisioni*, n° X, p. 280.)

[4] « Composita per commune Florentie et conscripta et posita inter capitula et ordinamenta dicti communis et populi quedam statuta sive constitu-

se laissait entraîner « par ses flatteurs » à les poursuivre de menaces et même de procès où il enveloppait « les membres des conseils publics et certains autres marchands[1]. » Il obtenait ainsi l'annulation des statuts incriminés[2], mais il n'en tonnait pas moins contre « quelques fils d'iniquité, fauteurs du mensonge, destructeurs de leur patrie, qui voulaient semer la zizanie entre notre sainte-mère l'Église et ses fils dévôts, les citoyens de Florence[3]. »

Cette persécution attardée n'était plus assez violente pour raviver le culte proscrit dans le sang et les flammes ; mais comme elle continuait sans relâche, à la fin elle lassa la patience des moins impatients. Leur voix isolée n'osait plus se faire entendre. L'eût-elle osé, elle eût expiré sans écho. Manquant de catéchumènes, ayant renoncé à tout culte public ou même en commun, n'étant plus réconfortés par leurs évêques, les plus délicats scrupules de la conscience pouvaient seuls les retenir de chanter la palinodie, car à rester impénitents ils ne gagnaient que de

tiones que videntur obstare ecclesiastice libertati ac etiam contra inquisitionis officium ne sibi per regimina florentina dari et exiberi debeat si petatur auxilium brachii secularis. » (3 octobre 1300. Arch. di Stato, *Provisioni*, n° x, p. 280.)

[1] « Prefatus reverendus pater (frater Matheus Portuensis et S. Rufine episcopus) forsan ultra debitum rationis, assentatoribus aures suas prebens.... certos processus fecerit et comminatus fuerit contra dominos Potestatem, Capitaneum, Priores artium et Vexilliferum justitie, consiliarios et certos alios mercatores.... » (*Ibid.*)

[2] « Quod si qua statuta.... viderentur seu essent in derogationem auctoritatis apostolice sedis et ecclesiastice libertatis seu officii Inquisitionis...., que scisma, heresim vel favorem hereticorum seu credentium continerent vel saperent directe vel indirecte, sint cassa et irrita. » (*Ibid.*)

[3] « Per aliquos iniquitatis filios, falsitatis subgestores, honoris et status sue patrie detractores, volentes seminare zizaniam inter sanctissimam matrem et Dom. Romanam Ecclesiam et devotissimos filios cives florentinos.... » (*Ibid.*)

multiplier les obstacles sur leur route, d'exposer à mille vexations leurs biens et leurs personnes, d'avoir en perspective la spoliation, la ruine, l'exil. La plupart achetèrent la sécurité en déshonorant eux et leurs pères. Ils n'eurent pas honte de dire que leurs pères étaient en démence quand ils avaient recherché et reçu le *consolamentum*[1]. Eux-mêmes ils feignirent d'être catholiques, et ils le feignirent si bien que l'Église faillit canoniser un d'entre eux.

Une doctrine qui s'avilit et se dissimule est perdue à jamais. Du patarisme il ne resta bientôt plus que le nom. Ce nom servit, au quatorzième siècle, à désigner quiconque s'écartait de l'orthodoxie[2]. L'esprit immortel d'indépendance religieuse chercha d'autres dérivatifs. Il en trouva dans le mysticisme de Jean d'Oliva et de Joachim de Flore, dans la secte des Fratricelles, issue des franciscains[3], mais surtout dans ce vague épicurisme que les chroniqueurs florentins confondent avec l'hérésie, et qui n'est que l'indifférence religieuse ou l'incrédulité. « Ces épicuriens, écrit Benvenuto Rambaldi d'Imola, contemporain et commentateur de Dante, sont innombrables. On les compte non par centaines de mille, mais par milliers de mille[4]. » Farinata des Uberti, chef des gibelins, pensait, comme Épicure, que le bonheur suprême, que le paradis ne doit être cherché qu'en ce

---

[1] Schmidt, I, 168-169.

[2] Lami, II, 487.

[3] Le règne de l'Esprit annoncé par l'Évangile éternel comme devant mettre un terme à celui du Fils et de l'Église papale ressemblait beaucoup à l'idéal des docteurs cathares. (Réville, *loc. cit.*, p. 72.)

[4] « Illi Epicurei sunt innumerabiles, unde poterat ita dicere cum pluribus centum millibus, immo mille millibus. » (Benvenuto da Imola, *Comment. ad. Inf.*, X, 115. — Muratori, *Antiq. Ital.*, I, 1046.)

monde. Cavalcante Cavalcanti « croyait et persuadait aux autres que l'âme meurt avec le corps. Il avait toujours à la bouche le mot de Salomon : L'homme meurt comme la bête ; leur condition est la même[1]. » Son fils, ce Guido Cavalcanti, poëte et philosophe, « second œil de Florence[2] » dans ces temps là, et ami du premier, c'est-à-dire du grand Alighieri, professait les mêmes doctrines, qu'il avait sucées avec le lait. « Quand les bonnes gens, dit Boccace, le voyaient abstrait et rêveur dans les rues, ils le disaient en quête d'arguments pour prouver qu'il n'y a pas de Dieu[3]. » Incrédules à l'égal des Cavalcanti étaient la plupart des grands gibelins. C'est à titre d'incrédule que Farinata des Uberti lui-même, le héros, le politique, le patriote du parti que soutenait avec passion le plus croyant des poëtes, nous apparaît au fond de cet impérissable enfer dont la poésie a doté le christianisme, en compagnie de Frédéric II, du cardinal Ubaldini et de « mille autres[4], » claquemuré vivant dans son cercueil.

C'était le sentiment public dont Dante se faisait l'organe pour l'éternité. Reconquise au catholicisme, Florence n'entendait plus s'en détourner. Guelfe obstinée par dévouement intéressé au saint-siége, laborieuse par habitude et par goût, elle haïssait ces gibelins oisifs qui

---

[1] « Semper credens et suadens aliis quod anima simul moreretur cum corpore. Unde semper habebat in ore dictum Salomonis : Unus est interitus hominis et jumentorum, et æqua utriusque conditio. » (Benven. d'Imola, ad. *Inf.*, X, 52, *loc. cit.*, p. 1045.)

[2] « Ille fuit pater Guidonis Cavalcantis qui fuit alter oculus Florentiæ tempore Dantis. » (*Ibid.*)

[3] « E perciò che egli alquanto tenea della opinione degli Epicuri, si diceva tra la gente volgare che queste sue speculazioni eran solo in cercare se trovar si potesse che Iddio non fosse. » (Boccace, *Decameron*, Giorn., VI, nov. 9, t. II, p. 52, 53.)

[4] « Qui con più di mille giaccio. » (*Inf.*, X, 118.)

dissipaient leur riche patrimoine dans une vie de plaisirs ; elle ne croyait pas leur pouvoir faire de plus cruelle injure que de les taxer d'impiété. Mais aucun peuple ne sut, en restant fidèle, se montrer plus large et plus libre dans l'interprétation de sa foi. Il ne suffit pas aux Florentins de condamner, de railler, comme on faisait en France, les abus et les vices ecclésiastiques : on les vit porter sur les principes mêmes un regard sinon investigateur, au moins sceptique et presque indifférent. Leur religion très-portée aux craintes superstitieuses, très-sincère aux heures de danger ou de crise, fut, en général, chez le plus grand nombre, affaire de convenance, de politique, de tradition. En se conformant aux usages consacrés, en ne protestant point contre ce que pensait le commun des hommes, ils se sentaient plus maîtres de penser à leur guise. Il y a parfois plus de véritable esprit religieux chez ceux qui s'insurgent que chez ceux qui se soumettent, et l'on a dit souvent qu'entre Luther et Léon X, le plus chrétien des deux n'était peut-être pas le chef de la chrétienté. Les Florentins furent dès lors tels que nous voyons aujourd'hui les peuples d'Italie, également attachés aux pratiques de leur culte et détachés des dogmes de leur religion. L'hérésie n'était pas morte tout entière. Il en restait cet indomptable esprit d'indépendance religieuse dont elle s'inspire, qui souvent se substitue à ses folles ou creuses théories, et qu'on ne comprime pas impunément. C'est pour lui avoir laissé une intelligente et sage liberté que Florence n'en connut plus les licencieux écarts, et qu'elle traversa les temps orageux de la Réforme, sans en être agitée et troublée, comme le furent, en Italie même, tant d'autres cités.

LIVRE III

CHAPITRE PREMIER

LE PREMIER GOUVERNEMENT DES GUELFES

— 1251-1260 —

Intrigues des gibelins avec Pistoia. — Traité entre eux (22 juin 1251). — Leur défaite à Monte-Robolino. — Chefs gibelins exilés de Florence. — Inimitié déclarée des deux factions. — Prospérité de Florence. — Ses mœurs primitives. — Le florin d'or. — Les constructions. — Achat de châteaux. — Négociation auprès du saint-siége. (août 1251). — Campagne contre Sienne et les gibelins (septembre-décembre 1251). — Campagne contre les Ubaldini du Mugello. — Défaites des gibelins à Monte-Accianico et à Montaia (décembre 1251-janvier 1252). — Siége de Tizzano. — Alliance entre Sienne, Pise et Pistoia (12 juin 1252). — Défaite des Lucquois à Montopoli. — Reddition de Tizzano (24 juin 1252). — Défaite des Pisans et des Siennois à Pontedera. — Campagne dans le val d'Arno. — Reddition de Figline. — Les Siennois forcés à lever le siége de Montalcino. — Campagne contre Pistoia. — Soumission de cette ville (1253). — Attaques des Siennois repoussées. — Politique florentine. — L'année des victoires (1254). — Traité avec Sienne (11 juin 1254). — Soumission des villes gibelines. — Prise de Volterre (10 août 1254). — Domination des Florentins sur Volterre. — Traité avec Pise, avec Arezzo et Sienne (août 1254-juillet 1255). — Gibelins d'Arezzo chassés par Guido Guerra. — Désaveu des Florentins (août 1255). — Institutions de Sienne, rapprochées de celles de Florence. — Campagne contre Pise (1256). — Prise de Motrone. — Traité avec Pise (5 septembre 1256). — Vertu d'Aldobrandino Ottobuoni. — Dangers des guelfes. — Les tyrans de Lombardie. — Le roi Manfred. — Faute politique des guelfes et du saint-siége. — Conjuration des Uberti à Florence (juillet 1258). — Expulsion des chefs gibelins. — Supplice de l'abbé de Vallombreuse (4 septembre 1258). — Interdit jeté sur Florence.

C'était la condition malheureuse de Florence, qu'aucune révolution accomplie dans ses murs n'y avait un lendemain assuré. Les vaincus pouvaient toujours se réfugier à ses portes, et trouver dans les châteaux, comme dans les villes du voisinage, un refuge menaçant. Ceux-là mêmes que ne jetait pas hors de leur patrie le dépit de la défaite ou une sentence d'exil reprenaient courage en voyant des alliés à portée de la voix. Loin de dévorer leurs ressentiments et de se résigner à leurs mécomptes, ils bondissaient sous l'oppression comme sous l'injure, et ils appelaient injure le partage des priviléges dont jusqu'alors ils jouissaient seuls, oppression les plus simples sûretés prises contre eux. C'est ainsi qu'au lendemain d'un désastre qu'eût prévenu peut-être l'énergique emploi de leurs armes, ils s'indignaient de voir rentrer leurs adversaires bannis, et un gouvernement guelfe traiter des guelfes avec faveur [1].

Impuissants à s'y opposer dans Florence, ils exhortaient les cités gibelines, et notamment Pistoia, à ne pas rouvrir leur sein à leurs proscrits [2]. S'il en résultait une guerre, ils promettaient de ne se point rendre sous leurs gonfalons quand sonnerait la Martinella, d'envoyer des hommes d'armes à leurs alliés, de saisir l'occasion pour terrasser les guelfes florentins et pour les expulser à jamais [3].

Pistoia suivit leur conseil, et, comme ils l'avaient prévu, Florence fit l'*oste* contre l'insolente voisine qui, en la

---

[1] « Per cagione che alla maggiore parte delle case de' ghibellini di Firenze, non piacea loro la signoria, perchè favoreggiava i guelfi più che non harebbono voluto. » (Villani, VI, 43.)

[2] « Quando i guelfi furono in Firenze, i ghibellini segretamente fecero che i Pistolesi non volessero che i guelfi loro tornassero. » (Stefani, l. II, Rub. 93.)

[3] « Che se 'l comune uscisse fuori, non v'anderebbono, ma rimarrebbono e ordinerebbono che i Pistolesi averebbono gente ; che vincerebbono et eglino caccerebbono i guelfi di Firenze per modo non tornerebbono più mai. » (Stefani, l. II, Rub. 93.)

bravant de si près, compromettait sa sécurité. Ce ne fut point, à vrai dire, sans d'orageux débats. Les gibelins, dont nul ne soupçonnait la trame secrète, combattaient sous les beaux dehors de la justice l'expédition projetée, et ralliaient les âmes candides au scrupule qu'ils affectaient. Avoir rouvert les portes de Florence, disaient-ils, c'était bien, c'était conforme à l'esprit de la paix conclue entre les partis ; mais on dépassait le but en contrariant les libres desseins de Pistoia ; on laissait paraître la haine des gibelins, non la haine des factions. Écrasés à Pistoia, ils le seraient bientôt à Florence même : par un chemin détourné l'on revenait aux proscriptions.

Pure calomnie, répondaient les guelfes ; mais comme catholiques, comme fils soumis de la sainte Église, pouvons-nous permettre que des gens qui l'ont bien servie vivent bannis comme des voleurs ? Puisque leur retour est juste, que Pistoia l'ordonne, et elle supprime par là toute cause de guerre. Ce raisonnement, s'il ramena les indécis, n'entama point des gens résolus, qui ne faisaient sonner si haut la justice que pour mieux masquer des vues intéressées, de secrètes négociations[1]. Ils en nouaient avec Sienne comme avec Pistoia. Le 22 juin 1251, les principaux d'entre eux, Uberti et Lamberti, Guidalotti et Rustichelli, Caponsacchi et Brunelleschi, Amidei et Ubbriachi, Scolari, Soldanieri, Alberti de Mangona, s'engageaient envers cette ville, pour « l'université » de tous leurs compatriotes gibelins[2], à se concerter avec les Ubal-

---

[1] Ammirato (l. II, t. I, p. 94) commente très-judicieusement le texte un peu sec de Villani (VI, 43) à ce sujet.

[2] « Pro se et omnibus hominibus et eorum domus, et pro tota parte ghibellinorum civitatis Florentie. » (*Caleffo vecchio*, p. 313 v°, 314 v°, 22 juin 1251.) — L'*universitas* était une commune dans la commune, un État dans l'État.

dini du Mugello, avec ceux des comtes Guidi qui étaient de la faction, avec tous les amis du *contado* et de Prato, sans autre obligation, d'ailleurs, que de servir la cause commune et d'y consacrer tous leurs efforts[1]. Le 24 juillet, il était stipulé entre Pise, Pistoia et Sienne, que les gibelins, tant qu'ils resteraient à Florence, seraient pourvus, à la volonté des capitaines élus, de toutes les choses nécessaires à la guerre, soldats, armes, machines[2]; que s'ils en étaient chassés ou s'ils en sortaient de plein gré, ils recevraient la solde de cavaliers et seraient indemnisés de leurs pertes par les communes confédérées, Pise payant cinq neuvièmes et Sienne quatre, jusqu'à concurrence de quinze mille livres de deniers pisans, selon l'évaluation des capitaines[3]; qu'en outre ces deux villes déposeraient quatre mille livres pour être distribuées aux hommes de la ville et du district de Florence, « pour l'honneur et le bon état desdites communes et de leur ligue[4]; que les gibelins, tant qu'ils resteraient en ville, devraient par leurs paroles et leurs actes, dans les conseils et ailleurs, au dedans et au dehors, procurer les intérêts de la ligue, faire en sorte que Florence ne les lésât point, et, s'ils ne s'y pouvaient opposer efficacement, commencer d'eux-mêmes la guerre[5] contre leurs concitoyens à l'intérieur et à l'extérieur, ne faire ni paix ni trêve qui ne fût d'abord consentie par lesdites communes,

---

[1] *Caleffo vecchio*, ibid.
[2] « Tam in soldaneriis, sergentibus, armis et balistis et hedificiis quam aliis, secundum qualitatem factorum. » (24 juillet 1251. *Caleffo vecchio*, p. 315 v°.)
[3] « Sit pro rata, etc. » (*Ibid.*)
[4] « Pro honore et bono statu dictorum comunium et eorum societatis. » (*Ibid.*)
[5] « Guerram propriam. » (*Ibid.*)

celles-ci contractant de leur côté l'obligation de ne mettre fin aux hostilités qu'avec le consentement des capitaines du parti gibelin. Ce pacte, « exempt de toute fraude, sophisme ou supercherie[1] », et juré sur les saints Évangiles, avait pour sanction une amende de deux mille marcs d'argent, et devait être renouvelé tous les cinq ans[2]. Il dura en effet bien plus que tant d'autres qu'impose la victoire et que subit la défaite, parce qu'il était librement conclu et conforme aux intérêts de tous les contractants. Sienne put bien, quatre ans plus tard, recevoir la loi de Florence; mais elle ne s'en crut pas moins tenue à remplir ses engagements secrets avec les gibelins et à leur donner un sûr asile quand, en 1258, ils furent chassés de leur patrie, poursuivis et traqués jusque dans l'exil.

L'ignorance de ces pratiques et le désir de châtier Pistoia protégèrent alors les gibelins contre des vengeances qu'eût justifiées leur tentative de semer la discorde, leur indirect appel à la sédition[3]. Aux derniers jours de juillet, se mirent en marche la cavalerie noble et les bannières du peuple. A leur tête était Oberto de Mandello, quatrième potestat de cette famille milanaise dont le nom semblait un présage de triomphes. L'ennemi, battu à Monte-Robolino, reconduit l'épée dans les reins jusque sous les murs de Pistoia, s'y renferma en toute hâte, certain de lasser ainsi la constance des assaillants. Rien, en effet, n'était prêt pour un siége. Il fallut rentrer à Florence, avec

---

[1] « Ad purum et sanum intendimentum, omni fraude et sophysmate et cavillatione remotis. » (*Ibid.*)

[2] *Caleffo vecchio*, p. 315 v°, 316 v°.

[3] « Riserbando a miglior tempo la vendetta della inobbedienza e sedizione da loro commossa. » (Ammirato, 1251, l. II, t. I, p. 94.)

l'orgueil de la victoire, mais avec la mortification de n'en pas recueillir le fruit, de ne pas rendre aux guelfes de Pistoia leur patrie et le pouvoir.

A la mauvaise humeur que dissimulaient mal les démonstrations joyeuses, l'indiscrétion des prisonniers donna fort à propos un dérivatif. On sut par eux qu'aux gibelins de Florence était due la résistance de Pistoia [1]. La colère publique aussitôt déchaînée, leurs *caporali* durent partir pour l'exil, se réfugier dans leurs châteaux ou dans les villes voisines, il est vrai, avec le désir et l'espoir d'un prompt retour. Aucun ne cherchait au loin, comme les Grecs antiques, un établissement définitif et de plus paisibles destinées. Ils aimaient la tempête, même durable et désastreuse, sous le ciel de la patrie. Proscrits et proscripteurs tour à tour, ils ne voyaient dans la paix jurée qu'une trêve pour aiguiser ou fourbir leurs armes et se préparer à de nouveaux combats.

C'est ainsi, par la force des choses, qu'à un gouvernement conciliateur succédait, après bien peu de jours, le gouvernement d'une faction. Cessant de se contraindre, les guelfes au dedans soutenaient de leurs deniers ou de leurs hommes d'armes les guelfes du dehors [2]. Ils rompaient avec l'empire, « qui, depuis longtemps, ne leur faisait que du mal [3], » et aux bannières qu'ils avaient reçues de lui changeaient le lis blanc sur champ rouge en un lis rouge sur champ blanc. Resta seule immuable « l'antique, noble et triomphale enseigne de la com-

---

[1] Stefani, l. II, Rub. 93.

[2] En décembre 1251, le parti guelfe d'Arezzo recevait d'eux, à titre d'emprunt, 650 livres de monnaie pisane, qui devaient être rendues le 1ᵉʳ février suivant. (*Capitoli* n° XXIX, f° 99 v°.)

[3] « E dagl' imperadori da gran tempo in qua altro che male non aveano avuto. » (Stefani, l. II, Rub. 95.)

mune », moitié blanche, moitié rouge, qui se déployait aux antennes du *carroccio* et qu'on appelait par excellence *lo stendale*, l'étendard[1].

Tel fut le nécessaire et décisif épilogue de la révolution accomplie. Trop d'éléments divers se heurtaient dans Florence, on y voyait trop de vainqueurs et de vaincus, d'Allemands et d'Italiens, de grands et de petits, de nobles et de bourgeois, de citoyens oisifs et d'habitants laborieux, pour que la première condition de l'existence, comme de l'ordre public et de la prospérité, n'y fût pas la domination d'un de ces éléments sur les autres. Cette division en guelfes et gibelins était même, si l'on ose dire, un moyen de réunion, puisqu'elle réduisait les factions au moindre nombre qu'on en puisse vouloir dans un État où le despotisme et la terreur ne font pas régner une trompeuse unité. Autour des nobles gibelins se groupèrent des gens de toute origine, de toute classe, de toute condition, comme dans les rangs des guelfes on vit aux gens des métiers se mêler des gentilshommes et des Allemands. Dans ces conditions, l'expulsion des violents, fût-ce au mépris de la foi jurée, assurait pour un temps la paix aux pacifiques. Sous l'empire d'une constitution remaniée pour protéger contre les brutalités des grands la faiblesse des petits, Florence vécut donc heureuse durant dix années, presque le *grande mortalis ævi spatium* de Tacite, longue durée, à coup sûr, pour un peuple si coutumier des changements. Alors, dit catégoriquement Machiavel, Florence devint, non-seulement la première ville de la Toscane, mais encore une des premières de l'Italie. Il n'y aurait pas eu, ajoute-t-il, de limite à sa gran-

---

[1] Villani, VI, 43. — Stefani, II, 95. — Paolino, R. I. S., Suppl., II, 21, 22. — Simone della Tosa, p. 195. — Ammirato, l. II, t. I, p. 93, 94.

deur, si de trop nombreuses dissensions ne l'avaient de nouveau déchirée[1]. Chimérique réflexion d'un si positif génie, qui poursuit ce rêve de la concorde absolue, dont le silence de la tyrannie peut seul donner l'illusion.

Sans doute ces malheurs, auxquels échappait momentanément Florence, étaient moins terribles qu'ils ne nous semblent, parce que les populations en avaient l'habitude, et surtout parce que la distance où nous en sommes supprime les intervalles des crises qui laissaient à des esprits mobiles le temps d'oublier. Mais les éloges que Villani prodigue à cette période font assez voir qu'on savourait le rare plaisir de ne pas vivre à la lueur des incendies dans le sang et le carnage, dans l'éternelle appréhension de périr sous les ruines de la maison où l'on sommeille, et de prendre du jour au lendemain la triste route de l'exil. Chez ces marchands, simples, sobres, d'humeur altière, le trafic prospérait par une probité ailleurs sans pareille[2], et dont la vie publique même se ressentait. Quelques années plus tard[3], un des douze *anziani*, Giovanni Sodici, ayant ramassé dans la boue, pour se l'approprier, un vieux verrou de la loge du lion qu'entretenait à ses frais la commune[4], payait de mille livres d'amende, à l'expiration de sa charge, ce dommage fait à l'État[5].

Ces mœurs sévères et presque étroites s'unissaient à une largeur de vues qui portait Florence, si longtemps

---

[1] Machiavel, *Ist. fior.*, II, 19.

[2] Molto erano superbi ed altieri, e non aveano quel freno bisognava ; ma di lealtà passavano ogni altro (Stefani, l. II, Rub. 117).

[3] En 1258 selon Villani (VI, 65); en 1260 selon Stefani (l. II, Rub. 117).

[4] Nous parlerons plus loin de ce lion avec plus de détails. Voy. l. VII, c. III.

[5] Si como frodatore delle cose del comune (Vill., VI, 65). Cf. Stefani, *loc. cit.*, et Ammirato, l. II, t. I, p. 110.

retardataire, en avant des autres villes dans les voies de la civilisation. Loin de borner son horizon à l'enceinte resserrée de ses murailles, ou même aux frontières de la Toscane, elle multipliait ses relations au dehors, autant pour s'initier aux connaissances des peuples que pour développer son commerce et sa richesse. Elle envoyait ses enfants s'asseoir sur les bancs de l'université de Bologne ou sur la paille de la rue du Fouarre, auner des étoffes dans les boutiques de Paris, fréquenter les foires de Champagne, parcourir les Flandres, le Brabant, l'Angleterre même[1]. Les intérêts commerciaux élargissaient le champ du savoir comme celui des relations, et le commerce ne pouvait que gagner à être conduit par des hommes éclairés.

Il acquérait, en ce temps-là (1252), des facilités nouvelles par la création d'une monnaie d'or, plus portative et plus recherchée que la monnaie d'argent. Décomposée en douze deniers[2], celle que Florence frappait alors était d'une faible valeur[3]. Le titre des espèces d'or fut fixé, comme pour le sequin de Venise, à vingt-quatre carats, et le poids à trois deniers ou un huitième d'once[4].

[1] Voyez Muratori, *Antiq. Ital.*, Diss. XVI, t. I, p. 884 sq. — Selon Leo (l. IV, c. 7, t. I, p. 414), le motif de ces éducations lointaines, c'est que l'intérêt matériel l'emportait sur toute autre considération. Florence corrompait son esprit et son cœur dans un commerce libre avec les peuples étrangers. C'est là un point de vue faux autant qu'étroit.

[2] Ammirato, 1252, l. II, t. I, p. 97. — On ne sait ni quand Florence commença à battre monnaie, ni quelle était cette monnaie. La plus ancienne qui soit connue est un denier d'argent portant le nom de Charlemagne roi, frappé en 771 et 800. Le p. Pellegrino Tonini l'a « illustré, » comme on dit en Italie. La première dont on sache à peu près la qualité est de 1150 environ (Bibl. nat., mss. italiens, n° 743, p. 165).

[3] Nè altra moneta se non piccola e d'ariento che valea l'uno danari 12 (Paolino, R. I. S., Suppl. II, 25). À part ce fait, on n'en sait rien de précis.

[4] De' quali fiorini otto pesavano once una (Villani, VI, 53). Cette mon-

Elles portèrent au revers l'empreinte de la fleur du lis, et en reçurent le nom de florin, qui rappelle également celui de Florence. De l'autre côté l'on voyait gravée l'image de saint Jean-Baptiste, patron des Florentins[1]. Avec toute la gaucherie d'un art primitif, le Précurseur était en pied, la tunique attachée à la ceinture, nouée sur la poitrine, descendant jusqu'au genou. De son cou pendait une peau de bête; de sa tête, couronnée d'un nimbe, les cheveux tombaient sur les épaules; de sa main gauche, il tenait une verge terminée en croix; de sa main droite, il semblait bénir[2].

Au début, le florin, suspect comme nouveauté, rencontra des résistances. « Personne, dit Paolino, n'en voulait[3]. » Mais il était si honnêtement fait, si supérieur

---

naie était, suivant Cibrario (*Sull' econ. pol.*, etc., p. 472-473), de 68 grains; suivant M. Simonin (*Les anciens banquiers de Florence, Revue des Deux Mondes*, 1ᵉʳ février 1873, p. 648), de 72 grains, soit 3 grammes 537 milligrammes d'or pur.

[1] Villani, VI, 53. Paolino, II, 23.

[2] Voy. Ignazio Orsini, *Storia delle monete della Repubblica fiorentina*, p. XI-XII, Flor., 1760, in-4°. Francesco Vettori, *Il fiorino d'oro illustrato*, et Passerini, *Storia degli Alberti*, II, 59. — La valeur du florin est de 11 l. 70 cent. d'Italie. Les évaluations ont beaucoup varié à cet égard. Peruzzi (*Storia del commercio fiorentino*, p. 552), s'est fait l'écho de l'opinion qui le portait à 40 l.; mais Sismondi (II, 320) dit 11 fr. 40, monnaie de France; Simonin, (*loc. cit.*), 12 fr. 17 de notre monnaie actuelle; Cibrario, (p. 487), l. 12, 36 « delle nostre. » Le chiffre de 11 l. 70, adopté aujourd'hui, résulte, d'une part, du prix comparatif des grains qui est l'unité de mesure et que Cibrario a très-bien établi, de l'autre d'un arbitrage récent auquel a pris part le savant M. Passerini, ainsi qu'il me l'a déclaré. — Le florin se divisait en 20 sous, mais ce mot ne signifie rien, car la livre d'argent, monnaie de convention, se divisait aussi en 20 sous. 29 sous du florin d'argent valaient un florin d'or d'après un document de l'arch. di Stato (Arch. dipl., *Pergamene*, 10 novembre 1295). Voy. à l'appendice une note explicative de la livre, du florin, des monnaies de Florence.

[3] E non era quasi chi 'l volesse (Paolino, II, 23). La vigilance des Florentins ne se relâchait point pour assurer la bonne qualité de leur monnaie. En avril 1294, on trouve le document suivant : « Stabilitum et ordinatum

aux autres monnaies qui avaient cours, que bientôt on l'accepta partout, on le préféra même, comme plus pur, au vieux et célèbre sequin de Venise[1]. Ammirato rapporte à ce sujet un fait significatif. Aux premières années du quatorzième siècle, le roi musulman de Tunis ayant demandé à des marchands de Pise quel était donc ce peuple qui battait de si belles pièces d'or? — Ce sont nos Arabes de terre, répondirent avec mépris les Pisans. — Ce n'est pas là une monnaie d'Arabe, répliqua sèchement le roi. Et il demanda à voir celle de ses interlocuteurs. Surpris d'apprendre qu'elle était d'argent, il fit venir un marchand florentin, nommé Pela Gualducci[2], dont il connaissait la présence dans sa capitale, et voulut savoir de lui si, en effet, les Florentins étaient les Arabes des Pisans. L'avisé marchand décrivit d'abord les magnificences de sa ville natale, puis il ajouta que si faire des incursions c'était être Arabe, les Florentins l'étaient assurément, car ils n'avaient pu, pauvres montagnards, battre une monnaie d'or qu'à force de victoires sur les gens de mer. A ce langage, indice d'une prospérité singulière, Florence gagna d'utiles franchises pour son commerce, le droit d'habiter à Tunis, d'y avoir une église, d'y jouir de tous les priviléges concédés aux Pisans[3].

---

est quod quilibet florenus aureus qui inveniretur ponderis octavi uncie minus uno grano et dimidio, aut levior sive adjuvatus vel davellatus, aut aliter viciatus vel contrafactus in continenti incidatur per offitiales infra scriptos (*Provvisioni*, filza 5, ap. Gaye, *Carteggio inedito d'artisti*, t. I, p. 424. Flor., 1839, 2 vol. in-8°).

[1] Cibrario, *loc. cit. Arch. stor.*, 1865, 3ᵉ série, t. I, part. I, p. 84.

[2] Ce Pela Gualducci fut prieur avec G. Villani en octobre 1316. Voy. les listes de Stefani (*Delizie*, XI, 46). — Ammirato (l. V, t. I, p. 273) l'appelle Balducci; mais l'autre forme se trouve dans les doc. de l'Arch. di Stato. Voy. *Arch. stor.*, nuova serie, t. I, part. I, p. 85.

[3] Ammirato, 1250. L. II, t. I, p. 97-98.

Aussi prodigue de ses trésors que ménagère de son sang, elle ne marchandait point à l'intérêt public les sacrifices. Elle construisait un quatrième pont, appelé bientôt *Ponte-alla-Trinita*, et qui conduisait de la maison des Spini, sur la rive droite de l'Arno, à la maison des Frescobaldi, sur la rive gauche[1]. Elle achetait, sur la place Saint-Apollinaire et aux alentours, en face de la vieille *Badia*, de nombreuses maisons, pour ériger, sur leur emplacement, cet imposant palais du *Bargello*, c'est-à-dire du chef des gens de justice, dont les hautes murailles et la tour, plus haute encore, frappent aujourd'hui même l'étranger d'étonnement, presque d'effroi[2]. Comme elle le destinait au potestat et à ses assesseurs, logés jusqu'alors dans des habitations particulières[3], de vastes et solides prisons y furent rattachées, pour que ce grand juge, exécuteur de ses propres arrêts, eût sous la main les coupables dont le sort dépendait entièrement de

---

[1] Stefani, l. II, Rub. 100, ann. 1252. — *Arch. stor.*, 1865, 3ᵉ série, t. II, part. I, p. 84.

[2] Ammirato rapporte à l'année 1250 l'érection de ce palais ; mais on possède les contrats d'achat des maisons sur l'emplacement desquelles il fut bâti, et les premiers de ces contrats sont de 1255. Voy. Arch. di Stato, *Capitoli*, n° XXIX, f°ˢ 203 r°, 205 v°, 207 r°, 210 r°, 212 r°, 216 r°, 218 r°, 220 r°, 223 r°, 225 r°, des contrats conclus de janvier à mai 1255. — Pour d'autres de juillet 1255, *ibid.*, f°ˢ 197 r° et 198 v°. Pour juin 1279, f° 308 r°. — Cf. Villani, VI, 39. — M. Hillebrand (p. 33) confond ce palais avec le *Palazzo Vecchio* qui ne fut commencé qu'en 1282, et il en attribue la construction à Arnolfo di Lapo qui, en 1250, n'avait que dix-huit ans. Malespini qu'il cite ne dit rien qui puisse excuser ou expliquer cette erreur. Tous les faits de cette période sont, au reste, altérés ou brouillés dans le récit qu'en fait l'auteur allemand.

[3] Le potestat paraît avoir habité le palais de San Giovanni où demeurait l'évêque et où les margraves tenaient leurs plaids. En 1241, il résidait dans le vieux palais des Amidei, près de San Stefano (Voy. le doc. dans Cantini, III, 52). En octobre 1255, il occupait encore une maison louée : « Actum Florentie, in domo filiorum Abbatis, ubi Dom. Alamannus della Turre Potestas morabatur » (*ibid.*).

lui. Dans le dessein patiemment poursuivi de se transformer de commune en État, et d'avoir un territoire qui fût plus qu'une banlieue, elle faisait sans bruit des acquisitions en apparence sans portée. De droite et de gauche, elle acquérait des quarts de châteaux dont la possession était indivise et collective. Un pied dans ces places, elle attendait d'y pouvoir mettre l'autre. Elle l'y mettait à la longue, en achetant tour à tour les trois autres quarts, que vendaient sans regrets des hobereaux dégoûtés : la possession en commun était sans plaisir comme sans quiétude avec de si envahissants voisins. La portion de territoire afférente à ces lots en suivait la destinée. On attendait vingt ans, quelquefois, pour acquérir la dernière, qui donnait enfin à l'acquisition tout son prix; mais ce n'était pas sans avantage : la politique renversant les conditions ordinaires de l'offre et de la demande, un quart de château, en 1254, valait 5000 livres; en 1273, pour 8000, on avait des localités nombreuses, avec leurs habitants et leurs maisons[1]. Les peuples peu-

---

[1] Dans la seule année 1254 on voit le comte Guido, fils de Markwald de Guido Guerra, comte palatin de Toscane, vendre le quart du château et du district de Montemurlo et autres biens (6 avril 1254. *Capitoli*, XXIX, f° 165) ; le comte Guido de Romena, fils du comte Aghinolfo de Guidone Guerra, céder le quart du château et du district de Montevarchi pour 5000 livres de monnaie pisane (*ibid.*, f° 173. Suit l'adhésion de la femme du vendeur). Pour le même prix, Guido de Modigliana, comte palatin, vend un autre quart du même château au nom de son père, Tegrino de Guido Guerra (31 mars 1254. *Ibid.*, f° 181. Suit l'acte de ratification, f° 184). Trois quarts du château et du palais d'Empoli sont vendus de même : un premier par Guido Guerra et Ruggiero (12 août 1254. *Ibid.*, XXX, f° 132), un second par Guido de Romena (10 septembre 1254. *Ibid.*, f° 136 v°), un troisième par Guido Novello, fils du comte palatin Guidone (6 mai 1255. *Ibid.*, XXIX, f° 243). Pour le quatrième, c'est seulement en 1273 que Guido Silvatico, comte palatin en Toscane, consentait à se dessaisir de sa part d'Empoli, de Montemurlo, de Montevarchi, de Monte Rappoli, de la « terre » de Greto, composée des localités de Vinci, Cerreto,

vent seuls user de cette patience lucrative : le temps ne leur est pas, ainsi qu'aux hommes, mesuré avec parcimonie. Des agrandissements auxquels aspirait leur patrie, les magistrats florentins, marchands avant tout, faisaient une commerciale, une excellente opération.

La guerre même, une guerre incessante, ne les en détournait pas. A peine avaient-ils goûté quelques jours de repos. Si secrète que fût la ligue gibeline dont Farinata des Uberti était le promoteur et l'âme, ils en avaient eu bientôt connaissance. Ils savaient que, le 24 juillet 1251, de menaçants accords venaient d'être conclus contre leur patrie. Dès les premiers jours d'août, ils les dénonçaient à Rome comme illicites, tandis que Sienne soutenait par procureur qu'elle était dans son droit[1]. Que le pape le crût ou qu'il n'osât intervenir, Sienne continuait de rétrécir le cercle où elle comptait enfermer Florence. A la ligue avaient adhéré, le 23 juillet, les Ubaldini du Mugello[2], et, le 30, les deux comtes Guidi, Guido Novello et son frère Simone[3]. Le 5, le 6, le 13 août, des soldats, des armes, des objets d'équipement militaire

---

Collegonzoli, Musignano, Colle di Pietra, avec les habitants et leurs maisons, pour 8000 livres de petits florins (18 octobre 1273. *Ibid.*, f° 157).

[1] 5 août 1251. Arch. de Sienne. *Consiglio della Campana*, p. 24.

[2] *Caleffo Vecchio*, p. 316 v°, 317.

[3] *Ibid.*, p. 318. Ce surnom de *Novello*, qui paraît déjà pour la seconde fois, était fréquemment employé pour désigner le plus jeune de deux hommes du même nom. Le père de Guido Novello s'appelait comme lui (Comes Guido Novellus, potestas Florentie fil. olim b. m. Comitis Guidonis Novelli, Dei gratia Tuscie palatini. — Doc. du 22 novembre 1260, publié par Camici, *De' vicari regi della Toscana*, p. 88, doc. 7, et par Saint-Priest, *Hist. de la conquête de Naples par Charles d'Anjou*, I, 372, Paris, 1847). Dans un document de l'Arch. di Stato (*Consulte*, t. I, quaderno G, p. 103v°) Charles II d'Anjou est appelé Karolus Novellus. On donnait aussi ce nom à Guido de Polenta, chez qui mourut Dante (Voy. Nannucci, I, 339). Guido Novello était des comtes Guidi de Casentino et Modigliana. Il avait été guelfe tout d'abord (Voy. Villani, VI, 79, 81).

étaient envoyés à la comtesse Giovanna de Romena, dont le mari, après avoir reçu, à Montevarchi, trois cents hommes de renfort, pour résister à l'ennemi[1], se voyait appelé, avec Guido Novello et d'autres capitaines, à grossir l'armée gibeline, qui se formait à Montorio et dans le val d'Arno[2]. En même temps, pour isoler les Florentins au sein de la Toscane, permission était donnée aux marchands de Figline et autres lieux de venir à Sienne pour leur trafic, mais à condition de n'aller point à Florence, non plus qu'à Montepulciano et à Montalcino, invariables satellites de cet adversaire qu'il s'agissait d'éclipser[3].

Mais l'œil au guet et ne comptant plus que sur elle-même, Florence était déjà en campagne. Dès le 10 septembre, elle envoyait trois *sesti*, c'est-à-dire les milices de trois de ses quartiers, vers le Val d'Arno, vers Arezzo, où les guelfes tenaient les gibelins en échec sans pouvoir ni les subjuguer ni les expulser. Qu'ils devinssent les maîtres, et donnant la main d'un côté à Florence, de l'autre à Montepulciano, à Orvieto, à Montalcino, ils eussent noué autour de Sienne une ceinture de villes ennemies, pour l'étouffer dans cette étreinte, comme elle rêvait elle-même d'étouffer les Florentins. La comtesse Giovanna déjoua ce calcul. Du haut de son observatoire de Montevarchi, elle surprit la marche des milices florentines et en avertit Sienne sans retard. Sans retard aussi les milices siennoises occupaient Trebbio dans le Val d'Arbia[4], pour fermer la route, au risque d'un combat.

---

[1] 21 juin 1251. *Consiglio della Camp.*, p. 11.
[2] *Ibid.*, p. 25, 26, 34, 35, 53.
[3] 7 septembre 1251. *Consiglio della Camp.*, p. 38 v°.
[4] Il n'y a pas moins de huit Trebbio (Trivium) en Toscane. Celui dont il

Plutôt que de l'accepter avec un corps de troupes levé à la hâte, pour agir par surprise, le capitaine florentin, se détournant d'Arezzo, fondit sur les terres des comtes de Romena, de Guido Novello et d'autres chefs ennemis. Mais partout, devant lui ou sur ses derrières, il rencontrait les Siennois. Ils se montraient en force à Val Cortese, à Orgiale qui, dans le Val d'Arbia, défendaient le passage de la Malena ; on les voyait à Montalto, sur la frontière du territoire florentin [1]. Ils demandaient des secours à Pise, et ils en escomptaient la prochaine arrivée pour ajouter à la confiance de leurs hommes d'armes, avant d'ajouter à leurs forces [2].

Des deux parts c'était toujours Arezzo, dans sa condition mal définie ou trop bien équilibrée, qu'il s'agissait de faire pencher vers les guelfes ou les gibelins. Assurer ses communications avec elle, intercepter celles de l'adversaire, tel était le but invariable de tant d'efforts opposés. Cette guerre ne nous étant connue que par les archives de Sienne, ce sont les actes de Sienne qu'on y constate ; mais ils n'ont d'autre but que de faire échec aux Florentins. En octobre 1251, on trouve ses milices dans le Val Cortese [3] : c'était pour détourner Guido Guerra du Val d'Arno, où il enlevait les châteaux siennois. Aux cent cavaliers d'Allemagne qu'elle avait envoyés au secours de Monticello, si elle ajoute six cents hommes d'armes, si elle met sur pied ses arbalétriers, le peuple de ses *terzi*, les gens de la Bellardenga,

---

s'agit ici est aux limites du territoire de Sienne dans le pays de Chianti. (Voy. Repetti, V, 584).

[1] Voy. Repetti, V, 625; III, 688; 253, 315.
[2] 17-18 septembre 1251. *Consiglio della Campana*, p. 43.
[3] 8 octobre 1251. *Ibid.*, p. 55 v°.

territoire plus particulièrement menacé[1], c'est que Monticello défendait la route d'Arezzo, non loin de Montevarchi[2]. Si elle fait face à Montepulciano, c'est que Montepulciano secondait Florence par une démonstration contre San Quirico[3]. Dans le palais communal d'Arezzo, elle resserrait les liens de la ligue gibeline avec les délégués des villes et d'autres « universités. » Tous s'engageaient par serment à défendre Arezzo, à entretenir pour son service deux cents cavaliers bien équipés, à traiter ses gibelins, s'ils étaient expulsés, « *quod Deus avertat*[4] ! » sur le même pied que ceux de Florence, à ne rien négliger, enfin, pour les rendre seigneurs de leur patrie[5]. Leurs milices, à cheval sur la route d'Arezzo vers Montevarchi, privaient Montalcino, comme Montepulciano, de tout espoir de secours, et les réduisaient à la soumission[6], conquête si précaire et qui inspirait si peu de confiance, que ces deux places, quoique aussitôt agrégées à la ligue, recevaient dispense d'envoyer leur contingent[7].

Que la puissante Pise envoyât le sien, et Florence re-

---

[1] 31 octobre 1251. *Consiglio della Campana*, p. 74. — La Bellardenga ou Berardenga est la portion du territoire siennois comprise entre les sources du Bozzone et de l'Ambra, entre le haut Chianti et la Biena jusqu'aux Tavernes d'Arbia. L'Ombrone y prend sa source. C'est le théâtre des plus grandes guerres entre Sienne et Florence. Le nom de Berardenga vient, dit-on, de Berardo, fils de Vuinigi, petit-fils de Ranieri, Frank venu en Italie comme délégué de l'empereur Louis en 865 (Repetti, I, 297).

[2] Repetti, III, 367.

[3] 3 novembre 1251. *Consiglio della Campana*, p. 75 v°.

[4] 7 novembre 1251. *Caleffo Vecchio*, p. 321.

[5] 1251. La date du mois manque, mais le document est placé, dans le *Caleffo Vecchio* (p. 325 v°), à la suite de celui du 7 novembre que nous venons de citer. — Quant à la reddition de Montepulciano, le document fait défaut, mais elle résulte de celui auquel nous renvoyons à la note suivante.

[6] 10 novembre 1251. *Consiglio della Campana*, p. 80.

[7] 10 novembre 1251. Arch. di Stato, *Capitoli*, XXIX, f° 122 v°.

cevait peut-être le coup de grâce. L'alliance de Gênes et de Lucques l'en préserva. Un traité conclu à propos fit redouter aux Pisans une double attaque, par terre et par mer[1]. L'armée florentine put dès lors plus librement continuer sa pénible campagne. Mais partout où elle paraissait, des secours de Sienne l'avaient devancée[1], en même temps que l'ordre formel de se mettre en défense et de se fortifier[2]. Ainsi continua longtemps cette guerre sans issue, toute d'escarmouches et de surprises, sans autre effet que de tenir les belligérants en haleine et de les aguerrir, en attendant le jour et l'heure où des circonstances imprévues détruiraient l'équilibre, où l'excès de la présomption chez les uns, où le hasard du talent chez les autres, feraient pencher la balance du côté des habiles, au détriment des présomptueux[3].

Si les Florentins restaient impuissants dans le Val d'Arno, c'est qu'ils n'y pouvaient, comme Sienne, concentrer toutes leurs forces : sur l'âpre et montagneux sol du Mugello ils combattaient de non moins redoutables ennemis. Depuis le septième siècle, les orgueilleux Ubal-

---

[1] A Castello di Rondina, par exemple. — 28 novembre 1251. *Consiglio della Campana*, p. 90.

[2] Ordres donnés à Montereggioni et Cerreto (3 décembre 1251. *Consiglio della Campana*, p. 92 v°). — Montereggioni, dans le Val d'Elsa, est à 6 milles de Sienne et autant de Colle (Repetti, III, 500). Quant à Cerreto, il y a plusieurs localités de ce nom, dont une dans le Val d'Arbia, au pays de Chianti ; mais celui dont il s'agit, le plus important et le plus ancien de tous, est dans le diocèse de San Miniato, Val d'Arno inférieur (Repetti, I, 662).

[3] Une fâcheuse lacune aux deux principaux registres des archives de Sienne, qui passent brusquement de l'année 1251 à l'année 1254, ne permet pas de dire quelle fut l'issue de cette campagne, ni même si elle eut une issue, car ils sont les seuls où il en soit fait mention. Il est probable qu'elle n'eut, pour le moment, rien de décisif, sans quoi les chroniqueurs n'eussent pas manqué d'en parler.

dini y avaient poussé des racines profondes[1]. Charlemagne les faisait chevaliers, maîtres absolus de l'Apennin, *Alpes Ubaldinorum*, comme on disait en ce temps-là[2]. En 972, sous Otton II, ils étaient si puissants, qu'ils pouvaient, dit-on, préserver la Toscane de toute attaque venant de la Gaule Cisalpine[3]. En 1160, sous Frédéric Barberousse, il figuraient au premier rang des nobles dans le parti impérial. Mais étouffant dès lors dans l'étroit horizon de leurs montagnes, ils cherchaient au loin une existence plus à leur gré. L'un se faisait nommer potestat à Borgo San Lorenzo[4], et, plus niveleur que les bourgeois, défendait d'élever des tours à plus de quinze brasses (1238)[5]. Un autre recherchait les dignités d'Église; cardinal matérialiste et gibelin, relégué aux enfers par le poëte du parti[6], assez désintéressé, nonobstant, pour refuser la tiare, et assez digne de la ceindre pour que Alexandre IV lui dît ces belles paroles : « Je ne serai pape que de nom, c'est toi qui le seras de fait[7], » ce fa-

---

[1] La preuve en est dans une inscription retrouvée au château de Pila in Mugello, sur la croupe du Monte Senario (Voy. *Delizie*, etc., X, 153).

[2] Suivant un vieux diplôme, Charlemagne voyait dans les Ubaldini une branche de l'antique famille dont il était le représentant direct. Il les appelait descendants des anciens Sicambres, défenseurs de la sainte Église. (Diplôme de 801. Voy. *Delizie*, t. X et XIII, d'après les archives de la famille, ouvertes par Pietro Ubaldini.) Mais on peut concevoir des doutes sur l'authenticité de ce diplôme. Il a échappé à Sickel. Charlemagne était un Frank Ripuaire, il n'a jamais été considéré comme un Sicambre.

[3] *Delizie*, etc., X, 160-162. — Saccetti, *Historia Septimaniæ*, an. 989, ap. Ughelli, *Italia sacra*, III, 337.

[4] La plus considérable et la plus commerçante localité du Mugello, au centre d'une plaine, à droite de la Sieve et à 15 milles de Florence, appartenant primitivement aux évêques florentins (Repetti, I, 143).

[5] C'est celui que Dante met dans son Purgatoire, avec les gloutons qui y mâchent éternellement à vide. (*Purgat.*, XXIV, 28.)

[6] *Infern.*, X, 119.

[7] *Istoria genealogica delle famiglie toscane, descritta dal P. don Eugenio Gamurrini, abbate Cassinese*, ouvrage dédié à Louis XIV.

mieux Ottaviano, ce fidèle ami de Frédéric II était à ce point hors de pair, qu'on l'appelait tout court « le Cardinal, » ou même « le Florentin. » Les Ubaldini envahissent tout alors, évêchés, chapitres, bénéfices, sans déserter leur formidable redoute du Mugello, si voisine de Florence et si menaçante pour sa liberté[1].

Comme ils y donnaient asile aux bannis gibelins, comme ils recevaient des Romagnols d'importants secours, la campagne contre eux devait être rude. Cependant les chroniqueurs en taisent et sans doute en ignorent les péripéties. Ils disent des Florentins ce qu'on a dit de César, qu'ils vinrent, qu'ils virent et qu'ils vainquirent. Vers la fin de 1251, un corps de cavalerie, pour dégager Monte-Accianico[2], battit les Ubaldini et les força à décamper[3], mais sans enlever un seul de leurs châteaux. Il y eût fallu cette infanterie, ces milices d'hommes laborieux qu'on laissait le plus possible à leur fructueux travail, en hiver surtout, dans ce rigoureux hiver de 1251, où la neige, si rare et si redoutée en Italie, couvrait de toutes parts la plaine comme les monts escarpés[4]. La cavalerie seule faisait donc une démonstration contre le château de Mon-

---

[1] Voy. sur tous ces faits relatifs aux Ubaldini, *Delizie*, X, 162-217, et Gamurrini, *loc. cit.*

[2] Sur une colline isolée dans le Val de Sieve, à moins de deux milles de Scarperia. Le card. Ottaviano y fit élever dans le cours du treizième siècle une *rocca* avec double enceinte de murs (Repetti, I, 35).

[3] Villani, VI, 47. Stefani, l. II, Rub. 96. Ammirato, 1251, l. II, t. I, p. 94. — M. Bonaïni (*La parte guelfa*, etc., *Giorn. degli arch. tosc.*, 1858, juillet-sept., II, 177) dit avant la fin de 1252: Il est en contradiction avec tous les chroniqueurs et rend impossible à établir la chronologie de ce qui suit.

[4] Per lo forte tempo, per grandissime nevi ch''erano all' ora. (Villani, VI, 48. Stefani, l. II. Rub. 97.)

taia[1], qu'avaient soulevé, qu'occupaient les Ubaldini avec les gibelins de Sienne et de Pise et quelques Allemands. Mais propre à un coup de main, elle ne l'était pas à un siége. Entourée, battue dans une vigoureuse sortie, elle prenait honteusement la fuite[2]. Heureux échec peut-être, car il permettait d'appeler aux armes les milices, et de les mettre en campagne dès le mois de janvier 1252, au plus fort des frimats, avec le contingent d'Orvieto et de Lucques, sous la conduite du potestat brescian Filippo des Ugoni.

Aussitôt Pise et Sienne n'ont plus qu'une pensée : soutenir les gibelins. Leurs milices occupent Montaia, et à deux milles environ Coltibuono, une abbaye des solitaires de Vallombreuse, située au sommet des monts du Chianti, non loin de la route de Montevarchi[3]. En s'élançant à l'improviste de cette aire, elles se flattaient de prendre à revers les Florentins. Elles ne prévoyaient pas un soudain changement de tactique. Laissant, en effet, une partie des siens à la garde des palissades et retranchements élevés devant Montaia, le potestat Filippo courut avec le reste vers Coltibuono, pour en déloger les Pisans et les Siennois. Ceux-ci, le voyant gravir avec une calme résolution les pentes glacées où hommes et chevaux glissaient sur la neige, furent pris de terreur et cherchèrent leur salut dans la fuite. Inquiétés sur leurs derrières, poursuivis au loin, ils laissaient Montaia à la discrétion de l'ennemi. Ce château abattu et rasé, ses défenseurs emmenés à Florence[4], les traîtres qui l'avaient

---

[1] Château du Val d'Arno supérieur, sur la route du Chianti. En 1250, il appartenait à Guido Novello (Repetti, III, 277).
[2] Villani, VI, 48.
[3] Repetti, I, 788.
[4] Villani, VI, 48. Stefani, l. II, Rub. 97. Ammirato, 1252; l. II, t. I, p. 95. — Malavolti, part. I, l. V, f° 64.

livré aux Allemands furent tous sciés entre deux planches, par le milieu du corps [1].

La tentation était grande de châtier aussi Pise et Sienne, pour leur apprendre à ne plus se mêler des affaires d'autrui. Mais politiques jusqu'en leurs colères, les Florentins coururent au plus pressé. Le plus pressé, c'était de mettre fin aux intolérables agressions de la voisine Pistoia. Comme on la sentait résolue à persister dans son système d'éviter les imprudentes sorties et d'abandonner plutôt son territoire aux ravages de l'ennemi [2], on assiégea le château de Tizzano, sa sentinelle avancée, son principal point d'appui [3]. L'*oste* entrait en campagne le 1er mai : Une partie protégeait les opérations du siége, en occupant et ravageant les alentours de Pistoia [4]. Pour tenir tête à l'orage, Pistoia négociait. Le 19 juin, ses syndics signaient à Pontedera un traité d'union perpétuelle contre Florence. Pise et Sienne s'y interdisaient ainsi qu'elle, soit en particulier, soit en commun [5], tous rapports commerciaux avec l'odieuse rivale, et s'engageaient réciproquement à se fournir, dans leurs besoins, des cavaliers ou l'argent nécessaire à les payer [6]. Sans retard, Pisans et

---

[1] « Salvo che e' traditori che l'aveano tradito e dato a quella masnada tedesca furono segati per mezzo tra due assi. » (Paolino, R. I. S., Suppl. II, 22.)

[2] « Non conseguirono più di quel che s'havesser fatto l'anno passato. » (Ammirato, *loc. cit.*, p. 95.)

[3] Paolino (II, 23) dit Tizzano tout court; Villani (VI, 48) : « ch'era de' Pratesi, » et Ammirato (p. 95) : « Castello de' Pratesi, non si sa se per haver gli uomini di quel castello preso l'arme in favore de' Pistolesi. » C'est Muratori qui, annotant Villani, dit : « ch'era de' Pistolesi. » Malavolti (f° 64 v°) dit aussi : « in quel di Pistoia. » Ce château était situé dans le val d'Ombrone pistoiese, à deux milles au nord de Carmignano. (Repetti, V, 527.)

[4] « Guastarono il contado di Pistoia infino alle porti.... Stando l'oste ferma a Pistoia. » (Stefani, l. II, R. 98.)

[5] « Communiter vel divisim. » (*Caleffo vecchio*, p. 311-313.)

[6] *Ibid.*

Siennois attaquaient la milice de Lucques : il leur semblait probable que, pour la défendre, les Florentins, fidèles eux aussi à leurs engagements, s'éloigneraient de Pistoia et de Tizzano. Vain espoir que déçut l'habile coup d'œil du potestat. Persuadé que les Lucquois pouvaient un temps soutenir le choc, il ne se pressait point. L'heure venue, quand il les sut défaits à Montopoli[1], il profita de l'ignorance des événements qu'entretenait dans Tizzano un étroit blocus, pour offrir aux assiégés des conditions que l'approche de ses machines de guerre leur fit juger avantageuses. Le 24 juin, ils se rendaient, abandonnant tout à la discrétion du vainqueur[2].

Le vainqueur ne leur demanda rien. Laissant une forte garnison dans Tizzano, il courait, avec le gros de son armée, venger les Lucquois. Il rencontrait l'ennemi sur l'autre rive de l'Arno, près de Pontedera, au pied même de la colline de Montopoli, théâtre d'un trop facile triomphe[3]. Après un long et acharné combat, les Pisans et les Siennois, poursuivis l'épée dans les reins jusqu'à l'abbaye de San Sovino, à trois milles de Pise, semaient la route de leurs cadavres et donnaient aux Lucquois l'occasion de représailles bien douces à leur cœur vindicatif. Ces prisonniers qui, quelques heures auparavant, marchaient les mains liées et poursuivis d'impitoyables railleries, chargeaient maintenant des mêmes liens, accablaient des mêmes insultes un adversaire sans pitié[4].

---

[1] Dans le val d'Arno inférieur, sur une colline au sud-ouest de l'Arno, entre l'Evola à l'est, les torrents Chiecina et Cecinella à l'ouest. Boccace appelle ce château « castello insigne. » (Repetti, III, 593.)

[2] « Veriti tamen assiduis quibusdam machinarum ictibus expugnaretur, sese cum omnibus suis in Florentinorum manibus dedidere. » (*Jannotti Mannetti Hist. Pist.*, R. I. S., t. XIX, 1007. — Villani, VI, 49.)

[3] Stefani, l. II, R. 99.

[4] Jannotti Mannetti, *loc. cit.*, p. 1008. Villani, VI, 49. Stefani, l. II, R. 99.

Avec sa décision accoutumée, Filippo des Ugoni sut profiter de sa victoire. Le retentissement qu'elle avait eu en rendait d'autres probables. Du val d'Era il conduisit son armée dans le val d'Arno supérieur. Grâce au comte Guido Novello, « qui était grand dans le pays[1], » les gibelins chassés de Montaia avaient trouvé à Figline un autre repaire, d'où ils infestaient la contrée. Fermes contre mille efforts pour tenter l'assaut ou pour ouvrir la brèche [2], ils cédèrent après un mois et demi de siége (juillet-août), à la crainte de la trahison. Au milieu d'eux vivaient des guelfes dont ils venaient d'usurper le pouvoir. On disait que la riche famille des Franzesi complotait de livrer Figline, leur patrie, par dépit de n'y plus voir qu'un nid de gibelins[3]. Le potestat se montra coulant sur les conditions. Heureux de réussir sans pertes d'hommes ni de temps, il accorda la vie sauve aux assiégés ; ils leur promit qu'ils seraient bien reçus à Florence. Les promesses d'ailleurs lui coûtaient peu ; il avait dessein de ne les point tenir. Aux guelfes ardents qui les lui reprochaient : — « La commune ne promet rien, » répondait-il sentencieusement. Chacun comprit à demi-mot et laissa faire[4]. Il

---

[1] « Che era nel paese grande. » (Stefani, l. II; R. 101.)

[2] « Quivi dirizzarono difici e diedonvi aspre battaglie. » (Villani, VI, 51.)

[3] Villani (VI, 51) rapporte qu'on accusait les Franzesi de s'être laissé gagner à prix d'argent. C'eût été de l'argent perdu, puisqu'ils étaient guelfes.— M. Bonaïni (*loc. cit.*, p. 178) conteste leurs pratiques, parce que, dit-il, ils n'eussent pas consenti au sac, à l'incendie, à la destruction de leurs demeures. Il tombe sous le sens qu'ils n'avaient pas fait de telles stipulations. Ne sait-on pas d'ailleurs que le sac eut lieu contrairement aux conclusions stipulées ? On ne voit pas une bonne raison pour nier les pratiques de guelfes irrités de voir leur patrie devenue gibeline. Stefani (l. II, R. 101) semble pourtant douter du fait : « Pare che il Podestà facesse co' Franzesi questo da se. Se fu vero, rimanga nel suo luogo, perocchè le cose vogliono essere molto vere prima si scrivano. »

[4] « Uno messer Filippo da Brescia che era podestà disse : Lasciatemi fare

défendit de maltraiter les personnes, mais autorisa le pillage des biens, ordonna l'incendie des maisons et la destruction des murailles [1], fidèle ainsi à la politique florentine, qui rasait les châteaux qu'elle ne pouvait conserver, mais coupable d'avoir préféré un succès plus rapide à son renom de loyauté.

Continuant aussitôt cette évolution demi-circulaire qu'il faisait si hardiment autour de Sienne, il porta au loin, vers Montalcino, son armée aguerrie, fière de ses victoires comme de son chef. Il voulait ravitailler cette place, sans cesse exposée en son isolement aux attaques des Siennois. Les trouvant campés devant les murailles, il les attaque à l'improviste par derrière, tandis que, par une prompte sortie, l'assiégé complète leur déroute. Deux sanglantes leçons en si peu de jours, c'était assez pour les ramener confus dans leur patrie. Montalcino ravitaillé, le potestat put enfin ramener les Florentins à Florence [2]. Il y fut reçu avec des transports d'allégresse. Quel éclat n'avait-il pas jeté en quelques mois sur le nom, sur le gouvernement des guelfes! Ainsi les guelfes avaient remporté, en moins de trois années, plus de succès que les gibelins dans le temps bien plus long de leur impérieuse et dure domination [3]. Le contentement général assura la tranquillité publique, et la tranquillité accrut la richesse comme le pouvoir de cet État en progrès. « La vérité est, écrit Villani, que les Florentins étaient, en ce temps-là, unis pour le bon peuple et la loyauté. Ils

che io so ch'io mi fo. Il comune non promette nulla. Fu contento ogni uomo e cosi fece e promisse. » (Stefani, l. II, R. 101.)

[1] Villani, VI, 51. Stefani, l. II, R. 101. Ammirato, l. II, t. I, p. 96.

[2] Villani, VI, 52. Simone della Tosa, p. 196. Malavolti, part. I, l. V, f° 64 v°.

[3] Ammirato, 1252, l. II, t. I, p. 97

allaient de leur personne à pied ou à cheval selon leur fortune, de bon cœur et hardi, si bien que fort heureusement en cette année ils apportèrent honneur et triomphe par la victoire à notre noble cité de Florence[1]. »

Un souvenir, cependant, troublait leur joie : ils se rappelaient leur échec devant Pistoia. Pour le réparer, ils ne réélurent point le glorieux potestat qui l'avait essuyé et que discréditait peut-être son manque de foi devant Figline. Paolo de Soriano, son successeur, trouva fort avancés les préparatifs de l'expédition. A peine entré en charge, il put prendre le commandement de l'armée, dresser des tentes au pied des murailles ennemies, et, tout en dévastant la campagne selon l'usage, les soumettre à un étroit blocus. Les vivres manquaient, car on n'avait point prévu cette soudaine attaque, et l'assaut eût-il échoué, la famine devait mettre fin à la résistance. Par une opportune diversion, les Siennois tentaient bien de faire lever le siége; mais, sans communications avec le dehors, les assiégés l'ignoraient : ils cédèrent donc aux propositions de paix et d'alliance que se hâtait de faire le potestat[2].

Ce traité, conforme en sa teneur à tous ceux de ce genre, stipulait une amitié perpétuelle entre les deux cités voisines, ainsi qu'avec Lucques et Prato, conviées comme Pistoia à entrer dans la ligue guelfe. Pistoia s'obligeait à rappeler ses exilés, à restituer leurs biens, à traiter en ennemis tous les ennemis de Florence, les Siennois exceptés[3]. Deux ans plus tard, en 1255, les guelfes maîtres de

---

[1] Villani, VI, 52.
[2] *J. Mannetti Hist. Pist.*, R. I. S., t. XIX, 1008.
[3] Arch. di Stato, *Capitoli*, XXIX, f° 348 r°. — Stefani, l. II, R. 104. — *J. Mannetti Hist. Pist.*, loc. cit.

Pistoia, mais alarmés des événements du sud, qui rendaient possible, sinon probable encore, une revanche gibeline, livraient en quelque sorte leur patrie aux Florentins. Ayant déposé leur potestat, ils transféraient son autorité avec le titre de capitaine général à leur évêque Guidaloste [1]; ils approvisionnaient Pistoia; ils y construisaient près de la porte dite *Romana* ou *Caldatica*, qui s'ouvrait au midi, sur la route de Florence, une forteresse dont ils confièrent la garde à leurs alliés les guelfes florentins [2]. Ceux-ci la détinrent tant que dura, comme dit Villani, « le bon peuple vieux, » c'est-à-dire jusqu'au désastre de Montaperti, qui, en 1260, permit aux gibelins de la démolir [3].

Il était temps de tourner les armes florentines contre les agresseurs siennois. Dans leur empressement à secourir Pistoia, ils s'étaient avancés jusqu'à Galluzzo, village situé à deux milles de Florence vers le sud, et ils ravageaient le territoire impunément, mais sans atteindre leur but [4]. Une brusque attaque contre Montalcino ne

---

[1] Ce nom a tout l'air d'un surnom, rendu assez vraisemblable par cette fonction de capitaine général donnée à un évêque. Ughelli l'appelle « Guidalastes Vergelesius nobilis Pistoriensis. » Élu en 1252, il fut envoyé en 1257, par le pape, vicaire général à Ravenne, où il mourut en 1283, après avoir donné à cette ville « saluberrimas leges. » (Voy. *Italia sacra*, III, 371.)

[2] Selon Mannetti (*loc. cit.*), la construction de cette forteresse était une clause du traité. Mais on ne la voit point dans le manuscrit des *Capitoli*, et Ammirato, Fioravanti, Salvi, la passent sous silence. Le fait de la construction et celui de la garde commise aux Florentins étant incontestables, il est permis de croire avec Fioravanti (an. 1256) que la responsabilité en est aux guelfes de Pistoia. Voy. Inghirami, VI, 398-399.

[3] Villani, VI, 55. Paolino, II, 26.

[4] Les auteurs disent qu'ils étaient conduits par le Bolonais Ugiero de Bagnuolo, capitaine du peuple; mais on voit dans les registres du *Consiglio de la Campana* (t. VI, p. 31 v°) que la création de cette magistrature fut décidée seulement le 25 juin 1256.

réussissait pas mieux à détourner le potestat du siége de Pistoia. Tout au plus le poussait-elle à nouer et conclure ces négociations d'effet non moins heureux qu'une victoire, et, libre de ce côté, à marcher contre Sienne sans même passer par Florence. Divisant son armée en deux corps, il s'établissait avec l'un sous les murs de la ville ennemie, tandis que l'autre allait au loin ravitailler Montalcino, s'emparer de Rapolano[1] et de divers châteaux[2].

Cela fait, les deux tronçons de l'*osté* se rejoignirent, et, aux premiers jours de décembre, firent à Florence une entrée triomphale. Les Florentins étaient fiers, dit Ammirato, d'avoir, cette année-là, conduit deux entreprises dont le but était, non de conquérir du territoire ou d'autres avantages, mais de défendre des amis[3]. Il oublie ou ne voit pas leur intérêt manifeste à compter sur l'alliance de Pistoia et de Montalcino, pour n'être pas inquiets de leur voisinage quand ils entreraient en campagne, et ne laisser à Sienne, sur ses derrières, aucune sécurité.

Leur plan politique semble lettre close pour leurs vieux historiens. Les détails ont caché l'ensemble ; mais on le retrouve sans peine, si l'on y porte son attention. Dans leur dessein d'agrandir leur territoire et de trans-

---

[1] Rapolano, dans le val d'Ombrone sanese, juridiction d'Asciano. Il appartenait aux Cacciaconti et Cacciaguerra, comtes de la Berardenga. (Repetti, IV, 725.)

[2] Stefani, l. II, R. 105. Simone della Tosa, p. 197. Villani, VI, 54, 56. Selon Stefani, ce fut en décembre 1253. Si la soumission de Pistoia eut lieu, comme on le dit, le 1ᵉʳ février de la même année, on a quelque peine à comprendre que l'expédition contre Sienne ait duré si longtemps.

[3] « Solo per beneficio e utile degli amici, a Pistoia per rimettervi i guelfi, e a Montalcino per custodirlo dalle mani de' Sanesi. » (Ammirato, 1253, l. II, t. 1, p. 99.)

former en un État la commune de Florence, ils procédaient prudemment, sans jamais se lasser ni désespérer. Contre des villes en droit de se gouverner elles-mêmes, ils attendaient, pour prendre les armes, de pouvoir alléguer quelque sérieux grief. Le plus souvent ils les amenaient à rechercher ou à subir leur amitié, qu'ils savaient, par leurs forces supérieures, transformer en sujétion. Au besoin, ils se faisaient redresseurs de torts, rôle profitable entre tous, dans un temps où toujours et partout on trouvait des torts à redresser, où la gratitude envers le protecteur se marquait par l'obéissance du protégé. Il n'était rien alors qui ne favorisât ces immixtions de Florence. Sa position centrale multipliait ses rapports avec les autres villes, et, en diminuant les distances, permettait d'étendre sur elles ou contre elles son bras puissant. La vacance de l'empire rendait licites toutes les alliances, toutes les agressions. La mort imprévue de Conrad, qui eût obtenu sans doute le titre de Frédéric son père[1], la rivalité de son fils Conradin et de son oncle le bâtard Manfred, le prix que mettait Manfred à se réconcilier avec le saint-siége[2], donnaient au parti guelfe un nouvel essor. La mort même d'Innocent IV n'y apportait qu'un ralentissement passager, car les successeurs de ce rude pontife allaient continuer sa politique, « moins digne de Pierre, dit le contemporain Matthieu Paris, que de Constantin[3]. »

[1] « Lo re Currado morì per un cristeo che gli fu fatto, e messovi entro veleno, e dissesi che fu opera di Manfredi suo nipote. » (Paolino, R. I. S., Suppl. II, 23.)

[2] « Se obtulit idem princeps eumdem sanctissimum Petrum in regnum recipere sine præjudicio regis et suo, et tam ipsius regis quam suo in omnibus juri salvo. » (*Nicolai de Jamsilla Hist. Sicul.*, R. I. S., t. VIII, 512.)

[3] « Et ita papa noster, qui potius Constantini quam Petri vestigia sequebatur, mundo multas ærumnas suscitavit. » (Matth. Paris, p. 562.)

Après le nécessaire et habituel repos de l'hiver, au printemps de 1254, se rouvrirent les hostilités. Plus heureuse encore que la précédente, cette année fut pour les Florentins « l'année des victoires. » C'est ainsi qu'eux-mêmes la nommèrent. Les incidents y sont, comme par le passé, d'une singulière monotonie. Il s'agit toujours de prendre des garanties contre Pistoia, en exigeant l'expulsion des gibelins[1]; de ravitailler Montalcino, importante mission que le potestat milanais Guiscardo de Pietrasanta remplit habilement ; de molester Sienne, faute de la pouvoir réduire, comme on avait fait tant d'autres cités. Toute entreprise contre Sienne paraissait grave, à cause des difficultés de l'attaque et des dangers qu'on y courait. Mettre le siége à six milles de ses murailles, devant Montereggioni, sa principale défense, dévaster ainsi son territoire en prenant Colle pour point d'appui, négocier en même temps avec la garnison allemande la reddition de la place assiégée, tel fut le plan du potestat. Il ne pouvait frapper plus juste. Si entreprenants que fussent les Florentins, ils faisaient la guerre à coups d'argent, bien mieux qu'à coups d'épée. Les Allemands, de leur côté, n'exposaient leur vie que pour remplir leur bourse et satisfaire leurs appétits. Ils étaient les premiers de cette funeste race de mercenaires qui servit plus tard les tyranneaux et ruina l'Italie. Pour cinquante mille livres, ils allaient rendre Montereggioni, quand Sienne prit sagement le parti de plier. Elle voyait le saint-siége maître de Naples, les villes de Toscane, sauf Pise, assujetties aux guelfes, les comtes gibelins eux-mêmes, Guglielmo Aldobrandeschi, Pepo des Visconti de Campiglia, feignant

---

[1] Fioravanti, ann. 1254. Inghirami, VI, 387-388.

l'accord avec une faction détestée. Elle demanda la paix que lui voulait imposer Florence[1]. Dès le 20 avril, Florence avait élu syndics, pour en préparer les bases[2], Ugo Spini, procurateur, et Brunetto Latini, notaire[3]. Ce dernier, fameux en ce temps-là pour son éloquence et son savoir[4], unissait aux connaissances du docte et du poëte les manières, les vices mêmes du « mondain »[5] que Dante châtie, malgré son admiration de disciple, des tourments éternels de l'enfer.

La négociation traîna en longueur. Les conditions léonines des Florentins furent repoussées; mais ils les adoucirent, tant ils tenaient à un arrangement[6]. Le 11 juin, sur le seuil de l'église de Stemmenano, qui dominait la colline de Querceto, au comté de Sienne[7], fut conclue

[1] Villani, VI, 56. — Ammirato, l. II, t. I, p. 99. — Malavolti, part. I, l. V, f° 65 r° v°. — Ce dernier prétend même que Florence avait pris l'initiative des propositions de paix. Cela n'est guère probable. Cet auteur est peu exact sur cette affaire. Il prétend que la mort du pape fut un des motifs des Siennois pour céder : or la paix est du 11 juin, et la mort d'Innocen du 7 décembre.

[2] *Caleffo vecchio*, p. 330.

[3] Malavolti, *loc. cit.*

[4] Villani (VIII, 10) l'appelle « mondano uomo. » Brunetto Latini (né à Florence en 1220) dit de lui-même :

Che sai che siam tenuti
Un po' mondanetti.

(*Il Tesoretto di Ser Brunetto Latini*, c. XXI. Rome, 1642, in-4°. Publié avec quelques vers de Pétrarque et le *Traité des vertus morales* de Robert de Jérusalem. Bibl. nat., Y, 3913.) — Tiraboschi pense que ce mot est un allusion discrète au vice contre nature, dont Dante accuse son maître. On s'est étonné que Dante n'ait pas été plus indulgent. L'est-il davantage pour Farinata des Uberti, le héros de son parti; pour Cavalcante, le père de son ami; pour Francesca de Rimini, quoiqu'il vécut à la cour de Ravenne?

[5] Ammirato, l. II, t. I, p. 112.

[6] Malavolti, *loc. cit.*

[7] « In podio Querceto et prope ecclesiam de Stemmenano, comitatus senensis. » (*Caleffo vecchio*, p. 329.)

« une paix solide, perpétuelle, irrévocable, pour tous dommages, injures, incendies, homicides, captures et autres offenses [1], » invariable et irritant protocole de traités qui duraient ce que durent les feuilles, et que subissait le faible, uniquement pour réparer ses forces ou attendre des temps meilleurs [2]. Sienne renonçait à toutes « ses raisons » ou prétentions sur Montepulciano et Montalcino, à toute ligue, à tout engagement avec les exilés gibelins. Elle remettait Rocca di Campiglia et Castiglioncello del Trinoro [3] aux Florentins pour être, l'une rendue à Pepo Visconti, l'autre donnée à qui ils voudraient. Elle laissait des otages jusqu'à ce que Montepulciano et Montalcino eussent été librement ravitaillés [4]. A ce prix, elle évitait l'humiliation, qui lui était d'abord imposée, de changer son gouvernement [5].

Ce qui est remarquable dans ce traité, c'est surtout ce qu'il ne dit point. Aucune stipulation n'y protégeait les places gibelines contre les entreprises de Florence. Sienne payait sa liberté intérieure de l'abandon de ses alliés. Ils ne lui en surent pas mauvais gré, parce qu'ils l'y voyaient forcée; mais ils frémissaient au spectacle des châteaux qui faisaient leur force, tombant l'un après l'autre aux

---

[1] « Firmam, perpetuam et irrevocabilem pacem de omnibus injuriis, dampnis, incendiis, homicidiis, capturis et aliis offensionibus. » (*Caleffo vecchio*, p. 329.)

[2] « I Sanesi maliziosamente fecero la pace e l'accordo. » (Stefani, l. II, R. 106.)

[3] Rocca di Campiglia, à 18 milles au sud de Montalcino ; Castiglioncello del Trinoro dans le val d'Orcia (voy. Repetti).

[4] *Caleffo vecchio*, p. 329. Ce traité a été publié par Flaminio dal Borgo, Diss. vi, p. 349.

[5] « Concordandosi che il governo della città non si alterasse in parte alcuna, contro a quel che domandaron da principio. » (Malavolti, part. I, l. V, f° 65 r° v°.)

mains des Florentins. Poggibonzi, de tous le plus important et le plus peuplé, puisqu'il pouvait se gouverner en commune, donnait l'exemple d'une soumission sans résistance[1]. Mortennana, qui appartenait aux Squarcialupi[2], ayant essayé de résister, fut prise, moitié par ruse, moitié par force[3]. Une perpétuelle franchise d'impôt récompensa les premiers qui en avaient escaladé les remparts[4].

A peu de distance s'élevaient ceux de la gibeline Volterre. Restes puissants ou imitation habile des murs étrusques, ils n'étaient qu'énormes quartiers de roche, solides par leur masse, sans que nul ciment en bouchât les interstices et les reliât entre eux. Pour atteindre au sommet de la montagne qu'ils couronnaient, dominés eux-mêmes par des tours altières, il fallait gravir, entre deux précipices, une chaussée unique, au risque d'être pris de flanc par une grêle de projectiles, ou de front par d'impétueuses sorties qui ne laissaient aux assaillants, s'ils pliaient, d'autre refuge que l'abîme. Incapables d'héroïques folies, les Florentins bornaient à un *guasto* leur attaque contre Volterre[5]. Par le fer et le feu, ils détruisaient les récoltes sur ces riants coteaux où fleurissait la vigne. Les habitants ne purent voir de sang-froid la

---

[1] « L'ebbero per patti. » (Stefani, l. II, R., 107.)

[2] Stefani (l. II, R. 107) dit : « Che l'aveano fatto rubellare gli Squarcialupi. » — Mortennana, Mortennano ou Montennano était situé dans le val d'Elsa, diocèse de Colle (Repetti, III, 447.)

[3] « Per forza e per ingegno. » (Villani, VI, 57. — Cf. Ammirato, 1254, l. II, t. I, p. 99.)

[4] « Furono fatti franchi in perpetuo delle fattioni del comune di Firenze. » (Villani, VI, 57. — Cf. Ammirato, *loc. cit.*)

[5] « Tornando l'oste de' Fiorentini da Poggibonzi, fecero la via di Volterra, ed ultimamente non isperando se no del guasto. » (Stefani, l. II, R. 108.)

ruine de leurs plus chères espérances. Vivant fort éloignés de l'ordinaire chemin des armées, ils n'avaient pas, comme Sienne et Pistoia, l'habitude résignée de ces dévastations barbares. Le 10 août, pour sauver l'accessoire, ils compromirent le principal. Sans chefs, sans plan déterminé, ils se ruèrent hors de leur ville, et, répandus sur les hauteurs, accablèrent de leurs traits l'infanterie florentine, qui seule avait osé s'avancer sur les pentes rapides. Comme ils la forçaient à se replier en désordre, la cavalerie, pour éviter un désastre, s'y risqua à son tour. Fraîche, elle surprit les Volterrans fatigués et confiants dans la victoire. Elle les mit en déroute et les poursuivit dans leur fuite, reprenant, avec son rôle naturel, ses principaux avantages. Elle atteignit les fuyards aux portes mêmes de la ville, et, avant qu'on les pût fermer, elle y entra pêle-mêle avec eux.

Mais elle s'arrêta aussitôt. C'était la supériorité des Florentins de rester circonspects dans l'entraînement du succès. Ils attendirent des renforts pour occuper les points stratégiques, couper les quartiers de leurs communications, déconcerter ainsi toute tentative de résistance. On vit alors, s'il faut en croire les vieux auteurs, cette invariable scène qu'ils décrivent si volontiers en racontant la prise des villes : les femmes et les enfants réfugiés dans la cathédrale, l'évêque s'avançant vers les vainqueurs, revêtu de ses habits sacerdotaux, portant le crucifix dans ses mains, suivi de son clergé et d'une foule échevelée qui criait, dans les larmes : « Seigneurs Florentins, paix et miséricorde[1]! » La clémence fut facile,

---

[1] Villani, VI, 58. Ammirato, 1254, l. II, t. I, p. 100. — Ce dernier s'abandonne à tous les débordements dramatiques de sa rhétorique ; mais

car, les hommes ayant posé les armes, aucun danger n'était à craindre. Il fut défendu de toucher aux biens comme aux personnes. Seulement, les principaux gibelins durent partir pour l'exil, et les autres fournir bon nombre d'hommes pour soumettre aux guelfes les villes qui en repoussaient encore la domination[1]. Volterre étant trop éloignée pour qu'on la pût incorporer au territoire de Florence, le 14 août, Guillino de Rangone, capitaine du peuple, et les *anziani*, décrétèrent que les vaincus éliraient des citoyens de haute et basse condition, en nombre égal, pour corriger le statut de leur patrie, d'après les principes qui leur seraient indiqués. Ces principes montraient assez qu'un maître dictait la loi. Le potestat, imposé ou agréé par lui, devait connaître des crimes commis de jour et de nuit dans Volterre, condamner les coupables proportionnellement à leur condition et à celle de leurs familles[2], n'admettre aucun appel contre ses sentences criminelles, convoquer et licencier à sa volonté les conseils et les assemblées populaires. Des otages furent envoyés à Florence et y restèrent deux mois et six jours, jusqu'à ce que ces réformes fussent accomplies[3].

D'autres moyens encore furent employés pour prendre pied dans la ville conquise. On entreprit d'y bâtir une

---

peut-être dans une certaine mesure cette scène se renouvelait-elle souvent en pareille occasion.

[1] Les mêmes, Stefani, l. II, R. 109. — Cecina, p. 57.

[2] « Che il potestà qualunque volta gli fosse mancato della dovuta obedienza, potesse condannare a proporzione della casa e delle persone. » (Cecina, p. 53-54.)

[3] Cecina, p. 53-54. — Villani, Ammirato, se bornent à une ligne insignifiante sur ces conditions imposées à Volterre ; mais Cecina mérite confiance, car il cite ou indique ses sources manuscrites et originales.

tour, dont la garde devait être laissée aux Florentins[1]. On y fit l'acquisition de nombreux immeubles. Les documents constatent jusqu'à sept achats de ce genre dans les premiers mois de 1255[2], et il y en eut bien d'autres sans doute, dont les titres sont perdus. Le trafic et la politique y trouvaient également leur compte. Les marchands acquéreurs avaient dès lors intérêt à la bonne administration de Volterre, et donnaient qualité à leurs concitoyens pour y intervenir, dans le dessein ou sous le prétexte de les protéger. Avec des hommes d'armes dans la tour et un potestat de leur choix, muni d'exorbitants pouvoirs, la convocation des assemblées n'était plus qu'une pure comédie, et la liberté des gibelins qu'une vaine illusion.

Après ce triomphe inespéré, dont le retentissement égalait les avantages, Florence croyait pouvoir tout oser, tout entreprendre. Pise la bravait encore, et en voyait, d'ordinaire, expirer au pied de ses murailles toutes les tentatives. Pourvu qu'elle se résignât à l'isolement continental, elle restait libre de fermer ses portes et son port au trafic florentin, de tourner ses regards vers Constantinople, Jérusalem et Tunis, de guerroyer avec Gênes, de conquérir sur les côtes de Sardaigne et de Corse[3]. Mais en revenant de Volterre, en passant au pied de la montagne où s'élevait San Miniato, l'armée victorieuse se

---

[1] « E ordinarono di farvi entro una torre per Firenze in sul poggio, e incominciaronla. » (Paolino, R. I. S., Suppl., II, 23.) On ne voit nulle part si ces travaux entrepris furent achevés.

[2] Arch. di Stato, *Capitoli*, XXIX, f°⁵ 266, 277, 301 r°, 302 r°, 303 v°. XXXV, f°⁵ 9 v°, 11 r°.

[3] Pise donnait à ses sujets de Corse et de Sardaigne des institutions analogues aux siennes, mais elle les gouvernait avec une sévérité soupçonneuse, leur défendait de se joindre à aucune armée, de se faire sujets ou vassaux d'aucun seigneur de leur ile. (Arch. de Pise, *Pergamene, atti publici*, 10, 12 janvier 1256.)

trouvait à moitié chemin de Pise. Ses chefs y savaient la population déconcertée par leurs glorieux succès, soulevée contre les nobles et par conséquent moins éloignée des guelfes[1]. Le moment était donc favorable pour déployer à ses yeux des bannières qui semblaient porter dans leurs plis la victoire. Apprenant en effet que les Lucquois s'allaient joindre aux Florentins, ne pouvant compter sur le concours d'une noblesse mécontente, se voyant en présence de forces très-supérieures aux leurs, les maîtres populaires de Pise prirent, sans trop hésiter, l'impopulaire parti d'offrir à l'ennemi les clefs de leur ville et de lui demander la paix. L'ennemi, dit l'annaliste Tronci, « pour ne pas s'exposer à quelque sinistre, adhéra à la volonté des Pisans ; mais comme il avait la balle en main, il fit ses conditions[2]. » Il affranchit leurs marchandises de tous droits de douane et leurs personnes de tout impôt. Il obligea les Pisans à employer les poids et mesures en usage à Florence pour les denrées, les étoffes et les draps, à frapper des monnaies conformes aux monnaies florentines, à ne rien faire ni directement ni indirectement contre Florence et son territoire, à donner cinquante otages[3], et à livrer, en garantie de leur foi, la place de Piombino ou celle de Ripafratta.

Comment les Florentins n'avaient-ils pas fixé leur choix d'avance ? Ripafratta était dans l'intérieur, trop loin d'eux pour leur être utile[4] ; Piombino, port de mer, les

[1] Tronci, 1254, p. 199.
[2] *Ibid.* — Cf. Villani, VI, 59; Stefani, l. II, Rub. 109.
[3] Stefani, Tronci, *loc. cit.* Villani, Ammirato, disent 150 otages ; mais Tronci maintient 50 sur l'autorité de saint Antonin. Celle de Stefani confirme son chiffre, qui est plus vraisemblable.
[4] Dans le val de Serchio, à 4 milles nord-ouest des bains de San-Giuliano, sur le dernier contrefort du monte Pisano, qui descend par une pente abrupte vers la rive gauche du Serchio (Repetti, IV, 767).

eût dispensés de passer par Pise pour leur trafic, et d'y payer un tribut. Mieux inspirés, les Pisans sentirent la faute et surent en profiter. Un d'eux[1] conseilla, dit-on, aux magistrats de sa République, de feindre qu'ils tenaient beaucoup à conserver Ripafratta. Dès lors ceux de Florence l'exigèrent et l'obtinrent, sauf à la livrer bientôt aux Lucquois, mieux situés pour la garder et la défendre[2]. Cette surprenante bévue n'apparut que plus tard aux yeux plus éclairés, au sens plus rassis des chroniqueurs[3]. Quant aux contemporains, ils ne virent que la gloire de leurs bannières. Au mois de septembre, ils reçurent l'armée à Florence avec d'unanimes acclamations.

A tout prendre, elle les méritait. Ses victoires arrachaient partout aux gibelins leurs armes et leurs espérances. Le 31 juillet 1255, dans l'église de San Donato in Poggio, Sienne renouvelait le traité qui la liait à Florence, en des termes dont la chaleur factice dissimule mal le manque de foi et peut-être de bonne foi. « Le pacte d'amour continuel dure sans être jamais violé, était-il dit, et de même que l'aigle renouvelle sincèrement l'ardeur de ses affections, dont l'éclat fait toujours briller ses amis, de même, au nom de Jésus-Christ, une alliance a été conclue qui doit durer perpétuellement[4]. Les deux villes

[1] Les chroniqueurs florentins le nomment Vernagallo ; mais ce nom est douteux. Tronci (p. 199) dit, en effet, que cette famille fut de celles qui étaient alors restées en exil, au lieu de rentrer à Pise en faisant leur soumission.

[2] Villani, VI, 59. Paolino, p. 25. Simone della Tosa, p. 197. Ammirato, 1254, l. II, t. I, p. 101. Tronci, p. 200.

[3] « E a ciò ebbono i Fiorentini male provvedimento, che avendo i Fiorentini preso il porto di Piombino, molto era loro grande utilità. » (Villani, VI, 59.) — Tronci (p. 200) supprime cette histoire et admet que les Pisans ne voulurent pas donner Piombino ; mais les Florentins, avouant une bévue des leurs, semblent mériter créance.

[4] « Perhennis fedus amoris perpetuo durat inlesum, et quasi aquila re-

se faisaient la promesse réciproque de ne pas recevoir ceux que l'autre aurait chassés pour cause de vol, de brigandage sur les routes, de blessures ayant causé effusion de sang, d'homicide, de tromperie, de trahison, de sédition, de conspiration[1]. Ce traité, qui frappait les adversaires politiques des mêmes rigueurs que les plus vulgaires scélérats, avait pour sanction deux mille marcs d'amende. Il ne préjudiciait à aucun de ceux qui liaient Florence comme Sienne aux communes et aux seigneurs du pays. Au nombre des syndics qui échangèrent les serments se trouvait Provenzano Salvani, un des plus illustres Siennois, dont le nom reparaîtra dans cette histoire[2].

Trois semaines plus tard, le 25 août, les guelfes d'Arezzo faisaient « société, union, compagnie, conjonction avec le puissant et victorieux peuple florentin[3] ». Ce traité, renouvelé l'année suivante, après que Florence eut rétabli la concorde entre les deux factions d'Arezzo[4],

---

novat sincere dilectionis ardorem, per quem coruscare semper contigit amicos, et ideo in nomine Jhesu Christi inita est sotietas et pacta firmata sunt perpetuo duratura. » (*Caleffo vecchio*, p. 335.)

[1] « Pro furto, vel proditione, vel homicidio, vel falsitate, vel feritis unde sanguis exiret, vel robbaria stratarum seu seditione vel conspiratione facta contra comune Senarum vel pro aliquo maleficio enormi. » (*Caleffo vecchio*, p. 335.)

[2] Son collègue était Berlinghieri de Giunta. Messer Oddone Altoviti et Messer Jacopo de Cerreto représentaient Florence. — *Caleffo vecchio*, p. 335. A la page 336 v° se trouve la ratification de ce traité. — Cf. *Consiglio della Campana*, V, 12. — Arch. di Stato, *Capitoli*, XXIX, f° 316 r°. - M. Cesare Paoli a publié quelques passages de ce traité à l'appendice de son excellent travail intitulé : *La battaglia di Montaperti, Memoria storica*, Sienne, 1869, in-8°, p. 75.

[3] Arch. di Stato, *Capitoli*, XXIX, f° 189 r°. — « Sotietatem, unionem compagniam, coniunctionem et posturam.... cum potenti et victorioso populo florentino. » (*Ibid.*, f° 254. Doc. du 21 mars 1256, renouvelant le précédent.)

[4] Doc. des 9, 10, 11 mars 1256. Un doc. du 19 mentionne cette paix comme « hodie presentialiter factam ». (*Capitoli*, xxix, f°˙ 252, 253.)

fut juré par deux cents Arétins, sous peine de mille marcs d'argent[1]. Il y était stipulé, outre les clauses ordinaires, commerciales et autres, que les deux peuples s'opposeraient *toto posse suo* à toute tentative de discorde ou de troubles, et que, durant trois années, à partir du 1er janvier suivant, Arezzo recevrait de Florence un potestat florentin qu'elle paierait de ses deniers, mais obligerait à jurer l'observation de ses statuts. Jusqu'au 1er janvier, un capitaine gouvernerait, envoyé aussi par Florence[2].

Arezzo, en effet, paraissait hors d'état de se gouverner elle-même. Ses guelfes et ses gibelins en nombre presque égal se faisaient équilibre, et, tour à tour maîtres du pouvoir, ne pouvaient compter sur le lendemain. Dans l'intervalle qui sépara ce traité de sa ratification[3], une aventure singulière justifiait presque et faisait désirer le protectorat de Florence. Au secours d'Orvieto, sa fidèle alliée, alors en guerre avec Viterbe et autres cités de son voisinage, Florence avait envoyé le comte Guido Guerra avec cinq cents cavaliers. Ce chef, issu d'une des plus grandes familles gibelines, mais d'une branche qui s'était donnée aux guelfes, mettait une habileté réelle au service d'un tempérament fougueux. Dante, qui hait en lui le transfuge, confesse pourtant qu'il « fit beaucoup par le talent et l'épée[4]. » Comme il passait par Arezzo, il fut requis par les guelfes d'en expulser leurs adversaires. Il

---

[1] Arch. di Stato, *Capitoli*, XXIX, f° 189 r°. Cf. Villani, VI, 62, et Ammirato, l. II, t. I, p. 102.

[2] *Capitoli*, XXIX, f°s 189 1°, 254 v°. Les engagements contractés en 1255 sont renouvelés en 1256.

[3] M. Alf. Reumont (*Tav. cron.*) dit en 1254, mais sa chronologie n'est pas toujours sûre. Il est ici en contradiction avec les chroniqueurs comme avec ce qu'on peut inférer des manuscrits. Voy. Stefani, assez exact sur les dates (l. II, R. 110).

[4] « Fece col senno assai e con la spada. » (*Inf.*, XVI, 39.)

le fit avec ardeur[1] : il avait, selon Paolino, des griefs personnels contre les Arétins[2]. La pensée ne lui vint pas qu'il pût mécontenter, en occupant l'importante forteresse d'Arezzo, le gouvernement de Florence. Ce succès, acheté plus d'une fois à beaux deniers comptants, il le lui assurait sans bourse délier. Mais il déchirait un traité récent et ameutait tous les gibelins de Toscane[3]. La prudence commandait donc de désavouer l'aventureux capitaine. Comme il regimbait sous l'outrage et refusait d'évacuer les positions prises, on l'y contraignit par un grand déploiement de forces. Le 22 août, Sienne, avec empressement, envoyait pour sa part au potestat florentin quatre cents chevaux et bon nombre d'arbalétriers[4]. Les guelfes d'Arezzo ne pouvaient, cependant, renvoyer leur rude champion sans indemnité ou récompense : le trésor florentin leur avança les sommes nécessaires, que jamais il ne recouvra[5].

---

[1] « Ed entrando in Arezzo, i guelfi richiesero che cacciassero i ghibellini d'Arezzo. Egli il fece. » (Stefani, l. II, R. 110.)

[2] « Prese la terra per certe cose che gli Aretini gli haveano fatte. » (Paolino, R. I. S. Suppl. II, p. 23.)

[3] Un motif politique put seul, nous le pensons, déterminer Florence à désavouer Guido Guerra. Si elle eût agi uniquement par loyauté, nous en rencontrerions d'autres exemples. Ici la loyauté était habile, puisque les gibelins, quoique égaux en force aux guelfes dans Arezzo, n'y dominaient pas et avaient subi l'alliance des Florentins. Ammirato (1256, l. II, t. I, p. 104) et Malavolti (part. I, l. V, f° 67 r°) ne s'y trompent point et voient un calcul dans cette prétendue magnanimité. Sismondi (II, 323) rappelle à ce sujet les Lacédémoniens déposant Phœbidas, mais gardant la Cadmée qu'il avait prise (voy. Plutarque, *Vie de Pélopidas*, éd. Didot, I, 334). Florence en eût fait autant si elle l'avait pu. Elle n'aurait pas même désavoué Guido Guerra.

[4] *Consiglio della Campana*, t. V, p. 20 v°. — Malavolti, part. I, l. V, f° 67 r°.

[5] « Non si rihebbon mai. » (Villani, VI, 62.) Le chiffre varie, dans les chroniqueurs, de 5,000 à 42,000 florins.— « Cinque mila lire di piccioli per l'ammenda di quello che gli Aretini gli havevano fatto. » (Paolino, p. 24.)

Restait à réconcilier dans Arezzo les partis exaspérés. Le 9 mars 1256, sous les auspices de Florence, la paix fut conclue entre eux [1], et peu de jours après ils renouvelaient le traité qui à cette puissante commune unissait leur patrie [2]. Le potestat florentin qu'ils élurent était ce Tegghiaio d'Aldobrando des Adimari [3], en grand renom parmi ses concitoyens, que Dante, pour un vice immonde, nous montre dans son enfer, entre Guido Guerra et Jacopo Rusticucci, foulant une arène embrasée sous une pluie de feu [4]. « Par l'union de tant de forces, écrit Malavolti, on voit quelle puissance avait alors en Toscane le parti guelfe et par conséquent Florence, qui marchait à sa tête, surtout après s'être assurée, au moyen de paix et de ligues, des Pisans et des Siennois, qui tenaient seuls vivant le nom du parti gibelin [5]. »

Alliée malgré elle aux guelfes et n'étant plus entourée que de guelfes, Sienne mettait enfin ses institutions en harmonie avec celles des Florentins. Le 25 juin 1256, elle leur empruntait la magistrature du capitaine du peuple, non toutefois sans la modifier avec cette intelligente précision qu'elle apportait en toutes ses réformes politiques. En même temps qu'elle ramenait le potestat à ses primitives fonctions de juge, elle faisait du capitaine tout ensemble un commandant d'armée et le chef des vingt-quatre [6]. Si elle ne fit pas de lui, comme Florence, un

---

[1] Arch. di Stato, *Capitoli*, XXIX, f° 252 v°.

[2] Le 21 mars Arezzo nommait ses syndics et le 4 avril Florence les siens. La ratification eut lieu le 26 avril (*Ibid.*, f° 254 r°, 255 v°).

[3] Dante (*Inf.*, XVI, 41) l'appelle Tegghiajo Aldobrandi : c'est une preuve de plus que la forme primitive des noms s'altérait, et que celui du père commençait à devenir celui de la famille.

[4] *Inf.*, XVI, 13-18, 46-48, 58-60. Voy. Stefani, l. II, R. 110.

[5] Malavolti, part. I, l. v, f° 66 v°.

[6] *Consiglio della Campana*, t. VI, p. 31 v°. — Malavolti (part. I, l. v,

chef populaire, c'est que les nobles gibelins, par leur prépondérance constante, ôtaient au peuple tout désir de conflit. Assez sages d'ailleurs pour ne point s'opposer à la marée montante, ils donnaient à la bourgeoisie, dans le gouvernement, plus de place qu'elle n'en eût demandé. Ils décidaient, le 6 septembre, que le conseil de la *Campana* se composerait par moitié de *popolani*[1].

A Pise seulement les guelfes rencontraient encore quelque résistance. Quoique liée par un traité, comme les autres villes, Pise n'en remplissait point les obligations. Elle était par ses galères en communication avec l'habile Manfred, bâtard de Frédéric, intrépide champion des droits héréditaires de la maison de Souabe. Elle tressaillait d'allégresse au spectacle de succès remportés, dans l'Italie méridionale, avec des ressources insuffisantes pour la grandeur de l'entreprise[2]. Elle recevait par mer des secours que ne pouvaient espérer de sitôt les gibelins de l'intérieur. Elle ne craignait qu'à moitié les Génois, trop occupés ailleurs pour entretenir une croisière sur la côte occidentale de la péninsule. L'année précédente, elle avait conclu avec Alphonse X, roi de Castille, empereur élu par une faction de seigneurs allemands[3], un traité qui

---

f° 64 v°) rapporte cette réforme à l'année 1254; mais les manuscrits font foi. Elle est d'ailleurs bien plus naturelle après la paix avec Florence qu'auparavant.

[1] *Consiglio della Campana*, t. VI, p. 119 v°.
[2] Voy. Cherrier, III, 63; Saint-Priest, l. III, t. I, p. 291 sq.
[3] Le métropolitain de Trèves faisait proclamer Alphonse roi des Romains, le 1ᵉʳ avril 1256. Les dissidents reconnaissaient ce titre à Richard de Cornouailles, frère d'Henry III d'Angleterre. Alphonse avait sur son rival l'avantage de descendre de Frédéric Barberousse par les femmes. Son père Ferdinand III, dit le Saint, avait épousé la plus jeune des filles du roi Philippe le Grand, oncle de Conrad IV. Il pouvait donc, si l'on écartait Conradin, à cause de son âge, être considéré comme représentant sinon direct, au moins naturel des droits des Hohenstaufen (Voy. Cherrier, III, 73).

obligeait ce prince, non-seulement à lui accorder franchise entière pour son négoce, mais encore à faire avec elle une « vive guerre » contre les Lucquois, les Génois, les Florentins[1]. Que Manfred, en 1256, l'ait stimulée à prendre les armes, Villani et Ammirato l'affirment[2], et on peut les croire, car il avait intérêt à susciter dans le nord des embarras au saint-siége ; mais Pise, avant de recevoir ces conseils, se préparait à la lutte. Pour principal stimulant elle avait sa jalousie.

C'est aux Lucquois qu'elle s'attaqua tout d'abord. En se hâtant, elle pouvait devancer tout secours. Ses forces passèrent le Serchio et prirent pour point d'appui le château de Motrone, situé à la frontière commune, près de Pietrasanta et non loin de la mer[3]. Elles attendirent alors qu'on essayât de les en déloger. Après l'avoir tenté vainement, les Lucquois résolurent de n'agir que de concert avec les Florentins. Engageant un nouveau combat, ils simulèrent une débandade, provoquèrent l'ennemi à les poursuivre et l'amenèrent ainsi sur un point où les

---

[1] Quod si oportuerit, et pacem vel treguam cum honore et statu Comunis Pisarum, cum Lucensibus, Florentinis et Januensibus et eorum fautoribus et auctoribus et complicibus facere non possent, facient vivam guerram cum dictis militibus et balistariis et toto suo posse, et dictus dominus rex fieri facere vivam guerram una cum comuni Pisarum predictis adversariis (Arch. di Stato, *Riformagioni*, cl. XI, dist. 3. *Cartapecore*, n° 22. Publié par Saint-Priest, I, 354).

[2] Per caldo e sodducimento del Re Manfredi (Villani, VI, 63). Fu incominciata da' Pisani, ne' quali potè tanto l'autorità del Re Manfredi, che non riguardando a' nuovi patti fermati co' Fiorentini... (Ammirato, l. II, t. I, p. 105). — Ammirato est une autorité différente de Villani, car il a eu sous les yeux beaucoup de documents que Villani n'a pas connus.

[3] Ces deux châteaux, également situés sur des contre-forts de l'Apennin, sont l'un dans le val de Serchio, l'autre entre le val de Castello et le val de Seravezza, à 5 milles au sud de cette dernière ville et à 18 à l'ouest de Pise (Repetti, III, 622, IV, 216).

milices florentines, inopinément arrivées, le pouvaient prendre de flanc. Les Pisans cherchèrent alors à regagner leurs tranchées ; mais, coupés de leurs communications avec Pise, massacrés ou noyés dans le Serchio, ils n'échappèrent qu'en petit nombre, laissant aux mains du vainqueur beaucoup de prisonniers.

Le difficile, c'était, comme toujours, de compléter ce succès. Ni Motrone ni Pise ne faisaient mine de se rendre, et l'on n'osait, on ne pouvait les attaquer. Parviendrait-on du moins, par les provocations habituelles, à engager les vaincus dans de nouveaux combats ? A San Jacopo du val de Serchio, Lucquois et Florentins coupèrent un de ces pins superbes que les villes toscanes s'enorgueillissaient de voir, dans leur banlieue, projeter de vigoureux rameaux. Sur la partie du tronc qui restait fixée au sol, ils frappèrent une monnaie d'or, semblable à leur florin, sauf qu'aux pieds de saint Jean l'on figura un trèfle, représentation symbolique de l'arbre abattu[1]. Venger l'outrage était le vœu de tous les cœurs pisans ; mais la froide raison commandait la patience. On venait d'apprendre coup sur coup que les Génois s'étaient emparés de Lerici, dans le golfe de Luni[2], qu'ils avaient débarqué en Sardaigne, où le fort de Castro était tombé en leur pouvoir, et que Manfred, aux prises avec ses ennemis dans son royaume, n'en pouvait distraire, au profit de Pise, la moindre partie de ses défenseurs. Pour reprendre la guerre contre Gênes, il fallait donc conclure la paix avec Florence. Le 5 septembre 1256, elle fut

---

[1] Villani (VI, 63). Cet auteur dit que l'on voyait encore, de son temps, cette monnaie.

[2] L'ancien *Castrum Erycis*, au pied du mont Éryx, dans le golfe actuellement dit de la Spezzia (Repetti, II, 684).

signée à d'onéreuses conditions. Pise dut céder aux Génois Lerici, aux Lucquois Massa del Marchese[1], Motrone et d'autres châteaux, aux Florentins la part du lion, Montopoli, Pratiglione, Monte-Castello, Palaia[2], avec le convoité privilége du marché franc[3].

Cette forteresse de Motrone que recevaient les Lucquois, Florence restait libre de l'occuper ou de la détruire à son gré. Elle résolut de la détruire. Il parut à ses *anziani* que la conservation en serait précaire autant que dispendieuse. La décision, prise en conseil secret, devait être soumise, le lendemain, au peuple en parlement. Si les Pisans l'eussent connue, ils en auraient ressenti une joie profonde, car ils ne craignaient rien tant que la concurrence de Motrone, devenue florentine, à Porto-Pisano. Mais dans leur ignorance ils avaient chargé un secrétaire de gagner à prix d'argent les personnages publics au dessein qu'ils ne leur pouvaient supposer. La corruption s'attaqua d'abord à un des *anziani* dont on connaissait la pauvreté, Aldobrandino Ottobuoni, « franc *popolano* de San Firenze[4]. » Sans apparente indignation Aldobrandino reçut l'offre de quatre mille florins d'or, mais il y vit

---

[1] Nommé aussi Massa ducale et Massa di Carrara, dans le val du Frigido, à 6 milles à l'ouest de Pietrasanta, dans une situation ravissante qu'a célébrée Pétrarque (Repetti, III, 115).

[2] Pratiglione, dans le val d'Era, avait été donné aux Lucquois par Henri VI, et pris par les Pisans. — Montecastelli, dans le Val de Cecina, sur une colline au pied de laquelle coulent la Cecina et le torrent Pavone, profondément encaissé. — Palaia, dans le val d'Era, sur une colline escarpée entre deux torrents, à 5 milles de Montopoli et 10 milles de Pontedera (Repetti, III, 593, 340 ; IV, 27).

[3] Villani, VI, 63. Paolino, p. 24. Stefani, l. II, R. 111. — Grassi, p. 105. Inghirami, VI, 401.

[4] Grande cittadino antiano, possente in popolo, franco popolano da San Firenze (San Firenze est une église située près de la Badia et du Bargello)... Non essendo troppo ricco d'avere (Villani, VI, 63).

un indice certain de ce que commandait l'intérêt public.
Quoiqu'il eût voté la démolition, il s'excusa, dans le conseil de ses collègues, d'avoir du jour au lendemain changé d'avis, et sans dire ses motifs, « par de belles et utiles raisons, » il conseilla de conserver Motrone[1]. Sa motion ne prévalut qu'avec peine, soit par pudeur de chanter la palinodie, soit faute de s'entendre aux choses de la mer[2]. A la fin pourtant les conseils la votèrent, et l'assemblée du peuple la ratifia. Par les Pisans seuls on connut ce modeste désintéressement. La renommée de ce bon citoyen s'en accrut. Dans l'église de Santa Reparata lui fut accordée, à sa mort, une sépulture de marbre, « plus élevée que les autres, » et que devaient indignement violer, quelques années plus tard, les gibelins victorieux[3]. Villani, narrateur de cette aventure, en accable le héros de compromettants éloges : on n'admire tant une probité si naturelle que dans un pays qui n'en donne pas souvent l'exemple. Mais cet enthousiasme maladroit n'engage que l'enthousiaste. De ses paroles mêmes il résulte, au surplus, que toute une vie de loyaux services et non un service unique valut au cadavre d'Aldobrandino les suprêmes honneurs[4]. Sans croire avec Dante que ce temps

---

[1] Il di dinanzi era preso consiglio *per lui* e per li altri antiani di disfare il Mutrone (Villani, VI, 63).

[2] Villani, VI, 63. Ammirato, l. II, t. I, p. 108.

[3] Villani, VI, 63. Sur la tombe on inscrivit ces deux vers, qui laissent à désirer pour la poésie comme pour la prosodie et le sens :

Fons est supremus Aldobrandinus amœnus
Ottoboni natûs ad bona cuncta datus.

(Note de Muratori au texte de Villani.) — M. Trollope (I, 145) déclare ces vers incompréhensibles. C'est un peu sa faute, puisqu'au lieu de *ad bona cuncta* il écrit ou laisse imprimer *a bona civita*, mélange inexplicable de latin et d'italien.

[4] Morio in tanta buona fama *per le sue vertuose opere* fatte per lo comune (Villani, VI, 63).

fût un âge d'or, on n'y saurait méconnaître un patriotisme sincère. Florence n'était pas à vendre. Si elle faisait grand cas de l'argent, elle savait, à l'occasion, le mépriser.

Illustres par la gloire au dehors et par la paix au dedans, comment ces guelfes marchaient-ils à une catastrophe? C'est hors de la Toscane, où ils régnaient en maîtres, qu'il faut porter ses regards, pour trouver les causes de leur secrète faiblesse. Du nord et du sud, pour les gibelins vaincus, mais frémissants, soufflait le vent de l'espérance. En Lombardie, plus de traditions, de suite dans les idées, de puissance acquise, avait établi la noblesse gibeline et son pouvoir sur de solides fondements. Les fonctions de potestat et de capitaine du peuple, données aux grands, faisaient d'eux des *signori*, dont la tyrannie et la cruauté inspiraient aux gibelins la confiance, en répandant parmi les guelfes la terreur. Si les bannis florentins en eussent souffert comme en souffraient les Lombards, ils auraient comme eux « béni dans tous les siècles des siècles et au delà Dieu qui livrait au diable les âmes de ces insatiables homicides, de ces dragons vénéneux, de ces lions rugissants par désir de la proie, de ces buveurs de sang humain[1]. » Mais Eccelino de Romano, son frère Albéric, Oberto Pelavicino, Buoso de Doara et tant d'autres tyrans n'étaient pour eux que des alliés. Ils ne savaient pas être sévères pour des atrocités qui trouvaient leur pendant et comme leur expiation dans les naturelles représailles d'une population effrénée, sur le cadavre, sur la famille

---

[1] Quasi leones rugientes ad prædam (*Monachi Patavini Chron.*, R. I. S., t. VIII, 692). Et diabolus habuit animam ejus... de cujus morte sit nomen Domini benedictum per omnia secula seculorum et ultra (*Nicolai Smeregi Chron.*, R. I. S., t. VIII, 101). — Insatiabilis homicida, draco venenosus (*Chron. Estense*, R. I. S., t. XV, 318). Seminator discordiæ, sitibundus,

même du maître mort[1]. Ce ne fut pas le moindre crime de ces scélérats titrés que d'avilir les hommes en les provoquant à la férocité sans péril, après les avoir poussés par la crainte à la servilité, à la délation[2]; de rendre indifférents au mal qu'on faisait autour d'eux ceux qui répugnaient à le faire eux-mêmes ; de sanctifier en quelque sorte les plus horribles saturnales de la vengeance[3]. Mais la soumission des sujets attestait la force des maîtres, et cette force, les gibelins toscans n'en doutaient pas, devait être partout au service de leur parti.

Dans le sud, la domination brillante de Manfred leur donnait d'autres sujets d'espérance. Ce bâtard de Frédéric II et d'une belle Italienne[4] n'avait aucun droit au trône ; mais depuis longtemps il régnait, comme s'il y fût monté. Objet constant des prédilections de son père, il avait gouverné presque enfant le « Royaume, » en l'absence

potator humani sanguinis (Laurentii de Monacis, *Ezerinus*, III, R. I. S., t. VIII, 149).

[1] On peut voir sur ce sujet si tristement curieux, outre les auteurs cités dans la note précédente, *Ricobaldi ferrariensis Hist. imperatorum*, R. I. S., t. IX, 134 sq., *Malvecii Chron.*, R. I. S., t. XII, 935 sq., *Chron. Veronense*, R. I. S., t. VIII, 638, etc.

[2] Voy. *Chron. Veronense*, R. I. S., t. VIII, 638. *Ricobaldi ferrariensis Hist. imp.*, R. I. S., t. IX, 134.

[3] Le légat du pape ne s'opposait point aux plus affreuses représailles, ne les blâmait même pas. Les chroniqueurs qui rapportent les faits s'abstiennent de réflexions (*Chron. Veron.*, R. I. S., t. VIII, 638), ou n'y ajoutent qu'un mot à la charge du tyran mort (*Ricob. ferr.*, R. I. S., t. IX, 134), ou entonnent un chant de triomphe (*Mon. patav.*, R. I. S., t. VIII, 712).

[4] Les chroniqueurs toscans disent que sa mère était de la famille lombarde ou piémontaise des Lancia ; mais il est démontré aujourd'hui qu'elle s'appelait Bianca d'Anglano (Voy. Gius. de Cesare, *Storia di Manfredi*, l. IV, n. 17. Naples, 1837). — Frédéric avait eu quatre bâtards. Le premier avait tenté de l'assassiner et s'était enfui auprès du roi d'Espagne. Le second était Heinsius ou Enzio, fait captif par les Bolonais ; le troisième, Frédéric d'Antioche, le quatrième Manfred (Voy. *Minoritæ florentini gesta imperatorum*, ap. Böhmer, *Fontes rer. Germ.*, IV, 652).

et au nom de Conrad, roi des Romains[1]. Conrad mort aux éclats de rire d'Innocent IV, qui avait déclaré s'en réjouir pleinement[2], il avait reçu la régence du margrave Berthold de Hohembourg, Allemand cupide qui, sa fortune faite, ne se souciait plus du pouvoir, esprit cultivé, mais rusé, *minnesænger* ou troubadour plutôt qu'homme de guerre[3], et plus porté à chanter les exploits d'autrui qu'à en faire lui-même. Colosse redoutable en apparence, Manfred avait par son origine des pieds d'argile ; les fautes politiques du saint-siége l'avaient seules affermi sur son piédestal.

Devenue chère aux Italiens par le long séjour d'Innocent IV à Lyon, comme par le despotisme des empereurs, la papauté, de retour au patrimoine de saint Pierre, n'avait à craindre beaucoup ni Manfred, malgré son importun voisinage, ni Conradin, légitime héritier de Conrad, qu'une prudente tutelle retenait pour longtemps au fond de la lointaine Germanie. Il fallait donc éviter de reconnaître les droits réels de l'un et encourager les prétentions toujours contestables de l'autre. En les tenant l'un par l'autre en échec, on eût assuré sans peine la suprématie du saint-siége. Innocent IV ne comprit et n'accomplit que la moitié de sa tâche. A ceux qui imploraient sa protection pour le jeune fils de Conrad[4] il répondait sans détour qu'on serait à temps de voir, quand cet enfant

---

[1] Cherrier, II, 599, Saint-Priest, I, 212.

[2] Quo audito, papa de morte ejus certificatus, cum magno cordis jubilo, oris risu, et vocis exsultatione ait : Gaudeo plane (Matth. Paris, p. 600).

[3] Voy. un lied de lui, qui commence par ce vers :

    Ich wache und eines Ritters lip...

dans Bechstein, *Deutsches Dichterbuch*, Leipzig, p. 10, cité par Saint-Priest, I, 213, note.

[4] Super petenda regi pupillo sedis apostolicæ gratia (*Nicolai de Jamsilla Historia sicula*, R. I. S., t. VIII, 507).

aurait l'âge viril, si ses droits au trône étaient valables, et s'il se montrait digne de les exercer[1]. Mais envers Manfred, le fougueux pontife manquait de sens comme de mesure. Il n'aspirait plus qu'à dominer directement dans ce royaume de Naples et de Sicile dont jusqu'alors il se contentait de disposer. Avec un aveuglement incroyable, il repoussait les politiques avances de Manfred.

Ces avances dataient de loin. Du vivant même de Conrad, l'intelligent usurpateur en faisait d'indirectes. Pour ne pas rompre avec son frère, c'est à lui qu'il adressait les paroles à double entente dont il espérait que le saint-siége comprendrait le véritable sens. « L'empereur notre père, écrivait-il, ce soleil de justice, cet astre de paix, ce zélateur de la foi orthodoxe, ayant reconnu dans son testament Rome pour sa mère, a ordonné qu'on réparât intégralement le tort involontaire qu'il a causé aux églises[2]. » Choqué d'assertions si peu véritables, ne pouvant croire à la piété d'un fils de Frédéric II, Innocent l'avait compris dans l'anathème dont il frappait toute la maison de Souabe. Il le voyait semblable à son père par l'ambition politique comme par le charme personnel[3], par sa vie épicurienne, par son indifférence pour Dieu et les

---

[1] Respondit præcise se habere velle regni possessionem atque dominium, promittens regi pupillo, cum ad pubertatem veniret, de jure, si quod haberet in regno, gratiam esse faciendam (Nic. de Jamsilla, *loc. cit.*).

[2] Baluze, *Miscell.*, t. I. Saint-Priest, I, 215.

[3] Bello huomo del corpo come il padre, molto amato e gratioso (Villani, IV, 46). Pulcherrimus corpore, prudentissimus mente, strenuissimus opere, pius in subveniendo afflictis, largus in dando emeritis, benignus et affabilis universis, ab omnibus amabatur (*Minoritæ florentini gesta imperatorum*, ap. Böhmer, *Fontes rer. germ.*, IV, 653).

saints[1], comme par ses complaisances envers les Musulmans, qu'il flattait en ne portant que des habits verts, de la couleur chère à Mahomet[2]. Mais sous ces dehors un esprit plus perspicace l'eût reconnu aussi propre aux négociations qu'aux combats, plus porté aux transactions qu'aux luttes sanglantes, mettant sa gloire à vaincre avec prudence, non à s'exposer témérairement[3]. Sous le coup même de l'excommunication, il avait noué avec le saint-siége de secrètes pratiques[4], dans l'espoir ou d'être compris à la fin, ou de voir à un pape vieux et maladif un successeur moins irritable, plus disposé aux accommodements. Innocent ne comprenant point et s'obstinant à vivre, il avait posé les armes plutôt que de rompre, et remis au père des fidèles, protecteur des orphelins, la tutelle de son neveu et les rênes du gouvernement[5]. A ce prix, le 27 septembre 1254, dix-neuf jours après avoir été exclu de l'Église, il y rentrait, appelé « cher fils » par l'intraitable pontife, et obtenait de lui la principauté de Tarente avec d'autres comtés, en vertu, il est vrai, des pouvoirs que le saint-siége tenait du bienheureux Pierre, « à qui le royaume de Sicile appartenait pleinement[6]. »

Des deux parts on ne pouvait qu'être sincère. En re-

---

[1] La sua vita era epicurea, non credendo quasi in Dio nè santi (Villani, VI, 46).

[2] Sempre si vestì di drappi verdi (Villani, VI, 46). — Et semper vestiebatur vestibus viridibus (Benvenuto d'Imola, Comment. ad Purg., III, 112, ap. Muratori, Antiq. ital., I).

[3] Majoris esse honoris et gloriæ reputans ex prudentia vincere quam ex audacia vinci (Nic. de Jamsilla, R. I. S., t. VIII, 512).

[4] Voy. Saint-Priest, I, 222, 226.

Nic. de Jamsilla, loc. cit.

Cum regno Sicil. ad apost. sedem plene pertinet (27 sept. Regest.; l. XII, n° 205, f° 172, ap. Cherrier, III, 7).

connaissant la souveraineté nominale de l'Église, Manfred s'assurait une autorité presque sans bornes sur ces États méridionaux dont les barons lui accordaient la succession éventuelle, si Conradin venait à mourir sans enfants [1]. En ne contestant plus cette autorité, Innocent IV se donnait comme un vicaire agréé de tous dans des pays où il avait tenté en vain de commander directement [2]. Ce fut un malheur et non leur faute si l'impardonnable zèle du légat apostolique, Guglielmo des Fieschi, ralluma une guerre qui ne profitait à personne [3], si le nouveau pape, Alexandre IV, « sorte de chanoine épais et jovial, dominé par ses familiers [4], » se laissa persuader de prendre Conradin sous sa protection, de maintenir ses droits et même de les augmenter (28 janvier 1255) [5].

Plus avisés jadis, les guelfes toscans aggravèrent encore cette incroyable bévue. Les paysans de Toscane et ceux du patrimoine de saint Pierre étaient en nombre dans cette armée de soixante mille combattants dont menaçait la Pouille le cardinal Ottaviano des Ubaldini. La promesse des indulgences et aussi l'appât du butin leur avait fait prendre la croix [6]. Pour les soutenir, ainsi que ce

---

[1] Nic. de Jamsilla, R. I. S., t. VIII, 508-510. Cherrier, III, 4-8.

[2] M. de Cherrier qualifie de tortueuse la politique du pape ; il semble croire, contre toute vraisemblance, qu'Innocent ne cherchait qu'à perdre Manfred (III, 7, 8).

[3] Voy. Cherrier, III, 12 sq.

[4] Saint-Priest, I, 292.

[5] Ejusque pueri jura non solum integra et illæsa servare, immo potius adaugere (Hormayr, *Wiener Jahrbuch*, t. XL, p. 151). Voy. la note que Cherrier (III, 36) ajoute à ce texte.

[6] Cujus major et melior pars Thusci dicebantur, qui maxime obtentu cardinalis ejusdem signo Crucis assumpto convenerant et stipendiis, etiamque nummis receptis, ut non propriis expendiis in Ecclesiæ Romanæ serviiis militarent (*Sabæ Malaspinæ Rerum sicularum Historia*, lib. I, cap. 5; R. I. S., t. VIII, 794).

chef d'aptitudes militaires et de dévouement douteux, il fallait, tombant de faute en faute, faire appel aux secours de l'Angleterre, et les mériter en donnant l'investiture du « Royaume » au rachitique Edmond, fils d'Henry III. C'était payer cher trois cents lances complètes, envoyées et soldées par ce prince pour trois mois[1].

Mais, en lutte avec ses barons, Henry III d'Angleterre n'avait pas les moyens de conquérir un trône. Il aurait eu besoin plutôt qu'une main puissante raffermît le sien[2]. Or son clergé même refusait de signer les lettres de change que réclamait de lui le souverain pontife, dans l'espoir de les faire escompter par des marchands florentins[3]. Manfred ramené malgré lui aux gibelins, redevenu régent par la grâce de Louis de Bavière, au nom de leur commun neveu, pouvait braver l'excommunication nouvelle[4] dont le frappait un pontife jaloux de restituer la régence à Berthold de Hohembourg[5]. En moins de quatre ans il était parvenu à arracher des mains de deux papes le sceptre héréditaire de la maison de Souabe et à dompter chez lui les factions.

---

[1] Rymer, I, part. I, 316-318 (éd. de Londres, 1816). — Lünig, *Cod. dipl.*, II, 918-927. Dumont, *Corps diplomatique universel*, t. I, part. I, p. 394. — Cherrier, III, 53-54.

[2] Bajulum ipsius regni nostri usque ad nostros puberes annos committimus (Arch. des Frari, à Venise. *Lib. pact.*, ms., t. II, f° 61-62. Texte cité par Cherrier, III, 45).

[3] Elle fut prononcée le 12 avril 1257 dans la grande église de Viterbe.

[4] Cherrier, III, 60.

[5] Super solutionibus faciendis de quam pluribus pecuniarum summis, tam mercatoribus Romanis quam Florentinis et Senensibus... iidem nuncii de voluntate tua pecuniam collectam per ipsos... provide sequestrarunt... Seu juramento quod venerabilis frater noster episcopus Hereforden in tua et filiorum tuorum animabus præstitisse dicitur, quod de decima hujusmodi nemini satisfiat nisi prius de ipsa eisdem campsoribus pro quibusdam pecuniarum summis fuerit integre satisfactum (Rymer, t. I, part. I, p. 343).

Ses convoitises, toutefois, le devaient encore rapprocher de ces guelfes qui le poursuivaient de leurs atroces et impolitiques calomnies. Las de gouverner au nom d'un roi, il voulait être roi lui-même. Ses flatteurs l'y exhortaient. Le parti aristocratique des barons régnicoles ne s'y opposait point. Aussi hostiles à la domination du pape qu'à celle d'un enfant, trop divisés et trop jaloux pour porter au trône un de leurs pairs, résolus à repousser tout étranger, ils voyaient dans Manfred le fils d'une Italienne, Italien lui-même par l'éducation et les mœurs comme par la naissance, supérieur à eux tous par le sang impérial qui coulait dans ses veines[1]. Tout à coup le bruit erroné se répandit dans le royaume que Conradin était mort[2]. On crut facilement à cette nouvelle imprévue, on la propagea avec complaisance, on dit partout que la couronne revenait à Manfred. Sans hésiter, Manfred la posa sur sa tête; il parut céder au vœu public, quand il donnait satisfaction au plus ardent de ses désirs (10 ou 11 août 1258).

Le bruit mensonger démenti, l'usurpateur fut accusé de l'avoir répandu à dessein[3]. Nul, en effet, ne put ni le déterminer à déposer le diadème, ni le lui arracher. Il donnait ainsi au saint-siége et aux guelfes le plus grand et le plus sûr des gages; mais ni les guelfes ni le saint-siége ne virent ce qui était plus clair que le jour, sa rupture complète et définitive avec Conradin et l'Allemagne. Il ne pouvait élever de prétentions à l'empire : jamais les

[1] « Me esse imperatoris filium cognoscetis. » (Nic. de Jamsilla, R. I. S., VIII, 500.)

[2] « Venit rumor in regnum quod nepos ejus, rex Conradus.... in Alamannia obiisset. » (Nic. de Jamsilla, R. I. S., t. VIII, 584.)

[3] « Manfredus fecit caute et rex (sic) ingeniose divulgarizari per regnum Cunradinum esse mortuum. » (Chron. de Rebus in Italia gestis, p. 242.)

seigneurs allemands n'eussent fait de cet inconnu, de ce perfide, un roi des Romains. Pour se maintenir dans le royaume, il avait tout intérêt à empêcher que l'empereur, quel qu'il fût, ne prît pied au sud des Alpes. Les guelfes, ses aveugles ennemis, ne sauraient, pensait-il, fermer plus longtemps les yeux à la lumière. Il renouvelait donc auprès d'eux les plus significatives avances. Il s'évertuait à déclarer que Conradin serait son héritier pour le royaume, maintenant séparé de l'empire. Il laissait Poggibonzi, qui s'était, sous l'influence de Sienne, déclarée gibeline, succomber sous les armes de Florence, et solliciter en vain, par ambassadeurs la corde au col, que ses murailles et ses tours ne fussent pas renversées [1]. Il concluait un traité avec Gênes et se faisait reconnaître roi par Venise [2]. Le 11 juin 1259, à Crémone, le marquis d'Este, le comte de San Bonifazio, les communes de Mantoue, de Padoue, de Ferrare, stipulaient en leur nom comme au nom des autres confédérés guelfes de Lombardie, de Romagne, de Toscane, « qu'ils auraient désormais pour ami l'excellentissime seigneur Manfred, roi de Sicile, qu'ils le soutiendraient et feraient tous leurs efforts pour le réconcilier avec le siége apostolique [3]. » Mais le siége apostolique, qui maintenait à la tête de ses troupes un cardinal athée, repoussa loin de la ligue guelfe l'habile ambitieux qui lui faisait la partie si belle, le châtia de son sacre,

[1] Paolino, p. 24, et Andrea Dei (R. I. S., t. XV, 28), rapportent cet événement à l'année 1258, date que rend probable à nos yeux l'attitude de Manfred. — Villani (VI, 64), Stefani (II, 112) disent 1257. — Cf. Malavolti, part. I, l. V, f° 68 v°. — Cantini, lettr. V. — Iughirami, VI, 404.

[2] Le traité avec Gênes est du 22 mars 1259 (*Manoscritto della regia cancelleria di Palermo*, ann. 1375, f° 283 v°). — La reconnaissance de Venise est de la même année, avant le mois de juillet (Arch. des Frari, *Liber pactorum*, t. II, f°° 37-40). — Citations de Cherrier, III, 78, 79.

[3] Campi, *Cremona fedele*, l. III, p. 48-51, ap. Cherrier, III, 80.

comme de son usurpation, par l'anathème, bientôt étendu aux prélats qui l'avaient consacré, le déclara adversaire de Dieu et de la sainte Église [1], déchu de ses possessions et de ses honneurs ; il interdit à l'avance les églises, les lieux où séjournerait « l'ancien prince de Tarente [2]. »

Dociles au saint-siége, même contre la raison et l'évidence [3], les guelfes applaudirent. Leur joie fut sans mélange, quand l'archevêque d'Embrun, légat pontifical en Lombardie, fut parvenu à fermer devant Manfred les bras que lui ouvraient communes et seigneurs lombards [4]. Ils envoyèrent le Florentin Guglielmo Berardi en ambassade auprès du frère d'Henry III, ce Richard de Cornouailles que des princes allemands, dès 1257, avaient élu roi des Romains à trois voix de majorité [5]. Une ambassade alla relancer Conradin en Bavière, pour l'armer, malgré son jeune âge, contre le détenteur d'une couronne jus-

---

[1] « Quibus omnibus peractis tanquam regni violentus ereptor ab Ecclesia judicatus, tanquam hostis Ecclesiæ publicus anathematis mucrone percutitur. » (*Minoritæ florentini gesta imperatorum*, ap. Böhmer, *Fontes rer. germ.*, IV, 654.)

[2] « Principi quondam Tarentino. » — C'est ainsi désormais que parlaient de Manfred le pape, le clergé, les guelfes. — Cf. Cherrier, III, 83.

[3] « Nos et populus florentinus sibi voluit fœdere societatis, et eum a nobis fuit repulsum, contra nos conspiravit. » (Epist. Guelf. Conrado II. Ms. du Vatican, n° 4957, f° 85 v°, ap. Cherrier, III, 72-74.) — Nous donnons ce texte barbare tel que nous le trouvons dans M. de Cherrier, n'ayant pas eu comme lui les moyens d'obtenir des communications aux archives du Vatican.

[4] *Ann. eccl.*, 1259, § 5, t. XXII, p. 35.

[5] « Per Guillemum Berardi de Florentia sindicum et ambasiatorem nostrum.... qui cum ad curiam Domini regis Ricardi tunc constitutam Guarmacia pervenisset. » (*Lib. mult. epist.*, *Pars guelfi scribit Conrado secundo contra Manfredum*. Ms. du Vatican publié par Cherrier, III, 509, Append.) Ce fait important n'est mentionné ni connu d'aucun chroniqueur. Il sera question au chapitre suivant, p. 475, d'une médecin nommé Berardi. Rien n'autorise à croire que ce soit le même personnage. Voy., sur l'élection de Richard, Cherrier, III, 72-74.

qu'alors contestée par l'Église au légitime héritier de la maison de Souabe[1]. C'en était trop. Manfred fit sans doute des réflexions amères sur la sottise humaine ; mais il ne pouvait plus hésiter. Il se donna sans retour aux gibelins. La faction partout vaincue en Toscane trouvait enfin un chef qui brûlait ses vaisseaux, non moins propre à conserver, à accroître son pouvoir, qu'il l'avait été à le conquérir.

Relevant aussitôt la tête, les proscrits florentins furent les premiers à lui envoyer en ambassade un des leurs, un des Uberti[2]. Leurs amis qui vivaient dans Florence n'y supportèrent plus un joug insupportable. Exclus des charges publiques, surveillés avec une vigilante jalousie, forcés à comprimer leurs plus naturels sentiments, ils éclatent enfin. Ils ourdissent une conspiration pour ressaisir le pouvoir, envoyer en exil les chefs de leurs ennemis, écraser le peuple qui les soutenait. Accusés aussitôt de vouloir détruire la commune, le potestat Jacopo Bernardi, de Lucques, les somme, aux derniers jours de juillet 1258, de comparaître devant lui pour rendre compte de leur conduite et se soumettre à son jugement. Loin d'obéir, ils maltraitent les envoyés, ou, comme on disait alors, la « famille » du potestat. Ils chassent les deux archers et mettent au cavalier la tête en sang[3]. A cet excès d'audace, la cloche du palais public sonne le tocsin ; la plèbe, « énergique instrument pour conserver

---

[1] « Aliquem conductorem conductu cujus securius in Bavariam venire posset, ubi dicebamini tunc adesse. » (*Ibid.*, p. 509.)

[2] Stefani, l. II, R. 113. — Selon Stefani, l'ambassadeur des gibelins de Florence auprès de Manfred fut Giovanni des Uberti. Les autres ne le nomment pas.

[3] Villani, VI, 65. Stefani, l. II, R. 113.

la liberté, » dit Ammirato[1], se précipite en foule vers les demeures des Uberti, chefs du complot, tue un d'eux, nommé Schiatuzzo, qui les défendait avec bon nombre de serviteurs et de *masnadieri* ou soldats d'aventure[2], fait prisonniers Uberto Caïni des Uberti et Mangia des Infangati, puis les conduit à Or san Michele, devant le potestat. Déférés sans délai à l'assemblée du peuple, ils y confessent leur complot, ils ont la tête coupée, et leurs palais sont rasés.

La fuite et l'exil dérobèrent seuls les autres chefs des gibelins à de trop certaines vengeances. A leur tête partit Manente ou Farinata des Uberti, grand esprit, grand caractère, propre aux armes, mais plus encore aux conseils[3]. Derrière lui, derrière ceux de sa tragique race s'acheminèrent tristement les Fifanti, les Amidei, les Lamberti, les Scolari, les Caponsacchi, les Migliorelli, les Soldanieri, les Infangati, les Ubbriachi, les Tedaldini, les Galigai. Dans les familles que déchirait la discorde,

---

[1] « La plebe strumento gagliardissimo a conservare la libertà. » (Ammirato, l. II, t. I, p. 109.)

[2] Le nom de *masnadieri* vient de *masnada*, et *masnada* de *manso*, petite propriété qu'habitaient une ou plusieurs familles de condition plus ou moins servile, et qui se composait d'une cabane avec un peu de terre autour. Quand on cultivait habituellement, on n'était ni libre, ni esclave tout à fait. Au prix d'un tribut, on jouissait des revenus, mais l'épargne amassée appartenait au maître. Les serfs du *manso*, *uomini di masnada*, étaient affranchis par les petits propriétaires de fiefs incapables de se défendre par eux-mêmes, pour leur donner le désir de repousser les attaques. *Masnadiere* s'entendit donc bientôt de tout homme qui combattait à pied. *Masnada* signifia troupes d'hommes armés : « Si contigerit eos exercitum vel masnadam facere. » (Bulle de Grégoire IX, an. 1231.) — « Omnes milites communis cum masnatis de equo. » (*Chron. Parm.*, R. I. S., t. IX, 863.) Plus tard, la mauvaise conduite des *masnadieri* fut cause qu'on prit ce nom en mauvaise part. (Ricotti, I, 59-61.)

[3] Sismondi (II, 351) semble pourtant exagérer, quand il voit en Farinata des Uberti « le plus grand homme d'État de son siècle. »

chez les Guidi, les Abati, les Razzanti, les Giuochi, dans d'autres encore d'un nom plus obscur, parce qu'elles n'appartenaient pas à la noblesse, on vit s'éloigner tous ceux qui s'étaient fait connaître pour gibelins. Les seigneurs campagnards eux-mêmes ne se crurent plus à l'abri dans leurs châteaux. La plupart de ces fugitifs dirigèrent vers Sienne leur exode; ils y demandèrent un asile qu'ils savaient inviolable. Leur départ ne désarma point le peuple guelfe : dans sa colère, il suivit le funeste exemple qu'en 1249 lui avaient donné les gibelins : se ruant sur leurs tours et leurs palais, il les détruisit jusqu'aux fondements [1].

Non satisfait encore, et ne pouvant atteindre les coupables, il frappa les suspects; la robe ecclésiastique même n'arrêta point sa fureur. L'abbé de Vallombreuse, Tesauro Beccheria, était venu à Florence, sur l'ordre d'Alexandre IV, pour y apaiser les factions [2]. Issu d'une famille gibeline de Pavie, gibelin lui-même de cœur et d'âme [3], il donnait aux guelfes de l'ombrage, il ne leur

---

[1] Villani, VI, 65. Stefani, l. II, R. 113. Paolino, p. 24. Ammirato, 1258, l. II, t. I, p. 109. — En parlant de ces faits, M. Hillebrand (p. 34, note 3) renvoie à Dante qui, dit-il, « cite tous ceux qui avaient trahi la conspiration. » Dante cite, il est vrai, Gianni del Soldanier et Tribaldello; mais le crime de l'un est d'avoir livré aux Bolonais Faenza dont il était potestat; celui de l'autre, qui était faentin, d'avoir aidé Gianni dans sa trahison. Il y a bien encore Ganellone : M. Hillebrand aurait-il pris le traître Ganelon des romans de chevalerie pour un des conjurés gibelins de Florence ? Il est bien visible pourtant que Dante accumule des traîtres de toute provenance, entre autres Buosa de Doara, qui n'a rien à voir dans l'histoire de Florence, et Bocca des Abati, qui ne trahit que plus tard à la bataille de Montaperti (voy. Dante, *Inf.*, XXXII, 22 sq., et les notes de l'édition Costa et Bianchi).

[2] *Osserv. fior.*, V, 136, 3ᵉ éd. — Villani (VI, 65) dit seulement ces mots qui manquent de clarté : « Non guardando a dignità ch' havesse. » Ce nom de Beccheria, par une légère transformation, est devenu le nom célèbre de Beccaria.

[3] « Di nazione e d'animo ghibellino. » (Stefani, l. II, R. 115.)

inspirait que défiance. Accusé par eux d'abord d'être partial, puis d'avoir trempé dans la conjuration, enfin de préparer le retour des exilés, dans les trois premiers jours de septembre il fut appréhendé au corps et jeté en prison. Déjà le 4, la justice expéditive du temps l'avait mis à la torture, et, par les tourments, lui avait extorqué l'aveu d'un crime que peut-être il n'avait point commis[1]. Sans égard à sa robe ni à sa mission, elle lui trancha la tête sur la place de San Pulinari ou Saint-Apollinaire, sous les fenêtres du potestat, aux acclamations d'une multitude imprévoyante comme ses chefs.

Le scandale fut immense; il retentit dans toute l'Europe. Contre les guelfes florentins s'élevèrent des accusations dont l'historien de Manfred, Sabas Malaspina, se fit un peu plus tard l'écho. Ils étaient, disait-on, « pervertis par une existence de plaisirs et de vices, incapables de vivre en paix avec personne, soulevés par le vent de l'orgueil, rêvant d'étendre jusqu'à Rome les ailes de leur pouvoir, avec l'aide d'alliés qui les secondaient par force plus que par bonne volonté[2]. » Les représailles ne se firent point attendre. A Pavie on incarcéra tous les résidents, tous les voyageurs florentins[3]. Les portes de cette ville furent pour longtemps fermées à leur trafic[4]. Le

---

[1] Villani (VI, 65) semble croire à son innocence, à moins que la « scélératesse » de ceux qui lui arrachèrent sa confession ne consiste qu'à l'avoir arrachée à un prêtre, car chez ces deux auteurs le respect de l'ecclésiastique l'emporte sur la haine du gibelin; mais Dante, qui est de son parti, le met aux enfers parmi les traîtres (*Inf.*, XXXII, 119).

[2] « Et aliis complicibus suis de Thuscia quos in contumaciam suam non minus coactos quam spontaneos attrahebant. » (*Sabæ Malespinæ Historia*, l. II, c. IV, R. I. S., t. VIII, 802.)

[3] « A Pavia.... li riteneano con gran danno e molestia. » (Villani, VI, 65.)

[4] Le 9 août 1285 seulement, le capitaine du peuple proposait aux conseils de dépenser 2000 florins d'or pour faire la paix et la concorde avec les

pape fulmina l'excommunication contre les auteurs et complices de ce meurtre juridique et sacrilége; contre leur patrie il lança l'interdit. Le 22 octobre, monté sur le *campanile* de Saint-Pierre-ès-liens, en présence du clergé et du peuple de Rome, Federigo Visconti, archevêque de Pise, donna lecture du décret pontifical. Il y était dit que les Florentins ne rentreraient pas en grâce, s'ils ne comparaissaient devant le seigneur pape, avant le 1er novembre, en la personne de la moitié de leurs *anziani*. Le potestat et les autres officiers de la commune n'étaient autorisés que par spéciale faveur à se faire représenter par des syndics [1].

Une brouille de plus avec le saint-siége ne troubla le sommeil de personne à Florence. Mais dans le péril où les progrès et l'inimitié de Manfred mettaient le parti guelfe, il ne bravait pas sans témérité les foudres apostoliques. C'était trop déjà d'avoir fait tomber la tête d'un clerc ; n'en pas faire amende honorable parut le comble de l'audace et de l'impiété. « Pour cette faute, écrit Villani, comme pour d'autres actes désordonnés et déshonnêtes, les sages hommes disaient que Dieu, dans sa divine justice, voulut châtier ce peuple aux champs de Montaperti[2]. » Entre Siennois et Florentins, dans tous les

voisins et les amis de feu l'abbé de Vallombreuse « qui fut tué à Florence, » ainsi qu'avec la commune et les hommes de Pavie. Cette proposition fut approuvée (Arch. di Stato, *Consulte*, p. 121 v°). Les écrivains ecclésiastiques ont mis Tesauro Beccheria ou Beccaria au nombre des martyrs (voy. *Martirologio di Pavia*, ap. *Osserv. fior.*, V, 136).

[1] L'acte de l'interdit, retrouvé par M. Bonaïni dans les archives de l'archevêché de Pise, a été publié par lui dans les *Ordinamenti pei fedeli di vallombrosa degli abbati Tesauro di Beccaria e Pievano*. Voy. *Annali dell' università Toscane*, t. II, Pise, 1851.— Voy. aussi dans l'*Arch. stor.*, Append. IX, 195-199, le travail de M. Guasti sur les lettres (d'authenticité douteuse) de Pavie à Florence, publiées par Lami.

[2] Villani, VI, 65.

cas, ne pouvait tarder longtemps une rencontre décisive. De forces réputées égales, comment eussent-ils été d'humeur à s'épuiser indéfiniment dans un état ruineux de paix armée, à ignorer encore laquelle des deux cités limitrophes et rivales devait commander, et laquelle obéir? Mais les fautes comme les violences des guelfes avancèrent l'heure de la catastrophe et en fournirent l'occasion. C'est par l'erreur de leur orgueil que surgirent les différends qui annulèrent le traité de paix conclu avec Sienne et firent éclater la grande querelle dont nous devons maintenant aborder le récit.

CHAPITRE IV

LA BATAILLE DE MONTAPERTI

— 1258-1260 —

Fortification du quartier d'Oltrarno (septembre 1258). — Sommations à Sienne (2 octobre 1258). — Ambassade des Siennois à Manfred. — Réponse des Siennois aux Florentins. — Hostilités sourdes. — Soumission de Sienne à Manfred (août 1259). — Giordano d'Anglano à Sienne (décembre 1259). — Expédition des Siennois dans les Maremmes (janvier 1260). — Ambassade des Florentins au roi de Castille. — Ils échouent à ravitailler Montalcino. — Préparatifs d'une grande expédition (février-avril 1260). — Constitution de l'armée. — Armement du territoire. — Enrôlement des mercenaires. — Pénalités. — Départ de l'armée (19 avril). — Démonstration vers Montemassi. — Marche sur Sienne. — Combats devant Sienne (17, 18 mai). — Succès et retraite des Florentins. — Ils rentrent à Florence (juin). — Nouveaux préparatifs. — Atermoiements des Florentins. — Stratagème de Farinata des Uberti. — Délibérations à Florence. — Forces de l'armée guelfe. — Départ de l'armée (fin août). — Forces de l'armée gibeline. — Ambassade des guelfes à Sienne (2 septembre). — Réponse des Siennois. — Ils se préparent à la bataille. — Reggente des Razzanti à Sienne. — L'armée gibeline sort de Sienne (3 septembre). — Position des armées. — Bataille de Montaperti (4 septembre). — Embuscade du comte d'Arras. — Trahison des Abati. — Les guelfes massacrés. — Fuite ou soumission des survivants. — Rentrée des vainqueurs à Sienne (5 septembre). — Résultats de la victoire. — Rachat des captifs. — Soumission des châteaux. — Les guelfes évacuent Florence (13 septembre). — Ils se retirent à Lucques. — Rentrée des gibelins à Florence (16 septembre). — Diète gibeline d'Empoli (fin septembre). — Farinata des Uberti sauve Florence. — Intervention d'Alexandre IV en faveur des guelfes (novembre 1260-janvier 1261). — Traité entre Sienne et Florence (25 novembre 1260). — Chants de triomphe des gibelins.

En ouvrant ses portes aux gibelins qui fuyaient Florence, Sienne violait sans vergogne le traité qui, depuis 1254, la liait à sa voisine. Déjà sur plusieurs infractions analogues, mais partielles et sans éclat, Florence avait fermé les yeux ; cette fois, l'infraction était trop générale et trop criante pour qu'elle la pût tolérer. Dans sa confession, arrachée par la torture, le malheureux abbé de Vallombreuse avait déclaré que les gibelins retirés à Sienne s'y concertaient pour marcher sur leur patrie, l'attaquer du côté d'Oltrarno, dévaster et détruire les trois bourgs de ce quartier populeux, s'établir enfin dans les grandes maisons, dans les fortes tours qu'ils y possédaient[1].

Ce plan d'attaque était habile autant que vraisemblable. Récemment admise au rang de *sestiere*, l'agglomération de la rive gauche comptait déjà au nombre des deux quartiers qui fournissaient le plus d'hommes d'armes[2], et que représentaient aux offices publics, non pas seulement trois comme les autres, mais quatre de leurs citoyens. Jamais pourtant on n'avait songé à l'entourer de fortifications. Ses dernières maisons, les murs de leurs jardins lui servaient de remparts, et reliaient entre elles trois portes branlantes, vermoulues, qui ouvraient sur la campagne, et qu'on fermait parfois la nuit devant les maraudeurs[3]. Il semblait que la prise ou

---

[1] Stefani, l. II, R. 114, 116. Ces trois bourgs étaient ceux de Santa Felicità, San Jacopo et Borgo Pidiglioso ou des pauvres, près de l'église actuelle de Santa Lucia de' Magnoli. C'est l'endroit où la famille des Bardi devait élever bientôt ses somptueuses maisons (Voy. Villani, IV, 7).

[2] Selon l'*Osserv. fior* (VII, 38, 3ᵉ éd.), Oltrarno ne fut un des *sestieri* qu'à partir de 1292. Nous avons vu que bien avant 1258 il fournissait des compagnies comme les autres quartiers, et nullement comme *piviere* ou paroisse du *contado*. En tout cas, le jour où il fut fortifié, il fit bien et dûment partie de la ville, à laquelle les ponts le reliaient.

[3] La porte à l'est, près de S. Lucia de' Magnoli, s'appelait *Porta a Roma*, parce qu'on se rendait par là à Rome, en passant par Figline et Arezzo. La porte San Jacopo était près du pont *alla Trinità*, sur l'emplacement du palais Frescobaldi. La *porta a piazza* correspondait au borgo S. Felicità,

le pillage de ce quartier pauvre dût être sans dommage sérieux et sans danger réel pour l'ancienne Florence, protégée comme elle l'était par son large fossé de l'Arno et toujours libre de couper ses ponts.

Les desseins de l'ennemi furent un éclair de lumière. Oltrarno avait donc une valeur stratégique, puisqu'il s'y voulait établir. A tout prix on l'en devait empêcher. Cinq jours à peine après l'impolitique supplice de Tesauro Beccheria, le 9 septembre, commença la construction de murailles vraiment protectrices. On y employa les pierres des maisons gibelines récemment démolies, excellente occasion d'en déblayer le sol. Elles étaient en si grand nombre qu'elles suffirent à cette vaste entreprise. Les hauteurs de San Giorgio, situées derrière la colline que couvrent aujourd'hui les jardins de Boboli, furent fortifiées dans le même temps, tout ensemble pour surveiller les approches de l'ennemi et l'empêcher de s'établir sur ce point culminant[1].

Ces précautions prises, deux ambassadeurs partirent pour Sienne, chargés d'y faire entendre les justes réclamations des Florentins. Le 20 octobre, en l'église de San Cristofano, Albizzo Trinciavelli et Jacopo Gherardi, docteurs ès lois, adjurèrent les Siennois de ne pas permettre que leur ville fût plus longtemps un réceptacle de gibelins exilés, et surtout de ne pas donner d'encouragements à leurs projets[2].

Mais qu'importait à Sienne un traité déjà ancien, conclu quand elle ne pouvait compter sur Manfred! Les pro-

---

qui tournait le dos à la rivière (Villani, IV, 7. Cf. Horner, *Walks in Florence*, t. I, topogr.).

[1] Villani, VI, 65. Ammirato, l. II, t. I, p. 109. Bonaïni, *loc. cit.*, p. 182.
[2] Arch. di Stato, *Capitoli*, XXIX, f° 318 r°.

grès de ce prince avaient suffi à soulever les gibelins dans Florence même; comment pour les Siennois, plus libres de leurs mouvements, n'eussent-ils pas été une irrésistible excitation[1]? Ils entretenaient avec lui d'actifs pourparlers. A ses avances, aux offres nombreuses que, n'espérant plus rien du parti guelfe, il faisait à leur république[2], Sienne répondait par l'envoi d'une ambassade, à laquelle prenaient part quelques gibelins de Florence, notamment Farinata des Uberti, au nom de leur « université[3] ». Les uns et les autres demandaient assistance; mais les Siennois n'avaient pas mission, ni les Florentins pouvoir, de rien promettre en échange. Or Manfred ne se payait ni de mots ni de fumée. Le plus courtoisement du monde, il ne donna aux solliciteurs que de vagues espérances[4]. Ils eurent beau lui dire qu'un échec des gibelins en Toscane pourrait troubler son royaume[5], il s'y sentait bien affermi, il n'avait que mépris pour les lointains préparatifs du roi de Castille[6]. Il

---

[1] M. Paoli (*La Battaglia di Montaperti*, p. 9) voit dans les dispositions des Siennois une preuve de leur ferme dévouement à l'empire. Manfred, pourtant, n'était pas le représentant des droits impériaux. On ne pouvait le considérer comme tel que par intérêt. La vraie raison, c'est qu'il était ennemi des guelfes, depuis la faute commise par ceux-ci de ne point vouloir s'allier à lui. — Manfred avait été couronné le 11 août précédent, à Palerme, comme roi de Sicile.

[2] A far molte offerte a quella Repubblica (Malavolti, part. II, l. I, p. 1 v°).

[3] Les ambassadeurs de Sienne se nommaient Rinieri de Matteo et Aldobrandino de Palazzo. Villani (VI, 76) et Stefani (II, 121) ne donnent que d'une manière vague la date de cette ambassade des gibelins de Florence (*in questi tempi*). D'après les dates qui précèdent et suivent dans leur récit, on serait tenté de croire que ce fut dans les premiers mois de 1260; mais Bellarmati est formel : « Farinata, uomo sagace per muovere e disporre il Re alla impresa, era coi nostri oratori andato (p. 71). » M. Capponi (I, 38) a le tort de ne parler que de l'ambassade des exilés.

[4] Con varie e incerte speranze (Bellarmati, p. 69).

[5] Ammirato, l. II, t. I, p. 112.

[6] Mostrando che si trattava del suo interesse e che ogni sinistro che suc-

n'eût dressé l'oreille qu'à l'offre d'un secours effectif contre le saint-siége, seul redoutable entre ses ennemis[1]. Or sa prudence se défiait des promesses d'exilés, auxquelles, dit Ammirato, répondent rarement les actes[2], et sa finesse démêlait le secret motif des subterfuges siennois. Aux Florentins, qui demandaient quinze cents cavaliers, il en offrait cent, offre dérisoire que leur dépit eût repoussée, sans le conseil de l'avisé Farinata. « Acceptons, dit-il, mais tâchons qu'il envoie, en outre, un capitaine, porteur de sa bannière : nous la conduirons en tel lieu et l'exposerons à de tels outrages qu'il nous donnera ensuite plus de cavaliers que nous n'en voudrons[3]. » Aux Siennois ce que Manfred demandait avant tout, c'était le serment public de fidélité, qui les eût irrévocablement brouillés avec le pape, avec Conradin, avec Alphonse, avec Richard. Ne pouvant l'obtenir, il partit dédaigneux, et sans mot dire, de la ville où il avait reçu l'ambassade, la condamnant, si elle voulait négocier encore, à l'humiliation de suivre ses pas[4].

Elle les suivit avec un empressement sans dignité.

---

cedesse a Ghibellini in Toscana potrebbe a lui recar turbazione e travaglio ne' fatti del regno (Ammirato, *loc. cit.*).

[1] Stefani, qui ne comprend rien à la politique de Manfred, dit, au contraire, qu'il refusa les secours demandés, parce que « egli avea molta briga colla Chiesa. » (L. II, R. 120.)

[2] Generazione di huomini che rare volte corrisponde con la felicità dei fatti alla smisurata ampiezza delle promesse (Ammirato, l. II, t. I,] 112).

[3] I quali andati più tempo seguendo Manfredi per lo soccorso, il quale non gli spacciava, e non rispondea per molte bisogne ch'havea da fare (Villani, VI, 75). Cet auteur ne parle ici que des gibelins exilés; mais il ne faut pas oublier que, selon Bellarmati, leur ambassade était connexe à celle des Siennois.

[4] *Consiglio della Campana*, VIII, 7. — Paoli, *loc. cit.*, p. 11. — Malavolti, part. II, l. I, f° 1 v°.

Elle offrit au roi d'en référer au gouvernement qui l'avait envoyée. Elle demanda qu'avec un des deux délégués siennois partissent pour Sienne deux ambassadeurs royaux[1]. Après les avoir entendus, les magistrats de cette commune, une assemblée secrète de sages et le conseil public approuvèrent tour à tour la proposition de jurer au seigneur Manfred obéissance et fidélité, sous cette réserve que leur patrie ne serait obligée à rien contre l'Église, ni contre les communes ou châtelains avec qui elle avait des traités. Manfred dut sourire à ces réserves qu'il avait le pouvoir, comme le dessein, de rendre vaines en compromettant ses alliés. Il n'y fit donc aucune opposition. En retour du serment, il promit de respecter et protéger les priviléges, les constitutions, les personnes des Siennois, afin, disait l'acte officiel, que, « l'ayant choisi comme tour de leur courage, ils vécussent tranquilles sous son heureuse domination, et, couverts par le bouclier de sa puissance, n'eussent point à craindre les insultes de leurs rivaux[2] ».

[1] Villani, VI, 75. Stefani, l. II, R. 120. Ammirato, l. II, t. I, p. 111. — M. Paoli (p. 13) conteste, après les Siennois, ce récit des Florentins. Il est pourtant bien vraisemblable, si, comme le dit Bellarmati, les deux ambassades furent simultanées. L'offre dérisoire de Manfred était une manière de se débarrasser des importuns. Ce qu'il accorda en 1259, dans des conditions différentes, ne saurait être un argument pour établir qu'il le voulait déjà donner en 1258, quand il n'avait pas encore amené les Siennois à lui jurer fidélité.

[2] Ut sicut nos turrim sue fortitudinis elegerunt, sic sub felicis dominii nostri tempore tranquilla pace quiescant, et suorum emulorum insultus muniti potentie nostre clipeo non formident (Arch. de Sienne, *Riformagioni*, mai 1259. *Pergamene*, n° 705, doc. publié par Malavolti, part. II, l. I, f° 2 r°, et par Saint-Priest, I, 360-361). Ce dernier publie aussi (p. 361) un diplôme du 17 mai 1259, par lequel Manfred reçoit les Siennois sous sa protection. Avec le privilége, on trouve dans le *Caleffo vecchio*, f° 350, une lettre du roi en date du 19 mai, publiée par Saint-Priest (I, 369). Voy. Paoli, p. 12.

Ainsi assurés de n'être pas seuls dans la lutte, les Siennois, néanmoins, ne s'y engagèrent pas sans prudence. Il leur plaisait de conserver, en se laissant déclarer la guerre, les apparences du droit. Aux réclamations des Florentins ils répondirent alors qu'ils voulaient observer les capitulations jurées, et que s'ils avaient donné asile à des gibelins de Florence, c'était faute de savoir pour quel motif ils quittaient leurs foyers. Qu'on démontrât que ce fût pour des méfaits prévus au traité, Sienne ne manquerait pas d'expulser des gens qui auraient surpris sa confiance en cherchant asile dans son sein[1].

C'était une échappatoire, et les Florentins n'en furent pas dupes. Un sincère respect de leurs engagements n'imposait-il pas aux Siennois le devoir de s'enquérir tout d'abord du motif qui jetait hors de Florence tant de gibelins à la fois? Mais rien n'était prêt pour une de ces expéditions en règle qu'annonçaient un mois d'avance les sons belliqueux de la Martinella. Forcés d'attendre, les guelfes se tinrent du moins pour affranchis de toute obligation et libres d'attaquer isolément, à l'occasion, les alliés de Sienne, leurs naturels ennemis. C'est ainsi que dans l'hiver de 1258 à 1259 l'évêque d'Arezzo perdit Gressa[2], qui fut remise à Cortone; les comtes Alberti de Mugello, Vernia et Mangona[3], qui furent données, comme

---

[1] Malavolti, part. I, l. V, f° 68 r°. Tommasi, part. I, p. 292-294. Ces deux auteurs, en bons Siennois, s'attachent à montrer, par les discours qu'ils mettent dans la bouche des recteurs de leur patrie, qu'elle ne mérite pas le reproche de mauvaise foi et que la demande des Florentins n'était pas fondée; mais ils ne parviennent pas à nous le persuader. C'est là un des cas de cette casuistique éternelle à laquelle les modernes ont donné un nom.

[2] Gressa, dans le Casentino, val d'Arno supérieur. Au pied de la colline où elle s'élevait coule un petit cours d'eau, la Gressa, affluent de l'Archiano (Repetti, II, 507).

[3] Vernia ou Vernio, dans le val de Bisenzio, diocèse de Pistoia, à 14 mil-

fief florentin, à un jeune homme encore mineur, Alessandro des Uberti. Un Uberti gratifié par des guelfes, c'était un fait sans exemple; mais cet infidèle héritier du plus grand nom gibelin avait répudié toutes les traditions de sa famille[1], et il était si ferme en sa foi nouvelle que, bien des années plus tard, en 1273, il léguait par testament, si ses fils mouraient sans lignée, les deux terres qu'il tenait de Florence à ce qu'on appela bientôt la *massa guelfa*, c'est-à-dire aux biens communs de ce parti[2].

L'historien de Sienne mentionne quelques *cavalcate*, quelques *scorrerie* ou incursions sur le territoire siennois[3]; mais les intempéries de l'hiver, et, le printemps venu, des nouvelles graves faisaient languir ces insignifiantes hostilités. Gênes, alliée des Florentins, venait de voir sa flotte brûlée par les Vénitiens à Ptolémaïs, et, tout entière à la vengeance[4], n'avait plus d'yeux que pour l'Orient[5]. Venise, jusqu'alors favorable aux guelfes, se rapprochait de Pise et de Manfred, pour ne pas perdre le fruit de sa victoire sur les Génois[6]. Sans alliés au dehors quand Pise retrouvait le loisir de prendre part aux que-

---

les au nord de Prato, et 24 à l'ouest de Florence. — Mangona, dans le val de Sieve, sur l'éperon de Montepiano, qui sépare la vallée supérieure de la Sieve de celle du Bisenzio (Repetti, V, 697, III, 42).

[1] Villani, VI, 68. — Stefani, II, 119.

[2] Villani, VI, 69. — Stefani, II, 119.

[3] Malavolti, part. II, l. I, f° 1 v°. Les chroniqueurs florentins ne parlent pas de ces petites expéditions, mais M. Paoli (p. 10) montre très-bien que c'est à Malavolti qu'il faut ajouter foi.

[4] *Annal. genuens.*, l. VI, R. I. S., t. VI, 525.

[5] Gênes faisait alliance avec Michel Paléologue pour reconquérir Constantinople sur les Latins, c'est-à-dire sur les Français (*Ibid.*, p. 528).

[6] *Andreæ Danduli Chron.*, c. VII, § 8, 9. R. I. S., t. XII, 365. Telles sont les causes de l'inertie des Florentins à ce moment. Leo veut les voir (l. VII, c. I, t. II, p. 36), dans le désir d'épuiser les ressources pécuniaires de Sienne; mais Florence eût perdu à ce jeu autant que gagné, puisqu'elle devait aussi se tenir sous les armes.

relles continentales, Florence temporisait. Elle se préparait à la lutte, mais lentement, avec circonspection. Elle mettait en ordre les compagnies du peuple, leur distribuait les gonfalons, entamait des pratiques avec les guelfes siennois[1], mais Sienne en poursuivait de plus efficaces avec Manfred. Jusqu'alors elle n'avait obtenu de lui que de bonnes paroles. Les cent cavaliers promis à Farinata des Uberti n'avaient pas même pris encore le chemin de la Toscane. Par lettres[2], par ambassadeurs, elle demandait instamment au roi un capitaine et des gens d'armes[3]; pour le bien disposer, elle l'exhortait à prendre la couronne impériale, et elle refusait d'accepter des présents[4].

Flatté dans son ambition, comme dans sa lésine, Manfred remerciait en termes chaleureux de si commodes alliés. Il déclarait (11 août 1259) aimer leur ville plus que toute autre d'Italie. Il annonçait « le prochain départ d'un capitaine de sa cour et même de son sang, avec des hommes d'armes en nombre suffisant pour changer en voies planes les voies escarpées et gouverner la province en paix[5]. » Cette fois l'effet suivit de près la promesse. Arrivèrent successivement à Sienne un capitaine du

---

[1] *Consiglio della Campana*, VIII, 90, ap. Paoli, 10.

[2] Arch. de Sienne, *Biccherna*, XXIII, p. 18, 22. Paiement de deux courriers qui portent des lettres de la commune à Manfred. Août 1259, ap. Paoli, p. 13.

[3] « Potestatem pro vestro regimine exhibi vobis pro futuro anno a nostra celsitudine humiliter implorastis. » (Lettre de Manfred aux Siennois, 7 octobre 1259. Arch. de Sienne, *Lettere al concistoro*, filza 1, ap. Paoli, p. 76.)

[4] Décision prise dans un conseil tenu, le 15 juillet 1259, sur la proposition de Provenzano Salvani (voy. Paoli, p. 15, note 5).

[5] « Ad partes ipsas in brevi, de latere, immo de sanguine nostro, talem capitaneum et tantam copiam armatorum cum eo curabimus destinare, quod in vias planas aspera commutabit, provinciam ipsam in pace reget. » (Arch. de Sienne, *Lettere al concistoro*, filza 1, publiée par Saint-Priest, I, 371-372, et un fragment par M. Paoli, p. 13.)

peuple, un potestat[1], et, dans les derniers jours de décembre[2], Giordano d'Anglano, comte de San Severino, vaillant chevalier, cousin germain de son maître[3]. On l'attendait avec impatience. De nouvelles lettres du gouvernement siennois l'avaient relancé, en novembre, jusqu'au fond de la Pouille[4]. Tout était prêt pour le recevoir : les hommes, les chevaux, le pain, la paille, le foin, les logements[5], l'argent même, car, le 22 décembre, le conseil de la *Campana* lui avait voté cinq cents livres comptant, avec des honneurs que règleraient le capitaine du peuple et le potestat[6]. Au-devant de lui on envoya jusqu'à Montecchiello, dans le val d'Orcia, six citoyens avec deux trompettes dont les tuniques, faites aux frais de la commune, en portaient les armes, unies à celles de ce Messie si ardemment désiré[7].

Grande fut la déception à le voir suivi d'une poignée

---

[1] Voy. Paoli, p. 15, note 5. Des lettres de Manfred, en date du 7 octobre 1259, annoncent l'envoi du potestat, Francesco de Troghisio (publiées par M. Paoli, p. 76).

[2] Les chroniqueurs florentins disent en juin 1260. Mais Malavolti (part. II, l. 1, f° 3) et Tommasi (part. I, p. 301) s'accordent pour décembre 1259, et les documents des archives, qu'a vus M. Paoli, confirment leur assertion (voy. Paoli, p. 14), ainsi qu'une lettre d'un marchand siennois, à la date du 5 juillet 1260. Voy. Gargani, *Della lingua volgare nel secolo XIII° in Siena*, p. 25, Sienne, 1868.

[3] Son père, Bonifazio d'Anglano, était frère de Bianca d'Anglano, mère de Manfred. Voy. Gius. de Cesare, *Storia di Manfredi*, l. IV, n° 17. Les chroniqueurs florentins, on l'a vu plus haut (p. 288), disent que la mère de Manfred était de la famille piémontaise des Lancia.

[4] Arch. de Sienne, *Biccherna*, XXIII, p. 35 v°, 39, ap. Paoli, p. 14.

[5] Dès les premiers jours de décembre, on faisait rechercher dans le contado la paille et le foin « pro militibus venturis ad civitatem Senensem ; » on faisait préparer des logements « militibus domini regis, et ad faciendum fieri panem venalem pro militibus domini comitis Jordani. » (*Biccherna*, XXIII, p. 44 v°, 45.)

[6] *Consiglio della Campana*, IX, 13.

[7] *Biccherna*, XXIV, p. 38 v°.

d'hommes à peine[1]. Sa promesse que « les autres viendraient bientôt[2] » n'était que médiocrement rassurante. Aussi les deux ambassadeurs de Sienne, qui étaient depuis novembre à la cour de Manfred, y restèrent-ils jusqu'en février, le sollicitant de tenir sa parole. Lui, il n'en avait nul souci. Son désir était de voir gibelins et Siennois combattre seuls pour sa cause sous les ordres de Giordano, et ni les uns ni les autres ne s'y pouvaient refuser. Ils avaient intérêt à la suprême direction d'un chef expérimenté dans l'art de la guere, ce service fût-il le seul qu'ils reçussent du roi. Ils se livrèrent donc sans réserve, sinon sans regret. Le 28 novembre 1259, Bolgaro de Postierla s'intitulait encore « potestat de Sienne par la grâce de Dieu ; » le 11 février 1260, Francesco de Troghisio était « potestat de Sienne par la grâce de Dieu et du seigneur roi de Sicile[3]. » Jetant aussitôt le masque, Giordano cessait d'annoncer la prochaine venue de ses Allemands, et demandait à ses hôtes que « pour le service commun de son maître et de Sienne » on lui donnât en nombre suffisant des hommes d'armes, « le plus tôt et le plus secrètement qu'il serait possible[4] ».

---

[1] Malavolti (part. II, l. I, f° 2 v°) dit bien qu'il amenait « 800 cavalieri di nation tedesca e con certo numero di fanti ; » mais Tommasi (part. I, p. 301) dit « con pochi armati ; » or 800 cavaliers étaient pour le temps un chiffre considérable. L'assertion du Siennois Tommasi confirme celle des chroniqueurs florentins sur le petit nombre d'hommes d'armes promis à Farinata.

[2] « Havendo ordinato che gli altri quanto più tosto lo seguitassero. » (Tommasi, *loc. cit.*)

[3] « Dei gratia potestate senensi. — Dei et domini regis Sicilie gratia senensi potestate. » (*Documenti per la storia dell' arte sanese, raccolti ed illustrati dal Dott. Gaetano Milanesi*, t. I, p. 140, 142. Sienne, 1854.)

[4] « Per servizio comune del suo Re e della Repubblica loro... con quella maggior prestezza e più segretamente che si potesse. » (Malavolti, part. II, l. I, f° 3 v°.)

Ce qu'il voulait, c'était la guerre, quel que fût l'ennemi. L'inaction lui pesait, et plus encore à son escorte tudesque, qui n'en retirait d'autres profits que sa paie. La guerre était aussi le vœu des Siennois, sinon encore contre Florence, du moins contre la ville de Grosseto, contre les « terres » de Monteano et de Montemassi, trop voisines de Sienne pour n'en pas haïr, et, dans l'occasion, secouer le joug. Mais scrupuleux observateurs des formalités légales, ils frappèrent de stupéfaction le représentant d'un monarque absolu. Pour envoyer au dehors l'armée ou un simple corps de cavalerie, il fallait que la proposition en fût faite par le conseil de *credenza*, et que le conseil général fût consulté trois fois en trois jours différents[1]. Si urgente que fût une prompte entrée en campagne, les délibérations eurent lieu les 7, 8 et 9 janvier 1260. Puis on mit en mouvement les hommes du *terzo* de Camullia, c'est-à-dire les milices d'un tiers de la ville, accrues de celles d'un tiers de la banlieue[2]. D'ordinaire, la banlieue désignée était celle qui confinait au *terzo* envoyé en expédition ; cette fois on viola la règle, pour ne pas dégarnir de ses défenseurs naturels la région la plus rapprochée du territoire florentin[3]. L'épineuse question de la solde des Allemands ne fut pas soulevée : cette solde, Manfred la devait payer peut-être ; ce fut Sienne qui la paya[4]. Les registres de ses

---

[1] *Statuto II*, Dist. I, p. 20, ap. Paoli, p. 16, note 5.

[2] 8 janvier 1261. *Consiglio della Campana*, IX, 21. Malavolti, part. II, l. I, f° 3 r° v°, 4 r°.

[3] *Consiglio della Campana*, IX, 23. Délibération du 12 janvier 1260. — Ces lieux sont Val di Strove, La Badia a Isola, Montereggione, Querciagrossa, Selvoli, Cerreto. — Cf. Paoli, p. 17.

[4] « E ogni tre mesi furon poi pagati, come si giustifica per il libro di Don Guidotto monaco di San Galgano, camarlingo di Biccherna.... dal principio di gennaro dell' anno 1254 fino tutto giugno del 1260.... dove son molte partite di denari prestati al conte Giordano al tempo del pagare il quartiere a Tedeschi e gli altri suoi soldati. » (Malavolti, part. II, l. I, f° 3 r°.)

archives sont pleins de délibérations pour fournir l'argent, les vivres, les armes, les machines, pour remplacer, après les trente jours de service légal, les hommes du *terzo* de Camullia par ceux du *terzo di città*[1]. Tant d'efforts furent enfin récompensés par le succès. Le 5 février, Grosseto prévint l'assaut en ouvrant ses portes, et le comte Giordano, s'y fortifiant aussitôt, entreprit la tâche singulière d'imposer aux vaincus un gouvernement de sa façon[2].

Soumettre la Maremme était le prélude obligé de toute guerre contre Florence, car les habitants de ce pays empesté en étaient les alliés naturels. Une attaque de leur part sur les derrières de Sienne l'eût contrainte à diviser ses forces, à peine suffisantes, pensait-on, pour affronter sa redoutable ennemie. Or, les préparatifs belliqueux des Florentins, leurs hardis propos sur Manfred, inspiraient aux Siennois de vives inquiétudes. Le 17 mars, de concert avec Giordano, ils envoyaient au roi le plus habile et le plus autorisé d'entre eux, Provenzano Salvani, avec prière de pourvoir « bien et honorablement aux affaires de la Toscane[3]. » C'était à leur tour de ronger leur frein avec impatience. Le comte leur avait fait attendre un mois plein la désignation d'un de ses conseillers qu'on jugeait expédient d'adjoindre aux ambassadeurs, et Manfred n'était pas plus empressé à répondre que le comte à supplier[4].

Il fallait se hâter cependant : les Florentins avaient

---

[1] Voy. le détail et les indications dans Paoli, p. 16, 17.

[2] Malavolti, part. II, l. I, p. 5 v°.

[3] « Bene et honorifice. » (*Consiglio della Campana*, IX, 46-93 v°. Délibération du 26 janvier 1260. Voy. Paoli, p. 19.)

[4] Le projet de cette ambassade est du 26 janvier ; la décision définitive du 26 février ; le départ de l'ambassade du 17 mars. (*Consiglio della Campana*, IX, 46 v°, 76, 79 v°. — *Biccherna*, XXIV, 51 v°. Malavolti, part. II, l. I, f° 6 v°, 7 v°. Tommasi, I, 384. Paoli, p. 18, 19.)

secoué la torpeur des premiers jours. En quête d'alliés, ils sollicitaient Alphonse X de Castille. Ce prince, qu'on surnommait le Sage, c'est-à-dire le savant ou l'astrologue, était gibelin de naissance par son aïeul, Philippe de Souabe, et de pratique par son accord avec Pise, comme avec Eccelino de Romano. Toutefois, le saint-siége comptait sur son bras pour attaquer et abattre l'illégitime détenteur de Naples et de la Sicile[1]. Brunetto Latini, le docte et renommé maître de Dante, chargé de cette ambassade, avait-il pour mission de faire briller aux yeux du Castillan cette couronne impériale que, depuis trois ans, il disputait à Richard de Cornouailles, sans autre droit que le sang de ses veines? On serait tenté de le croire, car il marquait aux guelfes les plus bienveillantes dispositions[2]. Mais il vivait dans les nuages ou dans les astres; il dressait des tables astronomiques au lieu de gouverner ses peuples. La lenteur espagnole aidant, il prolongea si longtemps une négociation si simple, que l'ambassadeur, à son retour, trouva l'ambassade inutile, et, ne pouvant rentrer dans sa patrie, dut se condamner à l'exil.

D'autre part, en janvier 1260, alors que le comte

---

[1] Villani, VI, 73. Brunetto Latini dit lui-même :

> Esso commune saggio
> Mi fece suo messaggio
> All'alto Re di Spagna,
> Ch'era Re d'Alemagna...
> Et io presi campagna,
> E andai in Ispagna,
> E feci l'ambasciata
> Che mi fu comandata.

(*Il Tesoretto di ser Brunetto Latini*, p. 13. Cf. Bonaïni, *loc. cit.*, p. 183.)

[2] *Memorias de Alphonso el Sabio*, cités par Fauriel, *Hist. litt. de la France*, XX, 280.

Giordano était encore retenu devant Grosseto, les Florentins renouvelaient leur éternelle entreprise de ravitailler Montalcino. Pour y faire obstacle, il fallut dégarnir l'armée de siége, envoyer des cavaliers à San Quirico, Asciano, Montecchiello, Corsignano, et barrer toutes les routes au convoi de ravitaillement. Un « sage » siennois, adjoint au capitaine, veillait à ce qu'il « n'arrivât rien de dommageable à la commune de Sienne[1]. » Jamais jusqu'à ce jour les deux rivales ne s'étaient à ce point observées, n'avaient mis à leurs préparatifs belliqueux autant de prudence et de soins. Il existe aux archives florentines un précieux manuscrit où sont réunies toutes les mesures prises pour assembler et organiser l'armée, en vue de cette grande expédition[2]. C'est la première fois que des documents positifs, se rapportant en nombre à un même ordre de faits, y répandent comme des flots de lumière. Entrer ici dans quelques détails, ce sera tout ensemble mettre au jour la vie militaire des Florentins et les actes préparatoires de la lutte décisive qu'ils allaient engager[3].

---

[1] *Consiglio della Campana*, IX, 47 v°. Paoli, p. 17, 18.

[2] Ce manuscrit se compose de six registres : 1° Noms des officiers de l'armée et des délibérations du potestat et des capitaines (9 février-26 août 1260), p. 1-39. — 2° Promesses faites par les Recteurs et les peuples pour approvisionner de grains Montalcino (7 juillet-22 août), p. 40-75. — 3° Engagements des marchands d'apporter des vivres à l'armée et à Montalcino (7-31 août), p. 76-117. — 4° *Cavallate* pour le *sestiere* de S. Pancrazio (25 août-1ᵉʳ septembre), p. 118-125. — 5° Registre des *pedoni* ou fantassins (26 août-2 septembre), p. 126-147. — 6° Statuts de l'armée délibérés par le potestat et le capitaine (11 mars-6 mai), p. 148-154. Le titre est : *Libro de la conducta et del campo del comune di Fiorenza, al quale libro li fù tolto quando fummo sconfitti a Monteaperti*. Arch. di Stato, class. xiii, Dist. II, n° 1. Ricotti (I, 134 sq.) a fait de ce précieux document une excellente analyse.

[3] L'instructif ouvrage de Ricotti sur les mercenaires, quoiqu'il rap-

Le 1ᵉʳ janvier 1260, Jacopino Rangoni, de Modène, avait pris possession de la charge de potestat[1]. Élu pour un an, on lui réservait le commandement de l'expédition projetée. C'était en son nom et par sa volonté que s'envoyaient les lettres, que s'expédiaient les ordres de service, que se mettaient en marche les différents corps de l'armée. Le 9 février suivant, douze capitaines de guerre étaient nommés, deux par *sestiere*, pour entrer en fonctions le jour même. Ils appartenaient pour la plupart aux grandes familles de Florence, aux Ridolfi, aux Gherardini, aux Ristori, aux Cavalcanti, aux Spini, aux Tornaquinci, aux Tosinghi, aux Falconieri [2]. Ils ne devaient pas tous faire campagne : quelques-uns restaient en ville pour y maintenir le bon ordre et y pourvoir aux munitions de guerre, aux approvisionnements, aux levées nouvelles, si le potestat réclamait des renforts. Mais ils avaient tous mission, chacun dans son quartier, d'organiser les compagnies et d'en désigner les chefs. Chaque quartier fut tenu d'en fournir une d'arbalétriers, une de cavalerie, une d'infanterie et une d'archers. Chaque compagnie eut à sa tête un *banderaio* ou porte-bannière, un ou deux conseillers, un ou deux *distringitori*, chargés de ramener dans les rangs quiconque s'en écarterait[3], un

---

porte à l'appendice plusieurs documents tirés du *Libro di Montaperti*, ne saurait, pour nous, en tenir lieu, car il embrasse toutes les institutions militaires des Italiens et ne distingue pas toujours les temps. Il s'agit ici des Florentins et de la première grande bataille qu'ils aient livrée.

[1] Liste des *Officiales forenses*.

[2] Leurs noms ont été publiés par Ammirato et par Ricotti, t. I, append., doc. C, copié dans le *Libro di Montaperti*.

« Ad distringendum de retro milites, ut vadant stricte ad schieras. » (*Libro di Montap.*)

banderaio delle poste, pour préparer les logements, un officier préposé aux arbalètes, un aux *guasti*[1], un aux marchés[2].

Deux *sestieri* se réunissant pour former une compagnie de *pavesari*, il suffisait de trois délégués à la garde des pavois ou boucliers[3]. Quatre avaient l'ordre de veiller aux flèches, deux aux mules et aux bêtes de somme[4], deux au transport des roues, marteaux et enclumes. Deux commandaient aux corps spéciaux d'ouvriers qui maniaient la pelle, la sape[5], la bêche, la scie, le pieu, le rabot, et qu'on appelait *magistri*, ou *maestri di pietra e legname*, maîtres de la pierre et du bois. Trois devaient acheter du pain et l'envoyer au camp, trois l'y recevoir[6], quatre pourvoir en ville aux approvisionnements[7], six présider à la construction des machines de guerre dans des localités peu éloignées de Sienne[8], deux enrôler les archers, arbalétriers et lanciers qui accompagnaient la cavalerie[9], six faire élire les gonfaloniers dans le *contado*

---

[1] « Qui portare debent banderias guastorum et coadjutores eorum. » (*Ibid.*, p. 59, 11 février.)

[2] « Qui portare debent banderias mercati. » (*Ibid.*)

[3] Oltrarno, 60 ; San Pier Scheraggio, 64 ; Porta di Duomo, 51 ; San Pancrazio, 40 ; Borgo, 40 ; Porta San Piero, 50. (*Ibid.*, p. 64.)

[4] « Qui debent portare insignias salmerie. » (*Ibid.*)

[5] « Duo offitiales super magistris.... qui debent portare insignias palarum et marrarum. » (*Ibid.*)

[6] « Super pane communis in exercitu. » (*Ibid.*, p. 3. 15 avril, et p. 69, 1er avril.) Ils devaient avoir des serviteurs à Florence, « pro insachando et gubernando pane, » à l'armée, « pro recipiendo et vendendo. » (*Ibid.*, p. 3, 15 avril, I, 3, 4.)

[7] « Super foro victualium in civitate. » (*Ibid.*, p. 64.)

[8] « Ad faciendum fieri hedificia in locis infrascriptis : Poggibonzi, San Donato in poggio, Montevarchi. » (*Ibid.*, p. 64.)

[9] « Super eligendis et scribendis balistariis, arcatoribus, et hominibus cum lanceis in civitate, qui vadant cum militibus quando equitant. » (*Ibid.*, p. 67, 3 mars.)

et exercer sur l'armée une active surveillance[1]. Il y avait en outre deux camerlingues ou officiers payeurs, et trois chirurgiens, dont un médecin, pour soigner « les blessures, les fièvres et autres maladies[2]. » Le médecin, *maestro* Rogerio des Ubbriachire cevait une paie de trois livres par jour, les chirurgiens Berardi et Gianni de quarante sous seulement[3]. Chacun de ces officiers avait ses solliciteurs, ses coadjuteurs, ses notaires[4], ses messagers, ses mulets, ses bêtes de somme, dont le nombre était fixé rigoureusement, sauf à le restreindre, quand, l'esprit d'économie ouvrant les yeux aux moins clairvoyants, on eut reconnu que deux hommes ou deux mulets pouvaient faire la besogne de quatre.

Dès le 10 février, le lendemain même du jour où avaient été élus les capitaines, on instituait la garde d'honneur à qui était confiée la défense du *carroccio* et de la bannière communale. Le porte-bannière ne devait marcher qu'escorté de cent lances[5], le *carroccio* qu'accompagné de quarante-huit cavaliers et cent cinquante-un *pedoni*[6], d'un notaire, de huit messagers, de huit

---

[1] « Super faciendo eligi vexilliferos in comitatu et super faciendo fieri custodiam in exercito. » (*Ibid.*, p. 59.)

[2] « Magister Rogerius medicus filius D. Berii de Ubriaco electus est dicto die per duas partes capitaneorum exercitus supradicti in medicum ad curandum et videndum infirmos qui febri vel alia ægritudine in exercitu gravarentur. Qui mag. Rogerius deputatus erat etiam et electus in civitate Florentie medicus cum quibusdam aliis ad curandum illos qui in exercitu vulnerarentur. » (*Ibid.*, p. 70, 8 avril. Voy. aussi Ricotti, I, 136.)

[3] *Lib. Montap.*, p. 9, 10 mai.

[4] « Solicitatores, coadjutores, notarii illorum. » (*Ibid.*, p. 59.)

[5] *Lib. Mont.*, p. 3, 15 avril. Le doc. donne au porte-bannière le nom inconnu de Cavatorte.

[6] La répartition fut faite assez inégalement entre les *Sesti* :

	CAVALIERS.	FANTASSINS.
Oltrarno.	10	30
S. P. Scheraggio.	9	31

maestri, dont quatre élus, de quatre paires de bœufs, avec les bêtes de somme nécessaires à transporter la grande tente du *carroccio*, le pavillon (*trabacco*) des chefs, et deux autres tentes de dimensions moindres pour les bouviers, les valets et les messagers[1]. Les bouviers, au nombre de quatre, avaient le droit de requérir les plus beaux bœufs où ils les trouveraient. Ils conduisaient ces animaux, en quelque sorte sacrés. Ils en « tenaient les cordes, comme celles des chariots et du victorieux *carroccio*[2]. »

Les chefs désignés, l'armée se formait pour ainsi dire d'elle-même, sous leur direction. Tout était prévu et réglé d'avance. Chacun, sans aucun salaire, s'équipait à ses frais, encourait une amende pour toute pièce de son équipement absente ou en mauvais état[3]. Les cavaliers ou *milites* fournissaient en outre, selon leurs ressources, un ou plusieurs chevaux. C'était ce qu'on appelait avoir une ou plusieurs *cavallate*[4]. Être prêts, au premier signal,

	CAVALIERS.	FANTASSINS.
Borgo.	8	21
S. Pancrazio.	7	20
Porta Duomo.	7	25
Por San Piero.	7	24

D'après un ms. de la Riccardiana, n° 1878 (*Spoglio degli ufficiali e soldati dell' esercito fiorentino*), Cherrier (III, 103) donne seulement le chiffre des fantassins, qui est le même, et, à tort, il ne rapporte cette organisation qu'à la seconde expédition de l'année 1260.

[1] *Lib. Mont.*, p. 3, 14 avril.

[2] « Illis quatuor hominibus qui dicuntur grulli, qui ducunt et deputati sunt ad ducendum et tenendum funes bovum victoriosi carrocii et carrettarum. » (*Lib. Montap.*, p. 5. 23 avril.) Ils recevaient 18 deniers par jour et les *maestri du carroccio* 16 (*Ibid*).

[3] « Et quicumque contra fecerit et ita non portaverit et habuerit in exercitu dicta arma ut dictum est, puniatur et condempnetur de sella in solidos 20 florin. parvor., etc. » (*Lib. Montap.*, ap. Ricotti, I, app., doc. C.) Cette curieuse pièce énumère toutes les parties de l'armement.

[4] Voy. un article de M. Ces. Paoli sur les *Cavallate* dans l'*Arch. stor.*,

à partir sur leur destrier, ne le prêter, ne l'envoyer jamais hors du territoire, était pour eux d'obligation si étroite, que, même nommés ambassadeurs, recteurs ou potestats, ils ne pouvaient sans une permission expresse emmener l'animal favori. Malades ou infirmes, ils le devaient remettre, après estimation, à un parent ou à quelque autre personne apte aux armes par son âge, sa santé, sa condition.

Tout citoyen de quinze à soixante-dix ans était appelé sous les bannières, sauf ceux qui étaient l'objet d'une dispense spéciale ou que retenait un autre service public. Dans le nombre des citoyens, comme par le passé, n'étaient pas compris les « pauvres », jugés indignes d'entrer dans les milices, bons tout au plus à être valets d'officiers des approvisionnements[1]. Les services publics qui dispensaient du service militaire, c'étaient la garde de la ville, des forteresses, des prisonniers[2]. Les dispenses, fort rares, n'étaient accordées qu'aux vieillards et aux malades ; encore devaient-ils être employés aux moulins, où l'on faisait la farine pour le pain de l'armée[3]. Y avait-il en un même lieu plusieurs meuniers, un seul, le plus âgé, restait à ses meules. On accordait plus volontiers des délais, mais de courte durée et pour des causes majeures : deux tailleurs en obtenaient un de huit jours,

---

3ᵉ sér., t. I, part. II, p. 60-61. — Il ne faut pas confondre ce mot avec celui de *Cavalcate*, qui signifie expédition à cheval.

[1] Les *Superstites panis in civitate* gardaient auprès d'eux quatre serviteurs *pro insachando et gubernando pane*, qui devront être pauvres, est-il dit, et, pour ce motif, dispensés d'aller à l'armée (*Lib. Montap.*, p. 3 15 avril).

[2] « Exceptentur ab iis qui essent positi ad custodiam captivorum et civitatis et castrorum et terrarum com. Flor. » (*Ibid.*, texte ap. Ricotti, doc. C.)

[3] « Pro aptandis molendinis. » (*Ibid.*, p. 70.)

afin d'exécuter et de livrer une commande militaire, des couvertures pour les chevaux[1]. Des yeux d'Argus veillaient à ce que nul n'échappât à l'accomplissement de son devoir civique : un certain Guidingo, fils du juge ser Burnetti, revenant à peine d'un long voyage aux pays d'outre-mer, recevait l'injonction de se présenter au potestat et de rejoindre l'armée[2]. Aux absents, à ceux-là mêmes qui étaient autorisés à rester en ville, on imposait une taxe pécuniaire[3]. On pouvait bien, pour trente sous, s'exempter d'être arbalétrier, et pour quinze, d'être archer, mais on devait alors servir parmi les *pedoni*[4]. Quiconque, aux premiers sons de la cloche communale, ne rejoignait pas sa compagnie, était condamné, fantassin, à vingt-cinq livres d'amende, cavalier, à cinquante, gonfalonier, à deux cents, sans préjudice d'autres peines et incapacités[5]. La ville qui accueillait ou ne dénonçait pas un réfractaire fugitif était rendue responsable, la maison qui l'avait reçu, rasée[6]; lui-même, il voyait son nom voué à l'infamie dans tous les conseils publics et à la messe solennelle du premier dimanche de chaque mois[7].

---

[1] « Ad aptandum covertas equorum cum multas, ut dixit, habeat ad complendum. » (*Ibid.*, p. 3, 14 avril.)

[2] « De ultramarinis partibus... Injunctum fuit sibi in dicta civitate Flor. per officiales communis quod ad presentem exercitum venire curaret, et se dicte potestatis conspectui presentaret. » (*Ibid.*, p. 9, 10 mai.)

[3] Canestrini, *Della milizia italiana*. (Arch. stor., 1re série, XV, 21.)

[4] Ricotti, I, 137-138.

[5] *Ibid.*, ap. Ricotti, doc. C.

[6] « Domus in qua repertus esset miles, destruatur nisi solverit. » Com. Flor., l. XXV (*Ibid.*). Cette singulière compensation était réduite à 10 l. pour le *pedone*.

[7] « Qualibet die dominica prima mensis post exercitum dicti tales non facientes exercitum, per ecclesias civitatis et comitatus Florentie publice, dum missa canatur, debeant nominari, et potestas ipsos tales in consilio quolibet mense semel debeat legi facere nominatim. » (*Ibid.*)

De fortes amendes frappaient le citoyen qui donnait un faux nom, l'ami qui répondait pour un autre, le notaire qui usait de fraude dans les listes d'enrôlement. Nul ne pouvait être excusé ou absous de ces fautes, comme de tout manquement à ce genre de devoirs, que par le potestat, les *anziani*, le capitaine du peuple, les capitaines de l'armée, moyennant un acte légal[1].

Arrêté le 11 mars 1260 « dans la chambre du potestat, dans la maison des fils d'Abati[2] », ce règlement, dont nous supprimons bien des détails, ne devait être confirmé que le 5 avril suivant, dans un parlement public tenu sous les voûtes de Santa Reparata, en présence du capitaine et des *anziani*[3]. Mais ce n'était là, en quelque sorte, qu'une formalité : les magistrats, autorisés par l'usage à préjuger le vote, poursuivaient dans l'intervalle leurs préparatifs. Avant même le 11 mars, l'ordre avait été donné d'armer le territoire, d'y faire la levée. Dès le 25 février, les communes de Gangalandi, Pontormo, Montevarchi, étaient invitées à se pourvoir d'une bannière et d'une tente[4], à présenter chacune un capitaine à la désignation de la commune. Le 28, ces présentations étaient faites : elles portaient toutes sur des citoyens de Florence. Le même jour, l'assesseur du potestat et les capitaines de l'armée procédaient à l'élection de ces officiers pour ces

---

[1] « Nec.... possit.... aliquis eorum excusari vel absolvi, nisi haberet licentiam a potestate, capitaneo et antianis et capitaneis exercitus, ita quod licentia data appareat publicum instrumentum scriptum manu legalis notarii. » (*Ibid.*)

[2] « In caminata dictæ potestatis, in domo filiorum Abatis. » (*Ibid.*)

[3] *Ibid.*

[4] « Unum vexillum et unum tentorium pro servitiis comunis in exercitu melius faciendis. » (*Ibid.*, p. 66.) — Gangalandi, dans le val d'Arno, sous Florence. C'est le lieu appelé maintenant Lastra a Signa. Pontormo, à moins d'un mille à l'est d'Empoli (Repetti, II, 396, IV, 541).

paroisses, et faisaient de même pour chacune des autres successivement[1].

Leurs obligations variaient selon leurs ressources, leur population, et peut-être aussi leur zèle. Ce zèle était généralement assez tiède, puisqu'une fois l'armée en marche, il fallut nommer cinquante-deux officiers « pour faire assigner et présenter les habitants du comitat[2]. » Montevarchi devait envoyer cent hommes vaillants et bien armés; Montemurlo deux cents, avec leurs marchands et leurs denrées[3]; Montelungo, Sasso, Caposelve, la moitié de leurs habitants[4]. Des Florentins se rendaient dans ces « terres », pour désigner les gens tenus à prendre les armes, les sapeurs, les *guastatori* qui y formaient le gros du contingent, les cavaliers en petit nombre dont les principaux habitants étaient requis. A ceux qui restaient le soin de garder le pays, de pourvoir aux approvisionnements, de recueillir, de remettre en état les boucliers. Des absents on fit, comme à Florence, une liste à part, pour les frapper d'une taxe spéciale[5]. Des recteurs qui gouvernaient les paroisses on exigea de formelles promesses, touchant les mesures de grains qu'elles devaient fournir. Aux potestats des pays par où devait passer l'armée on écrivit des lettres d'avis, pour qu'ils préparassent tout ce qui lui était nécessaire. On avança de l'argent aux voituriers

---

[1] Pour Certaldo et Passignano (Val di Pesa, juridiction de Poggibonzi), l'élection avait lieu le 9 mars (*Ibid.*).

[2] « Ad faciendum assignari et presentari comitatinos. » (*Ibid.*, p. 8.)

[3] « Omnes etiam mercatores cum mercato. » (*Ibid.*, p. 3, 14 avril.)

[4] *Ibid.* 15 avril. Plusieurs localités en Toscane portent ces noms, et elles ne se trouvent souvent ni sur les cartes ni dans les dictionnaires géographiques. Il s'agit ici de localités du val d'Arno supérieur. Il y avait un Caposelve à trois milles de Montevarchi, une Badia del Sasso dans le Casentino (Voy. Repetti, I, 461, V, 202).

[5] *Lib. Montap.*, ibid. Canestrini, *Arch. stor.*, 1re série, XV, 21.

chargés des transports[1]. On incorpora dans l'armée le plus grand nombre possible d'habitants du Mugello, jugés moins dangereux au milieu des guelfes, sur les champs de bataille, qu'ils n'étaient dans leurs montagnes. Ceux qu'on n'en put arracher furent astreints à une résidence fixe durant toute la guerre. Aux plus sûrs fut confiée la garde des lieux où l'autorité du vicaire était mal reconnue[2]. Divers Florentins, propriétaires dans ces contrées, obtinrent d'y rester pour défendre leurs biens, et d'y accueillir au besoin des amis[3]. Ainsi, Bussa della Vigna, du quartier de san Pier Scheraggio, était autorisé, la nuit, à garder dans sa villa six hommes exemptés du service des *cavallate*[4], à condition de se mettre, le jour, à la disposition du vicaire. Les potestats des « terres » voisines recevaient ordre de lui prêter main forte, s'il les en requérait[5].

Aux milices de la ville et du *contado* devaient se joindre divers corps de mercenaires. Des « bons hommes, notaires légaux, » en enrôlaient partout, jusque dans la Romagne et la Lombardie[6]. Ils les groupaient par compagnies de cinquante cavaliers, ayant chacune deux capitaines et un connétable[7], élus par le potestat et les capitaines de l'armée. Les mercenaires servaient à leurs risques et périls[8]. Faisaient-ils des prisonniers, ils les pré-

[1] Voy. dans Ricotti, t. I, app., le doc. A.
[2] *Lib. Mont.*, p. 70, 7 avril.
[3] « Que domus dicitur esse magna et apta ad defensionem et utilis in contrata ad obstandum exinde inimicis et refugium etiam hominum et personarum. » (*Ibid.*, p. 71, 14 avril.)
[4] « Qui equos non habent pro communi. » (*Ibid.*)
[5] *Ibid.*
[6] « Unus bonus homo et legalis notarius. » (*Ibid.*, p. 67.)
[7] Ricotti, I, 137.
[8] « Ad eorum risicum et fortunam in personis, equis, armis et rebus. » *Lib. Mont.*, p. 67.)

sentaient auxdits potestat et capitaine, chargés de les recevoir en payant dix livres pour chacun aux frais de la commune, ou de les refuser en laissant à qui les aurait pris le droit de les vendre, de les échanger, de les délivrer. Florence promettait des indemnités pour les chevaux morts, blessés ou estropiés à l'armée, d'après l'évaluation des maréchaux [1].

Ces conditions, parussent-elles onéreuses, ne pouvaient être discutées : on n'en faisait point de plus favorables aux Florentins des *cavallate*. L'important, c'était la solde. L'opulente commune payait bien et régulièrement : elle vit donc affluer les mercenaires [2]. Par un de ces contrats on peut juger des autres. Le 31 mars, le potestat, le capitaine du peuple [3] et les *anziani* acceptaient l'offre du Milanais Piétro de Bizacasse d'entrer avec cinquante cavaliers au service de Florence pour deux mois et même plus, à la volonté des magistrats, moyennant un salaire de huit livres de petits florins par cheval et un sauf-conduit pour lui et les siens, pourvu qu'il ne se trouvât parmi eux aucun citoyen ou sujet de la commune banni ou condamné pour homicide, faux, vol, incendie, trahison ou rébellion [4]. Plus tard, quand l'armée fut en marche, le territoire même de Sienne fournit des mercenaires isolés qu'on payait intégralement, selon leur importance sans doute, les uns sept livres dix

---

[1] *Lib. Mont.*, p. 68, 9 mars. M. Paoli a publié ce document dans son article sur les *cavallate* (*Arch. stor.*, 3ᵉ sér., t. I, part. II).

[2] Ricotti, I, 137.

[3] Il se nommait Filippo Visdomini, de Plaisance. Voy. la liste des *Officiales forenses*.

[4] « Exceptis civibus et comitatinis florentinis qui pro homicidio vel falsamento seu furto vel incendio aut tradimento vel rebellione exbanniti vel condempnati reperirentur. » (*Lib. Mont.*, p. 69.)

sous par mois, les autres cinquante sous seulement[1].

Pour maintenir la discipline parmi tant d'hommes d'origine diverse et de zèle douteux ou déréglé, il fallait des peines sévères et un soin vigilant à les appliquer. Tout était prévu dans ce code de circonstance, devenu bientôt un code définitif : l'emportement du gonfalonier qui devançait sur le champ de bataille la bannière de son *sesto*, comme celui de l'homme d'armes qui n'attendait pas son gonfalonier; trop d'empressement à plier les tentes, quand celle de la commune n'était pas pliée encore, comme trop de retard à les dresser, quand le chef de l'armée en avait donné l'exemple ; l'acte de sortir des rangs ou du camp sans la permission du potestat ou des capitaines, et jusqu'à la moindre querelle privée. La peine ordinaire était l'amende ; mais on y joignait, pour les fautes graves, d'autres châtiments. Quiconque s'écartait, par curiosité de quelque rumeur ou pour autre cause, voyait ses armes et son cheval livrés aux flammes[2]; quiconque levait sa tente hors de propos la voyait brûlée, sans préjudice d'autres punitions laissées à la décision du potestat[3] ; quiconque incendiait du foin ou de la paille était condamné à dix livres d'amende et même plus, une moitié au profit de la commune, l'autre au profit du dénonciateur. Ne pouvait-on payer, on était

---

[1] Domeniki de Armaiolo et Tribaldo Ubertini de Rugomagno, 7 livres 10 sous; Teste, Tebaldini de Poggio Santa Cecilia, 50 sous (*Lib. Mont.*, p. 10, 13 mai).

[2] « Vel cucurrerit ad aliquem rumorem,.... comburantur ei arma et equus, et si fuerit pedes, comburantur arma sua et insuper puniantur ad arbitrium potestatis. » (*Ibid.*, texte ap. Ricotti, doc. C.)

[3] « Si quis destenderit padiglionem sive trabaccham vel tendam aut aliud hospitium in exercitu, antequam destendatur padiglione com. Flor. Comburatur ei padiglione.... insuper puniatur ad arbitrium potestatis. » (*Ibid.*)

frappé de verges, fustigé nu en présence de l'armée[1]. Il n'était pas jusqu'à la négligence des marchands à conduire au camp des provisions, qui ne fût punie d'une amende d'au moins cent sous de petits florins[2], pénalité presque superflue, l'intérêt privé répondant du respect de la loi.

Cependant approchait le jour fixé et connu de l'entrée en campagne. Le 19 mars, la Martinella avait été mise en branle sur l'église de Porta-Santa-Maria. C'était donc le 19 avril que l'armée devait marcher en avant. Le 1er, on chargeait Oddone Infrangipane d'Altomena, habitant de Florence, « de garder, disposer, sonner ou faire sonner la cloche victorieuse de la commune, qui devait être portée dans l'heureuse et glorieuse présente armée[3]. » Il recevait le même salaire que Rinaldo Imbolafarina, garde ordinaire de ladite cloche[4]. Le 8, tous les Siennois étaient bannis du territoire florentin, quelques-uns même incarcérés[5]. Le 9, Colle, Castellano, San Do-

---

[1] « Si quis miserit ignem in aliquo lovio seu frascato, aut palea vel feno,.... teneatur potestas ei tollere lib. X nomine pene et plus ad ipsius potestatis arbitrium ; medietas cujus quantitatis sit accusantis, et alia medietas sit comunis. Et si mictens ignem pauper esset, non solvendo verberetur et fustigetur nudus per exercitum, et plus puniatur persoualiter arbitrio potestatis. » *Lib. Mont.*, Ricotti, doc. C.

[2] « Quod omnes et singuli mercatores exercitus undecumque sint venire debeant ad portandum forum victualium abundanter ad exercitum : et qui contra fecerit, teneatur solvere com. Flor. solidos 100 flor. parvorum et plus ad arbitrium potestatis. » (*Ibid.*). Cf. Canestrini, *Archivio storico*, 1re sér., XV, 21.

[3] « Ad custodiendam, gubernandam, aptandam et pulsandam seu pulsari faciendam campanam victoriosam comunis Florentie, que portari debet in felicem et gloriosum presentem exercitum. » (*Lib. Mont.*, p. 69.)

[4] *Ibid.*

[5] « Exbannivit comune et homines civitatis senensis, et jam ceperant Florentini capere de Senensibus. » (*Consiglio della Campana*, IX, 64 v°. Paoli, p. 20, n. 3.) — Guido di Pedone, envoyé à Florence par le gouver-

nato in Poggio et Poggibonzi, où était potestat Sinibaldo des Tornaquinci, recevaient l'ordre de se pourvoir largement de victuailles, attendu que la « glorieuse armée de Florence était sur le point de s'acheminer par le val d'Elsa, pour défendre cette commune et les communes alliées, ainsi que pour attaquer Sienne et leurs autres ennemis[1]. » Un citoyen partait en avant, avec ordre de les observer et de donner avis de leurs mouvements, au moyen de feux et de signaux concertés. Un fanal devait indiquer que toute leur armée était au delà de la rivière d'Elsa, deux fanaux par deux fois abaissés et relevés qu'elle l'avait passée, mais seulement au nombre de deux cents hommes ; trois, soumis par trois fois à la même manœuvre, que tout leur camp était transporté sur la rive droite ; mais en ce cas le délégué enverrait des messagers à cheval pour donner de plus précises indications. Durant le jour, la fumée remplaçait le feu, et l'on devait maintenir le signal jusqu'à ce qu'il y eût été répondu[2]. Enfin, symptôme d'un départ imminent, le potestat recevait de pleins pouvoirs pour ordonner, défendre et punir depuis la sortie de l'armée jusqu'à son retour, sous toutes réserves, d'ailleurs, de la liberté d'action du capitaine du peuple et des *anziani*[3].

---

nement siennois pour explorer les démarches des Florentins, en rapportait cette alarmante nouvelle (*Ibid*).

[1] « Quia prout scitis motio nostri gloriosi exercitus appropinquat, et expedit quod habeantur victualia pro tanta multitudine gentium affluentium... et alia victualia omnia que videritis expedire ad vestram quidem et terre custodiam et Senensium et ceterorum inimicorum nostri comunis offensionem. » (*Lib. Mont.*, page volante entre les p. 68 et 69. Ce doc. a été publié par Ricotti, I, 349.)

[2] *Lib. Mont.*, p. 62, doc. publié par Ricotti, doc. B.

[3] « Salvo etiam semper quod potestas possit punire omnem personam et locum suo arbitrio et voluntate.... a die motionis exercitus usque ad diem

Le 19 avril, toutes les cloches sonnant à pleines volées, les trombes et les cymbales remplissant l'air de leurs accents guerriers, le potestat sortit processionnellement de Florence, accompagné de six des *anziani*, qui devaient représenter au camp le gouvernement de la commune[1], et suivi de trente mille hommes en tête desquels marchaient le *carroccio* et la Martinella. Il ne laissait dans la ville, pour y faire bonne garde, que quelques compagnies de pied[2]. Ayant levé les enseignes, plantées depuis huit jours, selon l'usage, dans le sol, en avant de la porte par où il devait s'éloigner, il prit la route du val d'Elsa[3]. Déjà Sienne faisait campagne « pour le seigneur roi et pour la commune Siennoise, pour le confort des nôtres, disent les actes officiels, et pour la terreur des rebelles[4]. » Dirigeant un corps de troupes contre Montemassi, que défendait pour Florence, dans la Maremme de Grosseto, le comte Aldobrandino Rosso de Pitigliano[5], elle priait Pise d'empêcher que les habitants de Scarlino, de Massa, de Piombino, ne portassent secours à ce château[6]. Contre

reversionis ejus in exercitu, vel occasione exercitus aut quod in aliquo impediret exercitum. Salvo semper in prædictis omnibus et singulis arbitrio et libertate domini capitanei et antianorum populi florentini. » (*Ibid.*, doc. C).

[1] Trois anziani seulement semblent avoir suivi l'armée jusqu'au bout, comme on le voit dans un document du 27 avril, où il n'est parlé que de trois (*Lib. Mont.*, p. 1).

[2] *Ibid.*, p. 5, 25 avril. Paoli, p. 20, 21.

[3] Canestrini, *Arch. stor.*, 3ᵉ sér., XV, 22, Ricotti, I, 142. La date de ce départ est donnée par un document où l'on fixe à 12 deniers par jour le salaire des messagers et gardes du *carroccio* : « A die motionis exercitus de civitate Florentie que fuit die lune XVIIIJ mensis aprilis. » (*Lib. Mont.*, p. 5.) Ammirato, qui a connu bien des documents, avait déjà donné cette date.

[4] « Pro domino rege et pro comune senense, pro conforto nostrorum et pro terrore rebellium. » (*Cons. della Camp.*, IX, 48 v°, 72. Paoli, p. 18.)

[5] *Lib. Mont.*, p. 6 v°. Paoli, p. 19.

[6] *Biccherna*, XXIV, p. 50. Paoli, p. 19.

Monteano elle envoyait les hommes de Grosseto, conduits par quelques cavaliers allemands[1]. D'autres, avec des exilés gibelins, pour empêcher le ravitaillement de Montepulciano, gardèrent le pays de Lucignana d'Arezzo[2]. Des lettres étaient expédiées à Rome, à Viterbe et en d'autres lieux, contenant prière de ne passer aucun marché avec les Florentins[3].

Le mercredi 21 avril, Jacopino Rangoni, potestat de Florence, dressait à Colle, dans le val d'Elsa, la tente du commandement. Les milices de chaque *sestiere* formèrent tout autour comme autant de camps à part, sous leurs gonfalons respectifs. On ménageait assez d'espace entre elles pour que cavaliers, fantassins, chevaux, bêtes de somme, train des équipages, pussent circuler librement. C'était la première étape vers Montemassi ; il s'agissait de forcer l'ennemi à en lever le siége[4]. Les débuts furent faciles. Ils semblaient présager une promenade triomphale. Après deux jours de repos, l'armée reprenait sa marche ; elle campait, le 25 avril, devant Casole et Menzano, deux forteresses des bassins de l'Elsa et de la Cecina, à trois milles l'une de l'autre, non loin de Colle et de Volterre[5]. Ni les exhortations des gibelins à tenir ferme, ni la promesse d'indemnités pour les maux qu'elles endu-

---

[1] Malavolti, part. II, l. I, p. 7. Paoli, p. 19.
[2] *Consiglio della Campana*, IX, 64 v°, 97 v°. 17 mars, 18 avril. — Paoli, p. 19, 20.
[3] *Biccherna*, XXIV, 55 v°. Paoli, p. 20.
[4] « Intendunt venire in contrata de Colle, silicet tota militia et balestariis, et deinde ire ad exercitum apud Montemassi.... Florentini cum militia ota et cum arcatoribus et balistariis vadunt et ire debent hac nocte vel cras in nocte a Montemassi ; et quod potestas est apud Podium bonizi, et quod ipsi debent mittere carrocium in castrum de Colle, et inde movere ad eundum ad Montemassi, et populus similiter stabunt in Colle. » *Consiglio della Campana*, IX, 112 v°, 74, ap. Paoli, p. 21, n. 3.)
[5] *Lib. Montap.*, p. 11.

reraient[1], ne leur persuadèrent de se sacrifier pour Sienne, qui les laissait sans secours[2]. Le 27, un syndic de Casole apportait au camp la soumission de ses concitoyens. Le 6 mai, un syndic de Menzano se présentait devant le « parlement » convoqué par le potestat. Là, devant lui et devant les *anziani*, il jurait sur l'Évangile, au nom des habitants de sa commune, qu'ils seraient ennemis de Sienne et de ses fauteurs, amis de Florence et dociles à ses ordres, enfin qu'ils ne recevraient que d'elle un potestat. Comme garantie ils engageaient leur avoir, et, en cas d'infraction au traité, s'obligeaient à payer mille marcs d'argent ou plus, à la volonté des Florentins[3].

Laissant dix hommes à la garde de Casole, dont la sincérité dans la soumission lui inspirait toute confiance[4], Jacopino Rangoni ordonnait au vicaire de la voisine Semifonte de lui amener les gens d'armes de son vicariat, sauf deux cents, qui resteraient pour la garde des terres les plus rapprochées de la frontière ennemie[5]. Aux instances de Sinibaldo Tornaquinci, potestat de Poggibonzi, il accordait au contraire que cette place importante ne serait dégarnie d'aucun de ses défenseurs[6]. Des nécessités diverses dictaient ces mesures opposées, qu'il prenait dans la plénitude de son pouvoir, non toutefois sans avoir demandé l'avis des *anziani* et des capitaines de l'armée. Son projet était de dégager Montemassi par une démonstration contre Sienne, qui forcerait les Siennois à revenir

---

[1] *Consiglio della Campana*, IX, v° 124, ap. Paoli, p. 22.
[2] *Ibid.*, IX, 74, 116, 118 v°. 20, 21, 22 avril 1260.
[3] *Lib. Montap.*, p. 7 v°. Paoli, p. 22. Villani, VI, 76. Stefani, II, 121.
[4] Ils devaient recevoir 20 sous par jour durant l'expédition et 40 après (*Lib. Mont.*, p. 1, 27 avril).
[5] *Ibid.*, p. 11, 25 avril.
[6] « Ad eorum terram aptandam. » (*Ibid.*, p. 5, 25 avril.)

vers leur patrie. Guido Novello, Farinata des Uberti, ne s'en doutaient point, car ils avaient offert et fait accepter pour la continuation du siège le concours de leurs exilés[1]. Mais le comte Giordano, avec son coup-d'œil d'homme de guerre, refusait d'y envoyer, en dégarnissant Grosseto, un certain nombre de ses cavaliers[2], quoiqu'on eût voté dix mille livres pour leur paie[3]. Il se tenait comme en réserve, pour mieux faire obstacle au dessein qu'il devinait.

Ce dessein fut bientôt manifeste. L'armée florentine se détournait brusquement de la route jusqu'alors suivie, pour diriger vers Sienne la tente de la commune[4]. Il est probable que les circonstances ou des réflexions tardives déterminèrent seules ce changement de front. Marcher d'abord sur les Maremmes, si l'on voulait attaquer Sienne, c'était se condamner à un détour considérable par Verniano, la Badia a Isola, Stemmenano et Querciagrossa[5]; c'était par conséquent démasquer le but aux yeux des Siennois et leur donner le temps de se mettre en défense. Le 7 mai, à Verniano, l'ordre de marche était réglé par les capitaines. Au premier rang s'avançaient les archers, les arbalétriers de Florence et du *contado*. Au second,

---

[1] *Consiglio della Campana*, IX, 112 v°, 74 v°, 115. Paoli, p. 22.
[2] *Ibid.*, p. 122, 123, 23 et 24 avril 1260.
[3] *Ibid.*, p. 117 v°.
[4] Pour indiquer la direction que devait suivre l'armée, on disait que la tente de la commune « tentorium comunis Florentie » était transportée ici ou là (*Lib. Mont.*, p. 6, 5 mai).
[5] Le *Libro di Montaperti* donne en détail cet itinéraire. Le 5 mai, l'armée part de la villa di San Regolo, près de Menzano; elle est le 6 à Verniano; le 8 à la Badia a Isola, près de Montereggioni, où elle reste jusqu'au 12; le même jour à Stemmenano; le 16 à la villa di San Stefano, entre Querciagrossa et Sienne; le 17 sur les hauteurs de San Martino et de la Badia di Vico. — Ainsi, dit M. Paoli (p. 24), Malavolti dit à tort que l'armée perdit plusieurs jours devant la porte de Camullia.

la cavalerie des trois *sesti* d'Oltrarno, du Borgo et de San Pancrazio, suivie de celle de Prato. Au troisième, le peuple de ces trois *sesti*, c'est-à-dire l'infanterie. Au quatrième, la cavalerie et au cinquième l'infanterie des trois autres *sesti*, qu'accompagnaient les Lucquois [1]. Au sixième la cavalerie et au septième le peuple des « amis » ou alliés [2]. Les routes étaient soigneusement gardées, pour que ceux qui venaient au camp, « surtout avec des denrées et marchandises [3], » y pussent arriver, service bien nécessaire à mesure qu'on s'avançait davantage en pays ennemi, car les habitants y osaient attaquer les isolés et les traînards. Ce n'était plus qu'à ses risques et périls qu'on retournait vers Florence, tantôt pour y ramener des blessés, tantôt pour y prendre quelque objet nécessaire au service public; encore fallait-il fournir des certificats de chirurgien, et promettre de rentrer au camp dans un délai de deux jours, de trois jours au plus [4]. Devant le danger croissant ne décroissaient point la discipline et ses salutaires rigueurs.

En apprenant le changement de front des Florentins, les Siennois s'étaient hâtés de rappeler toutes leurs forces, les milices qui assiégeaient Montemassi, les cavaliers du territoire qu'ils jugeaient nécessaires aux sorties, le comte

---

[1] Voy., sur les Lucquois, Andrea Dei, R. I. S., t. XV, 30.

[2] *Lib. Mont.*, page volante entre les p. 19 et 20. Doc. publié par Ricotti, t. I, doc. E.

[3] « Precipue cum mercato. » Ranieri di Squarcialupi était préposé à ce service (14 mai. *Lib. Mont.*, p. 11).

[4] Baccio de Quarto, pour accompagner à Florence son frère blessé, devait apporter un certificat du chirurgien Berardo, et promettre de revenir dans les trois jours. — Un sellier qui allait chercher de la bourre s'engageait à être de retour le surlendemain. « Causa reduci faciendi borram ad exercitum pro vallis aptandis. » (9, 10 mai. *Lib. Mont.*, p. 8, 9.

Giordano, « qui fut reçu comme un dieu[1] ». Les sujets autorisés à ne pas rentrer dans la ville avaient reçu ordre de causer du dommage à l'ennemi par des roberies et autres agressions[2]. Le 17 mai, comme les tentes guelfes apparaissaient dressées à quelque distance, les gibelins entreprirent d'y porter le désordre et de contraindre le potestat à lever son camp. Mais, repoussés avec vigueur, ils ne purent l'empêcher de s'avancer, dès le lendemain, jusque sous les murailles de Sienne, près du monastère de Santa Petronilla et de la porte de Camullia. Un plus grand effort devenant nécessaire, de cette porte on vit s'élancer, avec un certain nombre de *pedoni* siennois, quelques compagnies d'Allemands, conduites par le maréchal du comte Giordano. Pour animer au combat ces mercenaires, Farinata des Uberti, connaissant leur goût pour le vin[3], les en avait gorgés sans mesure[4]. Avec plus d'ar-

---

[1] « Recò singolare allegrezza a quella città e a ghibellini da' quali fu ricevuto a guisa d'un loro iddio. » (Ammirato, l. II, t. I, p. 114.) Selon cet auteur, il n'arriva qu'après les combats des 17 et 18 mai, ce qui expliquerait l'accueil qui lui fut fait ; mais M. Paoli (p. 24) dit, d'après les documents siennois, qu'il avait eu le temps de rentrer dans Sienne auparavant.

[2] *Biccherna*, XXIV, 57 v°. *Cons. della Camp.*, IX, 109. Paoli, p. 24.

[3] Voy. plus haut, l. I, c. III, p. 146.

[4] Ce fait, rapporté par les Florentins (Villani, VI, 75, Stefani, II, R. 121), est contesté, mais il nous semble incontestable, sauf le dessein machiavélique qu'on prête à Farinata d'avoir voulu rendre les Allemands impropres au combat pour provoquer leur défaite et le ressentiment de Manfred. Sans doute, comme le dit Bellarmati (p. 73), Manfred n'eût pas envoyé de renforts s'il avait connu cette ruse ; mais fût-elle véritable, Farinata en aurait *alors* gardé pour lui le secret. Par cette simple réflexion, tombe l'argument de Bellarmati ; quant au fait lui-même, quoi de plus naturel que de riches gibelins donnassent à boire à des gens qui allaient se faire tuer pour eux ? Ce n'est pas leur faute, si ces gens burent trop. M. Paoli (p. 26) dit qu'il ne résulte d'aucun document que les gibelins fussent les maîtres à Sienne. Il a raison ; mais on n'a pas besoin d'être le maître pour donner à boire à des soldats. Quel motif de supposer que les magistrats y fissent opposition ? De quel intérêt peut-il être de nier ici que Farinata ait pu faire

deur pour engager la lutte que de solidité pour la soutenir, ils se ruèrent sur les Florentins. Ceux-ci, surpris au premier choc, plièrent et s'enfuirent. Vainqueurs la veille, ils n'attendaient pas sitôt une nouvelle agression. Ils croyaient voir, acharnées à leur poursuite, toute la cavalerie, toutes les milices des Siennois. Mais, revenus bientôt de leur méprise et de leur panique, ils firent volte-face et soutinrent le combat. Les Allemands, surpris à leur tour, mal solides sur leurs chevaux, s'obstinaient, dans les vapeurs de l'ivresse, à ne point battre en retraite. Ils furent très-maltraités. La bannière de Manfred tomba aux mains des vainqueurs, qui la traînèrent dans la boue en signe de mépris[1]. C'était ce qu'avait prévu et cherché le profond Farinata.

Sans importance comme sans gloire, cet engagement coûtait cher aux deux partis[2]. Les Florentins s'en attribuaient tout l'honneur, et c'est à eux pourtant qu'il fit

ce que firent quelques mois plus tard les chefs mêmes de l'armée, qui, de l'aveu des chroniqueurs siennois, gorgèrent les Allemands au moment d'engager la bataille de Montaperti ?

[1] Le fait est avoué par Bellarmati : « Furono finalmente tutti tagliati a pezzi e le insegne regie dai Fiorentini in vilipendio stracciate per terra e sottosopra volte. » (p. 73.) — Ce qui est excessif et invraisemblable, c'est que ce fût un dessein concerté d'avance pour « faire danser le roi Manfred, » comme dit Stefani (l. II, R. 121).

[2] Bellarmati (p. 73) avoue 200 morts parmi les Siennois, sans compter les Allemands. Il se console en disant que les pertes des Florentins furent beaucoup plus considérables : « Dalla parte dei Senesi, oltr'a' Tedeschi furono 200 morti ; de' Fiorentini, benchè restassero superiori, molto maggior numero morto. » Cette reconnaissance de la défaite chez un Siennois met à néant l'assertion contraire de Malavolti et de Tommasi, bien plus éloignés que lui des temps dont il s'agit. — Ammirato confond ces deux engagements en un seul qu'il place au 17 mai. M. Paoli (p. 24) a très-bien montré par les dates des documents qu'il y faut voir deux actions séparées, l'une le 17, l'autre le 18, deux escarmouches, en un mot, au lieu d'un grand combat.

perdre courage. Tandis qu'à Sienne le conseil de la *Campana* décidait à l'unanimité que les blessés allemands seraient soignés aux frais de la commune, indemnisés pour leurs armes et leurs chevaux, gratifiés de cinq cents livres[1], les chefs florentins s'apercevaient un peu tard qu'ils étaient comme en l'air sur ces collines de Vico et de San Martino où rien ne les protégeait contre un ennemi audacieux. Dans le premier moment de leur téméraire confiance, ils s'y étaient crus si bien en sûreté, qu'ils désignaient six officiers pour tracer des routes à travers le camp[2], et promettaient pour tout cavalier pris dix livres de récompense, pour tout fantassin cent sous, s'il était de Sienne, trois livres, s'il était du *contado*[3]. L'illusion perdue, ils sautèrent brusquement aux extrêmes, ne pensant plus qu'à retourner en arrière. Sur un tertre, en face de la ville, ils avaient élevé une tour pour y placer leurs cloches de combat. Ils retirèrent les cloches, remplirent la tour de terre, et en murèrent la porte, après avoir, au sommet, planté un olivier[4]. Plus près, ils eussent jeté l'âne par-dessus les remparts ; mais l'arbre de paix sur un édifice de guerre, c'était encore une insulte dont

[1] On ne saurait donc ajouter foi aux vanteries ni des chroniqueurs florentins qui prétendirent plus tard qu'aucun Allemand n'était rentré dans Sienne, ni des chroniqueurs siennois, qui voient les preuves d'un triomphe dans ces soins et ces récompenses, où il ne faut voir que des consolations pour le passé et des encouragements pour l'avenir.

[2] « Ad faciendum fieri et ampliari vias per campum cum uno ex familia potestatis. » (*Lib. Mont.*, p. 11 v°, 17 mai.)

[3] *Ibid.*, p. 12. Même récompense était accordée pour les prisonniers faits dans l'escarmouche du 17.

[4] Stefani, l. II, R. 121. — Ricotti (I, 45) dit qu'un siècle plus tard verdoyaient encore sur cette tour les pâles feuilles de cet olivier. On a peine à admettre qu'après la retraite des Florentins, ou tout au moins après la victoire de Montaperti, les Siennois n'aient pas arraché l'arbre et démoli la tour qui leur rappelaient un souvenir blessant.

il fallait, faute de mieux, savoir se contenter. Le 20 mai, ils étaient de retour à la villa San Stefano, près de Querciagrossa, et le 21, à San Donato in Poggio[1]. Ils tenaient l'expédition pour terminée. Leurs alliés d'Orvieto retournaient chez eux non sans mettre à sac le château de Montelatrone[2], et eux-mêmes, prenant leur temps, ils faisaient à Florence, dans les premiers jours de juin, une entrée triomphale[3]. Ils triomphaient de peu de chose; mais leur orgueil dissimulait sa blessure et faisait parade de l'olivier planté, de quelques prisonniers chargés de chaînes, de la bannière royale traînée à terre et foulée aux pieds[4]. Les politiques sentaient bien pourtant que la campagne était manquée, que Sienne, après un mois d'émotions et de retard, redevenait libre d'assiéger Montemassi, et que pour un résultat plus sérieux il faudrait de plus grands efforts.

Cette fois encore, l'active Sienne prit les devants. Elle avait des ambassadeurs auprès de Manfred, elle lui en dépêcha d'autres qu'accompagnait un Allemand, chargé par les gibelins d'offrir vingt mille florins à ce prince et de lui représenter l'outrage fait à sa bannière[5]. Ils par-

---

[1] *Lib. Mont.*, p. 12 v°. Paoli, p. 27.

[2] M. Paoli (p. 28) voit dans ce fait, qu'attestent les documents des archives de Sienne, une nouvelle preuve de l'erreur de Malavolti affirmant que les Florentins et leurs alliés se retirèrent en déroute. Montelatrone, val d'Orcia, diocèse de Montalcino, pays de Grosseto, à deux milles d'Arcidosso (Repetti, III, 407).

[3] Stefani (II, 121) dit en juin ; mais ce ne peut-être que dans les premiers jours. Il n'en aurait pas fallu dix pour revenir de San Donato à Florence. Le potestat dut donc camper dans cette localité, sans doute pour épier l'occasion de quelque heureux coup de main. Les renforts de Manfred étant arrivés à Sienne avant le 29 mai, il est à croire que tel fut le motif qui imposa le retour. Dès le 2 juin, on voit en effet les Siennois prendre leurs mesures pour entrer en campagne.

[4] Stefani, II, R. 121.

Aldobrandi, *La sconfitta di Montaperti*, ap. *Miscellan. San.*, 5, 7

taient à peine pour le sud que Provenzano Salvani rentrait à Sienne, amenant de sérieux renforts. Manfred lui avait donné un corps de cavaliers sarrasins, grecs, napolitains, allemands, tous désignés sous le nom d'Allemands[1]. Avec huit cents lances étrangères[2] on pouvait reprendre l'offensive. Après les avoir soigneusement séparées des Italiens[3], on envoya des secours à Montelatrone; on s'empara de Staggia, de Poggibonzi, de Montemassi; on dévasta la territoire de Colle, de Montalcino, de Montepulciano[4]. Pour échapper à la ruine, Montepulciano offre de prêter à Sienne le serment de fidélité, mais elle ne cherche, soupçonnent les Siennois, qu'à gagner du temps, et il lui faut se rendre à discrétion[5]. De nouveaux ambassa-

---

Stefani, l. II, R. 122. Selon Villani (VI, 77) les vingt mille florins auraient été apportés par les ambassadeurs siennois et prêtés par la maison de banque des Salimbeni; mais il confond évidemment avec un emprunt fait à cette maison et dont il sera question plus bas. — Quant à l'Allemand, Stefani veut que ce fût un de ceux qu'on avait emmenés à Florence et depuis rendus à la liberté par voie d'échange. C'est une trace de la version florentine selon laquelle tous les Allemands avaient été tués ou faits prisonniers.

[1] « Non modicam Saracenorum, Grecorum, Germanorum, et regnicolarum militum quantitatem. » (Ms. du Vatican, n° 4957, f° 83 v°. *Liber multarum epistolarum*, cité par Cherrier, III, 509, append., n° 4.) — « De' quali la maggior parte erano Tedeschi. » (Villani, VI, 77. Ammirato, l. II, t. I, p. 113.) M. de Cherrier (III, 34) dit avec raison qu'on donnait le nom générique de *Tedeschi* à des corps de mercenaires très-mêlés.

[2] Villani, VI, 77, 78. Une chronique récemment publiée, mais pleine d'inexactitudes, dit 2000 (*Chronicon de rebus in Italia gestis*, p. 249).

[3] Le 29 mai, on avait assigné aux étrangers les deux *terzi* de San Martino et de Camullia; aux Italiens le *terzo di città* (*Consiglio della Campana*, IX, 134).

[4] D'après la place que M. Paoli (p. 31) donne à plusieurs de ces faits de guerre, ils seraient antérieurs à l'arrivée des renforts. Rien n'est moins probable, au lendemain d'un échec, alors que l'armée ennemie n'était pas encore rentrée dans Florence.

[5] 15 juin 1260. *Consiglio della Campana*, p. 153. — Voy. la lettre écrite le 5 juillet 1260 à Giacomo Cacciaconti, marchand en France, par ses associés de Sienne, et publiée par Fanfani (*Appendice alle letture di fami-*

deurs s'acheminent vers la cour de Manfred ; de nouvelles levées sont faites dans la ville et le *contado* [1]. Un cordon de troupes s'établit en observation à la frontière florentine, à Montereggioni, à Montagutolo, à Valdistrove [2]. De fréquentes rencontres mettent aux prises les corps qui battent la campagne, toujours au désavantage des Florentins. « Ils avaient si grand' peur, disent des lettres authentiques de marchands siennois, que, le plus souvent, ils n'attendaient pas l'ennemi et se laissaient chasser de colline en colline jusqu'à quatre milles de Florence [3]. » Exagération, vanterie patriotique, que le parchemin portait dans ses plis aux régions les plus éloignées, pour glorifier Sienne aux yeux des étrangers. En fait, les magnats guelfes, qui, en temps de guerre surtout, étaient les oracles de la politique florentine, reculaient par calcul plutôt que par peur. Pleins de mépris pour les milices marchandes, ayant présente à l'esprit la « mauvaise figure [4] » qu'elles avaient faite naguère au combat de Santa Petronilla, ils redoutaient pour elles la supériorité reconnue des cavaliers allemands. Convaincus que ces mercenaires, payés pour trois mois à peine [5], repren-

---

glia, 1857) et par Gargani (*Della lingua volgare in Siena*, p. 44). Nous nous servons de cette dernière édition. — Plusieurs documents de juin 1260 parlent des préparatifs des Siennois contre Montepulciano et Montalcino (*Cons. della Camp.*, p. 141, 150, 154).

[1] *Consiglio della Campana*, IX, 139, 154 v°, 157. Paoli, p. 31, 32.

[2] Strove, Valdistrove dans le val d'Elsa, château à trois milles de Montereggioni. — Montagutolo del Bosco ou de Valdistrove, même pays (Repetti, V, 482; III, 268).

[3] « Àno si gran paura di noi e de' nostri chavaieri, ch'elino si schompisciano tutti e non aspetano in neuna parte là 've eglino siano.... chaciando d'in pogio in pogio, come gativi, e andaro ardendo e abrusciando in sino a presso a Firenze a quatro miglia. » (Lettre à Cacciaconti, *loc. cit.*, p. 46.)

[4] « Mala vista. » Villani, VI, 78.

[5] Villani, VI, 77.

draient, ce temps expiré, le chemin de la Pouille, ils voulaient jusque là traîner en longueur. Ils y trouvaient d'ailleurs l'avantage d'attendre que Brunetto Latini revînt de Castille et leur apportât l'alliance espérée du puissant Alphonse X[1]. Rien ne les put détourner de leur tactique, pas même le blocus de Montalcino, serrée pourtant de si près que les dix-huit *buonuomini* préposés avec le comte Giordano aux choses de la guerre[2], avaient reçu mission de détruire cette place dans les trois jours[3]. Ces fins politiques ne savaient pas, mais ils devinaient que les gibelins réfugiés à Sienne étaient pressés d'en finir. Ne pas faire ce que souhaite l'ennemi leur paraissait non sans raison la ligne à suivre ; mais peut-être n'en voyaient ils pas assez les inconvénients, qui étaient de laisser croire Florence inférieure à sa rivale, et de décourager comme de fatiguer, en le gardant trop longtemps sous les armes, un peuple désireux de se remettre au travail. On n'ôte jamais impunément aux hommes la confiance, quand on médite de les conduire au combat.

Quoi qu'il en soit, la résolution des grands guelfes était prise, et l'événement se chargea de la justifier. Pour pousser Florence à l'action, Farinata des Uberti, Gherardo Ciccia des Lamberti et autres exilés florentins étaient convenus avec Provenzano Salvani d'un insidieux stratagème. Sans commander dans sa ville natale, Provenzano y exerçait une prépondérance que justifiaient ses talents comme ses services. En soutenant l'autorité des vingt-quatre, il

---

[1] On a vu plus haut que Brunetto Latini ne devait revenir qu'après l'issue de la lutte (Villani, VI, 74. — Ammirato, l. II, t. I, p. 123).

[2] Ces *buoni uomini* élus le 22 juin, à raison de six par terzo, devaient rester en charge jusqu'au 31 juillet (*Consiglio della Campana*, IX, 154 v°, 157. Paoli, p. 52).

[3] *Ibid*, p. 141 v°. Paoli, p. 53.

grandissait habilement la sienne. Ses propositions, presque toujours, étaient adoptées dans les conseils[1]. De son aveu, deux frères mineurs partirent pour Florence, chargés de dire aux *anziani* que la seigneurie de Messer Provenzano paraissait intolérable aux Siennois comme aux exilés, et que, pour en secouer le joug, ils livreraient volontiers Sienne aux Florentins, si les Florentins leur remettraient dix mille florins d'or et poussaient en avant une forte armée, sous prétexte de ravitailler Montalcino. Quand on verrait sur les bords de l'Arbia flotter leurs bannières, on leur ouvrirait la porte Santo Viene[2], par où l'on va de Sienne vers Arezzo, en traversant ce cours d'eau[3].

Ayant présenté aux *anziani* leurs lettres scellées, les deux franciscains déclarèrent que la chose était de conséquence et qu'ils ne pouvaient s'en ouvrir qu'à un petit nombre, dans le plus grand secret. Deux de ces magistrats furent désignés pour les entendre : l'un se nommait Gianni Calcagni de Vacchereccia[4], issu sans doute de la famille qui avait fourni jadis un inquisiteur contre les patarins ; l'autre, de nom inconnu, était appelé *Lo Spedito*, l'expéditif[5]. Dans la sombre nef de Santa Reparata

---

[1] Dante l'appelle *Sire* et croit de sa part à une usurpation dont il le punit en l'envoyant au Purgatoire (XI, 121). Il était si peu un despote, qu'il s'en allait un peu plus tard simple potestat à Montepulciano (voy. Malavolti, part. II, l. I, f° 14 v°). Ammirato a dit le mot juste : « Cittadino di tanta autorità in Siena, che quasi per lui tutte le cose pubbliche si governavano. » (L. II, t. I, p. 114.) M. de Cherrier (III, 103) l'appelle capitaine du peuple. Il oublie ou ne sait pas que cette charge, à Sienne comme à Florence, n'était donnée qu'à des étrangers.

[2] Aujourd'hui Porta Pispini.

[3] Villani, VI, 77. Stefani, l. II, R. 123.

[4] C'est-à-dire du quartier de Vacchereccia, dans le *Sesto* de San Pier Scheraggio.

[5] Villani, VI, 78. Ammirato, l. II, t. I, p. 120.

eut lieu l'entrevue. Les serments échangés devant l'autel et sur les saints évangiles, on ouvrit, on lut les lettres, que confirmèrent, que développèrent de vive voix les mineurs. Avec « plus de bonne volonté que de bon sens[1] », les deux *anziani* tombèrent dans le piége, et leurs collègues après eux. De leur bourse ou de celle de leurs amis, ils tirèrent en peu d'heures les dix mille florins exigés[2], puis, convoquant le conseil des grands et du peuple, ils soumirent à ses délibérations, sans rien divulguer du secret, le dessein de ravitailler Montalcino, non par surprise, comme on faisait souvent, mais *a oste*, c'est-à-dire avec une grande armée, en expédition régulière. Stupéfaits de cette motion, les magnats guelfes crurent devoir la combattre. Ne savaient-ils pas la guerre mieux que les *popolani*, eux qui s'étaient mesurés avec les Allemands[3]? En leur nom porta la parole ce « sage et vaillant » Tegghiaio des Adimari[4] que Florence peu auparavant donnait pour potestat aux Arétins. La commune, dit-il, pouvait laisser à ses alliés d'Orvieto le soin du ravitaillement. Si l'on savait attendre, les mercenaires de Sienne retourneraient avant peu vers leur roi, qui les envoyait, mais ne les payait point. — Vous avez peur, interrompit grossièrement Lo Spedito; regardez dans votre haut de chausses[5]. — Vienne la bataille, répliqua vivement l'orateur, vous n'oserez jamais me suivre où j'irai me placer. — Cece Gherardini se leva à son tour pour com-

[1] I quali traportava più volontà che fermezza (Villani, VI, 78).
[2] Villani, VI, 78. Stefani, II, 123.
[3] Sapeano più di guerra ch' i popolani (Villani, VI, 78).
[4] Savio e prode (Villani, VI, 78).
[5] Che si cercasse le brache, se avesse paura (Villani, VI, 78). — Stefani (II, 123) développe le mot et par là l'explique : « Messere, chi vi cercasse le brache, si vedrebbono piene di paura; cercatevele, che già sono piene. »

battre la proposition des *anziani*. Mais impatients d'en finir et de lui imposer silence, les *anziani* usèrent de la loi qui entourait les discussions de mille freins[1]. Cece offrit de payer les cent livres dont était puni quiconque parlait malgré les magistrats, pourvu qu'à ce prix, ils lui permissent quelques mots. L'amende doublée pour toute réponse, il se déclare prêt à en verser le montant, à compter sur le champ quatre cents livres, et tout ce qu'on voudrait, pourvu qu'on lui laissât la parole. Menacé enfin d'avoir la tête coupée : — J'ai de quoi la payer, dit-il, mais je la garde[2]. — Tristement il se rassit alors et laissa les chefs aveuglés de la commune arracher à l'assemblée un vote d'acquiescement à leur téméraire dessein[3].

L'entreprise, au demeurant, était populaire. Ces marchands que les nobles accusaient de tiédeur vinrent spontanément sous les enseignes de leurs compagnies. Il n'y eut pas une famille dont un ou deux membres au moins ne servissent à pied ou à cheval[4]. Pour grossir les rangs de l'armée, on y admit, on força d'y entrer les

---

[1] Item quod nullus presumat contulere vel arengare super aliquo quod non sit principaliter propositum per D. Potestatem vel aliquem alium loco sui. Et qui contra fecerit, in soldos 60 florenorum parvorum vice quolibet puniatur, et plus et minus ad voluntatem D. Potestatis. Et quidquid dictum vel consultum contra propositum nec valeat nec teneat (15 janvier 1284). (*Ordinamenti del potestà, distesi in 56 articoli. Provvisioni*, t. I, n° 1, p. 12.)

[2] Ond' egli disse che bene avea di che pagarla, ma voleala serbare e non pagare (Stefani, II, 123).

[3] Les mêmes. — Malavolti (part. II, p. 14-15) réfute avec grand soin ce récit des chroniqueurs florentins. Ses arguments, au premier abord, paraissent spécieux; mais ils ont été réduits à néant par M. Paoli (p. 36-39).

[4] E di Firenze vi fu di ogni casa uno (Stefani, II, 123). — E non rimase in Firenze casa nè famiglia che non vi andasse alcuna persona a piede o a cavallo almeno uno per casa e di tale due. (Villani, VI, 78.)

gibelins résidant encore à Florence, sans soupçonner qu'ils pussent, au moment critique, faire défection. Avoir un grand nombre d'hommes sous les armes semblait à des magistrats populaires un gage assuré de victoire. Ils portèrent à mille le nombre des arbalétriers. Il demandèrent à chaque *popolo* ou subdivision des *sesti* de la ville et des paroisses du *contado*[1], le quart de son contingent, les plus jeunes et les plus exercés de ses citoyens, pour le corps des archers[2]. Aux huit cents chevaux des *cavallate* urbaines ils en adjoignirent cinq cents engagés au dehors. Toutes les communes guelfes qui avaient *taglia* ou ligue avec Florence[3] envoyèrent scrupuleusement ce qu'elles devaient de cavaliers et de fantassins :

Lucques..	1800 h.	S. Gemignano............	1800
Pistoia..	1600	Val d'Elsa............	3600
Prato...	1500	Arezzo.............	2000
Volterre..	2000	Orvieto............	2000
Colligiano.	1400	Comte Aldobrandino de Pitigliano.	1000
S. Miniato.	1400	Pepo Visconti de Campiglia....	600
		Lombardie............	4600 [4].

Ces chiffres, que donne un chroniqueur siennois, Niccolò Ventura, sont confirmés par les documents comme par

---

[1] Les chiffres suivants permettront de comprendre ce qu'était un popolo : Oltrarno avait un *contado* de 144 *popoli*, gouvernés par 114 *rettori*; le Borgo, un *contado* de 22 *pivieri* ou paroisses et de 222 *popoli* (*Lib. Montap.*, p. 23-30, 31-40). Ces divisions sont presque infinitésimales. Chaque *piviere* a un gonfalonier, chaque *popolo* des *rettori* et *massari*. Le *piviere* de Fiesole qui compte 193 hommes, a 14 *popoli*; le *pivier* d'Acone, 25 h. et 3 *popoli*; ainsi des autres. (*Lib. Montap.*, p. 72-79.)

[2] *Lib. Montap.*, p. 80. Paoli, p. 39.

[3] La *taglia* c'était la part de dépense et de contingent que devait fournir chaque allié. Mais ce nom s'étendait à la ligue elle-même et en devenait synonyme. Le chef de la *taglia* était ordinairement le potestat de la commune la plus forte ou la plus renommée. Des conventions écrites et jurées fixaient la limite, la durée, la saison, le but, le nombre des hommes à cheval et à pied, enfin le mode de payement (Voy. Ricotti, I, 130).

[4] *La Sconfitta di Montaperti*, ap. *Miscell. San.*, p. 34. — M. Paoli

les autres auteurs dignes de foi. A ces vingt-cinq mille hommes, tant à pied qu'à cheval, si l'on ajoute les Florentins, on arrive au chiffre de trente mille hommes, presque conforme à celui de Villani, qui est de trente mille *pedoni* et de trois mille cavaliers[1].

C'était là, pour le temps, une armée considérable, et même « magnifique, » comme écrivaient les contemporains[2]. Mais elle avait ses secrètes causes de faiblesse. Elle était composée en partie du contingent de villes qui, comme Arezzo et Pistoia, n'avaient été englobées qu'à leur corps défendant parmi les guelfes. Des gibelins forcés à combattre dans leurs rangs n'y pouvaient faire qu'une médiocre figure, recourir peut-être à la fuite ou à la trahison[3]. Dans la dernière quinzaine d'août, le po-

(p. 40) relève judicieusement l'erreur de Ventura, qui fait de ces 25 mille hommes autant de cavaliers. A part ce détail, Ventura mérite confiance, car ayant, comme Siennois, intérêt à grossir le chiffre des ennemis, pour relever la gloire de sa patrie, il le donne un peu moindre que Villani lui-même. Saba Malaspina (l. II, c. 4, R. I. S., t. VIII, 802) confirme Ventura (qui armatorum triginta millia continebat). Villani passe sous silence le contingent d'Arezzo, mais il est prouvé par une chronique inédite de la famille Assi, communiquée à M. Paoli (p. 40, n. 1), et par Leonardo Bruni (*Hist. flor.*, l. II, ann. 1260). Seulement cette chronique parle de 5000 Arétins, et Bruni dit que ce contingent formait la plus grande partie du peuple d'Arezzo. Les chiffres de Ventura ont été sans doute un peu arrangés pour arriver à un compte rond ; mais il ne faut pas demander aux écrivains de ce temps une précision absolue. Les historiens de Sienne ne méritent pas la même confiance. Malavolti (part. II, l. I, f° 17 r°) donne 48 mille hommes aux guelfes, dont 8 mille cavaliers. D'autres témoignages vont jusqu'à 56 mille hommes (Paoli, p. 40, n. 5).

[1] Villani, VI, 79. — Cf. Dal Borgo, t. I, part. I, p. 556. Canestrini, *Arch. stor.*, XV, 24. Ricotti, I, 134-149. — Selon Stefani (II, 123) il y avait 3000 h. à cheval, y compris les 800 des *cavallate* florentines, et environ 35 mille *pedoni*.

[2] Ivimus cum magnifico exercitu nostro (Lettre des guelfes de Florence à Conradin. *Liber multarum epistolarum*, ms. du Vatican, Cherrier, III, 510, append.).

[3] On trouve dans Villani (VI, 79) la fable inadmissible de deux autres moines (altri frati) envoyés de Sienne à Florence pour provoquer les grands

testat[1] se mit en marche vers Montalcino[2]. La Martinella ne sonnait point, car la guerre était commencée ; si l'on avait suspendu de fait les hostilités, il n'était intervenu aucune suspension d'armes. A la garde de Florence restaient trois compagnies d'arbalétriers, trois d'archers, trois de sapeurs, c'est-à-dire une de chacun de ces corps pour chaque groupe de deux *sesti*[3]. L'escorte du *carroccio* était la même que dans la campagne précédente ; mais douze nouveaux capitaines, élus le 1ᵉʳ juin pour le reste de l'année, remplaçaient les précédents[4], et Jacopo des Pazzi, « homme de grande valeur », portait le gonfalon de la cavalerie.

L'ayant arraché du sol à la porte romaine, avec ses autres bannières, Jacopino Rangoni prit sa route non comme précédemment par le Val d'Elsa, mais par le Val de Pesa ; c'était la plus courte pour gagner, au sud-est de Sienne, les bords de l'Arbia, où il devait attendre que la porte Santo-Viene lui fût ouverte par les prétendus conjurés. En tête marchait le « victorieux » *carroccio*, entouré de la cavalerie pesante et suivi de la cavalerie légère ; puis la Martinella avec l'infanterie, les *pavesari*,

---

gibelins à la trahison. Rien n'est moins rare dans les auteurs de ce temps que le double emploi du même fait. Ici, ils veulent évidemment expliquer par avance la trahison de Bocca des Aperti.

[1] Les auteurs ne le nomment pas, ce qui prouve que c'était encore Jacopino Rangoni. A peine est-il besoin de mentionner la version des Siennois qui donnent pour chef aux guelfes un certain Uberto Ghibellini (Ventura, p. 69). Il n'y avait pas de famille de ce nom à Florence (Voy. Paoli, p. 41).

[2] Cum ivimus cum magnifico exercitu nostro ad muniendum nobile castrum Montealcinum... (Lettre des guelfes à Conradin, *loc. cit.*, ap. Cherrier, III, 510).

[3] Décision prise le 15 juillet (*Lib. Montap.*, p. 81).

[4] Le livre de Montaperti (p. 80) donne leurs noms, sauf le cinquième. On les trouve reproduits dans Ammirato. Voy. Paoli, p. 41.

les archers, la *salmeria*, ou équipages et bagages, les *saccomani* ou valets[1]. Le 25 août, l'armée était à San Donato in Poggio, le 29 à Ricavo, le 31 à Monsanese, le 2 septembre à Pieve Asciata[2], petite paroisse du Val d'Arbia, à six milles au nord de Sienne, sur la route d'Arezzo[3]. Nul pourtant n'accomplissait les promesses des deux franciscains. Las d'attendre, le potestat envoya des ambassadeurs aux vingt-quatre qui gouvernaient Sienne, pour leur intimer de se soumettre. En vue d'appuyer cette intimation hautaine, il continua d'avancer vers la ville ennemie, et fit dresser les tentes à Monselvoli, localité boisée du Val de Biena, entre ce cours d'eau et la Malena qui se jette dans l'Arbia près du château de Montaperti[4].

Les Siennois n'étaient point pris au dépourvu. De vingt-cinq mille hommes seulement, mais plus homogène que celle des guelfes, leur armée ne contenait que des gibelins de bonne volonté[5]. Dans le danger public, toutes les divi-

---

[1] Canestrini (*Arch. stor.*, XV, 22). Cet ordre adopté alors, fut suivi désormais, sauf de légères modifications, toutes les fois qu'une armée florentine entrait en campagne.

[2] Nocte die jovis precedentis, ij septembris et die veneris veniente... apud plebem de Assiata (*Lib. Mont.*, p. 105 v°).

[3] Ventura, p. 34. Paoli, p. 43.

[4] Malavolti, part. II, l. I, f° 15 r°. — Marangone (R. I. S., suppl. I, 525). — Paoli, p. 41.

[5] On n'est pas, à beaucoup près, aussi certain des chiffres pour l'armée siennoise que pour l'armée florentine. Malavolti (p. 17 r°) dit 14,500 h. Mais comment Ventura, si exact pour les guelfes, le serait-il moins pour les gibelins? Or, il donne à Sienne (p. 58) 19 mille *pedoni*, 800 Allemands à cheval, 200 cavaliers de la commune, 200 nobles de Sienne, en tout 20,200 combattants. Mais on ne voit dans ce nombre ni les gibelins florentins, assez nombreux pour que Muratori (R. I. S., t. XV, 33) reprenne Andrea Dei d'avoir dit dédaigneusement « qualche fuoruscito, » ni les gibelins fugitifs d'Arezzo (Voy. Paoli, p. 40), ni les 3000 soldats d'élite que Pise avait envoyés, comme le dit Marangone (p. 525) et comme le

sions de parti s'étaient patriotiquement effacées : au pouvoir on avait appelé les plus ardents à la défense et à la gloire de Sienne, les plus capables de la servir [1]. Les Allemands de Manfred et le comte Giordano, les exilés de Florence et le comte Guido Novello, ceux d'Arezzo et leur évêque Guglielmino des Uberti [2] étaient de sûrs auxiliaires. Sienne avait espéré, paraît-il, des contingents qui ne vinrent point [3] et qu'elle dut remplacer, dans ses châteaux, par quinze cents cavaliers de ses *cavallate* [4] ; mais dans de solides murailles elle trouvait, pour une guerre défensive, un supplément de forces qui la mettait au moins de pair avec l'ennemi.

Le jeudi 2 septembre, en l'église de San Cristofano, où se réunissait d'ordinaire le Conseil général du peuple, furent reçus les ambassadeurs florentins. D'un ton arrogant, sans même saluer, dit-on [5], ils signifièrent les volontés de la ligue guelfe. Les murs de Sienne devaient être abattus sur plusieurs points, afin de livrer passage à l'armée

---

prouve Dal Borgo (Diss. 6), ni les 1300 de Cortone (Paoli, p. 42, n. 4)..
— Il paraît clair que les Siennois, sauf le sincère Ventura, ont diminué à dessein la force de Sienne, pour rehausser d'autant le succès. La contradiction est choquante chez Malavolti. Il admet 3500 Allemands, 3000 étrangers stipendiés, dont les gibelins de Florence, qui faisaient la guerre leurs frais, 3000 h. du *contado* et seulement 5000 Siennois ; tout le reste pour lui n'existe pas.

[1] Nell' essercito de' Sanesi combattevano non meno i guelfi per la salute e gloria della patria che si facessono i ghibellini, cosi perchè unitamente l'una parte e l'altra partecipava del governo della città, come perchè il timore del nemico esterno teneva uniti gli animi de' cittadini (Malavolti, *loc. cit.*, f° 17 v°).

[2] Chronique inédite de la famille Assi. Paoli, p. 40.

[3] Non hebbono aiuto di gente come speravano. (Malavolti, *loc. cit.*)

[4] Paoli, *Le cavallate fiorentine* (Arch. stor., 3ᵉ série, t. I, part. 2, p. 59).

[5] Senza nessuna riverenza o saluto (Ventura, p. 34-37). M. Paoli (p. 43) ne croit pas à ce détail. Il est pourtant bien vraisemblable, et peint l'infatuation de gens qui se croyaient assurés de la victoire.

guelfe ; le capitaine guelfe instituerait une seigneurie dans chacun des *terzi* de la ville, et pourrait élever une forteresse dans l'enceinte même, à Camporeggi [1]. Sienne cesserait de molester Montalcino et livrerait les exilés gibelins, faute de quoi elle serait traitée avec la plus grande cruauté [2]. Pour la première fois, Florence avouait son dessein de soumettre sa rivale. Pleine de confiance dans sa belle armée et dans le concours de ses alliés, elle ne craignait guère Manfred si éloigné, que représentait en Toscane une poignée d'hommes, et elle tenait pour facile une guerre inaugurée par deux succès insignifiants, sinon douteux, que son imagination et le temps transformaient de plus en plus en deux grandes victoires.

Les vingt-quatre promirent froidement de délibérer et congédièrent l'ambassade. Le même jour, ils communiquèrent au Conseil ces insolentes sommations. Quelques citoyens, dans leur excessive prudence, proposaient de céder et d'abattre un pan de muraille, pour éviter de plus grands malheurs. Sur l'avis de Provenzano Salvani, on sursit à toute délibération, et l'on fit prier le comte Giordano de se rendre dans l'assemblée. Il y vint suivi de ses seize connétables [3], de son sénéchal et de son interprète, car pas un de ces Allemands, paraît-il, n'entendait l'italien. A peine entrés dans l'église, ils se découvrent, s'inclinent, écoutent la communication qui leur est faite, et, après s'être consultés, déclarent avec de

---

[1] Lieu ainsi nommé parce que Henri VI y avait campé en 1194. Voy. la trad. des *Miscellanea sanese*, par le duc de Dino, p. 141.

[2] E in quanto non vi paia, aspettate lo esercito con grandissime crudeltà (Aldobrandi, ap. *Miscell. San.*, p. 4). Cf. Malavolti, part. II, I, p. 15.

[3] Officiers qui portaient la bannière de 50 hommes. Il y en devait donc avoir 16 pour 800 hommes.

vives démonstrations qu'ils défendront énergiquement la ville. En récompense, le conseil leur alloua aussitôt un mois de double paye. C'était une dépense de cent mille florins environ[1]. Les vingt-quatre ne les ayant point, un riche marchand les leur prêta. Il se nommait Salimbene Salimbeni et descendait d'un des croisés de Pierre l'ermite[2]. Courant à sa demeure, il en rapporta ses florins sur un chariot recouvert d'écarlate, orné de branches de laurier, et offrit une somme double, si la commune l'en requérait[3]. Chargé de montrer aux ambassadeurs ces richesses et de leur répondre, il leur dit publiquement que Sienne avait dessein de fortifier ses murailles, non de les abattre, et que son armée irait au camp des guelfes, voir s'ils avaient la force dont ils se vantaient[4]. Le comte Giordano ayant ensuite, sur le seuil de l'église, distribué les florins à ses soudards, on les vit, dans leur allégresse, se livrer à des danses effrénées, chanter des refrains dans leur langue, dont les rudes sons blessaient agréablement, ce jour-là, les oreilles italiennes, se répandre ensuite dans la ville et y acheter tout le cuir qui s'y trouvait, pour harnacher leurs chevaux et s'équiper eux-mêmes. Afin de satisfaire à leurs demandes, ébénistes, tailleurs, tous les métiers compétents se mirent à l'œuvre, sans relâche comme sans retard[5].

---

[1] *Cronaca senese del secolo XIV*, ap. Paoli, append., p. 83. Ventura (p. 35, 36) dit 118 mille florins.

[2] Note du duc de Dino, p. 143.

[3] Che non si mirasse a' denari, che quando quegli saranno logri, ne prestarebbe altrettanto (*Cron. sen.*, ap. Paoli, p. 84).

[4] E noi vi rispondiamo che noi aviamo animo d'acresciar le mura, e non diminuirle... E attendete a buona guardia, che noi vi veremo a trovare al campo con armata mano, e provaremo se sarete tanto forti quanto vi fate (*Ibid.*).

[5] Ventura, p. 35-41.

Le peuple, cependant, encombrait la place des Tolomei et les rues adjacentes. Il appelait de tous ses vœux des mesures énergiques, une forte concentration des pouvoirs. Les vingt-quatre en conférèrent d'illimités à un citoyen estimé, Buonaguida Lucari. Ils lui reconnaissaient jusqu'au droit de vendre ou d'engager Sienne et son territoire. Le premier acte du dictateur fut de consacrer Sienne à la Vierge Marie. En chemise, la corde au col, la tête et les pieds nus, il s'achemina vers la cathédrale, suivi de citoyens dans le même appareil, dont la foule grossissait à tout instant. A haute voix il suppliait la glorieuse Reine du ciel de délivrer la commune des lions qui la voulaient dévorer, et la multitude répondait en implorant miséricorde. Arrivé dans l'église, dont les cloches sonnaient à toutes volées et où l'évêque, au chant des psaumes et des litanies, invoquait de son côté la protection divine, il se prosterna devant lui et en reçut le baiser de paix, que toute l'assistance, à leur exemple, se donna sur la bouche. L'évêque recommanda le pardon des injures et prescrivit une procession solennelle. Au moment même il y fut procédé. En tête on porta un crucifix sculpté, aujourd'hui encore ornement de la cathédrale, où il rappelle ces jours de patriotique émotion[1]. Venait ensuite le clergé, précédant, portant, entourant un dais sous lequel la Madone était exposée à la vénération publique. Par derrière, pieds nus, l'évêque, les chanoines, le syndic, ayant toujours la corde au col, le peuple, les femmes, récitant des oraisons. L'imposant cortége se rendit à San Cristofano, siége en quelque sorte du gou-

---

[1] Il est au-dessus du premier autel à main gauche, après la chapelle de San Giovanni (Note du duc de Dino, p. 144, n. 10).

vernement, puis il revint à la cathédrale, où les confessionnaux furent assiégés toute la nuit[1].

Ce temps du repos, qu'une population pieuse donnait à la pénitence et à la prière, le syndic et les vingt-quatre le consacraient à délibérer sur les mesures urgentes. Le lendemain, au lever du soleil, elles étaient promulguées. Le peuple, appelé aux armes, les prit avec empressement, et avec lui les ecclésiastiques eux-mêmes[2]. Le potestat Francesco Troghisio recevait la dignité de capitaine général[3]. C'était l'usage, et l'on s'y conformait, non toutefois sans que le nouveau capitaine et les autres magistrats se déclarassent prêts à suivre les conseils du comte Giordano[4], nécessaire marque de déférence envers le représentant du prince que Sienne reconnaissait pour suzerain. Au potestat, d'ailleurs, pour une cause inconnue, succéda presque aussitôt, comme capitaine général, le comte Aldobrandino de Santa Fiore. Ruffredo d'Isola, capitaine du peuple, était préposé à la garde des portes et des murailles. Les délégués aux choses de la guerre devaient rester en permanence dans la ville, pour y comprimer, s'ils levaient la tête, les partisans de la paix[5].

Sur ces entrefaites pénétrait, dit-on, dans Sienne un *popolano* florentin, envoyé par les gibelins de l'armée guelfe. Gibelin lui-même, en souvenir de ses nobles ancêtres, et comme pour se relever de sa décadence, Reggente des Razzanti[6] avait mission d'avertir les exilés

---

[1] Ventura, p. 41-45.
[2] *Ibid.*, p. 47-50.
[3] Malavolti, part. II, l. I, f° 16 v°.
[4] Del quale si riferiva ancora il podestà e il magistrato (Malavolti, part. II, l. I, f° 16 r°).
[5] Malavolti, *ibid.*
[6] Il appartenait à une famille dont une partie était guelfe, comme nous

et les Siennois du danger qui les menaçait. Ses amis et lui, ne voyant que la puissante armée dont ils faisaient partie, ne se figuraient pas que Sienne lui pût opposer une longue résistance. Mais Farinata des Uberti et Guardaccia des Lamberti en jugeaient autrement. Après avoir ouï l'émissaire, ils le gagnèrent à leurs vues et obtinrent qu'en public il dirait l'opposé de ce qu'il venait de dire en secret. Reggente donc, ayant placé sur sa tête une couronne d'olivier « qui signifiait victoire[1], » parcourut à cheval la place des Tolomei où les citoyens étaient assemblés, et les principales rues où il espérait rencontrer des Allemands. Ses paroles en partie véridiques, en partie mensongères, diminuaient de moitié l'effectif de l'armée guelfe[2], la représentaient manquant de bons chefs comme de concorde, montraient les gibelins incorporés prêts à faire défection dès que paraîtraient les Siennois, présageaient à ceux-ci une sûre victoire, s'ils attaquaient franchement[3]. De tels propos trouvaient créance. « Il n'y avait pas un homme, pas une femme, pas un enfant qui ne s'écriât, plein de hardiesse : « Nos ennemis sont vaincus ; maintenant vont succomber les séculaires oppresseurs de la Toscane[4]. »

---

l'avons vu au chapitre précédent (p. 454) et sans doute à la branche guelfe, puisqu'il était, en 1258, resté à Florence ; mais il était dès lors un guelfe tiède, ou il avait, depuis, changé d'opinion.

[1] Con una ghirlanda di ulivo che aveva in capo, che significava la vittoria (Stefani, II, 123).

[2] Che i Fiorentini erano la metà meno ch' e' non erano (*Ibid.*).

[3] Villani, VI, 79. Stefani, II, 123. Ni les Siennois ni même M. Paoli ne soufflent mot de ce curieux incident. Il n'a pourtant rien que de vraisemblable. Seulement les Florentins le placent avant la fière réponse faite aux ambassadeurs, et nous pensons qu'il est bien plus naturel après, quand tout doute a disparu sur la résolution des Siennois.

[4] Nullus vir erat, mulier, sive puer qui non senis clamaret audacter :

Le vendredi matin 3 septembre, tandis que les femmes recommençaient processions et prières, l'armée siennoise sortit de la ville[1]. Au premier rang s'avançait le gonfalon communal, suivi du *carroccio*, d'où flottait une bannière blanche. C'était la couleur du roi Manfred et tout ensemble du *terzo* de Camullia. On aurait dit, suivant un chroniqueur, le manteau de la Vierge Marie[2]. Après avoir traversé le Bozzone, gros ruisseau qui, coulant à l'est de la ville, va se jeter dans l'Arbia, les Siennois s'établirent sur la colline de Monte Ropoli, entre ces deux cours d'eau. Sous leurs yeux et à leurs pieds ils avaient la verdoyante vallée que coupent l'Arbia, la Malena, la Biena; en face, au sud-est, la colline de Monselvoli, presque parallèle à Monte Ropoli, et qu'occupait l'armée guelfe. Entre les deux camps, ils voyaient le *Piano delle Cortine* cette partie de la vallée qu'enferment d'un côté la Biena, de l'autre la Malena, et au milieu le Poggiarone, petite élévation de terrain[3] qui couvrait l'armée florentine, déjà protégée par les trois rivières, sans l'empêcher de voir l'ennemi venir de loin. C'étaient pour les guelfes de bonnes positions défensives; mais leur rôle étant l'offensive, comment négligeaient-ils d'occuper le Poggiarone et même Monte Ropoli? Alors, en effet, les Siennois, s'ils persistaient dans leur dessein d'attaquer, auraient dû prendre ces deux collines en quelque sorte d'assaut, et leur seule ressource, après un échec, eût été de rentrer

Nunc inimici nostri victi sunt; nunc casuri sunt qui tanto tempore Tusciam vexaverunt (*Minoritæ florentini gesta imp.*, ap. Böhmer, IV, 655).

[1] Ventura, p. 50.
[2] Aldobrandi, p. 10, 11.
[3] Ce nom signifie grande hauteur, mais il ne répond guère aux proportions de cette colline, surtout si on la compare aux deux autres qu'elle sépare.

en ville et de s'y réduire à la condition d'assiégés [1].

Profitant de la faute commise, le comte Giordano se hâta d'occuper la partie de la vallée qui sépare Monte Ropoli du Poggiarone. Puis, afin de tromper les ennemis sur le chiffre de ses forces, il usa d'un stratagème singulier. Tandis que sur les hauteurs de Monte Ropoli un rideau d'hommes d'armes masquait les mouvements des autres, ceux du *terzo* de San Martino, après s'être montrés revêtus de *sopravesti* ou cottes rouges, redescendirent en arrière à la rencontre de ceux du *terzo di città*, revêtirent comme eux des *sopravesti* vertes et reparurent avec eux sur la colline, pour se montrer aux Florentins. Même manége quand arrivèrent les milices du troisième *terzo* : on vit apparaître un grand nombre d'hommes revêtus de *sopravesti* blanches et noires. Le contingent de Camullia en paraissait doublé [2].

---

[1] Voy. Carpellini, *Rapporto della commissione istituita dalla società senese di storia patria municipale per la ricerca di tutto che in Siena si riferisce a Dante Alighieri*, dans le *Bullettino* de la société, t. I, p. 44. Paoli, p. 49.

[2] Les textes ne sont pas d'accord sur la couleur de ces dernières, noires suivant les uns (Chron. citée par Paoli, p. 85), blanches suivant les autres (Ventura, p. 50-52). M. Paoli, pour les mettre d'accord, dit blanches et noires. On peut conclure, en effet, de cette contradiction même, qu'il devait y en avoir des deux couleurs. Mais il révoque en doute le fait lui-même (p. 51), pour cette raison qu'on ne saurait admettre qu'il y eût à Sienne tant de *sopravesti* de rechange. Comme tous les chroniqueurs siennois en témoignent, on peut penser qu'il y avait un excédant, puisque, selon Malavolti (f° 17 r°), Sienne n'obtint pas tous les renforts qu'elle attendait. En disant que ce ne furent pas tous les hommes d'armes des deux derniers *terzi* qui jouèrent cette comédie, mais un certain nombre, on doit être dans la vérité. Seulement M. Paoli croit que le changement de *sopravesti* dut s'opérer en avant, à l'ombre du Poggiarone. Cela est inadmissible. Les hommes du premier *terzo* allant à la rencontre de ceux du second, ne pouvaient que refaire le chemin déjà fait. C'est donc à l'ombre de la colline de Monte Ropoli, et non du Poggiarone, que dut se faire l'échange. Ce n'est pas de notre part une hypothèse. Ventura dit en effet que le *terzo* de S. Mar-

(An. 1260) TERREUR DES FLORENTINS. 515

Ces marches et ces contre-marches, ces milices si nombreuses en apparence, ces couleurs voyantes qui les signalaient aux regards, portèrent un trouble étrange dans l'esprit des guelfes alliés. Ils n'avaient pas cru à une résistance sérieuse, même derrière les murailles de Sienne, et ils voyaient les Siennois venir hardiment à leur rencontre. Ils ne pouvaient deviner l'adroite manœuvre qui faisait, comme dans une pompe de théâtre, défiler devant eux, sous des costumes divers, deux fois les mêmes ennemis. La superstition s'en mêlant, le rouge devenait un présage de sang; le vert, de mort; le blanc et le noir, de captivité. Une vision nocturne ou une consultation du diable, qu'il tenait, dit-on, enfermé dans une fiole, apprit au potestat Rangoni, nécromancien renommé, que la mort pour lui était à craindre dans le cas seulement où il se trouverait entre le bien et le mal [1]. Comme il campait entre la Biena et la Malena, il tint sa mort pour certaine, fâcheuse disposition pour marcher au combat et y conduire les autres. La nuit suivante, un phénomène naturel porta au comble ces terreurs superstitieuses: une sorte de brouillard blanc ayant enveloppé le camp siennois ainsi que la ville, des deux parts on y vit le manteau de la Madone, signe évident de sa protection pour le peuple

---

tino descendit à la rencontre du *terzo di città* qui ne s'avançait qu'en seconde ligne. Ce ne pouvait donc être en avant. Le stratagème, d'ailleurs, n'était sûr qu'à cette condition. Exécuté entre les deux collines, et, non à l'ombre de la plus éloignée des guelfes, il eût suffi, pour l'éventer, qu'un guelfe hardi gravît le Poggiarone. Cela pouvait être fait sans trop de danger, dans un temps où il n'y avait pas d'armes à feu.

[1] « El capitano de' Fiorentini sì era negromante e aveva il diavolo rinchiuso in una lampolla, e sì 'l constrense, e dimandò se doveva morire di quella bataglia. E 'l dimone li rispose che lui no morebe, se non fusse tra 'l bene e 'l male. E in questo modo parlò el dimonio e loccò per farlo capitare male. » (*Chron. Sen.*, ap. Paoli, App., p. 85.)

pieux qui l'avait invoquée[1]. « Nous ne reviendrons chez nous que battus, disaient tristement les Florentins [2]. » Plier les tentes, battre en retraite, était leur vœu secret, avoué peut-être par quelques-uns ; mais soit que les chefs s'y refusassent, soit que les positions qu'on avait laissé prendre à l'ennemi ne le permissent plus, la bataille devenait inévitable, et guelfes comme gibelins devaient s'y préparer[3].

Sur une première ligne, le potestat Rangoni disposa en demi-cercle, au centre, les *feditori*, corps d'élite, aux ailes les *pavesari*, armés du pavois, et les *balestrieri*, ou arbalétriers. Derrière les *feditori* il massa les *pedoni*, c'est-à-dire les hommes de pied, qui, malgré un dédain persistant pour l'infanterie, formaient le gros de l'armée.. En troisième ligne les bagages, la *salmeria*, protégée par d'autres *pedoni*, qui formaient comme une première réserve. Au quatrième rang, la réserve véritable, composée aussi de fantassins. Quant à la cavalerie, elle entourait le *carroccio*, placé en avant du demi-cercle. La cavalerie pesante avait mission de le défendre, la cavalerie légère d'engager le combat, et de se replier ensuite autour de ce palladium communal[4].

De leur côté, les Siennois se déployèrent en trois corps de bataille. Le premier se composait de deux

---

[1] « In eorum exercitu plurimi clamantes imprecabantur hec sibi : Nunquam redeamus ad propria nisi per manum Senensium debellati. » (*Minoritæ florentini gesta imp.*, ap. Böhmer, IV, 655.)

[2] Ventura, p. 55, 56.

[3] Villani, qui avoue la déception des Florentins, ajoute que nonobstant « lasciarono i Fiorentini e l'altra loro amistade di fare loro schiere e attendere la battaglia. » (VI, 78.)

[4] Canestrini, *Della milizia italiana*, Arch. stor., XV, 22. Cet ordre de bataille, que l'on constate alors pour la première fois, est celui qui fut suivi ux batailles ultérieures.

cents cavaliers allemands et de deux cents fantassins d'élite[1], sous les ordres du comte d'Arras, sénéchal du comte Giordano[2]. Le second, de six cents cavaliers allemands et six cents fantassins, que conduisait Giordano lui-même, avec l'étendard du roi Manfred et le contingent des villes alliées. Le troisième, de deux cents cavaliers allemands, commandés par Henri d'Astimberg, de deux cents autres cavaliers, probablement les gibelins de Florence, de deux cents nobles siennois, formant la garde d'Aldobrandino de Santa Fiore, général en chef de la commune de Sienne[3], enfin du *carroccio*, suivi du peuple des *terzi*, avec ses gonfaloniers. Le quatrième corps, composé de deux cents cavaliers et de fantassins siennois, fermait la marche. Il était conduit par Niccolò de Bigozzo, sénéchal de la commune[4].

Le plan adopté par le capitaine était de s'avancer ouvertement sur Monselvoli, afin de rejeter tous les guelfes

---

[1] « D'una fiorita brigata. » (Ventura, p. 57.)

[2] En 1202 et 1217, il y avait un Nevelon d'Arras, maréchal de France (Voy. Brussel, *L'usage des fiefs*, I, 487, cité par Anselme, *Histoire généalogique de la maison royale de France*, VI, 620. Paris, 1730, f°).

[3] Voy. Aquarone, *Dante in Siena*, p. 22, qui cite, sur la présence des gibelins dans ce corps, l'autorité de Tommasi et celle de Razzi, biographe de Farinata. — Paoli, p. 53, n. 2. — Le titre de capitaine général avait été donné au potestat Francesco Troghisio. Les chroniqueurs n'expliquent ni comment ni pour quel motif il fut remplacé dans son commandement.

[4] Ventura, p. 57. Sur la composition du 3° et du 4° corps, le texte est obscur. Je crois le suivre de plus près que M. Paoli, qui des deux n'en fait qu'un. Il me paraît inadmissible qu'il n'y eût pas d'arrière-garde ou de réserve. Quant au nombre, il n'y a, entre son compte et le mien, qu'une différence de 200 cavaliers. Il n'en voit que 400 autour d'Aldobrandino, je crois en voir 600. Mais peut-être les 200 derniers, qui sont donnés comme formant la garde d'Aldobrandino, et dont on n'indique pas la provenance, font-ils double emploi avec les gibelins de Florence. En ce cas, ce seraient les 200 nobles siennois qui formeraient la garde du général de la commune. Il est remarquable en effet que Ventura ne parle ni de ces gibelins ni des alliés, d'où l'on peut conclure qu'ils ne formaient pas un corps à part.

dans le *Piano delle Cortine*, où ils se trouveraient alors entre deux hauteurs couronnées de Siennois, et réduits par conséquent à combattre dans les plus mauvaises conditions, à traverser la Malena et la Biena pour opérer leur retraite. Mais une attaque de front pouvant échouer, pour la soutenir, le comte d'Arras avait reçu l'ordre de s'acheminer sans bruit, avec son corps d'armée, le long de la Biéna, de tourner Monselvoli, de se placer en embuscade à la gauche des Florentins, et de les attaquer par le flanc, à l'improviste, quand il les verrait engagés [1].

Commencé assez tard dans la nuit, ce mouvement ne pouvait être terminé que le lendemain dans la matinée. Le samedi 4 septembre [2], le comte Giordano attendit donc, avant de donner le signal du combat, d'avoir appris que le comte d'Arras occupait ses positions et de voir le soleil levant ne plus darder sur les Siennois ses étincelants rayons [3]. Cependant, il parcourait avec les autres chefs

---

[1] Selon Malavolti (part. II, l. 1, f° 17 r°), Arras avait avec lui 400 cavaliers allemands, plus 800 fantassins siennois, conduits par Niccolò de Bigozzo. Il prétend que ces deux chefs auraient été occuper au delà de l'Arbia, à un mille plus loin environ que la route d'Asciano, des collines dépouillées d'arbres et même de buissons. Mais comment croire qu'une embuscade se mette en vue sur une hauteur découverte, et se condamne, au moment de l'action, à l'opération plus ou moins longue et difficile de traverser une rivière ?

[2] Villani (VI, 78) dit que le 4 septembre était un mardi, et M. de Cherrier, un mercredi. Les Pâques tombant, cette année-là, le 4 avril (Voy. les tables chronologiques de l'*Art de vérifier les dates*), le 4 septembre tombait bien un samedi. Ainsi disent le *Livre de Montaperti*, qui donne très-minutieusement dates et jours pour cette période, et les chroniqueurs siennois, dont l'exactitude, constatée sur ce point comme sur plusieurs autres, inspire une légitime confiance sur le plus grand nombre de leurs assertions.

[3] M. Paoli (p. 54) dit d'après Ventura (p. 65) que le mouvement commença « di primissima mattina », et qu'on n'exécuta pas l'ordre donné de traîner en longueur. Mais il ne faut pas tenir compte de ce mot de Ventura. D'une part, on devait laisser à Arras le temps d'accomplir son mouvement

les longues files de cavaliers et de fantassins; il leur prodiguait les exhortations chaleureuses, il faisait servir aux Allemands « le pain le plus beau, d'excellentes viandes rôties et autres, une grande quantité de *confetti*, de vins parfaits et renommés[1]. » A ces soudards pris de vin[2] il recommandait expressément de ne pas s'embarrasser de prisonniers, de tuer quiconque demanderait quartier, et surtout de ne pas descendre de cheval pour recueillir du butin.

Le soleil était déjà haut sur l'horizon, quand le gros de l'armée reçut ordre de s'ébranler. Des hauteurs de Monte Ropoli elle descendit dans le *Piano delle Cortine*, passa l'Arbia et commença de gravir le Poggiarone, jusqu'alors inoccupé. Comprenant trop tard leur faute, les guelfes tentèrent de la réparer et d'atteindre par l'autre versant le sommet de cette colline, pour s'y assurer l'avantage du terrain[3]. Mais la confiance faisait de plus en plus défaut à leurs âmes ébranlées. La vue des Allemands dissipait la complaisante illusion de victoires remportées sur eux en mai précédent, et ramenait les esprits au sentiment de la réalité, qui était que ces rudes hommes du Nord avaient pensé par deux fois alors, et à eux

tournant, commencé dans les dernières heures de la nuit. D'autre part, on ne pouvait attaquer, tant qu'on avait le soleil dans les yeux. Il n'est pas nécessaire d'admettre qu'on n'engagea le combat que lorsque les Florentins furent à leur tour gênés par les rayons du soleil, car la bataille, en ce cas, n'eût commencé que l'après-midi.

[1] « Di buonissime vivande arrostite di diverse carni e grandé quantità di confetti e di perfetti e solenni vini e bene vanteggiati e grande abbondanza di pane pur del più bello. » (Ventura, p. 65.)

[2] Ventura les montre, cette fois encore, s'abandonnant, sous l'influence de l'ivresse, aux chants et aux danses de leur pays.

[3] « Eglino (les Siennois) sono nel piano, e cominciano a salire il poggio, e così fanno la gente dei Fiorentini; ciascuno salisce dal suo lato solo per pigliare il vantaggio del terreno. » (Ventura, p. 65.)

seuls, mettre les Florentins en déroute[1]. En vain le potestat essaya-t-il d'envelopper par un mouvement tournant l'aile gauche des ennemis au moyen de son aile droite. Deviné par Giordano, il se voyait devancé sur le Poggiarone, que les Allemands abordaient par le pied, pour ainsi dire en droite ligne, tandis que les Florentins avaient à suivre sur les collines une courbe d'un diamètre assez étendu[2].

Profitant aussitôt de son avantage, le comte engageait vivement l'attaque au centre. Il commit le soin et céda l'honneur des premiers coups au jeune Gauthier d'Astimberg, neveu du seigneur de ce nom, qui commandait les Allemands dans le corps d'Aldobrandino. Monté sur un cheval qui bondissait comme un lévrier, bien qu'il portât « deux armures, l'une en mailles d'acier, l'autre en cuir brut, toutes les deux recouvertes de soie vermeille, brodée de dragons verts rayés d'or[3], » ce chevalier fit joyeusement le signe de la croix et fondit sur le contingent lucquois, qu'il avait en face de lui. Presque aussitôt il fut rejoint par Giordano, si vaillant de sa personne, que les Siennois le comparaient à Hector le Troyen[4], puis par Aldobrandino de Santa Fiore, par les autres capitaines, par le peuple des *terzi*, qui criaient tous d'une commune voix : *A la morte! a la morte*[5] *!*

La mêlée alors devint générale. L'infanterie guelfe tenait bravement tête, sauf les gibelins qu'elle comptait dans ses rangs et qui déjà commençaient à lâcher pied[6].

---

[1] Villani, VI, 78. Ammirato, l. II, t. I, p. 120.
[2] Voy. Malavolti, part. II, l. I, f° 17 v°.
[3] Ventura, p. 67.
[4] Villani, VI, 79.
[5] Ventura, p. 67.
[6] Stefani, II, 123.

Leur exemple pouvant devenir contagieux, Jacopo Rangoni lança un corps de cavalerie et des réserves de *pedoni* pour les soutenir. Mais sans espoir désormais de couronner le Poggiarone, il en dut redescendre précipitamment la pente, pour reprendre position à Monselvoli, y ramener les milices éparses au *Piano delle Cortine* où elles risquaient d'être coupées, et organiser la défense dans son camp non fortifié. Combien il dut regretter alors d'avoir négligé ce soin si nécessaire! Il y suppléa de son mieux par la valeur et fit longtemps bonne contenance. Même, sur un point, le comte de Pitigliano remportait l'avantage[1]. Le Siennois Niccolò de Bigozzo, jetant ses milices en avant, ne parvenait pas à décider la victoire[2]. Des deux parts on pliait, on avançait tour à tour; mais le carnage ne faisait abandonner ni aux Siennois l'attaque, ni aux Florentins leurs positions.

Tout à coup, à l'heure des vêpres, le comte d'Arras, démasquant son embuscade, fondit sur l'aile gauche des Florentins. Ceux-ci, surpris à l'improviste, impuissants à faire face de deux côtés à la fois, hors d'état de tenir plus longtemps sur les hauteurs de Monselvoli, commencèrent alors une retraite dont la trahison des gibelins allait faire une déroute. Jetant les enseignes guelfes à croix rouge, ces alliés naturels de l'ennemi tirèrent de dessous leurs cottes d'armes et déployèrent au vent les enseignes gibelines à croix blanche. Les Abati, les Della Pressa assaillirent par derrière leurs compagnons de combat[3].

---

[1] Aldobrandini, p. 21.
[2] Ventura, p. 68.
[3] « Proditores qui nobiscum et inter nos erant, objectis signis rubee crucis, que nostri gerebant, detexerunt albarum hostilia crucium signa que sibi fecerant in occulto, et erectis Manfridi vexillis, in nos irruerunt a tergo. » (Pars guelfi scribit Conrado secundo, ap. Cherrier, III, 510, App.)

Un des traîtres, Bocca des Abati, coupa la main à Jacopo des Pazzi, qui portait le gonfalon de la cavalerie. Les cavaliers, ne voyant plus flotter dans l'air cette bannière, leur signe de ralliement, ne doutèrent plus de la défaite. Ils s'enfuirent dans toutes les directions, semant sur leur route le désordre, la confusion, l'épouvante. Ainsi devint irrémédiable un désastre qui, peut-être, n'était pas encore sans remède[1]. Tout gibelin qu'il est, le cœur de Dante se soulève d'indignation au souvenir de cette trahison scélérate. Sa main vengeresse plonge au lac glacé où grelottent les traîtres ce pervers, si honteux de son crime, qu'à ceux qui l'interrogent, il n'ose dire son nom[2].

Dans cette débandade des guelfes, les alliés de Florence manquèrent de courage plus que ses citoyens, et ses nobles plus que ses *popolani*[3]. Tandis que les cavaliers échappaient à la mort par la vitesse de leurs chevaux, l'infanterie, âme désormais de cette ville marchande, disputait encore pied à pied le terrain. Dans un cercle d'instant en instant plus resserré, chacun combattait en soldat et tout ensemble en capitaine ; chacun prêchait d'exemple en même temps que de parole. Lo Spedito tentait de racheter, par une bravoure héroïque, la fatale

---

[1] Villani, VI, 78. Ce fait, passé sous silence par les Siennois, est confirmé par Dante (*Inf.*, XXXII, 77-108). M. Rabanis (*Clément V et Philippe le Bel*, p. 86, note, Paris, 1858) le nie, sur l'autorité de Malavolti ; mais Malavolti n'est pas une autorité, au moins à cet égard. Villani l'est tout autant. Il n'a que le tort de voir une cause dans ce qui n'est qu'un incident. — M. Paoli (p. 55) place cet incident en cet endroit, mais non sans quelque doute. « E fu forse allora, » dit-il. — Rien de plus probable, car il fallait que les Florentins fussent bien en désordre et bien près de leur perte, pour qu'un des leurs osât un coup pareil, sans craindre de le payer de sa tête.

[2] Dante, *Inf.*, XXXII, 77-108.

[3] Ptolémée de Lucques prétend, ce qui est peu vraisemblable, que les Lucquois essayèrent de reformer l'armée : « Lucenses cum vellent exercitum instaurare. » (*Annales*, R. I. S., t. XV, 1285.)

erreur de son esprit[1]. Ces bourgeois, ces artisans résistaient, écrit le Siennois Aldobrandini, « comme le pécheur endurci dans le mal, qui voit sa ruine et ne veut pas l'éviter[2]. » Le comte Giordano, l'évêque d'Arezzo étaient partout, rappelant autour d'eux qu'il ne fallait pas faire quartier[3]. « Semblables à des lions ou à des dragons féroces, » les Siennois tuaient « ces chiens de Florentins comme des bêtes au marché[4]. » Ceux qui restaient debout encore, chassés du coteau de Monselvoli, rejetés dans la vallée de la Biena jusqu'au pied du Poggiarone qu'occupait le vainqueur[5], en longèrent les pentes, et à l'endroit où, vers le milieu, elles s'abaissent, tentèrent de pénétrer dans la vallée de la Malena, en face du mamelon isolé que surmontait le château de Montaperti. Peut-être cherchaient-ils à couper les Siennois qui occupaient cette vallée de ceux qu'ils voyaient sur leurs têtes à Monselvoli[6] ; mais le succès n'était possible qu'à la condition de reprendre le Poggiarone. Si la tentative en fut faite, elle échoua complétement. Se serrant alors autour de leur *carroccio,* dont la prise devait être la

---

[1] Ammirato qui rapporte ce fait (l. II, t. I, p. 120), ne le donne que comme une tradition : « vogliono, che...., si crede ; » ce qui ne l'empêche pas de faire le discours de cet *anziano.*

[2] « Come 'l peccatore che è indurato nella mala vita, e che s'avvede della sua ruina e non la fugge. » (Aldobrandini, ap. Paoli, p. 57, n. 2.)

[3] « Nec erat locus refugii, quia undique erant hostibus vallati. Unde episcopus Aretinus perfugis multum nocuit, capiendo et occidendo. » (*Ann. Ptolemœi Lucensis,* loc. cit.) Selon Villani, il n'y eut parmi les morts que 36 cavaliers *di nome.* Leo (l. VII, c. 1, t. II, p. 37) rend ce chiffre bien étonnant en supprimant les mots soulignés qui l'expliquent.

[4] Ventura, p. 71.

[5] M. Paoli (p. 56) ne dit pas que les Siennois occupassent le Poggiarone ; mais s'ils ne l'avaient occupé, les Florentins s'en fussent emparés pour les couper ; ils l'eussent tenté du moins, ce qu'on ne voit nulle part.

[6] C'est du moins le dessein que leur attribue M. Carpellini (voy. Paoli, p. 56).

marque et le gage de la victoire[1], les marchands florentins livrèrent vaillamment un suprême combat. Giovanni Tornaquinci, vieillard presque septuagénaire, qui avait en ce jour la garde du char communal, se fit tuer avec son fils et trois autres personnes de sa famille[2]. Avec eux périrent deux fils d'Olivieri des Cerchi ; deux autres furent faits prisonniers[3]. A la suite d'un si impitoyable et si universel massacre, « la Malena se grossit à ce point de sang, ose écrire Ventura, et son cours devint si rapide, qu'elle eût suffi pour faire marcher quatre grands moulins[4]. » Dante, moins excessif, parle pourtant des ondes de l'Arbia colorées de rouge[5], et le chroniqueur Marangone, pour renchérir, ne sait que dire de la terre ce que le poëte dit de l'eau[6].

Le *carroccio* et la Martinella perdus, les misérables restes de l'infanterie florentine, les Lucquois et les Orviétans, moins maltraités parce qu'ils s'étaient tenus à l'écart de la mêlée, n'avaient plus qu'à prendre conseil du désespoir. Ils se réfugièrent sur le petit mamelon de

---

[1] « Erano già rotte le genti fiorentine e discacciate, quando ancora intorno al carro si faceva gran guerra... Visto che la guerra s'era ridotta solo al carro, con ogni loro impeto si voltorono (les Siennois) a questo. » (Marangone, R. I. S., Suppl., I, 526.)

[2] C'est Ammirato qui a introduit dans l'histoire ce fait à l'honneur du vieux chevalier. « Truovo per memoria di varie scritture, » dit-il (l. II, t. I, p. 121).

[3] *Ricordo di Binduccio de' Cerchi*, publié par Manni (*Sigilli*, t. I) et par Lami (*Deliciæ eruditorum*).

[4] « Crebbe la Molina sì di sangue che sarebbe bastata a macinare quattro grossi mulini. » (Ventura, p. 71.)

[5] Lo strazio e il grande scempio
Che fece l'Arbia colorata in rosso.
(*Inf.* X, 85.)

[6] « Era tanto il sangue che si sparse in quel luogo, che la terra tutta era divenuta rossa. » (Marangone, R. I. S., Suppl., I, 527.)

Montaperti, les plus intrépides pour s'y retrancher et y défendre chèrement leur vie, les autres pour la prolonger encore quelques instants et implorer une dernière fois la clémence du vainqueur. Ceux-là ne pouvaient atteindre leur but, entourés comme ils l'étaient de toutes parts et manquant de vivres[1] ; ceux-ci atteignirent le leur, car sur le conseil, dit-on, de Farinata des Uberti[2], les capitaines siennois et le comte Giordano, las de carnage et certains du triomphe, décidèrent que désormais quiconque se rendrait aurait la vie sauve. On vit alors des vaincus, pour mieux marquer leur soumission et mériter leur grâce[3], se lier eux-mêmes les mains ou s'y aider les uns les autres. A l'arrogance de la veille, juste retour des choses de la guerre, succédait l'abjection.

Telle fut cette bataille, une des plus sanglantes du siècle, et, suivant Ptolémée de Lucques, la plus terrible qu'on eût vue en Toscane depuis les temps du Christ[4]. On l'appelle parfois bataille de l'Arbia, plus souvent de Montaperti ; elle devrait s'appeler bataille du Poggiarone ou de Monselvoli, car de la possession de ces deux points dépendait la victoire. Quatre mille guelfes avaient échappé à la mort par la fuite ; dix mille jonchaient le sol ; quinze mille étaient prisonniers[5]. Pour les garder, il ne fallut

---

[1] « Deficientibus victualibus et urgente hostium multitudine, majorem passi sunt jacturam. » (*Ann. Ptol. Luc.*, R. I. S., t. XV, 1285.)

[2] Assertion d'un mémoire inédit d'Antonio Abati, Bibl. de Sienne, *Miscell. Benvoglienti*, Cod. c. vi, 2. Citation de M. Paoli, p. 58.

[3] Ventura, p. 73. Aldobrandini, p. 13.

[4] « In Thuscia citra tempora Salvatoris non fuit major clades. » (*Ann. Ptol. Luc.*, R. I. S., t. XV, 1285.)

[5] *Obituarium* ms. de l'église de Sienne. — « E furne morti più di 10 m. » (Andrea Dei, R. I. S., t. XV, 33.) — Ventura, qui donne aussi ce chiffre, ajoute malheureusement que 18 mille chevaux furent tués. Or, il n'y en avait que 3000, et la plupart, on l'a vu, échappèrent au massacre par la

pas moins, des documents positifs l'attestent, de quatre cent soixante-treize gibelins bien armés[1]. Les Florentins pour leur part laissaient trois mille des leurs sur le champ de carnage[2], quinze cents aux mains de l'ennemi[3]. Il n'y avait pas une famille, dans cette ville infortunée, qui n'eût perdu un ou plusieurs des siens[4]. « Alors, écrit tristement Villani, fut brisé, écrasé le peuple vieux de Florence[5]. »

Les pertes des Siennois, quoique mal connues[6], étaient très-inférieures, sans nul doute, à celles des vaincus, dont un si petit nombre avaient cherché dans la mort de

---

fuite. Un témoin oculaire parle de 20 mille ânes; ses évaluations sont fort différentes, mais il avoue ne parler qu'au jugé : « Fuit numerus occisorum, sicut existimare potui, qui astabam, 1200 virorum, sed et milium fuit numerus captivorum ex quibus ultra octo milia fame et inedia in carceribus perierunt. In hoc conflictu sunt capta 20 milia asinorum, victualia simul et bladum portantium. » (*Minoritæ florentini gesta imp.*, ap. Böhmer, IV, 655.) Cf. Sismondi (II, 358), qui dit avoir consulté quatorze chroniques ou histoires, et s'arrête au chiffre de 10 mille morts, ajoutant que le nombre des prisonniers fut plus considérable.

[1] Livres de la *Biccherna*. — Cf. les notes ajoutées par Benvoglienti au texte d'Andrea Dei, qui parle de 11 mille, et Saba Malespina (*Hist.*, l. II, c. IV, R. I. S., t. VIII, 802), qui dit 15 mille. Un autre, 1020 (*Raynerii de Grancis pisani poema De prœliis Tusciæ*. R. I. S., t. XV, 314).

[2] Villani, VI, 79. Stefani, II, 123. — « Super tria millia hominum cæsa in ea pugna referuntur. » (Sozomène, *Hist. Pistor.*, R. I. S., Suppl., I, 136.)

[3] Villani, *loc. cit.* C'est sans doute une faute d'impression qui fait dire à Stefani (II, 123) 150. M. Vannucci (p. 126) estime que 1500 c'est trop peu; mais il faut distinguer entre les Florentins et leurs alliés. Marangone (p. 527), Sozomène (p. 136), ne parlent que de 4000 prisonniers, la plupart Florentins.

[4] « E non fu casa in Firenze che e non vi fu morto uno e più. » (Marangone, R. I. S., Suppl., I, 528.) Il est vrai que Marangone donne 20 mille morts aux Florentins ; mais la fausseté de la seconde assertion n'infirme pas la première.

[5] « Allora fu rotto ed avallato il popolo vecchio di Firenze. » (Villani, VI, 79.)

[6] Malavolti (part. II, l. I, f° 20) ne porte les pertes des Siennois qu'à 600 morts et 400 blessés. C'est trop peu sans aucun doute.

leurs ennemis le salut et la vengeance. Mais tant de cadavres couvraient le sol et, avec l'incurie du temps à les ensevelir, ils répandirent une telle puanteur, que durant de longues années, dit Ventura, ces frais vallons, ces riants coteaux, n'eurent plus d'autres habitants que les bêtes sauvages [1]. La tradition de ce grand massacre y est encore vivante. Les paysans y montrent « la terre rouge où il ne pousse pas un brin d'herbe »; sur le témoignage de leurs pères, transmis de génération en génération, ils croient qu'après minuit, au clair de la lune, on voit errer quelquefois dans ces champs sinistres des chiennes blanches dont les hurlements ressemblent à des lamentations [2].

La bataille finie, les vainqueurs rentrèrent dans leur camp pour y passer la nuit : il était trop tard pour retourner à Sienne. Le lendemain dimanche, à l'aube, se firent les apprêts d'une entrée triomphale. La ville connaissait déjà l'éclatant succès de ses armes [3]. Tout ce qu'elle contenait encore de citoyens accourut à la ren-

---

[1] Ventura, p. 75.

[2] « Vi cercai la tradizione, e un contadino interrogato mi diceva : Vedete questa terra rossa? Lì non cresce mai un filo d'erba, e contrasse quel colore quando tempo, tempo indietro, vi fù una battaglia grande, con grande spargimento di sangue. Ho sentito raccontare da mio padre, e mio padre dal mio nonno, che talvolta, dopo mezza notte, al lume della luna si veggono correre in su e in giù delle cagne bianche, le quali di tratto in tratto emettono dei latrati simili a lamenti. » (Gius. Porri, note à ses *Miscellanea Sanesi*.)

[3] Les chroniqueurs siennois prétendent que sur la tour des Marescotti (aujourd'hui Saracini), les vingt-quatre avaient placé un tambour, Cerreto Ceccolini, qui, au son de son instrument, appelait les vieillards et les femmes à genoux au pied de la tour, dès qu'il avait à leur communiquer quelqu'une des péripéties de la bataille (Ventura, p. 72). Le malheur est que l'éloignement et les accidents du terrain ne permettaient point de voir, même de la plus haute tour, le champ de bataille. — Quant à la nouvelle de la victoire, elle dut parvenir à Sienne le soir même du samedi, car la distance peut être franchie en une heure et demie de marche, et moins à cheval.

contre du glorieux cortége. Au premier rang s'avançait un des deux ambassadeurs florentins dont les sommations insolentes avaient outragé les Siennois, celui-là seul qui survivait à la défaite. Les mains liées derrière le dos, il était juché sur un âne, le visage tourné vers la queue, d'où pendait et traînait dans la poussière le grand étendard de Florence. Les enfants accablaient d'insultes ce malheureux et lui lançaient des pierres. Venaient ensuite, précédés de quelque trompettes, le comte Giordano et le comte d'Arras, qu'accompagnaient quatre cents cavaliers allemands, couronnés d'olivier et chantant dans leur langue « de très-belles chansons », dit Ventura, qui ne les comprenait pas. Puis les deux *carrocci*, celui de Florence à rebours et dépouillé de ses agrès, celui de Sienne traîné par deux « forts palefrois », et surmonté de l'étendard blanc de Camullia ou du roi Manfred. Marchaient par derrière les prisonniers avec leurs tentes et bagages, avec les vivres et approvisionnements dont ils comptaient ravitailler Montalcino. Chargés de dépouilles et les mains liées, ils cheminaient trente ou quarante sous la conduite d'un seul [1]. Une héroïne de la veille, la vivandière Usiglia, en conduisait pour sa part trente-six qui s'étaient rendus à elle vers la fin du combat [2]. Son ânesse portait la Martinella [3]. On voyait enfin s'avancer le capitaine gé-

---

[1] « Ed era tale che ne menava 30 e 40 prigioni, e quelli li menavano carichi delle loro spoglie, ed erano menati legati alla città a una fune. » (Marangone, R. I. S., Suppl., I, 527.)

[2] Le fait, attesté par les chroniqueurs siennois, ne paraîtra pas trop invraisemblable, si l'on se rappelle l'empressement des guelfes à se rendre pour échapper à la mort.

[3] Les chroniqueurs siennois prétendent que cette ânesse était celle-là même qu'avaient lancée dans Sienne, en mai précédent, les Florentins prêts à s'éloigner. Le malheur est que Villani (VI, 76), qui parle de l'olivier planté sur la tour et de la tour murée, ne parle point d'âne, ce qu'il n'eût pas

néral Aldobrandino de Santa Fiore avec les compagnies des *terzi*, sous les ordres de leurs gonfaloniers, ainsi que le gros de la cavalerie tant siennoise qu'allemande, sous ceux de Niccolò de Bigozzo et d'Henri d'Astimberg. Le cortége se rendit d'abord à la cathédrale pour les actions de grâces; ensuite à San Cristofano, pour remettre aux magistrats les bagages, tentes, étendards de la commune, en même temps que le butin fait sur les ennemis.

Le lendemain, les processions recommencèrent. Durant trois jours, on promena par la ville les reliques des saints; mais personne, cette fois, n'avait plus les pieds nus ni la corde au col[1]. En l'honneur de la Vierge sainte et secourable on frappa une nouvelle monnaie d'argent, et à l'ancienne inscription *Sena vetus*, on ajouta ces mots : *Civitas Virginis*[2]. Tout habitant de Sienne âgé de plus de seize ans fut tenu, chaque année, pour la fête de l'Assomption, d'offrir à la cathédrale une livre de cire *lavorata*. On astreignit les villes, châteaux et villages du territoire à la même obligation, et les ambassadeurs des communes voisines en prirent eux-mêmes l'habitude, par politique autant que par courtoisie[3]. Diverses églises furent construites, dont une consacrée à saint Georges, patron des chevaliers allemands[4]. Enfin, une fête annuelle fut instituée, et, le 4 septembre, Sienne la célébra

---

manqué de faire s'il en eût été lancé un. De fait, on ne le pouvait que lorsqu'on faisait le siége d'une ville, et que les machines de guerre approchaient des remparts; or, nous l'avons vu, tel n'était point le cas.

Ventura, p. 73-82.

[2] On en peut voir le dessin dans Porri, *Cenni sulla zecca senese*, ap. *Miscell. Sen.*, p. 113-114. — Cf. Promis, *Memoria sulle monete senesi*, p. 30. Turin, 1868.

[3] Malavolti, part. II, l. I, f° 21.

In grazia dei cavalieri tedeschi (Tommasi, I, 332).

régulièrement jusqu'au temps de Charles d'Anjou [1].

Ces marques d'allégresse, ces témoignages de la reconnaissance publique, ne faisaient point tort à des soins plus urgents. On procédait au partage du butin, opération laborieuse qui dura du 4 au 16 septembre [2]. On décidait, comme au printemps, de soigner les blessés aux frais de la commune [3]. On accordait aux chevaliers et aux Allemands des récompenses en argent et en objets précieux [4]. La question la plus grave fut celle des prisonniers. L'usage permettait de les égorger [5], et les voix les plus autorisées, celles d'Aldobrandino de Santa Fiore, du comte Giordano, de Provenzano Salvani, en donnaient le barbare conseil. Un citoyen nommé Bandinelli, tiède patriote, mais d'une âme profondément humaine, celui-là même qui, pour éviter mort d'homme, voulait naguère qu'on ouvrît Sienne aux Florentins, représenta dans l'assemblée qu'il valait mieux exiger une rançon, car on manquait d'argent pour la solde des mercenaires, et malgré Aldobrandino, qui ripostait qu'on avait le butin, malgré Salimbene qui offrait de nouveau d'ouvrir ses caisses, il fit triompher son avis [6]. La rançon fut proportionnée à l'importance des captifs ou à la haine qu'ils inspiraient. Ceux d'Orvieto payèrent trois mille cinq cents florins d'or; ceux de

---

[1] Malavolti, *loc. cit.*

[2] Ammirato, l. II, t. I, p. 123.

[3] Malavolti, part. II, l. I, f° 20.

[4] Tommasi, I, 331.

[5] C'est ce que faisait encore en 1415 Henry V d'Angleterre, après la bataille d'Azincourt. Voy. Lefèvre de Saint-Remi, *Mémoires*, ch. 62, éd. du *Panthéon littéraire*, et Monstrelet, l. I, ch. 104, même éd. Lefèvre de Saint-Remi est très-explicite et très-précis à ce sujet. Æneas Sylvius Piccolomini, dans une de ses lettres, que cite Malavolti (*loc. cit.*), rapporte aussi le fait.

[6] Ventura, p. 83-88.

Lucques et d'Arezzo, cinq mille; Pepo de Campiglia, six mille; le comte de Pitigliano, dix mille[1]. Un des Cerchi tout armé fut mis dans le plateau d'une balance et dut payer son poids de monnaie siennoise[2]. D'autres ne furent pas admis à se racheter ou ne purent fournir la somme exigée ; ils languirent, ils moururent même dans les prisons[3]. La politique n'eut pas moins de part que la cruauté à ces rigueurs : en retenant une partie des Lucquois, on voulait réduire leur patrie à s'allier aux gibelins[4]. C'est le 15 septembre que les Florentins à leur tour payèrent la rançon de leurs compatriotes[5]. Ils y durent, pour chacun, ajouter un jeune bouc, dont le sang, aussitôt répandu et mêlé à la chaux vive, servait à élever ou à relever, en commémoration, la « fontaine des boucs », à l'embranchement des routes de Querciagrossa et de Monte Reggioni, où avait lieu le rachat[6]. Le prix de ces animaux s'en était accru à ce point qu'ils coûtaient presque aussi cher que la liberté d'un captif. C'était indirectement porter au double une rançon déjà énorme, procédé caractéristique d'un peuple de marchands.

---

[1] Ventura, p, 88, 89.

[2] *Ricordo di Binduccio de' Cerchi*, ap. Manni, *Sigilli*, I, 106 et Paoli, p. 65.

[3] Voy. les preuves dans Paoli, p. 65, n. 5, d'après Benvoglienti, l'annotateur de Dei, et divers documents manuscrits.

[4] Paoli, p. 65, n. 6.

[5] Ventura (p. 88-89) prétend qu'il partit de Sienne, ce jour-là, 2400 prisonniers.

[6] Ventura, p. 82-89. M. de Cherrier (III, 105-106) dit que *il fonte de' becchi*, qui existe encore aujourd'hui, date de 1225. Peut-être cette fontaine fut-elle réparée après la bataille. Le même auteur suppose que l'histoire du bouc pouvait venir du nom de *besci*, sots, que les Florentins donnaient aux Siennois, mot qu'il fait venir du bas latin *bescus*, dont on aurait fait *becco*, bouc. Mais *bescus* n'est pas au glossaire de Ducange.

De toutes parts, cependant, arrivaient, chargés de félicitations ou d'excuses, les ambassadeurs des villes alliées ou sujettes de Florence. Tandis que Volterre et Pistoia détruisaient les forteresses élevées dans leurs murs par les guelfes [1]; que Cortone, Chiusi, Chianciano, Sarteano, Poggibonzi, rouvraient leurs portes à leurs gibelins exilés [2], le 8 septembre quatre cents habitants de Montalcino venaient à Sienne, et là, sur la place du *Campo*, devant le victorieux *carroccio*, en présence du peuple convoqué, selon l'usage, au son de la trompette, ils demandèrent pardon à « leur pieuse et puissante mère » de s'être écartés de la pure fidélité, d'avoir donné lieu en Toscane à la guerre, à la destruction de tant de terres et de châteaux, à la ruine de tant de riches, à la mort de tant d'hommes. Ils promirent d'être soumis à perpétuité à la commune de Sienne, et, si elle l'exigeait, d'abandonner leur patrie, lui laissant toute faculté d'y démanteler les murailles, les forteresses, les édifices [3]. Mais l'impitoyable

---

[1] Paolino, II, 26. — Cecina, p. 57.

[2] Gori, *Storia di Chiusi*, R. I. S., Suppl. I, 924. — Cantini, *Lettere sopra alcune terre e castella di Toscana*. Lett. 5. Inghirami, VI, 427. Cortone, pour déclarer ses sentiments gibelins, avait un distique barbare :

> Chi è guelfo e fassi di Cortona
> Se ne mente per la gola.

(*Storia di Cortona*, p. 26, ap. Inghirami, VI, 426).

[3] Qui et antecessores eorum tanquam erronei temere discesserant a fidei puritate potentissime ac piissime matris eorum civitatis Senensis... in eorum perfidia perdurando, guerre et dissensionis totius Tuscie caput et principium se fecerunt, quorum instigationibus et exercitiis non nulle terre castraque Tuscie sunt destructa et plurimorum anime et corpora perierunt, nec non quam plures divites ad inopiam devenerunt; volentes nunc ad sinum clementie prefate matris eorum redire, corrigendo Dei nutu errores eorum, congregati Senis, in campo fori, ante conspectum victoriosi carrocii... in publica cantione ipsius civitatis ibidem coadunata, ut moris est, ad sonum tube, querendo etiam ac petendo misericordiam de commissis (8 septembre 1260. *Caleffo vecchio*, p. 371.)

Provenzano fit décider qu'on n'aurait point d'égard à ces humbles prières. Le 22 septembre, partait une expédition. Le 30, Montalcino était détruit, et ses habitants condamnés à vivre dans l'air empesté de Montaperti, jusqu'à ce qu'on leur eût pardonné. On les y laissa deux jours, puis on leur permit de rentrer chez eux, de rebâtir leurs demeures, à condition d'être désormais des fils soumis. Ils jurèrent, mais la rancune dans le cœur et le parjure sur les lèvres. Pouvaient-ils pardonner le pillage venant après la soumission, et l'incendie propagé de sang-froid, « afin, dit la chronique, de ne rien laisser qui fût debout[1]? »

Plus clairvoyant et plus énergique, Montepulciano tenait ses portes obstinément fermées à ces triomphants gibelins. Mais aux derniers jours de novembre revinrent de la cour de Manfred les ambassadeurs siennois, apportant, avec la nomination du comte Giordano comme potestat de leur ville pour 1261, l'acte de donation de la place rebelle[2], « ce qui fut réputé une grande faveur[3]. » Faveur subordonnée, toutefois, à la longue opération d'un siége, dont Manfred laissait la charge aux intéressés. La saison n'étant point favorable, le siége ne commença qu'en mai 1261, et ne prit fin qu'en juillet. Alors tomba la vaillante cité avec tous les bourgs qui en dépendaient[4].

---

[1] Ventura, p. 129-134. Le 25 juin 1262, le conseil de la Campana décidait de compléter le plus tôt possible la *masnada* de cavaliers qui devaient entourer Montalcino (*Consiglio della Campana*, IX, 160).

[2] Le privilége original, daté du 20 novembre 1260 et auquel pend le sceau de cire rouge, est conservé parmi les *Pergamene* des *Riformagioni* à Sienne. Malavolti l'a publié (part. II, l. I, f° 25), ainsi que Lünig, *Codex diplom. Ital.*, t. III, p. 1501.

[3] Fu riputato non picciol favore. (Malavolti, *loc. cit.*)

[4] La soumission de Montepulciano est du 5 juillet 1261 (*Caleffo vecchio*, p. 375).

Sienne y fit aussitôt construire une forteresse dont les deux ailes, faisant saillie au dehors, permettaient de pénétrer à l'intérieur, en cas de rébellion nouvelle, sans avoir à livrer l'assaut. Tandis que, de gré ou de force, beaucoup d'habitants s'acheminaient vers l'exil, Sienne recevait en triomphe leur vainqueur Donusdeo Trombetti, et envoyait pour gouverner les autres Provenzano Salvani, en qualité de potestat [1].

Seules, Arezzo et Lucques devaient tenir bon encore quelque temps [2]; mais elles étaient trop distantes l'une de l'autre et trop excentriques pour porter même une ombre dans le brillant tableau de la victoire. La soumission des Florentins, la domination rétablie des gibelins à Florence éclipsaient tout le reste. Aussitôt après la défaite, les misérables débris de la « magnifique armée » étaient venus y abriter leur honte, leur découragement, leur désespoir. La contagion en avait promptement gagné la population consternée. Rien ne restait plus de ce que Dante appelle « la rage florentine jusqu'alors superbe, » et Ptolémée de Lucques, « son hostilité fastueuse contre les voisins [3]. »

---

[1] Voy. l'acte dans le *Caleffo vecchio*, 5 juillet 1261, p. 375. M. Paoli (p. 67) donne plus de détails que Malavolti (part. II, l. I, f° 26 r°). L'acceptation d'une charge secondaire prouve bien que si Provenzano était dur et féroce, comme nous l'avons vu, il n'avait pas le dessein que lui prête Dante, de mettre Sienne tout entière dans ses mains :

> Ed è qui perchè fu presuntuoso
> A recar Siena tutta alle sue mani.
> (*Purg*. XI, 122.)

[2] Malavolti, *loc. cit.* Paoli, p. 74.

[3]
> Fu distrutta
> La rabbia fiorentina che superba
> Fu a quel tempo si com' ora è putta.
> (*Purg*. XI, 112).

Sic quæ prævalens pars adversa nostros vertit in fugam, Deo permittente, qui animis fastuose suis finitimis Florentini erant infesti (*Ann. Ptol. Luc.*, R. I. S., t. XV, 283).

Par une de ces brusques réactions que subit la nature humaine fortement ébranlée, à l'enivrement d'un règne de dix ans et qui semblait éternel, succéda l'énervante pensée qu'il ne se pouvait prolonger un jour de plus. Prompts à s'abandonner dans les revers comme à s'exalter par le succès, les Florentins n'eurent confiance ni dans leur nombre, ni dans leurs hautes tours, ni dans leurs fortes murailles, ni dans leurs fossés remplis d'eau[1]. A la crainte des Tudesques brutaux et des gibelins rebelles qui s'avançaient avides de s'enrichir ou altérés de vengeance[2], brûlant déjà tout sur leur passage[3], menaçant de tout égorger[4], s'ajoutait celle des défections, des trahisons, que rendait trop vraisemblables, si Florence soutenait un siége, celles de la néfaste bataille. Déjà dans les rues les amis des vainqueurs témoignaient une joie insultante. La plèbe, plus favorable aux guelfes, mais peu soucieuse du bien public, et qui tournait au vent du succès, semblait prête à le saluer de ses aveugles acclamations[5]. Les indifférents, les neutres, aimaient mieux accueillir les gibelins que de les irriter contre leur patrie[6]. Parmi les guelfes eux-mêmes, la concorde ne régnait plus. Les *popolani*, imprudents auteurs de la guerre, encouraient de la part

---

[1] La città era molto forte di mura e torri e fossi pieni d'acqua e da poterla bene tenere e difendere (Villani, VI, 80).

[2] *Ibid.*

[3] Andrea Dei, R. I. S., t. XV, 53.

[4] Ex quo adeo crevit audacia furiosa malorum, quod nos in propria civitate reversos proposuerant nequiter trucidare (Lettre des guelfes florentins à Conradin, ap. Cherrier, III, 510, App.).

[5] Non confidando molto dell' infima plebe, la quale non curando molto degl' interessi de' grandi, vilmente suole andar dietro alla fortuna di chi vince (Ammirato, l. II, t. I, p. 122).

[6] Nè volendo esser cagione della rovina della patria (Ammirato, *loc. cit.*).

des nobles d'amers et véhéments reproches. Dans le désarroi de ces discordes et de ces défiances, les plus énergiques, les plus compromis résolurent de s'éloigner. Villani, Brunetto Latini les en reprennent comme d'une marque de faiblesse : « Dieu, disent-ils, ôte à ceux qu'il veut perdre tout bon sens, toute pénétration[1]. » Mais de quel profit pouvait être la résistance pour ces grands guelfes, chevaliers sans être chevaleresques, qui supputaient les bénéfices ou les pertes dans leurs entreprises militaires, comme les marchands dans leur trafic ? Sortir de leur ville natale était pour eux le plus sûr moyen, en sauvant leurs jours, d'y rentrer avant peu par la guerre et d'y rétablir leur domination.

Le 13 septembre[2], partirent en nombre ceux que menaçait la vengeance des gibelins. Ce n'étaient plus seulement de vieilles et nobles familles guelfes ; les *popolani* apprenaient à leur tour le chemin de l'exil. Leur malheur attestait leurs progrès. Entre autres familles nouvelles, on vit s'éloigner les Soderini, les Machiavelli, les Ammirati, les Magalotti, les Altoviti[3]. Prato, Pistoia,

---

Per mala provedenza
E per forza di guerra
(Brunetto Latini, *Tesoretto*, p. 13).

E a cui Dio vuole male, gli toglie il senno e l'accorgimento (Villani, VI, 80). — Stefani (II, 124) dit que les guelfes auraient pu tenir parce qu'ils étaient unis et que la haine des *popolani* pour les gibelins était immense ; mais il ne justifie pas ses assertions, la première surtout.

[2] Paoli, p. 68. Paolino (II, 25) dit le 9 ; Malavolti (part. II, l. 2, f° 25 r°) le 25 ; mais chez celui-ci, ce n'est probablement qu'une erreur typographique, car pour les événements postérieurs il donne une date antérieure. Quant à Paolino, ses dates sont souvent inexactes.

[3] Voici les noms d'après Stefani (II, 124) et Villani (VI, 80) :

Porta di Duomo : Tosinghi, Arrigucci, Agli, Sizi, Marignolli.

S. Brancazio : Tornaquinci, Vecchietti, Pigli, Minerbetti, Beccanugi, Bordoni.

Borgo S. Apostolo : Scali, Spini, Gianfigliazzi, Giandonati, Bostichi. (Vil-

Volterre, San Gemignano, fournirent aussi à l'exil des recrues. Quelques-uns partirent pour les pays étrangers, Brunetto Latini notamment, qui, revenant de son ambassade, dut rebrousser chemin et aller en France enseigner la rhétorique¹. D'autres mirent entre eux et leurs ennemis l'épaisseur de l'Apennin : ils se réfugièrent à Bologne. La plupart donnèrent à Lucques une préférence militante. Lucques leur fit un accueil fraternel et leur assigna pour résidence le quartier de San Frediano. Ils y organisèrent aussitôt leur gouvernement, comme dans leur patrie. Pour assister le comte Guido Guerra, leur chef militaire, ils élurent un potestat, un syndic, d'autres magistrats encore². On rapporte que, dans cette petite république d'exil et de quartier, Tegghiaio des

lani ajoute les Buondelmonti que Stefani met dans Oltrarno.) Parmi les *popolani* : Altoviti, Ciampoli, Baldovinetti, Bonaiuti (Villani supprime systématiquement ces derniers).

Oltrarno : Rossi, Niccoli (Villani dit Nerli), partie des Mannelli, Bardi, Mozzi, Frescobaldi, Buondelmonti.

Popolani : Canigiani, Magli, Machiavelli, Belfradelli, Aglioni, Orciolini, Soderini, Ammirati (Villani supprime les Aglioni et ajoute les Agolanti, Rinucci, Barbadori, Battimamme).

S. Pier Scheraggio : Gherardini, Lucardesi, Cavalcanti, Bagnesi, Pulci, Guidalotti, Foraboschi, Manieri, Da Quona, Sacchetti. Parmi les *popolani* : Magalotti, Mancini, Bucelli (Villani ajoute aux nobles les Malespini et Compiobbesi, aux *popolani* les Della Vitella).

Por San Piero : Adimari, Pazzi, Visdomini, Donati, Mazzocchi, Uccellini, Boccatori (ou Boccatonde dans Villani).

¹ Il furent chacié hors de la vile ; et lor choses en furent mises à feu et à flamme et à destruction ; et avec els en fut chacié maistres Brunez Latins (*Li Livres dou Tresor*, p. 102, *Doc. inéd. sur l'hist. de France*, 1863). Il devait plus tard rentrer à Florence pour y exercer de grandes charges et y dégrossir ses compatriotes dans la politique. Cent ans après on le mettait au rang des plus grands auteurs : « Lis Omer, Virgile, Tite-Live, Orose, Troge Pompée, Justin, Flore, Stace, Lucan, Jules Celse, Brunet Latin... (Alain Chartier, *L'espérance ou consolation des trois vertus*, p. 562, 1617).

² *Liber multarum epistolarum*, ap. Cherrier, III, 110, App.

Adimari ayant rencontré Lo Spedito, dont il avait encore sur le cœur la grossière injure, tira de ses poches cinq cents florins d'or et lui dit : « Tu vois ce que j'ai dans mon haut de chausses. Cet argent, je le dépenserai pour le parti guelfe dont tu as causé la perte. — Eh ! pourquoi m'avez-vous cru ? » répliqua le *popolano* confus et repentant[1]. Son repentir, comme sa bravoure, le rendait digne d'indulgence. Ce n'était plus du passé qu'il s'agissait, mais de l'avenir. Ils ne pensaient tous qu'à commencer en exilés cette lutte qu'ils n'avaient pas osé soutenir en citoyens.

Sienne, tout d'abord ne put croire à leur départ, à l'abandon d'une ville qui pouvait faire encore bonne défense. Quand la nouvelle en fut confirmée, les gibelins, joyeux autant que surpris, ne pensèrent plus qu'au retour. Le jeudi 16 septembre[2], ils arrivaient sous les murs de Florence. Guido Novello leur capitaine, le comte Giordano, vicaire général du roi, les conduisaient. Giordano avait le commandement suprême, dû à son titre[3] et à la menaçante escorte de ses Allemands. Ils trouvèrent les

---

[1] Alzò il lembo e misse mano a' caviglioni delle brache, e disse : Guarda come io ho conce le brache, e spenderògli in onorare la parte guelfa e la città, e sono de' miei e tu gli spendesti in disfarla (Stefani, II, 428). Cf. Villani (VI, 82) qui dit que Lo Spedito répondit : « Voi perchè mi credevate? » Selon Stefani, la rencontre entre les deux Florentins n'eut lieu qu'en septembre 1262, après l'entreprise des guelfes sur Signa dont il sera question plus loin ; mais il est peu croyable qu'habitant le même quartier d'une si petite ville, ils fussent restés si longtemps sans se voir. A moins pourtant que l'un des deux ne fût arrivé à Lucques qu'à ce moment-là, ce qui n'est pas impossible, puisqu'il y avait des guelfes ailleurs.

[2] Villani (VI, 80) dit le dimanche 16 ; mais le 1er était, comme on l'a vu, un mercredi, et le 4 un samedi. — Sur la date, il y a des variantes dans les auteurs modernes (Sismondi, II, 360, Cherrier, III, 107) ; mais on ne saurait s'y arrêter. L'exact Ammirato dit le 16, comme Villani.

[3] Che come vicario regio era capo di quelle genti (Malavolti, part. II, l. 2, f° 23 v°).

portes ouvertes. Quelques familles guelfes étaient restées dans leur patrie : les Della Bella, les Cangiberti, les Guidalotti di Balla, les Mazzocchi, les Uccellini avaient voulu partager le sort de leurs concitoyens[1]; mais d'un commun accord ils voulaient ôter tout prétexte aux fureurs de la victoire dans une ville prise d'assaut. Allemands et gibelins entrèrent en bon ordre, bannières déployées, dans le lugubre silence des rues désertes. Ils redoutaient cette population ennemie qui se cachait au fond de ses demeures ou des églises, par crainte des mauvais traitements qu'autorisaient les usages de la guerre. Ils n'avançaient donc que lentement, avec des précautions infinies, en occupant tour à tour les points stratégiques, avec un respect des choses qui semblait promettre le respect des personnes. Par là ils les rassurèrent. Quelques-uns des plus hardis osèrent s'aventurer vers le palais du peuple[2], où l'on disait que le comte Giordano était descendu. L'ayant rencontré sur leur chemin, ils se jetèrent à ses pieds, les genoux dans la poussière et en versant d'abondantes larmes. Au nom de tous, le plus âgé implora sa clémence, le supplia de ne pas ruiner une cité dont il était le maître, et confessa que, pour les fautes commises, les précédents magistrats méritaient un terrible châtiment. « Mais, ajouta-t-il, ils se sont enfuis. Ceux qu'a trahis leur ambition ne sont-ils pas dignes de miséricorde, quand ils se remettent à la volonté du vainqueur[3]? » Lan-

---

[1] Villani, VI, 80. Ammirato, l. II, t. I, p. 123.

[2] En ce temps-là il faut entendre le palais non encore achevé qui était en face de la *Badia*, et devait porter le nom de *Bargello*.

[3] Malavolti, part. II, l. 2, f° 23 r°. — Villani ne parle pas de cette scène. En lieu et place il rapporte les propos tenus à Rome par deux cardinaux sur le prochain avenir de Florence. L'un, Ubaldini, l'ami de Fré-

gage dépourvu de sincérité autant que de noblesse. Des guelfes désavouaient leurs chefs après les avoir soutenus et même poussés en avant. La défaite ne savait pas encore avoir sa dignité.

Le comte Giordano promit sans difficulté l'indulgence. Sa prudente circonspection lui en imposait le dessein. Il était sûr d'être obéi, même en défendant aux Allemands le pillage et aux gibelins la vengeance. Le seul écart qu'il ne put empêcher, peut-être parce qu'il ne l'avait point prévu, ce fut la profanation d'une tombe vénérée. Les restes d'Aldobrandino Ottobuoni furent retirés de celle où ils reposaient depuis trois ans, traînés par toute la ville, jetés ignominieusement dans les fossés. Les gibelins flétrissaient sa mémoire parce qu'il était guelfe d'origine, et quoiqu'il eût servi sa patrie en patriote, sans acception de parti[1].

Humain pour les vaincus, le comte Giordano voulut asseoir solidement et subordonner à son maître le pouvoir des vainqueurs. Il exigea d'eux et de tous les habitants le serment de fidélité. Il aboli toutes les lois publiées depuis dix ans pour augmenter le pouvoir du peuple. Il nomma Guido Novello potestat pour vingt-sept mois, c'est-à-dire jusqu'au 1er janvier suivant, puis pour deux ans entiers à partir de ce jour-là[2]. Mais il ne tardait

---

déric II, se réjouit de la défaite des guelfes; l'autre, Bianco « grande istrolago e negromante, » prédit leur revanche (Villani, VI, 81).

[1] Quel che più di ciascun' altra cosa increbbe al popolo e che superò ogni legge d'humanità fu..., etc. (Ammirato, l. II, t. I, p. 123). Voy. plus haut, l. III, ch. I, p. 440, l'acte de désintéressement d'Aldobrandino Ottobuoni.

[2] Il y a à ce sujet quelque discordance entre les auteurs. Paolino (II, 26) dit même avec une apparence de précision qu'il fut nommé pour 15 mois et 20 jours, c'est-à-dire pour la fin de l'année courante et un an à la suite; mais Simone della Tosa dit expressément : « E' Ghibellini in quel dì fer-

point à quitter Florence pour assurer en Toscane la domination des gibelins, et avec Guido Novello, installé à sa place au palais communal, reparut la politique de défiance méticuleuse, de vindicative et violente compression. Toujours en alarmes d'un peuple dont le morne silence dissimulait mal les ressentiments, il se hâta de faire tracer une rue qui conduisait du palais aux murs de la ville, et, à cet endroit, une porte qui lui permît de s'échapper librement en cas d'émeute, ou de faire entrer ses fidèles du Casentino, pour défendre sa personne comme son gouvernement[1]. Déjà défendu par quelques compagnies de cavaliers et de fantassins siennois, par une partie des Allemands que Giordano lui avait laissés, et dont la solde était payée par le trésor public[2], il paya encore la sécurité qu'ils lui donnaient, en n'exigeant plus d'eux la discipline sévère des premiers jours. Il revint lui-même aux injustes rigueurs si chères aux partis. Les guelfes furent sommés de rentrer sans délai, sous peine de perdre leurs biens et la vie. Comme ils ne crurent pas qu'obéir fût un moyen sûr d'échapper à la mort, on confisqua toutes leurs propriétés au profit de la commune, on détruisit en grand nombre leurs tours et leurs palais[3].

Ces rigueurs, au surplus, n'étaient pas sans excuse. Il n'y faut pas voir seulement des représailles, que l'usage

---

marono G. Novello potestà di Firenze insino a calen di gennaio, e da calen di gennaio a due anni (p. 199). » Or, sur ce chiffre de deux ans, il est d'accord avec Villani.

[1] La rue fut appelée *Via del Palagio*, et la porte *Porta Ghibellina*. Aujourd'hui la rue qui va du Bargello aux murailles de Florence s'appelle *Via Ghibellina*. Quant à la *porta Ghibellina*, elle était entre l'Arno et la porte actuelle de Santa Croce.

[2] Villani, VI, 80. Malavolti, part. II, l. 2, f° 24 r°.

[3] Villani, VI, 80.

du temps rendait presque légitimes. A ce moment, Arezzo résistait encore, Pistoia n'avait pas fait sa soumission, Lucques donnait asile aux guelfes, Florence vivait dans une atmosphère orageuse : on pouvait craindre que, du jour au lendemain, elle ne rappelât les exilés. C'est pourquoi, sans retard, dès les derniers jours de septembre, le comte Giordano convoquait à Empoli une diète gibeline[1]. A son appel répondirent tous les barons de la Toscane, toutes les villes qui y adhéraient au parti, tous les exilés de celles qui tenaient encore pour les guelfes. Des négociations furent ouvertes et conduites avec cette lenteur qu'on y apportait presque toujours en ce temps-là. Giordano n'y présida point. Rappelé par son maître, il n'était plus occupé que de son départ[2]. En vain, pour le retenir, les gibelins allèrent-ils jusqu'aux pieds de Manfred[3]. Nécessaire dans le « royaume, » le comte dut, quoique nommé potestat de Sienne pour 1261, quitter

---

[1] Le fait est révoqué en doute par Malavolti (p. II, l. 2, f°˙ 25, 27). Mais il est affirmé par Villani (VI, 81) et par Dante (*Inf.*, X, 89-93). M. Paoli croit qu'on peut le tenir pour vrai : 1° parce qu'il est vraisemblable ; 2° parce que les documents parlent, en 1261, d'une ligue gibeline provoquée par Giordano (p. 68, 69). Cette ligue conclue, comme nous le verrons, le 28 mai 1261, devait, selon l'usage, avoir été précédée de longues pratiques. En outre, quant à la date où commencèrent ces pratiques, il est clair que si l'on y proposa la destruction de Florence, ce ne put être qu'au lendemain même de la victoire, alors qu'elle semblait encore mal assurée. M. Reumont met au même jour, 13 septembre, la retraite des guelfes à Lucques, l'entrée des gibelins à Florence, et l'assemblée d'Empoli, ce qui est absolument inadmissible.

[2] Villani, VI, 82. Stefani, II, 126. Ammirato, l. II, t. I, p. 124.

[3] Ma perchè il Re havea risposto che havea egli bisogno di servirsi della persona del conte, e quelli era perciò costretto tornarsene nel regno. (Ammirato, *loc. cit.*) Malavolti, (p. II, l. 2, f° 27) prétend que Giordano ne partit qu'en 1262 ; mais les textes qu'il allègue prouvent bien une concentration de pouvoirs à cette date, ils ne prouvent pas que ces pouvoirs ne fussent pas exercés par délégation, depuis le moment où Giordano avait dû penser à son départ.

la Toscane comme il avait quitté Florence, et déléguer ses pouvoirs sur Sienne à Francesco Semplice, et sur Florence à Guido Novello[1].

A la diète, la première proposition fut de détruire cette redoutable ville, nid obstiné de guelfes, où les gibelins ne pouvaient dormir en repos, et de la réduire à l'état de simple bourgade[2]. Approuvée par l'assistance jalouse, la motion plut même à beaucoup de seigneurs florentins, qui y voyaient la certitude de conserver leurs châteaux et leurs juridictions[3]. Un seul se leva pour protester. C'était cet énergique et rusé Farinata des Uberti, qui, après avoir si adroitement préparé la bataille, disparaît dans le récit de la bataille même, comme dans celui du triomphe, soit parce que les chroniqueurs florentins oublient sa rébellion en souvenir de son patriotisme tardif, soit parce que les chroniqueurs siennois dissimulent la gloire d'un « étranger » avec cette vanité propre à leur patrie, et plus grande encore, selon Dante, que celle des Français[4].

Farinata se leva donc pour prononcer un discours. Il le voulut, suivant l'usage, commencer par un texte, comme on fait les sermons. Mais, en épicurien épris de

---

[1] Malavolti, *loc. cit.* Ces deux personnages sont appelés l'un et l'autre, probablement par confusion, vicaires généraux.

[2] Villani, VI, 82. Ammirato, l. II, t. I, p. 124.

[3] Molti degli stessi Fiorentini, i quali haveano tenute e castella nel contado di Firenze, e dubitavano che stando in piè la Republica lungo tempo, un dì harebbe tolto loro quelle giurisdizioni. (Ammirato, *loc. cit.*)

[4]   Or fu giammai
  Gente si vana come la sanese?
  Certo non la francesca si d'assai.
    (*Inf.* XXIX, 120.)

Le silence des chroniqueurs sur le rôle de Farinata dans la bataille, ne peut guère s'expliquer par d'autres motifs, car Machiavel déclare que Farinata était « eccellente nella guerra. » (*Ist. fior.*, II, 19.)

l'indépendance religieuse, il ne choisit pas un texte sacré. Il préféra deux grossiers proverbes florentins : « L'âne hache les raves comme il sait, et la chèvre va clopin-clopant jusqu'à ce qu'elle rencontre le loup[1]. » Seulement il les brouilla dans un transport d'indignation : « Comme l'âne sait, dit-il, la chèvre boîte ; il hache les raves, si le loup ne lui vient à la rencontre[2]. » Sous les auspices de ce non-sens, son discours ne fut qu'un amas de protestations incohérentes dans leur énergie, sans aucun rapport avec la belle harangue de goût antique que Leonardo Bruni et Ammirato mettent dans la bouche de l'impétueux gibelin. Le sens du moins était clair : « Comme l'âne, comme la chèvre, vous ne savez pas sortir de votre routine, dût-elle vous conduire à votre perte. Quant à moi, je n'ai tant souffert que pour vivre dans ma patrie. Je la défendrai donc, et je mourrai, s'il le faut, l'épée à la main[2]. » Cela dit, il sortit du conseil, furieux, secouant la tête d'un air de défi, prêt à appeler ses amis au secours de Florence. Comme ses amis étaient nombreux, comme il avait sur eux et sur tous une grande autorité, on coupa court à la discussion sur ce sujet et l'on forma d'autres desseins[3]. Grâce à lui, Florence était sauvée. Pour avoir ainsi réparé le mal dont en partie il était cause, il a laissé le renom d'un grand citoyen, sans obte-

---

[1] Come asino sape, cosi minuzza rape ; e vassi capra zoppa, se lupo non .a intoppa (Villani, VI, 82). Sismondi (II, 564) et M. de Cherrier (III, 108) rapportent ces deux proverbes très-inexactement.

[2] Villani, VI, 82. Machiavel, Ist., II, 19.

[3] Villani, *loc. cit.* Ammirato, p. 125. — Les ennemis de Florence ont souvent regretté que cette ville ait été alors épargnée. M. Trollope (I, 156) rapporte qu'en 1847, un libraire, un publiciste siennois exprimait encore ce sentiment. « Era meglio spianarla, » disait-il dans une conversation.

nir pourtant l'honneur d'une statue. Dante lui a élevé un monument plus durable que l'airain, mais où il fait, avec autant de justice que de justesse, la part du bien et du mal. C'est aux enfers qu'il place le héros gibelin, hérétique, incrédule et impie[1], dans une plaine qui de tous côtés vomit des flammes, où des sépulcres s'élèvent de place en place, horribles chaudières qu'un feu ardent rougit et d'où s'exhalent des soupirs profonds, des cris lamentables[2]. Le patriote même, dans Farinata, n'est pas pour le poëte justicier, exempt de tout reproche. Il le montre rappelant que seul il défendit Florence à visage découvert[3], mais le rappelant sans orgueil, et même avec quelque honte, car à Empoli comme sur les bords de l'Arbia, c'est à rentrer et à vivre dans la maison de ses pères que tendaient ses égoïstes efforts. Ce qui le tourmente aux cercles de l'enfer, c'est moins ce lit de feu où il cherche en vain le repos, que de voir les Uberti, ses descendants, exceptés de toutes les amnisties, n'ayant pas appris l'art du retour[4]. S'il appelle « lois impies » celles qui les maintiennent en exil, c'est qu'elles les y maintiennent seuls. « Je n'étais pas seul à la bataille, dit-il

---

[1]
Qui son gli eresiarche
Co' lor seguaci d'ogni setta.
(*Inf.* IX, 227.)

[2] *Inf.*, IX, 110-123.

[3]
Ma fu' io sol, colà, dove sofferto
Fu per ciascuno di tor via Fiorenza
Colui che la difese a viso aperto.
(*Inf.* X, 91.)

[4] Ma i vostri non appreser ben quell' arte.. (*Inf.* X, 51.)
E se continuando al primo detto
Egli han quell' arte, disse, male appresa,
Ciò mi tormenta più che questo letto. (*Inf.* X, 76-78.)
Dimmi perchè quel popolo è sì empio
Incontro a' miei in ciascuna sua legge ? (*Inf.* X, 83.)

tristement ; si les autres étaient bannis comme moi, ce ne serait pas sans raison [1]. » Juste retour sur lui-même que lui prête une grande âme, mais que jamais peut-être ne fit ce fougueux chef de parti.

Les Siennois, cependant, dès le lendemain de la bataille, avaient dépêché des ambassadeurs auprès d'Alexandre IV, pour protester de leur dévouement au saint-siége, après comme avant une victoire « qui était celle du bon droit [2]. » Mais sourd à leurs protestations, uniquement touché du désastre des guelfes, le pontife les réconfortait de son mieux, leur promettant l'appui de l'Église [3]. Le 18 novembre 1260, il fulminait de nouveau l'excommunication contre Manfred et ses adhérents, contre Sienne et toutes les communes de Toscane, de Lombardie, de la Marche, du « Jardin de saint Pierre [4], » qui lui donnaient secours ou conseils, qui obéissaient à ses ordres, qui marchaient sous ses bannières ou entretenaient correspondance avec

---

[1] Poi ch'ebbe sospirando il capo scosso,
A ciò non fu' io sol, disse, nè certo
Senza cagion sarei con gli altri mosso.
(*Inf.* X, 88.)

M. Fiorentini traduit : « Ce n'est pas sans droit que je m'étais joint aux autres. » (P. 35 de sa trad. de la *Div. Com.*, Paris, 1858.) Mais cet écrivain frivole est coutumier des contre-sens (il fait dire à Dante que Florence vainquit Sienne à Montaperti, p. 162), et des erreurs de tout genre (il fait naître l'abbé de Vallombreuse à Padoue, note 4 au ch. XXXII de l'*Enfer*). — On conserve dans un corridor attenant à l'église de Santa Croce un grand crucifix peint à la manière grecque par Margaritone, et donné par l'artiste à Farinata, après la bataille (Cherrier, III, 108, n. 2). Ce crucifix est dans un parfait état de conservation. — Voy. sur Farinata un travail de M. De Sanctis (*Nuova Antologia*, t. XI, mai 1869). A peine est-il besoin de signaler la méprise de M. de Saint-Priest (I, 334) qui dans les vers de Dante ne voit pas la critique discrètement mêlée à l'éloge.

[2] Malavolti, part. II, l. I, f° 21 ; l. II, f° 22, 23.
[3] *Liber multarum epistolarum*, ap. Cherrier, III, 110
[4] *Ducatus et Orti Sancti Petri* (*Ibid.*, p. 510).

lui. Défense y était faite d'ouvrir les églises et de célébrer les offices, d'administrer les sacrements, sauf l'eucharistie aux mourants et le baptême aux nouveau-nés[1]. Deux mois plus tard, le 23 janvier 1261, Alexandre IV recommandait aux Pisans réconciliés avec lui de ne pas céder aux suggestions ennemies et aux tentations du voisinage, en attaquant les Lucquois et leurs hôtes, les guelfes florentins, sous peine d'être châtiés avec non moins de rigueur que d'une attaque contre l'Église même[2]. Menaces vaines d'ailleurs! D'âme gibeline et d'esprit pratique, comment Pise ne se fût-elle pas rapprochée de Manfred victorieux? Le 28 mai 1261, avec Sienne, Florence, Prato, Pistoia, Colle, Poggibonzi, San Gemignano et San Miniato, elle adhérait à la ligue dont la conclusion mettait fin aux longues négociations d'Empoli[3].

Longtemps auparavant, le 22 novembre 1260, quatre jours à peine après celui où le pape, en excommuniant les vainqueurs, se prononçait pour les vaincus, les gibelins de Florence, mis en demeure de remplir leurs engagements secrets envers Sienne, avaient chargé Lotteringo Pegolotti, leur syndic, de conclure avec elle un traité de paix et d'amitié. Le 25 novembre, à Castel Fio-

---

[1] *Liber multarum epistolarum*, ibid.
[2] Doc. des *Riformagioni* de Sienne, à cette date. Paoli, p. 69, n. 2. M. de Cherrier (III, 110, n. 4), met au 31 mai 1262 la conclusion de cette ligue, et il conclut de cette erreur que le pape obtint quelque effet de ses menaces aux Pisans, tandis que c'est le contraire qui est la vérité.
[3] Malavolti (p. II, l. 2, f° 24 r°) dit que ce fut le 20, mais M. Paoli montre par les documents qu'il indique que ce fut le 22. De cette date sont les instructions du syndic, qui devinrent les termes mêmes du traité. (Doc. publié par Saint-Priest, I, 372, d'après Camici, *De' vicari regii della Toscana*, p. 88, doc. 7.) Parmi ceux qui souscrivent cet acte, se trouve Guido Bonatti, qualifié « Astrologo comunis Florentie, » citoyen de Forlì. Il était aussi astrologue de Guido Novello (Voy. *Oss. fior.*, I, 135, 3ᵉ éd.).

rentino, en présence du comte Giordano[1], les deux villes nouaient alliance « pour l'honneur du roi Manfred et du parti gibelin », s'engageaient à respecter l'état, les biens, les droits l'une de l'autre, laissaient les guelfes réfugiés à Lucques ou captifs à Sienne sous le coup des confiscations[2]. Dans le délai de quatre mois, tout Florentin de dix-huit à soixante-dix ans devait jurer ladite paix, et, après dix années, renouveler son serment. Florence abandonnait toutes ses prétentions sur Montepulciano, Montalcino, Castiglion del Trinoro, Rocca di Campiglia, Menzano, Casole, Poggibonzi, Staggia, et autres terres appartenant à divers seigneurs[3]. Elle faisait plus : elle confessait par la bouche de son syndic qu'elle avait pris ces châteaux et d'autres encore, de vive force ou par intimidation, et contre toute justice, attendu que, de droit naturel, ils appartenaient aux Siennois[4]. Cet humiliant aveu ne figurait point dans les instructions du syndic florentin : il fut sans doute une condition de la dernière heure. Les gibelins de Florence ne s'en purent défendre. Ils payèrent

---

[1] « Acte sunt hec apud Castrum Florentinum in comitatu Florentie, in presentia D. Com. Jordani regii in Tuscia vicarii generalis. » (Doc. du 3 janvier 1261. Perg., n° 713. Sienne, *Arch. dipl. delle Riformagioni*, publié par Saint-Priest, I, 364. — Cet auteur donne à tort la date de 1260. Il aurait dû au moins avertir que c'est celle du vieux style, mais il s'en est lui-même si peu douté, qu'il met ce document avant un autre du 22 novembre 1260. — Les deux syndics de Sienne se nomment Jacopo Pagliaresi et Buonaguida Boccacci.

[2] Salvo quod de his non teneatur comune Sen. captivis qui sunt in civitate Sen. de civitate Flor. vel districtu (Acte d'alliance entre Sienne et Florence. Janvier 1261. Perg., n° 713, ap. Saint-Priest, I, 363, App.).

[3] Cum ad dictum comune senense omnia et singula supradicta pertinebant et pertinuerunt (*Caleffo vecchio*, p. 367).

[4] *Pergamene delle Riformagioni di Siena, et Caleffo vecchio*, p. 367-369. Deux documents dont l'un a été publié dans les *Delizie degli eruditi Toscani*, IX, 13, 24. — Voy. dans Saint-Priest (I, 362, 365, Append.), les instructions données au syndic florentin.

sans marchander la rançon de leur pouvoir. Contraints à déshonorer un passé auquel ils avaient eu tant de part, ils rendirent moins amer l'affront politique en donnant satisfaction aux intérêts commerciaux. Ils triomphèrent de ce préjugé de leur temps, qu'un peuple perd tout ce que gagne son voisin. Excepté pour le blé, le vin et la viande, Florence et Sienne s'exemptèrent réciproquement de tributs comme de péages ; elles s'accordèrent l'une à l'autre la libre circulation des personnes et des marchandises[1]. Leurs syndics se donnèrent le baiser de paix. Ils jurèrent sur les saints Évangiles l'observation de ces pactes, et les ratifications en furent échangées à Florence, le 11 janvier 1261[2].

Florence soumise, Florence gibeline, qui donc pouvait résister en Toscane, qui donc être guelfe impunément ? C'est à peine si quelques démonstrations seraient nécessaires encore pour exterminer la faction vaincue. Ses restes, cantonnés aux extrémités de la province, ne faisaient pas même une ombre au brillant tableau. Le retentissement de cet imprévu et complet triomphe fut immense. L'écho s'en prolongea dans toute l'Italie et

---

[1] Quod comune... non tollat... aliquod pedagium, vel guidam, seu vectigal. Item quod aliqua dictarum civitatum non faciat aliquod decretum de aliquibus mercimoniis seu mercantiis, et specialiter de lana, et pannis; et cojamine, et lignamine et ferro, et accerio, et oleo alteri civitati... et quod homines dictarum civitatum possint libere ire et redire cum dictis mercimoniis, et cum salmis lane et boldronum et pannorum, exceptis blada, vino et carnibus. (Acte d'alliance, *loc. cit.*, ap. Saint-Priest, I, 364; App. et *Caleffo vecchio*, p. 368 v°.)

[2] Cela résulte d'un payement fait à un notaire siennois et à son collègue « pro eorum salario ambasciate, quando iverunt Florentiam, pro complemento et confirmatione pacis. » (*Biccherna*, ap. Paoli, p. 71, n. 2.) La nomination de ces syndics avait eu lieu à Sienne, le 3 janvier (Saint-Priest, I, 362) ; on voit dans les *Delizie* (IX, 29) l'élection du syndic florentin.

jusqu'à l'étranger. Les troubadours le célébrèrent en termes insultants :

« Si arrogants que fussent autrefois les Florentins, les voilà aujourd'hui avenants et courtois ; les voilà devenus gracieux dans leurs paroles, affables dans leurs réponses. Grâces en soient rendues au roi Manfred qui les a fait éduquer et châtier si bien que maints d'entre eux sont restés nus sur le champ de bataille. Ah ! Florentins, vous avez péri pour votre orgueil, œuvre d'orgueil et d'araignée [1].

« O roi Manfred ! vous voilà désormais si puissant que je tiens pour insensé celui qui oserait vous chercher querelle. Il n'a fallu qu'un de vos barons pour exterminer les Florentins et les faire crier de douleur. Non, vous ne rencontrerez plus, à l'avenir, en montagne ni en plaine, personne qui vous résiste, et tant pis pour les soldats du Capitole, s'ils sortent en campagne contre vous [2]. »

A cette glorification du vainqueur, répondaient timidement les plaintes des vaincus. Un Toscan gémissait sur la chute d'une cité fille aînée de Rome [3]. Le bel-esprit du siècle de Léon X qui a écrit les poésies qu'on attribue

[1]
Quor qu'om trobes Florentis orgulhos,
En lor trob om cortes et avinens,
De gen parlar e de plazen respos...
Ai ! Florentis, mortz etz per vostr' erguelh,
Qu'erguelhs non es sinon obra d'aranha.

[2]
Oi ! re Matfre, vos es tan poderos
Qu'ieu tenc per fol selh qu'ab vos pren contens,
Qu'ieu vey que sol un dels vostres baros
A'ls Florentis destruitz e'l fai dolens...

Raynouard, *Choix de poésies originales des Troubadours*, IV, 186. Paris, 1819, in-8°. Traduction de Fauriel, *Dante*, etc., I, 267. Cette pièce a été attribuée au célèbre troubadour de Toulouse, Pierre Vidal, mais à tort, Fauriel faisant remarquer qu'en 1260 il était déjà mort depuis cinquante ans.

L'alta fior sempre granata,
E l'onorato antico uso romano.
(D'Ancona, *loc. cit.*, *Nuova Antologia*, janv. 1867, p. 18.)

à Fra Guittone d'Arezzo[1], s'inspire des passions guelfes pour montrer, à Montaperti, le droit méconnu et l'injustice glorifiée, le lion de Florence ongles et dents arrachés, ses défenseurs morts ou captifs, les ingrats Uberti, les Amidei renonçant à la « bonne liberté » dont ils jouissaient entre égaux dans leur patrie, pour transformer en maître leur plus grand ennemi. Il les invite à voir chez les Allemands les épées qui les ont frappés au visage, qui ont tué les pères et les fils. Il se réjouit que, pour s'être donné tant de mal, ces étrangers extorquent l'argent des Florentins[2]. Tels étaient les sentiments des vaincus. Plus d'une fois, et dans une langue plus grossière, ils les durent exprimer de vive voix ou par écrit. La postérité, les contemporains eux-mêmes en auraient dû, ce semble, mieux comprendre un si grave événement.

Ce qui frappe les contemporains, c'est le sang versé à flots, les cadavres couvrant et empestant la riante vallée de Montaperti, l'effondrement inattendu d'une puissance redoutée de tous et que Sienne jusqu'alors n'osait guère affronter. Seule la postérité a fait effort pour remonter aux causes; encore s'est-elle arrêtée en chemin. Sans doute le hasard, toujours présent aux choses humaines, eut sa part dans celles-ci : c'est le hasard qui mit acciden-

---

[1] C'est Ugo Foscolo (*Prose letterarie*, t. IV, p. 169, éd. Lemonnier) qui a signalé la main du faussaire. M. Giudici (*Storia della lett. ital.*, I, 107) dit que, postérieurs à ceux de Pétrarque, ces sonnets ont pu être attribués à Trissino. M. Cantù, (*Hist. des Italiens*, trad. fr., I, 525) dit au surplus qu'on ne sait pas en quel temps vivait Fra Guittone. On peut lire cette *Canzone* dans Gargani, *Della lingua volgare*, etc., p. 80.

[2] Voy. une partie de ces vers dans le travail de M. D'Ancona, déjà cité, p. 19 sq. Cet auteur a le tort de les prendre pour authentiques, quoique la langue n'en puisse appartenir à cette période des premiers bégaiements de l'idiome italien.

tellement la capacité chez les uns, l'incapacité chez les autres ; mais les chefs florentins furent moins au-dessous de leur tâche qu'on n'affecte de le croire et de le dire. Leurs préparatifs témoignent, nous l'avons vu, d'une vigilance extrême et d'un soin minutieux. Leur esprit, précis comme les lois florentines, semblait avoir tout prévu. Sur le champ de bataille même, s'ils firent des fautes de stratégie, ils conçurent vers la fin, pour se dégager, un plan dont le seul tort fut d'être trop tardif. Quant à la vaillance, les marchands florentins ne le cédèrent nullement à leurs vainqueurs. Légèrement armés de l'écu, du heaume, de la dague, avec un faible plastron pour défendre la poitrine et les jambes, ils ne pouvaient, à vrai dire, tenir facilement tête à des cavaliers bardés de fer, qui les renversaient de leurs longues lances et que de courtes dagues n'atteignaient pas [1]. Mais Florence avait les cavaliers de ses *cavallate*, ses guelfes nobles et ses *popolani* riches, qu'elle obligeait de servir à cheval ou qui en revendiquaient l'aristocratique privilége ; elle avait enfin ses mercenaires, tout comme Sienne, en nombre égal et peut-être supérieur.

Autres sont donc les causes de ce grand désastre. La principale, c'est que les deux partis en présence se faisant jusqu'alors à peu près équilibre, ceux qui avaient perdu l'avantage le regagnaient bientôt par leur active foi dans la revanche, tandis que leurs adversaires compromettaient un triomphe précaire en le croyant définitif, aveuglement qui produit l'incurie et qui est le propre des victorieux. Réunissaient-ils une armée, ils devaient y incorporer des gens d'un zèle équi-

---

[1] M. P. Villari dans *Il Politecnico*, juillet 1867, p. 13.

voque, d'une fidélité douteuse, ou les laisser dans la ville, s'exposer par conséquent à la défection sur leurs derrières ou sur le champ de bataille. Trop souvent on explique par la trahison les grands faits de l'histoire; mais ici elle était naturelle, et il fallait la prévoir. Y faire obstacle, tel était le problème. Les chefs florentins échouèrent à le résoudre. L'idée leur dut venir d'exiler les suspects; mais le remède eût été pire que le mal : c'était envoyer des recrues à Farinata des Uberti. De ces trois inconvénients, ils se résignèrent au moindre. Ce fut leur malheur et non leur faute si Bocca des Abati donna le signal d'une perfide volte-face, qu'annonçait déjà la mission de Reggente des Razzanti, si la trahison des gibelins provoqua la défaillance des guelfes, si les mercenaires lombards à la solde de Florence furent dans la mêlée fort au-dessous des mercenaires allemands.

Ainsi s'explique, sans recourir au fatalisme historique, une défaite si imprévue après de continuels succès. Elle était dans l'ordre logique et naturel des choses; mais la revanche y était également. Les vaincus apprenaient par leur défaite qu'on pouvait, en dix années, renverser un gouvernement bien établi, soutenu par une population compacte, redoutable au dehors par la gloire de ses armes, au dedans par ses rigueurs envers les suspects. Il y suffisait de quelques familles, de bons mercenaires bien payés, d'une solide alliance. Que ne pourraient les guelfes bannis en si grand nombre, avec l'appui de Lucques, d'Arezzo, d'Orvieto[1], de Bologne, avec leurs intelligences

---

[1] Les chroniqueurs ne mentionnent pas Orvieto; mais outre qu'elle était toujours favorable aux guelfes, on voit qu'en particulier le 16 octobre 1264 Guido Novello concluait avec les Siennois un accord pour une expédition contre cette ville (*Caleffo vecchio*, p. 455 v°).

secrètes dans leur patrie, avec la complicité instinctive d'un peuple remuant, toujours de cœur et d'âme avec eux! Au désarroi des premiers jours devait donc succéder bientôt une période d'organisation et de lutte, semblable à celle qui venait de finir, sauf que les rôles y seraient renversés.

FIN DU TOME PREMIER.

APPENDICE

AU PREMIER VOLUME

L. I, CH. III, T. I, P. 132

Quand nous avons imprimé la note 2 de la page 132 de ce volume, nous ne pouvions indiquer celui de l'*Archivio storico italiano* où devait paraître le savant travail de M. Passerini, intitulé *Una monaca del duodecimo secolo,* quoiqu'il eût bien voulu nous communiquer par avance la preuve qu'on y devait trouver de la destruction de Fiesole, contestée pour l'année 1125, comme elle l'avait été pour l'année 1010. Ce travail a enfin paru comme introduction à un curieux document (3e série, t. XXVI, ann. 1876). Si nous l'avions connu plus tôt dans toute sa teneur, nous aurions évité de reproduire (au liv. I, ch. II, p. 71), l'erreur de Villani sur l'origine des comtes Guidi, sur le nom et le mariage du premier d'entre eux. Déjà dans ses notices sur les grandes familles italiennes, par lesquelles il continue avec infiniment plus de science et de soin l'ouvrage de Litta, M. Passerini avait montré que les Guidi habitaient en Italie et y étaient même puissants bien avant qu'Otton le Grand débouchât des Alpes dans la péninsule, et que leur plus ancien ascendant connu s'appelait Tegrimo et non Guido. Aujourd'hui, dans le travail dont il s'agit ici, il signale les contradictions du prétendu Malespini (dont il ne semble pas révoquer en doute l'authenticité), et celles de Giovanni Villani sur le mariage du baron allemand Guido avec Gualdrada, comme sur la donation du Casentino à ce seigneur, tantôt par Otton Ier (Villani, IV, 1), tantôt par Otton IV (Villani, V, 37), à deux siècles et demi de distance.

En revanche, le travail de M. Passerini nous est arrivé assez tôt pour que nous pussions corriger à la page 231, avant le tirage, la date de la première mention qu'on rencontre de la magistrature du potestat. Elle remonte à l'année 1146, s'il faut en croire la chronique récemment publiée du juge Sanzanome (au t. VI des *Documenti di Storia patria,* et sous ce titre *Gesta Florentinorum,* par O. Hartwig, *Quellen und Forschungen zur aeltesten Geschichte der Stadt Florenz,* I. Th. Marbourg, Elwert, 1875. Cette double publication ne nous est malheureusement pas parvenue en temps utile pour que nous en pussions profiter). Nous devions tenir compte de cette indication nouvelle, mais nous ne le pouvons faire sans quelques réserves. Bien postérieurement à la date de 1146, un bon juge, Cantini, quand il rencontre le mot *potestas,* le prend encore dans le sens générique de magistrat, et refuse d'y voir la magistrature spéciale du potestat. Il pourrait bien en être de ce mot, comme de ceux de *rector* et de *consul* qui, comme nous l'avons vu (p. 208, texte et note 1, et p. 229), s'employaient d'une manière vague pour désigner les fonctions les plus diverses, les magistrats les plus différents.

L. II, CH. II, T. I, P. 311, 314

LES FAMILLES FLORENTINES D'APRÈS UN MANUSCRIT ITALIEN DE LA BIBLIOTHÈQUE NATIONALE A PARIS, N° 743.

1° *Familles antérieures à l'année* 1300 (p. 139 *sq*).

Abati, Acoppi, Adimari, Agli, Aglioni, Agolanti, Albenghi, Alberti, Aldobrandi, Alepri, Alfieri, Altoviti, Amidei, Amieri, Ardinghi, Arrigucci.

Baccheregli, Baldovinetti, Barbadori, Bardi, Baresi Baroncegli, Barucci, Battimamme, Beccanugi, Belfredelli, Bellincioni, Benizzi, Benvenuti, Bertinelli, Berti-Ravignani, Bisdomini, Boccatonde, Bogolesi, Bonizi, Bordoni, Bostichi, Brunelleschi, Brunellini, Bucegli, Bundelmonti, Buonaguisi (ces derniers ne figurent sur la liste des temps primitifs que d'après le prétendu Malespini, qui les y a frauduleusement introduits. — Ajoutons qu'à la lettre B manque tout au moins la famille des Baroni, que nous avons vue figurer dans l'hérésie des Patarins, au treizième siècle).

Calcagni, Calfucci, Cangiberti, Canigiani, Capiardi, Caponsacchi, Carci, Cattani de Barberino, Cattani de Castiglione, Catellini, Cavalcanti, Cavicciuli, Cerchi, Chiaramontesi, Ciampoli, Cipriani, Ciuffagni, Compiobbesi, Comtes Alberti, Comtes de Capraja, de Certaldo, de Figline, de Gangalandi, Guidi, de Mangona, de Montecarelli, de Montemurlo, de Pontormo, Corbizzi, Cosi (on ne voit pas trop pourquoi l'écrivain a mis les comtes à la lettre C. Cela semble indiquer que le mot *comte* était regardé comme partie intégrante de leur nom).

Da Castiglionchio, Da Castiglione, Da Cercina, Da Coltina, Da Filichaia, Da Montespertoli, Da Petrojo, Da Quona, Da Ricasoli, Da San Donato, Da Vogognano, Del Beccuto, Del Bel Culaccio, Del Chiaro, Del Forese, Dell' Archa, Della Bella, Della Pera, Della Posa, Della Pressa, Della Trippa, Della Vitella, Della Zannella, Dello Asino, Donati, Donzelli da Poneto.

Elisei, Erri.

Falconieri, Ferrantini, Fifanti, Fighineldi, Figiovanni, Filipetri, Filippi, Filitieri, Firidolfi, Foraboschi, Franzesi, Frescobaldi.

Galigai, Galli, Galluzzi, Gherardini, Giandonati, Gianfigliazzi, Girolami, Giuffagni, Giugni, Giuochi, Greci, Gregi, Guadagnoli, Gualterotti, Gugialferri, Guicci, Guidalotti del Migliaccio, Guidi.

Importuni, Infangati.

Lamberti, Lambertucci, Latini, Lisci, Lucardesi.

Macci, Machiavelli, Magalotti, Magli, Malduzi, Malespini, Malfetti, Malpigli, Mancini, Manfredi, Mangiatori, Manieri, Mannelli, Marignolli, Mazinghi, Mazochi, Minerbetti, Migliorelli, Mompi, Monaldi, Mozzi.

Nerli.

Obriachi, Orciolini, Ormanni.

Palermini, Pazzi de Florence, Pazzi du Val d'Arno, Pegolotti, Pesci, Petriboni, Pigli, Pulci.

Ravignani, Razzanti, Rinucci, Romaldelli, Rossi. (Manquent les Ridolfi.)

Sacchetti, Scali, Schelmi, Scolari, Seregi, Sizii, Soderini, Soldanieri, Spini, Squarcialupi, Stoldi.

Tebaldi, Tebalducci, Tedaldi, Tedalducci, Tinniozi, Tizioni, Tornaquinci, Toschi, Tosinghi.

Ubaldini, Uberti, Ucceglini, Ughi.

Vecchietti, Visdomini (déjà mis sous la forme de Bisdomini), Vitellini. Di tutte queste case, dit l'auteur, è fatta menzione dagli scrittori dal 800 al 1300. — Mais on voit que cette liste n'a pas une grande autorité. Nous y avons constaté omissions et doubles emplois. On pourrait en trouver d'autres : par exemple les Tebaldi et Tedaldi, Tebalducci et Tedalducci pourraient bien n'être qu'une même famille, avec des différences d'orthographe. On ne voit point toutes ces variantes, et en revanche on en trouve une autre, les Tedaldini, la seule qui figure aux listes de Villani.

2° *Familles qui avaient propriétés et seigneuries au dehors* (p. 148).

Firidolfi. .
Fighinelli. . } dans le Mugello et le Val d'Arno supérieur.
Ferrantini. .
Pazzi, Val d'Arno supérieur.
Buondelmonti, Val de Greve.
Lamberti, Calenzano.
Ormanni, Plaine de Cascia.
Ravignani, Mugello et Val de Sieve.
Galli. . .
Capiardi. } Galigarza et environs.
Abati . .
Guidi . .
Galigai, Val de Marina.
Giugni et Buonaguisi, Pratolino et San Cresci.
Agolanti, Vaglia.

APPENDICE.

Caponsacchi.
Arrigucci . . } Environs de Fiesole.
Corbizi . . .

Lisci. . . . } Val de Rubbiana.
Malespini .

Infangati. . } Val de Pesa.
Giandonati.

Ceux de la Sannella de Vogognano, Montaione.
Ceux de l'Archa, Monte Morello.

Pigliostichi, Gregi, Filippi, della Pressa.
Alberighi, Ubriachi, Greci, Bisdomini, To- } Val d'Arno
singhi, Da Quona, Volognano, Nerli, Ganga- } supérieur.
landi, Pulci, Franzesi, Ricasoli . . . . . .

Ubaldini, Mugello.

Squarcialupi, Donati, Tedaldini, } Casentino et autres lieux.
comtes Alberti, comtes Guidi . . .

3° *Familles qui ont des tours à Florence* (p. 152).

Uberti, Ormanni : San Pier Scheraggio.

Malespini, Infangati, Gu- } San Romolo et Santa Cecilia.
gialferri, Tebalducci . . .

Galli, Capiardi, Girolami, Guidi, } Vaccherecia et Por
Amidei, Tinozi, Scolari . . . . . } S. Maria.

Palermini, Scali, Filippi : Les Thermes et Borgo S. Apostolo.

Greci : Borgo de' Greci.

Buondelmonti, Bagnesi, Guidalotti, } San Romeo.
ceux de la Pera, ceux de Qnona . . .

Donati, Tedaldini, Giuochi Ra-
vignani, Bisdomini, Alberighi, } Por San Piero.
Corbizzi, Adimari, Pazzi. . . . .

Razzanti, Giunhi, Maleffetti, Della Bella : San Martino.

Tosinghi, Ubaldini, Toschi, Arrigucci,
Elisei, Caponsacchi, Nerli, Cipriani, } Autour du Mercato
Vecchietti, Cattani de Castiglione, } Vecchio.
Amieri, Barucci, Tornaquinci . . . . .

Cosi, Pigli, Monaldi, Soldanieri, Foresi... } Porta Rossa.

Giandonati, Bostichi, Vitellozi, Dell' Arca, Della Sannella..... } Autour du Mercato Nuovo.

Chiaramontesi, Romaldegli, Compiobbesi, Abati, Galigai, Buonaguisi.......... } Autour d'Or San Michele.

Alepri, Sacchetti, Guicci : San Pulinari.
Schelmi : L'Anguillaia.

Figiovanni, Firidolfi, Fighineldi, Ferrantini. } Porta di Duomo.

Agli, San Michele Bretteldi.

Lieux où se trouvaient les maisons des principales familles, d'après les indications de lord Vernon (*L'Inferno di Dante Alighieri*, Londres, 1862, in-f°), et quelques autres prises dans les documents inédits et dans divers auteurs (Del Migliore, Follini, etc.).

Abati, Or San Michele.

Acciajuoli, Lungarno, entre l'Arno et les Thermes, entre les maisons des Altoviti et celle des Buondelmonti.

Adimari, entre le Mercato Vecchio et San Giovanni.

Agli, dans la rue de ce nom, qui va de la via del Beccuto à la via del Refenero, près de S. M. Maggiore.

Aglioni, borgo San Lorenzo.

Agolanti, au Mercato Vecchio, en face de San Tommaso.

Alamanni, à la descente du Ponte Vecchio, dans la rue qui conduit à San Miniato.

Albertinelli, près la porte de ce nom, qui était au bout de la via dello Sperone, laquelle, ainsi que la via dell'Oriuolo, s'appelait alors via degli Albertinelli.

Albizzi, au corso degli Albizzi.

Altoviti, près de Sant'Apostolo.

Amidei, Por Santa Maria, au bout du Ponte Vecchio.

Antellesi, achetèrent les maisons des Cerchi et celles des Uberti.

Ardinghi, sesto di Borgo, près San Stefano.

APPENDICE.

Baldovinetti et Guidi, Por S. Maria jusqu'à la via delle Terme, en face de S. Maria sopra porta ou S. Biagio (église qui était située derrière l'hôtel actuel du Nord, entre la via delle Terme et la via Porta Rossa).

Bardi, à S. Lucia de' Magnoli jusqu'aux maisons des Canigiani et des Mannelli. Leur loggia est à côté de S. Maria d'Oltrarno.

Baroncelli, via di Vacchereccia jusqu'auprès du Palazzo Vecchio.

Barucci, derrière le palais du potestat.

Beccuto, venus de Pérouse en 1284. — Dans la rue qui porte leur nom, près de S. Maria Maggiore.

Becchi, près de S. Pier Scheraggio.

Della Bella, près de San Martino, en face de S. Margherita.

Del Bene, Borgo Sant'Apostolo.

Benucci, Porta Rossa, puis Borgo Sant'Apostoli.

Bostichi, Porta Rossa.

Brunelleschi, piazza de' Brunelleschi ou dei Marroni.

Buonaguisi, de San Martino à Or San Michele.

Buondelmonti et Scolari, borgo Sant'Apostolo, près de Por S. Maria.

Caponsacchi, Mercato Vecchio.

Cavalcanti, Mercato Nuovo.

Cavallereschi, de San Martino à Or San Michele.

Cerchi, rue des Cerchi, derrière San Procolo.

Cerretani, de l'évêché à S. Maria Maggiore.

Compagni, leurs maisons incorporées au palais Corsini.

Compiobbesi, Or San Michele.

Corbizzi, près de Sant'Apostolo, à côté des Altoviti.

Dati, piazza S. Spirito, au midi.

Davanzati, Porta Rossa.

Donati, Porta San Piero et via San Martino. Leurs principales maisons au Corso, presque en face des Portinari et des Ricci. Deux de leurs tours se voient encore; une en face de la via dello Studio et l'autre à côté de la voûte par où l'on va à l'église de S. Margherita.

Elisei, au coin du Mercato Vecchio.

Falconieri, derrière S. Reparata, par où l'on va à la piazza delle Pallottole.

Ferrantini (descendants des Figiovanni), à San Martino.

Fifanti, Mercato Nuovo, près la piazza S. Pulinari.
Foraboschi, près des Pulci, vers la piazza del Grano.
Foresi, Porta Rossa.
Frescobaldi, couvent des pères des missions, près de S. Spirito.
Galli, Mercato Nuovo, près la place S. Pulinari.
Gherardini, à côté des Girolami, en face de S. Stefano et de Por S. Maria, au coin de borgo S. Apostolo.
Ghiberti, entre S. Reparata, S. Martino et Por San Piero.
Giandonati, au coin du Mercato Nuovo et de Porta Rossa.
Gianfigliazzi, autour de S. Trinita.
Girolami, via Por S. Maria, à l'entrée du borgo S. Apostolo.
Giuochi, près de S. Margherita et de la maison de Dante.
Greci, borgo de' Greci tout entier (cette famille était déjà éteinte au temps de Villani).
Gualterotti, Importuni, borgo S. Apostolo et Lungarno.
Infangati, entre S. Cecilia et le Mercato Nuovo.
Lamberteschi, dans la rue qui porte leur nom.
Macci, vers Calimala et le Mercato Vecchio.
Magalotti, piazza S. Firenze.
Magli, borgo San Jacopo, en face de S. Felicita.
Magnoli, Lungarno, dans la rue qui mène du Pont Rubaconte Ponte Vecchio.
Malespini, via Vaccbereccia, entre S. Cecilia et San Pier Scheraggio (emplacement de la loggia des Lanzi).
Malpigli, avec les Guadagnoli, les Romaldelli et les Chiaramontesi, leurs consorti, entre Calimala et Or San Michele.
Mancini, piazza S. Firenze.
Manetti, près S. Spirito.
Manfredi, au coin du Mercato Vecchio.
Mangiatroie, entre S. Cecilia et le Mercato Nuovo.
Manieri, borgo San Lorenzo.
Mannelli, au coin du Ponte Vecchio, en allant à la via des Bardi.
Marignolli, borgo san Lorenzo.
Mascheroni, San Pancrazio.
Medici, à l'angle du Mercato Vecchio, puis, au quatorzième siècle, près de San Lorenzo.
Monaldi, Porta Rossa.

Montesi, entre Calimala et Or San Michele.

Mozzi, sur la place de leur nom, au bout du Pont Rubaconte.

Nerli, borgo S. Jacopo, au pied du Ponte Vecchio, Oltrarno.

Pazzi, l'or S. Piero. Leurs tours ont été englobées dans le palais Strozzi.

Pegolotti, S. Felicita.

Petribuoni, entre S. Trinita et l'Arno.

Portinari, près des Donati, leurs maisons faisant face à Santa Reparata.

Pressa (della), près de S. Pier Scheraggio.

Pulci, près des Gherardini, au borgo S. Apostolo.

Quona, à la porta a Quona ou dei Buoi, près des murs et d'une loggia des Alberti, au bout de la rue Cornacciaja ; une branche de l'Arno passait alors par là, d'où le nom d'*isola d'Arno*. Près de cette porte se tenait le marché aux bœufs.

Ridolfi di Piazza, piazza S. Felice.

Ridolfi dal Ponte, près du Ponte Vecchio et de S. Maria Sopr'Arno.

Rossi, à la descente du Ponte Vecchio, Oltrarno, en face des Mannelli.

Sacchetti, Mercato Nuovo, près la Piazza San Pulinari.

Salviati, San Simone, le long de la rue del Mercantino di S. Piero, du côté des Stinche ou Quaratesi. — Aujourd'hui palazzo Borghese, via del Palagio. — Par la porte de S. Simone, on allait à S. Croce.

Scali, en face de S. Trinita, en entrant dans la via delle Terme et le borgo S. Apostolo. Ce palais appartint ensuite aux Buondelmonti.

Sizi, à San Tommaso du Mercato Vecchio.

Soderini, Oltrarno, piazzetta Soderini, au bout du pont alla Carraja.

Soldanieri et Rinaldeschi, consorti, à S. Trinita.

Spini, Lungarno, à S. Trinita.

Tebaldi, près S. Pier Scheraggio.

Tedaldini, entre les Donati et les Portinari.

Tosinghi, au Mercato Vecchio.

Ubaldini, au dessous des Agolanti, en allant à San Giovanni et à l'évêché.

Uberti, Vacchereccia, San Pier Scheraggio.

Ughi, S. Maria degli Ughi, Porta Rossa.

Vecchietti et Sassetti, via de' Ferravecchi, en allant à San Miniato.

Villani, via del Palagio. Leurs maisons sont comprises dans le palais Borghese.

Visdomini, Por San Piero, corso degli Adimari.

L. III, CH. I, T. I. P. 403, 404

DES MONNAIES A FLORENCE

On comptait, à Florence, par livres et florins; mais les évaluations présentent de grandes difficultés. Originairement, la livre était un nombre de pièces de monnaie suffisant pour faire une livre de poids. Mais comme l'argent et l'or, si différents de prix, étaient également pesés, la livre devint bientôt une valeur arbitraire. On la décomposa bien en 20 sous (le *solidus* romain), et le sou en 12 deniers; mais la fixité qui parut alors s'établir, n'en resta pas moins purement apparente : dès les temps langobards, les 20 sous faisaient à peine les deux tiers d'une livre de poids. Rien de moins sûr, par conséquent, que les évaluations en livres, sous et deniers (Voy. Cibrario, *Dell' economia politica*, etc., 456-460). On est donc confondu quand on voit un auteur moderne écrire sans sourciller les lignes suivantes : « La *lira* toscane vaut 96 centimes à peu près. Pour avoir la valeur équivalente à ces 96 centimes, au moyen âge, il faut multiplier ce chiffre par 10 ou 15. Ainsi 1 *lira* équivalait au moins à 9 fr. 60 et au plus à 14 fr. (Ad. Trollope, I, 35). »

Les évêques, les moindres barons, les villes libres, en obtenant ou s'arrogeant le privilége royal de battre monnaie, augmentèrent la confusion, d'abord par la variété de leurs espèces, puis par les mutations qu'ils y apportèrent, mettant moins de métal, et maintenant toutefois la valeur nominale. Aussi, quand on veut dire qu'une monnaie est bonne, effective, on emploie ces mots : *Libræ bonorum denariorum, solidi bono-*

rum denariorum expendibilium. On en indiquait aussi la provenance, quand les pièces dont il s'agissait avaient été frappées dans une *zecca* en renom, Pise, Bologne, Ravenne, etc., de même que, chez nous, on disait livre parisis et livre tournois. Ainsi es *agosteri* (*augustales*) et les *bizantini* de Pise, qui imitaient des types étrangers.

Avec le temps, la rareté des métaux était devenue si grande, que la livre, au lieu d'être composée de 240 pièces d'argent appelées deniers, ne contint plus que 20 de ces pièces, quoiqu'il n'en fallût que 12 pour faire un sou. On désignait ce genre de livre par ces mots : *Libra parvorum, lira di piccioli* (Peruzzi, Stor. del comm. fior., p. 103, 104).

Ajoutez à ces inconvénients que l'usage romain de la monnaie de cuivre s'étant perdu, on ne faisait plus les appoints qu'avec des pièces d'argent trop minces, **trop** petites, trop faciles à s'user et à se perdre (Cibrario, *loc. cit.*). La première fois qu'il est fait mention d'une monnaie de cuivre, c'est en 1815 (Bibl. nat. de Paris, mss. italiens. n° 743, p. 166).

Nous avons dit au chap. Ier du livre III, p. 403, note 2, que les plus anciennes monnaies connues à Florence étaient l'une du temps de Charlemagne, l'autre de 1150 environ. Primitivement les Florentins battirent une monnaie d'argent de 12 deniers, portant le nom de florin, qui rappelle celui de leur ville. En 1252, après la défaite des Siennois à Montalcino, on imagina, la richesse publique s'accroissant, de battre un florin d'or qui valut deux florins d'argent, et qu'on appela aussi livre de 20 sous. La confusion en fut augmentée, sans causer cependant beaucoup d'embarras à ce peuple de marchands, rendu habile, par une pratique quotidienne, aux calculs les plus compliqués. Avec une grande probité commerciale, ils battirent le florin d'or plus pur qu'aucune autre monnaie, dans ses 24 carats, du poids d'une drachme ou 3 deniers ou 72 grains, et semblable, à un grain près, au ducat d'or, au sequin de Venise (Pagnini, I, 114). Il en résulta que le florin d'or de Florence devint la vraie mesure de la valeur des choses et servit pour les comptes (Peruzzi, p. 107).

Composé comme la livre, comme le florin d'argent, de 20 sous et de 240 deniers, on l'appela successivement *fiorino d'oro, fiorino di suggello, fiorino di galea, fiorino largo* (Pagnini, I, 116). On employa aussi les mots de ducat et d'écu; *scudo, scudi,* justifiés par l'équivalence (voy. Sacchetti, nov. 150, t. II, p. 308). Celle de ces dénominations qui obtint le plus de vogue dans la suite des temps, ce fut celle de *fiorino di suggello*, parce que ce dernier mot rappelait la probité de la fabrication, l'épreuve, l'essai que faisait solennellement des monnaies nouvelles un magistrat spécial, avant de les enfermer dans des bourses scellées. Pour éviter les fraudes, on poussait le scrupule jusqu'à faire examiner par des officiers vérificateurs les bourses où les particuliers enfermaient leurs florins. Si l'on y en trouvait de mauvais aloi (*rei*), on les détruisait (*si tagliavano*) et on punissait. Une rubrique du statut est intitulée comme suit : *Quod consules inquirant contra falsatores sigilli-floreni aurei*. Dans un livre de créanciers et de débiteurs, de 1348 à 1356, on lit ces mots : *Fiorini 2 che pagammo per fiorini 4 d'oro che ci furono tagliati quando si revedde il suggello per lo comune*. Et ailleurs : *Lire 5 e soldi 2 piccoli che ne contarono di danno fior. 44 d'oro che ci furono tagliati da' nostri suggelli quando si rivedde il saggio* (Pagnini, I, 121). Si grande était la réputation de la monnaie florentine, que des princes demandaient la faveur de battre monnaie à Florence, et cette faveur leur était très-difficilement accordée (Targioni-Tozzetti, *Discorso alla società colombaria sul fior. di suggello*, p. 132, ap. Pagnini, I, 115). On a vu plus haut (p. 405) que la beauté de la monnaie florentine fut pour le roi musulman de Tunis la preuve que les Florentins, qu'il ne connaissait point, n'étaient pas un peuple méprisable, comme le prétendaient les Pisans.

Malheureusement, la clarté ne s'était pas introduite dans les monnaies avec la probité. On continua d'employer le florin d'argent pour le petit commerce, tandis que le grand commerce employait le florin d'or (Peruzzi, p. 101). Il n'eût pas été possible de supprimer le florin d'argent, car, vers le milieu du treizième siècle, la masse d'argent en circulation était douze fois plus grande que celle de l'or (Pagnini, I, 117). La nécessité des appoints, l'impossibilité de distinguer toujours le grand commerce du petit, furent cause d'une certaine promiscuité de ces deux monnaies. Il était donc nécessaire d'en bien établir le rapport. On le fit mal ; on augmenta encore la confusion ; on facilita la fraude par les subdivisions qu'on imagina du florin d'or. On eut le *popolino*, semblable par sa forme au florin, mais qui ne valait que deux sous. On le dorait, et l'on trompait ainsi le vendeur (Boccace, *Decam.* Giorn. VII, nov. 3. Voy. t. III, p. 7, notes de l'éd. de Milan en 4 vol.).

Le florin d'or valait 30 sous en 1291, et semblait devoir augmenter de prix. Les arts majeurs, dans une de leurs réunions, le fixèrent à 29 sous (Paolino di Pieri, R. I. S. Suppl. II, 33). La rubrique 101 du statut de l'art des changeurs, confirmée dans le statut de la commune (l. V, tratt. 2), porte que le florin d'or *a mercanzia* devra toujours valoir 29 sous du florin d'argent, jamais plus (Peruzzi, p. 107. Voy. un doc. du 10 novembre 1295, *Arch. dipl. Perg.. delle Rif.*; il y est parlé d'une somme de 325 livres à florins d'argent, faisant le payement à florins d'or évalués 29 sous). Les florins de 30 sous ne furent pourtant pas démonétisés, en sorte que ceux de 29 sous, pour en être distingués, furent appelés petits, *piccioli* ou *piccoli*. Ce fut un tort, car cette désignation avait été déjà appliquée au florin d'argent lors de la création du florin d'or.

La différence des deux florins d'or, celui de 30 sous et celui de 29, donna lieu à des spéculations en conséquence desquelles on stipula que tout trafic devait être fait en petits florins (*Ed ordinaro non fare mercato, se non a quella moneta.* Paolino, II, 33). On rencontre pourtant une Provision qui ne laisse pas d'être embarrassante. Le 13 mars 1296, on propose que le florin d'or *piccolo* ou de 29 sous, n'ait pas de valeur fixe. 12 votants approuvent contre 7, qui proposaient de lui assigner une valeur de 40 sous *Provvisioni*, VI, 118 v°). S'agirait-il ici d'un sou nouveau, d'un sou arbitraire dont la valeur ne nous est pas connue? Quoi qu'il en soit, dès le 26 octobre 1295, défense avait été faite de payer désormais au nom de la commune en florins autres que les *piccioli*, à peine de nullité. Les mercenaires ne sont pas exceptés de cette règle; il n'y a d'exception que pour les créanciers de la commune, évidemment pour ne pas compromettre le crédit public (adopté dans le conseil des Cent, par 77 contre 8, dans les conseils du capitaine et du potestat par assis et levé *Provvisioni*, IV, 89, 94. *Consulte*, I, 19 v°. Peruzzi dit (p. 351) que cette prescription, introduite dans le statut, s'y trouve au l. IV, p. 9).

Cependant on continuait d'employer le mot livre, si peu commode, si peu expressif qu'il fût. On trouve même dans une Provision cette déclaration expresse que 6000 livres de petits florins valent 3000 florins d'or (*Triummilium flor. aur. seu librarum sex milium flor. parvorum*, 3 avril 1296. *Provv.* V, 64 v°). Pour ajouter encore à ces causes d'embarras, le 4 octobre 1296, on ordonne de frapper une monnaie d'argent qu'on appellera florin et qui aura une valeur de deux sous du petit florin en or, le *popolino* sans doute, dont il vient d'être question. Elle devra être au titre (*lega*) de 11 onces 15 deniers d'excellent argent, comme le titre de Venise, et être frappée à l'image de saint Jean-Baptiste et du lis. Quiconque portera une livre d'argent à monnayer, recevra, en pièces de monnaie, 13 sous 11 deniers de ladite livre (*Provv.* VI, 116 v°). Ce n'est pas sans doute de cette monnaie d'argent que parle Pagnini, quand il dit que « la drachme ou 36 deniers d'argent fin dans le florin équivalaient à une once et demie ou 12 drachmes ou 36 deniers d'argent fin contenus aux autres monnaies, et qu'un florin d'or valait alors 20 florins d'argent, proportion qui est restée la même jusqu'au dix-huitième siècle, où elle décupla (Pagnini, I, 117). » Mais nous ne saurions dire au juste sur quelles bases reposent ces évaluations.

Malgré tant d'obscurités, on voudrait arriver à une estimation comparative, sans laquelle il n'y a pas moyen d'apprécier les dépenses florentines. L'*Histoire de San Gemignano*, par le chanoine Pecori, contient de curieux tableaux (p. 655 et suiv.) sur le salaire des officiers publics, le chiffre des amendes et des taxes, le prix de divers objets dans cette petite ville ; mais c'est la livre pisane qui y était en usage. Pecori et Ant. Zobi (*Memorie storico-artistiche della SS. Annunziata*, 1837), l'évaluent à 8 livres 6 sous 8 deniers du florin actuel, soit 7 francs. Cibrario (p. 488-89) a comparé la monnaie de Florence aux anciennes monnaies d'autres pays. En 1306, le petit denier tournois vaut 13 sous du florin de Florence, et en 1310, 14 sous. Le denier parisis vaut 10 sous 6 deniers du même, et le denier parisis *bon*, 14 sous. En 1327, le denier parisis vaut 17 sous 4 deniers. Le même auteur dit (p. 487) que le florin d'or de Florence valait en métal 12 l. 36, 55 de notre monnaie, et que sa valeur en froment serait de 24 l. 04, 82. Cette évaluation par le prix comparatif des grains est la plus sûre, aussi faut-il s'en tenir pour la valeur du florin au chiffre de 11 fr. 70, fixé par M. Passerini dans une expertise dont nous avons parlé à la page 404, note 2, et qui diffère peu du chiffre de Cibrario.

Sur ces matières, outre les ouvrages cités dans cette note et à la page 404, Passerini, Orsini, Vettori, voy. Borghini, *Della moneta fiorentina;* Muratori, *Antiq. ital.* Diss. 27, t. II, col. 685, Garnier, *Histoire de la monnaie;* Leber, *Appréciation de la fortune privée au moyen âge.*

TABLE DES MATIÈRES

LIVRE PREMIER

CHAPITRE PREMIER
LES TEMPS ANTIQUES

Géographie physique de la Toscane. — Ses limites. — Facilité d'y pénétrer. — Sa configuration intérieure. — Montagnes. — Vallées. — Cours d'eau. — L'Arno. — Autres fleuves. — Lacs. — Les Maremmes. — Productions du sol. — Climat. — Les Étrusques. — Leur ressemblance avec les Toscans modernes. — Leur origine. — Rhasena. — Lydiens. — Mélange des deux races. — Prédominance de l'élément oriental. — La religion. — La politique. — Les mœurs et les arts. — Influence des Grecs sur les Étrusques. — La fédération. — Prise de Veies. — Les villes. — Fiesole et ses marchés. — Florence bourgade étrusque. — Décadence des Étrusques. — Conquête romaine. — Colonies romaines. — Florence colonie des Triumvirs. — Sa situation topographique. — Les Florentins au Sénat, sous Tibère. — Fêtes à Florence en l'honneur des Césars. — Le christianisme à Florence. — Le martyr Minias et ses compagnons. — Persistance du culte et des superstitions étrusques... 1

CHAPITRE II
LES TEMPS BARBARES

Les barbares dans le monde romain. — La Toscane au temps des invasions. — Siége de Florence par Radagaise (406). — Destruction de son armée. — Honneurs rendus à sainte Reparata. — La Toscane sous les Ostrogoths. — Totila à Florence (542). — Justin assiégé dans Florence. — Narsès maître de la Toscane. — Domination des Langobards (569). — Condition de Florence. — Domination des Franks (774). — Rapports de Charlemagne avec Florence. — Nouvelle période d'invasions (870-880). — Première renaissance des villes

— La cour de Toscane (890). — Domination des Germains (951). — Les rois germains à Florence. — Allemands établis à Florence. — Boniface III, margrave de Toscane (1027). — Florence sous Béatrix et Mathilde. — Les papes à Florence. — Dispositions morales de cette ville. — Son dévouement à ses évêques. — Troubles religieux à Florence (1063). — L'évêque Mezzabarba accusé de simonie. — Massacre des moines de San Salvi. — Pierre Damien, légat à Florence. — Concile de Rome. — Décision du concile. — Émotion des Florentins. — Ils réclament l'épreuve du feu (1068). — Pietro Igneo entre dans le feu. — Lettre des Florentins au pape. — Déposition de l'évêque.   47

CHAPITRE III

FORMATION DE LA COMMUNE DE FLORENCE

La comtesse Mathilde. — Sa donation au saint-siège. — Développement des communes par la donation et la guerre des investitures. — Siége de Florence par Henri IV (1081). — Affaiblissement de Mathilde. — Les Florentins à la première croisade (1099). — Leur rentrée triomphale. — Cérémonie commémorative. — Progrès de Florence par la croisade et par les embarras de Mathilde. — Guerres de voisinage contre les seigneurs et les châteaux. — Traité avec Pogna (1101). — Prise et destruction de Monte Orlandi (1107). — Henri V à Florence (1109). — Le territoire de Pise gardé par les Florentins (1113). — Règlement provisoire de la querelle des investitures. — Mort de Mathilde (25 juillet 1115). — Nouveau progrès des communes. — Prise et destruction de Monte Cascioli (1119), de Fiesole (1125). — Carmignano enlevé aux Florentins (1126). — Prise et destruction de Montebuono (1136), de Monte Croce (1146). — Guerres de voisinage contre les villes. — Contre Sienne (1081-1148). — Frédéric Barberousse en Italie (1156). — Alliance entre Pise et Florence (1171). — Diète de San Genesio (1172). — Hostilités du vicaire Christian contre Florence et Pise. — Impuissance de Barberousse contre les Toscans (1175). — Plaintes des seigneurs contre Florence (1185). — Confiscation du territoire florentin. — Mort de Barberousse (1190). — Haine des Toscans contre Henri VI. — Interrègne. — Ligue toscane (1198). — Mécontentement d'Innocent III. — Reprise de la guerre contre Sienne (1177). — Prise de Montegrossoli (1182). — Siége et prise de Semifonte (1198-1202). — Paix avec Sienne (1202). — Soumission des seigneurs de Capraja et de Monte-Murlo (1204). — Nouvelles hostilités contre Sienne (1206). — Médiation du saint-siège (1210). — Progrès de Florence. — Otton IV, empereur (1208). — Le patriarche d'Aquilée en Toscane (1209). — Amende infligée aux Florentins. — Médiation d'Innocent III. — Politique florentine envers les seigneurs. — Ils sont introduits dans Florence..   97

CHAPITRE IV

FORMATION DES INSTITUTIONS FLORENTINES

Les Italiens d'après Otton de Freising. — Origines des institutions de Florence. — Perpétuité des institutions municipales de l'empire romain. — Les *scholæ* ou associations. — Associations à Florence pour l'industrie et le trafic. — Art de la laine. — Préparation des draps étrangers, ou art de *calimala*. — Art de la soie. — Obstacles au trafic. — Art des changeurs. — Les Florentins banquiers du Saint-Siége. — Art des médecins. — Art des peaussiers. — Art des juges et des notaires. — Les consuls chefs des arts. — Ils deviennent magistrats municipaux. — Ils sont élus parmi les nobles. — Importance des nobles. — Leur rôle militaire. — Leur rôle à l'intérieur. — Leurs tours. — Le menu peuple. — Le *primo* et *secondo popolo*. — Le service militaire. — Vicissitudes de la cavalerie et de l'infanterie. — Les *guasti* et les siéges. — Organisation militaire des quartiers. — Le potestat. — Son origine. — Son institution progressive. — Ses attributions. — Universalité de la révolution communale. — Constitution primitive de Sienne. — Constitution donnée au val d'Ambra par le comte Guido Guerra. 185

LIVRE II

CHAPITRE PREMIER

DU COMMENCEMENT DES DISCORDES CIVILES JUSQU'A LA PAIX AVEC SIENNE

Incendies et discordes civiles (1177). — Accord entre les Uberti et le peuple (1180). — Querelle des Buondelmonti et des Amidei (1215). — Luttes civiles (1215-1248). — Les principales familles. — Guerre contre Pise (1220-1222). — Prépondérance des Florentins en Toscane. — Guerre contre Pistoia (1226). — La *Martinella* et le *Carroccio*. — Médiation du cardinal Giulfredo. — Guerre contre Sienne (1228). — Frédéric II en Palestine. — Son retour. — Nouvelle campagne contre Sienne (1229-1230). — Les Florentins pénètrent dans Sienne. — Ils en sont chassés. — Prise de Montepulciano par les Siennois (1232). — Diète de Ravenne (1232). — Condamnation des Florentins. — Modification dans les institutions florentines : les *Anziani* (1252-1234). — Recensement du *contado*. — Florence héritière du comte Uberto de Maremme. — Réforme du gouvernement à Sienne (1233). — Attaque contre Sienne (1234). — Traité entre les deux villes (30 juin 1235). 245

CHAPITRE II

DE LA PAIX AVEC SIENNE JUSQU'A LA MORT DE FRÉDÉRIC II

Travaux intérieurs sous le potestat Rubaconte (1237-1238). — Pacification de Pistoia. — Les Florentins devant Brescia, dans l'armée impériale. — Florence sous l'interdit. — Frédéric en Toscane (1239). — Guelfes et Gibelins à Florence. — Origine de ces dénominations. — Mort de Grégoire IX (1241). — Innocent IV. — Déposition de Frédéric (1245). — Son nouveau séjour en Toscane. — Le prince d'Antioche, son vicaire à Florence. — Soulèvement des Gibelins (1247). — Défaite et éloignement des Guelfes (janvier 1248). — Funérailles de Rustico Marignolli. — Démolitions accomplies par les Gibelins. — La tour du *Guardamorto*. — Campagnes extérieures des Gibelins contre les Guelfes. — Leur défaite à Ganghereta. — Leur victoire à Capraja. — Trahison du cordonnier. — Cruauté de Frédéric envers les captifs. — Impuissance croissante de Frédéric en Toscane (1249). — Nouvelle campagne des Gibelins. — Ils sont surpris à Figline. — Dureté de leur gouvernement. — Soulèvement des Guelfes (1250). — Les Gibelins cèdent sans combat. — Réforme des institutions par les Guelfes. — Réorganisation des milices. — Le capitaine du peuple. — Maintien du potestat. — Attributions de ces deux magistrats. — Leurs conseils. — Mort de Frédéric II (13 décembre 1250). — Ses conséquences. — Rappel des exilés guelfes. — Supplice du cordonnier. — Prépondérance des Guelfes en Toscane 289

CHAPITRE III

L'HÉRÉSIE A FLORENCE

Origine et progrès de l'indépendance religieuse. — Le catharisme en Italie (1035). — Les patarins à Florence (1117) et dans l'Italie centrale (1125). — Les apôtres florentins. — Doctrines des dualistes absolus et mitigés. — Les faux frères. — Jugement des orthodoxes sur les patarins. — La secte d'Épicure à Florence. — Premières persécutions contre l'hérésie dans l'Italie centrale. — Filippo Paternon évêque des patarins (1212). — Persécutions posthumes. — Emprisonnement, abjuration et fuite de Paternon. — Persécution dirigée par l'évêque Ardingo des Forasbochi. — Les femmes protectrices des patarins. — Tolérance des magistrats. — Frédéric II protecteur de l'hérésie. — Fra Ruggiero des Calcagni inquisiteur à Florence (1240). — Condamnés délivrés par les Baroni. — Fra Pietro de Vérone prédicateur à Florence contre l'hérésie. — Succès de sa prédication. — Les chevaliers de Sainte-Marie. Baroni cité au Saint-Office (12 août 1245). — L'inquisiteur cité au tribunal du potestat. — Sermons contre le potestat. — Les orthodoxes attaqués dans les églises (24 août 1245). — Condamnation des Baroni. — Combat du *pozzo a san Sisto* et de la place des Rossi. — Défaite, terreur et abjuration des patarins. — Mort de Fra Pietro de Vérone. — Honneurs rendus à sa mémoire. — Les Franciscains inquisiteurs à Florence. — Anéantissement de l'hérésie par les confiscations. — Stratagèmes des héritiers. — Indulgence des magistrats. — Plaintes du Saint-Office. — Transformation de l'esprit d'indépendance religieuse à Florence. — L'incrédulité parmi les gibelins 338

LIVRE III

CHAPITRE PREMIER

LE PREMIER GOUVERNEMENT DES GUELFES

Intrigues des gibelins avec Pistoia. — Traité entre eux (22 juin 1251). — Leur défaite à Monte-Robolino. — Chefs gibelins exilés de Florence. — Inimitié déclarée des deux factions. — Prospérité de Florence. — Ses mœurs primitives. — Le florin d'or. — Les constructions. — Achats de châteaux. — Négociation auprès du saint-siége (août 1251). — Campagne contre Sienne et les gibelins (septembre-décembre 1251). — Campagne contre les Ubaldini du Mugello. — Défaite des gibelins à Monte-Accianico et à Montaia (décembre 1251-janvier 1252). — Siége de Tizzano. — Alliance entre Sienne, Pise et Pistoia (12 juin 1252). — Défaite des Lucquois à Montopoli. — Reddition de Tizzano (24 juin 1252). — Défaite des Pisans et des Siennois à Pontedera. — Campagne dans le val d'Arno. — Reddition de Figline. — Les Siennois forcés à lever le siége de Montalcino. — Campagne contre Pistoia. — Soumission de cette ville (1253). — Attaques des Siennois repoussées. — Politique florentine. — L'année des victoires (1254). — Traité avec Sienne (11 juin 1254). — Soumission des villes gibelines. — Prise de Volterre (10 août 1254). — Domination des Florentins sur Volterre. — Traité avec Pise, avec Arezzo et Sienne (août 1254-juillet 1255). — Gibelins d'Arezzo chassés par Guido Guerra. — Désaveu des Florentins (août 1255). — Institutions de Sienne, rapprochées de celles de Florence. — Campagne contre Pise (1256). — Prise de Motrone. — Traité avec Pise (5 septembre 1256). — Vertu d'Aldobrandino Ottobuoni. — Dangers des guelfes. — Les tyrans de Lombardie. — Le roi Manfred. — Faute politique des guelfes et du saint-siége. — Conjuration des Uberti à Florence (juillet 1258). — Expulsion des chefs gibelins. — Supplice de l'abbé de Vallombreuse (4 septembre 1258). — Interdit jeté sur Florence. 395

CHAPITRE II

LA BATAILLE DE MONTAPERTI

Fortification du quartier d'Oltrarno (septembre 1258). — Sommations à Sienne (2 octobre 1258). — Ambassade des Siennois à Manfred. — Réponse des Siennois aux Florentins. — Hostilités sourdes. — Soumission de Sienne à Manfred (août 1259). — Giordano d'Anglano à Sienne (décembre 1259). — Expédition des Siennois dans les Maremmes (janvier 1260). — Ambassade des Florentins au roi de Castille. — Ils échouent à ravitailler Montalcino. — Préparatifs d'une grande expédition (février-avril 1260). — Constitution de l'armée. — Armement du territoire. — Enrôlement des mercenaires. — Pénalités. — Départ de l'armée (19 avril). — Démonstrations vers Montemassi. — Marche sur

Sienne. — Combats devant Sienne (17, 18 mai). — Succès et retraite des Florentins. — Ils rentrent à Florence (juin). — Nouveaux préparatifs. — Atermoiements des Florentins. — Stratagème de Farinata des Uberti. — Délibérations à Florence. — Forces de l'armée guelfe. — Départ de l'armée (fin août). — Forces de l'armée gibeline. — Ambassade des guelfes à Sienne (2 septembre). — Réponse des Siennois. — Ils se préparent à la bataille. — Reggente des Razzanti à Sienne. — L'armée gibeline sort de Sienne (3 septembre). — Positions des armées. — Bataille de Montaperti (4 septembre). — Embuscade du comte d'Arras. — Trahison des Abati. — Les guelfes massacrés. — Fuite ou soumission des survivants. — Rentrée des vainqueurs à Sienne (5 septembre). — Résultats de la victoire. — Rachat des captifs. — Soumission des châteaux. — Les guelfes évacuent Florence (13 septembre). — Ils se retirent à Lucques. — Rentrée des gibelins à Florence (16 septembre). — Diète gibeline d'Empoli (fin septembre). — Farinata des Uberti sauve Florence. — Intervention d'Alexandre IV en faveur des guelfes (novembre 1260-janvier 1261). Traité entre Sienne et Florence (25 novembre 1260). — Chants de triomphe des gibelins. 458

PARIS — TYPOGRAPHIE LAHURE
Rue de Fleurus, 9

INDEX ALPHABÉTIQUE

DES NOMS ET DES CHOSES PRINCIPALES

Les noms d'auteurs ou d'ouvrages mentionnés pour la première fois sont en *italiques*. Deux chiffres au même nom d'auteur indiquent deux ouvrages différents de cet auteur.

A

Abati, 211, 257, 309, 311, 335, 454, 479, 519, 520, 523.
Abdon, 50.
Abel, 74.
Absents, 478, 480.
Acciajuoli, 258.
Accoucheuses, 204.
Achat de châteaux, 165, 173, 178, 265, 406, 407.
Achery, 340.
Acide borique, 7.
Acqualunga, 81.
Acrisius, 42, 43.
Acta sanctorum, 41.
Actions, 387.
Adalbert II, 67, 82.
Adelina, 360.
Adimari, 256, 257, 309, 314, 316, 436, 535, 536.
Administration de Mathilde, 100.
Adriatique, 3, 17.

Adrien IV, 144.
Æneas Sylvius, 528.
Affò, 250.
Affranchis, 218.
Africus, 11.
Agathias, 57.
Agincourt, 25.
Agli, 309, 311, 314, 554.
Aglioni, 535.
Agobard, 90.
Agolanti, 311, 535..
Agricola, 50.
Agriculture, 191.
Agylla, 28.
Ail, 299.
Aix-la-Chapelle, 177.
Alains, 49, 50.
Alarik, 49, 53.
Albanenses, 347.
Albano, 6, 96.
Albano, patarin, 374.
Albéric de Romano, 442.
Albert de Beham, 365.
Albert le Grand, 90.
Alberti, 141, 157, 165, 211, 292, 397, 464.

Alberto (comte), 145, 151, 166, 167.
Albigeois, 358, 359.
Albizzi, 211.
Albizzo, 362.
Alcuin, 64.
Aldegherio de Senazza, 386.
Aldobrandeschi, 424.
Aldobrandini, 287.
Aldobrandino Cacciaconti, 320.
Aldobrandino Cavalcanti, 366.
Aldobrandino (comte), 147.
Aldobrandino de Palazzo, 461.
Aldobrandino Ottobuoni, 440, 441.
Alexander abbas, 224.
Alexandre II, 76, 77, 79, 87, 89, 91, 98, 343.
Alexandre III, 145.
Alexandre IV, 386, 413, 447, 454, 544, 545.
Allart, 56.

Allemands, 57, 68, 70, 144, 146, 154, 318, 319, 401, 424, 468, 469, 491-493, 495, 505, 507, 510, 517, 518, 526, 528, 533, 536-538, 549.
Allone, 62.
Alodieri, 283.
Alpes, 16, 59.
Alpes Ubaldinorum, 413.
Alphonse de Castille, 243.
Alphonse X, 437, 461, 462, 471, 497.
Alsium, 35, 57.
Altomena, 484.
Altorf, 300.
Altoviti, 433, 534, 535.
Amaduzzi, 19.
Amalarık, 44.
Amalfi, 82.
Amari, 81.
Amato, 362.
Ambra, 6, 240, 241, 275, 411.
Ambroise, 50.
Amédée III, 242.
Amidei, 211, 249, 252, 253, 255, 311, 397, 406, 433, 549.
Amieri, 309, 311.
Ammien Marcellin, 54.
Ammirati, 534, 535.
Ammirato, 2.
Anaclet, 141.
Anastase bibl., 62.
Ancharia, 43.
Anchioni, 329.
Ancona (d'), 299.
Ancône, 147, 188, 209.
Andrea Jacobi, 228, 275, 281.
Andreas Januensis, 84.
Andreas Parmensis, 84.
Andrea, patarin, 362.
Ane, 285, 493, 526, 542.
Angelucci, 35.
Anglano, 443, 467.
Angleterre, 180, 192, 193, 200, 403.
Annales de Palith, 101.
Annales mediolanenses, 94.
Annales placentini gibell., 297.
Annalista saxo, 141.
Annonaire, 54, 57, 58.
Annunziata, 37.
Anquetil Duperron, 22.
Anselme, 515.
Anselme Badagio, 79.
Anselme de Lucques, 98, 105.
Ansidonia, 3.
Ansprandus, 204.
Antechrist, 341, 366.
Antoine, 36.
Antonio d'Asti, 301.
Anziani (de Pise), 124, 238.
Anziani (de Florence), 282, 326, 328, 329, 331, 332, 385, 402, 456, 479, 482, 485, 486, 488, 498-500.
Apennin, 2.
Apothicaires, 204.
Appien, 18.
Aquarone, 515.
Aquilée, 175.
Arabes, 81, 365, 405.
Arbalétriers, 226, 327, 473, 478, 489, 503.
Arbia, 409, 410, 498, 503, 504, 511, 517, 522, 523.
Archers, 327, 473, 489, 503, 504.
Arcidosso, 495.
Ardengheschi, 178.
Ardinghi, 311, 314.
Ardingo, 361, 363.
Aretino, voy. Bruni.
Arezzo, 6, 14, 29, 34, 35, 57, 77, 105, 116, 122, 158, 145, 164, 170, 171, 264, 270, 275, 320, 358, 409-411, 433-436, 459, 464, 498, 499, 501, 502, 505, 529, 532, 540, 551.
Argent, 202.
Arianisme, 343.
Arimans, 188.
Aristote, 236.
Armaiolo, 483.
Armée, 473, 489, 490-502, 514, 515-550.
Arnaldo de Brescia, 143, 144.
Arniensis, 40.
Arnina, 30.
Arno, 5, 166, 460.
Arnobe, 23.
Arnold, 61.
Arnold Lubec, 175.
Arnolfo di Lapo, 406.
Arnon, 20.
Arnulf, 66.
Arras, 515, 516, 519, 526.
Arretium, voy. Arezzo.
Arrigucci, 311, 314, 534.
Arringhi, 252.
Arruntius, 39.
Art étrusque, 24.
Artisans, 214, 218, 222.
Arts et métiers, 191, 207.
Arvernes, 101.
Asciana, 163, 178, 472, 516.
Asie, 15, 16, 17.
Asinander, 343.
Aspirations, 15.
Assemblées, 207, 210.
Assesseurs, 254.
Assi, 505.
Assise, 160.
Asso, 169.
Assyriens, 17.
Astaroth, 365.
Asti, 203.
Astimberg, 515, 527.
Astrologues, 306, 365, 471, 545.
Athènes, 27, 196.
Attila, 53, 55.
Attique, 24, 26.
Atto, 132.
Aubuisson, 13.
Audot, 13.
Auguste, 26, 36, 39.
Aulu-Gelle, 24.
Aurélien, 44.

INDEX ALPHABÉTIQUE.

Auster, 11,
Avenel, 272.
Avianus, 114.
Avvegnente, 360.
Awares, 65, 216.
Azario de Novare, 300.
Azincourt, 528.

B

Bacchini, 71.
Baccio de Quarto, 490.
Badia, 69, 70, 331, 406, 537.
Badia a Isola, 469, 489.
Bagages, *voy*. Salmeria.
Bagdad, 365.
Bagnesi, 535.
Bagni, 7.
Bagno (Del) ou Bagnesi, 309, 311, 312, 314, 586.
Bagnolenses, 347.
Bagnolo, 167, 421.
Baillis, 277.
Balbinus, 59.
Balbo, 61.
Baldovinetti, 535.
Balducci, 405.
Baléares, 123, 193, 197.
Banderaio, 473, 474.
Bandinelli, 528.
Bannières, 134, 206, 223, 268, 327, 330, 331, 384, 400, 492, 494, 511, 519, 526.
Banques, 203.
Banquiers, *voy*. Changeurs.
Baranzone, 116.
Barbadori, 535.
Barbares, 48.
Barbarie, 193.
Barberini, 168.
Barberousse, *voy*. Frédéric.
Bardetti, 16.
Bardi, 255, 311, 314, 535.
Bargello, 259, 331, 406, 537.

Baroni, 359, 374-378, 385.
Barricades, *voy*. Serragli.
Barrucci, 311.
Bartolini, 16.
Bartolommeo de Sienne, 387.
Battimamme, 535.
Bavière, 175.
Baxmann, 95.
Béatrix, 72, 73, 75, 76, 79, 80, 83, 98, 106.
Beccanugi, 554.
Beccheria, 454, 455, 459, 460, 544.
Becchetti, 87.
Bechstein, 444.
Beham, 365.
Bekker, 50.
Belfradelli, 535.
Bélisaire, 56.
Bella (Della), 314, 537.
Bellagi, 157.
Bellardenga, *voy*. Berardenga.
Bellarmati, 139.
Belle donne, 380.
Bellincione, 71, 241.
Belzébuth, 365.
Bencivenni, 387.
Benencasa, 288.
Benjamin de Tudèle, 216.
Bentivoglio, 258.
Benvenuto d'Imola, 391.
Benvoglienti, 523.
Benzo, 101, 343.
Berardenga, 410, 411, 422.
Berardi, 451, 475, 490.
Berardo, 411.
Berengarii carmen, 187.
Bérenger, 67, 82.
Bergame, 42.
Berger, 13.
Berlinghieri, 433.
Bernard de Foix, 208.
Bernard de Nemours, 208.
Bernardi (Jacopo), 452.
Bernardo, 79.
Bernardus Morlac, 352.
Bernino, 92.

Bernold, 73.
Bertels, 100.
Berthold, 75.
Berthold de Hohembourg, 444, 448.
Betham, 21.
Bethmann-Hollweg, 62.
Bettinelli, 106.
Beulé, 18.
Béziers, 371.
Bianca *voy*. Lancia.
Bibbiena, 6.
Bibianello, 116, 122.
Bibliotheca patrum, 340.
Biche, 284.
Biena, 411, 504, 511, 516, 521.
Bientina, 7.
Bigallo, 316, 370, 373, 586.
Bigozzo, 515, 519, 527.
Bisdomini, *voy*. Visdomini.
Bisenzio, 6.
Bizacasse, 482.
Bleda, 56.
Boaticum, 118.
Boboli, 217, 460.
Bocca des Abati, 454, 551.
Boccace, 203.
Boccaccio (Giov. di), 273.
Boccatori ou Boccatonde, 535.
Bœufs, 268.
Böhmer, 78, 175.
Bologne, 2, 150, 154, 167, 174, 197, 237, 282, 294, 320, 321, 323, 454, 535, 551.
Bolsena, 7, 29.
Bona, 372, 374.
Bonaïni, 238, 314, 456.
Bonaiuti, 535.
Bonatti, 545.
Bondello, 116.
Bongars, 191.
Boniface III, 71-73, 330, 340.
Boniface VIII, 244.
Boninsengne, 387.

Bononiensis hist. misc., 294.
Bordoni, 534.
Borghini, 31.
Borgo (Dal), 157.
Borgo (quartier), 223.
Borgo S. Apostolo, 258.
Borgo S. Lorenzo, 413.
Borgognone, 171, 172.
Boscolungo, 2.
Bossi, 13, 48.
Bostichi, 311, 314, 534.
Bottino, 10.
Bouchers, 206.
Boucs, 529.
Boulangers, 206.
Bouquet, 62.
Bourgeois, 214, 219.
Boutigny, 91.
Bozzone, 411, 511.
Brabant, 193, 403.
Bracciano, 28.
Brasse, 316.
Brenkmann, 82.
Brescia, 42, 83, 177, 203, 295, 296, 308, 374.
Breviarium pisanum, 81
Briey, 115.
Brocchi, 41.
Bromiscus, 20.
Brozzi, 39.
Bruguières, 13.
Brunelleschi, 257, 309, 311, 397.
Brunetti, 59.
Brunetto, 361, 378.
Brunetto, *voy.* Latini.
Bruni, 37, 194.
Brussel, 515.
Bucelli, 535.
Bucello, 136.
Bulgarie, 343.
Buondelmonti, 135, 252-257, 263, 303, 309-311, 314, 319, 535.
Buoni uomini, 188, 212, 228, 497.
Buoso de Doara, 442, 454.
Burckard, 269.
Burgondes, 49.
Burnetti, 478.
Bussa della Vigna, 481.

Busson, 31.
Butin, 528.
Byzantins, 57.

C

Cacciaconti, 178, 320, 368, 422, 495, 496.
Cacciaguida, 137, 249, 422.
Cadalohus, 89.
Cadmée, 435.
Cadolingi, 120.
Cære, 28.
Cafagio, 107.
Cafferi, 297.
Caïni, 453.
Caire, 272.
Calcagni, 352, 367-368, 371-373, 375, 382.
Calcagni de Vacchereccia, 498.
Calchas, 58.
Caleffo vecchio, 140.
Calimala, 194, 195.
Calzaioli, 257.
Camaldoli, 84, 342.
Camaldules, 342.
Camarte, 30, 31.
Camériers, 277.
Camici, 105.
Campana, 467, 493.
Campanie, 21.
Campi, 450.
Campiglia, 424, 501, 529.
Campo, 530.
Camporeggi, 506.
Camullia, 469, 470, 480, 491, 495, 512, 526.
Cancellieri, 265.
Canestrini, 478.
Cangiberti, 557.
Canigiani, 535.
Cannes, 30.
Canossa, 102, 103, 107, 116.
Canovai, 22.
Cante, 359.
Cantini, 40, 530.
Cantù, 61.
Caorsins, 203.

Capecelatro, 88.
Capei, 61.
Capene, 29.
Capitaine du peuple, 230, 328, 332, 479, 482, 485.
Capitaines de l'armée, 479.
Capitaines de Ste-Marie, 373, 375, 381, 385, 386.
Capitani, 120, 214.
Capito, 39.
Capitoli, 120.
Capitudini, 207, 371.
Capitulaires, 90.
Caponsacchi, 211, 231, 233, 257, 309, 362, 397, 453.
Caporali, 327.
Caposelvole, 275, 480.
Cappadoce, 19.
Cappiardi, 311.
Capponi, 38, 61.
Capraja, 171, 172, 314, 318, 319, 335.
Cardinaux, 304.
Carducci, 14.
Carmignano, 134, 140, 266, 275.
Carolingiens, 65, 69, 202, 221.
Carpellini, 512.
Carraja (pont), 38.
Carrare, 11.
Carroccio, 266-269, 274, 275, 401, 475, 476, 486, 503, 511, 514, 515, 521, 522, 526, 530.
Cartes, 7.
Cascia, 314, 368.
Casella, 36.
Casellino, 84, 128.
Casentino, 408, 539.
Casole, 487, 488, 546.
Cassia (via), 41.
Cassiodore, 25.
Castel della pieve, 320.
Castel fiorentino, 148, 545.
Castellani, 120.
Castellano, 484.

INDEX ALPHABÉTIQUE.

Castello, 10, 117, 119, 298.
Castello de' Pratesi, 416.
Castello del Bosco, 265.
Castello di Rondina, 412.
Castiglioncello del Trinoro, 426, 546.
Castiglione, 270, 304.
Castro, 143, 382, 439.
Castrum novum, 35.
Catasto, 329.
Cathares, 342, 345, 346.
Catilina, 35, 38.
Caton, 13, 29.
Cattani, 120, 129, 130, 131.
Cattani de Castiglione, 309.
Catulle, 32.
Cavalcanti, 211, 256, 311, 314, 359, 366, 392, 425, 473, 535.
Cavalcata, 222, 477.
Cavalerie, 225, 476.
Cavallate, 476, 477, 481, 482, 501, 502, 505, 550.
Cavatorte, 475.
Cavitelli, 269.
Cavour (via), 58.
Ceccolini, 525.
Cece Gherardini, 499.
Cecina, 7, 29, 487.
Célestin IV, 304.
Cellarius, 36.
Celsus, 50.
Cencio, 107.
Cenni, 115.
Cennini, 244.
Censorinus, 22.
Cent (conseil des), 212.
Centumcellæ, 28, 57.
Cerchi, 256, 311, 314, 522, 529.
Cerreto, 37, 407, 412, 469.
Certaldo, 165, 166, 480.
Cervetri, 28.
César, 36, 414.
César d'*Heisterbach*, 343.
Cesare (de), 443.

Césarée, 52.
Chaldéens, 106.
Champagne, 403.
Change, 202, 203.
Changeurs, 198, 199, 201-203, 369.
Chansons, 299.
Charlemagne, 63-65, 67, 90, 102, 132, 190, 204, 221, 403, 413.
Charles VIII, 63, 64.
Charles II d'Anjou, 408.
Charles le Chauve, 65.
Charpentiers, 190, 220.
Chartier, 535.
Cherrier, 126.
Chiana, 5, 6, 163, 274, 275.
Chianciano, 530.
Chianti, 163, 164, 240, 410, 411, 415.
Chiaro, 359.
Chien, 261, 263, 301, 525.
Chiermontesi, 311, 314.
Chinois, 24.
Chirurgiens, 204, 475.
Chiusi, 7, 19, 29, 62, 145, 273, 278, 279, 308, 530.
Christian, 145, 147-149.
Chron. Astensia, 186.
Chron. Brixian., 302.
Chron. de rebus, 297.
Chron. Estense, 296.
Chron. fossæ novæ, 156.
Chron. mon. patav., 334.
Chron. novaliciensis fragm., 267.
Chron. Parmense, 269.
Chron. Patavinum, 269.
Chron. Pisanum, 81.
Chron. Placentinum, 318.
Chron. Sagorninum, 82.
Chron. Slavorum, 175.
Chron. Veronense, 318.
Ciampoli, 535.
Cianelli, 59.
Cibrario, 189, 192.
Ciccia Lamberti, 497.

Cicéron, 21, 23, 24, 54, 55.
Cierge, 164.
Cilnius, 34.
Ciminienne (forêt), 29.
Cipriani, 311, 359, 360.
Città di Castello, 287.
Civitavecchia, 28.
Civitella, 374.
Clairefontaine, 57.
Clanis, 39.
Claudien, 44.
Clavel, 143.
Clavesignati, 272.
Clément III, 153.
Clément IV, 204.
Clercs, 175.
Climat, 11.
Cloche, 266, 267, 332.
Clusium, 27, 29.
Code théodosien, 54.
Colle, 37, 164, 484, 487, 545.
Colle di pietra, 408.
Collegonzoli, 408.
Collenuovo, 135.
Colli, 217.
Colligiano, 501.
Colonies, 34, 36.
Colonnes, 125.
Coltibuono, 415.
Columelle, 26.
Côme, 385.
Commune, 330.
Compagni (Dino), 255.
Compagnies, 292, 327.
Compiobbesi, 311, 314, 535.
Comtes, 62, 221, 241, 242.
Comune, 220.
Conciles, 304, 305, 342, 382.
Concorezenses, 347.
Conde, 125.
Conestabile, 19.
Confetti, 517.
Connétables, 506.
Conrad, fils d'Henri IV, 114, 115.
Conrad II, le Salique, 74, 77.

INDEX ALPHABÉTIQUE.

Conrad III, 136, 137, 142, 300.
Conrad IV, 272, 423, 437, 444, 445.
Conrad a Lichtenau, 142, 341.
Conradi lex, 75.
Conradin, 423, 437, 444, 447, 449-451, 462.
Conseils, 212, 227, 233, 238, 240, 330, 332, 335.
Consolamentum, 349, 363, 391.
Consorterie, 190.
Constance, 143.
Constantin, 44, 423.
Constantinople, 196, 204, 430.
Constructions, 290.
Consuls de Pise, 106.
Consuls des villes, 147, 148, 183.
Consuls des arts, 207.
Consuls politiques, 208-212, 214, 228, 232-234, 238, 240, 247.
Contadino, 207.
Contado, 64, 138, 154, 175, 274, 283, 327, 474, 481, 489, 493, 496, 501.
Conti, 298.
Contrade, 188.
Coppi, 292.
Cordonniers, 206, 319, 335.
Corinthe, 24, 196.
Corio, 270.
Cornaro, 3, 5.
Cornelius, 42.
Corneto, 28.
Cornia, 7.
Corsalone, 6.
Corse, 3, 430.
Corsignano, 472.
Corso degli Adimari, 257.
Cortone, 20, 464, 530.
Cosa, 28, 35.
Costa et Bianchi, 198.
Cours d'eau, 4.
Credenza, 469.

Crema, 150, 212.
Cremera, 27.
Crémone, 83, 210, 250, 259, 450.
Creuzer, 21.
Croce al Trebbio, 380.
Croisade, 110, 123, 137, 153, 293, 447.
Cronica di Pisa, 263.
Cruautés, 307.
Cumes, 27, 80.
Curbio, 305.
Cyclopéennes (constr.), 20.
Cyprien, 56.

D

Damase, 49.
Damien, 75.
Damien, 85, 87-89, 340.
Damiette, 154.
Danduli chron., 188.
Dante, 9, 15, 125, 181, 198, 199, 243, 249, 254, 256, 257, 265, 354, 392, 410, 425, 434, 436, 441, 451, 455, 520, 522, 532, 541, 543.
Dauphiné, 316.
Décius, 42, 52.
Délation, 367.
Delécluze, 56.
Delizie, 60.
Démarate, 24.
Dèmes, 26.
Démocratie, 323.
Dempster, 21.
Denier, 403.
Denys d'*Halicarnasse*, 13.
Desiderio, 94.
Desiderius, 80.
Desjardins, 119.
Deutéronome, 198.
Dicomano, 56.
Digues, *voy*. Pescaie.
Dino, *voy*. Compagni.
Dino (duc de), 320.
Diodore, 18.

Diotisalvi, 258, 344.
Discipline militaire, 483, 490.
Discordes civiles, 247-249, 251-253.
Dispenses, 477.
Disputes théologiques, 354.
Distringitori, 473.
Doat, 349.
Dochez, 3.
Doctrines, 547.
Documenti di storia patria, 554.
Dodécapolie, 26.
Domenici, 388.
Dominicains, 293, 297, 355, 360, 385.
Domitien, 41.
Donati, 253, 255, 257, 309, 310, 311, 314, 535.
Donation de Mathilde, 102, 113, 115, 127.
Donation de Pepin, 126.
Doni, 168, 255.
Donizo, 68.
Doria, 307.
Doriscus, 20.
Dozy, 123.
Drabiscus, 20.
Draps, 193, 194.
Droit romain, 228.
Dualisme, 347, 549.
Ducange, 197.
Duchesne, 65.
Ducs langobards, 61.
Dumont, 20.
Durandi, 16.
Duruy, 2.

E

Eberhard de Kaiserslautern, 280.
Ebrardus, 553.
Eccelino de Romano, 442, 471.
Échevins, 208.
Eckard, 366.
Écluses, *voy*. Pescaie.

INDEX ALPHABÉTIQUE.

Edmond d'Angleterre, 448.
Eginhard, 204, 300.
Égypte, 22, 43, 204.
Elbe, 3.
Élie, 299.
Élien, 4.
Élisbot, 42.
Elisei, 309.
Elsa, 6, 164, 166, 485-487, 501.
Ema, 256.
Embrun, 451.
Emiliani, *voy.* Giudici.
Émilie, 71.
Empire romain, 48.
Empoli, 65, 164, 165, 171, 407, 540, 543, 545.
Emprunt, 200.
Engelbert, 141, 142.
Ennius, 29.
Enseignes, *voy.* Bannières.
Enzio, 298, 320, 321, 443.
Épices, 204.
Épicure, Épicurisme, 344, 353, 354, 391, 541.
Épreuve, *voy.* Feu, Ordalies.
Èques, 222.
Era, 6, 29.
Éric de Suède, 243.
Erra, 99.
Éryx, 439.
Eschyle, 22.
Esclavage, 64.
Espagne, 193, 383.
Este, 295.
Estimo, 329.
Étienne, 14.
Étienne de Byzance, 28.
Étienne II, 78.
Étrurie, 10.
Étrusques, 13, 14, 18, 21, 33, 291.
Eucheir, 24.
Eugène III, 143.
Eugrammon, 24.
Euripide, 27.

Eustathe, 28.
Évangiles, 286.
Évêques, 68, 69, 75, 76, 80, 82, 237, 258.
Evola, 6.
Ewald, 19.
Exarchat, 58, 185, 301.
Excommunication, 294, 296, 564.
Exilés, 396, 400, 441, 497, 505, 506, 535.

F

Fabbretti, 19.
Fabbri tignari, 190.
Fabianus, 42.
Fabroni, 134, 140, 265.
Faenza, 154, 371, 454.
Faidits, 383.
Falcandi, 154.
Falconieri, 473.
Faleries, 29.
Falisques, 15, 20.
Falterona, 5.
Familles, 255-257, 309, 311, 397, 453, 454, 473, 534, 554-558.
Fanfani, 168, 255, 495.
Fano, 209.
Fantuzzi, 188.
Fanucci, 106.
Farinata des Uberti, 391, 392, 408, 425, 453, 461, 462, 466, 489, 491, 492, 497, 523, 541, 543, 544, 551.
Farnese, 358.
Fasanella, 298.
Fauriel, 38, 235.
Faventia, 37.
Fazello, 307.
Fazio des Uberti, 9, 59.
Fédération, 26.
Feditori, 514.
Felix, 43.
Femmes, 345, 354, 363, 365.
Fenêtres, 299.
Ferdinand III, le Saint, 437.

Ferrare, 71, 177, 209, 450
Ferroni, 259.
Fêtes de la Croisade, 111, 112.
Feu, 90, 94.
Feux, 485.
Fici, 292.
Ficker, 99.
Fidentia, 37.
Fieschi, 304, 447.
Fiesole, 14, 30, 35, 38, 43, 51, 57, 59, 60, 61, 65, 80, 106, 130-133, 191, 257.
Fifanti, 211, 252, 261, 263, 311, 453.
Figline, 264, 322, 418, 420, 459.
Filiasi, 82.
Filippo Ugoni, 415, 418, 419.
Fioravanti, 264.
Fiorentini, mém. de Math., 71.
Fiorentini, trad. de Dante, 544.
Firidolfi, 164, 165.
Fiumalbo, 2.
Flandres, 193, 403.
Floracchi, 38.
Flore, 391.
Florentino Rufo, 77.
Florenzello, 135.
Florin, 404, 558-563.
Florinus, 58.
Florus, 535.
Fodero, 150.
Foires, 194, 403.
Follini, 20.
Fontainebleau, 37.
Foraboschi, 258, 311, 314, 361, 535.
Forlì, 545.
Foscolo, 549.
Formiche, 3.
Fortinguerra, 258.
Fouarre, 403.
Francésca de Rimini, 425.
Franciscains, 293, 297, 299, 324, 355, 585,

387, 391.
Franks, 57, 62, 101, 144, 187, 411, 413.
Franzesi, 418.
Fraticelli, 253.
Fratricelles, 391.
Fratrie, 190.
Frédégaire, 253.
Frédéric Barberousse, 142-145, 148-154, 156, 165, 182, 228, 230, 301, 413, 437.
Frédéric II, 156, 250, 260, 271, 272, 277, 279-281, 293-295, 303-309, 317-321, 330, 333-336, 338, 339, 365, 366, 374, 384, 392, 423, 443.
Frédéric d'Antioche, 298, 306, 307, 312, 317, 443.
Frédéric de Lorraine, 74.
Frégenne, 35.
Fréret, 16.
Frescobaldi, 255, 311, 314, 406, 450, 535.
Frisons, 101, 187.
Frontin, apôtre, 41.
Frontin, 35.
Frontinus, 43.
Fronton, 41.
Fucecchio, 6, 7, 120, 154, 318.
Fulginatis hist. fragm. 357.
Fumi, 345.
Furius, 35.
Furlo, 48.

G

Gaddi, 370, 373.
Gaëte, 82.
Galeotti, 119.
Galica, 265.
Galien, 41.
Galigari (ou Galigai), 311, 453.
Galli, 311.
Galluzzo, 421.

Galvani, 19.
Gamurrini, 111.
Garçlon, 454.
Gangalandi, 252, 257, 311, 479.
Ganghereta, 317.
Gargani, 217, 467.
Gascons, 101.
Gaufridi Malaterra, 224.
Gaule cisalpine, 413.
Gaulois, 14, 30, 31.
Gauthier d'Ocra, 307.
Gaye, 405.
Gebhard d'Arnstein, 280, 297.
Gélase, 54.
Gênes, 82, 110, 123, 145, 147, 149, 159, 188, 209, 211, 214, 219, 231, 237, 238, 259, 260, 282, 296, 304, 306, 385, 412, 430, 437-440, 450, 465.
Gerbert, 68.
Gerhardt, 19.
Gerhard de Savoie, 78.
Germanie, 16.
Gervasius, 50.
Gesso, 287.
Gesta per Pisanos, 123.
Gfrörer, 69.
Gherardi, 460.
Gherardini, 311, 314, 473, 499, 565.
Gherardo, 359, 360.
Gherardo de Marsano, 344.
Ghibellini, 503.
Ghirardacci, 237.
Chislo, 79.
Giambullari, 19.
Giandonati, 211, 309, 311, 314, 534.
Gianfigliazzi, 309, 311, 314, 534.
Giangrassi, 233.
Gianni, 475.
Giannone, 82.
Giannutri, 3.
Gibbon, 49.

Gibel, 300.
Gibelins, 256, 302-304, 309-314, 317-319, 322-325, 334, 335, 365, 396-401, 410, 415, 418, 450, 454, 458, 461, 468, 487, 491, 495, 500, 502, 504, 519, 520, 532, 533, 536-538, 540.
Giesebrecht, 186.
Giglio, 3.
Giordani, 168.
Giordano d'Anglano, 467-469, 472, 489, 491, 497, 505-507, 509, 512, 516, 518, 521, 526, 528, 531, 536-540, 546.
Giordano Lancia, 317.
Giovanelli, 16.
Giovanni, artisan, 77.
Giovanni del Tosco, 519.
Giovanni de Salerne, 360.
Giovanni de Schiò, 294.
Giovanni de Velletri, 361.
Giovanni, patarin, 379.
Girard, 343.
Giraud, archevêque, 349.
Giraud (Bellezze, etc), 57.
Giraud (Ch.), 68.
Giudici (Emiliani), 238.
Giuffredo de Castiglione, 304.
Giugni, 311.
Giulini, 188.
Giunta, 433.
Giuochi, 311.
Glaber, 341.
Godefridi col. Ann., 272.
Godefroi de Bouillon, 141.
Gonfalon, 226.
Gonfaloniers, 226, 327.
Gonnella, 167.
Gonzelin de Wolfenbuttel, 280.
Gorgona, 3.
Gori, 19, 35, 253, 344.
Gothefred, évêque, 141.
Gothefred le Barbu, 74,

75, 80, 86, 89, 92, 93, 98, 102.
Gothefred le Bossu. *Voy.* Gozzelon.
Gothofredus, 54.
Goths, 49, 50, 51, 55, 56, 57.
Gozzelon, 99, 100.
Grævius, 36, 269.
Grains, 205.
Grands, 213-216, 218, 220, 224, 251, 256, 277, 329, 353, 401, 496.
Grasselli, 233, 234.
Grassi, 103.
Graviscæ, 20, 28, 55.
Grecs, 22.
Grégoire de Tours, 54.
Grégoire VII, 75, 78, 91, 96, 98, 101-103, 105-107, 109, 130, 156, 301, 340, 343.
Grégoire VIII, 153.
Grégoire IX, 133, 201, 270-272, 279, 293, 294, 303, 330, 360, 363.
Gregorovius, 357.
Grenouilles, 87, 89.
Gressa, 464.
Greto, 407.
Gretser, 347.
Grève, 6, 60, 135.
Grimoaldo, 300.
Grion, 255.
Gronovius, 19.
Grosseto, 3, 8, 286, 287, 306, 469, 470, 472, 486, 489, 495.
Crotius, 57.
Gruter, 21.
Gualbert, 84-86, 342.
Gualdrada, 71.
Gualducci, 405.
Gualef, 300.
Gualfredotto, 233, 234.
Gualterotti, 311, 314.
Gualvanco de la Flamma, 143.
Guardamorto, 316.
Guastalla, 210.

Guastatori, 480.
Guasti, 456.
Guasto, 224, 269, 286, 474.
Guelfes, 256, 302, 303, 309-315, 322, 334, 335, 396, 400, 401, 410, 418, 433, 450, 454, 457, 461, 465, 504, 513, 520, 523, 533, 537, 540, 545, 546, 551.
Guglielmino des Uberti, 505, 521.
Guibert, 60.
Guidaloste, 421.
Guidalotti, 509, 511, 312, 314, 397, 535, 537.
Guidalotto, 297, 573.
Guidi, 70, 71, 136, 138, 157, 165, 172, 175, 214, 240, 257, 264, 266, 309, 311, 317, 322, 336, 398, 407, 408, 454, 553.
Guidingo, 478.
Guido d'Alberto, 151, 166.
Guido del Patarino, 389.
Guido de Romena, 407.
Guido di Pedone, 484.
Guido Guerra, 136, 137, 140, 141, 147, 162, 173, 241, 407, 410, 434-436, 535.
Guido Novello, 407-410, 418, 489, 505, 536, 538, 539, 541, 545, 551.
Guido Silvatico, 407.
Guidotto, 280.
Guillaume d'Apulie, 82.
Guillaume de Malmesbury, 101.
Guillaume le Conquérant, 110.
Guillaume le Bon, 152.
Guillaume de Tyr, 191, 272.
Guillino de Rangone, 427.
Guiscard, 109.

Guiscardo de Pietrasanta 424.
Guittomanno, 373.
Guittone d'Arezzo, 549.
Guizot, 54.
Gundibrand, 63.
Gunther, 30.

H

Hadrien, 40, 41.
Hadrien, pape, 63, 190.
Halberstadt, 175.
Hallam, 199.
Hannibal, 34, 48.
Hartwig, 253, 554.
Hartzfeld, 300.
Haulleville, 54.
Hector, 518.
Heeren, 3.
Hegel (Karl), 62, 208.
Henri I, l'Oiseleur, 68.
Henri II, le Saint, 70, 71, 208.
Henri III, le Noir, 74, 78.
Henri IV, 83, 102, 105-109, 113, 115, 138.
Henri V, le Jeune, 115, 122, 125, 127.
Henri VI, le Cruel, 152, 154, 156, 317.
Henri le Bon, 156.
Henri le Superbe, 300.
Henri de Bavière, 141.
Henri de Byzance, 243.
Henri, fils de Fréd. II, 286.
Henry III d'Angleterre, 437, 448, 451.
Henry V, 528.
Hercule, 41, 144.
Hérétiques, 311, 337 sq.
Héribert, 267, 343.
Herimannus Augiensis, 73.
Hermanni Corner, 74.
Hérodote, 18.
Heuzey, 17.
Hildebrand, *Voy.* Grégoire VII.
Hillebrand, 32.

586 INDEX ALPHABÉTIQUE.

Himly, 66.
Hinkmar, 90.
Hirsch, 94.
Hist. Rom. fragm., 301.
Höfer et Didot, 127.
Höfler, 78, 209, 334, 366.
Hohembourg, *Voy.* Berthold.
Hohenstaufen, 300, 302, 437.
Hollandais, 17.
Homère, 223, 535.
Hongrois, 65, 216.
Honorius, 44.
Honorius II, 132.
Honorius III, 259, 260, 274.
Hôpitaux, 268, 385.
Horace, 24, 33.
Hormayr, 447.
Horner, 38.
Hubert, 69, 70.
Hugues (comte), 70.
Hugues de Provence, 67.
Huns, 49, 50.
Hunter, 156.
Hymnes, 362.

I

Iapyges, 13.
Iconoclastes, 501.
Ildefonso de S. Luigi, 60.
Ildobrandino (comte), 145.
Ildobrandino de Querceto, 173.
Illustratore fiorent. 201.
Imbolafarina, 484.
Imola, 177.
Importuni, 253, 311, 314.
Imposteurs, 366.
Impôts, 150.
Incendies, 246.
Incisa, 264.
Indulgences, 447.
Industries, 190.
Infangati, 211, 249, 252, 258, 311, 453.

Infanterie, 222, 225-227.
Infrangipane, 484.
Inghirami (P.), 7.
Innocent II, 141.
Innocent III, 156, 159, 160, 169, 173, 175-177, 242, 250, 355, 359.
Innocent IV, 203, 304, 305, 369, 374, 384, 423, 425, 444, 447.
Inquisition, 362, 363, 367, 375, 376, 379, 382, 385-387, 389, 390.
Institutions, 237—242, 282, 283, 326, 473.—
Voy. Consuls, Conseils, Potestat, Cap. du peuple, Buoni uomini, etc.
Interdit, 204, 545.
Intérêt de l'argent, 198, 200.
Invasions, 48.
Investitures, 125, 126.
Isis, 43.
Italiens, 183.
Italiotes, 13.

J

Jacopo de Cerreto, 433.
Jacopo de Montefiascone, 358, 361.
Jacques de Vorage, 100.
Jaeger, 154.
Jamsilla, 444.
Jean (lieut. de Bélisaire), 56.
Jean d'Angleterre, 243.
Jean de Brienne, 271, 272.
Jean d'Oliva, 391.
Jean VIII, 65.
Jérusalem, 111, 274, 425, 430.
Jésus, 341, 348, 366.
Joachim, 352.
Joachim de Flore, 391.

Judici des Papi, 233, 275.
Juges, 205, 206.
Juges du potestat, 234.
Juifs, 202, 343.
Julia (loi), 36.
Julitta, 344.
Jupiter, 49.
Justiciers royaux, 277.
Justin, 18, 535.
Justin, lieut. de Bélisaire, 56.
Justinien, 196, 199.
Juvigny, 115.

K

Königswarter, 91.

L

Labbe, 54.
Laboulaye, 54.
Lacédémoniens, 435.
Lacs, 7.
Lagoni, 7.
Laine, 191, 196.
Lamandina, 363.
Lambert, 67.
Lambert, Ann., 74.
Lamberti, 70, 213, 249, 252, 309, 311, 397, 453, 497, 510.
Lambertus parvus, 175.
Lami, 32, 39, 42, 94, 167.
Lancia ou Lanza (Bianca), 298, 443, 467.
Lancia de Castiglione, 511.
Lancia (Giordano), 317.
Landani, 292.
Landgrave de Thuringe, 242, 271.
Landulphus senior, 343.
Landulphus junior, 94.
Langobards, 58-60.
Languedoc, 343, 359, 360, 383.
Larga (via), 58.

INDEX ALPHABÉTIQUE.

Lastra de Signa, 85.
Lastri, 32.
Laterina, 6.
Latini di Castello, 298.
Latini (Brunetto), 180, 235, 236, 425, 471, 497, 534, 535.
Latini (Brunetto), 256, 252, 425.
Latium, 27.
Laudesi, 362.
Laurentius, 42.
Laurent de Vérone, 123.
Lavallée, 4.
Leber, 54.
Lebret, 149.
Lefèvre de St-Remi, 528.
Légistes, 150, 228, 229.
Legnano, 144.
Leibniz, 115.
Leo, 3, 61.
Leo Ostiensis, 78.
Léon IX, 74, 84.
Léon X, 393.
Lépide, 36.
Lepsius, 21.
Lerici, 439.
Lettre de change, 202.
Libri, 64.
Ligue lombarde, 144, 265, 279.
Ligue toscane, 150, 158, 160, 161, 177, 421.
Ligures, 30.
Ligurie, 102.
Ligurinus, 500.
Lingraccio, 359.
Lion, 332, 402, 548.
Liprandus, 94.
Lis, 134, 250, 400.
Lisei, 311.
Litta, 121.
Littérature étrusque, 24.
Littré, 112.
Liutprand, 60.
Liutprand, 69.
Livie, 39.
Livourne, 6.
Livres, 202.
Lodi, 143.
Lombardie, 2, 48, 105,
113, 197, 235, 267, 271, 343, 371, 383, 385, 441, 450, 484, 501, 544.
Lombards, 156, 203, 267.
Londres, 203.
Lorenz, 19.
Lorenzo de' Monaci, 442.
Lorraine, 59, 74, 100.
Lother, 85, 141, 142, 190, 221.
Louis le Débonnaire, 90.
Louis II, 66.
Louis VII, 137.
Louis de Bavière, 448.
Luca Tudensis, 547.
Lucain, 535.
Lucardesi, 311, 314, 535.
Lucari, 508.
Lucchini, 99.
Lucera, 306.
Lucignana, 487.
Lucilius, 18.
Lucques, 11, 14, 35, 57, 61, 72, 76, 77, 81, 105, 107, 108, 116, 138, 145, 147-149, 154, 171, 172, 174, 196, 212, 250, 238, 263, 264, 270, 308, 336, 412, 415, 418, 420, 431, 452, 438, 440, 490, 501, 522, 529, 532, 535, 540, 545, 546, 551.
Lucumons, 23, 26.
Lune, 134, 159, 250.
Lungo (Del), 179.
Luni, 29, 459.
Lünig, 250, 306.
Lupicini, 388.
Luther, 393.
Luxe, 72.
Lycophron, 28.
Lydie, 19.
Lydiens, 18.
Lyon, 90, 305, 312, 346, 382.

M

Mabillon, 66.
Macédoine, 17.
Machiavel, 30, 222.
Machiavelli, 534, 535.
Maestri di pietra e legname, 474.
Maffei (Raph.), 36.
Maffei (Scip.), 20.
Magalotti, 534, 535.
Magli, 535.
Magnale, 314.
Magnats, *Voy.* Grands.
Magnoli, 459.
Magra, 2, 6.
Mahomet, 366, 446.
Mainardo, 151, 166.
Maistre, 126.
Malabranca, 297.
Malaspina (Sabas), 301.
Malavolti, 71.
Malborghetto, 171, 172.
Malena, 410, 504, 511, 516, 522.
Malespini, 31.
Malespini (famille), 311, 535.
Mallius, 35.
Malte-Brun, 4.
Malvezzi, 295.
Mancini, 535.
Mandello, 274-276, 290, 399.
Manetto, 359.
Manfred, 301, 423, 437-439, 443-445, 447-452, 460-463, 465-470, 492, 495, 496, 505, 506, 511, 515, 531, 540; 544-546, 548.
Mangia, 453.
Mangone, 397, 464, 465.
Manieri, 311, 314, 535.
Mannelli, 311, 535.
Mannetti, 266.
Manni, 43, 119, 130, 233.
Mansi, 60.
Mantoue, 67, 71, 115, 210, 295, 450.

Manuscrits ital. de Paris, 41.
Manzoni, 61.
Marangoni, 145.
Marchands, 218, 220, 222.
Marche, 147, 544.
Marciana, 119.
Maremmes, 2, 7-9, 470, 486, 489.
Marescotti, 525.
Margarin, 154.
Margaritone, 544.
Margherita, 363.
Marie (Vierge), 43, 362, 507, 511, 515, 527.
Marignolli, 313, 534.
Marin, 203.
Marini, 185.
Marino, 70.
Markwald, 407.
Marmocchi, 13.
Marozia, 68.
Mars, 34, 41, 43, 55, 180, 253.
Martène et Durand, 175, 264.
Marti, 163.
Martin IV, 386.
Martinella, 266, 267, 269, 274, 275, 396, 464, 484, 486, 503, 522, 526.
Martino, 79.
Martyrs, 42, 43, 49, 50.
Masnada, 453.
Masnadieri, 285, 453.
Massa, 9, 10, 486.
Massa del Marchese, 440.
Massa guelfa, 465.
Mastarna, 26.
Mathilde, 75, 76, 80, 98, 99-103, 107-110, 113-116, 121-123, 125, 143, 149, 156, 158, 177, 210, 260.
Mauritius, 55.
Maury, 16, 17, 19.
Mayence, 145.
Mayr, 7.
Mazzarosa, 57.
Mazzinghi, 252.

Mazzocchi, 535, 537.
Médecins, 204, 474.
Medici, 212.
Megliorata, 374.
Megliorato, 588.
Mellini, 99.
Memoriale pot. Regiens., 318.
Mencken, 203.
Menzano, 487, 488, 546.
Mercato nuovo, 77, 268, 327, 369.
Mercato vecchio, 40, 77, 194, 218, 246, 257, 314, 319, 370.
Mercenaires, 424, 481, 482, 495.
Merdiprandus, 343.
Mersia, 7.
Messere, 71, 205, 359.
Metauro, 48.
Métayers, 192.
Metz, 74.
Mezzabarba, 83, 84, 86-89, 91-93, 95.
Micali, 13.
Michaud, 271.
Michel-Ange, 10, 15, 43.
Michel Paléologue, 465.
Michelet, 9.
Migliore (Del), 35.
Migliorello, 311, 453.
Migne, 344.
Mignet, 2.
Milan, 83, 94, 143, 177, 203, 211, 230, 237, 267, 282, 346, 355, 359, 369, 371.
Milanesi, 468.
Miles, 222.
Mileto, 224.
Milices, 487.
Milita, 345.
Mille italien, 2.
Millenium, 330.
Mills, 123.
Mincio, 59.
Minerbetti, 387, 534.
Mineurs, *Voy.* Franciscains.
Minias, 42, 43.
Mini, 52.

Minorita, 114.
Minucius Felix, 550.
Miracles, 569.
Miséricorde, 292, 386.
Misericordia vecchia, 370.
Mittarelli, 150.
Modigliana, 71, 240, 408.
Mœurs, 53, 402.
Moezz, 81.
Moïse, 366.
Moisè, 99.
Mommsen, 13.
Monach. S. Gall., 204.
Monarchie de Dante, 159.
Moneta, 353.
Monnaies, 201, 202, 403-405, 527, 558-563.
Monsanese, 504.
Monselvoli, 504, 511, 515, 516, 519, 521, 523.
Monstrelet, 528.
Monsummano, 14.
Montagutolo, 496.
Montaia, 414, 415, 418.
Montalcino, 150, 169, 174, 285, 287, 308, 409, 411, 419, 421, 422, 424, 426, 472, 495-499, 503, 506, 526, 530, 531, 546.
Montale, 172.
Montalto, 175, 410.
Montaperti (Libro di), 168, 472.
Montaperti, 454, 504, 523, 531, 548.
Montarrenti, 178.
Mont-Cassin, 94.
Monte, 112.
Monte Accianico, 414.
Monteano, 469, 487.
Monte Argentaro, 3.
Monte Buono, 135, 256.
Monte Cascioli, 128, 129.
Monte Castello, 440.
Monte Catini, 10.
Montecchiello, 467, 472.
Monte Cellesi, 276.
Monte Christo, 319.
Monte Croce, 136, 137, 139, 240, 265.

Montefiascone, 358, 361.
Monteforte, 343, 344.
Montegrossoli, 164, 165,
Montelatrone, 178, 495.
Monteliscaio, 273.
Montelungo, 480.
Montelupo, 172.
Montemassi, 469, 486-488, 490, 494, 495.
Montemurlo, 165, 172, 173, 266, 407.
Monte Orlandi, 120, 121, 128.
Montepiano, 465.
Montepulciano, 7, 163, 170, 171, 174, 270, 273, 278, 279, 282, 287, 308, 409, 411, 426, 487, 495, 496, 531, 546.
Monterappoli, 407.
Montereggioni, 412, 424, 469, 496, 529.
Monteropoli, 511, 512, 517.
Monte Rotondo, 265.
Monte Senario, 413.
Montesquieu, 91.
Montevarchi, 173, 314, 317, 322, 407, 409, 411, 479, 480.
Montferrat, 147.
Monticello, 410, 411.
Montieri, 178.
Montopoli, 417, 440.
Montorio, 409.
Montorsaio, 178.
Morello, 37, 56.
Morena, 142.
Mortennana, 427.
Mosca Lamberti, 223-255.
Motrone, 438-441.
Mozzi (M. Ant.), 43.
Mozzi (famille), 255, 511, 314, 535.
Mozzi de' Capitani, 71.
Mugello, 43, 56, 119, 171, 197, 257, 412-414, 464, 481.
Mugnone, 30, 57, 79, 80, 359.

Muller (Ottfr.), 8.
Muller (Hist. de Suisse), 500.
Munaldo, 173.
Münch, 298.
Murailles, 186.
Muratori, 9.
Mûriers, 192.
Musées, 25.
Musignano, 408.
Musulmans, 446.
Mycènes, 20.
Myrgiscus, 20.

N

Naçr ad daulat, 123.
Naples, 82, 277, 304, 305, 334, 424, 445, 471.
Narbonne, 349.
Narsès, 44, 55, 56-58.
Natali, 42.
Nazarius, 50.
Nécromancie, 513.
Négociations, 262.
Nepete, 29.
Nerli, 255, 309, 311, 314, 535.
Néron, 41.
Nestor, 29.
Neumann, 194.
Niccola Pisano, 316.
Niccoli, 535.
Nicolas II, 78.
Niebuhr, 20.
Nievole, 1.
Nobles, *voy.* Grands.
Noé, 330.
Noël des Vergers, 8.
Noms propres, 65, 67, 111, 212, 257.
Nonantola, 67, 77.
Nonius Marcellus, 18.
Normands, 65, 102, 186, 216.
Notaires, 205, 206.
Notus, 11.
Novello, *voy.* Guido.
Nurtia, 43.

O

Obituarium, 525.
Oculus pastoralis, 235.
Œnotriens, 13.
Offices, 246.
Officiales forenses, 252.
Ogerio, 169.
Ogerius Alferius, 203.
Ogier, 155.
Oliva, 391.
Olivier, 493, 526.
Olivo, 77.
Oltrarno, 53, 81, 223, 290, 312, 326, 380, 459, 460.
Olympiodore, 49.
Ombrie, 13.
Ombrone, 5, 6, 163, 169, 411.
Oppert, 17.
Or, 202.
Orbetello, 3.
Orcia, 160, 275.
Orciolini, 535.
Ordalies, 90.
Orgiale, 410.
Orient, 20.
Orioli, 15.
Orlandi, 252.
Orlandini, 203, 274.
Orlendi, 43.
Orose, 49, 535.
Or San Michele, 205, 206, 383, 453.
Orsini, 404.
Ortolan, 198.
Orvieto, 160, 205, 209, 264, 270, 273, 277, 278, 308, 344, 345, 356, 409, 415, 434, 494, 499, 501, 522, 528, 551.
Osimo, 209.
Oste, 269.
Ostie, 357.
Ostina, 322.
Ottaviano, *voy.* Ubaldini.
Otton, 64, 68, 69, 71, 243, 250, 413.
Otton de Brunswick, 156, 175, 176.

Otton de Freising, 122, 142, 182.
Otto de San Blasio, 154.
Ottobuoni, 440, 558.
Otton de Wittelsbach, 175.
Ozanam, 301.

P

Pace de Barone, 376, 377.
Pace de Certaldo, 255.
Pace de Pesannola, 374, 375.
Padoue, 450, 544.
Paganello, 234.
Pagnini, 190.
Pagnoncelli, 185.
Palaia, 440.
Palais, 259.
Palazzo (des Tosinghi), 314.
Palazzo vecchio, 259, 406.
Paléologue, 465.
Palerme, 196, 534, 461.
Palermini, 311.
Palestine, 153, 272.
Palio, 53.
Palmajuola, 3.
Panciatichi, 265.
Pandolfo de Fasanella, 298.
Pandulphe de Pise, 107
Pannocchieschi, 167.
Paoli, 226, 253, 255, 433.
Paolino, 121.
Paolo de Soriano, 420.
Papauté, 200, 201.
Papi, 253, 275, 285.
Pardessus, 190.
Parentio, 356, 357.
Pareto, 8.
Paris, 203, 350, 354, 403.
Paris (Mathieu), 271.
Parlagio, 40.
Parlement, 488.
Parme, 77, 230, 259, 318.

Paroisses, 327, 501.
Parthes, 106.
Partouneaux, 90.
Pascal II, 116, 121, 127, 131, 341.
Passerini, 85, 132, 202, 404.
Passignano, 175, 206, 480.
Passionario, 59.
Patarino, 389.
Patarins, 346, 347.
Paternon, 358, 360, 361.
Pates, 346.
Patrimoine de St-Pierre, 356, 385, 446, 447, 544.
Paulin, 41.
Paul de Bernried, 107.
Paul Diacre, 53.
Pausanias, 13.
Pauvres, 477.
Pavage, 290, 291.
Pavesari, 226, 327, 474, 503, 514.
Pavie, 51, 58, 83, 149, 150, 154, 361, 454-456.
Pawinski, 208.
Pax Constantiæ, 150.
Pazzi, 111, 112, 154, 256, 257, 264, 309, 311, 314, 322, 369, 503, 520, 535.
Pecori, 239.
Pecorone, 258.
Peaussiers, 204, 220.
Pedes, 225.
Pedoni, 475, 478, 514, 519.
Pegolotti, 545.
Pela Gualducci, 405.
Pélage, 60.
Pélasges, 18, 20.
Pelago, 314.
Pelavicini, 258, 442.
Pelletiers, *voy.* Peaussiers.
Pepo Visconti, 424, 426, 529.
Périgueux, 41.
Perilasium, 40.

Pérouse, 7, 78, 171, 174, 212, 270, 273-275, 278, 298, 320.
Perrens, 7, 188.
Perrot, 17.
Perse, 23.
Persécutions, 343, 356, 363, 364, 368, 386-390.
Pertz, 68.
Peruzzi, 202, 217, 587.
Peruzzi, 404.
Pesa, 6, 503.
Pescaie, 312.
Pétrarque, 425, 549.
Petriolo, 84.
Petrognano, 168.
Peuple, 207, 220, 225, *voy.* Plèbe.
Peyrat, 353.
Pezzo, 99.
Philippe Auguste, 243.
Philippe de Souabe, 156, 175, 471.
Philippe le Grand, 437.
Phœbidas, 435.
Phratries, 26.
Phrygie, 19.
Piano, 2.
Piano delle Cortine, 511, 516, 517, 519.
Pienza, 170.
Pierre, 41, 423, 446.
Pierre Diacre, 76.
Pierre de la Vigne, 250.
Pierre de St-Germain, 281.
Pietramala, 2, 5.
Pietrasanta, 438.
Pietro de Lucques, 105.
Pietro de Vérone, Voy. St. Pierre martyr.
Pietro Igneo, 94, 96.
Pietro le Lombard, 545.
Pietro, patarin, 362.
Pieve Asciata, 504.
Pigli, 257, 311, 534.
Pii, 287.
Pila in Mugello, 413.
Pillori, 292.
Pin, 276, 439.
Pindare, 24.

Pinti, 37, 268.
Piombino, 3, 11, 431, 432, 486.
Pise, 5, 29, 37, 57, 76, 81, 105, 108, 110, 116, 123, 138, 141, 144-147, 149, 152, 157, 159, 174, 191, 209, 210, 216, 238, 259-264, 270, 284, 286, 296, 298, 306, 308, 334, 336, 358, 398, 411, 412, 415, 416, 424, 430-432, 436-440, 456, 465, 471, 486, 545.
Pison, 39.
Pispini, 498.
Pistoia, 10, 14, 29, 54, 57, 105, 117, 135, 138, 140, 145, 154, 165, 167, 172, 173, 230, 264-266, 269, 270, 292, 308, 318, 396-400, 416, 417, 420-422, 424, 501, 502, 530, 540, 545.
Pitigliano, 486, 501, 529.
Pitiscus, 34.
Pitti, 14, 170.
Pivieri. Voy. Paroisses.
Plaids, 79.
Plaine, 339.
Plaisance, 154, 203, 259, 482.
Platina, 73.
Plaute, 50.
Plèbe, 219.
Pline nat., 24.
Plumes, 299.
Pluquet, 344.
Plutarque, 22, 24, 35, 435.
Pò, 21.
Pœnitentiarius, 105.
Poggiarone, 511, 513, 517, 519, 521, 523.
Poggibonzi, 139, 140, 150, 162-164, 169, 170, 173, 177, 264, 270, 286, 287, 308, 358, 426, 450, 485,

488, 550, 545, 546.
Poggio di Vico, 275.
Pogna, 119, 120, 138, 165, 166, 209.
Polenta, 408.
Poliziano, 36.
Pollentia, 37.
Poltroni, 287.
Pommes, 299.
Pompée, 55.
Pontassieve, 6, 37, 368.
Pont d'Ain, 37.
Ponte d'Era, 37, 148, 416, 417.
Ponte alla Carraja, 290.
Ponte alle grazie ou Rubaconte, 291, 292.
Ponte alla Trinita, 291, 406, 459.
Ponte vecchio, 60, 246, 255, 290, 380.
Pontoise, 37.
Pontormo, 164, 479.
Ponts, 60, 290—292.
Popolani, 225, 226, 251, 303, 311, 324, 329, 333, 533, 534, 550.
Popolo (fraction de paroisse), 501.
Popolo grasso, 225.
Popolo minuto, 225.
Popolo vecchio, 525.
Poppi, 372-374.
Population de Florence, 80, 152.
Populonia, 29, 60.
Porcari, 231, 233.
Porciano, 173.
Porphyrion, 26.
Porri, 159.
Portes, 53, 77, 195, 206, 218, 223, 226, 257, 258, 358, 421, 459, 539.
Porto Baratti, 29.
Porto Ercole, 3, 284.
Porto Palo, 28.
Porto Pisano, 440.
Portugal, 193.
Potestat, 229-235, 238, 328, 329, 332, 406, 470, 480, 482, 485,

535.
Pouilles, 271, 319, 447, 467, 497.
Pozzo (Del), 48.
Pozzo a san Sisto, 380.
Pratiglione, 440.
Prato, 10, 37, 65, 119, 138, 140, 154, 346, 358, 373, 374, 398, 420, 501, 534, 545.
Pratomagno, 5.
Pratovecchio, 132, 134.
Prêcheurs, voy. Dominicains.
Présages, 342.
Pressa (Della), 519.
Prêt, 200, 203.
Préteur, 230, 238.
Prieurs, 207, 214, 227.
Prisonniers, 481, 482, 528.
Prisons, 406.
Procédure, 387.
Processions, 508.
Proconsolo, 259.
Procope, 45.
Promenade, 217.
Promis, 527.
Prosper, 49.
Protasius, 50.
Provana, 66.
Provence, 343.
Provenzano, voy. Salvani.
Proverbes, 541.
Ptolémaïs, 465.
Ptolémée de Lucques, 77.
Pulci, 256, 309, 311, 314, 359, 363, 535.
Pyrgi, 35.
Pyrrhus, 34.

Q

Quartiers, voy. sesti, terzo, contrade.
Querceto, 37, 173, 425.
Querciagrossa, 178, 278, 280, 469, 489, 494, 529.

Quinet, 189.
Quona (Da), 514, 535.

R

Rabanis, 520.
Rabodo, 129.
Rachis, 222.
Radagaise, 49—51.
Radevic, 146.
Radicofani, 274.
Rainald, 89.
Rainerio de Pise, 502.
Rambaldi d'Imola, 391.
Rangone, 426, 473, 487, 488, 503, 513, 514, 519.
Ranieri, 62, 111, 411.
Ranieri, évêque, 341, 344.
Ranieri Sacconi, 350.
Raoul-Rochette, 18.
Rapolano, 422.
Ratherius, 340.
Raul, 229.
Raumer, 54, 209.
Ravenne, 58, 77, 108, 177, 188, 209, 279, 280, 282, 421, 425.
Ravensberg, 300.
Ravignani, 71.
Raynouard, 54.
Razzanti, 454, 509, 510, 554.
Razzi, 99, 253, 515.
Recensement, 283.
Reclus, 4.
Recteurs, 207, 229.
Réforme, 393.
Réfractaires, 468.
Regnibald, 62.
Reinaud, 65.
Religion, 21, 41, 338, sq.
Rena (Della), 105.
Renan, 366.
Renée, 99.
Reniero del Bagno, 386, 387.
Reparata, 52, 61.
Reparatus, 52.
Repertianus, 41.

Repetti, 13.
Représailles, 197.
Rerum favent. script. 231.
Rettori, 238.
Reumont, 40.
Réville, 342.
Rex, 36.
Rhasena, 16-18.
Rheginon, 91.
Rhin, 59.
Ribauds, 527.
Ricasoli, 39.
Ricavo, 504.
Riccardi, 259.
Ricevuto, 372, 374.
Richa, 53.
Richard de Cornouailles, 437, 451, 462, 471.
Richardus de San Germano, 154.
Ricotti 188.
Ridolfi, 473.
Ridolfo de Capraja, 233.
Rimini, 371.
Rinaldi, 344, 363.
Rinieri di Matteo, 461.
Rinieri di Montemerlo, 535.
Rinucci, 535.
Ripafratta, 431, 432.
Ripoli, 362.
Ripuaires, 413.
Risi, 15.
Ristonchio, 314.
Ristori, 473.
Robert - Courte Heuse, 110.
Robert de Capoue, 143.
Robert de Jérusalem, 425.
Rocca di Campiglia, 426, 546.
Rocche, 65, 66.
Rocquencourt, 227.
Roderic, 56.
Roger de Sicile, 196.
Rogerio de Bagnolo, 307.
Rolandino Patav., 318
Rolando, 79.
Romagne, 2, 71, 147, 153, 385, 414, 450,

481.
Romains, 14, 23, 25, 27, 31, 33, 34, 40, 48, 53, 180.
Rome, 27, 33, 34, 40, 48, 58, 59, 105, 154, 176, 185, 201, 209, 211, 261, 305, 385, 456, 487.
Romena, 407, 409, 410.
Romilia, 40.
Romuald, 342.
Romulus, 24.
Romulus, évêque, 41, 42, 130.
Roncaglia, 146, 150, 228, 230.
Roncioni, 148.
Rosa, 134.
Rosea, 10.
Roses, 299.
Rosmini, 48.
Rossi, 256, 297, 309, 314, 373, 380, 381, 383, 535.
Rosso, 79, 486.
Rostichelli, 373.
Roth, 54.
Rubaconte, 290—292, 297.
Rudolf, 89.
Rues, 314, 315, 331, 380, 539.
Ruffredo d'Isola, 509.
Ruggiero des Calcagni, voy. Calcagni.
Rugomagno, 485.
Rusellæ, 28, 59.
Russes, 101.
Rustichelli, 397.
Rustico, 313.
Rusticucci, 452.
Rutilius, 5.
Ruvinosa, 386.

S

Saccetti, 415.
Sacchetti, 311.
Sacchetti, 314, 535.
Sages, 472.

INDEX ALPHABÉTIQUE.

Saint Antonin, 381.
Saint Apollinaire, voy. San Pulinari.
Saint Barthélemy, 377.
Saint Benoît, 84, 92.
Saint Bernard, 144, 351, 352.
Saint Clément d'Alexandrie, 18.
Sainte Marie majeure, 107.
Saint François d'Assise, 360.
Saint Georges, 527.
Saint Grégoire, 56.
Saint Jean, 316, 404.
Saint Jean de Latran, 304.
Saint Marc, 102.
Saint Paulin, 51.
Saint-Pierre ès liens, 456.
Saint Pierre Martyr, 369-374, 376, 378, 381, 384, 385.
Saint Priest, 408.
Salimbeni, 171, 299, 507, 528.
Salluste, 35.
Salmeria, 327, 504, 514.
Salomon, 392.
Salomon de Luca, 386.
Salvagnoli Marchetti, 9.
Salvani (Provenzano), 433, 466, 470, 495, 497, 498, 506, 528, 532.
Salvi, 117.
Salvi, 287.
Salvien, 54.
Samnites, 35.
San Biagio, 112.
San Bonifazio, 295, 450.
San Brancazio, voy. San Pancrazio.
San Casciano, 11.
San Cresci, 43.
San Cristofano, 460, 505, 508, 527.
Sanctis (de) 544.
San Donato in Poci, 167.
San Donato in Poggio, 432, 485, 494, 504.
Sandrini, 351.
San Firenze, 324.
San Frediano, 535.
San Gaggio, 358.
San Galgano, 469.
San Gallo, 39.
San Gemignano, 14, 165, 238, 292, 501, 535, 545.
San Genesio, 146, 147, 157.
San Giorgio, 460.
San Giovanni, 53, 55, 77, 79, 135, 164, 166, 170, 268, 284, 299, 315.
San Giuliano, 431.
San Jacopo, 439, 459.
San Lorenzo, 38, 43, 50, 53, 79, 313, 325.
San Marco, 38.
San Martino, 489, 493, 495, 512.
San Martino al vescovo, 158.
San Michele in Orto, 60, 205, 206.
San Miniato a Monte, 42, 60, 67, 363.
San Miniato ad Tedesco, 42, 128, 146, 148, 155, 177, 308, 501, 545.
San Pancrazio, 223, 258.
San Pier Gattolini, 53, 358.
San Pier Scheraggio, 206, 223, 246, 258, 268, 299, 302, 310, 312, 327, 481.
San Pietro, 92.
San Pulinari, 400.
San Quintino, 29.
San Quirico, 170, 178, 274, 472.
San Regolo, 489.
San Remigio, 40.
San Salvatore, 52.
San Salvatore a Selva, 158.
San Salvi, 84, 93, 94.
San Severina, 224, 467.
San Simone, 40.
San Sisto, 380.
San Sovino, 417.
San Stefano, 406, 489, 494.
Santa Croce, 324, 544.
Santa Felicita, 292, 380, 382, 459.
Santa Fiore, 509, 515, 518, 527, 528.
Santa Lucia de' Magnoli, 459.
Santa Maria alle grazie, 292.
Santa Maria di Mercato vecchio, 267.
Santa Maria in campo, 31.
Santa Maria in Capitolio, 40.
Santa Maria Novella, 360, 368, 370, 372, 375-378, 380-382, 384.
Santa Maria sopra porta, 253.
Santa Maria tra le torri, 218.
Santa Petronilla, 491, 496.
Santa Reparata, 52, 53, 78, 79, 246, 377, 378, 441, 479, 498.
Santo Viene, 498, 503.
Sanzanome, 554.
Saracini, 525.
Sardaigne, 143, 193, 296, 430, 439.
Sarrasins, 65, 66, 186, 216, 219.
Sarteano, 276, 530.
Sartorius, 58.
Sasso, 480.
Satanael, 348.
Sauterelles, 87, 89.
Savigny, 54, 61.
Savioli, 118.
Savonarole, 383.
Saxons, 101, 187.
Scabini, 62, 208.
Scala (Bartolommeo), 31, 37.
Scali, 311, 314, 534.

Scandinaves, 22.
Scaptia, 40.
Scarabée, 341.
Scarlino, 486.
Sceau, 77.
Scheffer-Boichorst, 31, 255.
Scheraggio, 246.
Schiatuzzo, 453.
Schiò, 294.
Schmidt, 342.
Scholæ, 187, 190.
Schöpflin, 306.
Scipion, 34.
Sclopis, 61.
Scolari, 309, 397, 453.
Sculpture étrusque, 25.
Scylla, 27.
Secchi, 21.
Sédillot, 123.
Seigneurs féodaux, 65.
Séjan, 50.
Selef, 154.
Selvoli, 278, 280, 469.
Semifonte, 119, 164-166, 168-170, 488.
Semproco, 129, 130.
Senario, 56.
Sénat, 212, 238.
Sénateurs, 228.
Senazza, 386.
Sénèque, 18.
Seniori, 238.
Sennen, 50.
Séparation des pouvoirs, 235.
Sequin, 403, 405.
Seravezza, 10, 438.
Serchio, 6, 438, 439.
Serfs, 189, 192, 207, 218, 219, 221.
Serment, 177, 299.
Serragli, 259, 276, 311.
Service militaire, 221, 226.
Servi, 107.
Servius, 21.
Servius Tullius, 26.
Sesso, 297.
Sesti, sestieri, 81, 205, 212, 223, 226, 258, 326, 329, 450, 473,

474, 487, 490, 501, 503.
Settimo, 85, 86, 120, 128, 130.
Sicambres, 413.
Sicile, 250, 300, 305, 445, 446, 471.
Siciliens, 27.
Sickel, Monumenta graphica medii ævi, 1859-61. Vienne, 413.
Sicules, 13.
Siculus Flaccus, 34.
Siéges de Florence, 108, 151.
Sienne, 8, 10, 14, 105, 116, 138-140, 145, 152-154, 162-167, 169-171, 173, 174, 178, 201, 239, 264, 270, 272-278, 280-285, 287, 306, 308, 318, 320, 321, 336, 357, 358, 364, 398, 408, 410, 412, 415, 416, 419-421, 424, 426, 432, 433, 435, 436, 450, 454, 458-461, 463-468, 470, 472, 482, 484-486, 488-496, 504-513, 527, 528, 530, 532, 536, 544-547, 549, 550.
Sieve, 6, 56.
Signa, 37, 84, 120, 134.
Sigonio, 71.
Sigurd, 62.
Silius Italicus, 24.
Sillano, 135.
Simon le magicien, 93, 95.
Simon Pierre, 95.
Simone, frère de G. Novello, 408.
Simonie, 87-89.
Simonin, 8.
Simplice, 541.
Sismondi, 75.
Sixtus, 42.
Sizi, 311, 314, 534.
Smeregichronicon, 442.

Soana, 73.
Société de Ste Marie, 373.
Soderini, 534, 535.
Sodici, 402.
Soffena, 317.
Soie, 192, 195.
Soldani, 132.
Soldanieri, 309, 397, 453, 454.
Soleil, 159.
Sophocle, 90.
Sopravesti, 512.
Sorbara, 109.
Soriano, 420.
Sou, 404.
Souabe, 300.
Soudan, 272.
Soury, 17.
Sozomène, 231.
Speciosus, 60.
Spedito, 498, 449, 520, 556.
Speziali, 204.
Spezzia, 29.
Spini, 259, 406, 425, 473, 534.
Spolète, 143, 147, 154, 385.
Spruner, 7.
Squarcialupi, 427, 490.
Stace, 535.
Staggia, 163, 264, 286, 546.
Status civit. Pistor. 239.
Statuta Florentiæ, 329.
Stazzema, 11.
Stefani, 60.
Stemmenano, 425, 489.
Stenay, 115.
Stendale, 401.
Stenzel, 189.
Stickel, 19.
Stilicon, 49—51, 53.
Strabon, 7.
Strinati, 168.
Strozzi, 14, 250.
Stura, 56.
Subapennin, 3—5.
Subbiena, 6.
Suèves, 49.
Suidas, 21.

INDEX ALPHABÉTIQUE.

Suisse, 192.
Sully, 371.
Sunesen, 91.
Suze, 242.
Sybel, 31.
Sylburg, 50.
Sylla, 55, 56.
Sylvestre II, 68.
Syndics, 387, 388, 433, 535, 547.
Syracuse, 24.

T

Tabernaria, 151, 166.
Tacite, 18, 27.
Taddeo Gaddi, 370, 373.
Taegio, 370, 381.
Tagès, 23.
Taglia, 501.
Tailleurs, 206.
Tambour, 525.
Tarente, 446.
Targioni-Tozzetti, 13, 16.
Tarquin, 24, 26.
Tarquini, 19.
Tarquinies, 28.
Tartare, 22.
Tartini, 9.
Tauromeno, 224.
Tavernelle, 119.
Tavernes d'Arbia, 411.
Tebaldini, 483.
Tedaldi, 311.
Tedaldini, 309, 311, 314, 453.
Tegghiajo, 436, 499, 500, 535.
Tegrini, 252.
Territoire, voy. Contado.
Tertullien, 18.
Terzo, 469, 470, 495, 506, 512, 515.
Tessa, 126.
Teste, 483.
Teutanes, 29.
Théodat, 54.
Thegan, 300.
Theodora, 68.
Theodora, patarine, 365.

Theodorik, 53—55.
Theodorus. 43.
Theopompe, 33.
Theuzon, 85, 88.
Thierry (Amédée), 36, 55.
Thomas de Savoie, 242.
Thor, 49.
Thucydide, 27.
Tibre, 2, 3, 5.
Tibère, 38, 39.
Tiraboschi, 143.
Tisserands, 220.
Tite-Live, 21, 535.
Tizzano, 416, 417.
Tolérance, 388, 389.
Tolomei, 171, 507, 510.
Tolosani chron. 231.
Tommasi, 105, 153.
Tommaso de Lentino, 370.
Tonini, 403.
Torello de Strada, 283, 292.
Tornabuoni, 380
Tornano, 170.
Tornaquinci, 211, 256, 309, 314, 473, 485, 488, 522, 534.
Torre (Della), 406.
Torsello, 358, 361, 378.
Toscane, 2, 13, 48, 58, 59, 71, 102, 105, 110, 113, 122, 147, 271, 295, 297, 318, 321, 344, 385, 544.
Toscans, 14, 175—178, 286, 297.
Toschi, 311.
Tosco (Del), 319.
Tosinghi, 309, 311, 314, 315, 473, 534.
Tosti, 71.
Totila, 55, 57.
Toulouse, 371.
Tours, 216, 217, 314, 459.
Trafic, 190, 403.
Trasimène, 34, 70.
Trasmundo, 132.
Trebbio, 380, 382, 383, 409.

Tremali, 135.
Trésor, 180.
Trève de Venise, 149.
Trèves (arch. de), 149.
Trévise, 295, 385.
Tribaldello, 454.
Tribunaux, 205, 206, 214, 218.
Tribus, 40.
Trinciavelli, 460.
Triomphe, 525, 526.
Trissino, 549.
Triumvirs, 36.
Troghisio, 468, 509.
Trogue Pompée, 535.
Trollope, 55.
Trombetti, 552.
Tronci, 263.
Trotula, 90.
Troubadours, 548.
Troya, 61.
Tunis, 110, 405, 430.
Turco (Del), 168.
Turcs, 106.
Turin, 343.
Turk, 61.
Turquie, 200.
Tutulus, 15.
Tyrinthe, 19.
Tyrrhénienne, 2.
Tyrrhéniens, 20.

U

Ubaldini, 135, 171, 197, 336, 365, 392, 397, 398, 408, 412-415, 447, 450, 465, 537.
Ubbriachi, 258, 311, 397, 453, 475.
Uberti, 70, 174, 211, 213, 247, 248, 252, 255-257, 263, 265, 308-311, 323-325, 334, 391, 392, 397, 452, 453, 505, 521, 543, 548.
Ubertini, 317, 483.
Uberto de Lucques, 321.
Uberto de Maremme, 284.
Uccellini, 535, 537.

Ughelli, 41, 119.
Ugiero, 421,
Ugolini de Castello, 308.
Ugolino, 360.
Ugoni, 415, 418, 419.
Uguccione, 359.
Uldrich, 136.
Ulicaris, 56.
Université, 397, 411, 461.
Université de Bologne, 403.
Université de Paris, 354.
Urbain II, 110, 113.
Urbicaire, 53.
Ursperg (abbé de) voy. Conrad a Lichtenau.
Usciana, 6.
Usiglia, 526.
Usimbardi, 297.
Usuriers, 198, 203.

V

Vacchereccia, 498.
Vaccina, 28.
Vada, 37.
Vadimon, 33.
Val Cortese, 178, 410.
Valdistrove, 469, 496.
Valérien, 42.
Valla, 36.
Valère Maxime, 18.
Vallombreuse, 84, 342, 363, 415, 454, 459.
Valsecchi, 106.
Vandales, 49.
Vanni Fucci, 265.
Vannucci, 39.
Varchi, 32.
Varron, 10.
Vasari, 64.
Vases, 299.
Vaugelas, 224.
Vaux ou vallées, 5.
Vavasseurs, 147.
Vecchietti, 309, 311, 314, 534.
Veies, 27, 29.
Velleius Paterculus, 18.

Velletri, 357, 361.
Velluti, 168, 169.
Venise, 77, 82, 188, 190, 202, 203, 296, 403, 405, 450, 464.
Vente de biens, 387, 406.
Ver, 341.
Verdun, 74.
Vergelesio, 421.
Verino, 50, 169.
Vernagallo, 432.
Vernia, 464.
Verniano, 489.
Vernon, 269.
Vérone, 77.
Verrou, 402.
Verrucola, 116.
Vesme, 66.
Vétérans, 35, 36.
Vettori, 404.
Via de' Calzaioli, 257.
Viardot, 123.
Vicaires impériaux, 209, 294, 295.
Vicence, 294.
Vico, 493.
Victor II, 78.
Victor III, 340.
Vidal (Pierre) 154, 548.
Vierge, voy. Marie.
Vilgard, 341.
Villani (Giov.), 31.
Villani (Fil.), 285.
Villari, 68.
Villemain, préf. et 73.
Villes Étrusques, 28.
Villes au temps des invasions, 66.
Villes de Mathilde, 75, 116, 185.
Villette, 30, 31, 36.
Vincens, 237.
Vinci, 407.
Vinciguerra, 171.
Vingt-quatre, 504, 506, 507, 525.
Virgile, 10, 535.
Visconti, 424, 426, 456, 501.
Visdomini, 309, 311, 314, 482, 535.
Vitalis, 50.

Vitella (Della), 535.
Viterbe, 115, 152, 160, 212, 305, 345, 356, 371, 434, 487.
Vitodurani, 366.
Vivachivince, 258.
Vivandière, 526.
Voigt, 73.
Voituriers, 480, 481.
Volcans, 7.
Volognano, 311.
Volsci, 20.
Volta, 103.
Voltaire, 91.
Volterran, 36.
Volterre, 8, 11, 14; 29, 57, 60, 105, 119, 145, 157, 167, 171, 238, 292, 308, 318, 336, 427 — 430, 487, 501, 530, 535.
Volto dall' Orco, 297.
Vuinigi, 411.
Vulsinies, 29, 39, 44.

W

Waldemar de Danemark, 243.
Walter, 54.
Warren, 269.
Weber, 202.
Weiblings, 300.
Weingart, 143.
Weinsberg, 300.
Welf, 113, 114, 143 — 145, 149.
Welfs, 300, 302.
Wibert, 105, 108.
Wido, 67.
Willa, 69.
Wilmans, 182.
Wolfgar, 175, 176.
Worms, 126, 346.
Wurtemberg, 300.
Wustenfeld, 208.

X

Ximénès, 9.

Y

Yvon, 349, 350.

Z

Zacharia, 228.
Zanetti, 82.
Zanobius, 43, 49, 50.
Zappa, 118.

Zeller, 4.
Zingano, 319.
Zozime, 50.
Zuccagni-Orlandini, 7, 55.

ERRATA

Nous ne relevons que les fautes qui altèrent le sens. Quant aux autres, le lecteur voudra bien les corriger de lui-même.

P. 64, note 1, ligne 7 : au lieu de *t.*, lisez : *t. I.*
P. 133, ligne 1 : au lieu de *destruction de Fiesole,* lisez : *destruction complète de.....*
Id., note 2, ligne 2 : au lieu de *cœmune,* lisez : *comune.*
P. 201, ligne 13 : au lieu de *douzième siècle,* lisez : *treizième.*
P. 223, ligne 19 : au lieu de *supportaient,* lisez : *supputaient.*
P. 231, note 1 : au lieu de : *document publié,* etc., lisez : *chronique du juge Sanzanome dans* UNA MONACA, etc.
P. 302, note, ligne 6 : au lieu de POSTFA, lisez : POSTEA.
P. 440, dernière ligne : au lieu de *mon,* lisez : *non.*
P. 503, ligne 3 des notes : au lieu de *Aperti,* lisez : *Abati.*

PARIS — TYPOGRAPHIE LAHURE
Rue de Fleurus, 9

www.ingramcontent.com/pod-product-compliance
Lightning Source LLC
Chambersburg PA
CBHW060403230426
43663CB00008B/1374